不动产登记与物权法

以登记为中心

ChangYu ChangXianya

常　昱　常宪亚☆著

中国社会科学出版社

图书在版编目（CIP）数据

不动产登记与物权法：以登记为中心/常昱，常宪亚著. —北京：
中国社会科学出版社，2009.3
ISBN 978-7-5004-7591-0

Ⅰ. 不…　Ⅱ.①常…②常…　Ⅲ.①不动产—注册—法律—研究—中国
②物权法—研究—中国　Ⅳ. D923.24

中国版本图书馆 CIP 数据核字（2009）第 022354 号

责任编辑　　张　林
特约编辑　　郑成花
责任校对　　修广平
封面设计　　李尘工作室
版式设计　　戴　宽

出版发行　　中国社会科学出版社
社　　址　　北京鼓楼西大街甲 158 号　　邮　编　100720
电　　话　　010—84029450（邮购）
网　　址　　http://www.csspw.cn
经　　销　　新华书店
印　　刷　　北京君升印刷有限公司　　　装　订　广增装订厂
版　　次　　2009 年 3 月第 1 版　　　　印　次　2009 年 3 月第 1 次印刷
开　　本　　710×1000　1/16
印　　张　　34　　　　　　　　　　　插　页　2
字　　数　　610 千字
定　　价　　56.00 元

目　　录

序

郑振生[①]

《中华人民共和国物权法》（以下简称《物权法》）的制定工作自 1993 年启动，历经立法机关八次审议，于 2007 年 3 月 16 日由第十届全国人民代表大会第五次会议高票通过。《物权法》的制定与颁行在我国法治进程中具有里程碑的意义，必将对我国经济、社会的发展和社会主义和谐社会的构建产生深远影响。

我国现有的登记制度仍然很不完备，真正以公示为目的的登记制度还未形成。尽管《物权法》已公布实施，但从不动产登记的角度可以看出《物权法》至少存在两个问题：一是不动产物权登记制度并未得到实质的重视。尽管在物权法的立法过程中法学界对不动产物权登记制度也进行了种种探讨，但由于"重实体、轻程序"的惯性，物权法的设计特别是其中登记制度的设计是否可行，不经过程序法（《不动产登记法》）的比较，很难发现其中的问题。例如土地所有权的二元化（国有土地所有权与集体土地所有权）以及土地使用权在不动产登记簿上如何体现？二是对《不动产登记法》的内容和立法进程没有形成基本框架。《物权法》第十条规定："国家对不动产实行统一登记制度。统一登记的范围、登记机构和登记办法，由法律、行政法规规定。"从我国既往的立法经验看，实体法中规定授权立法的往往遥遥无期，如 1995 年 1 月 1 日起施行的《劳动法》规定，"国家实行带薪年休假制度……具体办法由国务院规定。"但自《劳动法》公布后十余年，国务院一直没有制定出台具体办法。1998 年 1 月 1 日起施行的《中华人民共和国公路法》规定"公路养路费用采取征收燃油附加费的办法……具体实施办法和步骤由国务院规定"，1999 年修改为"国家采用依法征税的办法筹集公路养护资金，具体实施办法和步骤由国务院规定"，但至今也未制定出相关规定。1994 年的《城市房地产管理法》规定"商品房预售的，商

[①] 原厦门市土地房产管理局局长。

品房预购人将购买的未竣工的预售商品房再行转让的问题，由国务院规定"，一直到 11 年后的 2005 年，在宏观调控的背景下，才在国务院办公厅转发建设部等七部委的《关于做好稳定住房价格工作的意见》中明确。

不动产登记与民生息息相关，每日每时都在发生，制定《不动产登记法》尤为迫切。没有一部《不动产登记法》作为物权法的重要配套法律，则物权法不仅无法落到实处，还将对现行的不动产物权制度造成极大混乱，物权法的登记制度与现行登记制度的差异将使人们无所适从。例如，引进了预告登记制度，却没有规定顺位关系，如何界定预告登记与正式登记之间的关系？因此完善登记制度，制定统一的登记法律，是我国物权立法所要解决的重要课题。为此，必须加快《不动产登记法》的立法步伐。

《物权法》通过后，《不动产登记法》的制定就提到议事日程中，但出乎意料，法学界对《不动产登记法》的研究与制定似乎出奇的冷漠，学界对不动产登记的程序问题的研究并不像对实体法那样地热衷，且理论与实际往往有较大差距。而实务工作者的兴趣又往往在于实用主义，从新近出台的《土地登记办法》、《房屋登记办法》，可见一斑。可惜其与《物权法》提出的"对不动产实行统一登记制度"尚有较大差距。或许如学者所言，不动产登记程序"关注的对象在我国学术语境中却处于弱势地位，除了极少数学者为此滴下汗水，并为提升其学术品味而鼓吹外，对其进行深入分析和讨论者寥寥无几，它完全被其他的更闪光、更宏大的物权法主旨所遮掩"。《不动产登记与物权法》一书在这方面作出了可贵的努力和探索，为弱势语境注入了一缕清风。

《不动产登记与物权法》以登记为中心，紧紧围绕登记这一法律关系的基本要素，从理论上、实务上进行论证。对物权法中的一些争议性问题，结合实践，提出一家之言。对登记原理、物权要素、登记要素、登记效力、登记程序、登记实务诸方面的研究，形成一个有机的体系。既有理论的阐述，又有实践的指导，并有自己独到的见解。如认为土地使用权的实质是有期限的所有权；对于物权登记的效力，主张从物权变动的大视野（包括法律行为和非因法律行为）观察，追问：对于物权变动而言，究竟是"不动产物权变动须经登记而生效"，还是"因法律行为发生的物权变动须经登记而生效"？对于因法律行为发生的物权变动而言，究竟是"物权变动须经登记而生效"，还是"在某些特定情形，物权变动可以不经登记而生效"？物权变动的公示方法，究竟是单一的，还是多元的？对此给出了自己的答案；对于学界争论的究竟应由司法部门负责登记，还是由行政部门负责登记的问题，作者在考察我国深圳、上海、厦门、青岛等部分实行土地与房产一体化管理城市的管理模式的基础上，从登记机构的现状和实际出发，指出：登记机关与行使不动产行政管理权力的部门必须绝对分开，无论是由司法部门负责登记，还是由行政部门负责登记，其主要目的是割断与不动产行政管理部门的联系。进而提出整合现有资源，将原有的分散于各部门的相对独立的登记机构从原有的部门剥离，重新整合为"不动产登记局"。可以说，这是来自体制内的呼声，具有一定的操作性，值得立法机关借鉴。

本书资料翔实，立意新颖，观点鲜明，角度独特。以登记实务入手，既有较强的理论功底，又有较强的实践指导意义，对不动产登记法的制定有一定的借鉴作用。作者之一与我共事多年，从事房地产产权管理、交易管理工作多年，工作之余，对不动产登记的研究颇有心得，完成数十万字的文稿实属不易。尽管这种努力不一定能完全达到上述目的，其中的见解和论断也不一定都十分准确，但毕竟是一个很好的尝试。

有鉴于此，特撰数言，是为序。

第一章

不动产登记原理

不动产物权登记，就是将不动产物权变动的法律事实，记载于国家专门设立的不动产登记簿的过程或事实。[①] 对不动产物权登记的理论基础，在我国目前的立法中难以寻找答案。但随着我国物权法立法的逐步深入，不少理论研究越来越多地深入到不动产物权登记的方方面面。这些研究成果拓宽了学界的视野，丰富了我国不动产登记基础理论内涵，为我国已经完成的物权法立法和将要进行的不动产登记法立法提供了坚实的基础。

不动产登记主要研究物权变动的法理，其法理不仅涉及物权法的基本理论的方方面面，如物权法定原则、物权绝对性原则、物权公示原则、物权特定原则、物权区分原则以及物权行为理论等等，而且涉及人法、亲属法和继承法等方面，通过这些理论的研究能够更好地把握不动产登记的原理。

第一节 不动产登记制度简述

登记制度是维护经济秩序，保障交易安全的重要法律手段。不动产物权登记制度是不动产物权变动的法定公示手段，也是建立一国不动产交易秩序的法律依据。

物权公示对于市场经济秩序的建立和维护具有十分重要的意义，所谓"公示"，是物权法上对交付与登记的术语，即物权变动，必须以客观可以认定的方式向社会展示出来，从而获得社会的承认和法律的保护。这种"客观可以认定的方式"，在动产物权，以交付作为物权变动的方式；在不动产物权，以登记作为物权变动的方式。

众所周知，保护交易安全是物权法的立法原则之一，物权法制定的成败，

---

① 孙宪忠：《中国物权法总论》，法律出版社 2003 年版，第 183 页。

科学、合理与否，最重要的判断标准就是看它是否给交易安全提供了保障的手段。在不动产物权方面，物权法提供的保障交易安全的手段就是不动产物权登记。

一　占有与登记——公示原则的彰显

所谓公示原则，系指物权变动之际，必须以一定之公示方法表现其变动，始能发生一定法律效果之原则。因此，物权之变动，如未能依一定之公示方法，以表现其变动之物权内容，则物权变动之一定法律效果，即无从发生。

公示原则是物权法的基本原则之一，物权的绝对对世效力不仅要求对物权种类进行界定，而且也要求物权的具体种类和归属具有可识别性。为了实现物权的可识别性，公示原则发挥了作用。"民法区分绝对权与相对权的意义在于实现法律的调整，法律对绝对权关系必须采取权利法定原则，这一限制原则与绝对权可以对抗一切人的事实相联系。所有的绝对权关系必须公示，使得每个社会成员（在民事活动中）考虑到这些权利关系，避免侵犯他人权利。但这对于相对权关系来说却是不必要的，因为其效力仅限于当事人之间。"①

作为物权法的基本原则之一——公示原则，正是通过动产的占有与不动产的登记来彰显的。在实际生活关系中，物权在其外部常是可以认识的：谁控制了物，或者说谁"占有"了物，谁就是所有者。如汽车所有人驾驶汽车，土地所有人建造房屋。因此在一定的可能性上，可以由占有状态而推导出所有权的存在。法律就是以生活经验为其规范基础，并进一步予以类型化：在动产物权中"占有"是公示之手段，而在不动产物权中则由官方之记录——亦即"不动产登记簿"之登记——取代占有而充当公示手段。②

二　不动产物权登记

所谓不动产物权登记，系指经当事人申请国家专门机关将物权变动的事实记载在国家设定的专门的不动产登记簿上的事实或行为。③ 亦即：不动产登记是指登记申请人对不动产物权的设定、移转、变更和消灭在专门的登记机关依据法定的程序进行登记的行为。

---

① ［德］海因·克茨：《德国私法与商法》，第69页。
② ［德］鲍尔·施蒂尔纳：《德国物权法》（上册），张双根译，法律出版社2004年版，第61页。
③ 王洪亮："不动产物权登记立法研究"，载《法律科学》2000年第2期。

登记在法律上有一些基本的特征，即公开性、官方性和持久性。公开性，是指登记的内容应能够为人们所查阅，登记的内容都是公开的信息，而登记完成以后也意味着将登记的事实向社会公示、公开；如果登录、记载的事实属于不宜向社会公示、公开的，那也不构成登记。官方性，是指登记是由法律授权的国家专门机构所为，并且由于登记是一国家行为支持的公示手段，其登录、记载的事实具有唯一性、权威性，足以产生公信力。持久性，是指登记的内容能够永久保存，登记不仅是公示不动产的变动情况，还要对不动产的存续状况进行公示，因此登记的内容被持久保存。

三 不动产登记制度——广义的与狭义的

不动产登记制度是指一国根据自己国家的社会实际和法律渊源所构建的不动产物权变动的立法体例，因此又叫不动产登记体例。广义上的不动产登记制度涵盖了实体法和程序法的规定，主要包括登记的效力（如：登记生效主义、登记对抗主义……）、管辖（登记机关）、内容（如：不动产标示、所有权、他项权……）、方法（登记的形式、程序……）等事项。

狭义上的不动产登记制度仅是实体法的规定，主要包括登记的效力、顺序（顺位）和类型等，即不动产登记的基本制度。

就狭义的不动产登记制度而言，当今世界各国的不动产登记制度，源于三种基本的登记制度，即以法国为代表的"契据登记制度"，又称"法国登记制"或"登记对抗主义"；以德国为代表的"权利登记制度"，又称"德国登记制"或"登记生效主义"；以澳大利亚为代表的"托伦斯登记制度"，又称"澳大利亚登记制度"。

四 不动产登记制度——实体的与程序的

不动产登记制度就法律体系而言既属于实体法又属于程序法，广义上的不动产登记制度既涵盖了实体法，也涵盖了程序法。所谓不动产登记实体法，指规定不动产物权发生（变动）的实体权利义务的法律规范。所谓不动产登记程序法，指关于不动产物权按照什么样的程序设立、移转、变更和消灭的法律规范。

实体法的不动产物权登记制度主要由《民法典》（《物权法》）规定，《物权法》应该按照物权法定主义原则，明确规定法律认可的不动产物权类型，以及各种不动产物权的具体内容。其中涉及的规则主要为不动产物权变动的效力、顺序（顺位）和类型等，不涉及申请、审查等的程序，主要调整平等民事主体之间的关系。如《德国民法典》规定了登记对于不动产物权变动的决定效力、顺位制度、预告登记、登记推定力、登记公信力、更正登记、异议登记等。而《日本民法典》仅仅规定了登记的效力——对抗力。此外，《民法典》"物权编"以外的其他各编以及民法特别法也会有一些物权法的规范，如"亲属编"中关于夫妻财产、家庭财产的规范；"继承编"中关于物权移转的规范等。

程序法的不动产物权登记制度主要由《不动产登记法》（《土地登记法》）规定，物权变动的程序是依据相关的实体规范设置的，是不动产登记机关和物权人、利害关系人都要共同遵循的法律规范。《不动产登记法》按照物权公示原则，明确规定法律认可的不动产变动程序规范。涉及的是不动产物权如何办理物权设立、移转、变更登记等内容。其中规定的是登记的管辖（登记机关）、内容（如：不动产标示、所有权、他项权……）、方法（登记的形式、程序……）等事项，主要调整代表国家公共权力的登记机关和作为私人利益代表的当事人之间的关系。如德国《土地登记簿法》的结构依次是："总则"、"在登记簿中的记载"、"抵押、土地债务和定期金债务"、"申诉"、"特殊情况下土地登记局的程序"、"建立土地登记簿页"、"机器编制的土地登记簿"、"过渡规定和结束规定"。日本《不动产登记法》的结构是："总则"、"登记所及登记官"、"登记簿册及图式"、"登记程序"、"审查请求"、"罚则"。

简言之，实体的登记法解决的是：要使一项不动产物权变动生效，必须具备哪些条件；程序的登记法所规定的是：这项不动产物权变动，怎样在土地登记簿中办理登记。[①] 物权实体法的规定是对物权程序法的指导，物权程序法的规定是对物权实体法的实现。但二者的这种区分并不是绝对的，实际上实体法（物权法）中也包括程序性的内容，主要是有关登记的程序，它们是物权设立、变动、移转所必经的程序。如《德国民法典》第 1115 条就是关于抵押权登记的程序性规范。程序法中也涉及实体的规定，如日本《不动产登记法》中关于假登记、预告登记的规定就是涉及实体法的规范。

实体的与程序的不动产登记法，不仅相互补充，也相互交织。尽管如此，仍不能否定它们相互之间又具有独立性。登记程序法的规定，相较于登记实体法来说，在某些方面要更为严格，而在另一些方面却又较柔和。因此，忽视物权程序法，不仅会影响物权实体法规定的实效，也将导致物权法体系的欠缺。

---

① ［德］鲍尔·施蒂尔纳：《德国物权法》（上册），张双根译，法律出版社 2004 年版，第 274 页。

物权实体法必须和物权程序法结合起来，才能形成完整的物权法体系。

本书主要对广义的不动产登记制度进行探讨，既涉及程序法，也涉及实体法，但更侧重于程序法。

五　不动产登记之性质——私法还是公法

公法与私法的区分，是现代法律秩序的基础，是建立法治国家的前提。关于不动产登记之性质目前也是众说纷纭，主张私法者有之，主张公法者亦有之，也有认为既涉及公法又涉及私法。

主张私法者从登记的行为过程、登记所产生的效力、救济程序等方面进行了阐述，认为：在登记中，虽然也反映了国家对不动产交易的宏观调节和监控，但究其本质而言，登记仍应为私法上的制度。[①]

主张公法者则从不动产登记中主要的行为主体、利益平衡、法律效果等方面进行了阐述，认为：不动产登记属于一种公法上的行政行为，它体现了国家对不动产物权关系的干预，干预的目的旨在明晰各种不动产产权，依法保护物权人的合法权益。[②]

主张既涉及公法又涉及私法者从登记所肩负的公权与私权保障两个层面出发，指出：各国为此建立的登记制度不仅是为当事人确立的行为规则，而且日益成为社会管理的基本内容。[③]

亦有学者指出"实际上，由于登记法与当事人的私人利益、国家涉及不动产的公共利益紧密相关，不可能将之单纯地定性为私法或者公法，而是要糅合这两种属性，只不过，糅合的比例——以私法属性为主，以公法属性为主，还是两者对半——则要由立法者进行选择"。[④]

关于区分公法、私法的标准，约有三种学说：其一为利益说，即以规定国家利益者为公法，以规定私人利益者为私法；其二为意思说，即规定权力者与服从者的意思为公法，规定对等者的意思为私法；其三为主体说，即公法主体至少有一方为国家或国家授予公权者，私法主体法律地位平等。其中第三说为

---

① 参见孙鹏《物权公示论——以物权变动为中心》，法律出版社 2004 年版，第 148 页。

② 参见黄辉"中国不动产登记制度的立法思考"，载《北京科技大学学报》（社会科学版）2001 年第 3 期。

③ 参见孙鹏《物权公示论——以物权变动为中心》，法律出版社 2004 年版，第 148 页。

④ 崔建远：《我国物权立法难点问题研究》，清华大学出版社 2005 年版，第 363 页。

通说。①

　　按照通说的标准，我们认为登记实为公法也。不过我们这里讲的"登记"系指"不动产登记法"而言，也就是说，作为不动产登记的实体法——《物权法》——为私法；而作为不动产登记的程序法——《不动产登记法》——为公法。私法意义上的"登记"涉及的规则主要为不动产物权变动的效力、顺序（顺位）和类型等实体上的登记规则。"登记"即使作为一种行为，也不仅仅是私法意义上的。有学者认为，从登记行为过程看，"登记申请在性质上为不折不扣的私法行为"。② 但倘无登记机关之登记于登记簿上之行为，则登记如何完成？故德国学者认为"登记申请在法律性质上，为一项针对土地登记局的诉讼行为，而非法律行为性质的意思表示"。③

　　进一步分析，可以发现在一项不动产物权登记过程中，一般涉及两个法律关系，即在登记权利人与登记义务人之间产生的请求协助登记法律关系以及在登记申请人与登记机关之间产生的登记申请法律关系。而某些登记种类不存在登记义务人时，则只发生登记申请法律关系。请求协助登记法律关系基于登记上的"双方申请主义"而产生，如果登记义务人拒绝协助登记，则登记便无法进行。因此应明确当事人之间的请求协助登记法律关系，赋予登记权利人登记请求权，而登记义务人则负协助义务。请求协助登记法律关系在性质上是民事法律关系，登记当事人之间的行为均为民事行为，故为私法上的规范。

　　登记申请法律关系是指在登记申请人与登记机关之间产生的以完成登记为目的的权利义务关系——登记申请人享有登记申请权，登记机关负有将申请人的不动产物权进行正确登记的职责。登记申请法律关系在性质上是"有关不动产的民事权利的救济权能的表现，是一种类似于获得司法保护的权利……是公法上的活动，所以不宜归入私法关系而是一种司法救济保护关系"。④ 对此，我国学者王利明教授认为："就登记而言，其本身并非民事行为，而是行政行为。"⑤ 于海涌博士也认为："必须强调指出的是，尽管登记确认行为对民事权利具有直接的影响力，但登记并非民法上的民事法律行为，而是具有国家意志性

　　① 王家福："关于社会主义市场经济法律制度建设问题"（全国人大常委会法制讲座第五讲讲稿），《人民日报》（网络版）2001 年 7 月。

　　② 参见孙鹏《物权公示论——以物权变动为中心》，法律出版社 2004 年版，第 149 页。

　　③ ［德］鲍尔·施蒂尔纳：《德国物权法》（上册），张双根译，法律出版社 2004 年版，第 306 页。

　　④ 朱凯、邱烈飞："论不动产物权登记的法律关系和效力"，载《中美物权法的现状与发展》，清华大学出版社 2003 年版，第 202 页。

　　⑤ 王利明：《物权法研究》，中国人民大学出版社 2002 年版，第 144 页。

的公法行为，准确地说，登记行为是公法上的行政确认行为。"① 我国台湾地区学者谢哲胜先生指出："不动产之登记是地政机关依土地法和土地登记规则所为之公法行为，却被认为是私法上物权行为之一部分，这不仅逾越公私法之界限，而将地政机关公法行为，视为私法上当事人意思自主法律行为之一部分，更是不伦不类。"②

私法意义上的登记请求法律关系应在实体法——《物权法》中规定，公法意义上的登记申请法律关系应在程序法——《不动产登记法》中规定。公法意义上的登记之所以为公法，可以从几方面看：

首先，其主体的一方不论为司法机关或为行政机关，都是国家授予公权者，调整代表国家公共权力的登记机关和作为私人利益代表的当事人之间的关系，而不是调整平等主体之间的关系，显然符合"公法主体至少有一方为国家或国家授予公权者"之标准。

其次，如前所述，作为程序的登记法所规定的是：这项不动产物权变动，怎样在土地登记簿中办理登记，而不是不动产物权变动生效所必须具备的条件。即规定的是当事人在登记中应遵循的规则，而不是当事人之间应相互遵循的规则。日本《不动产登记法》计 159 条，几乎找不到一条对当事人之间关系的规则，其私法的意义何在？

最后，从不动产登记救济的方式看，主要是行政复议与行政诉讼。如日本《不动产登记法》的"审查请求"近似于行政复议；而我国的实践中，登记行为一般被视为行政行为（如针对登记机关的诉讼为行政诉讼）。而且登记机关的过错行为是由国家负赔偿责任，如"依德国《基本法》第 31 条并《民法典》第 839 条，在土地登记法官、司法官以及其他土地登记官员违反其职责时，由国家（州）承担责任"，"因土地登记官员之过错，引起登记工作错误，并导致一方当事人受损害者，则通过国家责任而对此提供——金钱给付方式的——补偿。若登记官员违反职责之行为，具有故意或重大过失，则国家对登记官员享有追诉权。"③

由此可见，《不动产登记法》为公法当无疑义。一部分学者之所以主张登记为私法，我们认为主要是针对我国目前的不动产登记管理模式的反对。在我国，

---

① 于海涌：《论不动产登记》，法律出版社 2007 年版，第 214 页。
② 参见谢哲胜《财产法专题研究》，台湾三民书局 1995 年版，第 96 页。
③ ［德］鲍尔·施蒂尔纳：《德国物权法》（上册），张双根译，法律出版社 2004 年版，第 282—283 页。

不动产登记长期被作为单纯的国家对不动产进行行政管理的有效方式，而学界对此无不表示反对。但应当看到，造成这种局面的原因主要是立法上的问题，由于我国长期没有《物权法》，对于不动产登记的规定主要分散体现在部门法和行政法。而这些立法过多体现了部门意志和部门利益，并且不区分实体法与程序法，更谈不上区分公法与私法了。解决的办法就是要建立物权的法律体系，明确：《物权法》作为实体法，主要规范私法方面的内容；《不动产登记法》作为程序法，主要规范公法方面的内容。而不应矫枉过正——凡涉及登记都属私法。

第二节　登记制度沿革

一　近代不动产制度缘起——普鲁士法与法国法

尽管许多民法制度都起源于罗马法，但不动产登记制度恰恰相反，并非起源于罗马法。罗马法最初对所有权的移转注重形式，要求采用曼兮帕蓄（Mancipatio）和拟诉弃权（Injure cessio）①。以后逐渐采取了占有移转或交付（Traditio）的方式，于是所有权必须依交付而移转。罗马法的占有（Possessio）一词，意思是指坐在土地之上或密切接近于土地。而在古代的英国，方式也是类似的：一个所有者将土地卖给他人时，就在被移转的土地上举行一个公开仪式，以标志土地的转让。原先的土地所有者，当着公证人的面，在仪式上把地产上的一块土和一根枝条作为产权让渡证书交给新的所有者。然后，出席仪式的成年人痛殴一名目睹了移交土地和枝条的孩子，严厉的毒打使孩子终生难忘。这样，通过孩子受惊挨打，这项移转的一个活记录就产生了。②

而这种公示的方式显然不符合日益发展的不动产移转的要求。到后来，倒是日耳曼法进一步发展了交付制度，要求当事人在让与土地所有权时，在证人

---

①　所谓曼兮帕蓄，即要式买卖，是专门针对要式物的最富有特色的形式，以至在它被适用于略式物后，它本身不再具有任何意义。在这种形式中，卖主有义务保证物的所有权，如果卖主出卖的物不是他自己的，则退还双倍的价款，这种保证叫做"Auctoritas"（合法性），有关诉讼叫做"合法性之诉"。所谓拟诉弃权，是在执法官面前进行的转让，它采取要求返还诉的形式，转让者（即虚拟的请求人）在诉讼中不提出异议，因而虚拟的诉讼在"法律审"中完结。拟诉弃权是转让要式物和略式物的共同方式，但是一般来说，对于要式物在古典法时代很少使用。参见［意］彼德罗·彭梵得《罗马法教科书》，黄风译，中国政法大学出版社1992年版。

②　罗伯特·考特、托马斯·尤伦：《法和经济学》，上海三联书店、上海人民出版社1994年版，第206页。

面前不仅要缔结让与契约，而且也必须为物的移转行为的表象行为，让与合意与交付行为构成土地所有权让与的条件。其后此种交付逐渐为以文书代替象征物的交付，将记载了当事人让与合意的文书交付给受让人，便可以完成交付行为。[①] 我国台湾地区学者史尚宽先生认为，现代的登记制度正是在该文书交付的基础上发展起来的。

根据学者的一般看法，登记制度开始于 12 世纪前后德国北部城市关于土地物权变动须记载于市政会所掌管的都市公簿（Stadtbuch）上。据布兰尼兹（P. lannitz）记载，约在 1135 年，科隆尼亚（Colonia）市[②]有了有关土地交易情况的档案，12 世纪开始由自治市保存档案。但此后这一制度因德国大规模继受罗马法而在多数地方被废止，仅个别地方略有采用。[③] 直到 18 世纪，由于农业金融的需要以及商业的发展，不动产抵押成为那个时代交易之典型，由于抵押权以抽象支配标的物为特质，其存在并不伴随外在的征象，迫切要求在法律上为其创设一种公示方法，于是日耳曼古法的交易惯例逐渐演变为权利登记，在普鲁士邦和法国开始恢复了土地抵押权登记制度。

一般认为，普鲁士 1722 年的《抵押与破产法》、1783 年的《一般抵押法》，系德国法系登记制度之滥觞；而法国 1795 年抵押法关于登记的规定，则为法国法系登记制度的先驱。[④] 无论在法国或者德国，近代不动产登记制度的确立，虽然经历过不同的曲折的过程，但抵押权登记制度的建立，却都是不动产登记制度之建立的基本前提。[⑤] 即登记制度始于不动产抵押权，但已成为近代不动产物权的共同公示方法。而随着登记制度的产生，表明国家权力已经介入到市场交易中来，同时也弥补了在不动产的交易中占有移转不具有较强公示性的缺陷。

二　我国不动产登记制度沿革

我国自周朝开始形成了土地管理制度，唐代以后，又有立契、申碟或过割制度。南宋时创设一种名为"砧基簿"的文书，类似于现代的不动产登记簿，双方当事人欲买卖房屋田地等不动产，必须到官府"批凿砧基簿"方为有效（此"批"确实具有现代登记之效力，第三人可到官府核对砧基簿，以免上当受

---

① 史尚宽：《物权法论》，中国政法大学出版社 2000 年版，第 22 页。
② 即科隆，科隆在罗马时代叫科隆尼亚（Colonia），意为殖民地。
③ 谢在全：《民法物权论》（上），台北，1989 年版，第 59 页。
④ 陈华彬：《物权法原理》，国家行政学院出版社 1998 年版，第 161 页注 1。
⑤ 尹田：《物权法理论评析与思考》，中国人民大学出版社 2004 年版，第 244 页。

骗，而买受人也在"批凿"后始取得所有权）。明太祖时更设有鱼鳞图册来登记田土，但其主要目的均在于征收赋税，次要目的才是供质证以杜绝争端①。因此，其并非为以公示为目的的登记制度，有别于现代确定产权、保障私人权益为目的的不动产登记制度。可以说，我国在民国以前并没有真正形成以公示为目的的登记制度，直到 20 世纪初，我国开始借鉴西方发达国家的法制，私法内容逐渐凸显。1922 年，北京当局颁布《房地产登记条例》，建立了以公示为目的的不动产登记制度；该条例采取契据登记制度，但因政局混乱，未能实施。1929 年国民政府颁布民法物权篇，关于不动产登记采德国的权利登记制；1930 年，又颁布《土地法》，规定要对土地及地上定着物进行登记；1946 年公布《土地登记规则》，建立了兼采权利登记主义及托伦斯登记主义的登记制度，现在施行于我国的台湾地区。

新中国成立以后，我国根据 1947 年颁布的《中国土地法大纲》及 1950 年颁布的《中华人民共和国土地改革法》的规定，开展了土地改革运动。在土地改革中，对农村的土地实行了清丈、划界工作，由人民政府向农民发放土地证。在城市，则逐步开展了土地—房产登记工作。20 世纪 50 年代初期，由于我国土地仍是私有制，登记主要以土地为主，但对城市房屋也实行了登记制度，并由人民政府颁发土地所有权证和房屋所有权证。但自社会主义改造后，大量房地产收归国有，私有不动产交易极少，不动产登记工作逐渐放松。在随后相当长的时期，土地房产登记制度废弛，权利的变更往往以契代证。至"文化大革命"，土地房产管理完全遭到破坏，机构被撤销，登记制度被废弛。

改革开放以后，于 20 世纪 70 年代末 80 年代初，全国各地先后恢复了房屋登记制度，并建立健全了房地产管理机构。而 20 世纪 80 年代中期设立了土地管理部门以及随后的土地使用制度改革与住房制度改革，使房地产交易不断活跃，有关登记的法律法规也渐次颁行。但由于我国实行土地与房屋分别管理的体制，不仅登记机关不同，其法律依据也不尽相同：

在房屋登记方面，有 1983 年国务院颁布的《城市私有房屋管理条例》、1987 年城乡建设环境保护部制定的《城镇房屋所有权登记暂行办法》、1990 年建设部发布的《城市房屋产权产籍管理暂行办法》。1994 年，全国人大常委会先后制定并发布了《城市房地产管理法》和《担保法》。前者就城市房地产的权属登记从管理的角度作了简要规定，并首次以法律的形式确立了国家实行土地

---

① 谢在全：《民法物权论》（上），台湾五南图书出版公司 1989 年版，第 59 页。

使用权和房屋所有权登记发证制度，并对其主要运作程序作了规定；后者就房地产的抵押权登记问题作了规定。但二者的规定均过于简单，并没有确立完整的房地产登记制度。1997 年，建设部根据《城市房地产管理法》制定并发布了《城市房屋权属登记管理办法》（2001 年修正）。该办法就城市房屋的权属登记作了比较具体的规定，但是，该办法只局限于对城市规划区内国有土地上房屋权属登记。

就土地登记制度而言，1986 年通过的《土地管理法》标志着我国土地管理真正进入有法可依的历史阶段。为建立土地登记制度，维护社会主义公有制，保障土地使用者和土地所有者的合法权益，1989 年国家土地管理局以《土地管理法》为依据，制定了《土地登记规则》（1996 年修正）。该规则就国有土地使用权、集体土地所有权、集体土地使用权及土地他项权利的登记进行了规定。

尽管如此，与法治和市场经济的客观要求相比，我国现有的登记制度仍然很不完备，真正以公示为目的的登记制度还未形成。《城市房屋权属登记管理办法》和《土地登记规则》也仅仅是部门规章，不仅法律层次低，而且分别登记土地与房屋，无法构建统一的登记制度。因此，完善登记制度，颁布统一的登记法律，是我国物权立法所要解决的重要课题。

第三节 各国登记制度

当今世界各国的不动产登记制度，源于三种基本的登记制度，即"权利登记制度"、"契据登记制度"、"托伦斯登记制度"。[①]

一 权利登记制度

权利登记制度，又称"德国登记制"或"登记生效主义"。除德国外，瑞士、奥地利、匈牙利等国也采此制。

德国登记制度之特色：1. 登记（Eintragung）为土地物权变动之效力发生要件。即土地物权之发生变动效力，除当事人之合意外，尚须登记；2. 登记采用实质审查主义——登记机关在登记时有审查不动产物权变动实质关系之权限；[②]

---

① 参见史尚宽《土地法原论》，台湾正中书局 1975 年版，第 58—59 页。
② 不同意见参见孙宪忠《中国物权法总论》，法律出版社 2003 年版，第 225—226 页。后文将有论述。

3. 登记有公信力，即登记簿上之事实，纵实体法上不成立或无效，不得以其不成立或无效对抗善意第三人，而视为实体上有效；4. 登记簿的编成采"物之编成主义"（Prinzip des Reaifoliurns），即以不动产标示构成内容，依土地地籍编成之；5. 登记物权之静的状态，即于登记簿不记入物权的变动事实，只记入物权的现在状态。

二　契据登记制度

契据登记制度，又称"法国登记制"或"登记对抗主义"。除法国外，意大利、日本、比利时、西班牙等也采此制。

法国登记制度的特色：1. 登记为物权变动对抗第三人之要件，即物之变动，依当事人的合意发生效力，登记不过为已发生的物权变动对抗第三人的要件；2. 登记采形式审查主义——登记机关于登记时只得为形式的审查，对于物权变动更无实质的审查的权限；3. 登记无公信力，故登记事项，实质上不成立或无效之时，其不成立不得以之对抗善意之第三人；4. 登记簿的编成采"人的编成主义"（Prinzip des Porsonen foliuncs），即不以不动产为标准，而以权利人为标准编成之；5. 登记物之动的状态，即不仅登记物权之现在状态，而且登记物权之变动。

三　托伦斯登记制度

托伦斯登记制度（Torrensp's system），又称"澳大利亚登记制"。此制度为澳大利亚托伦斯爵士（Sir Robet Torrens）所创，1855 年始行于南澳洲。除澳大利亚外，加拿大、菲律宾、美国加利福尼亚等十余州等也采此制。

托伦斯登记制度之基本精神与权利登记制相同，其主要特色如下：1. 初始登记一定不动产时，不动产登记局依一定的程序，经查确定其不动产的权利状态后，制成记载此权利状态之地券两份。一份交与所有人，一份保存，依物的编成主义，编入登记簿；2. 不动产移转之时使用一定的官制用纸或转让证书，存于登记局。登记官经审查以后，记入权利的移转于登记簿，让与证书存于登记局，对于受让人交付新地券，成为背书之原来地券；3. 不动产设定抵押权时应依一定的形式，作成抵押书二份，连同地券，提交于登记局，登记审查后，记入于登记簿及地券，返地券于债务人；4. 不动产物权之变动，非登记于登记簿不生效力；5. 其登记官有实质审查的权限；6. 登记有公信力；7. 在登记的权利人缴纳的费用中，设立一项保险基金，以赔偿因错误登记而导致所有权人所蒙受的损失。可以说是以"登记生效主义"为基础并略加修正而已，就其性质而言，仍属"登记生效主义"。

四 各国登记制度的启示

通过三种登记制度之比较，可以发现：首先，各国不动产登记制度都是以本国的民事基本法律为基础，并辅之以单行的不动产登记法，不仅设计合理、体系完整，而且保留着本国的立法传统，体现出民族特色。其次，各国不动产登记往往实行房地合一的登记体制。虽然各国不动产登记对象是以土地为主，但西方国家的不动产登记法理认为建筑物与其附着的土地是紧密联系在一起的。[①] 因此，这些国家的不动产登记，基本上名为土地登记，实际是土地及地上附着建筑物的一并登记。最后，各国不动产登记实行城乡统一管理。在许多国家，所有的土地无论是繁华的闹市，还是人烟稀少的穷乡僻壤，一般都按统一的标准由不动产登记机构办理登记，以建立统一、完整的不动产登记体系。

我国台湾地区兼采托伦斯及德国登记要件主义，香港地区采契约登记主义，此与内地登记制度不同。有学者认为我国现行的不动产登记制度兼采托伦斯及德国登记要件主义[②]，也有学者认为，我国目前立法受转型社会的影响，其行政管理倾向较为明显，保障交易安全功能不足，主要是德国登记要件主义规则，如登记生效主义、物的编成主义、登记的公信力等，其制度基础是国家干预。但并未建立地券、赔偿储金等制度，故不具有以自由主义为基础的托伦斯登记制度的特色[③]。还有学者认为我国立法过去一向采纳登记要件说，认为不动产物权的取得、消灭和变更，非经登记，不能产生法律效力[④]。例如，《担保法》第41条规定："抵押合同自登记之日起生效。"建设部《城市房屋产权产籍管理暂行办法》第18条规定："凡未按照本办法申请并办理房屋产权登记的，其房屋产权的取得、转移、变更和他项权利的设定，均为无效。"但在学术界，学者们对登记要件说大都持批评意见[⑤]。

物权制度具有很强的民族性、固有性，物权登记制度亦不例外。我们认为其实由于在我国并未真正形成以公示为目的的登记制度，所以登记只是长期作

---

① 赵鹏越："借鉴国际经验改革我国不动产登记制度"，载《改革与战略》1999年第1期。
② 梁慧星主编：《中国物权法研究》（上），法律出版社1998年版，第204—205页。
③ 王洪亮："不动产物权登记立法研究"，载《法律科学》2000年第2期。
④ 佟柔主编：《中国民法》，法律出版社1990年版，第248页。
⑤ 王利明："试论我国不动产登记制度的完善"，载《求索》2001年第5期。

为单纯的国家对不动产进行行政管理的有效方式。现行登记制度规定的"有效"、"无效"也不是物权意义上的"有效"、"无效"。我国正处于转型时期，不动产交易日趋活跃，物权法负有整理旧物权和确定、稳定物权关系的使命，登记制度是完成这一使命的重要工具。各国大都有单行的不动产登记法，我国长期以来不动产登记并无统一的登记法，不动产登记为部门利益所左右，造成登记依据的不统一，登记机关的不统一，登记程序的不统一，登记效力的不统一，登记簿册的不统一。因此，创设一种符合我国特色的不动产登记制度成为当务之急。

第四节　不动产登记制度的功能

一　建立不动产登记制度的目的

如前所述，现代的登记制度是在不动产契据文书交付的基础上，因应农业金融的需要以及商业的发展而形成的。但法律上为何要设立不动产登记制度，登记的目的是什么，这是一个值得探讨的问题。关于登记的功能问题，我国学者一般认为，不动产登记的主要目的在于公示，也就是说，通过登记将不动产物权的设立、移转、变更的情况向公众予以公开，公众了解某项不特定的不动产上所形成的物权状态①。德国物权理论也主张登记的主要目的在于公示，"通过登记，可以使土地上的物权关系进行公示"②，"土地登记簿所实现的，是土地物权法中公示原则"③。即：不动产物权的变动通过登记，使潜在的交易当事人能清晰地识别标的物上的权利内容。

二　建立不动产登记制度的法理依据

物权变动为什么需要公示？不动产物权变动为何必须登记？

首先，是由物权法定原则所决定的。物权法定原则是指物权的种类及内容等均由法律明确规定，当事人不得任意创设新物权或变更物权的法定内容之原则。由于物权具有排他性，是民事权利中效力最强的权利，所以也必须是社会公认的权利而不是当事人私自认定的权利，不能允许当事人随意创设物权。根

---

① 王利明：《物权研究》，中国人民大学出版社 2002 年版，第 199 页。
② ［德］沃尔夫：《物权法》，吴越、李大雪译，法律出版社 2002 年版，第 217 页。
③ ［德］鲍尔·施蒂尔纳：《德国物权法》（上册），张双根译，法律出版社 2004 年版，第 275 页。

据物权法定原则：一是物权的种类法定，当事人不得随意创设法律所不认可的新类型的物权；二是物权的内容法定，当事人不得创设法律与法定物权内容不符的物权；三是物权的公示方法法定，非依法定公示方法所为的物权变动，不为法律所承认或不能对抗第三人，只有满足法律规定的公示方法才能设定物权。不能允许当事人通过契约自由创设物权，即使当事人之间存在协议，该协议也只能在当事人之间生效，不能对抗第三人。物权法定与公示原则具有结构上的必然联系：物权法定固定了我们所能设定的物权类型与内容，指向客观存在的权利；物权公示则指向我们实际享有的主观权利，它通过具体外观向世人展示特定权利主体与特定物之间的直接联系，并以此沟通具体的主观权利与物权法，最终落实物权法定原则。

其次，是由物权绝对性原则所决定的。物权绝对性原则是对物权的全部特性的至高抽象（广义而言），或者说物权绝对性原则是指物权的绝对性和对世性（狭义而言）[①]。物权是一种对物直接支配的权利，具有强烈的排他性与对世性，并直接关系到第三人的利益和交易安全。物权的绝对对世效力不仅要求对物权种类进行界定，而且也要求物权的具体种类具有可识别性。这种"可识别性"正是通过公示来彰显的。公示为物权对世效力的源泉[②]，物权一旦经过公示，则人们有合理的理由相信那些物权已经设立。当事人如通过合同约定设定某种物权，但尚未进行交付或登记，就没有完成公示的要求，则人们可以认为此种物权并没有产生。由此，"公示原则于微观上通过提供公开、统一、法定的信息，指引当事人确认权利实象，提高物权变动的效率，降低社会成本。在宏观上，公示原则为国家对房屋土地等重要资源实行有效控制与管理提供了条件。从法学技术层面来考察，公示原则于物权变动中维护着物权排他性、对世性等基本特性，排除双重买卖、一物多权现象的发生"。[③]

最后，是由不动产自身特性所决定的。不动产与动产具有不同的特性决定了其不同的公示方法，由于不动产具有较高的稀缺性，其上形成的利用层次与交易关系远比动产复杂，如果将证明与调查权利真实性的义务完全配置给当事人，就可能会因为交易费用过高而严重影响物的利用效率，由国家控制的经由

---

① 参见刘保玉《物权体系论——中国物权法上的物权类型设计》，人民法院出版社 2004 年版，第 55 页。

② 高富平：《物权法原论》（中），中国法制出版社 2001 年版，第 543 页。

③ 孙毅：《物权法公示与公信原则研究》，载梁慧星主编《民商法论丛》第 7 卷，第 464 页。

合理程序操作的登记机制却没有这样大的外部性。[①] 通过登记的推定，不动产物权状态将一目了然。与不动产相比，动产数量多得多，在理论上可以无限增加，因而稀缺性较低，其上的利用层次与交易关系也相对简单，如果它也采用登记外观，所增加的交易费用就会抵消所带来的交易安全的积极意义，因而法律将占有作为动产物权的外观，并推定占有者为所有权人。故不动产登记和动产占有是根据经济生活与交易实践，经由历史发展，而由法律选定的典型物权外观。

三　不动产登记的主要内容

不动产登记的目的是通过登记，使潜在的交易当事人能清晰地识别标的物上的权利内容。具体地说，不动产的登记就是向公众公示不动产之本身的状态（即标示，包括面积、位置等）与不动产物权的变动情况（即物权的设立、移转、变更和消灭等），以及不动产上所成立的负担情况等。

1. 不动产之本身的状态。不动产之状态指用文字（图、表）反映一宗或数宗不动产的状态情况。包括不动产的位置、权属、界限、面积和用途等基本情况。

对不动产的界定指的是在外观上可以清楚界定，并以某种方式加以利用或经营的土地及其地上建筑物。但物权法中的不动产概念除了"土地，附着于土地的建筑物及其他定着物、建筑物的固定附属设备为不动产"外，更重要的是法律意义上的界定，即是一种纯形式的界定。这种界定，以对不动产之官方记录（地籍册）为基础；同时此种界定自身又成为以不动产在不动产登记簿中进行登记的基础。因此，"法律意义上的土地，是以地籍块方式进行测量与标记的，并在土地登记簿中以'土地'进行登记的——如建立专门的土地登记簿簿页，或在共同登记簿簿页中置于专门的号码之下——地球表面的一部分"。[②]

2. 物权的设立（取得）。不动产物权的设立或产生，是指物权与特定主体相结合，即某一主体取得对某物的物权。不动产物权的设立或产生，从获得物权的主体而言，又称物权的取得。物权的取得包括原始取得与继受取得两种情况。不同的取得其具体方式和效果也有不同。除了极少数法定物权以外，不动产物权取得都以公示为条件，公示方法一旦不存在，则不动产物权制度也就不

---

① Vgl. Walz, Sachenrechtliches Systemdenken im Wandel, KritV, 1990, Heft 4, S. 385.

② ［德］鲍尔·施蒂尔纳：《德国物权法》（上册），张双根译，法律出版社2004年版，第284—285页。

存在。通过公示，公众可以了解物权的有无。

3. 物权的移转。物权的移转是指已经存在的物权在民事主体之间的流转，即某一物权从一个权利人转移至另一个权利人。而物权的移转也是通过公示体现出来的。如果某个物权虽然已经发生移转，但没有通过公示予以显示，则在法律上并没有真正完成物权的移转。从法律效果来看，只要作为公示内容的物权现状没有变动，便可以视为物权移转未曾发生。反之，如果登记簿记载的某项物权已经发生移转，而事实上并没有移转，但在法律上则认为物权已经发生移转。通过公示，公众可以了解物权的动态。

4. 物权的变更。物权的变更从广义上说，包含物权的主体、客体和内容等要素的一项或数项的变更。但主体的变更主要涉及物权的取得与丧失，故物权法上的物权变更通常指狭义的变更，即仅指物权的客体与内容的变更。客体的变更如建筑物的增减、用途的改变等，也需通过公示，使公众了解不动产物权客体的真实情况。

5. 物权的消灭。物权的消灭是指物权的终止或丧失（包括标的物的灭失），即物权与其主体分离。当某一项物权由于某种原因消灭时，应当将不动产物权在不动产登记簿上注销。即通过公示，阻止此类物权再进入交易市场。

6. 物权的负担。[①] 物权的负担是指在一项不动产之上设立的其他物权（如设立抵押权、用益物权等），导致该不动产权利人的权利行使受到相应的限制，故也称物权的限制。登记提供给社会的法律讯息为全面的讯息，当然也可能包括对其不利的内容。在德国法中，登记中就有对权利人不利的内容，如"异议抗辩登记"、"权利限制登记"等等。这样做的目的，是为社会作不动产风险的警示，让社会尤其是不动产取得人了解不动产的全面情况，然后自己决定是否与登记的权利人进行有关的法律行为。这一点在不动产抵押制度中显得非常重要。因为，依据民事权利意思自治的原则，法律对抵押权人对自己是否成为抵押权人以及成为第几顺位的抵押权人的事宜无权做出禁止性规定；那么在抵押物之上如果已经存在着顺位优先的抵押权，或者顺位优先的其他物权如用益物权时，抵押权人权利的取得要么实现困难，要么很不经济。但是如果不动产登记簿已经给抵押权取得人提供了足够的警示，使其了解了设立后序顺位抵押权的风险，这就为其判断形势并做出决定提供了充分而有力的帮助。公示的警示

---

① 物权的负担是就所有权角度而言，从物权的角度看，物权的负担也属物权变动，即他项权利的设立、移转、变更和消灭等。

效力的作用就在于此——通过公示，可以向公众发出警示。

7. 物权的处分限制。物权的处分限制是指于一定范围内限制登记名义人任意处分其不动产之权利，以保全将来可能实现之不动产权利。如一般的处分禁止、查封、扣押、破产记载，等等。限制登记并不直接导致物权变动，只是限制了登记名义人处分其不动产的权利。广义上的限制登记包括异议登记、预告登记、查封登记、扣押登记、破产登记，等等。狭义上的限制登记主要指查封、扣押、破产等。在我国现行登记制度下，权利人最常接触的主要是民事诉讼中的财产保全，即由法院在执行中实行的查封。

值得注意的是，在奉行登记生效主义的国家，通常只对依法律行为发生的不动产物权进行登记，对非法律行为产生的不动产物权则不要求登记。而在奉行登记对抗主义的国家，则不仅要求对依法律行为发生的不动产物权进行登记，对非法律行为产生的不动产物权也要求进行登记。就我国现行登记制度而言，也是要求对这两类物权都进行登记。

第五节　不动产登记的作用

登记制度是维护经济秩序，保障交易安全的重要法律手段，公示对于市场经济秩序的建立和维护具有十分重要的意义。对于登记的作用，有不同的表述。如王利明先生将登记（公示）的作用归纳为：确定物权归属、解决物权冲突的作用，保护交易安全和维护交易秩序的作用，减少交易费用和提高效率的作用，实现国家对不动产交易的宏观调节和监控的作用。① 而德国的鲍尔·施蒂尔纳先生认为"土地登记簿之登记，具有三项作用：转让作用、推定作用、善意取得作用"。② 其实各有道理，只是出发点不同而已。鲍尔·施蒂尔纳先生归纳的是登记之内在的、客观的作用；而王利明先生主要从社会角度出发，抽象出维护交易秩序与降低交易成本的作用。具体来说，登记的作用主要表现在：

第一，转让作用，即法律对物权变动模式的规定。通过登记，可以决定物权的变动是否发生或是否具有对抗第三人的效力——物权的形成力与对抗力。

对于公示对抗主义登记制度而言，登记赋予物权的对抗力——未经登记的物权变动不得对抗第三人，在这一模式下，登记不具有形成力，而只具有对抗

---

① 王利明：《物权法研究》，中国人民大学出版社 2002 年版，第 202—203 页。
② ［德］鲍尔·施蒂尔纳：《德国物权法》（上册），张双根译，法律出版社 2004 年版，第 61 页。

力；对于公示生效主义登记制度而言，登记赋予物权的形成力——未经登记不能发生物权变动的法律效果，在此模式下，登记具有形成力。

总之，无论采何种模式，通过登记才可以决定物权的变动是否发生或是否具有对抗第三人的效力。由此而确定物权归属，解决物权的冲突。同时，设立登记不仅可以彰显物权的变动，而且有助于解决物权的冲突，就是说在同一物之上存在着两个或两个以上的、在内容上相互矛盾的物权时，应当以登记的时间先后来确定应当确认和保护哪一项物权。

第二，推定作用，即法律对登记效力的规定。登记在土地登记簿中的权利人，推定其为事实上的权利人。由于物权的设立应当登记，通过登记就能确定某项物权的归属，登记簿记载的权利人实际上就是对物权的归属在法律上的确定。也就是说，凡是登记簿所记载的权利人，就是法律所承认的享有权利的人。即使登记发生错误，在登记没有更改以前，也只能推定登记簿记载的人为真正的权利人，不动产登记所表现出来的物权对第三人而言也应该被认为是正确的。其体现的是法律真实观念，而不是客观真实观念，因为登记是以国家行为支持的物权公示手段，其法律效果当然为社会所普遍信服。

第三，善意取得作用，即对信任不动产登记簿记载的权利为正确权利而取得该项权利的第三人，法律认可其权利取得有效而予以保护。按照法律逻辑，权利取得仅在让与人为有权利之人时，才允许发生。但这又会有碍权利交易与经济生活的运行。因为取得人每次都必须去查明与其交易者是否是真的"权利人"，这显然会带来巨大的有时甚至是无法克服的困难。因此，法律的设计承认自无权利人处善意取得的可能性。但是这种善意取得必须有所依据，而这种依据就是土地登记簿中的实际状态。当登记发生错误时，则不应不利于信赖土地登记簿登记状态的取得人。

第四，维护交易秩序与降低交易成本的作用。基于上述登记的作用，我们可以得出登记实际上是为了维护交易秩序与降低交易成本的结论。交易实际上是物权的移转，为了使这种移转正常进行，防止移转中的欺诈等行为，就必须使交易双方充分了解交易客体的权属状况，了解物权状况的各种信息，包括权利人是否真正享有物权、物权的负担状况如何、物权的存续期限等等。只有在了解了这些情况的基础上，当事人才能决定是否从事交易或者交易以什么样的价格达成。如果不充分了解这些信息，不仅使交易受阻或交易成本增加，而且会给交易欺诈行为提供机会，扰乱交易秩序。在日益发展的市场经济条件下，交易安全与效率具有十分重要的意义。

在不动产登记制度下，与特定物权发生关联的交易当事人或潜在的交易当事人，在交易中只需要关心物权有没有登记以及登记的内容如此简单的问题足矣。而不必费尽心机去关心登记是否正确或登记的权利是否存在等所谓"恶魔证明"。不动产登记法律不仅为交易当事人提供了极大的方便，而且使交易当事人从繁琐的征询、调查中解放出来，极大地降低了征信成本，交易因此变得活跃而迅捷。交易的安全与效益有机地整合在一起，从而维护了市场的交易秩序。

第六节　登记的公信力

不动产登记簿不仅仅是具有记录性特征的登记。如果仅仅为了记录，则实在是辜负了为设置土地登记而投入的大量资金，以及为细致入微的登记工作所付出的精力。故而，土地登记簿还必须有助于权利交易之进行，它必须享有权利表象作用，或者说——如同我们所称——具有推定效力与善意取得效力。换言之，因为恰恰在其内容为不正确或可能不正确时，土地登记簿具有特别重要的功能与意义。[①] 此种特别重要的功能与意义就是不动产登记簿的公信力。我国《物权法》第十六条规定的"不动产登记簿是物权归属和内容的根据"，可以说体现了这一原则。

一　公信力——推定效力与善意取得效力

前面提到的推定效力与善意取得效力，就是所谓登记（公示）的公信力。在我国，目前学界通说认为公信也是物权法的原则，将公示、公信原则并列作为物权法的基本原则之一[②]。有学者认为物权的公示，不仅是决定物权变动能否发生或能否产生对抗力的依据，而且法律还确认依法公示出来的物权状况，具有使社会一般人信赖其正确的效力，主张公示原则涵盖公信原则[③]。如前所述，德国的学者认为"土地登记簿之登记，具有三项作用：转让作用、推定作用、善意取得作用"。可见公信力是公示原则的内涵，为公示原则所涵盖。沃尔夫先生也认为公信力为土地登记簿之登记所体现，将公信力置于公示原则之下[④]。我们赞同后一说。

---

① ［德］鲍尔·施蒂尔纳：《德国物权法》（上册），张双根译，法律出版社2004年版，第488页。
② 王利明：《物权法研究》，中国人民大学出版社2002年版，第86页。
③ 刘保玉：《物权法》，上海人民出版社2003年版，第166页以下。
④ ［德］沃尔夫：《物权法》，吴越、李大雪译，法律出版社2002年版，第246页以下。

所谓公信力，是指对于因信赖虚假公示而为物权变动的主体，将公示的权利关系按真实的权利关系处理，使形式与真实的权利关系相分离，并发生独立的效力。[1] "凡信赖物权变动之征象，认为其有物权存在而有所作为者，纵令该征象与真实权利之存在不符，法律对于信赖该征象的人亦加以保护。"[2]

所谓不动产登记的公信力，是指法律推定登记名义人为实际权利人，信赖登记名义人并与其有所作为者，被推定为善意，并能"善意取得"其所预期的不动产物权。[3] 对于公信力，通说认为包含了推定效力与善意取得效力。也有学者认为二者有所不同，主张公信力即推定效力，因此不把善意取得效力置于公信力之下。[4] 对于不动产的善意取得，学界争论较大。一般认为善意取得制度仅适用于动产，反对不动产的善意取得。但正如德国学者指出的，公示原则（占有与登记）为动产与不动产所共同适用。[5] 我们认为公信力应由推定效力与善意取得效力共同构成。

二　权利正确性推定效力

所谓权利正确性推定效力，是指以登记方法公示出来的物权，具有使社会一般人信赖其为真实、正确的物权的效力。即登记簿记载的权利人在法律上推定其为真正的权利人。经典条文如："在土地登记簿上，某项权利被为某人的利益而登记的，推定此人享有该项权利。在土地登记簿上，某项已登记的权利被涂销的，推定该项权利不存在。"[6]

在一般情况下，登记权利人与实际权利人是一致的，但在某些情况下由于登记发生错误，也可能会出现不一致的现象，但对第三人来说，他只能相信登记而不能相信其他的证明。纵是当事人的过错或登记机关的疏忽等原因而导致登记的错误，不动产登记所表现出来的物权对第三人而言，也应该被认为是正确的。因为不动产登记是以国家行为支持的物权公示手段，其法律效果当然为社会所普遍信服。基于登记的信誉，登记的权利人，具有使人产生合理信赖的权利外观。如果该权利外观所表现的权利状况不能为社会一般人所信赖，势必

---

[1] 孙鹏：《物权公示论——以物权变动为中心》，法律出版社2004年版，第273页。
[2] 刘春堂：《判解民法物权》，台湾三民书局1987年版，第5页。
[3] 同上书，第281页。
[4] 王利明：《物权法研究》，中国人民大学出版社2002年版，第89、205页。
[5] ［德］鲍尔·施蒂尔纳：《德国物权法》（上册），张双根译，法律出版社2004年版，第61页。
[6] 《德国民法典》第891条，载陈卫佐译注《德国民法典》（第2版），法律出版社2006年版。

造成物权秩序的混乱，阻碍交易的进行，交易的安全也难以得到维护。

1. 由谁来推定

问题是，这种推定规范在何处发挥其作用呢？德国学者认为，答案为：在诉讼程序中。在诉讼中常发生这样的事，尽管付出了全部努力，法官往往还不能查明案件之全部事实，对某一事实他还不清楚；但另一方面，法官又必须就案件做出判决。此时法官所做出的判决，就会有利于被推定的一方当事人，而所谓的实体举证责任（在案件事实无法查清时"败诉"之危险），则由对方当事人承担。① 因为恰恰在登记簿内容为不正确或可能不正确时，公信力之权利正确性推定效力具有特别重要的意义。

我们认为诉讼的推定是纠纷的最终裁决，但推定效力应当是贯穿于整个交易过程中，即推定规范在整个交易过程均发挥其作用：

首先是交易当事人的推定。如前所述，通过登记就能确定某项物权归谁所有，登记簿记载的权利人实际上就是对物权的归属在法律上的确定。换言之，凡是登记所记载的权利人，就是法律所承认的享有权利的人。即使登记发生错误，在登记没有更改以前，也只能推定登记记载的人为真正的权利人。一旦实行了登记，就是对物权最有效的界定。不动产受让人作为交易的一方，必须要查明物权的归属，登记制度的建立正是为了方便当事人的判断。此时，拟受让人正是从登记簿上推定：登记在土地登记簿中的权利人为事实上的权利人。而不必费尽心机去关心登记是否正确或登记的权利是否存在等所谓"恶魔证明"。

其次是登记机关的推定。当登记申请人将不动产登记申请提交登记机关时，登记机关首先要判定交易双方是否有一方为有权出让不动产的权利人，如申请的双方均未在登记簿上记载，则推定交易不成立，予以驳回；如申请的双方有一方已在登记簿上记载为权利人，且无异议登记，则推定有权交易，予以受理。

最后是司法机关的推定。当事人因权属纠纷诉讼到司法机关时，尽管付出了全部努力，法官往往还不能查明案件之全部事实，此时法官所做出的判决，就会有利于被推定的一方当事人，而所谓的实体举证责任，则由对方当事人承担。就是说，在没有足够证据推翻登记簿的记载的情况下，推定不动产登记簿上记载的权利人为事实上的权利人。

2. 推定的内容

一是推定存在。"在土地登记簿上，某项权利被为某人的利益而登记的，推

---

① ［德］鲍尔·施蒂尔纳：《德国物权法》（上册），张双根译，法律出版社 2004 年版，第63页。

定此人享有该项权利"。只要在不动产登记簿中记载的权利，推定此项权利存在；只要在不动产登记簿中记载的权利人，推定为事实上的权利人。如果当事人通过合同约定设定某种物权，并进行了登记，即完成了公示的要求，人们便可以相信此种物权已产生。从法律效果上来说，即使公示的权利状态实际上并不存在，法律上也应当认为在登记的内容没有更改之前，应当以物权存在对待。

二是推定不存在。"在土地登记簿上，某项已登记的权利被涂销的，推定该项权利不存在。"在不动产登记簿中没有记载的权利或已被涂销的权利，推定此项权利不存在；在不动产登记簿中没有记载的权利人，推定为不是真实的权利人。如果当事人通过合同约定设定某种物权，但尚未进行登记，也没有完成公示的要求，人们便可以相信此种物权并没有产生。从法律效果上看，只要作为公示内容的物权现状没有变动，法律便视物权变动未曾发生。

三是推定善意取得。凡是信赖登记所记载的权利而与权利人进行交易的人，在没有相反的证据证明其明知或应当知道不动产登记簿上记载的权利人并非真正的权利人时，都应当推定其具有善意。

3. 积极信赖与消极信赖

目前较为普遍的认识是，公示的实质就是信赖，信赖分为"积极信赖"与"消极信赖"。一方面，如果某种物权虽然已经发生了变动，但没有进行登记，即未完成公示，人们就没有理由相信此种物权发生了变动。从法律效果上看，只要作为公示内容的物权现状没有变动，法律便视物权变动未曾发生。这种信赖态样，学说称之为消极信赖；[①] 另一方面，如果当事人通过合同约定设定某种物权，已经进行了登记，也就是完成了公示的要求，人们便可以相信此种物权的存在。从法律效果上来说，即使公示的权利状态实际上并不存在，法律上也应当认为在登记的内容没有更改之前，应当以物权存在对待。学说称该信赖态样为积极信赖。[②]

通常又把"消极信赖"等同于对抗力，把"积极信赖"等同于公信力。但从逻辑层面上说，"消极信赖"与"积极信赖"实际是一个问题的两个方面，有"消极信赖"就有"积极信赖"，反之亦然。应当说，将"公信力"翻译成"积极信赖"尚无大碍，但将"对抗力"翻译成"消极信赖"则失之牵强，并最终

---

① 肖厚国：《物权变动研究》，法律出版社2002年版，第6页。
② 同上。

导致"消极信赖"与"积极信赖"的脱节。① 实际上，"消极信赖"与"积极信赖"犹如一枚硬币的两个方面，表现为相互依存、相互说明的关系，赋予登记以对抗力也就同时赋予其公信力了。认为消极信赖强调的是"非经登记，不能对抗"，但认为积极信赖则强调的是"已经登记，可以对抗"。在未公示的情况下，采公示对抗主义制度主张：非经登记，不能对抗；采公示要件主义制度认为：非经登记，本无物权，更谈不上对抗。在已公示的情况下，采公示对抗主义制度主张：已经登记，可以对抗；采公示要件主义制度认为：物权生效，具有公信力。可见从本质上说，对抗力也好，公信力也罢，都只是一种公示激励机制，与信赖保护并无逻辑上的直接关联。

三　善意保护效力

善意保护效力。是指法律对第三人因信赖物权公示而从公示的物权人处善意取得物权的，予以强制保护，使其免受任何人追夺的效力。公示记载的权利人在法律上推定其为真正的权利人：在一般情况下，登记权利人与实际权利人是一致的，但在某些情况下由于登记发生错误，也可能会出现不一致的现象，但对第三人来说，他只能相信登记而不能相信其他的证明。所以，登记对任何第三人来讲都是正确的，这是权利的推定性规则所决定的。如果登记簿所记载的权利人与实际的权利人不一致，第三人相信登记簿所记载的内容，与登记记载的权利人发生交易，即使登记簿所记载的权利人与实际的权利人不一致，也仍然应当推定登记记载的权利人为真正的权利人，对买受人予以保护。

推定的目的在于维护物权变动的"法律真实观念"——"通过物权公示形式表现出来的物权具有法律认定的真实性，即使其与客观真实物权不符，也不足以导致物权的受让人不能取得受让的物权"，② 从而达到保护善意第三人的效力，否则就失去了推定的意义。尽管有些学者否认在不动产方面的善意取得制度，认为公示公信可以取代善意取得。"不动产的善意取得制度系借助登记的公信力原则来达到维护交易安全的目的。这与采纳占有的公信力原则来维护交易安全的动产善意取得制度，相距甚远。因而在业已建立起完备的不动产权利登记体系的国家和地区，除就违章建筑等极少类未进行保存登记的不动产，尚有

---

① 孙鹏：《物权公示论——以物权变动为中心》，法律出版社 2004 年版，第 230 页。

② 常鹏翱："物权法中的真实观念"，http：// 219.141.235.4/file/2005102550301.html，中国社会科学院网站。

讨论不动产能否准用动产善意取得制度的必要外，在其他情形，讨论这一问题并无实益。"① 但如前所述，所谓不动产登记的公信力，是指法律推定登记名义人为实际权利人，信赖登记名义人并与其有所作为者，被推定为善意，并能"善意取得"其所预期的不动产物权的法律效力。因此，公信力与善意取得之间并不是此消彼长的问题，而是互为表里的问题。善意取得制度以物权公示之公信力为逻辑前提，② 也即是说，公信原则是不动产善意取得的理论依据，从登记的角度说，是公信；从第三人的角度来说，是善意取得。我国民法学者大多认为善意取得制度系法律上承认（动产）占有公信力的逻辑结果。而如果因为承认占有的公信力而可以有动产的善意取得，那么，因为承认登记的公信力而有不动产的善意取得，应该是合乎逻辑的推论。③

首先，承认不动产物权的善意取得乃逻辑上的需要。既然公示原则（占有与登记）为动产与不动产所共同适用，不动产的善意取得当无异议。众所周知，动产善意取得的理论基础和法律基础乃占有的权利推定效力。根据这种推定效力，法律推定占有人于占有物上行使的权利为适法享有该项权利，在没有人提出异议并为纠正占有状态之先，该推定就一直维持，纵使此种推定不符合现实。同时法律也深深地意识到占有的权利推定效力不应是无限制的，为防止过分保护第三人而给真实权利人带来过大的牺牲，法律将占有的推定效力所保护的对象限制在善意第三人的范围内，即信赖占有者方可受保护。既然在不动产物权交易中善意第三人获保护的基础与动产善意取得完全一致，则理应承认不动产物权的善意取得，如此二者才能取得法律逻辑上的一致性。《德国民法典》第892 条规定，为有利于根据法律行为取得一项权利或者取得该项权利上的权利的人，土地登记簿中记载的内容应视为正确，对其正确性提出的异议已进行登记的或者取得人明知其为不正确的除外。显然是将登记的推定效力与善意取得制度放在一起加以规定。我国台湾地区也在 1999 年 3 月完成的"民法物权编部分修文草案"中规定："因信赖不动产登记之善意第三人，已依法律行为为物权变动之登记者，其变动之效力，不因原登记有无效或撤销之原因而受影响。"（第759 条第二项）。

其次，有人认为，不动产物权无须善意取得制度，善意第三人享受公信力

---

① 王利明："动产的善意取得研究"，载《现代法学》1997 年第 5 期。
② 朱庆育："寻找民法的体系化方法"，载《比较法研究》2000 年第 2 期。
③ 李凤章："不动产登记制度的价值分析和路径选择"，载江平、杨振山主编《民商法律评论》（第 2 卷），中国方正出版社 2005 年版。

的保护即可。从德国的学理表述与民法典的规定来看，公示公信力和善意取得实际上是同一制度。① 它们的区别主要在于词语表述：公示公信力强调物权外观形式的高度可信性，善意取得则着重表述第三人的善意。公信力是从物权表征方式之效力的角度来观察的，而善意取得则是从第三人物权取得的角度来观察的。物权表征方式之公信力，表现在对第三人的影响上，就是第三人的善意取得。② 这实际上是一体之两面：正是因为权利外观具有高度可信性，保护不知情的善意第三人才有意义。在登记公信力保护善意第三人的情形下，法律乃是以确定物权的归属向第三人提供保护的，即令受让人取得受让物权。倘若承认善意第三人享受公信力的保护而又不承认善意取得，此有悖于物权制度的基本构造。

最后，如果出现登记簿记载的权利人与实际的权利人不一致的情况时，利害关系人可以依据法定的程序，向登记机关请求更正或向法院请求更正。一经登记机关做出变更登记的决定或法院作出更正登记的裁定，登记机关则必须依此予以更正。但只要没有发生更正登记，当事人因为信赖原来登记的内容而从事的交易，应当受到法律保护。此外，如果来不及进行更正，利害关系人还可以通过对土地登记簿的正确性提出异议登记的方式进行救济。

四　公信力的作用

赋予登记以公信力的主要作用在于，维护交易安全与鼓励交易。

首先从有利于维护正当的交易安全来看，基于公信力原则，凡是参与交易的当事人在从事交易行为时，只要查阅了登记，了解了公示的内容，那么基于信赖公示所表明的权利状况而从事交易则是完全安全可靠的。基于这一原则从事交易并受让了财产，此种交易就不应当被宣告为无效，财产也不应当被追夺。

其次从鼓励交易方面看，公信力对于鼓励交易具有极为重要的作用。由于交易当事人不需要花费更多的时间和精力去调查、了解标的物的权利状态，从而可以较为迅速地达成交易；交易当事人不必要因为过多担心交易处分人是不是真正的权利人、是否有权处分物权等而对交易犹豫不决。公信力使交易当事人形成了一种对交易的合法性、对受让的标的物的不可追夺性的信赖与期待，这就对当事人从事交易形成了一种激励机制。

---

① Vgl. Olzen, Zur Geschichte des gutgl? ubigen Erwerbs, JA, 1990, Heft 10, S. 505.

② 李昊等：《不动产登记程序的制度建构》，北京大学出版社 2005 年版，第 163 页。

总之，公信力的实质是保护交易当事人的信赖利益。这种信赖，是指交易当事人对于登记簿记载的物权设立、变动等情况所产生的信赖。基于这种信赖所产生的交易使交易当事人形成了一种信赖利益，对这种信赖的保护正是公示制度的宗旨。信赖本身是交易安全的组成部分，保护信赖利益实际上就是保护交易安全。

五 公信力的适用

当然，公信力的适用也有一些例外，在保护相对人的此种信赖利益时，法律所保护的是善意的相对人，而并不保护恶意的相对人。如果某人明知或应当知道不动产登记簿上记载的权利人并非真正的权利人，而仍然与之进行交易，此种交易不受法律保护。

因为在恶意的情况下，对恶意的当事人进行保护就失去了公信制度应有的特点。《德国民法典》第 892 条第 1 款规定，"为有利于根据法律行为取得一项权利或者取得该项权利上的权利的人，土地登记簿中所记载的内容应视为是正确的，对其正确性提出的异议已进行登记的或取得人明知其为不正确的除外。权利人为了特定人的利益而限制其处分已登记于土地登记簿中的权利的，该项限制仅在土地登记簿中有明显记载或者为权利取得人明知时，始对权利取得人发生效力"。在一般情况下，因为相信登记所记载的内容而从事交易，很难说当事人在主观上是善意或者恶意。登记是由登记机关根据当事人的申请实施的行为，尽管登记有可能发生错误，但是在没有人提出异议登记的情况下，那么交易的当事人有什么理由怀疑登记是错误的呢？所以相对人在与对方从事交易时根本不需要考虑或怀疑对方所享有的权利是否是真实的，即使有人向该相对人提出其是真正的权利人，但登记的内容本身没有更改，他仍然应该相信登记而不应该相信其他的证据。

还应当指出的是，如果在真正的权利人与登记记载的权利人之间产生权利争执，公信制度将无法适用。例如，甲欲购买位于某市的一处房产，由于甲不是该市的居民，因此在购买房产时遇到一些不便，甲便要求其弟乙出面购买，由甲出资，并将该房产登记在其弟乙的名下。后甲与当地人丙结婚，甲与乙商议要将该房屋收回，将房屋登记于丙的名下。此时乙提出其是登记所记载的权利人，理应享有该房屋的所有权。而甲则提出该房屋完全是由他出资购买，应当更改登记。双方为此发生争议。在本案中，必须明确公信制度所要解决的问题：一是公信制度主要保护善意当事人，即不应当知道与其发生交易的人不是真正的权利人，只有在登记记载的权利人与相对人从事交易的时候，相对人信赖登记的内容并与登记记载的权利人发生交易才能适用公信原则，但是在本案中，乙相对于甲而言并非善意的当事人，因为其明知自己不是真正的权利人。二是对于产权发生争议的双方当事人来说，登记记载的权利人不能仅仅以其是登记记载的权利人为理由而进行对抗，而必须就实质性的法律关系是否存在，是否正确作出举证。也就是说双方已经就财产权利发生争议，双方都应该举证证明自己是真正的权利人，如果一方举证证明登记的内容发生了错误，登记权利人必须就登记记载的内容是否有错误进行举证，而不能仅仅以自己是登记的权利人进行抗辩。三是公信制度仅仅适用于交易的当事人之间的关系，这种关系可以称之为外部关系。而在登记记载的权利人与对该权利提出异议的当事人之间发生产权争执以后，双方是就实质的法律关系的存在及其内容产生争议，所以双方的关系可以看成是内部关系。对于这种内部关系可以适用一种确认产权的规则，但不能适用公信原则。所以在上例中，甲与乙之间的争议不是在交易的双方当事人之间发生的争议，而是在登记是否发生错误及乙是否为真正的权利人之间而发生的争议。甲提出其出资购买该房屋，并借用乙的名义登记，所以乙不是真正的权利人，因而甲乙之间只是一种内部关系，乙不能提出其是产权记载的权利人而应受到公信原则的保护。其只能针对甲所提出的登记错误并要求更改登记的请求提出抗辩。

第七节　不动产登记的效力

物权登记的效力，是指物权获致登记后所取得的私法上的效果，亦即对相关当事人所施加的实际作用。它是整个登记制度的核心。关于登记的效力，大陆法系国家主要有两种不同的立法体例：即登记要件主义和登记对抗主义。在登记要件主义的旗帜下，针对登记形式与物权变动意思结合程度的不同，还存在次一级的立法体例（主义）——债权形式主义与物权形式主义。

一　登记对抗主义

所谓登记对抗主义，是指不动产物权变动时法定的登记仅仅是物权变动的对抗要件，而不是物权变动法律效果的生效要件。

在此种制度下，当事人一旦形成物权变动的意思表示，便可产生物权变动的法律效果，但是在没有依法进行公示前，物权的变动不能对抗善意第三人，这种立法体例形成了所谓的形式主义登记体制①（这里的形式主义相对于实质主义而言）。对于公示形式主义登记制度而言，登记赋予物权的对抗力——未经登记的物权变动不得对抗第三人。在这一模式下，登记不具有形成力，而只具有对抗力，导致物权最终变动的仅系于当事人的意思，而不需要任何外在形式，故又称物权变动意思主义。

构成这一模式的理论基础：其一，所有权的观念性，按照自然法的思想，所有权作为一种纯粹观念性的东西，只要有单纯的、诺成性的合意就足以使其发生移转；其二，将登记作为物权变动对抗第三人的条件。根据物权变动意思主义原则，不承认债权之外还独立存在"物权合意"，更不承认物权行为的独立性和无因性。物权变动仅依当事人的意思表示即可成立，无须完成公示，并以意思表示完成的时间为变动标准。它认为登记对不动产物权变更的行为只具有确认或者证明的效力，而没有决定其能否生效的效力。

这种立法体例以法国和日本为主要代表，并为罗马法域诸法所采，如比利时、卢森堡、埃及、阿尔及尔、玻利维亚、保加利亚、海地、美国路易斯安那州、秘鲁、波兰、葡萄牙、罗马尼亚和委内瑞拉等。

二 登记要件主义

所谓登记要件主义，是指不动产物权变动时，未经登记当事人之间根本不发生物权变动之效果，当然更谈不上对抗第三人之效力。

在此种制度下，对不动产物权的变动，除当事人的合意外，还要求有一项特别的对外公示要件——登记。只有在物权合意与登记相结合时，才发生物权变动的效力。如果当事人仅仅只是达成了物权变动的合意，而没有完成登记手续，则不产生物权变动的法律效果，这种立法体例形成了所谓的要件主义登记体制。对于公示要件主义登记制度而言，登记赋予物权的形成力——未经登记不能发生物权变动的法律效果。在此模式下，仅有当事人之间的合意不能直接引发物权变动，导致物权最终变动的，是公示形式——登记，即登记具有物权的形成力。由于物权变动必须以登记为实质内容，故又称物权变动实质主义。

构成这一模式的理论基础是德意志法系的典型特征，即区分债权契约与物权合意（所谓分离原则或曰物权行为独立性原则）与物权抽象原则（所谓物权行为无因性原则）。德国民法采纳物权的登记要件主义，在一定程度上强调了国

---

① 王利明："试论我国不动产登记制度的完善"，载《求索》2001 年第 5 期。

家对交易活动的干预，这也是德国社会经济发展的结果。建立这一模式的前提是承认物权行为理论，登记要件主义以德国为代表，除德国以外，我国台湾地区的"民法"是其忠实的追随者。

三 债权形式主义

在登记要件主义的旗帜下，针对登记形式与物权变动意思结合程度的不同，还存在次一级的立法体例（主义）——债权形式主义与物权形式主义。所谓物权形式主义，是指物权变动不仅需要具备一定的形式，还需要具有独立于债权合意之外的物权合意，《德国民法典》（1900）采用了物权形式主义模式；所谓债权形式主义，是指不动产物权发生变动时，当事人除有债权合意外，尚需践行登记的形式，《奥地利民法典》（1811）、《瑞士民法典》（1912）采用了债权形式主义模式。

债权形式主义以变动意思与登记形式简单结合完成物权变动，在这一模式下，尽管要求以登记作为不动产变动的表征，却并不承认所谓物权合意的存在，认为债权合同本身就构成所有权移转的内在动力和根本原因。债权形式主义以奥地利为代表，《奥地利民法典》第431条规定"不动产所有权仅于取得行为登记于为此项目的而设定公共簿册中时，始生转让之效力。此项登记称为过户登记"。债权形式主义的不动产物权变动模式包含两层意思：首先，发生债权的意思表示即为物权变动的意思表示，二者合一，并无区别；其次，欲使物权实际发生变动，除当事人之间的债权合意外，还需履行登记的法律形式——登记，登记为物权变动的成立要件。

其立法的理论是：物权基于债权契约、交付或登记发生变动，一方面使得物权变动存在与否较为明确，有利于交易安全的保护；另一方面也可避免当事人之间的关系与第三者之间关系的复杂状态。[①]

奉行债权形式主义的还有俄罗斯、西班牙、瑞士、土耳其、荷兰、现代东欧各国、拉丁美洲各国、北欧及远东各国。

四 我国目前物权变动模式的取向

关于不动产登记效力的问题，目前在我国出现的问题表现为其效力的不统

---

① 参见《韩国民法典》立法理由书，转引自崔建远主编《我国物权立法难点问题研究》，清华大学出版社2005年版，第102页。

一，以不动产抵押登记为例，实践中大体有四种做法：一是规定自完成抵押登记时生效；二是规定自合同公证后生效；三是规定合同签字后生效；四是规定登记时生效，但当事人得另行约定。①

但这里的生效一般指合同生效，如《城市房地产抵押管理办法》第31条规定："房地产抵押合同自抵押登记之日起生效。"这样的规定不仅在理论上说不通，实践中也必将侵害当事人的利益，因此这并不是物权意义上的登记效力。国外关于物权登记的立法中，不论把登记作为生效要件还是对抗要件，都是针对不动产合同履行或物权行为效力而言的。登记与否只是说明不动产的物权变动是否发生或是否能对抗第三人，并不意味着不动产买卖合同本身无效。否则，当事人之间不仅没有登记请求权，发生纠纷时亦不能以有效合同为据提起诉讼。所以，不动产物权立法应规定登记的效力，并仅针对物权的设立或移转之效力，而不针对债权合同之效力。

根据我国《合同法》第四十四条的规定，"依法成立的合同，自成立时生效。法律、行政法规规定应当办理批准、登记等手续生效的，依照其规定"。合同法对登记的效力没有做出规定，而希望留待物权法予以解决。《2000年最高人民法院关于适用〈中华人民共和国合同法〉若干问题的解释（一）》第9条规定："依照合同法第四十四条第二款的规定，法律、行政法规规定合同应当办理批准手续，或者办理批准登记手续才生效，在一审法庭辩论终结前当事人仍未办理批准手续的，或者仍未办理批准、登记等手续的，人民法院应当认定该合同未生效；法律、行政法规规定合同应当办理登记手续，但未规定登记后生效的，当事人未办理登记手续不影响合同的效力，合同标的物所有权及其他物权不能转移。"对此学界亦有不同解释。有的认为，此解释并未涉及登记效力，而只是针对合同效力，即合同是否生效的问题。而王利明先生认为"这一观点实际上是采取了登记对抗说，因为根据上述解释，合同本身仍然有效，只是不能对抗第三人"。②

我国立法过去一向采纳登记要件说，认为不动产物权的取得、消灭和变更，非经登记，不能产生法律效力。③ 但在我国，关于物权变动模式的争论和立法修

① 参见《武汉市房地产抵押管理办法》第22条，《中国人民建设银行房地产信贷部职工住房抵押贷款暂行办法》所附抵押贷款合同，《上海市职工住房贷款暂行规定》第21条，《广州市房地产抵押管理办法》第27条。

② 王利明："试论我国不动产登记制度的完善"，载《求索》2001年第5期。

③ 佟柔主编：《中国民法》，法律出版社1990年版，第248页。

正就一直没有停止过。应当说，无论在理论界还是司法实务界，登记要件主义仍是主流模式。

就《中华人民共和国物权法（草案）》而言，该草案继续明确规定了债权形式主义模式。如第六条规定："物权应当公示。记载于不动产登记簿的人是该不动产的权利人，动产的占有人是该动产的权利人，但有相反证据证明的除外。法律规定不经登记即可取得物权的，依照其规定。"第九条："不动产物权的设立、变更、转让和消灭，应当登记；不经登记，不发生物权效力。"由于草案在诸多情况下都明确规定不交付或不登记不能产生物权，因此，在交付或登记之前，当事人之间的合同必定是债权性质的，这就等于确认了债权形式主义模式。王利明先生 2001 年发表于《求索》的《试论我国不动产登记制度的完善》一文主张"采纳登记生效主义，虽有利于进一步强化登记的效力，并能够简便处理产权纠纷，但从理论上看它存在着缺陷"，"总之，我们认为我国物权法不应采纳登记生效主义而应当采纳登记对抗主义。物权法采纳登记对抗主义，也有利于充分地鼓励交易"；[①] 而在 2002 年的《物权法研究》一书中却改为"无论采取登记生效还是登记对抗主义，都应当将登记与交易本身区别开来"，"物权法采纳登记与交易分开的观点，也有利于充分地鼓励交易"；[②] 2005 年在《关于物权法草案中确立的不动产物权变动模式》一文中更明确"笔者认为，出于维护交易安全的角度考虑，应当采取登记要件主义"。[③] 从旗帜鲜明地主张登记对抗主义改为含糊其辞的"将登记与交易分开"，再到旗帜鲜明地主张登记要件主义，这也许反映了我国物权法立法进程中的反复。

尽管债权形式主义获得了广泛的支持，但如果我们把债权形式主义看作模式演进的明线，那么，与这一明线相呼应的，自《民法通则》颁布后，从合同出发判断物权变动作为一条暗线却一直在展开并最终演变成了今天与债权形式主义并存格局下的对抗主义模式。[④] 1986 年 4 月 12 日通过的《民法通则》第 72 条规定："按照合同或者其他合法方式取得财产的，财产所有权从财产交付时起转移，法律另有规定或者当事人另有约定的除外。"实际上确立了动产上的对抗

---

① 王利明："试论我国不动产登记制度的完善"，载《求索》2001 年第 5 期；《中国物权法草案建议稿及说明》，中国法制出版社 2001 年版，第 193—194 页。

② 王利明：《物权法研究》，中国人民大学出版社 2002 年版，第 208 页。

③ 王利明："关于物权法草案中确立的不动产物权变动模式"，载《法学》2005 年第 8 期。

④ 刘经靖："和谐共存抑或理念冲突——评《中华人民共和国物权法（草案）》的物权变动二元结构"，载《烟台大学学报》（哲学社会科学版）2005 年第 3 期。

主义规则。此后的《中华人民共和国海商法》、《民用航空法》以及最高人民法院关于适用《中华人民共和国担保法》若干问题的解释等法律，实际上都确定了登记对抗主义模式。

就以《中华人民共和国物权法（草案）》来看，该草案除继续明确规定了债权形式主义模式外，同时继续保持并扩大了对抗主义的适用范围，以例外的形式给对抗主义留下了相应的空间，尤其应当看到该草案大量明确地规定了对抗主义规则。[1]

而在学术界，许多学者对此持批评意见，然而由于观点各不相同，得出的结果却大相径庭。有的认为"这（债权形式主义与登记对抗主义共存）既反映了人民的认识之不同，也表现了我国立法上的不统一乃至混乱"，主张"我国物权立法上应当采用公示要件主义来解决相关规定的统一问题"。[2] 有的认为"物权法草案在物权变动模式上仍然采用债权形式主义与登记对抗主义的双轨制模式与其说是一种解决问题的完美方案，不如说是回避问题的妥协。换言之，从制度的深层关系上看，债权形式主义主导下的形式主义和对抗主义的并存格局所折射的并非一种和谐共存，相反却蕴涵了强烈的理念冲突"，主张"从分离走向统一：未来物权法以对抗主义统一物权变动模式立法"。[3] 可以说，尽管登记对抗主义目前虽非物权立法主流模式，但持有这一观点的学者却不在少数。

但是《物权法》最终采纳的仍然是登记要件主义，该法第九条规定："不动产物权的设立、变更、转让和消灭，经依法登记，发生效力；未经登记，不发生效力，但法律另有规定的除外。"该条说明登记要件主义是物权变动的一般原则，而"法律另有规定的除外"是指在特殊情况下，不经过登记也可以产生物权设立和变更的效果，即在例外情况下，采纳了登记对抗主义。

---

① 第二十八条："船舶、飞行器和机动车等物权的设立、变更、转让和消灭，未经登记，不得对抗善意第三人。"第一百三十条："土地承包经营权自承包经营合同生效时取得。"第一百三十四条："土地承包经营权人将土地承包经营权互换、转让，当事人要求登记的，应当向县级以上地方人民政府申请土地承包经营权变更登记；未经登记，不得对抗善意第三人。"第一百六十八条："地役权自地役权合同生效时设立。当事人要求登记的，可以向登记机构申请地役权登记；未经登记，不得对抗善意第三人。"第二百一十条："……抵押的，抵押权自抵押合同生效时发生效力；未登记的，不得对抗善意第三人。"

② 刘保玉：《物权体系论——中国物权法上的物权类型设计》，人民法院出版社2004年版，第116页。

③ 刘经靖："和谐共存抑或理念冲突——评《中华人民共和国物权法（草案）》的物权变动二元结构"，载《烟台大学学报》（哲学社会科学版）2005年第3期。

第八节　小结

在本章我们介绍了不动产登记制度的沿革与一般原理，世界各国建立不动产登记制度的法理依据、建立不动产登记制度的目的、不动产登记的主要内容以及我国物权变动模式的取向等内容。

不动产物权登记制度是不动产法的核心内容之一，各国法律对此莫不重视有加。在德国，几乎每一本物权法教科书都要用相当分量的页面来专门论述不动产登记；在日本，研究不动产登记的著作和学术论文如同雨后春笋般地不断涌现；西班牙、意大利、大部分拉美国家有关不动产登记的理论研究也相当深入，以至于登记法成为一个独立的部门法，而且，登记的理论研究已经超越了疆域界限，化身为数届的国际登记法大会。① 研究、考察现代各国尤其是市场经济发达国家不动产登记法的完善过程及其发展趋势，对于我国的不动产登记立法无疑具有重要的意义。

对于现代物权法变迁的动向及其发展趋势，学者有多种概括，主要涉及物权的社会化、价值化、国际化，物权种类的增加，相邻关系之公法与私法双轨规范体系的形成，共有制度之调整，用益物权之消长，担保物权机能之强化与类型的细分，物权关系上的私法自治之扩张，物权法定主义之缓和，物权与债权之相对化等诸多方面。② 尽管在着重点和细节问题上略有差异，但在宏观上的认识大体相同，现代物权法的发展趋势可以概括为四个方面：

一是物权法编制的体系化。现代法上物权的体系日益完整、系统，物权法的编制愈益精密、严谨，此为物权法发展的一个重要趋势。物权法编制的体系化表现在两个方面：其一，物权类型体系的形成。自德国民法基于对物的价值支配情况之不同而确立了物权的完整体系以来，其物权类型体系——即：对物的价值为全面支配的所有权、对物的使用价值为支配的用益物权、对物的交换价值为支配的变价权（即担保物权）、对物的事实支配状态的占有——对大陆法

---

① 参见［葡］Vicente João Monteiro《澳门物业登记概论》，张逢春译，澳门司法事务局1998年版，第1—2、22页。

② 参见王泽鉴《民法物权》（1），中国政法大学出版社2001年版，第29页以下；谢在全《民法物权论》（上），中国政法大学出版社1999年版，第7页以下；梁慧星主编《中国物权法研究》（上），法律出版社1998年版，第4页以下；陈华彬《物权法原理》，国家行政学院出版社1998年版，第33页以下；余能斌主编《现代物权法专论》，法律出版社2002年版，第9页以下。

系国家的物权制度产生了至为重要的影响，现代的物权类型体系得以形成。尽管各国对用益物权和担保物权的具体类型的规定有所差异，但各国物权法的类型体系均无出其右。其二，物权法独立成编的体制得到确立。自德国民法典创设新的体系——于法典设立民法总则编，于分则中将物权、债权、亲属、继承等独立成编——以来，此种法典编制方法为各国广为承袭。尽管各国对物权法的编制方法由于立法传统等原因而有别于德国民法典，但对于物权法为民法典相对独立的部分并自成体系，无论在理论上还是在实践上均予承认。谓之为最精密、严谨之法典体系。

二是物权法本位的社会化。民法基本观念之演变，经历了"义务本位"—"权利本位"—"社会本位"的发展演变。民法物权制度的发展也循此轨迹。自19世纪末以来，所有权社会化思想逐渐取代个人本位的所有权思想，物权法的本位也从所有权绝对的个人本位向社会本位转移，其所维护的利益之公共性特点日益彰显。主要表现在对所有权效力范围的限制、对物权行使方面的限制与对所有权的法定负担的设定上。

三是物权理念的价值化。源自罗马法的以"所有为中心"的物权观念，随着社会经济的发展，社会情势的变迁，逐渐为日耳曼法的以"利用为中心"所取代，在近现代社会化大生产条件下，社会财富与资源的优化配置与高效利用成为促进经济发展的重要条件。因此，近现代法上用益物权与担保物权制度得到了空前的发展，其地位日显重要。物权由本来注重对标的物的现实支配的实体权，演变为注重于收取用益之对价或获取融资利益的价值权，即所谓的物权的价值化趋势。此种物权的价值化发展，实际反映的正是"从归属到利用"或"从以所有为中心到以利用为中心"的物权理念的转变过程。而这种发展趋势表明了现代物权法除具有界定财产归属、明晰产权的功能外，最大限度地发挥资源的效用以获得最佳经济社会效益也成为其追求的重要目标，"在已对物的所有（归属）利益予以充分保护的基础上，再予重视对物的利用利益的保护，以期达到物尽其用的社会公平，从而有利于在一定程度上限制所有物，提高用益物权等权利的地位，加强其效力"。[①]

四是物权种类的现代化。随着人类对客观世界的认识能力与控制能力的不断加强，对物质财富的利用程度的不断加深，物权的种类也相应地发生了重要的变化。首先，表现在物权客体的扩张。现代法上物的概念已不限于有体、有

---

① 钱明星："论用益物权的特征及其社会作用"，载《法制与社会发展》1998 年第 3 期。

形，而是凡具有法律上排他的支配、控制之可能性者皆得为物。因此，物权的客体得到极大地扩张，电、热、声、光等"能"，无线电频道、网络虚拟财产等，以及地上与地下之特定空间，均可为物权客体。其次，表现在物权种类的增加。随着物权客体的扩张，带来了物权种类的增加，如，空间法理的产生，产生了空间所有权制度，空间地上权、空间地役权及空间相邻关系等物权种类得以形成；而担保物权中的最高额抵押、财团抵押、证券抵押以及股权质、知识产权质等新的物权类型被创设。最后，表现在物权种类的国际化。随着现代法制的相互借鉴与融合，物权法也呈现固有法色彩减弱、国际化程度增强的趋向。特别是传统两大法系的财产权观念与制度也出现了日渐接近和融合的趋向。如英美法系的空间权制度、所有物保留制度、信托制度、动产担保制度、浮动担保与让与担保制度等，渐次被大陆法系各国的立法或判例所吸纳与借鉴。①

现代物权法的这些变迁动向及其发展趋势对不动产物权登记制度的影响具有十分重要的意义。例如，物权类型体系的形成——所有权、用益物权、担保物权，直接影响不动产登记的制度。在德国，其不动产登记簿簿页分为三栏，就是按此种体系记载，第一栏记载土地所有权关系，第二栏记载除了土地抵押权、土地债务与定期金债务以外的其他的负担与限制，第三栏记载土地抵押权、土地债务与定期金。② 在日本，其不动产登记簿的甲部及乙部，分别记载有关土地或建筑物所有权、所有权以外权利的事项。③ 这正是物权类型体系在不动产登记的体现。至于采用二分法或三分法，既与各国法律渊源与习惯有关，也与法律实践有关，正如德国学者所述，"就登记技术来看，或许完全可以将所有的负担与限制，统一登记于一栏之中。但由于土地担保在实践中发生的频率，常高于其他限制物权，固有设置专门栏目（第三栏）之必要"。④ 又如物权法本位的社会化，表现在对所有权效力范围的限制、对物权行使方面的限制与对所有权的法定负担的设定等方面的登记上。而物权理念的价值化，则使用益物权与担保物权的登记得到了空前的重视。凡此种种，足以说明现代物权法的变迁动向及其发展趋势对不动产物权登记制度的影响。

在我国，随着不动产交易市场的日益繁荣，作为不动产交易必不可少的法

---

① 参见谢在全《民法物权论》（上），中国政法大学出版社 1999 年版，第 11 页以下。
② ［德］鲍尔·施蒂尔纳：《德国物权法》（上册），张双根译，法律出版社 2004 年版，第 298—299 页。
③ 《日本民法典》，王书江译，中国法制出版社 2000 年版。
④ ［德］鲍尔·施蒂尔纳：《德国物权法》（上册），张双根译，法律出版社 2004 年版，第 299 页。

律保障手段，不动产登记制度也逐渐彰显其重要性。然而，我国不动产登记立法的滞后与实务的混乱严重地掣肘了不动产交易的发展，同时还存在行政权力对私权利干预严重的问题。从理论研究上看，由于法律法规多从行政管理的角度对不动产登记加以规定，因此它在很长时间并不受民法学者的重视，对之从私法角度的论述不多。因此，加强研究并重新构建我国的不动产登记制度就成为当务之急。

第二章

物权要素论

"物权"概念由德国民法所确立,罗马法与法国民法典在制定时尚无物权概念,其财产法是采用客体的广义概念。物权,作为一种民事法律关系,具有法律关系的一般特征,即具备法律关系主体、法律关系客体、法律关系内容三要素。要把握物权概念的含义,必须从三要素入手,本章对不动产物权的客体、主体和内容展开讨论。

第一节 不动产物权客体

《中华人民共和国物权法》第二条第二款规定了"物":"本法所称物,包括不动产和动产。法律规定权利作为物权客体的,依照其规定。"这里的"物"就是物权法律关系客体。

在物权法中,物权客体即何为"物"是首先需要解决的基本理论与实践问题。权利不是一种凭空存在的事物,而是设定在一定的客体之上,当客体的性质和特点不甚明确、范围不甚确定时,所设定的权利必然会有某些固有的缺陷。根据物权法定原则,物权的种类由法律明确规定,当事人不得随意创设法律所不认可的新类型的物权。因此,正确认识和把握作为物权客体的"物"的性质及其法律范围,就可以避免物权理论的一些缺陷,纠正一些认识论与实践意义上的错误。本节分析物权之客体——"物",以及不动产物权之客体——不动产——的含义。

一 物权法上的"物"

所谓"物权",从字面上理解,即在物之上所形成之权利。在法学上,通说表述为:权利人直接支配物并排除他人干涉的权利。要想认知物权,首先必须先看清"物"为何物。

那么，什么是物权的"物"？物权的"物"作为负担的设定的对象，是物权客体。从法律关系客体看，物权客体要符合法律关系客体的一般属性。客体作为法律关系的基本要素之一，与主体是相对的，是指法律关系主体之间权利和义务所指向的对象。从一个视角来看，它是法律关系主体之间发生权利和义务联系的权利中介，从另一个视角来看，它是法律关系主体的权利义务所指向、影响、作用的对象。[①]

由法律客体的一般属性与物权的基本性质所决定，物权客体应当具备如下属性：一是具备特定性、独立性。这是指物能依法律上、交易上或社会观念上的观念或标准区别为独立的单元，可以识别。这是法律客体"自在之物"性质在物权客体的反映，同时也说明了物权的可直接支配性。二是有用性。即物可以满足人们生活或生产上的需要，这是法律客体"有用之物"属性的反映，也说明了物权是以直接享受利益为内容。三是实在性、确定性。这是指物已存在并且可以客观量化为一定金钱价值，这是法律客体"为我之物"的反映，同时也说明了物权的排他性。

但具体何者为物，或者说物权的物究竟是什么，却极具争议性，自中世纪后期注释法学派正式涉猎物权这一问题以来的数百年间，它一直就是学者之间争论不休，见仁见智的问题。即使在现今，学者对这一问题的争论也依然未能止息，相反仍有继续下去的趋势。

传统物权理论认为物权的物为有体物，即作为物权客体的物，必须是存在于人身之外、能够为人力所支配，并且能满足人类某种需要的物体。[②] 但越来越多的学者认识到：现代社会中，物权之物已不仅仅是有体物所能包容，这一事实不容置疑。诚如郑玉波先生所言："时至今日，科学发达，物之范围扩张，如自然力（水力、电力），亦应列入物之范畴，因而吾人对于'有体'二字之解释，固不必再斤斤于'有形'矣。"[③] 实际上大多数学者都看到"有体物"的局限，但如何因应却难以统一。

物权法上的"物"的概念，历来就有广义和狭义之分。广义的物指的是一切民事权利支配的客体，既包含有体物，也包含无体物；狭义的物仅指有体物，

---

① 另外，我们还应当区分客体与标的（标的物）。在民事法律关系中，尤其是债法中，通常会出现标的问题。标的是法律行为所指的对象，而不是权利义务所指向的对象。法律行为是产生法律关系的原因，其作用的对象称为标的或标的物。

② 王利明：《物权法研究》，中国人民大学出版社 2002 年版，第 26 页。

③ 郑玉波：《民法总则》，台湾，1959 年版，第 186—187 页。

仅指民事法律关系的客体，而不包括民事法律关系的内容。罗马法和法国民法典规定的物是广义的概念，罗马法提出了"有体物"和"无体物"的划分：按其性质能被触觉到的东西是有形体物，例如土地、奴隶、衣服、金银以及无数其他东西；不能被触觉到的东西是无形体物，这些物是由权利组成的，例如遗产继承权、用益权、使用权、用不论何种方式缔结的债权等。① 可见有体物是指凡是能被权利主体支配的自然物和人造物，既有物理属性，又有法律属性；无体物是指人们拟定的物，主要指各种权利，并无物理属性只有法律属性。盖尤士认为，有体物是以实体存在，并且可以凭人们感官触觉的物，如动产和不动产；无体物仅指没有实体存在，为人们拟定的物，如债权、用益权、地役权等权利。

法国民法典并未提出"物权"概念，该法典使用"财产"一词代替了罗马法的"物"，财产的概念因袭了罗马法中"物"的广义概念。法国民法典明确规定：不动产的使用收益权、地役权或土地使用权等为不动产；债权及商业公司和工业公司的股权等为动产。将财产分为动产和不动产，动产又分为一般的动产、债权、诉权、股权等；不动产又分为一般的不动产以及不动产的使用收益权、地役权、土地使用权（实际上就是我们现在所指的用益物权）等。

罗马法与法国民法典在制定时尚无物权概念，其财产法采用客体的广义概念。这种广义意义上的立法模式为适应社会经济生活的发展，将新产生的财产权利纳入到无体物中，并以动产或不动产归纳之。这种做法的优点是"财产权利"的含义比较接近一般民众的认知水平，但其症结在于将物与财产等同，分不清民事法律关系的客体与民事法律关系的内容，权利客体与权利本身不加区分，法理上和实践上比较混乱。物与权利不是一个范畴的概念，前者属于权利客体范畴，后者属于权利本体范畴，财产实质上与财产权是一样的，都是法律确认的权利本体范畴，物只有经过法律的保护才能成为人们的财产。

德国民法典首次确立了"物权"概念，其"物"采狭义概念，德国民法典规定："本法所称之物，仅指有体物。"也就是说，物是有形、可触觉并可支配的。依此标准，其他所有的财产形式均被排除在物权法适用范围之外：各种表现形式的债权、无形财产权（专利权、商标权）属于债法，或在特别法中适用专门规定。② 德国民法典的规定避免了物与财产混同的逻辑混乱，实是一大进

---

① ［古罗马］查士丁尼：《法学总论》，张企泰译，商务印书馆 1996 年版，第 59 页。
② ［德］鲍尔·施蒂尔纳：《德国物权法》（上册），张双根译，法律出版社 2004 年版，第 22 页。

步。这种做法的优点是民事法律关系的线索非常清晰，法理上比较科学，但将物仅限于有体物的规定导致客体范围太窄，无法适应现代市场经济社会的经济发展趋势。

我国目前理论界对物权之物的意见有三种：一是坚持传统物权理论，即认为物权的物为有体物，[①] 物权的概念及其与物权有关的全部制度，均针对有体物而建立，如果将无体物的概念引入物权法，则物权体系的逻辑基础将被破坏，物权法的体系将变得凌乱不堪；[②] 二是将物理解为"一定的财产利益"，主张物权法或物权编是中国财产的基本法，不仅是所谓的有体物，一切有体物以外应归物权法调整的财产如股票、存款、提单、拟制的资源或财富，应统一纳入物权法的调整范围；[③] 三是在坚持传统物权理论的前提下，对有体物的内涵注入新的注释，认为"传统民法上的有体物可以再细分为二类：（1）有形物；（2）无形物。传统民法所说的有体物实际就仅是有形物，无形的有体物则为现代民法的功绩"。[④]

一说将物仅限于有体物的规定导致客体范围太窄，无法适应现代市场经济社会的经济发展趋势。事实上，德国法也并未完全按此传统，在德国民事诉讼法中，可以作为民事诉讼执行对象的物并不局限于有体物，根据德国《民事诉讼法》第 265 条之规定，物"是一切客体或者对象，包括有体物，也包括无体物，甚至包括权利"；同时，"即使在《德国民法典》的其他各编中，例如债务关系法一编中，物也不仅仅指有体之物，而是也指可以成为民法上的财产的无体物而言"。[⑤] 但是，《德国民法典》第 90 条却又以不容置疑的方式宣称："本法所称之物，仅为有体物。"对于这种有些矛盾的做法，有学者认为，"德国民法上关于物仅仅是有体物的规定，主要对确定物权法的调整范围具有特别重要的意义"，[⑥] 亦即民法上的物是否包括无体物，其实不重要，但在物权法上却必须明确，物权的客体只能是有体物。王利明先生认为：物权作为支配权强调的是一种主体对客体之间的关系，物权关系在性质上是民事主体对物质资料的占有关系，因此，物权的客体只能是物而不是行为。[⑦] 但他也反复强调"并不是说

---

① 孙宪忠：《中国物权法总论》，法律出版社 2003 年版，第 124 页。
② 尹田："论物权法的对象与物权的客体"，载《华中法律评论》2003 年第 1 期。
③ 孟勤国、蒙晓阳："物权法——有体财产法还是财产的基本法"，载《人民司法》2004 年第 2 期。
④ 屈茂辉："关于物权客体的两个基础性问题"，http：//xuefa.org/article/7228.html。
⑤ 参见孙宪忠《德国当代物权法》，法律出版社 1997 年版，第 1 页。
⑥ 同上。
⑦ 王利明："物权概念的再探讨"，载《浙江社会科学》2002 年第 2 期。

物权法完全不可能作用于知识产权，如果以知识产权设定质权，也应当受物权法的调整"，"当然，以这些财产（指股票、债券和票据等有价证券）设定质权，也应当受到物权法的调整"，"许多国家的民法典确认了这些物权形式，可见，权利可以作为他物权的客体"。① 只不过他认为，只是在例外情况下权利可以作为他物权的客体。

三说实际上在坚持传统物权理论的前提下进行修补，无法自圆其说，将无形物注释为有体物也嫌牵强。

可以说物权法作为财产基本法的观点正逐步成为主流。《物权法》第二条第二款规定了物："本法所称物，包括不动产和动产。法律规定权利作为物权客体的，依照其规定。"实际上确认了物的三种形态，即动产、不动产和权利，当然这里的权利必须是"法律规定"的。这就打破了传统物权理论的束缚，有学者评价：（物权法草案）拒绝以有体物定义物权客体，财产基本法的地位由此确立。② 也有学者认为从整个物权法的规定来看，草案采广义物定义但又用了"法律规定权利作为物权客体的，依照其规定"。这种不明确态度使草案前后出现不一致。前半部分主要贯彻了物为有形物（动产和不动产），而到了担保物权编，权利被明确地纳入物权客体，甚至径直抛弃了"物"，而直接用财产概念。③

物权法应当明确承认权利物权，而不是指望其他法律来规定。或者说，我国的物权法应当承认"物"分为有形物和无形物，其中的无形物即为可以处分的支配性权利。其实，这样的广义的物，即是民法上的财产。④ 财产的重要，往往表现在存款、资产和特许经营之中。这些财产都可以表现为一定的货币价值，从而与有体物一样可被占有、使用、收益、处分等。如果物权客体是有体物，大量的价值形态的财产进不了物权法的圈子，物权法就只是一个有体物法，立法只能另行规范价值形态财产的归属和利用。要想成为民法典中的物权法，就必须定位于财产的基本法，能管实物也能管价值物，有体物法没这个资格。立法者显然清楚这一点，物权法尽管没有明确应当承认物分为有形物和无形物，但不顾传统物权理论如何据理力争，还是小心翼翼地避开了有体物的逻辑陷阱。

价值物或价值形态的财产是一个新的概念，目前只有少数人能理解这个概念的理论和实践意义，立法也不便过早地表态。因此，物权法采取回避争论的

① 王利明："物权概念的再探讨"，载《浙江社会科学》2002 年第 2 期。
② 黄莹："物权法草案的三个理论突破"，载《人民法院报》2006 年第 28 期。
③ 高富平："物权法的十个基本问题——物权法草案修改意见"，载《法学》2005 年第 8 期。
④ 同上。

策略。从法律的效用而言，缺少物的定义不是一个很大的问题，因为实践主要依赖于动产和不动产的概念。但物权法还是流露出了立法的倾向性，抛开一个一直被奉为永恒真理的概念意味着什么？其否定意义不言而喻。无论立法本意如何，从客观效果看，物权客体是物而不是有体物。这就意味着，现代社会的一切财产，只要具备物权支配的特性都可以成为物，物权客体因而具有了开放性，能随着社会生活的变迁而自我调节。

基于此，我们赞同物权法的物可以定义为：物权法上的"物"指的是存在于人体之外、为人力能够支配、并能满足人类需要的有体物及其价值形式、自然力，主要包括有体物、作为有体物价值形式的有价证券、自然力三种。① 但这种表述侧重于"物"与有价证券的关系，强调有价证券实际上只是"物"的一种，其"物"的概念仍嫌狭窄。而刘保玉先生在对梁慧星、王利明、徐国栋等学者的物权法建议稿以及人大法工委的物权法草案进行了认真的斟酌并加损益后，建议立法上对物的定义采用如下表述：

"本法所称的物，是指人身之外能够为人力所控制并具有经济价值的有体物。法律规定权利作为物权客体的，依照其规定。

能够为人力控制并具有经济价值的特定空间、能源和自然力，视为物。

除法律另有规定以外，无体物准用本法的规定。"②

我们以为这一表述比较完整地概括了物权之"物"的定义，当然在具体的文字表达方面仍可斟酌。或许，这可以在将来制定民法典时借以参考。

二 不动产之"物"

既然《物权法》规定了："本法所称物，包括不动产和动产。法律规定权利作为物权客体的，依照其规定。"那么，何谓动产，何谓不动产呢？在物的诸多分类中，动产与不动产的区分显然最为重要。无论是大陆法系的民法典体系，还是英美法系的财产法体系，动产与不动产的区分都是各自研究范畴的最为重要的依据。对于动产和不动产的定义，大陆法系的民法典都采用排除定义的方法，即先定义不动产，然后将不动产以外的财产称为动产；英美法系财产法虽然无此种定义方式，但从财产法对土地等的规定可以看出，恰恰是不动产法律

---

① 王显勇："论物权客体——兼析股权与法人财产权"，http：//www.fatianxia.com/paper_ list.asp? id＝16612。

② 刘保玉：《物权体系论——中国物权法上的物权类型设计》，人民法院出版社 2004 年版，第 96 页。

关系为英美法财产制度的核心。因此，无论是大陆法系还是英美法系，"不动产"概念都是认识"动产"与"不动产"区分的前提。

（一）不动产的基本概念

不动产，一般的认识即是指土地、房屋及其附着物。从法律定义上看，所谓不动产系指不能移动或移动后会引起性质、形状改变而损失经济价值的物。①在传统民法上，区分动产和不动产的标准是物是否能够移动以及移动后是否改变其性质、形状而损害其价值。②

（二）各国对不动产的定义

罗马法中，动产称为可动物，是指能够自行移动或者用外力移动而不改变其性质或价值的有体物；不动产称为不动物，是指不能自行移动也不能用外力移动，否则就会改变其性质或者减损其价值的有体物。③即以能否实现物理意义上的"移动"作为标准对物进行分类。依此标准，不动产在罗马法上可以分为三类：土地（建筑物在当时被视为土地，因而所谓的土地实际上包括土地和建筑物）、动产因附着于不动产而成为不动产、因标的的性质而成为不动产的他物权。

近代世界各国民法中关于动产与不动产的划分标准基本上源于罗马法，但又分为两种立法例。

一种是以法国法为代表的分类，法国民法基本继承了罗马法关于物的这种划分方法。依《法国民法典》的规定，"财产之为动产，或按其性质，或按法律的规定"，而不动产是依性质不可移动、依用途不可移动、或权利客体不可移动、或法律规定不可移动的财产。④但这种分类是财产的分类，而不是物的分类。根据该法典第516条规定，动产与不动产的划分是"财产的分类"，而不是物的分类。具体指土地及建筑物；固定于土地和建筑物之上的物；土地之上不可以与土地分离的物，如土地出产物、种子、肥料、农具、圈养动物、不动产的使用收益权、不动产股票、地役权、返还不动产的诉讼权等。⑤

---

① 《法学词典》，上海辞书出版社1989年版，第86页。

② 在普通法国家，也采纳了动产和不动产的区分方法。英国法将财产区分为不动产和动产，前者是指不包括租赁保有地的土地上的权益，后者是指可移动的财产以及租赁保有地。不动产通常称为realty，动产通常称为personalty或chattels。参见〔英〕F. H. 劳森、B. 拉登：《财产法》（第2版），施天涛等译，中国大百科全书出版社1998年版，第18页。

③ 周枏：《罗马法原论》（上册），商务印书馆1994年版，第283页。

④ 孙宪忠：《中国物权法总论》，法律出版社2003年版，第131页。

⑤ 参见《法国民法典》第二编第一章第一节，即第517—526条。

另一种是以德国法为代表的分类，《德国民法典》整个物权编完全建立在对不动产和动产的区别对待上面，不动产和动产的法律规范也有着明显的区分。《德国民法典》中的不动产被称为"地产"，但其实是指以土地为主、并在土地附加的而且不能与土地分离的物。其不动产的概念可以定义为：不能移动或移动必然毁损经济价值的物。具体指土地、土地上的固定物如建筑物、固定在土地上的机器设备等；不能与土地分离的物如土地的出产物、果实、树木、种子等。瑞士、意大利等国基本依此分类。

《瑞士民法典》没有规定不动产，但其第713条规定，"性质上可移动的有体物以及法律上可支配的不属于土地的自然力，为动产所有权的标的物"。

《意大利民法典》实际上也是以物理标准来划分动产和不动产的。土地、泉水、河流、树木、房屋和其他建筑物，即使是临时附着于土地的建筑物以及在一般情况下那些或是自然或是人为地与土地结为一体的物品是不动产；固定在河岸或者河床之上并且为永久使用而建造的磨房、浴场以及其他漂浮在水面上的建筑物视为不动产；所有其他的财产是动产。[1]

《日本民法典》第86条规定得十分简明，土地及其定着物为不动产，此外的物为动产，无记名债券视为动产。日本的分类虽与德国相同，但与德国法采取"地上之物属于土地"的一元主义不同，日本法对于土地及其附着物的认识采取二元主义。《日本民法典》第86条规定土地及其定着物为不动产，此外的皆为动产，"地上之物"不再"属于土地"，土地及其定着物分别为独立的不动产。[2]

我国台湾地区民事方面有关规定直接取法日本，其规定：称不动产者，谓土地及其定着物，不动产之出产物，尚未分离者，为该不动产之部分。其"土地法"规定"附着于土地之建筑物或工事，为建筑改良物；附着于土地之农作物之其他植物与水利土壤之改良，为农作改良物。"可见我国台湾地区的不动产包括了土地、建筑物、土地上之植物、水利工程等。

我国《民法通则》中虽没有动产与不动产的概念，但我国的民法理论和近几年的立法实践已经接受了这一分类，如我国担保法中规定了不动产抵押和动产质押制度，其不动产的定义为：不动产是指土地以及房屋，林木等地上定着

---

① 参见《意大利民法典》第812条。我国《澳门民法典》的规定与此类似，参见《澳门民法典》第195、196条。

② 李晓云："'不动产'概念研究"，载《清华法学》（第8辑），清华大学出版社2006年版，第183页。

物。《最高人民法院关于贯彻执行〈中华人民共和国民法通则〉若干问题的意见》第186条对不动产进行了司法解释：土地，附着于土地的建筑物及其他定着物、建筑物的固定附属设备为不动产。我国学者关于动产和不动产的区分，基本上倾向于德国法的标准，即把不动产定义于民事权利的客体——物的一种具体的形式。

（三）区分动产、不动产的标准

从上述各国的立法例可以看出，尽管对不动产的概念各有不同，但仍有一些共同的轨迹。从区分动产与不动产的形式看，一般有三种做法：一是列举法，如法国，在法典详尽罗列了不动产事项；二是所谓一元主义或结合主义，如德国与瑞士等国民法典依罗马法"土地上之物属于土地"的原则，以土地为唯一不动产，土地之定着物为土地之成分；三是所谓二元主义或分别主义，如日本与我国台湾地区，以土地与土地定着物各为独立之不动产。①

从分类标准看，可以分为三种，即物理标准、价值标准与程序标准。所谓物理标准，即以能否实现物理意义上的"移动"作为标准对物进行分类。"除某些例外的情形，《法国民法典》对动产与不动产的分类标准基本上是物理性的。"② 但"某些例外情形"是指什么呢？"除物理标准外，动产与不动产的分类的基本思想是：不动产是贵重的长期存在的和能够产生收益的财产；动产则是具有较低的价值且不能长久存在的财产。动产的这种属性通过下列格言予以表述：动产的价值是'脆弱'的（res mobilisresvilis）。"③ 所谓价值标准，即以物的价值大小为标准进行区分。认为"二者经济价值上有很大差异，不动产的经济价值往往大于动产，所以不动产的权利变更须较动产慎重"。所谓程序标准，即以登记方式（是否需要登记）为标准进行区分。

但从上述各国的不同做法看，一国的分类标准往往不是单一的，而是以某种标准为主，同时还辅之以其他标准。但无论何种分类标准，基本上都以物理标准为主，其他标准为辅，如法国民法典在将财产进行分类时，除物理标准之外，又融入了价值标准；而德国民法典在进行分类时，除具有物理意义外，又借助程序意义的分类标准。

我们看到，法国对动产和不动产区分的物理标准，既包括纯粹的物理标准

---

① 李晓云："'不动产'概念研究"，载《清华法学》（第8辑），清华大学出版社2006年版，第185页。

② 尹田：《法国物权法》，法律出版社1998年版，第69页。

③ 尹田："法国物权法中动产与不动产的法律地位"，载《现代法学》1996年第3期。

又包括不完全的物理标准。依纯粹的物理标准，土地及其附着物为不动产，亦即不动产包括土地及其一切定着于土地的建筑物、植物等或"渗入"的物；①动产则为可以自行移动或被移动的财产。② 而不完全的物理标准即是对纯粹物理标准进行修正，基于财产的用途，法律有时赋予其与其物理属性不同的法律属性。主要是"预置动产"制度（依照财产在未来的状态，"提前"赋予不动产以动产的法律地位）、"不动产附着物"制度（在动产因"附属"于不动产而与不动产居于"同一体系"时，依财产"现在"的用途，将动产称为"不动产附着物"）、"物的替代"制度（当一项新的财产代替原有财产时，为"物的替代"。在某些情况下，原有财产上设定的权利继续适用于新的财产）。

虽然法国民法典给不动产定义采取了所谓"纯粹的物理标准"，但不动产的法律体系却建立于不动产是一些重要价值的财产的思想基础上，这一方面表现在不动产在确定方法上有极强的物理性；另一方面，为了强调不动产的重要性，将之限于一些价值极大的财产，对不动产的确定标准因之不能不有所改变。这种改变具有对应性：根据纯粹的物理标准，一些财产因附着于土地本应成为不动产，但因其价值不太大，却被归入动产行列；同理，一些财产并未附着于土地本应归入动产范围，但却被视为不动产。

在德国民法典中，"动产和不动产的划分对整个《德国民法典》，尤其是对德国民法物权体系有着根本性的意义"。③ 该法典整个物权编完全建立在对不动产和动产的区别对待上面，不动产和动产的法律规范也有着明显的区分。《德国民法典》中的不动产被称为"地产"，地产是在不动产登记簿中登记的地表部分，其精确地指向是从不动产登记簿的角度考虑的法律技术概念，这是一个具有物理意义和程序意义双重意义的分类标准。土地、房屋和永久附着物是不动产，首先出于其不可动性，同时还在于业经不动产登记的程序性质。④《瑞士民法典》、《意大利民法典》、《日本民法典》实际上也是以物理标准来划分动产和不动产的。

而考虑到动产、不动产区分标准的复杂性，《俄罗斯联邦民法典》确定了依登记方式划分动产、不动产的标准。⑤ 我国亦有学者提出以登记本身作为动产、

① 参见《法国民法典》第 518、519、520、523 条。
② 同上书，第 528、520、521 条。
③ 孙宪忠：《德国当代物权法》，法律出版社 1997 年版，第 9 页。
④ 参见孙宪忠《德国当代物权法》，法律出版社 1997 年版，第 7—9 页。
⑤ 参见《俄罗斯联邦民法典》第 130 条。

不动产划分的标准，① 也有人主张建立物理标准为主，登记标准为辅的标准。② 但以登记作为划分动产与不动产的标准的核心在于特定的国家登记机关能够出示一份不动产登记目录，即人们可以通过这份目录了解不动产的外延，也就是了解须进行不动产登记的范围。且不说这种穷尽列举法是否可行，仅从逻辑上看，应当是先有动产与不动产之区分，然后才有是否登记的问题。更何况应该登记的未必就是不动产，不可动的未必就是必须登记的，登记是结果而不是前提。还有人提出"不动产应当是由于不容易实现事实上的占有而标明财产权利所属的特殊的物"，③ 即以是否容易实现财产权利所属为标准，等等。

我国学者关于动产和不动产的区分，基本上坚持的是物理标准，同时还辅之于其他标准如价值标准、程序标准等。具体而言："动产是指能够移动而不损害其价值或用途的物"，"不动产是指不能移动或移动会损害其用途或价值的物"，"某些物在性质上能够移动，但因价值较高，且在交易习惯上转让程序较为慎重，在法律上亦具有不动产的某些特征，在学理上称为'准不动产'"。④ 动产与不动产"是根据物能否移动并且是否因移动而影响其价值，以及物权变动法律要件的不同为标准而进行的划分"。⑤ "不动产，指依自然性质或者法律的规定不可移动的物"，"动产，指不动产之外的其他物"。⑥ 这种定义不动产和动产的方式明显带有德国民法典关于动产、不动产划分的烙印，即首先提出了源自罗马法的物理标准，同时又进一步在程序意义上进行了要求。

可见，以物理标准——是否具有可动性，作为动产与不动产划分的基本标准确立于罗马法，其间历经千余年，并为世界大多数国家立法所继受，足见这种物理标准是何等之源远流长。

土地、建筑物及其他附着物由古至今都是人类赖以生存与发展的根本所在。至于其原因，英美法学家认识到，不动产能够在相当长的时间内产生一种收益，并可随时确定其存在，即是不可移动和不可破坏的，而实物动产极易受破坏和

---

① 孟勤国："动产不动产分类标准的研究"，载《民商法纵论——江平教授七十华诞祝贺文集》，中国法制出版社 2000 年版，第 234—245 页。

② 李飞："动产与不动产划分标准之比较研究——兼论我国物权立法中相应标准的选择"，载《学海》2003 年第 3 期。

③ 李晓云："'不动产'概念研究"，载《清华法学》（第 8 辑），清华大学出版社 2006 年版，第 195 页。

④ 魏振瀛：《民法》，北京大学出版社、高等教育出版社 2000 年版，第 120 页。

⑤ 马俊驹、余延满：《民法原论》（上册），法律出版社 1998 年版，第 91 页。

⑥ 梁慧星：《中国物权法草案建议稿——条文、说明、理由与参考立法例》，社会科学文献出版社 2000 年版，第 119—122 页；王利明：《中国物权法草案建议稿及说明》，中国法制出版社 2001 年版。

抛弃。因而，这是某些物的客观特性与人的主观需求发生了极其巧合的对接，即以不动性这一极具客观色彩的词代换了某些物的重要性这一极具主观表征的词。这种理解在罗马法上是成功的，在法国民法典中同样是有益的，"不动产是贵重的长期存在的和能够产生收益的财产，动产则具有较低的价值且不能够长久存在"。① 这就充分印证了法国物权法上动产、不动产划分的两个标准的统一性，即一般意义上的判断以物是否具有可动性这一物理标准为之，其中潜含着价值大小的判断标准。而特殊之物，为求变通，径行以价值标准去衡量。"从来没有哪个国家或地区将财产价值作为动产与不动产唯一或重要的分类标准，法国民法也只将其辅助于物理标准。但财产价值大小与可动与否同样存在意义上的混乱，物理标准的缺陷与价值标准的荒谬同时保留了下来。"②

《德国民法典》关于动产与不动产分类在物理标准之外加入了一个程序性标准，虽然很好地解决了一些问题，如车辆、船舶及航空器等按纯粹的物理标准理应归入动产，但法律明文规定其一律适用不动产规则。而由于德国物权法上将物限定为"有体物"，导致程序性标准于物理标准之外没有发挥应有的作用，如对附属于土地或建筑物的物区分为临时目的和永久目的，前者不属于不动产，这表明程序标准对物理标准的修正是失败的。除非能够容忍这种混乱，否则不可能同时选择程序性标准和物理性标准。

传统区分标准具有世界普适性。物理标准是一项为查士丁尼创立的传统标准，世界各国民法基本上采用了这样的标准。当然，"传统"不能表示标准本身的好与劣，判断一项标准的优劣的立足点应当看其是否是来自现实生活的内在需求。从这个层面来看，物理标准是直观而有效的，能为具有一般理智的人所理解和应用，如土地房屋及其他的附着物是人类生存、发展所必需的生产、生活资料，无此，则无以安身立命，而这些物所具有的自然特性中所共通的一点就是其不动性。于是人对某些物的内在需求与这类物的外在共通点实现了很好的融合，因此物理标准作为对物予以划分的标准具有旺盛的生命力。此外，"动"与"不动"也要辩证地看，从绝对意义上来看待，在我们这个年代建筑物确实可以被整体迁移，但这只是很个别的现象，谁会置经济成本于不顾而经常将房屋移来移去？以特殊取代一般，仅以房屋可以被整体迁移而认为这违背了不动产的内在规定性，否定其不动产的特性也就没有任何意义了。因此，物理

---

① 尹田：《法国物权法》，法律出版社1998年版，第85页。
② 孟勤国：《物权二元结构论》，人民法院出版社2002年版，第123页。

标准在划分动产与不动产时具有天然优越而不可替代的地位。

这种区分的实益是以此为基础构建了两套不同的法律规则体系。具体而言：第一，从权利的取得来看，动产的取得既包括原始取得也包括继受取得；不动产的取得主要是限于继受取得，即主要是通过转让等方式取得。第二，从权利的转让来看，动产的转让不仅可以采用书面形式和口头形式，还可以采用其他形式。双方达成买卖合同之后，通常都主要受合同法的调整；不动产交易需要作成书面合同。尤其是在不动产之上设定担保物权以及转让土地使用权和房屋所有权，都需要经过登记。第三，一般来说，动产所有权移转以交付为要件，而不动产所有权移转以登记为要件。第四，在他物权的设定方面，动产一般不能够设定用益物权，只是在法律明确规定的情况下可以设立担保物权，如动产抵押、动产质押和留置权。但不动产不仅可以设立担保物权，而且可以设立用益物权，尤其是用益物权主要是在不动产基础上产生的。① 第五，在权利的性质方面，法律对动产的移转和取得极少设定一些限定，但是对不动产的设定、取得、移转常常有许多公法上的限制。②

应当指出的是，尽管一些国家或者地区的民法典将无形物作为动产对待，但由于动产和不动产的区分仅是对有形物的划分，故而，无形物其实并不是动产而只是适用关于动产的部分规则，并且，还不是全部适用动产的法律规则，有些无形物必须适用不动产的法律规则，如专利权中的财产权质权采用登记公示方式。从这个意义上看，无形物的法律适用本身依赖于动产、不动产依据传统标准的区分。所以，无论从哪个方面观察，动产、不动产的传统区分标准都不能轻易否定。

据此，我们认为区分动产与不动产的标准应坚持以物理标准为主，同时辅之于价值标准。

（四）实践意义上的不动产（广义与狭义的不动产）

前面我们谈了不动产区分标准的理论问题，然而理论是为实践服务的，理论上的研究是为了指导实践上的操作。一方面我们要对不动产的定义、分类的标准等问题进行研究；另一方面我们更要用理论研究的成果指导实践。否则理论的研究就成了空谈。如同孙宪忠先生主张"把物权划分为法律上的物权和事实上的物权"那样，我们主张把不动产的区分也划分为理论上的不动产和实践

---

① 参见屈茂辉《用益物权论》，湖南人民出版社 1999 年版，第 7—8 页。
② 王利明：《中国物权法草案建议稿及说明》，中国法制出版社 2001 年版，第 176—177 页。

上的不动产。在理论上，你可以争论林木、管道究竟是动产还是不动产；但在实践上却必须有明确的划分。我们在撰写《不动产登记法（建议稿）》的过程中，一再产生应当编制的是"房地产登记法"而不是"不动产登记法"的念头。因为不动产范围之广，"登记法"管得过来吗？

考察各国的不动产登记法，无不建立在以土地登记之基础并以土地登记为主要内容的制度上。无论是德国与瑞士等国民法典依罗马法"土地上之物属于土地"的原则，以土地为唯一不动产，土地之定着物为土地之成分的所谓"一元主义"，还是日本与我国台湾地区，以土地与土地定着物各为独立之不动产的所谓"二元主义"，所谓"不动产"实指土地、土地上的固定物如建筑物（各国名称略有不同，德国称"建筑物"，日本称"定着物"，俄罗斯称"建筑物或构筑物"）。不动产登记相当于我国现行的"土地登记"与"房屋登记"。可见，我们研究不动产客体，最终要为我国的不动产登记法所用。

任何国家的不动产主要是指土地以及土地上的固定物，其不动产登记法也是以建立土地登记为主要内容的法律，我国也不出其右。尽管在理论上可以对不动产的种种形态各自表述，尽管在分析时可以夸大现行制度的种种弊端，但最终还是要回到现实上。比如学者在分析我国登记机关不统一，损害了登记制度的基础权威时，最典型的说法就是"根据不动产物权类型的不同，我国的不动产物权登记分为土地物权登记、房屋物权登记、矿产物权登记、水权登记、渔权登记和林权登记，相应地，我国不动产物权登记的机关也有六家之多，分别是国土管理机关、房产管理机关、矿产管理机关、水行政管理机关、渔政管理机关以及林业管理机关。"试问，在我国建立了统一的不动产登记制度后，或者说实行了统一的登记机关后，可能把土地物权、房屋物权、矿产物权、水权、渔权和林权全部由一个统一的登记机关登记吗？

实际上，对不动产的含义有着广义、狭义的不同界定。[①] 广义上的不动产可以界定为：不能移动或移动必然毁损经济价值的物。具体指土地，土地上的固定物如建筑物、固定在土地上的机器设备等，不能与土地分离的物如土地的出产物、果实、树木、种子等。狭义上的不动产则界定为：不能移动或移动必然毁损经济价值的物。具体指土地及其定着物（建筑物、构筑物）。就不动产登记而言，其不动产主要是指土地及其土地上的定着物（建筑物、构筑物），以及法律规定可以作为不动产客体的权利。

---

① 崔建远主编：《我国物权立法难点问题研究》，清华大学出版社 2005 年版，第 369—370 页。

鉴于不动产登记法主要是以建立土地登记为主要内容的法律，我们认为不动产的含义应为：不动产是指不能移动或移动必然毁损经济价值的物。具体指土地及其土地上的定着物（建筑物、构筑物），以及法律规定可以作为不动产客体的权利。

（五）可登记的不动产客体的确定性

物权的功能，在于通过物权这一法律技术工具，将某特定的物直接归属于某特定的主体。对这一直接归属关系，物权法采取物权客体确定性原则，或称特定原则，要求物权必须指向特定的单个的物。① 具体地说，一方面，物权的客体必须是确定的某一物，而不是泛泛（以规格、品质、特征等标准来说明）的某类物；另一方面，单个的物意味着该物在法律上必须具有独立性，以便独立地成为被支配的客体。德国克瓦克教授指出："确定性原则唯一要求是物权客体的特定化，而不能仅仅只是列举出客体的名称。但是客体的特定并不是个体的特定，总体也可以特定。正如谚语所说，一个土豆是特定物，一口袋土豆也是特定物。对此一般均予以认可。"②

物权法中的不动产概念除了"土地，附着于土地的建筑物及其他定着物、建筑物的固定附属设备为不动产"外，更重要的是法律意义上的界定，即是一种纯形式的界定。这种界定，以不动产之官方记录（地籍册）为基础；同时此种界定自身又成为以不动产在不动产登记簿中进行登记的基础。因此"法律意义上的土地，是以地籍块③方式进行测量与标记的，并在土地登记簿中以'土地'进行登记的——如建立专门的土地登记簿簿页，或在共同登记簿簿页中置于专门的号码之下——地球表面的一部分"。④

此种技术上的构建对于登记制度的建立具有重要的意义，如无地籍基础资料，不动产登记无从谈起；有了地籍基础资料，每一土地（不动产）才可以在以地籍块方式进行测量与标记的"土地"找到相应的独立的位置。不动产登记制度依地籍和技术测量对不动产客体（地块、建筑物、构筑物、居住或非居住用房）的描述和个别化，使其获得了可以与其他不动产客体相区别的特征，使之成为确定的、可登记的不动产客体。正如德国克瓦克教授指出的：适用于物

---

① ［德］鲍尔·施蒂尔纳：《德国物权法》（上册），张双根译，法律出版社2004年版，第65页。

② 转引自高富平"论物权法的基本原则"，中国论文下载中心，http://www.studa.net/2004/10-26/132811—7.html 。

③ 在我国称为"宗地"，这里的地籍块即"宗地图"。

④ ［德］鲍尔·施蒂尔纳：《德国物权法》（上册），张双根译，法律出版社2004年版，第285页。

权法的特别要求的确定性原则，必须根据制定物权法的具体目的来确立一个标准。一方面，这一目的就能够纳入不动产登记的程序并且能够最终在不动产登记簿上进行登记；另一方面，这一目的就是确定肯定的标的物并且能够使得物权人有效地排斥其他任何第三人而完成对标的物的处分。①

三 动产之"物"

动产即依其自然性质可以自由移动的物。② 对于动产的定义，因其种类繁多，难以抽象概括，故大陆法系的民法典都采用排除定义的方法，即先定义不动产，然后将不动产以外的财产称为动产。如德国：所有其他不属于"土地"的有体物，均为"动产"，③《日本民法典》第 86 条第一款规定不动产定义，第二款即规定"除此以外的物皆为动产"。

需要注意的是，动产之"物"应符合物权之"物"的特征，即人身之外能够为人力所控制并具有经济价值。一是必须是人身之外的物，人是法律主体，为了维护人至高无上的主体地位，首先要划清物与人的界线，将法律上的"物"限定为人之外的物质，人体不能成为物权的客体；二是必须是能够为人力所控制的物，客观物要想成为法律物，首先必须具备可控制性，即人依靠正常力量可以控制的物才是法律意义上的"物"；三是必须是具有经济价值的物，法律物与民法物有区别，民法物的范围比法律物要小，除了法律物的特征外，必须具有经济价值或者说必须是有必要控制之物，"没有必要控制的物，就不能成为一般人所谓的'财产'，也就不能成为民法上的物"。④ 本书以不动产为中心，对动产部分不作展开。

第二节 不动产物权主体

权利义务有其客体亦必有其主体，客体为权利义务之所附，主体为权利义务之所属。《物权法（草案）》规定：本法调整平等主体之间因物的归属和利用而产生的财产关系。这里的"平等主体"即指民事主体，是民事法律关系的主

---

① 转引自高富平"论物权法的基本原则"，中国论文下载中心，http://www.studa.net/2004/10—26/132811—7.html。

② 孙宪忠：《中国物权法总论》，法律出版社 2003 年版，第 135 页。

③ ［德］鲍尔·施蒂尔纳：《德国物权法》（上册），张双根译，法律出版社 2004 年版，第 23 页。

④ 孙宪忠：《中国物权法总论》，法律出版社 2003 年版，第 125 页。

体的简称。

通说认为所谓民事法律关系的主体，指参与民事法律关系，享受权利、承担义务的人。[①] 在民法上，民事法律关系的主体——"人"，有"二元结构"说和"三元结构"说。所谓二元结构的民事主体包括自然人和法人；所谓三元结构的民事主体，包括自然人、法人和其他组织（合伙）。

民事主体是民法中最基本的概念之一，它直接涉及民法的调整范围和规范的对象，是制定民法草案必须明确的概念。民法在制度设计时规定哪些社会存在为民事主体，以及他们在民法上享有何种法律地位，是民事主体制度必须解决的民法中重要的基本问题，在各国民法中也是居于突出的地位，这是由民法规范的体系化和市场经济的法律规范要求决定的。正是因为确立了民事主体制度，民法其他一切制度设计诸如法律行为制度、物权制度、债权制度、责任制度等才得以全面展开。因此，整个民法制度就是一部民事主体参与各种民事活动所形成的权利义务关系的制度。

民事主体的规范，本应是在民法总则中规定的内容，物权法作为单行法，本无须越俎代庖，但在现行法中尚未对民事主体的种类、范围做出明确规定的情况下，物权法若不对民事主体的种类、范围做出规定，则物权制度何以建立？或者说即使建立了又如何运作呢？因为，整个民法制度就是一部民事主体参与各种民事活动所形成的权利义务关系的制度。物权法的民事主体应当与民法规范的民事主体相一致，而一部没有民事主体规范的物权法是不完整的法律。那么，民事主体究竟有没有一个统一的判断标准？什么样的社会存在才能成为民事主体呢？这在民法界是一个颇有争论的问题。即哪些"人"可以成为不动产物权的主体呢？目前我国对此研究并不深入，应当说还存在不少问题。

一　民事主体的历史沿革

1. 罗马法上的民事主体

罗马最初是氏族社会，由三个部落组成，每个部落分成十几个宗联，每个宗联分成十几个宗，每个宗又分成若干族，每个族再分成许多家庭，家庭又分为家长和家子等其他家属。但是，家庭是作为早期罗马社会的一个法律意义上的主体，亦即基本单元，而家长（或家父）是因为作为家庭的代表而成为法律意义上的权利义务主体的，市民中的家属以及平民则都不是，他们对外没有主

---

① 彭万林主编：《民法学》，中国政法大学出版社 2002 年版，第 57 页。

体身份。① 但是作为自然人的家父与其说作为民事主体，还不如说是作为家族的代表参与民事关系，家族才是真正的民事主体。"家族人格并不以家父或家子的自我性和个人性为起点，而是以家族的单一性为起点。"② 因此法律只承认以家父为代表的家族为民事主体。到共和国末期和帝政初年，家长的男性子孙开始普遍地享有公权和财产权，妇女、拉丁人和外国人也逐渐取得了部分公私权利。公元 212 年，卡拉卡拉帝规定居住在罗马帝国境内的居民或臣民一般都可取得市民权，甚至奴隶也逐渐享有限制的私权，如部分的财产权。因此，随着社会的发展，权利义务主体的范围从贵族家长逐渐扩展到几乎全体自由人。

罗马法上的民事主体在外延上与自然人不同：一方面它不包括奴隶，在古罗马法上，要成为民事主体，必须具有"人格"（Caput），"人格"主要由三种权利即自由权、市民权和家族权构成，奴隶虽然是生物学意义上的人，但由于奴隶没有自由权，所以也就不能成为民事主体，而只作为自由人的权利义务的客体；另一方面，它又不仅包括自由人，而且也包括团体（Universitas）在内，但此团体并非就是法人，至少在罗马法中并不存在"法人"的概念，但这种团体可以看作是法人制度的萌芽。初期团体并不具有人格，共和国末叶开始承认国家和地方政府具有独立的人格，与其成员相分立，可以说是社团的起源。公元 3 世纪以后，即"米兰法令"承认神庙也可享受财产权，可以自己的名义订立契约，取得债权，承担债务，其构成的基础为财产而非人，可以视为财团的起源。罗马法的团体的出现，扩大了人格的概念，并提出抽象人格的理论，把权利直接赋予法律所拟制的人（Persona Ficta），尽管罗马的团体制度很不完备，但其基本内容和理论则为近代法人制度的发展奠定了基础。

由上述可知，罗马法以其理性的思维和抽象的方法，确立了民事主体的一元结构。罗马法在其法典中使用了"Persona"（"人"或"人格"或"面具"）这一概念，但罗马法中没有权利能力的概念，也没有法人的概念。虽然罗马法中有一些团体（如自治市、私人社团和国库）最先具有了某种法律上的独立地位，甚至出现了类似于现代有限责任公司出资的"特有产"（Peculium）。不过，值得注意的是，罗马法承认这些社会团体的利益，但在法律上没有以主体的形式加以确立，却以"人格体"的姿态出现，得到了法律的保护。因此团体的法人人格只是处于萌芽状态。在这一时期，罗马法还不可能建立起系统的法人制

---

① 周枏：《罗马法原论》（上册），商务印书馆 1994 年版，第 106 页。
② 龙卫球：《民法总论》，中国法制出版社 2001 年版，第 197 页。

度。因此在罗马法上明确的法人概念和完备的法人制度尚未建立。

2. 法国民法典上的民事主体

中世纪欧洲的封建经济关系取代了奴隶制经济关系，社会中个人的身份等级发生了变化，奴隶已经由被完全否定了权利义务的客体变为了享有一部分权利义务主体的农奴或农民。但农奴并不是真正法律意义上的"人"，在人身上没有自由，须受领主支配，也可被当作财产转让或出卖。

故总体而言，18 世纪以前的欧洲社会仍然是一个身份型的社会，强调封建等级身份，人格不平等，加上对宗教团体的格外尊崇，在一定程度上更加禁锢了个人自由，强化了等级身份秩序。随着资本主义的兴起，市民社会的壮大，斯多噶学派自然法理论思想影响的广泛深入和罗马法的复兴，人们开始了对教会的、政治的、家庭的、行会的以及身份集团的传统封建权威的批判和对个人的解放，要求确立完全、平等、独立而完整的个人人格。①

法国大革命摧毁了封建制度，《人权和公民权宣言》庄严宣告："在权利方面，人们生来是而且始终是自由平等的"，1804 年《法国民法典》第 8 条规定"一切法国人均享有民事权利"。从而确立了自然人完全独立而平等的以个人主义为中心的民事主体制度，外国人的民事主体地位按照对等原则承认其可以在法国境内为民事活动，但对于团体的民事主体资格则没有规定。法国民法典是对早期罗马法和中世纪封建法的清算，是对中后期罗马法的继承与发展，更是对近代个人主义启蒙思想的立法总结。因此它信守绝对的个人主义，对一切团体都持敌视和怀疑态度，害怕团体对个人自由的侵害和旧的团体本位的复辟。因此，法典对存在于个人与国家之外的各种团体均有意忽略，而立法者在思想上则持排斥态度。

然而，由于资本主义商品经济日益发达，经济关系日益繁杂，团体尤其是经济共同体愈来愈多，需要法律对其回应、调整和规范，因此，1807 年，法国在制定商法典时，在技术性上认可了商业组织的主体资格。随后，在 1867 年制定的有关股份公司的法律，也确立了股份公司的法人地位，最终在 1978 年第 78—9 号法律修正案中，法人作为与自然人具有同等地位的民事主体被立法所接受，并列为《法国民法典》的第九编——公司，从而形成了自然人与法人并立的二元民事主体结构制度。但最早系统规定法人制度的法典是德国民法典。

---

① 刘成伟："民事主体演变的历史逻辑与法人本质的解说"，www. civillaw. com. cn/weizhang/default. asp? id＝8399，中国民商法律网。

3. 德国民法典上的民事主体

正如海尔穆特·库勒尔所言："作为《德国民法典》基本概念的人，是通过其权利能力来表述的。"① 1896 年的《德国民法典》在主体制度方面，首次创造了"权利能力"（Rechtsfaehigkeit）和"法人"（Juristische Person）的概念。

"权利能力"概念为自然人完全平等、独立和自由的思想提供了合理化的理论基础，其民法典第 1 条规定："自然人的权利能力始于出生的完成"，宣告了所有的人从出生开始都平等地享有权利能力，而不管是否存在性别、宗教、社会职业等差别。近代意义上的"权利能力"的概念第一次在法律上的使用，为泽勒（Franzvon Zeiller）起草的《奥地利民法典》。② 19 世纪中叶，萨维尼在其名著《当代罗马法体系》中将"权利能力"定义为能够持有权利的可能性。③ 由于《德国民法典》采用的是"自然人"的概念，承认所有的自然人可以不分国籍平等地享有权利能力，所以《德国民法典》较《法国民法典》进步。

《德国民法典》第一次在法律上使用了"法人"的概念，还在民法中确认了法人制度，确立了近代民法主体制度。其民法典规定非经营性的社团和经营性的社团，只要符合法定的条件，经过登记和许可程序，就可以成为法人。《德国民法典》将法人分为三类：社团、基金会和公法人，对其成立、登记、章程、清算等都作了明确规定。

从《德国民法典》开始，民法主体制度从以个人为中心的一元论，转变为自然人与法人并立的二元论，这是民法主体制度的一个巨大进步，并在随后的历史发展中得到各国广泛的肯认，如德国、日本、瑞士及我国台湾地区民法在自然人之外都对法人有详细的规定，④ 二元主体结构的主流地位在理论和立法上得以确立。

4. 俄罗斯的民事主体制度

原苏俄民法典的民事主体制度采用两分法，只有自然人、法人主体。为了适应市场经济的要求，新的《俄罗斯联邦民法典》关于民事主体的规定有所创新，集中体现在法典第二编，与 1922 年苏俄民法典和 1964 年苏俄民法典确立的民事主体制度不同，新的民法典大大拓宽了民事主体的范围，它规定公民（自

---

① 海尔穆特·库勒尔："《德国民法典》的过去与现在"，孙宪忠译，载梁慧星主编《民商法论丛》（第 2 卷），法律出版社 1994 年版。
② 梁慧星：《民法总论》，法律出版社 2001 年版，第 71 页。
③ 张俊浩主编：《民法学原理》（上册），中国政法大学出版社 1991 年版，第 60 页。
④ 史尚宽：《民法总论》，中国政法大学出版社 2000 年版，第 139 页。

然人)、法人及俄罗斯联邦、联邦主体和自治地方都可以成为民事法律关系的参加者。有关法人主体的规定,新的俄罗斯民法典与苏联时期颁布的两部民法典有着很大不同。它将历史上出现的差不多所有企业法律形态都作为法人对待,表现出极大的开放性。该法典对法人的概念界定为"有独立的财产、以该财产对自己的债务承担责任、能以自己的名义取得和实施财产权利、人身非财产权利并承担义务、能够在法院起诉和应诉的组织"。直接表述了法人的四个特征:以自己的名义参加民事活动、统一的组织机构、独立的财产、独立承担责任。

在法人分类问题上,根据成员与法人之间的财产关系,俄罗斯的法人分为三类:公司和合作社,国有、自治地方所有的单一制企业和机关,社会团体、宗教组织、基金会、法人的联合组织等。俄罗斯民法学家注意到公法人是特殊的一类法人,对公法人以民事主体的身份参与民事流转做出专门规定,是值得借鉴的。

新的俄罗斯民法典对民事主体制度的规定,采取了开放的态度,自然人及各式各样的法人都有权作为独立主体参加民事法律关系。类似我国的"其他组织"大都被赋予法人地位,或者作为自然人、分支机构对待。合伙关系,也被肢解为两部分,一部分成了无限公司、两合公司、补充责任公司,享有法人地位,另一部分作为契约关系规定在债权法当中。将类似于我国个体工商户和农村承包经营户的组织作为自然人来对待,规定公民有权不成立法人,而作为个体经营者从事经营活动,条件是事先必须到有关部门履行登记手续。

5. 英美法中的民事主体

英美法中,虽然没有"主体"的概念,但也相应地确定了"人"(Person)这一法学术语:"在法律上,人是指这样的单位和实体,他们在特定的法律制度中具有法律上的人格,是法律关系的主体或法律权利的享有者,他们有权行使法律赋予的权利,并受法律义务和责任的约束",而"法律人格"(Personality)是指"维持和行使法律权利、服从法律义务和责任的能力的集合"。①

通过上文的论述,我们可以看出,对自然人来说,由一个生物意义上的主体成为法律意义上的主体;对组织来说,从一个由多人组合的组织体变成一个具有区别于其成员的团体意思的法律主体,都是立法者的选择。同时,民事主体也经历着一个逐步扩展的过程,其历史演变在形式上主要经历了由家庭到个

---

① [英] 戴维·M. 沃克:《牛津法律大辞典》,光明日报出版社1989年版,第688、690页。

人，再到自然人与法人并存，再到民事主体多元化倾向的发展过程。我国台湾地区学者史尚宽认为："为权利之主体，第一须于享有权利之社会存在。第二须经法律的承认。"① 这一论断是正确的，但法律承认的依据是什么呢？了解民事主体演变的逻辑规律对下文民事主体资格判断标准的探求有着十分重要的价值。

二 民事主体判断标准诸学说

在民事主体的判断标准方面，我国目前存在多种理论学说，主要有以下几种：

1. 传统的民事主体判断标准

传统的民事主体判断标准认为，民事主体的本质条件包括两个方面：一是一定的社会经济条件的存在；二是国家法律的确认。② 法律规范确定什么主体能够成为法律关系主体不是任意的，而是由一定的物质生活条件决定的。例如，在奴隶制国家的法律中，只有自由民才是法律关系的主体，而奴隶像物一样，是奴隶主的权利与义务所指向的对象，不是法律关系的主体。因此，商品经济的产生和发展，是民事主体存在的决定性因素。

民事主体作为一个法律范畴，它的确认不仅依赖于物质生活条件，而且取决于统治阶级的意志，由国家以法律形式加以确认，也是其存在所不可缺少的条件。实际上，哪些自然人或社会组织可以成为民事主体，以及这些民事主体享有哪些民事权利，最终都必须由国家法律加以规定。

传统民事法律规范确立了两种民事主体：自然人和法人，分别代表自然人和组织体这两种性质截然不同的社会存在，前者是以个人为本位的法律主体，后者为有团体名义的多数人的集合法律主体。比较二者能力的异同，一般认为传统民法学对"享受民事权利、承担民事义务"的理解包括如下四项内容，相应地，这也就是民事主体的四项构成要件。

（1）名义独立。自然人能以自己的名义（姓名）与他人进行交往，从事各种民事活动；法人均拥有自己独立的名称从而能够以自己的名义（名称）与他人为民事法律行为。无论是自然人还是组织，要成为独立民事主体，首先他（它）必须拥有自己的姓名（名称），并能够以此名义与第三人发生法律关系。

（2）意志独立。作真实意思表示的自然人是自主、自为地对外进行活动，

---

① 史尚宽：《民法总论》，政大印书馆 1980 年版，第 71 页。
② 佟柔：《中国民法》，法律出版社 1990 年版，第 63 页。

享有独立的意志；法人对外发生民事法律关系，是由于该法人的团体意志或独立意志，而不是某个或某几个成员的个人意志或个人意志的简单相加。简而言之，民事主体应能够按照自己独立的意愿，通过自己的选择来活动。

（3）财产独立。自然人有其个人财产，并享有占有、使用、收益、处分的充分的权利，不受他人的干涉；法人也应有与成员个人财产相区别的独立财产或共同财产，该财产与作为组织体成员的出资者相脱离，服务于组织体的整体利益，为其共同利益所支配。只有这样，民事主体才拥有了其作为一个实体独立的财产，具备了直接参与民事法律关系的基础和前提条件。

（4）责任独立。认为自然人承担无限责任：以其全部财产承担责任；法人承担有限责任：以法人全部财产对债务承担责任，资不抵债时，实行破产，而不需由法人成员承担。也即自己的行为应由自己承担后果，该实质标准突出的是要坚持民事主体的独立性。

总之，根据传统民法理论，只要一个社会存在（自然人或组织体）能够以自己的名义，根据自己的意志，享有自己的财产，为一定行为并独立承担该行为的后果，就做到了独立地"享受民事权利、承担民事义务"，法律就应该赋予其"民事主体"资格。

2. 抽象人格论[①]

马克思指出："人格脱离了人，自然就是一个抽象。"抽象人格论是西方法律思想史上的重要成果，它已经成为西方民事主体制度的重要理论基石。

抽象人格论认为，衡量能否成为民事主体的标准，应当看其是否具有独立的法律人格。抽象人格，是"抽象的法律人格"的简称，又称一般的法律人格、一般人格，是指人们平等普遍、独立自由且终身享有的不可变更、不可转让的民事权利能力。相对于具体人格，它具有抽象性、平等性、独立性和具有终身性、不可变更性、不可转让性。"抽象人格"源于西方注释法学派在教会法学的理论基础上定义法人："在团体成员的多数人之外独立存在的抽象人格"——标志着真正意义上的法人概念的确立。由此，法人是抽象的产物，法人人格的本质是抽象人格。只有认定法人本质是抽象人格，才能实现法人之间的地位平等，才能实现法人与自然人地位的平等。现代民法越来越意识到，衡量能否成为民事主体的标准，应当看其是否具有独立的法律人格，即是否具有民事权利能力，

---

① 参见曹新明、夏传胜"抽象人格论与我国民事主体制度"，载《法商研究》2000 年第 4 期（总第 78 期）。

而不是把是否具备民事行为能力或者民事责任能力作为判断标准。

近现代民法都无一例外地将抽象人格赋予每一个有生命的人、法人、其他组织终生享有，且非因死亡或终止而不可剥夺，不可让渡或继承。这一抽象人格理念首先扎根于西方近代民法。现代西方的经济已经超越了封建专制经济和自由竞争的市场经济，步入垄断、国家干预的市场经济。与之相适应，现代西方抽象人格论扬弃了近代抽象人格论，建立了适应社会新变化的新型的抽象人格制度。现代西方的民事主体是从自然人、法人、其他组织等广泛的主体中抽象出来的，具有最一般性、最广泛性；而且这种"抽象人"的权利能力具有天赋性、独立性、不可转让及不可剥夺性等。现代中国的法律人格的抽象范围是比较狭窄的，而且其权利能力具有法定性，部分人格具有半独立性。

3. 民事权利能力论[①]

民事权利能力论认为，凡是法律关系的主体，都应具备能够依法享有权利、履行义务的法律资格，即权利义务能力，简称权利能力。

权利能力是一个自然人或社会组织在法律上的人格确认，具备法律上的人格才具备法律上的主体地位，才能成为法律关系的主体。不同的法律主体应具备不同的权利能力，什么样的人或组织可以成为法律主体及何种法律主体是由一国法律规定或确认的。对于民事主体来讲，其民事主体地位则是通过民法赋予自然人或社会组织民事权利能力来确认的。民事权利能力成为判断自然人或社会组织是否是民事主体的唯一法律要件。

德国民法典以权利能力来表述民法"人"的概念，认为自然人是平等的"自然状态的人"，权利能力属于每一个具有自然人特征的实体。权利能力是对民事主体内涵的一种抽象，它作为一项法律制度最早出现于1896年颁布的《德国民法典》，并成为一个社会主体拥有民事法律主体资格的标准。在这部法典中，有幸成为民事主体的仅有自然人和法人。此后，多数大陆法系国家皆效仿德国的这一立法模式，并逐渐形成了权利能力等同于民事主体或人格的观念。既然民事主体等同于权利能力，又根据民法意思自治和主体平等两项基本原则，每一个民事主体都是独立的，则权利能力也应独立，民事主体享有的权利及承担的义务也应独立，享有权利及承担义务的基础——人身和财产也应独立。[②]

---

① 参见李明华"论合伙企业的民事权利能力"，载《四川师范大学学报》（社会科学版）第27卷第2期。

② 张晓鸥、吴一鸣："论'其他组织'的法律地位：兼论民事主体标准"，载《南通职业大学学报》第17卷第2期。

　　民事权利能力是民事主体的唯一法律要件或标准，具备民事权利能力则具备民事主体资格，而民事权利能力源于法律规定。这就意味着我们在认定某个社会组织有无民事权利能力时，应从法律中去找依据。法律赋予民事主体享有民事权利承担民事义务的资格：具备这一资格才能享有民事权利承担民事义务；反之，能够独立享有民事权利承担民事义务的人一定具有民事权利能力。

　　4. 民事主体功能论①

　　民事主体功能论认为，法律对于民事主体的规定，至少有两个方面的含义：一是在人文主义的影响下，赋予所有自然人民事主体地位，使其参与民事法律关系，享有相应的权利义务；二是为了达到特定的目的和发挥特定的功能而对一定的社会存在赋予民事主体地位，确认其权利能力，这主要是针对社会组织和特定财产而言的。

　　个人在经济和社会中发挥着重要功能，是法律确立自然人民事主体地位的根本原因。在古罗马时代，对于自然人来说，自由民中能够直接行使主体权利的只是家父。之后，民事主体从家族转向个人的发展过程，至少与两个因素有关。第一，是社会的进步和对人的尊重，即所谓的天赋人权思想，这个因素是自然人民事主体地位确立的价值基础，是每一个自然人能够取得民事主体资格的关键依据。第二，随着经济的发展，社会分工的扩大，个人的存在和作用逐渐显见。可交易财产的增加，交易关系的频繁和复杂使得几乎任何两个人之间都有可能进行交易，一切均由家父代表参与的传统已经不能满足交易的大量发生。于此种历史阶段中，只有由个人参与交易，才可能发挥每一个人的聪明才智，促进经济的发展。

　　法律赋予一些社会组织有独立于其成员的民事主体地位，也是为了更好地实现团体的特定功能。各类团体即为社会中的重要存在，它能以自己独自的地位和品格实现着举足轻重的社会功能。

　　功能之一是团体的维持，即将团体人格与成员人格区别开来。确认团体独立的民事主体地位，才能使团体存续和发展。当个别成员的利益与团体的利益不一致时，必须以团体的名义进行民事活动才可以实现团体的利益，避免团体解散。"团体一旦成立，就将延续下去，哪怕只剩一人，该一人之身份亦不能与

---

　　① 　参见马骏驹、宋刚"民事主体功能论——兼论国家作为民事主体"，载《法学家》2003 年第 6 期。

团体人格相混淆。"①

功能之二是简化、促进交易。当团体的利益与成员利益一致的时候，将团体作为一个民事主体，能够避免相对人与其成员单独谈判、交易，而使同样的交易更简便迅捷。因此"法人制度的承认，从根本上减轻了经济交往的负担。法人代替了众多的成员出现在法律交易中，作为合同当事人及权利义务承担者。"② 作为民事主体的公司，还可以集合其成员投入的大量资产，实现个人难以实现的巨额交易。其他的社会存在，如财团是特定人与一项特定财产的分离，强调财产的特殊目的与功能，而不强调具体人的意思与作用，此时法律完全可以把一项特定财产确定为财团法人，让其参与民事活动。之所以如此，是因为团体具有与自然人不同的功能。

一些社会存在要对社会的发展和进步发挥功能作用，就必须通过参与一定的民事法律关系才能实现，此种情况下，法律就有必要赋予某些社会存在民事主体地位。法律确立民事主体地位的功能，主要是指经济、交易方面的功能。但是我们也不能忽略政治的、社会功能因素。

民事主体制度功能论应当为民事主体制度的开放和发展提供一定的理论支持，找到其发展的动力。从民事主体功能论出发，重新考察权利能力和行为能力观念，关于主体的能力，其目的可以从两个方面来认识：一方面就是根据民事主体要实现的功能，赋予其权利能力使其可以在某一目的范围内进行正常的民事活动；另一方面就是限制民事主体的能力，即把主体的能力限定在使其实现功能的范围内，而不得超出这个范围。

5. 独立意志论③

独立意志论认为，衡量一个事物能否成为民事主体的标准应为独立意志，具备独立意志是一事物能够成为民事主体的标准。

法律为解决利益冲突而设，没有利益冲突，就不需要法律。作为反映商品经济关系的民法，面对着广泛的利益冲突，它以民事法律关系为核心，通过调整私主体的行为，来调和私主体之间的利益冲突，达到私主体之间和私主体与社会之间的利益平衡。利益是主观的，某人认为有利之事在他人看来可能毫无

---

① ［意］彼得罗·彭凡得：《罗马法教科书》，黄风译，中国政法大学出版社 1992 年版，第 52 页。

② 海尔穆特·库勒尔："《德国民法典》的过去与现在"，孙宪忠译，载《梁慧星先生主编之域外法律制度研究集》（第 2 辑），国家行政学院出版社 2000 年版。

③ 参见张晓鸥、吴一鸣"论'其他组织'的法律地位：兼论民事主体标准"，载《南通职业大学学报》第 17 卷第 2 期。

利益，立法者按照一般情况及常人的观念所作的认为对主体有利的权利义务设计，在具体的环境和具体的法律关系中可能与当事人的意愿相悖。利益既为主观之物，当附于特定意志之上，利益若脱离意志便成为无本之木、无源之水。此外，利益的取得要以行为为中介，而行为又是意志的表现形式，其内容和形式皆决定于意志，法律虽然仅能调整外在的行为，但往往又通过行为推定意志的内容，从而赋予相应的法律效果。

既然民法调整终极目标的协调利益冲突，和民法调整直接对象的行为，都是以意志的存在为基础，那么民法实质上调整的是意志关系，具有独立意志是成为民事主体的本质要求。只有具有独立意志，才能成为其他主体的一个具体的交易对象，才能与其他主体发生意志交流，安排双方的权利义务关系，从而建立民事法律关系。如果缺乏独立意志，如企业里的一个车间，没有独立的意志形成机制，就无法为其他主体所特定化，其他主体就会找不到交易对象，从而根本无从建立民事法律关系。

人类区别于动物就在于人类有意志，因而，每一个自然人当然应成为民事主体。那种剥夺部分自然人民事主体资格的法律，除了压迫和歧视，没有其他理由可以对此作出解释。自然人作为主体是一个类主体，而不是指一个一个具体的自然人，人类有独立意志也是从总体上来说的，只要是自然人，就有独立意志，而不问其事实情况如何。

自然人之外的组织能否成为民事主体，也应当以其是否具有独立意志这一标准进行衡量，而不问其能否独立承担民事责任。因为责任承担形式作为意志表示的一种后果，其要解决的是，一个主体实践其意志的后果是由一个还是一个以上的主体来承受的问题，这本身是一种法律设计，包含着立法者的主观因素在里面；而是否存在独立意志要解决的是一个组织是否具备形成独立意志的机制、是否能为其他主体所辨识、能与其他主体区别开来、能被特定化的问题，是一个事实判断，因而与责任承担形式根本不同。如果仅以是否能够独立承担民事责任作为判断一个组织能否成为民事主体的标准，其实就是"无财产便无人格"的一个翻版。

6. 财产载体论[①]

财产载体论认为，只要能成为财产的载体，完成交易的使命，就可以是法

---

① 参见梅夏英"民法上人格的变迁与民法价值体系的衰落"，http://www.civillaw.com.cn/article/default.asp? id=7932，中国民商法律网。

律确认的主体。自近代以来，大陆法系各国对于法律上的人格的规定，隐含着两个不同的面孔：一是财产性的人格；一为人身性人格。这构成了民法上不同的人格模式。财产性人格是由市场逻辑决定的，这导致了民法上抽象人格的建立，但民法上的抽象人格的确立应归功于社会原子化以后，财产成为人们之间关系基本的纽带这一状况。而人身性人格则是着眼于个人对其作为生物意义上的人所享有的人格，这种人格自法律之始既已存在。这两种人格构成了民法上的财产法和人身法的主体。所以，谈民事主体不应混淆其赖以成立的不同的基础。

财产性人格的特点是，人被完全抽象化了，个人和组织在交易关系中没有必然界限，只要能成为财产的载体，完成交易的使命，就可以是法律确认的主体。甚至有一些情况下，没有必要去弄清它的面目，只要财产交易能完成，人是次要的。法律确认财产主体就是为了确定一种财产秩序，在此前提下，当独立财产出现时，法人便不得不成为独立财产的主人，因为成员在交易中，是不能代表财产的。财产法上的人格是由财产决定的这一特点，还可以从自然人和法人的共同点上看出来，自然人和法人毫无共同之处，但在作为财产的主人行使权利，以及以所有财产承担责任这一点却是共同的，所以财团法人虽然没有成员，但同样可以成为主体，因为财产本身的存在导致法人既可以享有权利，也可以以财产对外承担责任。

从上述各种理论中我们可以得出两个结论：

其一，民事主体的主体地位必须得到法律的确认，此为上述各种理论的共识。尽管从本质上说，一个社会主体取得民事主体地位是社会发展的客观要求，但从现实的角度看，法律毕竟是控制社会的一种工具。决定进入民事法律关系的主体范围是立法者进行社会控制的一个重要手段。因而，一种社会主体能否取得民事主体地位完全是立法者选择的结果。也就是说，民事主体资格是法律所赋予的资格。

其二，传统民法是通过赋予个人或者组织体"民事权利能力"的方式来确立民事主体地位的。即所谓"得为权利主体之资格或者地位，民法仿德民之规定，成为权利能力。……故权利能力者，与人格者有同一意义"。[1] 抛开社会发展的要求和法律的确认，是什么内在的因素使一事物具备了成为民事主体的条件呢？尽管上述诸理论的答案各异，但现实中仍以"民事权利能力"为主流，

---

[1] 史尚宽：《民法总论》，政大印书馆 1980 年版，第 71 页。

其余诸论或由于自身的先天不足，或还未引起理论界的足够重视。

从发展的眼光看，任何事物都是发展的，民事主体制度也不例外。对于民事主体的判断标准，也应是因"人"而异（如自然人、法人和其他组织的主体要件不同）和因"时"而异的（即不同的历史阶段，不同的社会条件，如经济、政治、文化等的不同，而同一类主体的判断标准也相异）。毫无疑问，不同的民事主体有不同的要件，用衡量某一类民事主体（自然人或法人）的标准去度量另一类民事主体（其他组织）是不科学的，也是脱离实际的。

三　民事主体的判断标准

从民法的发展史看，民事主体经历了从非全部的自然人，到全部自然人再到法人和自然人并存，又有现在民事第三主体——非法人团体的出现，这么一个漫长的发展历史，说明了民事主体范围的逐渐扩大。同时也说明：法律对社会上活动实体的主体承认是有条件的，而不是漫无目的的任意设计。

历史发展到今天，现代法律都肯定了自然人的主体地位，这在民法理论上也已达成普遍共识，已是不争之公理，虽然偶尔有些争论，但也只在于自然人的主体地位是否始于出生和终于死亡等时间的问题，这体现了对人的权利的全面肯定和赋予。

现代民法谈民事主体的构成要件争论较多的，在于对非自然人的民事主体地位的判断问题，在自然人都赋予民事主体的情形下，谈民事主体的判断标准对非自然人主体来说才最具实质的意义。在我国，继民法通则之后的立法对民事主体的规定，已突破民法通则的二元结构，如《合同法》第二条规定除自然人、法人以外，"其他组织"也是合同关系中的主体，从而扩充了法律主体的范围。在事实上推翻了传统民事主体理论中强调的独立财产、独立承担民事责任的要件。

鉴于传统民事主体含义和特征的理解既不符合现代社会实践的需要，在理论上也难以自圆其说的现实，我国民法学者近年在对传统的深入研究与批判中，提出了一些新的见解，对我们认识民事主体的判断标准颇有启发。

1. "独立的意志加上拥有可支配的财产"说，认为对于非自然人主体要被确认为民事主体，其实质要件为独立的意志加上拥有可支配的财产，在某种程度上是上述理论中的"独立意志论"和"财产载体论"的综合。[①]

---

① 参见唐伟元"论民事主体的判断标准"，http：//www.civillaw.com.cn/article/default.asp? id = 19789，中国民商法律网。

2. "民事主体功能"说，认为民事主体制度功能论应当为民事主体制度的开放和发展提供一定的理论支持，找到其发展的动力。国家本来不是为了实现民事目的而产生的，但为了更好发挥其特定经济、社会等功能而成为民事主体。[①]

3. "独立民事责任能力"说，该说完善了"独立民事责任能力"，认为其暗含了人类实践从独资企业（自然人负绝对无限责任）——合伙企业（自然人负相对无限责任）——公司（自然人负相对有限责任）的发展过程。其所谓"独立民事责任能力"，在社会实践不断发展的今天，更多强调的是，凡能够成为民事主体的任一实体，都必须对其债务负无限责任，即对其行为首先必须以该实体所有的全部财产承担责任，直到被穷竭，而不是既可向此实体，又可向其成员主张权利。[②]

对于民事主体的判断，目前比较一致的认识有：1. 民事主体判断由一定的物质生活条件所决定；2. 民事主体判断必须由国家法律加以规定；3. 民事主体制度应该是一个开放的、发展的体系；4. 应当打破二元结构，承认"其他组织"的民事主体地位。

四　民事主体诸类型

根据上述标准，民事主体应有三大类型：自然人、法人团体、非法人团体。

（一）自然人

1. 自然人

自然人是因出生而取得民事主体资格的人，是相对于法人和合伙的民事主体。[③] 自然人包括国内公民、外国公民以及无国籍人，即人类的每一分子都是自然人。自然人必须具备权利能力，才具有法律上的主体资格，才能作为主体参加民事活动、享受权利并承担义务。

2. 民事权利能力与民事行为能力

（1）民事权利能力。所谓民事权利能力，即人格，是法律赋予民事主体进行民事活动，享有民事权利和承担民事义务的资格。正如海尔穆特·库勒尔所

---

① 参见马俊驹、宋刚"民事主体功能论——兼论国家作为民事主体"，载《法学家》2003 年第 6 期。

② 参见冉昊《民事主体传统含义的逻辑辨析》，http：//www.civillaw.com.cn/Article/default.asp？id=23239，中国民商法律网。

③ 彭万林主编：《民法学》，中国政法大学出版社 2002 年版，第 66 页。

言："作为《德国民法典》基本概念的人，是通过其权利能力来表述的。"① 德国民法典以权利能力来表述民法意义上人的概念，认为自然人是平等的"自然状态的人"，权利能力属于每一个具有自然人特征的实体。19 世纪中叶，弗里德里希·萨维尼（Friedrich Savigny）在其名著《当代罗马法体系》中将"权利能力"定义为能够持有权利的可能性。

民事权利能力具有如下法律特征：

第一，民事权利能力来源于法律的直接规定，即民事权利能力是法律所赋予的。

第二，民事权利能力既包括民事主体取得民事权利的资格，也包括民事主体承担民事义务的资格。

第三，民事权利能力与民事主体不可分离，既不能放弃，也不能转让。

第四，民事权利能力的内容和范围均系法律直接规定的，不反映民事主体的个人意志。

民事权利能力可分为一般的权利能力和特别的权利能力。一般的权利能力为自然人充当一般的民事主体的资格，一般权利能力法律平等地赋予一切自然人，不因年龄、性别、民族、信仰、家庭出身、文化程度和财产状况而有所区别。特殊民事权利能力受年龄等因素限制，如结婚的民事权利能力受到法定婚龄的限制，参加劳动的民事权利能力亦受到应满一定年龄的限制。作为不动产物权主体的自然人的权利能力指一般的权利能力。如《俄罗斯联邦不动产权利及相关法律行为登记法》规定（对不动产权利及相关法律行为国家登记时所产生的关系的参加者）"包括俄罗斯联邦的公民、外国公民、无国籍人、俄罗斯和外国的法人、国际组织、外国国家、俄罗斯联邦、俄罗斯联邦的主体和地方自治组织，"换言之，一切自然人都可以成为不动产物权的主体。

在我国，自然人的权利能力自出生始，至死亡终。国际上对自然人权利能力的开始时间有"阵痛说"、"断带说"、"独立呼吸说"、"受孕说"、"父亲承认说"等学说。我国采出生说作为权利能力的开始时间，实际上采用的是"独立呼吸说"。若胎儿一出生即为死胎，则不存在权利能力开始的问题；但一出生若有啼哭后即死亡，则属于出生者权利能力开始但马上终止的情况。在继承问题上，前一情况不发生继承，而后一情况胎儿就继承了遗产。死亡包括生理死亡

---

① 海尔穆特·库勒尔："《德国民法典》的过去与现在"，孙宪忠译，载梁慧星主编《民商法论丛》（第 2 卷），法律出版社 1994 年版。

和宣告死亡两种情形。

（2）民事行为能力。所谓民事行为能力，是指根据法律的规定，民事主体以其行为从事民事活动，取得民事权利和承担民事义务的能力。

民事行为能力具有如下法律特征：

第一，民事行为能力由法律直接规定。

第二，民事行为能力受到公民的年龄和智力状况的影响。

第三，民事行为能力只在法定情形下才依法定程序受到限制或被取消。

第四，民事行为能力从内容上看既包括因实施合法行为而取得民事权利和承担民事义务的能力，又包括因实施违法行为而承担民事责任的能力。

根据公民的年龄、精神健康状况等因素，民法通常将自然人的民事行为能力分为三种类型：

第一，完全民事行为能力。这是指达到一定年龄，智力正常的自然人享有的以自己的独立行为从事民事活动的能力。如我国《民法通则》中明确规定：18 周岁以上公民是成年人，具有完全民事行为能力，可以独立进行民事活动，是完全民事行为能力人。16 周岁以上，不满 18 周岁的公民，以自己的劳动收入为主要生活来源的，视为完全民事行为能力人。

第二，限制民事行为能力。这是指达到一定年龄的未成年人和精神不健全而不能完全辨认其行为后果的成年人所享有的可以从事与其年龄和精神健康状况相适应的民事活动的能力。《民法通则》中规定：10 周岁以上的未成年人和不能完全辨认其行为的精神病人是限制民事行为能力人，可以从事与其年龄和精神健康状况相适应的民事活动，其他民事活动由他的法定代理人代理或者应征得他的法定代理人的同意。

第三，无民事行为能力。这是指完全不具有以自己的独立行为从事民事活动的能力。《民法通则》中明确规定：不满 10 周岁的未成年人和不能辨认自己行为的精神病人是无民事行为能力人，由他的法定代理人代理民事活动。

由此可知，民事权利能力人皆有之，自出生就由法律赋予。而民事行为能力却因人而异，具有完全民事能力的人可以独立进行民事活动，而限制民事行为能力和无民事行为能力的人，只能从事与其年龄和精神健康状况相适应的民事活动或由法定代理人为之。明确这种区别对不动产物权实务十分重要，即任何具有民事权利能力的人都可以成为不动产物权的主体，但限制民事行为能力和无民事行为能力的人，不能自由处分物权，只能通过法定代理人为之。

3. 个体工商户、农村承包经营户和合伙

个体工商户、农村承包经营户和合伙，即通常所说的"两户一伙"，究竟属于何种民事主体，争议较大。《民法通则》将其规定在关于民事主体——自然人的第 2 章中，实际上是作为自然人的特殊形态来考虑的。对于合伙，通说倾向归于第三民事主体（非法人团体）。而对于个体工商户、农村承包经营户，目前学界倾向于不作专门规定，理由是：从严格意义上讲，个体工商户和农村承包经营户都不是准确的法律概念。所谓个体工商户，为从事工商业经营活动的自然人在工商登记时使用的单位名称；农村承包经营户则是在农村家庭联产承包之基础上形成的一种承包合同的特殊主体单位。个体工商户如为一人经营，为从事经营活动的自然人个人；二人以上共同经营，其性质应为合伙。农村承包经营户也具有同样性质。所以，其活动或者适用合伙的规定，或者适用非法人团体的规定，或者适用有关私营企业的规定。至于合伙，无论是个人合伙还是法人合伙，如为一般合伙，应适用合伙契约的规则，如为形成团体的合伙，应适用合伙契约以及非法人团体的规则。①

（二）法人团体

法人是由法律创设的民事主体，是与自然人相对应的概念。所谓法人，是指具有权利能力和行为能力，依法独立享有民事权利和承担民事义务的组织或目的性财产。②《德国民法典》第一次在法律上使用了"法人"（Juristische Person）的概念，还在民法中确认了法人制度。如规定非经营性的社团和经营性的社团，只要符合法定的条件，经过登记和许可程序，就可以成为法人。《德国民法典》将法人分为三类：社团、基金会和公法人，对其成立、登记、章程、清算等都作了明确规定。当今世界各国民法都确认法人的民事主体地位。

法人的法律特征表现在如下几个方面：

第一，法人是按照一定方式组成的社会组织。如机关法人、企业法人、事业单位法人。

第二，法人是按照法定的条件和程序成立的。如有必要的财产或经费，有自己的名称、组织机构和场所，经过批准或登记程序等。

第三，法人具有相应的民事权利能力和民事行为能力。

---

① 尹田："关于民法总则中民事主体制度的立法思考"，法律教育网，http://www.chinalawedu.com/news。

② 彭万林主编：《民法学》，中国政法大学出版社 2002 年版，第 80 页。

第四，法人具有独立承担民事责任的能力。

法人的类型，根据法人的活动性质，通常可以分为企业法人、机关法人、事业法人、社会团体法人（包括社团法人、财团法人在内）。根据不同标准，大陆法系通常将法人分为如下几类：

第一，以法人设立的法律依据为标准，可以将法人分为公法人和私法人。公法人是指依照公法为根据设立的法人，如国家行政管理机关、事业机关，即机关法人、事业法人；私法人是依照私法为根据设立的法人，如公司。

第二，以法律体系的不同为标准，可以将法人分为民法法人和商法法人。在民商分立的国家，民法法人就是民法规定的法人，因为其不进行持续性的交易活动，由民法调整，如学校就是民法法人；商法法人就是商法规定的法人，它是商法的主体，由商法调整，公司法上的各类公司都是典型的商法法人。在民商合一的国家就没有此种分类。

第三，以法人内部结构的不同，可以将私法人分为社团法人和财团法人。社团法人以其成员的存在为基础，按照其章程从事活动，如公司、协会、学会等；财团法人则以他人捐赠的财产为基础而成立，依照捐赠的目的和法人章程规定从事活动，如基金会、慈善机构等。

第四，以法人成立的不同目的，可以将法人分为公益法人和营利法人。公益法人的成立目的是社会公益事业；营利法人的设立目的是为了营利。社团法人中的多数是营利法人，少数为公益法人；而财团法人则均为公益法人。但此种分类的缺陷在于无法包括一些既非公益、亦非营利的法人组织（中间法人），故也有主张按如德国法和瑞士法的分类，分为非营利法人和营利法人的。此种分类的优点是以是否营利为标准，可以覆盖全体法人。

我国《民法通则》以法人设立的宗旨和所从事的活动性质，将法人分为企业法人与非企业法人。企业法人是以营利为目的，从事商品生产、流通和提供各类服务的经营性经济组织，属于营利法人。企业法人又可分为公司法人和非公司法人。非企业法人包括机关法人、事业单位法人和社会团体法人。机关法人是指根据法律规定或行政命令而成立的，行使国家权力和从事国家活动，具有法人资格的社会组织，它相当于公法人。事业单位法人是指从事社会公益事业的，具有独立法人资格的社会组织，属于公益法人。社会团体法人，是指由自然人或法人基于共同的目的而自觉成立，依其章程规定从事社会活动，具有独立法人资格的社会组织。如民主党派团体、人民群众团体、文学艺术团体、科学研究团体等。

（三）非法人团体

对于非法人团体，有学者认为，可以承认非法人团体的法律地位，非法人团体能够以自己的名义参加民事活动，此为我国《合同法》、《担保法》等现行立法所规定。但非法人团体不具有法律人格，不具有权利能力和行为能力，不能独立承担民事责任。① 但承认非法人团体的民事主体地位，又不承认其权利能力和行为能力，岂不矛盾。因此，许多学者认为传统民事主体理论中强调的独立财产、独立承担民事责任的要件并不是不可动摇的。

首先，在我国，继民法通则之后的立法对民事主体的规定，已突破民法通则的二元结构，如《合同法》第二条规定除自然人、法人以外其他组织也是合同关系中的主体，《担保法》也有相同规定，从而扩充了法律主体的范围，在事实上推翻了传统民事主体理论中强调的独立财产、独立承担民事责任的要件。

其次，非法人团体（第三民事主体）与法人团体的区别，很大程度上取决于其财产的独立程度。团体财产的独立程度决定了团体可形成不同的主体样态：当团体财产和其组成人的财产完全相分离，以其独立的财产从事民事法律活动，承担责任时，法律则赋予该团体以法人资格；若团体虽有其自身的财产，但其民事行为或承担责任并不以其独立的财产为限，必要时还要以该组成人的个人财产承担，则该团体则不具有法人的资格，而称为非法人团体。②

非法人团体虽不像自然人和法人那样有完全独立的、享有完整所有权的财产，但非法人团体的财产具有相对的独立性。这种相对独立性是指非法人团体的财产不完全独立于团体成员的财产，但已与团体成员的个人财产发生一定程度的分离，非法人团体不得随意收回出资和转让在非法人团体的财产。非法人团体财产由团体成员的出资和经营积累的财产两部分构成。非法人团体的财产是全体团体成员的共同共有财产，由全体成员共同管理和使用，团体成员对非法人团体财产的处分必须经全体成员同意，任何个人都无权单独支配非法人团体财产。非法人团体进行清算前，团体成员不得请求分割团体的财产。非法人团体存续期间，团体成员向团体以外的人转让其在非法人团体中的全部或部分财产份额时，必须经其他成员的一致同意。团体成员依法转让其财产份额的，在同等条件下，其他成员有优先受让的权利。非法人团体的共有财产受全体成

---

① 尹田："关于民法总则中民事主体制度的立法思考"，http：//www.chinalawedu.com/news，法律教育网。

② 参见唐伟元"论民事主体的判断标准"，http：//www.civillaw.com.cn/article/default.asp？id = 19789，中国民商法律网。

员的共同意志或非法人团体的团体意志支配，而不是由团体成员个人所支配，这说明非法人团体在其存续期间具有相对独立和稳定的财产。

非法人团体具有相对独立和稳定的财产是非法人团体能够成为民事主体的物质基础。区分这两种类型的意义在于主体承担责任的样态不同。法人对外承担有限责任，非法人团体则承担无限责任。[①]

因此，《合同法》、《担保法》中规定的既非自然人又非法人的"其他组织"，显然可以成为民事法律关系的主体。而按照民法通则的推理，这个"其他组织"应当包括个人独资企业、合伙企业、分支机构等。《合同法》在事实上推翻了传统民事主体理论中强调的独立财产、独立承担民事责任的要件。另外，《企业法人登记管理条例》也表达了同样的理念，规定企业法人可以设立不能独立承担民事责任的分支机构，在核准登记的经营范围内从事经营活动。《个人独资企业法》、《合伙企业法》等都有类似的规定。[②]

可见，人格是将现实实体与法律主体分离开来的实质。现实的人属于社会的范畴，法律主体属于法律的范畴，它们不是同一的。因此，立法以法律人格化的社会实体，建立以之为中心的法律秩序，并以法权形式将法律主体推到现实世界。当一个社会存在以"人格体"的面目出现时，如社会现实需要，法律可以赋予其主体的地位。因此，非法人团体是指依法成立的不具备法人资格的组织，如合伙企业、个人独资企业、分支机构等。

最高人民法院关于适用《中华人民共和国民事诉讼法》若干问题的意见第40条规定："民事诉讼法第四十九条规定的其他组织是指合法成立、有一定的组织机构和财产，但又不具备法人资格的组织，包括：（1）依法登记领取营业执照的私营独资企业、合伙组织；（2）依法登记领取营业执照的合伙型联营企业；（3）依法登记领取我国营业执照的中外合作经营企业、外资企业；（4）经民政部门核准登记领取社会团体登记证的社会团体；（5）法人依法设立并领取营业执照的分支机构；（6）中国人民银行、各专业银行设在各地的分支机构；（7）中国人民保险公司设在各地的分支机构；（8）经核准登记领取营业执照的乡镇、街道、村办企业；（9）符合本条规定条件的其他组织。"说明非法人团体（第三民事主体）也应当成为物权的主体，但判断标准应取决于是否经登记机关登记，领取相关

---

① 参见唐伟元"论民事主体的判断标准"，http：//www.civillaw.com.cn/article/default.asp？id=19789，中国民商法律网。

② 参见钱玉林"关于民事主体资格的一点思考"，http：//www.civillaw.com.cn/article/default.asp？id=19667，中国民商法律网。

执照。

五　明确民事主体的意义

要作为民事主体，必须通过民事法律规范确立民事主体地位，获得参与民事法律关系的资格。自然人或社会组织一旦被国家和法律确认为民事主体后，他们便以自己所有或归自己独立支配的财产为基础，享有广泛的民事权利，成为独立的民事主体。与法律规范的联系构成了法律关系的主体与其他形式的社会关系的主体的区别，不在法律规定的范围内，不得任意参加到法律关系中，成为法律关系的主体。因此，明确哪些自然人或社会组织可以成为民事主体，以及这些民事主体享有哪些民事权利，对于物权法在实践中的可操作性具有十分重要的意义。

尤其对不动产登记法，由于登记要明确不动产物权的主体资格，哪些主体可以登记为权利人，哪些不可以登记就显得十分重要。

在德国，依多个学者见解，任何自然人或法人作为所有权人，均有登记能力（"土地登记之主体资格"，Grundbuchfahigkeit）。此外，所有的依照法律规定可作为财产权利担当者的人之联合，亦有登记能力。这些人的联合，可以以其商号来标记（如无限公司与两合公司），也可以采取在指明各成员间法律关系的前提下，列明各成员姓名的方式（如按份共有关系、共同继承关系、民法上的合伙等）。虽已创立，但还未在商业登记簿中予以登记，因而也就不具有民事权利能力的有限责任公司（或股份有限公司），可以以发起人组织，登入土地登记簿。① 其对第三民事主体——依照法律规定可作为财产权利担当者的人之联合——在不动产登记上的规则值得借鉴。

第三节　不动产物权内容

前面我们分析了不动产物权的主体与客体，本节研究不动产物权的内容。由于物权法定原则主要是关于物权的种类和内容的原则，非为法律所明确规定的物权种类及其内容，将不为法律所承认或不能发生物权效力。因此，作为民事法律关系三要素之一——法律关系内容，包括了两方面的内容：物权的种类以及物权的内容。即所谓物权究竟包含哪些权利种类以及各种权利的具体内容。

① ［德］鲍尔·施蒂尔纳：《德国物权法》（上册），张双根译，法律出版社 2004 年版，第 296 页。

一　物权的分类

"物权"者，物上之权利也。那么物上究竟有哪些权利种类？根据物权法定原则，各国民法都规定了与本国的经济条件和历史传统相适应的多种物权种类。《德国民法典》规定的物权包括占有权、所有权、地上权、地役权、用益权、先买权、土地负担、抵押权、土地债务、定期金债务、动产质权、权利质权，达12种之多。《日本民法典》规定了占有权、所有权、地上权、永佃权、地役权、留置权、先取特权、质权、抵押权等共9种。我国《民法通则》规定了所有权、使用权、经营权、相邻权、抵押权、留置权等计6种。掌握民法上各种物权的分类，有助于了解各种物权的性质和特征，加深对物权制度的认识。

在学理上，可以根据不同的标准对物权进行多种分类。[①] 主要的有以下几种：

（一）自物权与他物权

根据物权的标的物是自有或是他有，物权分为自物权与他物权。自物权是权利人对自己所有的物依法进行全面支配的物权，自物权即所有权。他物权是指非所有权人在他人所有之物上所设定或成立的物权。他物权均派生于所有权，是根据法律的规定或当事人的约定使所有权中的部分支配权能与所有权相分离而产生的。所有权以外的其他物权均属于他物权。

自物权与他物权是对物权的基本类别划分，物权的其他分类均以此为基础而展开。

自物权与他物权的区别：一是自物权为自主物权，是财产所有人对自己的财产享有的物权，他物权为他主物权，是非所有人对他人财产享有的物权；二是自物权为原始物权，他物权为派生物权，是所有权中的部分支配权能与所有权相分离的结果；三是自物权是完全物权，他物权是定限物权；四是自物权是无期物权，他物权一般为有期物权。

（二）完全物权与不完全物权

根据权利人对标的物的支配范围的不同，物权分为完全物权与不完全物权。完全物权是对标的物的使用价值与交换价值为全面支配的物权，所有权（自物权）属于完全物权。与完全物权相对应的是不完全物权，不完全物权是指对标

---

① 参见刘保玉《物权体系论——中国物权法上的物权类型设计》，人民法院出版社2004年版，第82—91页。其分类多达13种。

的物的使用价值或交换价值进行部分支配，即权利人仅能在法律或合同限定的范围内对标的物进行支配，这种对物的支配的范围不完全、不充分，故又称定限物权，他物权均为定限物权。

由于一物之上设定其他物权后，标的物所有人的权利就在该他物权的支配效力范围内受到了限制，因此，他物权也具有限制所有权的作用，故又称限制物权。区分完全物权与不完全物权的意义，主要在于明确定限物权具有限制所有权的作用，其效力强于所有权。

（三）用益物权与担保物权

根据设立目的和对标的物所支配内容的不同，定限物权还可以进一步分为用益物权与担保物权。用益物权，是以支配标的物的使用价值为内容，以对标的物的使用、收益为目的的物权，地上权、地役权、永佃权等，都是用益物权。用益物权的实现常以对标的物的实体加以支配为基础，故又称为实体物权。担保物权，是以支配标的物的交换价值为内容，以保障债权的实现为目的的物权，抵押权、质权、留置权等，都是担保物权。担保物权着重在支配标的物的交换价值，并通过对标的物的变价而实现，故又称为价值物权。

区分用益物权与担保物权在物权法上具有重大的意义，可以通过揭示这两类物权在对物支配的内容与设立目的上的不同，对他物权的类型进行系统化整理，形成定限物权的基本体系，现代各国物权法基本上都是以此分类安排物权法分则部分的体系的。

用益物权与担保物权的区别：

1. 两者虽同为物之支配权，但两者对物的支配的内容则有所不同。用益物权就物的使用价值方面对物进行支配，担保物权就物的交换价值方面对物进行支配。

2. 用益物权具有独立性，担保物权则具有从属性。用益物权根据法律的规定或与财产所有人的约定独立存在，不以用益物权人对财产所有人享有其他财产权利为前提；担保物权的存在以担保物权人对担保物的所有人或其关系人享有债权为前提，债权消灭担保物权亦随之消灭。

3. 用益物权的行使须以占有标的物为前提，用益物权人如不占有标的物就无法对标的物进行使用收益；而担保物权人则可以直接占有标的物，也可以不直接占有标的物，只要从法律上明确主体对标的物享有担保物权即可。

4. 担保物权具有物上代位权，而用益物权则不具这一性质。担保物权的标的物灭失时，如担保人能够因此而获得赔偿请求权，担保物权就该因赔偿请求权而继续存在；而用益物权的标的物灭失，无论其灭失原因如何，均导致用益物权的消灭。

（四）动产物权与不动产物权

根据物权的客体不同，物权可分为动产物权与不动产物权。物权的客体主要分为两类——动产、不动产（具体分类见前述），动产物权是以能够移动的财产为客体的物权；不动产物权是以土地、房屋等不能移动的财产为客体的物权。动产物权，包括动产所有权、动产质权、动产抵押权与留置权；不动产物权，包括不动产所有权、不动产抵押权、地上权、地役权、永佃权、典权等。

动产物权与不动产物权的分类为世界各国立法所公认，现代各国为缓和社会矛盾，稳定社会经济秩序，均在民法典物权编设有专章、专节或专门条文对不动产物权进行专门规定。从物权法来讲将物权区分为动产物权与不动产物权，可以说是贯彻了物权法的始终，物权法的全部制度，都建立在这一区分之上。[①]

动产物权与不动产物权的区别：

1. 不动产物权与动产物权可得设立的物权类型不同。除二者皆得设立所有权外，在他物权的设立上二者有很大差别。为解决不动产所有权与不动产实际利用存在的矛盾，各国民法对不动产都规定了多种用益物权，如地上权、地役权、永佃权、典权等等。可以说，如果不为解决不动产利用的社会问题，就不可能有用益物权乃至整个他物权制度的出现。而动产，一般则不能成为其他用益物权的客体。

2. 不动产物权与动产物权的公示方法不同。不动产物权的设立与转让以登记机关的登记作为向社会公示的方法，如未进行登记，即使实际占有了不动产，也无法取得物权或不能产生对抗第三人的法律效力；而动产物权的享有和转让则以占有和交付作为向社会公示的方法，对动产的占有和交付就具有对抗第三人的法律效力。

3. 不动产物权与动产物权所受限制不同。由于动产物权的取得与行使对社会公共利益影响不大，因此法律对动产物权的取得与行使一般都没有特别的限制。而不动产物权的取得和行使由于直接关系社会公共利益，法律则设有种种特别的限制，如土地所有权与使用权的行使除受民法规定的相邻权制度的限制外，还受土地行政法规的种种限制。

4. 不动产物权与动产物权在债权法、诉讼法上、权利保护方法上也有很大

---

①　孙宪忠：《中国物权法总论》，法律出版社 2003 年版，第 61 页。

区分。如在诉讼法上，不动产物权实行的是属地主义，动产物权实行属人主义。在权利保护方法上，如停止妨害等，基本上都是以不动产为标准，动产物权的保护方法简单。

（五）法律物权与事实物权

根据物权是否经过公示为标准，物权可分为法律上的物权与事实上的物权。法律上的物权，是指有法定公示方式（在不动产为登记，在动产为占有）表征的物权，简称"法律物权"；事实上的物权，是指未有法定公示方式表征但由真正权利人实际享有的物权，为事实上的物权，简称"事实物权"。

传统物权理论是不承认事实物权的，但孙宪忠先生指出，此种分类不仅具有重要的学理意义，而且具有比其他物权分类更为强烈的实践意义。[①]

首先，法律物权与事实物权是客观存在，客观上不动产物权存在着已纳入登记的物权与未纳入登记而由真正权利人实际享有的物权；而动产物权也会有占有表征的物权与未实际占有而由真正权利人实际享有的物权之区分。这是立法者所无法回避的。

其次，物权法的基本使命就是确定物的支配秩序和交易秩序，显然，不论是事实上的物权，还是法律上的物权，都有依法保护的必要性。但在它们发生矛盾的时候，就会遇到如何既客观地确定物上权利支配秩序、又能够对正确权利进行保护的问题。法律必须确定以哪一种物权作为保护基准，并对另一种不能作为基准的物权建立法律上的保护制度。

最后，规范物权的变动和保护第三人是物权法的基本范畴，而如何确定物权的正确性，如何在正确物权的基础上保护权利人以及第三人的利益，不仅涉及物权变动的基本规律，也是对交易第三人进行保护的法律基础。因此，将物权区分为法律物权与事实物权并进一步深入研究，具有重要的实践意义。

（六）本权与占有

根据是否有物权之实质内容为标准，物权可分为本权与占有。由于占有本身也受法律保护并能产生物上请求权，因此也称"类物权"。[②] 占有是指对物直接进行掌控的事实状态；相对于占有而言，本权指权利人不仅对物有事实上的掌控，而且有产生该占有所依据的权利。换言之，对物进行占有所依据的基础

[①] 孙宪忠：《中国物权法总论》，法律出版社 2003 年版，第 65 页以下。

[②] 参见王泽鉴《民法物权》（1），中国政法大学出版社 2001 年版，第 48 页；钱明星：《物权法原理》，北京大学出版社 1994 年版，第 67 页；刘保玉：《物权体系论——中国物权法上的物权类型设计》，人民法院出版社 2004 年版，第 91 页。

权利即为本权。作为本权，不仅所有权和以占有标的物为内容的物权（如用益物权、质权等）为占有之本权，承租人、借用人基于债的关系而对标的物进行占有、使用的权利也属于占有发生之本权。

区分本权与占有的意义，主要在于确定当事人对标的物的占有有无权利基础，以采用不同的保护方法。

二 不动产物权的体系及其种类

物权法最重要的作用是明确每一种权利类型，使之具有可操作性。由于不动产物权是物权法的重点和核心，而且本书主要针对不动产登记，故主要对不动产物权的体系及其种类进行介绍。

（一）物权的体系

所谓物权的体系，即物权的类型体系，是指法律上或学理上对物权基本种类所作的区分以及由各类基本物权类型的次级类型所构成的完整系统。

广义上的物权法，包括如下几种法律规范：一是宪法中的物权法规范。比如宪法关于所有权的规定，关于个人权利与社会利益整体的关系的规定等，对物权法将具有非常重要的意义。二是民商法中的物权法规范，其最主要的是民法典物权编中的物权法规范，这是物权法最重要的组成部分。但是，在物权编之外，民法典的其他部分也有关于物权的许多非常重要的规定，比如，民法典总则编中，有关于民事权利如何取得、如何移转、如何消灭、如何行使的规定；民法典的亲属法中，有关于家庭财产和婚姻财产的规定；民法典的继承法中，有关于自然人去世后财产如何转移的规定；即使在和物权法有明确区分的民法典债权法中，也有一些关于物权如何变动所涉及的法律规范；在作为民法特别法的商事法中，也包括了大量的物权法规范，比如，公司法关于公司财产的规定、破产法关于财产清算制度的规定、海商法关于船舶等财产权利的规定、银行法关于金融财产权利的规定等。三是各种行政法规关于财产权利的规定等。这种规范的数量极大，比如建筑法、规划法关于土地权利如何行使的规定，车辆管理法关于车辆权利如何转移、如何行使的规定；环境保护法、文物保护法、矿产资源法等关于这些财产权利如何行使的规定等。四是国际法中的物权法规范。比如国际法关于领土的规定等，但是，国际法中的物权法和国内法中的物权法内容和效力是不同的。

狭义的物权法，仅仅指民法典的物权编。这是物权法最集中、最核心的规定，是其他一切物权法的基础。我们这里所说的物权的体系，就是指对民法典中的物权编的物权体系的构成。基于物权的自身属性和物权法定原则的原理，国家法律上承认哪些物权以及其体系如何编排，是物权法制定中的一个重大而基本的问题。因此，有必要对物权的类型体系进行学理与立法的梳理。

世界各国对物权体系的构成尽管各有不同，但一般采取四分法，即：一是所有权系统；二是使用权或者用益物权系统；三是担保物权系统；四是占有（类物权）系统。我国学者在总结各国的物权体系中，提出也应包括准物权系统。认为由于我国的准物权立法相对薄弱，所以在物权法中规定一些准物权并无不可。[①] 为明确准物权与范物权的关系和解决法律适用的问题，有必要在物权法上对其作出原则规定，具体事宜则应留待特别法详为规定。[②]

目前各种学说以及立法上的诸种设计（如梁慧星教授的建议稿主要是四分法，但对准物权在有关规定中也有体现；王利明教授的建议稿虽以四分法设计，但其将准物权置于所有权系统；徐国栋教授《绿色民法典草案》基本也采用四分法；人大法工委物权法草案也采用四分法，依次为：所有权、用益物权、担保物权、占有）各有所长，在主要问题上相对一致。据此，有学者主张，物权体系可以而且应当在宏观上梳理为范物权、准物权和类物权三大类。[③] 这种分类从宏观上把握住了物权的基本类型，基本包括了物权分类法理上的种种主张。

所谓"范物权"，就是通常所说的"典型物权"；所谓"准物权"，就是通常所谓"非典型物权"或"特别法上的物权"；所谓"类物权"，实际上就是"占有"，由于占有具有类似于物权的地位并能产生物上请求权，故学理上将其称为"类物权"。

此种分类方法即为"物权体系三元论"，是根据各种物权的典型性、重要性以及在物权法上的地位等标准所作的宏观上的分类，可以说是在理论上对物权所进行的"一级分类"。在一级分类之下，还应当对物权进行多层级的分类。首先是对范物权的次级分类，范物权可以分为：所有权、用益物权、担保物权三类。然后是对范物权的次级进行第三级别分类以及对准物权、类物权进行次级分类，或曰物权具体类型的细分。即所有权——土地所有权、建筑物所有权、

———————————

① 孙宪忠：《中国物权法总论》，法律出版社 2003 年版，第 72 页以下。

② 参见刘保玉《物权体系论——中国物权法上的物权类型设计》，人民法院出版社 2004 年版，第 91 页；王泽鉴：《民法物权》（1），中国政法大学出版社 2001 年版，第 48 页；钱明星：《物权法原理》，北京大学出版社 1994 年版，第 67 页；马俊驹、梅夏英："论物权法的发展与我国物权法体系的完善"，载《武汉大学学报》（哲学社会科学版）1996 年第 2 期。

③ 刘保玉：《物权体系论——中国物权法上的物权类型设计》，人民法院出版社 2004 年版，第 125 页。

建筑物区分所有权；用益物权——土地使用权（地上权）、土地承包权、地役
权、典权；担保物权——抵押权；准物权——林业权、探矿权、采矿权、取水
权、渔业权；类物权——占有（具体可以参考图 2—1）。对于第三级别的分类或
者说物权的具体种类，与目前主流的分类不同，我们有自己的见解，将在下文
分别阐述。

应当说，尽管对具体的物权种类的取舍意见不尽相同，但就宏观上的分类
应无太大分歧。根据这种分类方法，对物权法的整体结构设计就比较容易统一。
如果以范物权的三种基本类型——所有权、用益物权、担保物权，再加上"总
则"以及"占有"（类物权），就构成了物权法"五编制"的整体结构。至于
"准物权"的主要内容应由特别法规定，在物权法中可以就准物权的基本原则做
出规定，具体可以体现在总则以及用益物权编之中（见图 2—1）。

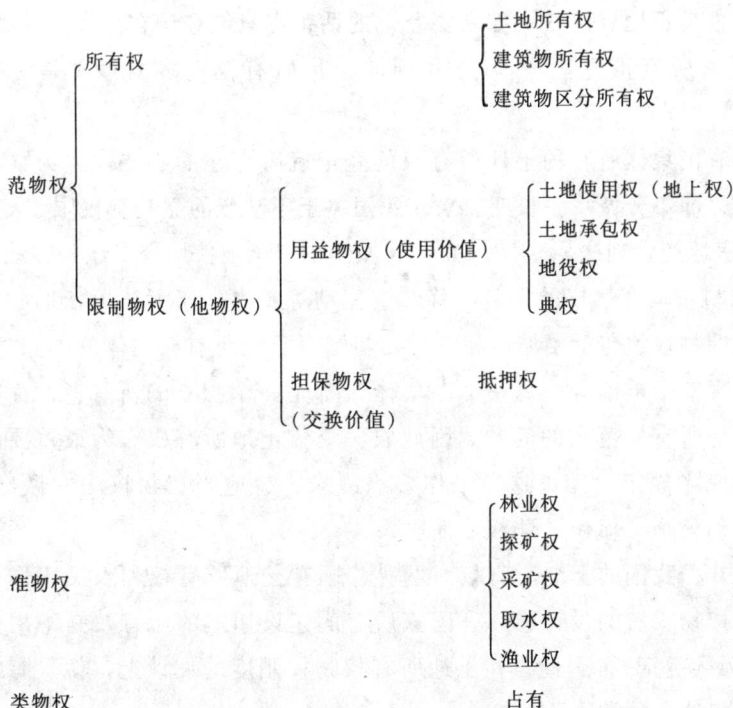

图 2—1 不动产物权种类示意图

三 不动产物权的种类（1）——所有权

所有权是最为典型、最基本的物权，是物权的原型和产生其他物权的基础。

所有权的概念具有多重含义，物权法中的所有权是指作为民事权利和物权之一种的所有权，学说理论上通常也是从民事权利的角度来论述所有权的。物权法里的所谓"所有权"的含义区别于作为法律制度与作为民事法律关系的所有权含义。①

（一）土地所有权

在中国，土地和自然资源所有权都是制度意义上的，即土地所有权是两种公有制延续形成的土地和自然资源归属体制。因而土地所有权仅作为抽象的存在，即所有权将土地抽象地划分为两类：一类归农民集体所有；另一类归国家（全民）所有。而且，国家所有的土地所有权也不存在交易问题，规范其变动的需要也不存在。由此，我们可以肯定地说，国有土地所有权不是物权意义上的所有权。因此，《物权法》第九条第二款规定"依法属于国家所有的自然资源，所有权可以不登记"是可以理解的。按物权法的设计思路，国家所有的建设用地的所有权也是不用登记的（如果要登记的话，也只能登记在城市、镇的名下，这样又与国家所有相违背）。可见我国的土地所有权更多的意义是法律上的拟制。

但是，农民集体所有的土地所有权的登记确有存在的必要。因为物权法是适用于全国，即不分城乡。长期以来，我国关于不动产的立法都仅限于"城市"（如《城市房地产管理法》）、"城镇"（《城镇国有土地使用权出让和转让暂行条例》），对农村不动产物权的设立、移转、变动等基本处于无法可依的状态。我国目前制定的物权法包括了城市和农村，与国有土地所有权主体的抽象性不同，农村集体在现实中被细分，每一个"集体"都是一个独立的所有者，存在界划不同集体土地所有权范围的问题。因此农民集体土地所有权作为最重要的物权之一，当然应当规定。无论这一工作多么复杂，也应当在物权法中做出规定。否则物权法仍只是"城镇"物权法而已。

由此可知，我国的土地所有权有两种：国有土地所有权和农民集体土地所有权。由于按物权法的设计思路，国家所有的建设用地的所有权是不用登记的（事实上也无须登记），因此，在土地所有权物权制度的设计上，就只有农民集体土地所有权这一种类了。

根据所有权的定义，农民集体土地所有权可以表述为：农民集体土地所有

---

① 参见刘保玉《物权体系论——中国物权法上的物权类型设计》，人民法院出版社2004年版，第129页。

权，是指农民集体在法律规定的范围内，对其拥有的土地以占有、使用、收益、处分等方式为自由支配，并排除他人干涉的权利。农民集体土地所有权作为不动产物权之一，当然应当按照不动产物权登记法的规定进行登记，我国现行的《农村集体土地登记管理办法》也要求登记。但学界认为"只是这一工作比较复杂，也不是物权法要调整或能够调整的事情"。[①] 但农民集体土地所有权既然是我国现实中的不动产物权，物权法就必须列入调整范围，无论它是多么复杂。如果物权法不规定这一物权种类，则又面临物权法究竟是全国范围的物权法，还是城市物权法的尴尬选择。正如有学者指出：如果要规定农民集体土地所有权，最重要的是规定这种所有权的内涵和权能，规定农民集体所有者除了可以自主决定承包经营外，还可以决定是否可以设定有偿有期限的建设用地使用权等用于工商业目的……如果说，主要原因是农村土地集体所有及其分散利用问题太复杂，远远超出物权法的规范，甚至时机不成熟，那么，笔者的建议是，物权法对农村土地不作规范，而留待农地法解决。[②]

可见学界在物权法起草过程中对这一问题重视不够，考虑不周。因此需要解决的问题有二：一是物权法是否规范农民集体土地所有权；二是如何规范农民集体土地所有权。对前一问题的回答应当是肯定的，从《物权法》条文看，立法者也是持肯定态度的。但对集体土地所有权的登记问题似无明确规范，从第一百二十九条"土地承包经营权人将土地承包经营权互换、转让，当事人要求登记的，应当向县级以上地方人民政府申请土地承包经营权变更登记；未经登记，不得对抗善意第三人"的规定看，集体土地应该纳入登记。我们认为应当在不动产登记法中规范，否则《物权法》就有所缺失。剩下的问题就是对农民集体土地所有权如何规范的问题了。

首先，是主体问题，换言之，农民集体所有的"集体"为何？所谓"集体"，集合体是也。这里有两个问题：一是划定这一集合体的范围；二是实际主体问题。集体所有制乃是我国社会主义制度下特殊的制度，与国有土地所有权主体的抽象性不同，农村集体在现实中被细分，每一个"集体"都是一个独立的所有者，存在界划不同集体土地所有权范围的问题。对于集合体的范围应理解为一种以社区为单位的集合体，虽然这个社区的人口总是在变化，但是作为一个集合体则是不变（除非整体搬迁或死亡），这个集合体便是农民集体。

① 高富平："物权法的十个基本问题——物权法草案修改意见"，载《法学》2005 年第 8 期。
② 同上。

农村集体组织的成员必须和身份相结合，即必须具有农民的身份，且属于某集体的一分子，才享有集体组织的权利。若丧失了身份，即丧失了作为集体组织成员的身份。《物权法》第六十条规定"（一）属于村农民集体所有的，由村集体经济组织或者村民委员会代表集体行使所有权；（二）分别属于村内两个以上农民集体所有的，由村内各集体经济组织或者村民小组代表集体行使所有权；（三）属于乡镇农民集体所有的，由乡镇集体经济组织代表集体行使所有权"。这种规定既不符合"集体"的概念，也与现行法律不符。

《土地管理法》第十条规定，"农民集体所有的土地依法属于村农民集体所有的，由村集体经济组织或者村民委员会经营、管理；已经分别属于村内两个以上农村集体经济组织的农民集体所有的，由村各该农村集体经济组织或者村民小组经营、管理；已经属于乡（镇）农民集体所有的，由乡镇农村集体经济组织经营、管理。"这里强调的是"村"，以"村"作为主体视为常态，而第二、三两款强调的是"已经"，是对现实的一种无奈的妥协，为非常态。草案的规定混淆了常态与非常态的关系，在实际操作上会带来种种矛盾。作为一个以社区为单位的集合体，是不应该有层级也不应该有重叠，而只能是平面的。如果村民小组、村、乡（镇）都可以成为主体的地域范围，最终的结果可能只剩乡（镇）这一主体了。因此，农民集体应以行政村或自然村为单位，而不应规定多级主体。只有这样，农民集体所有权边界才能划清。

明确了集合体的边界，对于集体所有，究竟属于何种形态，系属于法人所有？或是类似共有的形态？还是系属于德国法上"总有"的概念？性质上集体所有之财产，颇类似于共有，尤其较接近"共同共有"，凡集体所有乃本于一定之身份关系而组成共同的关系。当然共同共有本身并非权利主体，只是一个财产组合的形态。① 但现存的社会制度又承认集体所有存在有代表人（如村民小组、村民委员会），为避免集体所有造成权利义务关系不明确，最好的方法就是将集体组织视为社团法人，② 即农民集体应以行政村或自然村为单位，同时赋予这些村以法人资格（地域共同体意义上的法人，无须登记）。那么，农民集体所有的主体也就明确了——村（行政村或自然村）。多级主体以及以"集体经济组织"为主体都是不妥的。如此，方可使其在法人的相关规定下享受相关权利，

---

① 郑冠宇："大陆物权法草案关于所有权规定之评析"，载游劝荣主编《物权法比较研究》，人民法院出版社 2004 年版，第 109 页。

② 同上书，第 110 页。

承担相应义务。

其次，是规定这种所有权的内涵和权能，即规定农民集体所有者除了可以自主决定承包经营外，是否可以设定有偿有期限的建设用地使用权等用于工商业目的的权能，以及农村商业性建设用地取得、流转和保护的规则。但草案并未涉及这些内容。人们不禁要问：既然所有权是绝对权、是支配权，为什么农民集体土地所有权不能有这些权能？因此，落实农民集体所有权的关键点是使农民获得集体处分土地的权利。① 物权法对土地规范的重心是可流转的建设用地，而不是资源性土地（农用地、自然资源），② 对于农用地倒是可以由农业法规范。草案第一百五十七条规定："因设立乡（镇）、村企业或者乡村公共设施、公益事业建设等需要使用集体所有的土地的，依照有关法律规定取得建设用地使用权；法律没有规定的，参照本章规定。"③ 这种参照规定根本不具有操作性或可行性。

梁慧星教授主持的《中国民法典物权编条文建议稿》对此问题的设计条理比较清晰，一是将国有土地与集体土地都区分为建设用地和农业用地；二是对建设用地和农业用地设专章表述，无论国有土地还是集体土地都共同适用（设定基地使用权，应依照本法第三章的规定；设定农地使用权，应依照本法第四章的规定）。④ 这种规定体现了不同所有权主体之间的平等地位以及对所有权主体的相同保护，才是真正民事权利意义上的所有权。

综上，我国的土地所有权有两种：国有土地所有权和农民集体土地所有权。国有土地所有权属全民所有，在物权法中仅具象征意义，不存在登记问题。农民集体所有权分属不同主体，应当明确主体范围及其权利义务。我们认为，其主体应当是——村（行政村或自然村）。同时，农民集体所有权应按法律规定进行登记。

（二）建筑物所有权

考察各国的物权法，作为不动产物权的客体，既有德国与瑞士等国民法依罗马法"土地上之物属于土地"的原则，以土地为唯一不动产（土地之定着物为土地之成分），也有日本与我国台湾地区民法，以土地与土地定着物各为独立之不动产。依我国现行法，土地上的建筑物是独立于土地的不动产。为了公示

---

① 高富平：《中国物权法：制度设计和创新》，中国人民大学出版社 2005 年版，第 74 页。
② 高富平："物权法的十个基本问题——物权法草案修改意见"，载《法学》2005 年第 8 期。
③ 《物权法》最后改为"集体所有的土地作为建设用地的，应当依照土地管理法等法律规定办理"。
④ 梁慧星教授主持的《中国民法典物权编条文建议稿》第 77、78 条。

建筑物物权，我国登记实践中设有与"土地登记簿"相对应的"建筑物登记簿"。① 在现行制度中，除少数城市外，二者还分别由土地管理部门和房产管理部门各自办理"权属登记"。

所谓建筑物所有权，是指在法律规定的范围内，对自己的建筑物以占有、使用、收益、处分等方式为自由支配，并排除他人干涉的权利。由于在我国，民事主体不能取得土地所有权，因此，我国不动产物权是以土地使用权为基础的。建筑物的最主要的形态就是房屋，而房屋依存于土地而存在的事实，使人们自然得考虑他的房屋是否有地可依问题。我国目前的建筑物所有权可以有不同的分类：

1. 依土地所有权的不同，可以分为农村建筑物所有权与城镇建筑物所有权。农村建筑物所有权是指建造在农民集体土地上的建筑物所有权，包括农民建造在"宅基地使用权"上的私有房屋、农民集体组织建造在自己土地上的房屋以及农民集体组织以外的其他法人依法建造在集体土地上的房屋；城镇建筑物所有权是指建造在国有土地上的建筑物所有权。

2. 依土地使用权性质的不同，可以分为完全建筑物所有权与限制建筑物所有权。所谓完全建筑物所有权是指建造在出让土地上的房屋，而限制建筑物所有权是指建造在划拨土地上的房屋。这种分类是相对而言的，即建造在出让土地上的房屋拥有完全的所有权，而建造在划拨土地上的房屋的所有权权能（转让、抵押、出租等）要受到种种限制。

3. 依建筑物所有权主体的不同，可以分为公有建筑物所有权与私有建筑物所有权。公有建筑物所有权是指为公共目的由国家或农民集体拥有的建筑物所有权，私有建筑物所有权是指除上述主体以外的其他主体拥有的建筑物所有权。

4. 依建筑物是否区分的不同，可以分为独立建筑物所有权与区分建筑物所有权。所谓独立建筑物所有权是指所有人独自拥有一栋建筑物的所有权，如别墅、单栋建筑以及城市旧私房等"有天有地"的建筑物；而区分建筑物所有权是指权利所有人对一栋建筑物的多套住房（或非住房）之一的所有权，由对土地使用权和共有设施的共同所有以及对住房（或非住房）的单独所有组成，两者构成不可分割的整体。需要注意的是，对建筑物而言这两种分类并不是绝对

---

① 陈华彬："物权的名称、物权的概念以及物权的性质"，http：//www. civillaw. com. cn/article/default. asp？id，中国民商法律网。但如前所说，我国并未存在真正意义的不动产登记制度，也不存在真正意义的登记簿。

的，依当事人的申请可以相互转化，如所有权人可以通过分割其所有权，将独立建筑物分割并设定区分建筑物所有权。

5. 依土地使用权取得方式的不同，可以分为自物权与他物权。所谓自物权是指建筑物所有权人在自己取得土地使用权的土地上设定的建筑物所有权，或者说是土地使用人与建筑物所有者为同一主体的自物权（对土地而言为自用）；所谓他物权是指建筑物所有权人在向他人租（借）用的土地使用权的土地上设定的建筑物所有权，或者说是土地使用人与建筑物所有者为不同主体的他物权（对土地而言为出租）。这种他物权就是传统物权理论中的"地上权"。在我国，由于只有土地使用权的市场，而没有土地所有权的市场，这种分类就显得十分重要。对于我国独有的"土地使用权"，目前越来越多的学者认识到并不仅仅是所有权权能"占有、使用、收益、处分"中的"使用权"，在物权立法应该将土地使用权当作基本物权类型之一，在该权利上建立用益物权体系。① 此点阐述详见以下（三）土地使用权部分。

物权法的重要内容之一是为公民不动产权利确立明确的规定，显然不能不涉及各种各样的土地使用权和房屋权属的构建。我国房屋所有权的无期限与土地使用权的有期限这一矛盾在物权法中未能得到很好的协调，仅笼统地规定期限届满后建设用地使用权消灭（《物权法（草案）》第154条），并规定"建设用地使用权的期间届满，建设用地使用权人需要继续使用土地的，应当在期间届满前一年申请续期，除因公共利益需要收回该土地的外，出让人应当同意……"这也就是说，草案还没有解决城市房屋所有权稳定预期问题，还有待其他法律解决。② 这不能不说是物权法的一大遗憾。对此学界亦有种种建议，如建议在立法上延长土地使用年限——99年；如建议土地使用权期限届满，国家收回土地使用权的，应当给予房屋所有权以合理的补偿，等等。

最终，《物权法》第一百四十九条规定，"住宅建设用地使用权期间届满的，自动续期。非住宅建设用地使用权期间届满后的续期，依照法律规定办理。该土地上的房屋及其他不动产的归属，有约定的，按照约定；没有约定或者约定不明确的，依照法律、行政法规的规定办理"。但这样一来反而变得模糊不清。"自动续期"，是否补缴土地出让金？如需补缴出让金，标准为何？如不需补缴出让金，岂不成了无期限（永久）使用！看来只能留待物权法实施细则对此进一步明确了。

---

① 孙宪忠：《中国物权法总论》，法律出版社2003年版，第74页以下。
② 高富平："物权法的十个基本问题——物权法草案修改意见"，载《法学》2005年第8期。

（三）土地使用权

1. 我国的土地使用权是用益物权吗

在思考我国土地分散利用形成的权利——土地使用权的物权化时，我们既要确认已经成熟的有偿出让土地使用权制度，更要看到土地使用权从无偿划拨到有偿出让取得的转变，是旨在寻找一种分散土地利用并使利用权利成为一种民法上的财产权的具体步骤，其最终目的是将公有制度意义上的所有权"转换"成为一种民法上的财产权利或物权权利。以物权法的思路去整合和设计其他分散利用形成的土地权利，我们首先遇到的问题是我国的土地使用权的法律地位和性质问题，然后我们才能依据已经积累的经验去设计其他类型的分散利用权利。以下我们仅以有偿出让的建设用地使用权来探讨土地使用权性质。

近年来，许多学者对于土地使用权与大陆法用益物权的区别做出论述。孙宪忠教授认为"国有土地使用权是从国家土地所有权中派生出来的一种民事权利。但它派生后，即成为一种独立权利，而不附属于国家土地所有权"。提出"考虑到我国只有土地使用权的市场，而没有土地所有权的市场，因此我国物权立法应该将土地使用权当作基本物权类型之一，在该权利的基础上，建立用益物权体系"，[①] 请注意，这里说的是：在该权利的基础上，建立用益物权体系。显然，在他的体系里，土地使用权并不是用益物权，只是他没有往下发展。他在论述不动产物权附合时，认为不动产之所有权人取得附合其上的从物的所有权原则，在中国应扩展至土地使用权，"因为在土地公有制的条件下，一般公民与法人享有的是近似于所有权的土地使用权"。[②]

王卫国教授也认为，土地使用权是一种新型的用益物权。大陆法上传统的用益物权没有一种具有我国的土地使用权这样充分的享用权能和广泛的适用范围。[③] 张少鹏先生撰文认为，应当把国有土地所有权分离出来的土地使用权与土地所有权权能意义上的使用权区分开，经依法取得的从国有土地所有权中分离出来的土地使用权的权能几乎与土地所有权相近似，即权利所有人取得土地使用权后，像拥有所有权一样也拥有对土地使用权的四项权能：占有、使用、收益和处分。他主张以"土地财产权"取代"土地使用权"。[④] 高富平教授提出

---

① 孙宪忠：《中国物权法总论》，法律出版社 2003 年版，第 74 页。

② 孙宪忠："不动产物权取得研究"，载梁慧星主编《民商法论丛》（第 3 卷），法律出版社 1995 年版，第 42 页。

③ 参见王卫国《中国土地权利研究》，中国政法大学出版社 1997 年版，第 139 页。

④ 张少鹏："'土地使用权'是独立的不动产物权"，载《中国法学》1998 年第 6 期。

"我们更有理由将（土地）使用权塑造成为各种民事主体享有财产，塑造成权利人可转让、可继承、可抵押、可租赁的一种地产权。"①

显然，这些学者都发现了我国土地使用权与传统大陆法用益物权的区别，它们的区别在于它的功能和目的，而功能和目的不同则主要是因为二者的基础不一样。我国土地实行公有制，其两种表现形式——国家所有权和农民集体所有权，是一种制度意义上的所有权，主要担负制度功能。而传统大陆法系民法上的土地所有权是私有制，是一种以实现所有权人利益并享有完全处分权的个人所有权。我国的土地使用权制度设计与大陆法的用益物权制度设计的基础和背景相去甚远：前者是以土地公有制为基础，后者是以个人所有权为基础；前者是通过法律制度实现创设私权并实现制度化权利到私权的转换，后者是基于个人的意志创设一种他物权，因而在赋予他人物权效力的同时实现所有权权益。这种基础的不同使我国的土地使用权难以纳入大陆法系用益物权的框架，无法将土地使用权定位于大陆法系中的用益物权。

我国的土地使用权显然也不属地役权范畴。地役权是伴随土地私有过程而产生的土地利用规范，只有土地归属于不同主体的前提下，才有产生地役权的必要。通说认为，地役权是土地所有人为了利用自己的土地而有限地利用他人土地的权利。日本民法规定：地役权——以他人的土地供自己土地便宜之用的权利。德国民法规定：一土地可以为它土地的现实所有人的利益而设定地役权。② 地役权的成立，以存在两笔土地为必要，即一笔土地是供他人土地便宜之用的，另一笔则是受便宜的土地。从地役权的性质看，有以下几点：一是地役权是附属于土地的一种他物权；二是地役权的成立，以存在需役地和供役地为前提；三是地役权是一种不可分割的物权；四是地役权不是独立的财产权。由于地役权为特定土地利用之便宜而存在的特性决定了它与我国的土地使用权毫无任何共同点；而且地役权为非占有性物权，也不是独立的、可转让的物权。因此，地役权不可能成为我国土地使用权的模型。

而"使用权"在大陆法用益物权体系中属于"人役权"范畴，人役权最大特征是为特定人的利益而设置的不可转让的权利，而我国的土地使用权既不是为了特定人利益设定的权利，也不是不可转让的权利。我国的土地使用权在权能范围上远远超过用益权。虽然在大陆法系国家的人役权项下有一项相同名称

---

① 高富平：《中国物权法：制度设计和创新》，中国人民大学出版社2005年版，第274页。
② 陈华彬：《外国物权法》，法律出版社2004年版，第197页。

的权利——使用权，但它与我国的土地使用权根本毫不相干。从根本上说，人役权是私人所有权基础上衍生出来的用于解决具有相互依赖关系的个人生存问题的一种物权制度设计，与我国土地使用权制度目的相去甚远。仅仅以使用权的相同名称将土地使用权归于用益物权显然不妥。因此，人役权也不可能成为我国土地使用权的模型。

由于基础不一样，所以也就不能照搬以个人所有权为基础的用益物权制度来定性和设计我国的"用益物权"。否则就会出现《物权法（草案）》对土地使用权权能的缩减的重大失误：草案对用益物权的定义——"用益物权人在法律规定的范围内，对他人所有的不动产，享有占有、使用和收益的权利"是大陆法系用益物权的标准表述，但由于立法者把土地使用权视为用益物权，则陷入了一个无法自圆其说的悖论，依《国有土地使用权出让和转让暂行条例》规定的"依照本条例的规定取得土地使用权的土地使用者，其使用权在使用年限内可以转让、出租、抵押或者用于其他经营活动，合法权益受国家法律保护"的四项权能，在这里怎么只剩下三项，处分（转让）权跑哪里去了？可见我国的土地使用权不是传统大陆法系中的用益物权。

2. 土地使用权是地上权吗

从建设用地使用权看，在大陆法用益物权体系中，与其最为接近的是地上权。因为"地上权即在他人土地上为建筑的权利……在实践中地上权主要用来解决在他人土地上营建自由建筑物的法律问题"。[①] 地上权具有解决土地集中时的分散利用功能，因为它旨在构筑原所有权人和利用人之间一种长期或永久性的共同分享土地权益的法律关系。

地上权最早由古罗马创设，近代民法最早确立地上权制度的民法典是1896年的《德国民法典》，同时确立了地上权与土地权利同等对待的原则。所谓地上权，是指"以在——受负担——土地地面上或地面下，拥有建筑物为内容之可转让并可继承的权利"。[②]

在这种关系中，自土地所有权人角度看，地上权为其土地上所负担的一项限制物权，而其之所以让出土地使用权，是为了实现所有权，也可以说是土地的资本化利用方式；从地上权人角度讲，他以支付一定的对价为条件，获得一定期限的土地使用权，实现了对土地的占有支配。从社会的角度看，这种权利

---

① 孙宪忠：《中国物权法总论》，法律出版社 2003 年版，第 75 页。
② ［德］鲍尔·施蒂尔纳：《德国物权法》（上册），张双根译，法律出版社 2004 年版，第 648 页。

的功能也在于解决土地集中与分散利用的矛盾，以使不得已而利用他人土地的人能够取得对世性的物权。正如德国学者的分析"该限制物权之自身，在法律上又受到如同土地之对待（《地上权条例》第 11 条）：它有自己的登记簿簿页（地上权登记簿），它可以像土地那样，被设定负担（如负担不动产担保物权，设立地上权上抵押权），并受到土地所有权般的保护（如民法典第 985 条以下、第 1004 条）。尤其特别者，因行使地上权而建造或已经存在的建筑物，为地上权的重要成分，而不是土地所有权的重要成分（同条例第 12 条）"。①

因此，这种用益物权与我国所有形式的土地分散利用功能和目的相吻合，决定了此种用益物权与我国土地使用权的类似性。也正因此许多学者均认为此种权利形态可供借鉴以设计规范我国的土地使用权。

但正如上文提到的建筑物所有权中自物权与他物权的分类，在我国，只有在使用他人的"土地使用权"上建造的建筑物才是传统物权理论意义上的"地上权"。实践中，"土地使用人"除了可以在自己取得土地使用权的土地上设定建筑物所有权外，还可以将自己取得的土地使用权租（借）给他人设定建筑物所有权，只有后者才是传统物权理论中的"地上权"。而前者尽管与我国所有形式的土地分散利用功能和目的相吻合，具有与我国土地使用权的类似性，但与传统物权理论中的"地上权"仍有本质差别。如果将其归为地上权，那么后者岂不又成了地上权的地上权了。孙宪忠教授所谓"我国物权立法应该将土地使用权当作基本物权类型之一，在该权利的基础上，建立用益物权体系"。实际上就是不承认土地使用权是"用益物权"，当然也不承认是地上权了。故其认为，考虑到我国的土地使用权所发挥的作用类似于一般市场经济国家的所有权，因此在土地使用权之外，应该承认地上权在我国物权法中作为一种独立权利的重要意义。② 即除了土地使用权外，还应承认地上权，二者同为物权的类型。因此，无法将土地使用权定位于大陆法系中的地上权。

至于德国物权法将地上权看作类似所有权，在法律上受到如同土地之对待，笔者以为是德国的不动产客体一元论使然。由于德国物权法依罗马法"土地上之物属于土地"的原则，以土地为唯一不动产，土地之定着物为土地之成分。如果不对地上权赋予类似所有权的地位，则无所谓地上权了，因为土地之定着物为土地所吸收，何来地上权？为了地上权制度的建立，德国明确地上权受到

---

① ［德］鲍尔·施蒂尔纳：《德国物权法》（上册），张双根译，法律出版社 2004 年版，第 648 页。
② 孙宪忠：《中国物权法总论》，法律出版社 2003 年版，第 75 页。

土地所有权般的保护，可以像土地那样被设定负担，并有自己的登记簿簿页（地上权登记簿）。而在日本以及我国台湾地区的不动产客体二元论，即以土地与土地定着物各自为独立之不动产，其登记采取建筑物与土地分别登记，故不存在将地上权看作类似所有权的问题。

3. 土地使用权的本质——有期限的土地所有权

可见在公有制背景下构建土地用益物权体系，这是我国物权立法所面临的特殊问题。迄今为止，立法者对于这个问题尚未提出一个令人满意的解决方案，二十多年来，我国陆续制定了一系列有关土地权利的法律法规，包括《中华人民共和国民法（草案）》征求意见稿和《物权法》。在这些法律文本中时常能见到土地所有权、土地使用权、建设用地使用权与用益物权之类的术语，然而，这些术语却徒具其形、不具其神。"法律语言、法律制度必须置于特定的语境下才可能真正理解。"我们所谓的"土地所有权"已被掏去了主体独立、地位平等、意思自治等价值内核，因此并非私法语境中的土地所有权，而是政治经济学语境中的土地所有制的代名词。这种土地所有制概念在半个世纪前进入法律场域，摧毁了私权与公权、私法与公法的界碑，最终解构了私权与私法。直到今天，倾覆了多年的私法大厦仍未完全得到修复。在这种背景下产生的我国现行土地用益物权，必然与私法语境中的土地用益物权有较大差距。

从前面的论述可以看出，我国学界在物权体系研究中总是试图用以个人所有权为基础的大陆法系用益物权制度来定性和设计我国的用益物权。实际上新中国成立以后，所谓不动产用益物权体系无论对国内一般大众或是对专家学者而言都是十分生疏的，我们有不动产用益物权制度吗？我国的用益物权有哪些类型？

按学者当前的理解，我国现行法律认可的也就只有《民法通则》和《土地管理法》的"土地使用权"、"农村集体土地承包权"与"宅基地使用权"三种。这些还都是改革开放以后随着我国与外界在经济与文化领域往来的增多，域外民法知识与理论再次传入我国，并且对我国的民法学乃至民事立法逐渐产生影响的结果。而所谓"地役权"、"人役权"、"居住权"等也仅是专家学者的理论探讨的概念，而无论是现行法律还是一般百姓大众，真的是不知所云。故我们必须立足于我国的社会设计与司法实践，将法律语言、法律制度置于特定的语境下，构建具有中国民族特色的物权体系。

土地使用权是我国立法已经承认的权利类型，自1990年国务院《国有土地使用权出让转让管理条例》公布实施以来，这种权利已经为我国立法和实践普遍接受，成为我国不动产市场的法律基础。尽管不少学者或认为概念不够精确，主张以"基地使用权"或"建设用地使用权"代之，或认为就是地上权。总之，都跳不出用益物权的圈子。孙宪忠教授说：法律概念的精确，指的是其内涵及外延的清晰与明确；而任何概念的精确，必须借助于立法和法律解释。[①]那么，我国的土地使用权的法律地位和性质究竟是什么呢？我们认为，我国的土地使用权实质上就是有期限的土地所有权，应当成为物权法的基本物权类型之一，或者说，土地使用权应当成为独立的物权客体。

从我国对土地使用权研究的轨迹看，我国的土地使用权一开始是为了解决国家土地分散利用，其理论基础则是当时推崇的两权分离理论。学者们争论更多的是名称是否准确，农村与城市是否使用同一概念，等等。然而随着研究的不断深入，不少学者发现，我国的土地使用权区别于大陆法系中任何一种的用益物权。因为我国的土地使用权不是个人所有权分离出来的一种权利，而是国家土地分散利用的必然途径；而国家所有权或全民所有权是一种制度化的权利，不可交易或转让，只有创设了土地使用权之后，才能完成土地产权设计的物权化。

以用益物权解释土地使用权难以自圆其说，存在太多法理上的困惑。例如土地使用权出租，并不是只有国家独有的形式，合法取得土地使用权的权利人同样可以将其土地使用权出租。在此情况下，如将土地使用权界定为用益物权，那么租用者的权利就是用益物权的用益物权了，这在法理上是绝对无法解释的。因此，才有孙宪忠教授的"一般公民与法人享有的是近似于所有权的土地使用权"，王卫国教授的"土地使用权是一种新型的用益物权。大陆法上传统的用益物权没有一种具有我国的土地使用权这样充分的享用权能和广泛的适用范围"，张少鹏教授的"权利所有人取得土地使用权后，像拥有所有权一样也拥有对土地使用权的四项权能：占有、使用、收益和处分"等等观点的提出。渠涛先生更指出"我国现行的土地使用权与国外的土地所有权之间只有一点绝对不同，即期间限制的有无，而其他方面则没有实质性的不同"。[②]而高富平先生跳出传统大陆法的"所有权—用益物权理论"框架，构筑我国的土地使用权法律地位，提出"可借鉴英美法的地产权制度，改造我国的土地使用权：使（土地）使用权成为我国不动产领域的基础性概念，成为我国不动产物权的私权客体"。[③]我们认为这代表了中国物权研究的新思维、新方向。

① 孙宪忠：《中国物权法总论》，法律出版社 2003 年版，第 74 页。
② 渠涛："《物权法草案》中的几个问题"，http：//www.civillaw.com.cn/article/default.asp? id = 22519，中国民商法律网。
③ 参见高富平《中国物权法：制度设计和创新》，中国人民大学出版社 2005 年版，第 269 页以下。

首先，从土地使用权制度的出台看，该制度的出台是经济改革推动的结果，在操作上借鉴香港的土地批租，而其理论基础则是当时推崇的两权分离理论。"国家按照所有权与使用权分离的原则，实行城镇国有土地使用权出让、转让制度"，20世纪80年代以后，我国之所以产生土地使用权制度，其主要原因在于经济体制改革与对外开放。改革开放一方面导致在国有与集体经济实体之外出现了第三类经济实体，包括私营企业、"三资"企业、个体工商户以及农村承包经营户，这些非公有经济实体的经营需要使用土地，但我国的土地属于国有和集体，不能流转；另一方面导致私有财产的急剧增加，大量的房地产开发和住房商品化①使个人持有不动产的比例越来越高，至2002年我国已经有近73%的城市居民拥有自己的住房，② 这些住房同样需要使用土地。这就需要创制一种解决在土地公有制度下土地能够满足不同主体利用的制度，作为一种新型的土地利用制度——土地使用权出让便应运而生。可以说，我国现行土地使用权制度在很大程度上是社会经济实践的自然产物。立法者的观念更新始终滞后于社会经济的发展，无论在农村，还是在城市，立法基本上都是对实践做法的事后追认。从立法的初衷看，主要是解决土地的利用和流转的问题，从宪法的修改与土地管理法的修改中可以很明确地得出这一结论。

其次，从土地使用权的权能看，其所能支配的物之价值，既包括使用价值，也包括交换价值。《国有土地使用权出让和转让暂行条例》规定："依照本条例的规定取得土地使用权的土地使用者，其使用权在使用年限内可以转让、出租、抵押或者用于其他经营活动，合法权益受国家法律保护。"这里的转让实际上就是处分权，出租就是收益权，而占有与使用更是不言而喻，实际上是拥有所有权的包括占有、使用、收益及处分等全部权能。而限制物权（他物权）则仅限于对物的使用价值或交换价值为支配，"所有权乃对于物之使用价值与交换价值的全面支配；用益物权乃对于使用价值部分的支配；担保物权则是对交换价值全部或一部之支配"。③ 只是与传统物权法理论中所有权的永久性不同，土地使用权是有期限的，在其使用年限内享有所有权的全部权能应当是不容否定的。只是由于我国土地公有制的制度所限，学界谁也不愿触及这一命题。故只好在用益物权上下工夫，但正如许多学者指出的，传统物权理论中的用益物权是无法解释我国的土地使用权的。因此，我国的土地使

---

① 就城市土地使用权出让而言，正是改革开放初期的房地产开发引发了土地使用权制度的建立。早期主要是在深圳、厦门等经济特区的先行试验。

② 孙宪忠：《中国物权法总论》，法律出版社2003年版，第5页。

③ 刘得宽：《民法诸问题与新展望》，中国政法大学出版社2002年版，第88页。

用权实质上是有期限的土地所有权。

再次，从我国现行土地登记制度看，也是把土地使用权作为一种独立的权利进行登记的。根据《土地登记办法》，我国现行土地权利登记有三种类型：土地所有权、土地使用权和土地他项权。相应的对三种权利的登记颁发三种权利证书：土地所有权证、土地使用权证和土地他项权证。由于国有土地所有权是制度意义上的，故国家所有的土地所有权是不用登记的（事实上也无须登记），因此，对土地所有权的登记仅限于农民集体土地所有权，而土地使用权和土地他项权的登记正是民法意义上的物权登记。土地使用权是本权，是自物权；土地他项权是他物权，是包括用益物权、役权、担保物权等所有权以外的他物权。在土地产权方面实际上已建立三个层次的权利：所有权层次、土地使用权层次和用益物权层次。"尽管这里有所有权，但所有权不能成为可流转的不动产物权的基础，因而不动产物权私权利只能建立在法律制度创制的无形物——使用权基础上。"① 现行的法律与实践已经为土地使用权的创设奠定了基础，如果说有什么不足的话，那就是其内涵及外延尚不够清晰与明确，完全可以通过物权法的立法和法律解释使之清晰与明确。而不应非用大陆法系的用益物权理论"对号入座"，照搬照抄。

第四，不少学者在论述中其实也发现这一问题，但基于制度上的障碍，并未深入。如孙宪忠先生的"一般公民与法人享有的是近似于所有权的土地使用权"，王卫国先生的"土地使用权是一种新型的用益物权。大陆法上传统的用益物权没有一种具有我的土地使用权这样充分的享用权能和广泛的适用范围"，张少鹏先生的"权利所有人取得土地使用权后，像拥有所有权一样也拥有对土地使用权的四项权能：占有、使用、收益和处分"，李昊、常鹏翔先生等的"我国实行土地公有制，土地所有权不能转让，从而土地权利体系是以土地使用权为核心的，其地位相当于实行土地私有制国家的所有权的角色"② 等等观点的提出。而徐国栋先生的《绿色民法典草案》更直接提出"中国领域内的土地，除私人所有者外，皆为国有"。③ 这些观点，透视出我国的"土地使用权"实际上具有"所有权"的地位，土地使用权就是土地所有权的观点呼之欲出。

最后，从不动产登记簿的设立看，土地使用权的登记也无法记载于他项权利栏目，只能记载于有关所有权事项的栏目。世界各国的不动产登记簿的设置通常

① 高富平：《中国物权法：制度设计和创新》，中国人民大学出版社 2005 年版，第 277 页。
② 李昊等：《不动产登记程序的制度建构》，北京大学出版社 2005 年版，第 292 页。
③ 徐国栋主编：《绿色民法典草案》，社会科学文献出版社 2004 年版，第 326 页。

都分为三部分：标示部——记载不动产的基本情况，如坐落、面积、用途、四至等等；所有权部——记载有关所有权的事项，如所有权人的姓名和地址、取得权利原因等等；负担（他项权）部——记载有关所有权以外权利的事项，如抵押权、用益物权等等。这种设置是按不动产登记的内容区分的，不动产登记的内容包含三个部分：所有物登记、所有权登记及负担登记。日本的不动产登记簿分为：标示部——记载有关土地或建筑物标示的事项、甲部——记载有关所有权的事项、乙部——记载有关所有权以外权利的事项。① 德国的不动产登记簿分为：状态目录——记载土地的顺序编号、地籍号码、土地面积等；第一栏——记载土地的所有权人及其取得所有权的法律原因；第二栏——记载所有其他的负担与限制，如用益权、地役权、后位继承等；第三栏——登记抵押权、土地债务与定期债务等。② 在英国，"任何登记可以被分成三种情况——所有物登记（the property register），所有权登记（the proprietorship）和抵押登记（the charges register）"。③ 毫无疑问，今后我国的不动产登记簿体系的构建，也将据此原则设计。如果将土地使用权界定为用益物权，那只能登记于第三部分——土地负担或所有权以外权利。如此一来，正如我们一开始指出的，如果土地使用权是用益物权，那么我国的不动产登记难道是建筑在用益物权制度之上吗？有学者在研究不动产登记时发出疑问："土地使用权是否应纳入初始登记的范畴呢？进而言之，不动产他项权利的设定登记是否属于初始登记的范畴？"④ 即如果认定土地使用权为用益物权，就不存在初始登记。其结论是由于土地使用权相当于土地私有制国家的所有权的角色，故应纳入初始登记。亦有学者同样发现，"不进行国家土地所有权的登记，国有土地使用权的登记将丧失依据……土地使用权必须以土地所有权的合法存在为前提，既然土地的所有权不必进行登记，那么土地使用权的登记何来合法性之依据？"⑤尽管角度不同，但同样看到既将土地使用权定性为用益物权（他物权），又要办理（所有权）初始登记的逻辑矛盾。

之所以将"土地使用权"局限于用益物权，我们认为是对"所有权是绝对权"的误解。从所有权观念的演进可以发现，所有权的观念从其产生起，其绝对性与相对性便伴随其中。古罗马的所有权观念具有浓厚的个人主义色彩。作

---

① 日本《不动产登记法》，载《日本民法典》，王书江译，中国法制出版社 2000 年版，第 213 页。
② ［德］鲍尔·施蒂尔纳：《德国物权法》（上册），张双根译，法律出版社 2004 年版，第 298 页。
③ Cedric D. Bell (2005)，Land: The Law of Real Property, Old Bailey Press, p. 66.
④ 李昊等：《不动产登记程序的制度建构》，北京大学出版社 2005 年版，第 291 页。
⑤ 参见于海涌《论不动产登记》，法律出版社 2007 年版，第 237—238 页。

为对所有权的限制，罗马法规定，傍河的公路被洪水冲毁或因其他原因崩坍时，则傍河修筑的新公路的土地即可无偿的被征收。[①] 由此可见，虽然罗马法奉行个人主义色彩明显的所有权制度，但由于社会经济情况的限制，所有权绝对性的观念还未达到后世一样强大，对所有权的绝对性要求还不充分。在近代个人所有权观念主导时期，依据近代"个人所有权"的观念，所有权被认为是与生俱来的、上天赋予所有人对财物予以绝对支配的权利，即"天赋说"。即使在个人所有权观念最为兴盛时期，有关对所有权的限制性规定（如征地制度）还是紧紧跟在所有权绝对性规定之后。法国《人权宣言》第17条规定，"（所有权）非经合理证明确为公共需要并履行正当补偿，不得加以剥夺"，其中"公共需要"和"正当补偿"两个必要条件已经体现了对所有权进行保护的强烈要求。但是，对所有权的绝对性与对所有权的限制两者之间的关系，个人所有权的观念在理论上还不能给予合理的解释。在当代社会所有权观念主导时期，"社会所有权"的观念认为所有权虽然应当由个人把握和拥有，但个人行使所有权时，必须合乎社会的公共利益。因此，社会基于公共利益，可以限制或剥夺个人的所有权。依据社会所有权的理论，"所有权何以成为本质上附有条件而可以限制之权利，终于在其本身觅得理论上之正当根据"。[②] 所有权绝对性与公法对所有权的限制性，此两者的关系也可以得到合理的解释。对于不动产物权此种限制性更多地表现在对土地利用空间和时间的限制上。民法意义上的所有权，通常概括为，人对物上所能享有的最全面的支配权。这一概括常常被误解为所有权不受任何之限制，但其实质，乃指与物上所成立之其他权利相比较而言，所有权人所享有之地位。与这些权利相比，所有权为最全面的权利。但对所有权，绝非不存在限制。[③] 此种限制最典型的是表现在对土地利用空间的限制上（规划法、建筑法）。既然对所有权的限制可以表现在空间上，为什么不能表现在时间上呢？我国对用地制度的改革最突出的就是"有偿、有期限"的"使用"。[④]

综上，我们认为，我国的不动产物权登记只能建筑在"土地使用权"之上，土地使用权的法律地位和性质完全可以借助于立法和法律解释赋予其独立的物权客体地位——有期限的土地所有权。

---

① 周枏：《罗马法原论》（上册），商务印书馆2002年版，第327页。
② 谢在全：《民法物权论》，中国政法大学出版社1999年版，第117页。
③ ［德］鲍尔·施蒂尔纳：《德国物权法》（上册），张双根译，法律出版社2004年版，第515—516页。
④ 此处的"使用"不应单纯理解为"使用权"。

4. 土地使用权客体论①

尽管我们认为应当将土地使用权视为民法上的自物权——有期限的土地所有权。但一则这种认识不见得能获得共识；二则存在着一些制度上的障碍，既有政治制度意义上的，也有传统大陆物权理论上的障碍。恐难以借此设计改造我国的土地使用权制度。鉴于一些学者对土地使用权作为一种独立的物权已形成共识（参考本节四），有学者"跳出传统大陆法的'所有权——用益物权理论'框架，构筑我国的土地使用权法律地位，提出可借鉴英美法的地产权制度，改造我国的土地使用权"。② 我们赞同这种塑造土地使用权的"另类"思路。

首先，我国土地使用权制度一开始在操作上借鉴香港的土地批租制度，③ 而香港的"法制遵从英国制度，偏偏在地权法方面，就没有大量套用英国一九二五年的一系列地权立法的精神……不过，在概念上，香港地权法和英国的旧地权法大同小异"。④ 在香港殖民地时期，"香港总督以大地主的代理人身份支配所有香港土地的产业、权益和使用"。⑤ 地主称为"属主"（Absolute），拥有"属主权"（Absolute Title），属主权是全面和绝对的，故可世代相传。属主将其产业作非永久性出让后转为"归属主"（Reversionary），只拥有"归属主权"（Reversionary Title）。归属主权的产业是属主将其产业有期割出"业主权"（Leasehold Title）之后所余的不全产业。在香港，业主权亚于属主权，因为业主不享有产业的永久和全部权益；但业主较其他类别的权益受益人优胜，因为业主可独自享有其已得产业权益，不容他人（包括属主在内）干扰或分享。⑥

香港的所谓政府批地，不论是九百九十九年期、九十九年期或是七十五年期，技术上即是英皇以一般属主身份透过香港政府将有关土地以指定年期租与老百姓。于年期有效期内，在不违反政府批出的租约条款的大前提之下，老百姓有权自由发展土地。年期届满，有关土地的业主权应自动回归政府。⑦ 这种模式正是我国当年土地使用权制度建立的借鉴。而香港的不动产在土地批租、产

① 本部分参考高富平《中国物权法：制度设计和创新》，第十三篇"土地使用权客体论"，中国人民大学出版社 2005 年版，第 264 页以下。在此一并致谢。

② 高富平：《中国物权法：制度设计和创新》，中国人民大学出版社 2005 年版，第 269—270 页。

③ 由于我国土地使用权制度建立时，香港尚未回归，本节引用的有关香港房地产法系 1997 年以前的法律。

④ 李宗锷：《香港房地产法》，香港商务印书馆 1988 年版，第 2 页。

⑤ 同上。

⑥ 同上书，第 11—12 页。

⑦ 同上书，第 5 页。

权转让、产权登记等一系列物权法性质上的设计不能不说自成体系，十分成功。其根本原因是香港地权法和英国的旧地权法大同小异。或者说，源于其采用的英美法系的地产权制度。

香港房地产权属的设立、转让关系见图2—2。

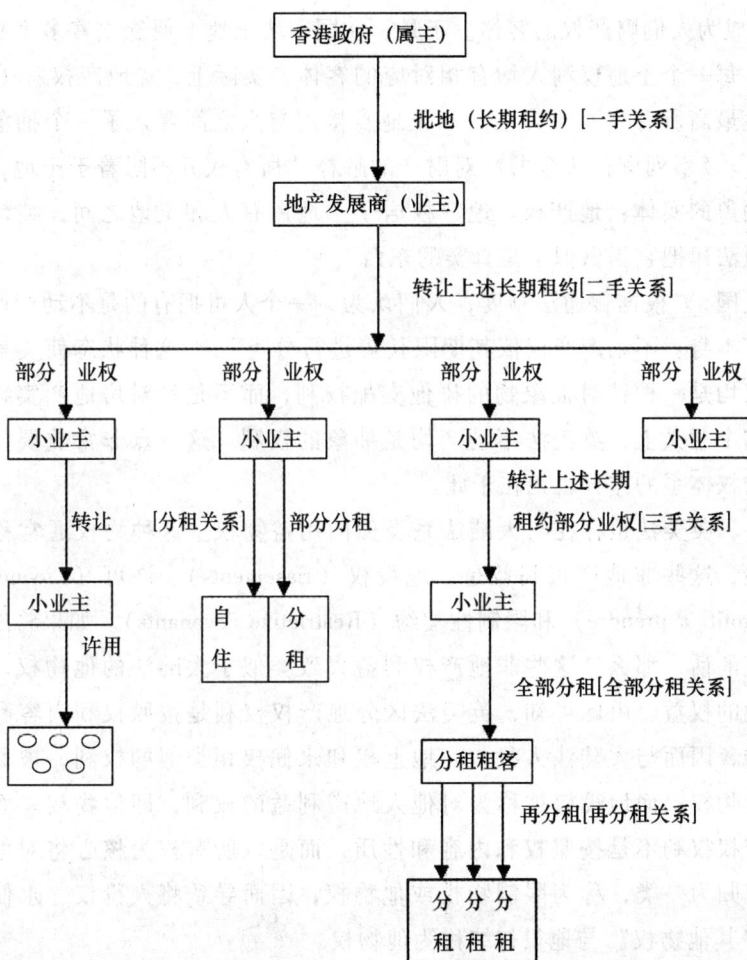

图2—2 港岛、九龙半岛和离岛地区房地产权属关系图[①]

其次，考察英美法的地产权制度，可以发现，英美法的地产权制度直接产

---

① 引自李宗锷《香港房地产法》，香港商务印书馆1988年版，第178页。

生于解决土地归国王所有与土地又必须分散到不同主体利用这一矛盾。在英国特殊历史时期，除国王以外的人，拥有土地被认为是持有（Hold）土地，而不是所有（Own）土地。土地享有者，均称为持有者（Tenant），而不是所有者（Owner）。由于这样一种特殊历史背景，英美法创造了一个抽象的地产概念——Estate（地产或地产权）。Estate 表示对土地的某种权利。由此 Estate 取代了实物（土地）成为人们财产权的客体。于是，在同一块土地上便耸立着多个平行的权利主体，每一个土地权利人均有相对应的客体。实际上，"地产权"（Estates）是在土地最高所有权人（英皇）和土地直接占有人之间置入了一个抽象的权利存在状态。《不列颠百科全书》对财产的解释"所有权并不附着于土地，而附着于一个抽象的实体：地产权。地产权居于土地占有人和土地之间，纯粹是概念性的，但法律把它当做似乎是真实的东西"。[①]

在美国，"根据普通法制度，人们认为，一个人可拥有的是不动产产权而不是不动产本身。不动产产权依其期限长短进行分类"。[②] 这种状态使英美法的不动产物权均是一种针对抽象物的排他支配权利，而不是针对房地产实物的支配权。在这个意义上，英美法不动产均是抽象的权利。这一点非常重要，因为两大法系物权体系的差异也正在于此。[③]

此外，英美法也存在与大陆法系类似的用益物权。这种物权通常称为非地产权利益，这些非地产权利益是：地役权（Easements）、许可（Licences）、获益权（Profits a prendre）和限制性契约（Restrictive covenants）。如果将地产权视为自物权的话，那么，这些非地产权利益大致类似于大陆法的他物权，即对他人之土地的权益。由此可知，英美法区分地产权权利是按照权利内容和性质进行区分的，因而与大陆法人役权、地上权和永佃权相类似的权利，被称作地产权，即自物权；而地役权被称为对他人地产利益的权利，即他物权。而大陆法区分地产权权利不是按照权利内容和性质，而是以所有权为核心将对他人之权利统统地归为一类，称为限制物权或他物权，因而导致将人役权、永佃权和地上权等"其他物权"与地役权统称为他物权。

这充分说明，大陆法中的物权体系是以所有权为核心构造的，物权体系的大厦就是以所有权为核心建立起来的。由于大陆法系没有特别地区分地役权与

---

① 《不列颠百科全书》第 15 版第 15 卷"财产"词条，转引自上海社会科学研究院法学研究所编译《民法》，知识出版社 1981 年版，第 70 页。

② ［美］伯恩哈特、伯克哈特：《不动产》，钟书锋译，法律出版社 2005 年版，第 38 页。

③ 高富平：《中国物权法：制度设计和创新》，中国人民大学出版社 2005 年版，第 270 页。

其他物权，因而使许多具有独立性的物权因被归类于用益物权而丧失了作为一种独立财产权的法律地位。实际上大陆法中的用益权大致相当于英美法中的终身地产权，二者之间的差别只是理论和结构上的，而不是功能上的。"尽管历史上、理论上、结构上不同，但在大多数案例中，大陆法和普通法却是倾向于对日常生活问题做出极相类似的解决办法。比较一下终身地产权与用益权的功能，可以得出这么一个例证：这两种制度虽然从不同的大前提出发，但实质上达到了相同的主张。"①

既然我国土地使用权制度的建立一开始是借鉴香港的法律制度，通过以上比较可以表明英美法系和香港的地产权权利体系至今对我们仍有借鉴意义。土地使用权是我国立法已经承认的权利类型，自 1990 年国务院《国有土地使用权出让转让管理条例》公布实施以来，这种权利已经为我国立法和实践普遍接受，成为我国不动产市场的法律基础。尽管不少学者试图用大陆法系的用益物权定义土地使用权，但从以上分析可以看出无论从法理上还是从实践上都难以自圆其说。因此，有必要也有可能借鉴英美法的地产权制度，改造我国的土地使用权。

如果说英美法形成有其特定殖民色彩或国王统治需要，那么我国则不存在这一问题。在理论上，全民所有和集体所有作为一种制度安排，不存在区别于土地使用权人的独立利益，我们完全有理由将土地使用权塑造成为各种民事主体享有财产，② 权利人可占有、使用、收益、处分的一种"地产权"。也就是说，我们不再搬用大陆法系各种各样的用益物权来定义土地使用权，而是统一土地使用权概念，赋予其"地产权"的内涵，将土地使用权塑造成为我国不动产领域的基础性概念，使之成为我国不动产物权的私权客体。这里关键是从实现公有制的基本目标出发，根据物权法基本原理（包括英美地产法的基本原理），结合我国的实际情况设计一套符合我国国情的使用权体系。

如此一来，我国的不动产权利体系将是以土地使用权为核心来设计的。这不仅意味着借助可交易的土地使用权创制了可流转的房地产权或房地产市场，而且意味着在土地使用权基础上又可以设定大陆法物权理论中的用益物权，如

---

① 《不列颠百科全书》第 15 版第 15 卷，转引自上海社会科学研究院法学研究所编译《民法》，知识出版社 1981 年版，第 74 页。

② 许多作者将所有权划分为国家的主权性所有权和民法中的所有权，换言之，就是至高所有权和民事所有权。波蒂埃："论所有权"，第 8 项；蒲鲁东："私所有权"，第 13 项。《路易斯安娜民法典》第 482 条。转引自徐涤宇译注《最新阿根廷共和国民法典》，法律出版社 2007 年版，第 535 页。

人役权、地役权等。

（四）信托

信托作为一种管理和处分财产的法律制度，早已为世界上许多国家所接受，并被广泛应用于社会经济生活中。信托制度始于英国，兴于美、日，目前已成为现代市场经济条件下不可或缺而又极具广阔前景的重要法律制度之一。信托法律关系在本质上表现为一种新型动态的财产权关系，是财产权内部各种权利形式和其各自所包含的权能相互间运动和转换的形态。2001 年 10 月 1 日起施行的《中华人民共和国信托法》标志着我国信托制度的建立。但目前我国的信托业尚处于幼稚阶段，信托立法才刚刚起步，信托法理的研究更亟待深化。信托主要由特别法规定，物权法本可不必涉及，但由于信托财产的公示制度特别是不动产信托的公示涉及物权登记，故仍有必要在物权法中占一席之地。

1. 信托的沿革

信托最早出现于古代罗马帝国时期，其主要表现于"遗产信托"。罗马法原来在立法上，把外来人、解放自由人排斥于遗产继承权之外。为避开这样的法律规定，遗嘱人将他的财产委托移交给其信任的第三人，要求他为遗嘱人的妻子或子女的利益而代行对遗产的管理和处分，从而在实际上实现遗产继承权。到罗马帝国后期，罗马本国人与外来人的差别逐渐弱化，罗马法在立法上也接受了"遗产信托"的现实，规定："在按遗嘱划分财产时，可以把遗产直接授予继承人，继承人无力或无权承受时，可按信托遗赠制度的规定，把财产委托或转移给第三人代为处理。"从而罗马法在立法上第一次确认了"遗产信托"制度。① 当然，此时的信托还完全是一种无偿的民事行为，其信托法律关系所涉及的财产也仅限于遗产范围。

在英国，信托的初始目的就是为了脱产和逃税。大约在公元 13 世纪前后，宗教在英国盛极一时。教徒们为表示对上帝的虔诚，纷纷把身后的土地遗产捐赠给教会。而按英国的法律，王室又无权对教会征收土地税，于是引发了王室与教会的权益争端，导致了限制教会受领土地的《用益权法》② 的出台。《用益权法》就是防堵脱产和逃税的一个手段，基于《用益法典》，谁真正享有这个权利，就视为真正的权利人，这样的话，你就没有办法切割名义上的所有人和实质上的所有人。为规避《用益权法》对移转土地的限制，教徒们效仿罗马人

---

① ［意］彼得罗·蓬梵得：《罗马法教科书》，中国政法大学出版社 1992 年版，第 49 页。

② ［英］戴维·M. 沃克：《牛津法律大辞典》，光明日报出版社 1989 年版，第 857 页。

"遗产信托"的做法，而发明了"尤斯"制度（亦称为"用益权"制度）。

"尤斯"（Use），英语为"代而为之"之意，其解释为"对委托他人管理的财产的收益权"。即：凡要将土地捐给教会者，不作直接的让渡，而是将土地赠送给第三人，但约定第三者必须将土地的收益转交给教会，即实质在于为教会管理或使用土地。后来随着英国封建制的衰落和资产阶级革命的兴起，《用益权法》被迫废除，"尤斯"制度终于为衡平法院所认可，进而演化为信托法律制度。英国人自认为信托制度是他们的独创，并以其为"衡平法对法理的最为重要的贡献"而自豪。① 由于信托制度的独特的灵活性，极为适宜鼓励交易和促进商品流转，所以信托制度很快在社会经济生活中被广泛应用。从遗产继承、宗教事业，推广到个人理财、社会公益等许多方面。信托财产也从开始仅限于土地而延伸到一切不动产、动产、货币、证券，等等。1893 年英国政府颁布的《受托人法》更以成文法的形式确认了信托制度。

随着资本主义生产关系世界性的普遍发展，19 世纪以来，西方各国纷纷效仿英国，从不列颠岛引进信托制度，使信托制度逐步走向了世界。由于英国衡平法的基本内容最终为其他英美法系国家的法律所吸收，因而英国衡平法关于"信托财产"的概念最终也成为了英美法系其他国家法律中的一个概念。大陆法系国家的信托法均借鉴英美法系国家的同类法律而制定，也引进了"信托财产"的概念，并在概念的内涵上进行全盘移植。因此，无论是在英美法系国家还是在大陆法系国家，信托财产在法律上纯粹是一种全新的财产。

2. 信托的定义

"信托财产"在衡平法上一开始便被这样表述：它被出让人交给了受让人，受让人虽然取得了它的所有权，但却并不享有为了自己的利益并按照自己的意志来支配它的权利，而只是负有为了出让人或者其所指定的其他人的利益并按照出让人的意志来支配它的义务，因此，受让人对通过支配它所产生的利益并无自行享受之权利，而是负有交付给出让人或者其所指定的其他人的义务。②

按中国《信托法》第二条规定，所谓信托，是指委托人基于对受托人的信任，将其财产权委托给受托人，由受托人按委托人的意愿以自己的名义，为受益人的利益或者特定目的，进行管理或者处分的行为。

---

① ［英］戴维·M. 沃克：《牛津法律大辞典》，光明日报出版社 1989 年版，第 898 页。
② 参见张淳《信托法原论》，南京大学出版社 1994 年版，第 100 页。

3. 信托的特征

信托作为一种以信任为前提，以财产转移为基础，以委托管理为核心的财产管理制度，在商品经济发展的进程中，显示了它强大的生命力。信托法律关系具有以下特征：

第一，以信任关系为前提。信托关系的本质是"受人之托，代人理财"。因事关重大，所以委托人对受托人的信任，受托人对委托人的忠诚可靠，成为信托关系成立的前提条件。各国法律都确认：信托关系以当事人间的信任关系为前提。法律上称之为信任责任。信托法都是从信任责任的原则出发来确定受托人义务的。如"善良管理人的注意义务"，"受托人的直接管理义务"，"受托人的忠实义务"，"信托财产的分别管理义务"，以及"受托人不得从受托财产获得利益的义务"等。

第二，主体的多元性。由于信托关系的特殊功能，要求其主体必须呈多元化形态，这与一般民事法律关系的二元主体相区别。通常一项信托法律关系由三元主体构成，即委托人（设定信托、转移财产所有权的人）、受托人（受让财产所有权、并承诺为第三人的利益管理财产的人）、受益人（因受托人管理、处分信托财产而享有所生利益的人）。当然，也并不绝对，如在"自益信托"中，委托人与受益人合一。在"公益信托"中，受益人又是不确定的，可能是社会中众多的人。尽管如此，但在确认具体的权利、义务关系时，仍然必须区分三元主体的不同地位。

第三，财产的独立性。信托关系一经设立，信托财产即从委托人的自有财产中分离出来，而成为一种处于独立状态的财产。对于委托人来说，一旦将财产交付信托，即失去了对该财产的所有权，不再属于其自有财产。对于受托人来说，其虽取得了对信托财产的所有权，但这仅是一种名义上的权利，因为其无法享有该财产带来的利益。对于受益人来说，其虽享有受益权，但这又仅是一种利益请求权，并不是对信托财产的所有权。由此可见，信托关系一经设定，信托财产即呈现了一种独立性倾向。

第四，权利与利益的两极化。信托法律关系中明显表现出财产权利与财产利益两极化特征。其具体表现在：一是原财产所有权人与自己已交付信托的财产相分离。只能以信托文件的规定来制约受托人，而对受托财产则失去了所有权。二是受托人对信托财产的所有权同收益权相分离。受托人依信托文件对信托财产取得了所有权，但却无权从信托财产上取得利益。三是受益人的收益权同信托财产的所有权相分离。受益人虽然有权从信托财产上取得收益，却无权对信托财产直接地占有、使用和处分。这种所有权同收益权相分离，权利主体同利益主体相分离的状态，正是信托关系的特质所在。从法理上看，英美法把这种分离看作是普通法与衡平法上两种所有权关系上的差异。大陆法则把这种分离理解为所有权与其内部各项权能的分离。但这种权利与利益两极化的现实，则是被英美法系和大陆法系的立法所共同接受并予以严肃规范的。

4. 信托的公示

信托公示制度是大陆法系国家的特别设计。所谓信托公示，系指于一般财产权变动等的一般公示外，再规定一套足以表明其为信托的特别公示而言。质言之，在制度构造上，可谓其系在一般财产权变动等的公示方法以外，再予以加重其公示的表征。① 一般而言，由受托人或者由受托人与委托人承担公示信托财产权状况的义务。

一般而言，信托一经公示，即可产生两种效力，即对抗力和公信力。所谓对抗力，是指已经公示的信托财产权具有排斥其他权利和防御侵害的效力。从静态角度看，已经公示的信托财产权即具有对抗力，自不待言。但事实上，信托财产权并非一成不变，而是运动变化的。即信托财产权是动态的，表现为财产权内部各种权利形式和各种权利形式内部各种权能的不断转换和运动。那么在信托财产权变动时，公示形式与财产权变动行为如何结合，公示形式的效力又如何呢？大陆法系国家一般采对抗要件主义。对抗要件主义是指信托财产权的变动依当事人的意思表示完成和财产权的转移即可发生效力，但要使信托财产权变动的效力能够对抗善意第三人，必须公示权利变动。如日本《信托法》第3条规定，对应登记或注册的财产权，如不登记或注册，其信托不得对抗第三人；有价证券信托需按敕令之规定，在证券上标明其为信托财产，股票及公司债券如不在股东名簿或公司债券簿上标明其为信托财产意旨，则不得对抗第三人。韩国《信托法》第3条规定：关于需登记或注册的财产权、其信托可因登记和注册而与第三人对抗；对于有价证券，信托可根据内阁令的规定，对证券表明信托财产的实际情况；对于股票证券和公司债券证券，信托则可在股东名册簿和公司债券簿上表明信托财产的实际情况，从而与第三人对抗。我国台湾地区"信托法"第4条亦作了类似规定。

所谓公信力，指对公示形式仅依其外观表象赋予法律效力，即使该外观表象与真实状况不符，法律对因信赖该表象而为的交易也加以保护。信托公示的

---

① 赖源河、王志诚：《信托法论》，台湾五南图书出版公司1999年版，第59页。

公信力理论借助于公信原则。根据传统的大陆法系理论，物权公示是与公信原则相辅相成的。所谓公信原则系指依公示方法所表现的物权纵不存在或有异，但对于信赖此项公示方法所表示之物权、而为物权交易之人，法律仍承认具有与真实物权存在相同法律效果，以为保护的原则。信托公示的公信力理论无疑受到公信原则的影响。

在信托公示的对抗力方面，我国信托法的规定与日本、韩国的法律及我国台湾地区的民事方面有关规定明显不同。中国《信托法》第十条规定："设立信托，对于信托财产，有关法律、行政法规规定应当办理登记手续的，应当依法办理信托登记。未依照前款规定办理信托登记的，应当补办登记手续；不补办的，该信托不产生效力。"该规定最大特点是将未履行登记的法律效力规定为信托不生效，即我国采取的是生效要件主义。对比信托公示的对抗要件主义与生效要件主义，我们可以发现前者强调信托财产权变动在未经公示时不得对抗善意第三人，但公示形式与信托财产权变动本身又是相分离的，这样能有效地保护善意第三人的利益，不会妨碍交易安全，同时也有利于贯彻意思自治原则，维护公平和诚实信用。而信托公示的生效要件主义是以信托财产权变动行为的公示为信托财产权变动的要件。信托财产权变动行为未经公示，其变更不仅不能产生对世效力，而且在当事人之间也不能产生信托财产权变动的效力。在此，公示形式与信托财产权变动本身紧密结合在一起。

在信托公示的公信力方面，我国与日本、韩国等的法律规定也有所差异。如前所述，大陆法系民法在规定物权公示制度的同时，赋予公示具有公信力。信托公示的公信力理论明显受此影响。但如果严格贯彻该理论，就会产生一个问题：委托人对信托财产的占有虽有瑕疵，但只要受托人善意不知该瑕疵，则信托财产即为有效转移，而委托人可以利用信托"所有和利益分离"的特点，规定自己享有受益权，从而实际享有基于瑕疵占有而来的利益。为了避免这种不公平的情况，大陆法系国家建立信托公示制度时对此作了专门的规定，"受托人占有信托财产时，应承继委托人占有的瑕疵。"（日本《信托法》第13条、韩国《信托法》第9条）我国《信托法》第十一条第三项可视为与此相关的规定，该项规定"委托人以非法财产或者本法规定不得设立信托的财产设立信托"是信托无效的理由。事实上，占有瑕疵的规定与非法财产或者不能设立信托的财产的规定，其内涵、外延均存在较大差别。因此，基于这两种不同规定产生的法律效果也是截然不同的。我国现行的不动产登记规定——《土地登记规则》与《城市房屋权属登记管理办法》，均未有有关信托登记的规定，这是因为《信托法》的制定在后，不动产信托登记尚未介入。而无论是大陆法系的公示制度，还是我国《信托法》的规定，不动产信托的登记都必须摆上议事日程。

5. 信托登记的种类

尽管我国没有关于不动产信托登记的规定与实践，但从世界上其他国家或地区的立法和实践可以发现，信托登记因其原因和内容的不同可以分为三种基本类型：一是因信托成立而为的信托登记；二是因受托人变更而为的信托变更登记；三是因信托关系消灭而为的登记。

如日本《不动产登记法》第110条之2规定，"信托登记的申请，应以因信托而实行不动产所有权移转登记申请的同一书面进行"，第110条之3规定，"于受托人更换情形，申请所有权移转登记时，申请书应附具证明其更换的书面"，第143条之2信托登记的涂销，正是反映了这三种类型。我国台湾地区"土地权利信托登记作业办法"把信托登记分为了五类：（1）信托登记；（2）受托人变更登记；（3）涂销信托登记；（4）信托归属登记；（5）信托取得登记。这种分类实际上是对涂销登记的细分，即对涂销登记采狭义的界定，从广义的涂销登记界定看，第四类和第五类都属于广义涂销信托登记的范畴。①

简言之，信托登记的种类是基于不动产物权登记的基本原理，即不动产登记是登记申请人对不动产物权的设定、移转、变更和消灭在专门的登记机关依据法定的程序进行登记的行为。因此信托登记的种类主要就是对信托的取得、变更、消灭进行设定。

四　不动产物权的种类（2）——用益物权

用益物权制度是一项古老的法律制度，早在罗马法时代，由于对物的利用越来越广泛，罗马法在创立所有权制度时，就确立了地役权、人役权、地上权、永佃权等用益物权制度。

现代大陆法系各国均在其民法典中规定了用益权制度，但因为历史与民族文化发展的差异，各国的用益物权制度设计均与各国的历史传统与习惯紧密相连，故各国用益物权的种类呈现出本国特色而互有差异。除了地役权、使用权、地上权、居住权等较有共性的用益物权外，如法国的用益权、德国的先买权与土地负担、日本的入会权、我国旧民法的典权等。

在我国，从现行的法律、法规看，也已确立或承认了用益物权这一物权系

---

①　参见李昊等《不动产登记程序的制度建构》，北京大学出版社2005年版，第468页。

统。但从总体上看，我国的用益物权制度还比较杂乱，存在着法律概念不明确、物权性质不明显、内容不完整、体系不科学等缺陷，亟待完善。

（一）概念

实际上，用益物权并非各国物权立法上所使用的一个概念，而只是物权法理论上的一个用语。故在立法上通常并未将用益物权列为专编（专章），如法国民法典、日本民法典都是以"所有权、地役权、地上权、人役权"等直接规定，德国民法典则在其第三编"物权法"专设一章"役权"，集中规定了"地役权、用益权和限制的人役权"。而我国目前的学者建议稿和人大草案均将用益物权单列，此种体例是否适当，尚可讨论，但关键的是对用益物权的概念与种类的界定。

从理论上看，我国学者们对用益物权的认识并没有本质上的差别，但对用益物权概念的界定仍存在着不同。概括起来，对用益物权概念的界定存在着以下几种不同的观点：一是目的说，即依用益物权的目的来界定用益物权的概念。例如，"用益物权是权利人对他人所有物享有的以使用收益为目的的物权"。[①] 二是内容说，即依用益物权的内容来界定用益物权的概念。例如，"用益物权是指权利人对他人所有物享有的以使用收益为内容的物权"。[②] 三是标的说，即依用益物权的标的来界定用益物权的概念。例如，"用益物权是指以物的使用收益为标的的他物权"。[③] 四是综合说，即在用益物权的概念中不表明用益物权的目的、内容或标的。例如，"用益物权是对他人所有的物，在一定范围内进行占有、使用、收益、处分的他物权"。[④] 从这些用益物权概念的各种观点看，并无本质差别，只是看待问题的出发点不同而已。我国《物权法》第一百一十七条规定，"用益物权人对他人所有的不动产或者动产，依法享有占有、使用和收益的权利"。这一规定明确了用益物权的概念，我们认为如果对用益物权的种类能够取得共识的话，[⑤] 那么这一概念的定义应当是比较准确的。因为用益物权的实质是以支配不动产标的物的使用价值为内容，以对标的物的使用、收益为目的的权利。

（二）用益物权的法律特征

在对用益物权性质的认识上，学者之间还存在着一定的差别。有的学者从

---

① 梁慧星：《中国物权法研究》（下册），法律出版社 1998 年版，第 582 页。

② 江平：《民法学》，中国政法大学出版社 2000 年版，第 394 页。

③ 温世扬：《物权法要论》，武汉大学出版社 1997 年版，第 129 页。

④ 魏振瀛：《民法》，北京大学出版社、高等教育出版社 2000 年版，第 256 页。

⑤ 如土地使用权是否纳入用益物权体系，争议较大，对此参见本书第二章第三节及以下。

自物权与他物权的区别来阐述用益物权的性质，强调用益物权作为他物权的特点；也有的学者从用益物权与担保物权的区别上来分析用益物权的性质，强调用益物权就物的使用价值进行利用的特征。其实认识用益物权的性质，应当从三个方面入手：第一，应明确用益物权是物权，用益物权应当具备物权的共同特征，如法定性、优先性、排他性和追及性等；第二，应明确用益物权是他物权，用益物权应当具备他物权的共同特征，如派生性、限制性、不完全性等；第三，应从用益物权与担保物权的区别上来认识用益物权的性质。综合上述三个方面，用益物权的法律特征如下：

第一，用益物权是设定在不动产上的限制物权。传统的典型用益物权类型（如地上权、地役权）都是在不动产标的物上设定的，虽然某些国家的法律也规定有以动产、不动产和动产构成的综合财产以及权利而设定，如德国民法的物上的用益权、权利上的用益权、财产上的用益权等。① 但在当代司法实践中，用益物权主要还是对不动产的权利。特别是我国现行法所承认的用益物权，均限于不动产。

第二，用益物权是一种限制物权。用益物权不具有完全物权的权能，只具有对标的物占有、使用、收益等权能，其权能行使限于一定范围和一定期限之内，故属于限制物权。

第三，用益物权的成立和实现以占有他人之物为前提。这说明用益物权只存在于他人之物上，是他物权的一种。而且用益物权的成立和实现必须有对他人之物的占有，只有实际占有了标的物，才能实现对标的物的使用和收益。

第四，用益物权设立的目的是对物进行使用和收益。物的价值有使用价值与交换价值之分，用益物权侧重于支配标的物的使用价值，且以对标的物的使用、收益，以获取最大的经济效益为目的。

第五，用益物权是一种独立物权。用益物权仅依法律的规定或当事人之间的约定为依据而独立存在，不以用益物权人对所有人享有其他财产权利为其存在的前提，不随他权利的存在而存在，不随他权利的消灭而消灭。

（三）用益物权的种类

从世界各国的用益物权制度看，用益物权的种类有三类：即地役权、人役权（包括用益权、居住权、使用权）和地上权。

在20世纪90年代之后，国内法学界开始用物权法理论思考土地使用权的性

---

① 参见陈卫佐译注《德国民法典》，法律出版社2004年版，第314页以下。

质，由于我国《宪法》、《民法通则》等法律均规定了土地归全民所有和集体所有，所以土地使用权一开始就被定位于他物权——用益物权。学术界也多是运用用益物权理论来构筑我国土地使用权及整个用益物权体系的，并为此提出了许多不尽相同的观点。

梁慧星先生领导的中国物权法研究课题组经过几年的研究出版了《中国物权法研究》，提出了四种用益物权：基地使用权、农地使用权、邻地利用权和典权。① 王利明教授在《物权法论》一书中提出了四种用益物权，即国有土地使用权、宅基地使用权、空间利用权和典权。他领导物权立法课题组出版的《中国物权法草案建议稿及说明》提出了七种用益物权设想，这七种用益物权是：土地使用权、农村土地承包经营权、宅基地使用权、地役权、典权、空间利用权、特许物权。② 徐国栋博士在《绿色民法典草案》物权法分编的第三题"他物权"第一章中提出了五种用益物权，即"地役权"、"有关水的特别役权"、"人役权"、"地上权"、"农地使用权"。③《物权法（草案）》设定的用益物权的种类有五种：土地承包经营权、建设用地使用权、宅基地使用权、地役权和居住权。孙宪忠博士提出，我国法律中的用益物权，不应该是现行法律认可的两种，也不是一些学者认可的三种或四种，应该是六种：土地使用权、地上权、土地承包经营权、地役权、人役权、典权。④ 这些研究成果尽管略有差异，如名称的取舍、种类的差别等，但在"土地使用权"的设计上却是一致的，即将城市土地使用权（土地使用权、建设用地使用权、基地使用权）、农村建设用地使用权（宅基地使用权、基地使用权）、农用土地使用权（农村土地承包经营权、农地使用权）都归于用益物权。

就用益物权而言，梁稿的基地使用权与徐稿的地上权体现的是城乡一体，即只要是建设用地都归一类，而不分城市和农村，是抓住了二者的共性——建设用地。其他各稿将城市与农村的建设用地使用权分为两类，在城市为土地使用权或建设用地使用权，在农村为宅基地使用权，似无必要。正如有学者指出的：同是建设住宅，在城市所取得的是"建设用地使用权"，而在农村所取得的

---

① 中国社会科学院法学研究所"民法典立法研究课题组"：《中国民法典物权编条文建议稿》，第三、四、五、六章。
② 王利明主编：《中国物权法草案建议稿及说明》，中国法制出版社 2001 年版，第 343 页以下。
③ 徐国栋主编：《绿色民法典草案》，社会科学文献出版社 2004 年版，第 361 页以下。
④ 孙宪忠：《中国物权法总论》，法律出版社 2003 年版，第 74—79 页。

则只能是"宅基地使用权",难道城市和农村真的存在那么大的区别吗?① 在这些分类中,我们认为真正属于用益物权的有:地役权、居住权、用益权、地上权。而就土地的利用而言,徐稿和孙稿的地上权才是真正意义上的用益物权,其余土地使用权、建设用地使用权、基地使用权均不是真正意义上的用益物权。

（四）土地使用权不是物权意义上的用益物权

迄今为止,学术界主流仍将土地使用权视为用益物权,但正如我们一开始指出的,如果土地使用权是用益物权,那么我国的不动产登记难道是建筑在用益物权制度之上吗? 在公有制背景下构建土地用益物权体系,这是我国物权立法所面临的特殊问题。迄今为止,立法者对于这个问题尚未提出一个令人满意的解决方案,本文认为我国的不动产物权登记只能建筑在"土地使用权"之上,而土地使用权的法律地位和性质完全可以借助于立法和法律解释赋予其独立的物权客体地位——有期限的土地所有权。故我们将对土地使用权的论述放在第二章第三节,参见本书第 91 页以下。

（五）我国用益物权的应然体系

把土地使用权排除在用益物权之外,借鉴国外的立法经验并考虑我国法律体系的既有规定与现实生活的需要,在尊重用益物权类型体系的完整性、和谐性和逻辑顺序的基础上,我们认为我国用益物权的应然体系应包括:地上权、地役权、人役权（居住权、用益权）。

1. 地上权

所谓地上权,是指"以在——受负担——土地地面上或地面下,拥有建筑物为内容之可转让并可继承的权利"。② 地上权最早由古罗马创设,近代民法最早确立地上权制度的民法典是 1896 年的《德国民法典》,自 1919 年起,规定于《地上权条例》,地上权为近现代物权法一项重要的用益物权形式,各国民法大多均有明文规定。《德国民法典》第 1012 条（该条已被废止）和《地上权条例》第 1 条规定:土地得为他人的利益而设定负担,使之取得在土地的上下保有建筑物的权利（地上权）,该项权利可以转让和继承。《日本民法典》第 265 条规定:地上权人,因于他人土地上有工作物或竹木,有使用该土地的权利。从各国对地上权的规定可知,所谓地上权,是指在他人土地的上下保有建筑物、

---

① 崔建远主编:《我国物权立法难点问题研究》,清华大学出版社 2005 年版,第 168 页。
② ［德］鲍尔·施蒂尔纳:《德国物权法》（上册）,张双根译,法律出版社 2004 年版,第 648 页。

构筑物等工作物的、可以让与和可以继承的权利。①

地上权具有如下法律特征：（1）地上权是以他人的土地为标的物的物权，故为他物权。这里的土地，在我们设计的物权体系中，是指使用他人的"土地使用权"。即地上权人通过契约与土地使用权人约定使用其"土地"的内容、范围等，这里的土地，不以一笔土地为必要（土地的一部分也可以），而且也不问地表或地下，但不能超出土地使用权出让合同的范围。（2）地上权是以所有（保有）建筑物、构筑物等工作物为目的的权利。日本法兼指保有竹木，所谓保有"竹木"是指"以植林为目的"的植物，② 我国的地上权主要指建筑物。（3）地上权作为一种物权，具有可继承性和让与性。（4）地租不是地上权设定的要素。在多数场合，地上权的设定与存续，需要定期支付地租。但也不是绝对的，若双方约定不以支付地租为条件，照样成立。

我国《物权法》并未提地上权的概念，但其第一百三十六条规定"建设用地使用权可以在土地的地表、地上或者地下分别设立"。从"土地的地表、地上或者地下"看，似乎是指地上权，但又指明是建设用地使用权，恰恰反映我国对"用益物权——建设用地使用权——地上权"概念的含混不清。我们认为此处应明确为地上权，而不应为建设用地使用权，否则在实践中将无法操作。试想，如果国家在土地使用权出让时，将土地的地表、地上或者地下分别出让给不同的人，究竟该建设用地使用权如何归属？或者，当土地使用权获得者完成了依法获准的建设后，国家又将地上或者地下的某一"建设用地使用权"设定给另一人，则岂不侵犯原土地使用权获得者的权利？从"地上权即在他人土地上为建筑的权利。……在实践中地上权主要用来解决在他人土地上营建自由建筑物的法律问题"③ 的定义看，此处的规定实在应表述为地上权为妥。

因此，我国在土地使用权之外，必须将用益物权意义上的地上权纳入物权体系。

2. 地役权

地役权在大陆法系国家的立法中几乎都得到确认和规范，但在社会主义国家的民法中却均无地役权的规定，这是一个十分有意思的现象。④ 在我国物权法

---

① 陈华彬：《外国物权法》，法律出版社 2004 年版，第 190—191 页。

② 同上书，第 171 页。

③ 孙宪忠：《中国物权法总论》，法律出版社 2003 年版，第 75 页。

④ 高富平：《中国物权法：制度设计和创新》，中国人民大学出版社 2005 年版，第 227 页注①。

上规定地役权，学者对此没有异议。① 但如前所述，在新中国成立以后，所谓不动产用益物权体系无论对国人或是对专家学者而言都是十分生疏的，具体到地役权更是如此，什么是地役权，地役权有哪些类型？笔者从事房地产登记工作近三十年，包括接触新中国成立前的登记资料，此前既不了解何谓地役权，也未见过所谓地役权登记。可见"地役权"完全是引进的概念，如何与我国的实践相结合显然是重点所在。由此产生两个问题：一是地役权的规定是否必要；二是如有必要如何规范地役权。

地役权的存在以两笔归属于不同主体的土地为前提，其必要性源自相邻近的土地必须"借用"他人土地才能使自己的土地得到利用。如果这两个基础不存在，就不会产生地役权。但随着社会的发展，国家对社会生活的干预日益加深，城乡规划在各个国家的实施，一些传统上纳入地役权规范解决的问题，可以或已经通过行政法或规划法解决了。也就是说，可以通过一种公共规划，预先解决分散的土地所有权人（使用权人）之间的相互役使土地问题。例如在产权分割时预留了公共道路、排（引）水渠道等，事先解决相互役使他人土地问题。因此，"虽然地役权仍然发挥着调整土地利用人之间关系的作用，但在现代社会中，地役权却存在着一种'衰退'的趋势，有时甚至代表了一种'过时的事物'"。②

地役权是以他人土地供自己土地便利而使用的权利。③ 但何谓"便利"呢，或者说地役权究竟是什么。德国学者如此表述：

> 谁要是为自己的房屋，以必须经过他人土地之管道而引水的话，自不会仅满足于向该他人土地之现时所有权人，请求水管道通行之同意。因为此种同意，对他土地之权利继受人，可能不发生约束力；反过来说，引水人之权利继受人，有可能不能主张该同意之约定。故而，此时就需要有一种权利的出现，使对"契约两造"，均发生主观的与客观的物权效力；这种权利就是地役权。通过设定地役权，可使权利义务内容得以"永久化"。④

---

① 参见中国社会科学院法学研究所物权法研究课题组《制定中国物权法的基本思路》，第9页，载《法学研究》1995年第3期；郭明瑞等：《民商法原理》（二），中国人民大学出版社1999年版，第195页；魏振瀛主编：《民法》，北京大学出版社2000年版，第269页。

② 高富平：《中国物权法：制度设计和创新》，中国人民大学出版社2005年版，第233页。

③ 钱明星："我国用益物权制度存在的依据"，http://www.lawfz.com/lunwen/minfa/wuquan/，中国法律网。

④ [德] 鲍尔·施蒂尔纳：《德国物权法》（上册），张双根译，法律出版社2004年版，第711页。

依日本民法，凡是为了调节两笔或两笔以上的土地的利用，如为了在他人的土地上通行，为了由他人的土地引水，及为了他人不在自己的土地上建构超过一定高度的建筑物等，均可以设定地役权。①

在德国，根据使用的方式或用途，地役权可分为：通行权、汲水权、引水权、眺望权、放牧权、取土（砂）权，等等。而地役权的适用范围可以概括为三类：一是指对他人土地，真正的而且在外部有某种表现的使用，包括通行权、取水权、取土（砂）权等；二是为外部不表现的地役权，通常是对相邻关系某内容的特别构造，如负担土地之所有权人不得建造超出某一高度的建筑物；三是借助于地役权制度，来解决营业竞争问题，如百货商店的所有权人与其所有的邻居，约定一项——大多数情况下为有偿之——地役权，其内容为，在受负担之土地上，任何时候均不得建造百货商店。②

由上可知，通常大陆法系国家对地役权的种类并无限制，因此地役权的内容相当宽泛。但亦有区分为强制地役权与任意地役权的（如意大利、西班牙等国民法），前者由法律直接规定，又称法定地役权；后者由当事人双方自愿达成供役和需役的协议而产生，故又称约定地役权。前引几类地役权尽管对我们来说是十分陌生的概念，但实际生活中确实存在，只是并没有把他们上升到"权利"的高度来认识。在长期的土地利用过程中，有些地役权已经成为既定的历史事实，成为利用者日常生活的一部分，人们将其视为一种习惯，如取水权、通行权，从未考虑到可以通过约定使之成为"永久性"的权利，更不用说登记此等权利了。现实中的限制建筑高度、日照权以及物业用途等纠纷日渐增多，但有谁从地役权的角度思考问题呢。

尽管地役权对我们如此陌生，尽管地役权存在着一种"衰退"的趋势，但现实社会确实存在此种"权利"，需要对其进行规范。尽管可以通过一种公共规划，预先解决分散的土地所有权人（使用权人）之间的相互役使土地问题，但这种行政的介入并不能完全解决这一问题。或者说，只要土地为不同的主体所有或使用，就有可能发生役使他人土地的情况，地役权的规范仍将发挥调整土地利用者之间关系的作用。因此，我国的物权法应当规定地役权。

回答了地役权的规定是否必要的问题，再来看看如何规范地役权的问题。

---

① 陈华彬：《外国物权法》，法律出版社 2004 年版，第 185 页。
② ［德］鲍尔·施蒂尔纳：《德国物权法》（上册），张双根译，法律出版社 2004 年版，第 711 页。

我们认为：

首先，应当明确地役权的种类。由于地役权在我国仍是十分陌生的概念，而且地役权概念本身亦是十分抽象的，《物权法》规定"地役权人有权按照合同约定，利用他人的不动产，以提高自己的不动产的效益"，实际上未对地役权进行定义。即使按通说"地役权是以他人土地供自己土地便利而使用的权利"定义，但由于地役权概念在我国毕竟"消失"了五十余年，对一般大众而言仍是十分抽象的，无法指导实践。要让地役权成为一般大众可以接受的制度，必须明确地役权的种类。既然根据物权法定原则物权的种类必须是法定的，那么就必须在物权法中明确物权种类，至少可以用列举式的方法罗列若干种类，如"通行权、汲水权、引水权、眺望权、放牧权、取土（砂）权"等等。否则，按《物权法》的规定，在实践中基本上是形成不了地役权的，也失去了规范地役权的意义了。

其次，应当规定法定地役权与约定地役权。由于地役权制度是一项不太为普通百姓所熟悉的制度，但又发挥着调整土地利用者之间关系的作用，对于一些习惯上的地役权（所谓"自然地役"）以及法律可以明确的地役权，应作为法定地役权予以规范。而对于那些土地所有权人（使用权人）没有法定义务的地役权，则规定由当事人协商约定。唯有如此，方能令土地利用者明确自己的义务中哪些是法定的，哪些是可以自行约定的，以发挥地役权这一制度的作用。此外，规定了法定地役权与约定地役权，也可以进一步明确法定地役权是不需要进行登记的权利，只是作为司法裁判的法律依据。约定地役权则应进行相应的登记，明确未经登记的地役权在法律上的地位。

再次，明确地役权的主体。在我国由于土地归国家、集体所有，土地所有权主要是一种价值权，即其并不注重于对土地的实际利用。地役权人应是实际对土地进行使用的，是各个具体的土地使用权人、农地承包权人，国家、集体不可能、也不必要为土地使用权人、农地承包权人设定地役权。就土地使用权人、农地承包权人而言，他们是以独立主体的身份支配土地，并对土地享有独立的用益利益，赋予他们以为其使用的土地的便利而设定地役权的权利，对于他们有效地、方便地使用、收益其土地以获取相应的利益，是十分必要的。而对土地所有权人必须设定的地役权，则可通过公共地役或行政地役来解决。

最后，明确地役权的登记效力。"在物权法中，物权变动效力之产生具有双重构成要件：一个法律行为之要素与一个事实的且能为外部所认识的程序。"① 地役权必须登记是不言而喻的，地役权作为一种典型的他物权，只能在不动产上发生，如果不采取登记的方法，不能使第三人知悉土地上的负担，将导致交易秩序的混乱。

关于地役权登记的效力问题，《物权法》规定采取登记对抗主义。② 但学者之间存在不同的看法，有学者认为"如果采取登记对抗主义，当事人就不会积极办理登记，从而使得地役权的效力弱化。因此，地役权的设定采取登记要件主义。有利于区分地役权和一般的债权并能够真正产生对抗第三人的效力"。③ 主要是强调他物权设定的特殊性以及公示在设定他物权中的重要地位。的确，与所有权的变动相比较，他物权的设立过程更注重公示要件。其原因在于：他物权设定本身构成了对所有权的限制，此种限制的范围和内容如未进行公示，则第三人无从知悉，将危害交易安全。

"物权的绝对性与物权之目的相适应，物权的权利状态及其变动，对任何人而言均应清楚可见。非常明显，债的关系仅涉及当事人双方，产生基于知情的请求权，因为它不对当事人发生效力，本质上也不涉及当事人利益，故而不需要对外表现。与此相反，物权应受任何人尊重，须能为第三人所知悉。故而，物权法中有公示原则或者得知悉原则。故此，动产的占有，土地及土地上权利的公开登记，即土地登记，使得物权容易为人所知悉。"④ 但登记是采要件主义或是对抗主义，涉及整个登记制度，对此，将在下文讨论。

3. 用益权

用益权是指"如同本人是所有权人，享受所有权属于他人之物的权利"，⑤ 用益权作为一种独立的物权形态，滥觞于罗马法。近现代民法以法国为代表几乎移植了罗马法中人役权制度的绝大部分，并为德国、瑞士、意大利等各国所效仿。因此，当代大陆法系的用益权是继承罗马法的结果，这种继承是以认可这种权利用以解决特定人养老和生活问题为前提的。就是说，这种特定的目的和功能是用益权规范的基准所在。

在法国，用益权主要适用于三种情形：一是老年人为养老采用，实质上为保留用益权的不动产出卖行为。年老者将不动产予以出售，但保留对该不动产

---

① [德]鲍尔·施蒂尔纳：《德国物权法》，张双根译，法律出版社 2004 年版，第 62 页。
② 参见《物权法》第一百五十八条。
③ 王利明："论他物权的设定"，载《法学研究》2005 年第 6 期。
④ Schwab Prutting，Sachenrecht，28. Aufl，Muenchen，1999，S. 15—16。
⑤ 《法国民法典》，罗结珍译，中国法制出版社 1999 年版，第 179 页。

的使用，而不动产受让人则以定期支付养老金的方式支付价款。在此情形不动产出让者为一定期限（有生之年）的用益权人，受让人为虚所有权人。二是为保留用益权的赠与行为。通常是发生于家庭内部的行为，由考虑自己生活保障的直系尊亲属向其卑亲属实施。三是生存配偶的用益权，主要是指生存配偶对先亡配偶所留财产的用益权。德国民法中的用益权主要也是为了养老，包括供养和抚养与自己有某种身份关系的人和自己养老。除此以外，用益权还存在"担保用益权"和"所有权人用益权"两种形式。[①] 尽管此种物权类型在国际上获得普遍承认，但在我国立法或者立法建议稿中，尚无采纳此种物权类型的倡议。

用益权是人役权，是服务于特定人利益的权利。其具有以下的法律特征：（1）用益权是用益物权之一种。用益权是典型的用益物权，但只是用益物权的一种，用益物权以不动产为其标的，而用益权的标的不囿于不动产，动产、权利上均可设立用益权。（2）用益权具有实际所有权人的权利。这种权利接近所有权，或者说实际上就是所有权。鉴于用益权一般对所有权人不具任何义务，可以无偿使用和收益他人财产。因此，除了不能处分客体物外，这种权利即是所有权。（3）用益权是有期限的或以生命为限的人役权。用益权设立的目的是为了特定人的利益，即某项财产的使用收益权归某个特定人。因此，用益权往往是有期限的，即使没有设定期限，则用益权人死亡时，用益权即终止。（4）用益权为不可转让和继承的权利。此为用益权是有期限的或以生命为限的人役权的特征所决定的，由于用益权强调人身专属性，最长期限为用益权人一生。因此，用益权人对用益物的处分权受到限制或禁止。[②]

根据我国社会发展的趋势，尤其是我国人际关系发展的情况，孙宪忠博士建议采纳此种权利类型。"因为，在我国一些特殊的老人供养关系、特殊的儿童抚养关系、离婚妇女等的居住权和扶养关系等，都可以利用人役权的制度来实现。"[③] 例如，现实生活中常有老人在对不动产做出赠与后，却遭致子女的驱赶而无处居住，如用"用益权"的设定就可作为保留用益权的赠与行为来解决此类问题。我们认为有必要将用益权纳入物权体系。

---

① ［德］鲍尔·施蒂尔纳：《德国物权法》，张双根译，法律出版社2004年版，第698—699页。

② 不过，1935年12月18日，德国颁布《关于用益权和限制的人役权的让与的法律》，明定用益权可以让与、可以继承，属于对德国民法典关于用益权不能让与、不能由他人继承的例外规定。参见陈华彬《外国物权法》，法律出版社2004年版，第201页。

③ 孙宪忠：《中国物权法总论》，法律出版社2003年版，第78页。

4. 居住权

居住权，是指设定于他人住房及其附属物之上，供特定人长期或永久居住的权利。[①] 在罗马法上，居住权属于人役权的一种，是为特定人的利益而使用他人所有之房屋的权利。近现代多数大陆法系国家继受罗马法，在其民法典中规定了居住权制度。法国民法典第三编第二章《使用权与居住权》中用了 8 个条文规定居住权；德国则除民法典第 1093 条的规定外，还于 1951 年 3 月 15 日颁布的《住宅所有权与长期居住权法》（简称《住宅所有权法》）中，创设了所谓"长期居住权"（Dauerwohnrecht）；[②] 而瑞士、意大利等国的民法典也都规定了居住权。此外，从这些国家的规定看，居住权在很大程度上准用关于用益权的规定。如《德国民法典》第 1093 条第 1 款第 2 句"该项居住权，准用第 1031 条、第 1034 条……第 1062 条关于用益权的规定"。[③]

居住权的物权性表现为：居住权具有直接支配力，居住权人得以自己的意思，对房屋加以占有和使用；居住权具有排他性，非经居住权人同意，任何人不得对居住权进行干涉；居住权具有请求力，对任何侵害居住权的行为，居住权人有权请求恢复或赔偿；居住权人具有优先力，住宅所有权人向他人移转所有权不是终止所有权人家庭成员居住权的根据；居住权有追及力。[④]

居住权的法律特征如下：（1）居住权的主体只能是特定的人。此处特定的人必须是自然人，并且与房屋所有人有特定的关系的人，如夫妻关系、抚养赡养关系等。（2）居住权设立的目的是为居住而使用他人房屋的。为其他目的如生产经营等而使用他人房屋的权利，不属于居住权。但在德国，该权利在非住宅用房中，被称为"长期使用权"（Dauernutzungsrecht）（《住宅所有权法》第 31 条第 2 款）。[⑤]（3）居住权的标的物仅限于房屋。受居住权设立目的限制，居住权仅得设定在房屋上。（4）居住权是具有期限的或以生命为限的人役权。居住权的期限可以通过约定设定，没有约定或约定不明的，其期限通常至居住权人死亡时才终止，这点与用益权相似。（5）居住权为不得转让和不得继承的权利。这是受居住权的期限所决定的。

---

① 刘保玉：《物权体系论——中国物权法上的物权类型设计》，人民法院出版社 2004 年版，第 259 页。

② ［德］鲍尔·施蒂尔纳：《德国物权法》，张双根译，法律出版社 2004 年版，第 635 页。

③ 陈卫左译注：《德国民法典》（第 2 版），法律出版社 2006 年版，第 375 页。

④ 参见李京法"居住权的基本问题探讨"，载江平主编《中美物权法的现状与发展》，清华大学出版社 2003 年版，第 485 页。

⑤ ［德］鲍尔·施蒂尔纳：《德国物权法》，张双根译，法律出版社 2004 年版，第 656 页。

我国现行的法律与物权理论，对传统大陆法的居住权及人役权制度研究不够，法律上也无明确的规定。现行的法律中，是用所有权以及租赁、借用（使用借贷）来调整非所有人对于他人房屋的利用关系，没有确认居住权或与之相类似的物权性权利。从我国社会发展的现状以及发展趋势来看，在我国物权法中应当确认居住权这一他物权形式。《物权法（草案）》规定了居住权这一物权类型，但最终还是未能纳入物权法，实属遗憾。

5. 农村土地承包权

所谓农村土地承包权，是指农业生产经营者为种植、养殖、畜牧等农业目的，对其承包经营的集体所有或国家所有的农用地享有的占有、使用、收益的权利。[①]

在我国，国家实行农村土地承包经营制度。根据《农村土地承包法》，将农村土地（含资源性土地）承包利用大致分为两种：一种是以分配方式取得的土地承包经营权，具有强烈的身份性；另一种以承包合同方式取得的土地承包经营权，具有契约性。《农村土地承包法》第3条"农村土地承包采取农村集体经济组织内部的家庭承包方式，不宜采取家庭承包方式的荒山、荒沟、荒丘、荒滩等农村土地，可以采取招标、拍卖、公开协商等方式承包"。

值得注意的是，所谓农村土地，不仅仅指农村集体土地，而"是指农民集体所有和国家所有依法由农民集体使用的耕地、林地、草地，以及其他依法用于农业的土地"。国家所有依法由农民集体使用的农村土地，由使用该土地的农村集体经济组织、村民委员会或者村民小组发包。但对于国家所有的用于农业的非由农民集体使用的土地如何管理却无规定。而《物权法》对此亦未做规定，不能不说是一大缺憾。其第133条"通过招标、拍卖、公开协商等方式承包荒地等农村土地，依照农村土地承包法等法律和国务院的有关规定，其土地承包经营权可以转让、入股、抵押或者以其他方式流转"，物权法草案规定的土地承包经营权属于身份性的土地承包经营权，而这样的经营权如何准用于国家所有的农用地的承包经营呢（第134条）？也就是说物权法对农用地的规定只规定了一部分，对于国家所有的用于农业的非由农民集体使用的土地如何管理却无规定。众所周知，不动产分类规范是普遍的做法。[②]

---

① 刘保玉：《物权体系论——中国物权法上的物权类型设计》，人民法院出版社2004年版，第186页。

② 参见高富平《物权法原论》（上卷），中国法制出版社2001年版，第4章第3节"所有权分类规范"。

这是因为不动产，尤其是生产性的不动产（农用地、资源性土地），需要根据其用途、功能加以分类规范，而试图用一种承包经营模式来统一各类生产性土地的物权规范显然是徒劳的。

我们认为，农村的农用地（含资源性土地）承包经营权大致可以分为两类：一类是农民凭社员身份取得的承包经营权，在我国这种经营权带有身份性和社会保障功能，应当特别规范；另一类可以不凭社员身份获得的资源性土地承包经营权，因纯粹是契约性质，因而可以准用于国有农地和资源性土地的承包经营。前者应当由农村土地承包法规范，后者应当由物权法规范，物权法应当规范后一种承包经营权的取得、转让、抵押等。尽管《物权法》最后规定"国家所有的农用地实行承包经营的，参照本法的有关规定"。但仍不甚明朗。

6. 典权

所谓典权，是指一方依典契支付典价，于一定期限内占有他人的不动产而为使用收益的权利。

典权是我国古代特有的民事法律制度，它产生于我国特有的财产权观念，经历代而不衰。民国时期的民法典对于典权作了明文规定。至 1949 年新中国成立，该民法典被中央政府明令废除（现仅实行于我国台湾地区），因此典权制度即以习惯法形式流传于民间。在物权法的立法过程中，我国民法学界对于典权的存废一直有不同的意见。

我们不主张将典权作为物权的类型纳入物权法，其理由除了一些学者表述的：典权在现实生活适用较少，"典权的规定可能成为具文"；① 典权适用易生纠纷，由于典权期限的时间跨度长，具有许多不确定因素，举证也较困难；② 典权可由其他物权全面替代，"典权的担保功能可为抵押权所取代，其用益功能可为其他用益物权或租赁所替代，又因典权需支出典价，金额又很庞大，如有能力支出典价也自然会有能力购买，如需某标的物，直接购买即可无需设立典权"；③ 不将典权规定为用益物权而将其纳入合同法调整，也无不可，"让其回归到债权之中"应更为妥当。④

我们认为主要基于两点：一是市场可供选择的余地决定了典权制度的日趋

---

① 谢哲胜："大陆物权法制的立法建议——兼评王利明教授物权法建议稿"，载中国民商法律网。

② 参见马斯彦"典权制度弊端的法理思考"，载《法制与社会发展》1998 年第 1 期。

③ 米健："典权制度比较研究——以德国担保用益和法、意不动产质为比较考察对象"，载《政法论坛》2001 年第 4 期。

④ 参见何山"物权法制定之焦点"，载孟勤国、黄莹主编《中国物权法的理论探索》，第 33 页。

式微。随着市场经济的发展，我国个人拥有不动产的比例以及融资方式与过去已不可同日而语，产品的极大丰富使当事人有很大的选择空间。从需要房屋这一方看，不必从出典人取得房屋，可径自市场选购，从出典人这一方看，亦不必从典权人取得典价，可以通过抵押、信托等方式融资。笔者从事房地产交易登记工作近三十年，所接触的典权均为历史遗留的，即使在《城镇房地产权籍登记办法》规定有"典权登记"以来，也未见有发生，可见"法律语言、法律制度必须置于特定的语境下才可能真正理解"。对国人来说，一种十分陌生的物权类型能否起死回生实在令人置疑。二是规定典权将造成与"典当"的概念混淆。改革开放以来，"典当"业得以恢复，但自始便走样——将"典"与"当"混淆在一起。20世纪90年代如此，商务部、公安部于2005年出台的《典当管理办法》也如此，其第三条"本办法所称典当，是指当户将其动产、财产权利作为当物质押或者将其房地产作为当物抵押给典当行，交付一定比例费用，取得当金，并在约定期限内支付当金利息、偿还当金、赎回当物的行为"，实际上包含了动产、财产权利的质押（即"当"）和房地产的抵押，这里竟将"房地产"作为"当物"或者说是"典当物"，而作为"当物"却又只能"抵押"，概念的混乱则使"典"与"当"的混淆更加泛滥。

典权作为中国特有的法律制度和物权类型，与"当"是两种不同的制度，但民间往往将典与当并用，称为"典当"。所谓"当"，是指债务人将一定财产交付由债权人占有，向债权人借贷相应的金钱，债务人在约定的期限内清偿债务赎回当物，如到期未清偿债务，债权人即取得当物所有权的制度。概言之，"典"与"当"之不同表现在：典适用于不动产，当适用于动产；典为用益物权，而当为担保物权；典的期限较长，当的期限较短。自"典当"业恢复以来，笔者所见到的涉及不动产的典当合同，无一不是名为"典当"，实为"抵押"。其根本原因在"典当业"本质上属法律上的特许经营，典当行根本无意占有不动产。

物权法如将典权作为物权类型，反而容易使名词与适用更加混淆。王泽鉴教授在谈及典权在我国台湾地区的衰败时说："典权的兴起与式微，使我们更深刻地认识到物权制度与社会变迁、经济发展具有密切的关系。"[①] 总之，一种制度的取舍，不在于其是否历史悠久，源远流长，而在于能否反映社会、经济的发展。在这个意义上，我们主张废弃典权制度。

---

① 王泽鉴：《民法物权》（2），中国政法大学出版社2001年版，第104页。

五　不动产物权的种类（3）——担保物权

担保物权制度同样是一项古老的法律制度，担保物权始于罗马法，在罗马法中，主要出现了三种担保物权：信托（fiducia）、质押（pignus）、抵押（hypotheca）。在此三种担保物权中，信托以转移标的物的所有权为成立要件；抵押权又被称为协议质押（Pignus conventum）。[①] 日耳曼法上，也有物的担保和人的担保的划分，主要有所有质、古质（占有质）、新质（无占有质）。[②] 中国古代法上也产生了三种物保制度。即动产质权、不动产质权、非占有质。[③] 现代大陆法系各国均在其民法典中规定了担保权制度，但因为历史与民族文化发展的差异，各国的担保物权制度设计均与各国的历史传统习惯紧密相连而呈现出本国特色。除了抵押权、质权等具有共性的担保物权外，如法国的优先权、德国的土地债务和定期土地债务、日本留置权、我国旧民法的典权等。

但我国长期未能从法律上系统地建立担保物权制度，1986 年《民法通则》始对抵押担保的形式作了特别规定，由于对抵押、质押未明确区分，其所谓的抵押实际上包括了传统民法的抵押与质押；1992 年《海商法》关于船舶抵押权的规定，确立了传统大陆法系抵押权的若干重要规则，即抵押权的登记制度、抵押权实行的拍卖制度、抵押权顺位的确定制度、抵押物转让的同意制度等；1994 年《房地产管理法》明确房地产抵押不转移标的物的占有，实际上明确了抵押权与质押权的区分；直至 1995 年 6 月 30 日，八届人大常委会十四次会议通过《中华人民共和国担保法》，标志着我国的担保法体系初步形成。但法律规则的不周延及条文的笼统已为各方面所揭示，应借助此次物权法的立法予以完善。

（一）概念

从大陆法系各国民法典看，"担保物权"并非各国物权立法上所使用的一个概念，而只是物权法理论上的一个用语。故各国在立法上通常并未将担保物权列为专编（专章），如法国民法典是以"质押"、"优先权"、"抵押权"，日本民法典是以"留置权"、"先取特权"、"质权"、"抵押权"，德国民法典是以"物上负担"、"抵押权、土地债务、定期土地债务"、"动产质权和权利质权"等直接规定。而我国目前的学者建议稿和人大草案均将担保物权单列，此种体例是

---

① 黄风：《罗马私法导论》，中国政法大学出版社 2003 年版，第 234—237 页。
② 田土城、宁金成主编：《担保制度比较研究》，河南大学出版社 2001 年版，第 15 页。
③ 同上书，第 17 页。

否适当，尚可讨论，但关键的是对担保物权的概念与种类的界定。

所谓担保物权，是以确保特定债权的实现为目的、以支配和取得特定财产的交换价值为内容的定限物权。[①] 由此可知担保物权与用益物权共同构成了物权法中他物权制度的两大支柱性内容：用益物权以支配物的使用价值为内容，担保物权以支配物的交换价值为内容，二者均为所有权派生的权益。担保物权作为物权债权化的标志之一，[②] 为财产流转性的债权法律关系提供了交易安全的保障。担保物权制度可以说是物权法体系中最活跃的领域。例如，在日本民法典中，物权编共 244 条，其中，担保物权就占 125 条，比所有权和用益物权制度的总和还要多。除民法典的规定以外，日本还制定了汽车抵押法、抵押证券法、企业担保法、工厂抵押法等单行的担保物权方面的法律。德国民法典中，用益物权部分共 240 条，担保物权部分 201 条。担保物权所占篇幅与所有其他物权法条款的总和基本持平。由此可见，在现代各国民法中，担保物权制度都处于十分重要的地位。

（二）担保物权的法律特征

作为担保物权的典型形态——抵押权，其对不动产公示制度形成与发展的影响是不言而喻的。法国学者莱维（J. Ph. Lévy）指出："历史表明，抵押权导致了不动产物权的设立和变动的公示制度。"[③] 可以说，作为一种不移转标的物的占有的担保形态，抵押是最理想的物的担保形式，为保证其功能的实现，抵押权"本能"地呼唤公示制度。

因此，在各国的物权法体系中，担保物权特别是抵押权均居于举足轻重的地位。在我国，与《民法通则》中有关担保条文的单薄粗糙相比，《中华人民共和国担保法》对抵押、质押、留置三种担保方式所作的总共 55 个条款的规定，对抵押和质押的区分、物上权利负担的公示制度及物的担保设定要件的规定，担保物范围的划定、担保关系当事人权利义务及权利实现的方法、程序和消灭原因的详细列举等等，实在可以用"历史性的突破"来形容。

担保物权的基本法律意义在于，为债权人在其原有的债权请求权之外又增

---

① 刘保玉：《物权体系论——中国物权法上的物权类型设计》，人民法院出版社 2004 年版，第 263 页。

② 尹田：《物权法理论评析与思考》，中国人民大学出版社 2004 年版，第 66 页。

③ J. Ph. Lévy：《物的担保之历史概述》，第 257—266 页，Rev hist du droit, 1987，转引自尹田《法国不动产公示制度》，载梁慧星主编《民商法论丛》（第 16 卷），金桥文化出版（香港）有限公司 2000 年版，第 551 页。

加了一项物权请求权。换言之，担保物权法律关系的基本特征为——债权人享有双重请求权。但是，债权人所享有的这两个请求权具有本质的不同，除其目的、内容、效力和权利行使方式上的区别之外，在权利人实现其权利时最重要的区别在于，这两种请求权会产生两种不同的权利实现方式，而担保物权实际上是利用了物权请求权的优先权特点来保障特殊债权人的权利实现的。

根据担保法，可知我国现行法律规定的担保物权的种类主要是抵押权、质权、留置权三种，其法律特征可以概括如下：

第一，担保物权具有价值权性。担保物权具有的价值权性，是指担保物权以支配和取得担保物的交换价值（变价价值）为内容，而不是以对担保物为实体的支配、使用、收益为内容，因此，又称为变价性或换价性。作为物权之一，担保物权对物的支配性体现在对担保物的处分及其变价的支配上，即在担保物权实现时（债务人届期不履行债务时），担保物权人无论是变价受偿，还是通过与担保人协议以担保物折价受偿，均是以担保物的变价价值或交换价值受偿实现债权的。

第二，担保物权具有从属性。担保物权既然是为确保债权的实现而设立的，就当然与所担保的债权形成主从关系，被担保的债权为主权利，担保物权为从权利。担保物权的设立以及存续，以被担保债权的有效存在为前提，担保物权不能脱离债权关系而单独存在。债权合同无效，担保合同亦无效，担保物权不成立；被担保的债权消灭，担保物权便因失去其存在的前提而消灭。此外，担保物权人既不能单独转让担保物权而保留债权，也不能单独转让债权而保留担保物权，担保物权只能随债权的转让而转让。

第三，担保物权具有不可分性。担保物权的不可分性，是指担保物权人于其全部债权受偿之前，得就担保物之全部行使其权利，担保物的价值变化及债权的变化不影响担保物权的整体性。担保物作为一个整体，即使部分灭失或价值减少时，剩余部分或剩余价值仍担保债权的全部；债权的一部分因清偿、抵消、混同等原因而消灭时，担保物权人仍得就担保物的全部行使权利，除非当事人重新约定，否则担保物权并不相应地缩减；债权部分转让或分割时，担保物权不因此而分割，数个债权人按照各自债权份额共享原担保物权；担保物分割时，分割后的各部分仍共同担保债权的全部。总之，只要担保债权未全部清偿，担保物权人得就担保物之全部行使其权利。

第四，特定性与公示性。担保物权之特定性是指担保物及其所担保的债权须是特定的。担保物无论是不动产、动产，或是财产权利，为了担保物权在一定条件下执行的必要，需将担保物与担保人的其他财产区分开而特定化，以确保特定债权的实现。

由于担保物权以抽象支配标的物为特质，其存在并不伴随外在的征象，法律要求担保物权之设立及担保物须通过一定的公示方法为他人所知晓。在质权及留置权，担保物之移转占有本身即具有了公示性，而在不移转担保物之占有的抵押关系中，法律要求办理抵押物登记以为公示。担保物权之特定性要求，正是通过公示性原则来实现的。无公示性之物的担保，因无公信力而不为法律所承认和保护，不得对抗第三人。

第五，担保物权具有优先受偿性。所谓担保物权的优先受偿性，是指债务人不履行债务（或破产）时，担保物权人有从担保物权之价值优先于其他一般债权人受清偿的权利。这是物权的优先效力在担保物权上的体现。由于担保物权人可以就担保物的价值优先受偿，这种担保（物的担保）才成为比保证（人的担保）更可靠、更优越的担保方式。

第六，担保物权的实现具有非即时性。担保物权的非即时性，是指担保物权的行使是有条件的，并不是在设立担保物权后即可行使，而是在债务人不履行债务（或破产）时，例如在担保期限内债务人不履行分期清偿债务或利息；在担保期限届满后债务人未清偿债务等以及违反担保合同约定的其他条款时，担保物权人才可以行使担保物权。"即在某种条件成就时，特别是在未履行某一给付时，该他人有将物予以变价之权利。"[1]此外，在担保物权存续期间，如出现因担保人的行为导致担保物价值减少时，担保物权人有权请求担保人回复担保物原有的价值。

（三）担保物权的学理分类

依日本学者于保不二雄教授的分析，德国民法典物权编的担保物权，可以做出下列分类：（1）不动产担保物权与动产、权利担保物权，从属的担保物权与独立的担保物权。（2）非占有担保物权与占有担保物权。（3）流通抵押权与保全抵押权。流通抵押权又可以进一步分为证券抵押权和登记簿抵押权。德国民法上的抵押权，以流通抵押权为中心，故称流通抵押权为普通抵押权。（4）总括抵押权与所有人抵押权。（5）无记名债权抵押权、最高额抵押权和差

---

① ［德］鲍尔·施蒂尔纳：《德国物权法》，张双根译，法律出版社2004年版，第43页。

额抵押权。[①]

就不动产担保物权而言，可以分为：（1）法定担保物权与意定担保物权。法定担保物权作为一个学理上的概念，其定义是在与意定担保物权这一对立概念的比较中得出的。根据通说，法定担保物权是指依法律的直接规定而当然发生的担保物权。意定担保物权是指基于当事人设定担保物权的契约而成立的担保物权，又称约定担保物权。（2）保全性担保物权与融资性担保物权。保全性担保物权是指担保物与所担保的债权之间有牵连关系并以保全该债权为主要功能的担保物权，融资性担保物权是指担保物与所担保的债权之间无须有牵连关系而纯为融资或保障因其他原因而发生的债权之实现而设定的担保物权。（3）定限性担保物权与权利移转性担保物权。前者是指以标的物设定具有担保作用的定限物权为构造形态的担保物权，此种担保物权标的物的所有权仍由所有权人持有，通常所说的担保物权即属于定限担保物权；后者是指以标的物的所有权或其他权利移转于担保物权为其构造形态的担保物权，如让与抵押权。（4）典型担保物权与非典型担保物权。一般认为，抵押权为典型担保物权，所有权保留、让与担保、优先权等为非典型担保物权。

（四）不动产担保物权的种类

现代大陆法系各国均在其民法典中规定了担保权制度，但因为历史与民族文化发展的差异，各国在立法上对担保物权种类的取舍均与各国的历史传统与习惯紧密相连。除了抵押权、质权等具有共性的担保物权外，如法国的优先权、德国的土地债务和定期土地债务、日本留置权、我国旧民法的典权等。由于担保物权在物权法中涉及动产、不动产、权利等客体，我们这里仅就不动产担保物权做探讨。

1. 不动产抵押权

抵押权是指债权人对债务人或第三人提供的、不转移占有而作为债务履行担保的财产，当债务人不履行债务时，得就其价值（折价或变卖所得的价款）优先受偿的权利。[②] 不动产抵押权则是指债务人或第三人为担保债务履行，提供特定的不动产，以不移转占有为条件交与债权人支配，并且在债务人不履行债务时，由债权人将该不动产予以变价并从中优先受偿的权利。

---

① 于保不二雄著，高木多喜男补遗：《德国民法Ⅲ》（物权法），有斐阁 1955 年版，第 280 页。转引自陈华彬《外国物权法》，法律出版社 2004 年版，第 211 页。

② 彭万林主编：《民法学》，中国政法大学出版社 2002 年版，第 311 页。

罗马法中，主要出现了三种担保物权：信托（fiducia）、质押（pignus）、抵押（hypotheca）。在此三种担保物权中，信托以转移标的物的所有权为成立要件；抵押权又被称为协议质押（Pignus conventum）；只有质押权的设定可以由协议、法定、司法扣押三种方式实现。① 在罗马法中，抵押权与质权的区别在于是否转移担保物的占有，而不在于担保物系不动产或动产的属性。这影响到后世大陆法系各国的担保立法。可以说，从罗马法到近现代大陆法系民法，抵押权都是与质权相对应的一组担保物权：抵押权的客体为不动产，且以不转移占有为特征的担保物权；质权的客体为动产或权利，且以转移占有为特征的担保物权。如《德国民法典》第 1113 条"对一块土地可以以这样的方式设定负担，即：须向因设定负担而受利益的人就该土地支付一定的金额，以清偿其所享有的债权（抵押权）"，②《法国民法典》第 2114 条"抵押权是指，对用于清偿债务的不动产设定的一种物权"，③《日本民法典》抵押权的标的限于不动产，不承认动产抵押制度（第 369 条）。

这些国家的民法典均将抵押权的标的限于不动产，但进入现代社会后，随着动产价值的提高和相关登记制度的建立，动产抵押的方式逐渐被各国不同程度接受。在法国，由于民法典规定"不得就动产设定抵押权"，故主要通过特别立法规定各种动产抵押。此外，其动产与不动产的特殊分类标准使其可在只承认不动产抵押的形式下，实现不动产抵押向动产扩展的实际效果。因此，在法国只有一部分动产可以设定动产抵押权。在德国，民法典不承认动产抵押权，与动产抵押具有类似功能的，是通过判例所发展起来的让与担保制度与所有权保留制度，在构造上属权利移转型担保，由于没有公示方式，因此从理论上说，其标的物没有范围限制。④ 在日本和我国台湾地区亦分别通过单行法等方式规定了动产的抵押登记。尽管抵押权的标的有向动产扩展的趋势，但不动产抵押仍是各国民法中最重要的担保制度。

抵押权具有如下的性质：（1）抵押权为物权。在权利性质上，抵押权不是请求某人给付某物的请求权，而是排他地支配某物的支配权，因此抵押权为物权。（2）抵押权为担保物权。抵押权设定的目的不在于财产的使用、收益，而在于利用财产的交换价值担保债权获得清偿，故为担保物权。（3）抵押权具有

① 黄风：《罗马私法导论》，中国政法大学出版社 2003 年版，第 234—237 页。
② 《德国民法典》（第 2 版），陈卫泽译注，法律出版社 2006 年版，第 382 页。
③ 《法国民法典》，罗结珍译，中国法制出版社 1999 年版，第 484 页。
④ 蔡永民：《比较担保法》，北京大学出版社 2004 年版，第 160 页。

从属性。由抵押权担保债的履行的目的性所决定，抵押权从属于被担保的债权。
（4）抵押权具有不可分性。在抵押权设定后，债权人得就抵押财产之全部行使
抵押权，抵押财产分割、部分让与，债权分割、部分让与或部分清偿都不影响
抵押权。

　　我国现行的担保法中对抵押和质押的区分、物上权利负担的公示制度及物
的担保设定要件的规定、担保物范围的划定、担保关系当事人权利义务及权利
实现的方法、程序和消灭原因的详细列举等，对规范我国的担保行为所起的指
导作用是有目共睹的。但法律规则的不周延及条文的笼统已为各方面所揭示，
例如，担保法第四十一条规定，当事人以本法第四十二条规定的财产抵押的，
应当办理抵押物登记，抵押合同自登记之日起生效。据此，未办理登记手续将
导致抵押合同无效。此种做法明显混淆了抵押合同的生效与依据抵押合同所发
生的物权变动（抵押权设定）。又如，担保法只对"抵押物"的登记做了原则性
规定，此种登记仍是为了"管理"的需要，还谈不上物权公示意义上的登记。
物权公示意义上的登记应是权利的登记，即"抵押权"的登记，而不是抵押物
的登记。此外，尽管规定了最高额抵押，但对典型担保中在抵押权的名目下出
现的浮动抵押权、所有人抵押权、财团抵押权、共同抵押权等，尽管学界多有
呼吁，但或许基于立法政策，在物权法中仍无体现。

　　我国现行抵押权制度，其法律构造与法国、日本和我国台湾地区的抵押权
制度大体相同，均属于以担保特定债权的清偿为目的的保全性抵押权。此种保
全性抵押权，抵押权系从属于债权而存在，抵押权本身不得作为交易的客体而
于市场上辗转流通。而德国、瑞士民法抵押权，系以流通性抵押权为原则，抵
押权本身可以作为独立的投资对象而于金融市场上辗转流通，这与我国现行抵
押权制度明显不同。究其原因，盖源于德、瑞抵押权的独立性原则的确立。故
有学者评价："应当看到，抵押权的独立性原则，一方面是德、瑞流通性抵押权
得以成立的基石之一（另一基石为抵押权的公示原则与特定原则），同时也使抵
押权的价值权性质得到了最纯粹、最淋漓尽致乃至最一以贯之的表现。也就是
说，它使抵押权的价值权性质达到了表现上的无以复加的程度，因此可以肯定，
抵押权的独立性，乃是人类法律文明在抵押权领域所取得的一项重要成就，在
不动产担保权的发展上具有重要意义。"[①]

　　就现代抵押权的发展趋势，有学者概括为：抵押权的独立化；抵押权的抽

---

①　陈华彬：《外国物权法》，法律出版社 2004 年版，第 319 页。

象化；公示特定原则；公信力原则；证券化原则；顺位确定原则；抵押权与抵押利用物原则。① 从这些内容上看，其核心目的就是为了确保抵押权的流通性，自日本学者我妻荣与石田文次郎教授倡导"现代抵押权论"以来，中外许多学者都认为不动产担保权，尤其是抵押权的现代化的、最理想的形态是流通抵押权，这也是当代不动产担保制度的发展趋势。就我国而言，随着市场经济的发展，抵押权的利用相当活跃，这从我国抵押权之由不动产抵押而动产抵押，进而财产集合抵押的演进过程，直至不动产抵押证券的试行，便可知其大概。当法学家们还在为我国是否建立流通抵押权、抵押权能否证券化而喋喋不休地争论不停时，2005 年 12 月 15 日，中国建设银行作为发起机构的国内首单个人住房抵押贷款证券化产品——"建元 2005—1 个人住房抵押贷款支持证券"正式进入全国银行间债权市场。据介绍，建设银行选择了上海、江苏和福建三家一级分行作为本次项目的试点分行，并从三家试点分行筛选出了 1.5 万余笔、金额总计约 30 亿元的个人住房抵押贷款组成资产池。这一实践，标志着我国的抵押权制度将从以担保特定债权的清偿为目的的保全性抵押权向融资性流通抵押权发展。物权法必须面对实践，做出回答。换言之，大陆法系德国、瑞士等国的抵押制度，特别是其抵押权的独立性原则能否为我借鉴。

我们认为要顺应社会的发展趋势，明确流通抵押权是我国抵押制度正在发生和将要发生的社会潮流。为此，自应从学说理论先行回答。当前应着重厘清以下问题：

首先，是抵押权的抽象化原则。抽象化原则，是指抵押权与被担保债权分离，使抵押权本身以抽象的方式存在的原则。德国的土地债务、定期金土地债务，瑞士的地租证券和抵押债务证券，都是建立在该原则之上的。这一原则彻底消灭了抵押权的从属性，使抵押权得以在市场交易中自由地流通。

虽然我国民法向来认为抵押权的从属性为抵押权的基本属性，但随着对最高额抵押权的承认，可以说抵押权的从属性亦不是铁板一块。需要指出的是，即使在承认抵押权抽象化原则的国度，也并不是那么绝对化的。如瑞士民法典规定的三种不动产担保权中，仅登记担保权是从属于债权而存在的，故具有从属性；此外的地租证券和抵押债务证券两种不动产担保权，则是独立于债权而存在的，即无从属性。即使是抵押债务证券和地租证券，因债务人可对债权人

---

① 许明月：《抵押权制度研究》，法律出版社 1998 年版，第 63—68 页。

主张基于原因的债务关系的抗辩，故同成立原因的债权（关系）也并未完全分离。① 或许可以说，承认抵押权的抽象性并不一定要以否定抵押权的从属性为前提，二者可以共存。可见是否承认抵押权的抽象性，更多的是立法者的选择。

其次，是抵押权的公信原则。不动产担保权的存在既然以登记为其表征，则因信赖该表征而有所作为者，即使表征与实质的权利不符，对于因信赖该表征而为交易的人也无任何影响，这就是不动产担保权的公信原则。可以肯定，随着我国社会主义市场经济体制的建立，将公信原则引入抵押权领域，不仅有其必要而且也有其实益。可以断言，随着物权法的制定，认可我国不动产登记的公信原则，将为期不远。②

再次，抵押权的证券化原则。所谓证券化原则，即把抵押权附丽于证券之上，视作独立的动产，并依有价证券的规则确保其流通的原则。③ 德国民法典的抵押证券、土地债务证券，瑞士民法典的地租证券、抵押债务证券，均为抵押权与债权相绝缘，并使抵押权附丽于证券之上，进而使之在金融市场中辗转流通的制度。如果抵押权得以证券化，则其媒介投资手段的功用将显露无遗。另外，为了使抵押权可以作为一种商品在市场上流通，其最有效的办法，也同样在于使之证券化。可以说，在资本的需求与供给之间，证券乃是最佳的媒介手段，而抵押证券，尤能完成这一使命。在我国，尽管迄今尚未建立抵押证券制度，但如上所述，我国已开始试行抵押权证券，而学理上的研究似仍落伍。物权法的制定，理当顺应这一趋势，至少可以将基本原则纳入，而更具体的规则可以留待制定抵押证券法去解决。

最后，抵押权次序确定原则。就是使抵押权的次序固定，在先次序的抵押权消灭，在后次序的抵押权不得递升其次序的原则。我国现行抵押权制度，对于抵押权的次序，系采升进原则，先次序抵押权消灭后，后次序抵押权得当然升进。不少学者认为，基于民法公平正义观念，以及为了平衡各方当事人的利益，建议改采次序确定原则。

解决了上述学理的认识，我们认为物权法的发展趋势是，在完善传统保全抵押权的同时，在适当的时机考虑建立流通抵押权。即建立包括保全性抵押权和融资性流通抵押权的抵押权制度。具体种类应当包括：一般抵押权、所有人

---

① 参见陈华彬《外国物权法》，法律出版社 2004 年版，第 316 页。
② 关于我国不动产登记的公信原则，详见本书第四章。
③ ［日］柚木馨、高木多喜男：《担保物权法》，第 224 页；转引自陈华彬《外国物权法》，法律出版社 2004 年版，第 321 页。

抵押权、最高额抵押权、财团抵押权与共同抵押权。

2. 不动产优先权

（1）优先权的渊源

优先权制度起源于罗马法，罗马法最初设立优先权制度的目的在于保护弱者，维护公平正义和适应生活现实的需要。其最初设立的优先权有妻之嫁资返还优先权和受监护人求偿优先权，[①] 在公元 2 世纪时，抵押权又使权利人具有了出卖权（Droit de vendre）以及对价金的优先受偿。[②] 在罗马法的后期，已经开始出现了优先抵押权，即许多优先权开始演化为其他法定担保物权，如作为优先权雏形的妻之嫁资返还优先权和受监护人求偿优先权，后来演化为法定抵押权、国库对于纳税人的税捐优先权、丧葬费用优先权等一般优先权，以及城市土地的出租人对由承租人以稳定方式带入的物品享有的特别优先权，乡村土地的出租人对土地的孳息享有的特别优先权，受遗赠或遗产信托受益人对继承人或其他受托人通过继承取得的财物享有的特别优先权，贷款人对用贷款盖成的建筑物享有的优先权等就债务人的特定动产与不动产上存在的特别优先权等，逐渐演化为法定质权。[③] 它打破"时间在先，权利优先"的规则，从而使享有特权的抵押权人相对于其他抵押权人获得优先之顺位。

自罗马法确立以来，世界各国民法对其优先权继受程度也是各不相同。德国民法并未承继罗马法的优先权制度，其民法典没有关于优先权的规定，而且世界上以德国民法典为蓝本的德国法系国家（如瑞士）也大多未规定优先权。而在法国和日本继受的较多，在法国，其古代法（亦称旧法）由于不再承认动产可以作为抵押之标的，导致了动产抵押权的消失。由此导致了对特定动产优先权的承认，动产特别优先权应运而生。随后，不动产特别优先权也相继出现。[④] 1804 年法国民法典将优先权与抵押权合并规定于《法国民法典》第三编第十八章"财产取得方法"之中，将其确认为一项独立的担保物权，可以说优先权制度在法国得到发扬光大。在日本，亦认优先权为一项独立的担保物权，其民法典仿效法国民法中的优先权制度，于第二编物权第八章中对之加以专章

---

① 金世鼎："民法上优先受偿权之研究"，载刁荣华主编《现代民法基本问题》，台湾汉林出版社 1981 年版，第 142—143 页。

② 周枏：《罗马法原论》，商务印书馆 1994 年版，第 432—433 页。

③ ［意］彼德罗·彭梵得：《罗马法教科书》，黄风译，中国政法大学出版社 1992 年版，第 167、347 页。

④ 参见于海涌《法国不动产担保物权研究——兼论法国的物权变动模式》，法律出版社 2004 年版，第 5 页。

规定，题为"先取特权"，与各担保物权并列。对优先权概念与属性、种类、顺位、效力等均有详细规定，其内容主要仿效法国民法典，并有新的发展，使其成为一项成熟的法定担保物权制度。优先权制度除了在法国和日本有详尽而成体系的规定外，法国法系各国民法典，基本都规定了优先权制度，例如在意大利、葡萄牙、比利时、荷兰、委内瑞拉、巴西、阿根廷、阿尔及利亚等各国乃至我国澳门地区立法中同样都规定了优先权制度，只是在种类和效力上有所不同。①

可以说，各国民法典无论是否规定优先权，关于优先权的具体规定都是客观存在的，而且是解决相关问题所不可或缺的。但因立法政策的差异，在技术上的处理方法也有差异：同一问题，有的规定为优先权，有的规定为法定抵押权、法定质权。对于优先权之性质，即使在基本沿袭罗马法优先权制度的法国，多数学者也倾向于优先权实际上就是法定担保物权。②

（2）优先权的概念

《法国民法典》第 2095 条规定"优先权是指，依据债权的性质，给予某一债权人先于其他债权人，甚至先于抵押权人，受清偿的权利"。③ 但是法国民法典的优先权定义并没有揭示优先权的法定性和抵押物之范围，所以有学者认为准确的优先权应定义为"优先权是根据债权的性质由法律规定的给予债权人在债务人的部分财产或总体财产上享有的优先受偿权"。④ 由此可知：优先权系法律为保障某些特定权利的实现而规定的一种特殊权利，其作用在于破除债权人平等原则以强化对某些特殊权利的保护，其立法理由在于维护社会的公平正义或因应客观事实之需要。

在我国，由于《民法通则》没有对优先权作出规定，也没有优先权的定义，可以说优先权概念对多数人还相当陌生。由于因民事基本法中没有民事优先权的定义，故理论界对其看法不一，主要有以下观点：一是认为"优先权"是指在同一物上，先设定的权利优先于后设定的权利，有担保的权利优先于无担保

---

① 具体立法例参见崔建远主编《我国物权立法难点问题研究》，清华大学出版社 2005 年版，第 234—235 页。

② 于海涌：《法国不动产担保物权研究——兼论法国的物权变动模式》，法律出版社 2004 年版，第 2 页。

③ 《法国民法典》，罗结珍译，中国法制出版社 1999 年版，第 474 页。

④ Yves picod, Sûretés Publicité foncière, Montchrestien, 1999, paris, p. 208. 转引自于海涌《法国不动产担保物权研究——兼论法国的物权变动模式》，法律出版社 2004 年版，第 2 页。

的权利;① 二是认为优先权是指权利效力的强弱，"物权的优先权，其基本涵义是指权利效力的强弱，即同一标的物上有数个利益相互矛盾、冲突的权利并存时，具有较强效力的权利排斥或先于具有较弱效力的权利的实现"。② 我国台湾学者史尚宽先生也是持这种观点。认为优先权是优先的效力。③

"优先权，是立法政策特别保护的结果，意指破除债权人平等原则，使特种债权人依法优先受偿的法定担保物权，其效力至为强大，可以对抗其他的担保物权。"④ 与此类似的是"优先权是指特定债权人基于法律的直接规定而享有的就债务人的总财产或特定动产、不动产的价值优先受偿的权利"。⑤ "优先权，为按债务的性质，而给予某一债权人先于其他债权人、甚至抵押权人而受清偿的权利。"⑥

从上述对优先权概念的表述看，可以分为作为物权效力的优先权和作为独立权利类型的优先权两种，显然，作为物权意义上的优先权是后一种。即优先权是一种独立的权利，指债权人的特定债权基于法律的直接规定而享有的就债务人的全部财产或特定财产优先受偿的权利。由于它是对债权的一种担保，因此是担保物权的一种。作为独立权利类型的优先权具有以下显著特征：一是优先权是法定物权，而不是由当事人法律行为设定的物权；二是优先权是不以公示为要件的权利（但不动产优先权仍需公示⑦）；三是优先权的顺位多由法律直接确定，即在同一财产上存在多项优先权时，各项优先权实现的顺序按照法律规定的顺位；四是优先权的效力，除法律特别规定外，优先于意定物权。

（3）优先权在我国

从我国来看，民法还没有统一设立优先权制度，最早是在《民事诉讼法》和《企业破产法》（试行）中对企业破产中破产费用和职工工资、国家税款等特定债权规定了清偿顺序，而且是以抵押权和留置权的实现为前提的。近年来，作为一种法定担保物权的优先权主要散见于一些民事单行法当中。如《破产法》

---

① 江平主编：《中国司法大辞典》，吉林人民出版社 1991 年版，第 451 页。

② 钱明星：《物权法原理》，北京大学出版社 1994 年版，第 34 页。

③ 史尚宽：《物权法论》，中国政法大学出版社 1994 年版，第 9 页。

④ 孙鹏、肖厚国：《担保法律制度研究》，法律出版社 1998 年版。转引自杨振山、孙东雅"民事优先权的概念辨析"，http://www.civillaw.com.cn/，中国民商法律网。

⑤ 崔建远：《我国物权法应选取的结构原则》，载《法制与社会发展》1995 年第 3 期。

⑥ 王利明主编：《中国物权法草案建议稿及说明》，中国法制出版社 2001 年版，第 512 页。

⑦ 在法国不动产优先权需要公示，我国也有学者主张公示，参见王利明主编《中国物权法草案建议稿及说明》，中国法制出版社 2001 年版，第 514 页。

（试行）第 34 条和第 37 条规定、《海商法》第 21 条规定、《民用航空器法》第 19 条规定、《公司法》第 195 条第 2 款规定、《商业银行法》第 71 条第 2 款规定，等等。①

但我国民法中的优先权制度的问题在于缺乏系统的规定，现在单行法上的优先权不能解决现实中的所有问题。因此，在我国物权立法中是否应当规定优先权自然就摆上了议事日程，同时引起较大的争议。有学者建议全面规定优先权制度，有利于提高法定担保物权适应现实的能力。这一点在王利明先生领导起草的《中国物权法草案建议稿及说明》中有所反映，该草案的第四章第四节对优先权作了比较全面的规定。② 另有学者认为"优先权在概念上不具有明确、清晰的指向，区分度较低，能否被理论和实务界接受而不引起混乱并符合人们习惯的思维方式都不无问题。"③ 主张应规定法定抵押权而不规定优先权。还有学者基于我国立法和法理并不承认如公法关系、劳动法关系、家庭法关系中的权利和义务等特种债权的概念，以及民事诉讼法和破产法的优先顺序已体现了对上述法律关系的保护，主张优先权在我国不应列为专门的担保物权，对于上述对破产费用、工资和劳动保险费用、税款等支付保护不力的问题，可通过允许有关的劳动立法、税收立法等单行法规定工资、税款等的优先性，使之不仅优先于一般债权，也优先于担保物权，以此来弥补现行程序法规定之不足。④ 更有专家创造性地提出，优先权既不是物权也不是债权，但是，它可以挂靠地规定在物权法中，⑤ 以解决人们无谓的争论。但这也许只是权宜之计，并不能彻底解决关于优先权性质的争论。

我们认为，优先权旨在破除债权平等原则，赋予特殊债权人以优先于其他债权人而受清偿的权利，以保护这些具有特殊社会基础的债权人。而其设立的社会基础，或者是基于公共利益和国家利益的要求，或者是基于一定社会政策的要求，或者是基于"共有"观念、"质权"观念的要求，或者是基于维护债务人生存权的需要而设立，具有较强的公益性，是一项极具社会使命任务和人道主义精神的法律制度，⑥ 其调整范围之广，维护社会公平、正义作用之显著，远

---

① 蔡福华：《民事优先权研究》，人民法院出版社 2000 年版，第 55—56 页。

② 王利明主编：《中国物权法草案建议稿及说明》，中国法制出版社 2001 年版，第 134 页以下及第 513 页以下。

③ 李建华、董彪："论我国法定抵押权制度的立法模式"，载《法学研究》2004 年第 4 期。

④ 参见董开军："担保物权的基本分类及我国的立法选择"，载《法律科学》1992 年第 1 期。

⑤ 胡鸿高、许凌艳："2004 年国际物权法研讨会综述"，载《月旦民商法》2004 年第 5 期。

⑥ 参见申卫星"优先权性质初论"，载《法制与社会发展》1997 年第 4 期。

非法定抵押权制度所能及。即使在设立法定抵押权制度而未建立独立的优先权制度的国家和地区，也在其他法律中规定有优先权的某些具体内容，如我国台湾地区，除规定有法定抵押权外，还在"海商法"第 24 条规定有船舶优先权，"矿场法"第 15 条规定有矿工工资之优先权，"强制执行法"第 29 条规定有强制执行费用及取得执行名义之优先权，等等。德国民法认为优先权不是一项独立的权利，但其优先权制度在破产法中亦有类似的两三条规定，并委以法定质权之名，只限于动产优先权。① 可见，实际生活中有许多事情需要优先权制度来加以调整，特别是一般优先权，更是国家为体现公益、维护公平正义所必须，而法定抵押权制度对这些则无能为力。

不仅在大陆法系有优先权制度，在英美法系普通法的漫长历史发展中也产生了包含有优先权内容的扣押权（hypothecs 或 hypothecation），其中的法定扣押权类似于动产优先权，除扣押权人不能擅自转让扣押的财物外，有权将该特定财产优先清偿其债权，包括码头管理人和仓库管理人之扣押权、运输人扣押权、旅馆扣押权、律师扣押权、银行扣押权、代理人扣押权等。此外，在衡平法扣押权中，有一种衡平法扣押权产生于土地的买卖，即有效卖契中的出卖人对出卖的不动产有一种默示的扣押权，数额以未偿付的买价为限，若买受人违约，出卖人可直接把财产另行出售，并用出售所得来抵偿买价。② 如果说普通法中的法定扣押权更像是一种迫使债务人还债的法律手段，那么，这种默示的衡平法扣押权类似于不动产优先权了。

由此可见，优先权制度在大陆法系和英美法系均发挥着重要的作用，是一种生命力极强的法律制度。正如马克思所言："法的关系正像国家的形式一样，既不能从它们本身来理解，也不能从所谓人类精神的一般发展来理解，相反，它们根源于物质的生活关系，"③ 优先权制度之所以具有如此强的生命力，正是在于其适应了法律调整实际生活的需要。或者说，优先权立法基础来源于它赖以存在的社会物质生活条件，必须从社会物质生活条件来理解优先权的立法基础。

（4）优先权的立法基础

优先权的立法基础主要包括以下几点：

---

① 史尚宽：《物权法论》，中国政法大学出版社 2000 年版，第 230 页。
② 参见周楠主编《民法》（国外法学知识译丛），知识出版社 1981 年版，第 128—132 页。
③ 《马克思恩格斯选集》（第 2 卷），人民出版社 1972 年版。

第一，基于维护公平、正义的需要。确立优先权目的之一，就是为了保护特殊债权人利益。在经济活动中，人们相互之间利益关系保持良性平衡是很难的，有时会出现各种不合理因素干扰。为了维护这些权利人的利益，就需要法律规定适合的解决办法，而这些权利人利益，往往又是与自身生存、家庭生活紧密相关，他们的经济利益在经济活动中能承受的损害限度很小，属于弱者。

第二，基于维护国家利益和社会公共利益的需要。诉讼费用和税款关系着国家司法活动和行政管理活动正常运转，如果它们的清偿顺序与一般债权人没有区别，甚至要以抵押权、留置权的实现为前提，很显然国家利益和社会公共利益将受到影响，诉讼费用优先权、税款优先权的设立无疑起着重要的保障作用。

第三，基于保护债务人的需要。优先权一方面担当着保护债权人的利益；另一方面从债务人利益看，优先权的维护也是明显的。如通过设立优先权，规定债务人医疗费用和生活费用优先受偿，为债务人提供医疗服务、食品的债权人，就有权从债务人的财产优先于其他债权人受清偿。这就使得债务人及其家属能够及时得到治疗和获得生活必需品，得以维持生存。

（5）优先权的种类

优先权可分为一般优先权和特别优先权。一般优先权是优先权人就债务人全部财产（即总财产）优先受偿。如受雇人工资可优先就雇佣人的总财产受清偿；国家税款可就纳税人的全部财产优先受偿；劳工意外死伤的事故受害者及其继承人，对医疗、药品和丧葬费用，以及由此而产生的暂时丧失劳动力赔偿等，对雇佣人全部财产优先受清偿。

特别优先权是优先权人就债务人特定动产或不动产优先受偿。它又可分为动产优先权和不动产优先权。不动产优先权以特定不动产为标的，是指在债务人的特定的不动产上成立的优先权。不动产优先权人得就债务人的特定不动产的价值优先受偿其债权。各国法律上规定的不动产优先权主要有以下几种：不动产出卖人的优先权。不动产出卖人就其出卖不动产的价款及其利息债权，在该不动产上成立优先权；购买不动产贷款的优先权。贷与资金购买不动产的贷款人就其贷与的资金，在债务人购买的该不动产上成立优先权；不动产施工的优先权。工程师、建筑师、承揽人、泥水工人及其他工人就其因不动产施工而发生的债权，在该不动产上成立优先权；不动产保存的优先权。不动产保存人就不动产的保存费、追认或实施不动产权利而支出的费用，在该不动产上成立优先权，等等。

（6）优先权与法定抵押权

由于特别优先权除其成立无须当事人约定外，在其他方面类似于抵押权，故有学者认为可称之为法定抵押权，是指与债务人特定动产或不动产有牵连关系的特定种类的债权按照法律的规定直接享有的优先受偿权，[①] 也即认为特别优先权即法定抵押权。毫无疑问，特别优先权与法定抵押权，都是根据法律的直接规定，对于依特殊情事成立之债权，于债务人特定之财产上，享有排他的优先受偿的权利。就此点而言，两者的确较为类似，特别是不动产特别优先权与法定抵押权都是以不动产作为标的物，以致两者在适用范围上有一定的重合。例如，对于不动产建造人就其因建造不动产所产生的债权而在该不动产上成立的担保权，有的国家规定为不动产优先权，如法国和日本；有的规定为法定抵押权，如瑞士和我国台湾地区。以至于有人认为，"优先权演进为法定抵押权，似乎代表了担保物权制度立法的趋势"。[②] 但应当看到，物权遵循物权法定原则，各国不同的法律传统以及现存的政治制度、经济制度等方面的因素，对各国的物权制度有着决定性的作用，以至于各国现存法律中的物权制度有很大差别。

然而，特别优先权与法定抵押权毕竟是两种不同的制度，仍然存在着明显差异，表现在以下几方面：①在适用范围上，特别优先权要远远大于法定抵押权。如上所述，特别优先权包括动产优先权和不动产优先权，其中又有很多种类的优先权；而法定抵押权作为基于法律规定而生之抵押权，其标的物仅限于不动产，而且仅与不动产优先权中的某些种类相重合。②在效力上，不动产特别优先权原则上优先于一般抵押权受偿。两者虽然都有权优先于一般债权人受偿，但就与一般抵押权（法定抵押权仅能与一般抵押权发生竞合）的受偿次序而言，不动产特别优先权原则上优先于一般抵押权受偿；[③] 而法定抵押权在实务上常依与一般抵押权成立时间的先后，来决定其受偿次序。[④] ③优先受偿的标的范围不同。优先权既可以就债务人的不动产受偿，也可以就债务人的动产而优先受偿，而法定抵押权则只能就债务人的不动产而受偿。

---

① 参见李开国《民法基本问题研究》，法律出版社 1997 年版，第 371 页。

② 任益情："试论承包人优先受偿权的性质"，载《甘肃政法学院学报》2001 年第 3 期。

③ 参见金世鼎"民法上优先受偿权之研究"，载刁荣华主编《现代民法基本问题》，台湾汉林出版社 1981 年版，第 159 页。

④ 参见谢在全《民法物权论》（下），中国政法大学出版社 1999 年版，第 693—695 页；谢与龄编著：《民法物权》，台湾五南图书出版公司 1981 年版，第 196 页。

（7）优先权与公示

优先权的特征之一就是其私密性，即无须公示就具有物权效力。现代物权法确实以公示为基本原则，物权的公示是物权的外在表征。然而，应当看到，物权的公示原则仅仅适用于以法律行为而发生的权利变动，并不适用于因法律的直接规定而发生的权利变动。优先权是根据法律的直接规定而发生的，因而不能因为它没有公示方法而否认它的物权性。

不可否认，优先权的这一特征与近代物权法的公示原则的确有不相容的一面，甚至可以看作是为公平与社会政策的实现而部分牺牲了公示原则的权威性。对于已经享有债权的债权人来说，"突然"在债务人财产上出现优先权，不能不说是真正的"痛苦"。1999年我国合同法公布时，在金融界一时引起震动，因为突然在抵押权之前冒出个"优先权"，是债权人始料不及的，这从另一个侧面反映了法定担保物权在我国之陌生。而随着对合同法第286条认识的加深，此后银行在办理不动产抵押时均将此因素考虑在内。因此，对于在罗马法上曾广泛存在的优先权制度，近代欧陆各国在决定是否继受的时候采取了非常审慎的态度。事实上，在设立优先权制度的国家，优先权的法定性与物权公示原则已经进行了某种妥协，结果是使传统的物权公示方法在优先权制度中也有它的用武之地。这主要体现在优先权的保全与对抗方面，对于某些种类的特别优先权而言（尤其是不动产优先权），虽然它的成立不以登记为要件，但未经登记的优先权不能保存其效力或不具有对抗一般债权人或登记债权人的效力。如法国通过1955年1月4日第55—22号法令，在其民法典第十八编专门规定有"如何保持优先权"一节，其主要精神为"只有通过在抵押权登记处进行优先权登记，从而进行公告之后，优先权始对不动产产生效力"①，立法者通过这种手段来鼓励优先权人另行设立登记，以增强其权利的公示性，保护其自身利益和交易安全。

（8）我国优先权制度的立法选择

我国现行法上未明确规定不动产优先权，但在实务上也承认不动产优先权。《合同法》中规定的不动产施工费用优先权，不动产的承揽人就其因建造不动产所产生的债权，得就该不动产上成立担保权，优先受偿其债权。国家政策中规定的国有企业土地使用权上的破产企业职工安置费用优先权也是这种情况。在现实社会生活中，确实存在许多急需优先权制度调整而为其他法定担保物权鞭长莫及的问题，因此，我国应选择建立独立统一的优先权制度。其不仅能涵盖

---

① 参见罗结珍译《法国民法典》第2106—2113条，中国法制出版社1999年版，第482—484页。

法定抵押权的绝大部分内容，发挥出法定抵押权制度的社会作用，而且能调整很多法定抵押权制度所无法调整的社会关系，维护公共利益，推行社会政策，主持公平正义，发挥出法定抵押权制度所不能替代的巨大的社会作用。

就我国目前的立法而言，在民法体系中建立优先权制度具有很强的现实和理论意义。首先，民法在面对需要用强制性规定加以调整的利益矛盾时，有必要直接干预，适其例者如合同法中关于格式条款的规定，以及限制所有权理论等。民法中的意思自治原则与国家干预从来是并行不悖的，国家干预主要表现为对权利体系的干预和制约。其次，我国法律体系中存在多种具体的优先权的规定，虽未冠优先权之名，然却具优先权之实。例如《合同法》、《担保法》中规定的留置权是针对特定动产的优先权；《合同法》第286条规定的即为针对特定不动产的优先权；尤其《破产法》，包含了较多的优先权，如第34条规定的为破产财产管理、变卖和分配所支出的共益费用的优先权、诉讼费用的优先权，以及第37条规定的破产企业职工工资和劳动保险费用的优先权、破产企业所欠税款的优先权等；《商业银行法》第71条规定了商业银行破产清算时的优先权顺序，即清算费用、职工工资和保险、个人储蓄存款的本金和利息等；《保险法》第88条规定了保险公司破产清算时的优先权顺序，即破产费用、职工工资和劳动保险费用、偿付保险金、税款等；另外在《海商法》和《民用航空器权利登记条例实施办法》中规定了关于船舶和航空器的优先权制度，等等。除此之外，我国社会生活中存在着制定优先权制度的迫切需要，因为特定社会生活领域的利益迫切需要法律上的保护，如目前的劳工工资问题等，而原有的具体的优先权规定过于零碎，不利于法律的实施，需要加以立法上的整理和系统化。

由王利明教授主持起草的《中国物权法草案建议稿及说明》对优先权作出了统一规定。他认为："优先权是基于国家的立法政策考虑而规定的，不仅私法上有规定，公法上也有规定，各国立法对优先权的态度也不一。但是无论在哪个国家的法律上都有优先权的规定，不过在实体法上规定优先权的国家，在程序法上一般不再规定；而在实体法上未规定优先权的国家，一般在程序法上有关于优先权的规定……我们认为，在实体法上规定优先权，更易明确优先权的担保性质，并且规定优先权，以其法定性与抵押权、质权相区别，更利于担保物权体系的逻辑性。"[1]

---

[1]　王利明主编：《中国物权法草案建议稿及说明》，中国法制出版社2001年版，第513页。

（9） 不动产特别优先权的种类

不动产的特别优先权就是存在于债务人的特定不动产上的优先权。法国民法典规定了不动产特别优先权的种类，其 1955 年 1 月 4 日法令规定了 7 种不动产特别优先权：不动产出卖人的优先权；金钱借贷人的优先权；共分人的优先权；建筑师、承包人和工人的优先权；财产区分制中的优先权；租售合同中的优先权；业主委员会的优先权。[①] 日本民法典第 325 条则规定了 3 种不动产先取特权：不动产的保存、不动产的工事、不动产的买卖。[②]

概而言之，各国法律上规定的不动产优先权主要有以下几种：不动产出卖人的优先权。不动产出卖人就其出卖不动产的价款及其利息债权，在该不动产上成立优先权；购买不动产贷款的优先权。贷与资金购买不动产的贷款人就其贷与的资金，在债务人购买的该不动产上成立优先权；不动产施工的优先权。工程师、建筑师、承揽人、泥水工人及其他工人就其因不动产施工而发生的债权，在该不动产上成立优先权；不动产保存的优先权。不动产保存人就不动产的保存费、追认或实施不动产权利而支出的费用，在该不动产上成立优先权。

六 不动产物权的种类 （4）——准物权

所谓准物权，系指在物权法所规定的典型物权种类之外，性质与要件等相似于物权并得准用物权法有关规定的财产权。

我国台湾地区学者认为，由于物权采法定主义，准物权性质上虽以物权视之，但民法上并无规定，故以准物权称之。准物权之客体，通常为无形之利益，如渔业权、矿业权、水权等。[③] 我国不少学者认为，准物权为特别法规定的财产权，或谓其为性质和要件相似于物权、准用物权法规定的财产权，采矿权、渔业权、水权为其典型。与民法上规定的物权比较，其特殊性表现在：一是它们一般按特别法规定的特许程序取得；二是准物权的行使受较强的行政干预；三是在法律的适用上，准物权优先适用特别法的规定，只有对特别法没有规定的问题，才准用民法典或民法通则的规定。

鉴于准物权具有的从属于行政权力的特点，世界各国的物权法一般并不规

---

① 于海涌：《法国不动产担保物权研究——兼论法国的物权变动模式》，法律出版社 2004 年版，第 30 页。

② 《日本民法典》，王书江译，中国法制出版社 2000 年版，第 58 页。

③ 林诚二：《民法总则讲义》（上册），瑞兴图书股份有限公司 1998 年版，第 77 页。

定准物权，而是通过单行法对准物权作出规定。① 我国物权法草案似乎也倾向不规定，其用益物权编的一般规定有"……自然资源，单位、个人依法可以占有、使用和收益"条文，作为原则规定。而在土地承包经营权一章却又出现了"发放土地承包经营权证、林权证或者草原使用权证"，似乎又涉及准物权。在学者意见中，有主张将自然资源使用权改称"特许物权"，在用益物权一章中单设一节，对养殖权和捕捞权、探矿权和采矿权、林业权、取水权、狩猎权等具有用益物权性质的准物权的基本概念与效力作出规定，至于具体内容仍应依据特别法的规定执行。② 也有主张应当承认矿业权、水权等为物权的一种以满足物权法定主义的要求，至于各种具体的规定均应由单行法规定。③

从不动产登记的角度看，物权法应当对此作出规定，否则难以解决统一不动产登记机关的问题。一方面我们不承认准物权的法定性；另一方面我们又对现行登记制度提出严厉批判，认为不动产登记涉及六七种，"我国目前的不动产登记机关共有八九个之多"。④ 鉴于我国的准物权立法相对薄弱，在物权法中对准物权作出规定并无不可。"无论如何，物权法对于准物权应该规定一个'准用物权法确定的保护原则予以保护'的原则"，⑤ 对于准物权的登记是否"准用物权法确定的登记原则"，也要有一个说法，否则，如何解决统一登记的问题。

七　不动产物权的种类（5）——占有

（一）占有的概念

占有指的是民事主体控制特定物的事实状态。⑥ 在大陆法系国家的物权法理论中，占有被称为"类物权"。所谓"类物权"，系指受法律保护的占有某物的事实状态。由于占有制度对于占有的效力、保护等规定，使作为事实状态的"占有"具有类似于物权的地位并能产生物上请求权，所以学理上通常将其称为"类物权"或"类似物权"。⑦

---

① 全国人大常务委员会法制原则委员会民法室编著：《物权法（草案）参考》，中国民主法制出版社 2005 年版，第 367—368 页。

② 王利明主编：《中国物权法草案建议稿及说明》，中国法制出版社 2001 年版，第 413 页以下。

③ 参见崔建远"水权与民法理论及物权法典的制定"，载《法学研究》2002 年第 3 期。

④ 孙宪忠：《中国物权法总论》，法律出版社 2003 年版，第 248 页。

⑤ 同上书，第 82 页。

⑥ 同上书，第 83 页。

⑦ 刘保玉：《物权体系论——中国物权法上的物权类型设计》，人民法院出版社 2004 年版，第 126 页。

　　与所有权及他物权完全不同，占有制度的逻辑起点不是物权的基本概念而是占有事实，因此，有关占有制度的理论建构，即占有究竟是一种事实状态还是一种权利，从来都使学者争议不休。它长期困扰着民法学界，成为"民法学上一大迷宫"。法国当代著名学者卡尔波尼埃（J. Carbonnier）将财产上设定的关系分为"设定于财产之上的法律关系"与"设定于财产之上的事实关系"两种。前者为所有权，后者为占有。对财产在事实上的支配（它有可能与权利相分离）即为占有：当事实能说明问题时，权利屈从于事实。① 我国的王利明教授认为：占有既可能是一种事实状态，也可能是一种权利状态。但为了扩大对占有的保护，维护交易秩序和财产安全，有必要将占有界定为事实状态。因此占有是占有人基于占有的意识而对物的事实上控制，或者说是民事主体基于占有的意识对于物进行控制的事实状态。②

　　（二）占有制度沿革

　　占有制度自其诞生以来，大致经历了罗马法、中世纪日耳曼法及现代资本主义立法三个发展阶段。可以说，每一发展阶段都是占有制度发展过程中的重要里程碑，对占有制度的发展与完善起到了巨大的推动作用。正如澳大利亚瑞安所指出的："在有关占有的法律中，各种构成现代民法本质的线索如此紧密和错综地交织在一起，恐怕法律的任何其他领域都无法与之相比，罗马法理论、古老的日耳曼法惯例和封建观念，以及院法改革和黑格尔学派的形而上学都曾经影响占有法律，并使这个论题特别有趣复杂。"③

　　占有概念起源于罗马法。《十二铜表法》中设有"获得物占有权法"，尽管未对占有予以定义，但从其具体规定中可以看出，占有（Possessio）相当于初级阶段的所有权。占有首先是一个事实，依此事实，占有人占有其达到一定的时效期限，即取得该物的所有权。④ 最早的罗马法的占有概念是基于实际握有物的人并不一定是所有人这一事实，人们意识到，需要以一种有别于所有的概念和制度解决由此可能产生的法律问题，于是产生了占有概念和占有制度。

　　随着罗马私有制和私法的发展，所有权概念得以确立，但占有制度并未因此而衰微，反而向体系化和制度化方向发展。帝政时期，占有成为物法的一个

---

① Jean Carbonnier, Droit civil, Tome 3, Les biens, 15e éd, PUF. 1992, Paris. p. 117.

② 王利明："试论占有的权利推定规则"，载《浙江社会科学》2005年第6期。

③ ［澳］瑞安："财产法中的占有和占有权"，梁治平译，载《外国民法论文选》，中国人民大学法律系民法教研室编，1984年版。

④ 《十二铜表法》中未见所有权用语，其"支配权"包含了后世所有权概念中的收益、处分权。

特殊分支，法理上对占有也有了系统的分类：

1. 法定占有与自然占有。法定占有又称合法占有，是指受令状和物权诉保护的占有，要求占有人有所有人的意思，且有合法的原因，如买卖、赠与、设定嫁资等；自然占有又称持有或握有，是指主观上仅为他人保持之占有，不能取得占有诉权，如借用、租用、寄托、保管等。

2. 适法占有与违法占有。前者是指出于法律上的正当原因，或基于市民法、或基于万民法、或基于大法官法之占有，须无"强暴"、无"隐匿"和无"容假"。如有上述瑕疵，则为违法占有。

3. 善意占有与恶意占有。这是以占有人是否认为自己对标的物有占有权而作的分类，前者可导致所有权的时效取得。

4. 有令状占有和时效取得占有。前者是指受大法官令状保护的占有，通常即简称占有；后者是指占有中具备时效取得的条件，可因时效完成而取得所有权的占有。

上述种种占有，罗马法虽认为是事实，但均赋予一定的法律效果：将占有作为所有权的基础，如先占、交付、时效取得等都以占有为前提；或以令状和"菩布利西亚那诉"对占有加以保护；在"物件返还诉"中，由主张所有权的原告负举证责任，如原告不能证明其权利，作为占有人的被告即可胜诉，从而继续保持对标的物的占有；善意占有人可获得占有物的孳息，对占有物的毁损也不负赔偿之责；占有人有留置权；占有人得以自己的力量保护其占有。[①] 由此可见，在罗马法中，占有的概念不仅表述了一定的主体对物实际持有的事实，而且揭示了这种事实的种种具体形态及其法律性质，从而为占有制度的未来发展奠定了基础。

日耳曼法上的占有为"Gewere"，相当于拉丁语"Vestitura, investitura"，也是指对物的事实支配状态，但这种状态通常是指法律上对物支配权的一种表现，即这种事实支配的占有是与法律相互连接的，是人与物间的一定外部关系。在日耳曼法中，占有为物权法的核心概念，系物权法的一种表现方式。占有与所有权并未严格区别，占有不是一种单纯的事实，而是一种物权。占有具有公示性，权利被包裹于占有之内，并借占有而体现，即所谓的"权利之外衣"。从实质上看，虽然"Gewere"不是权利，但是，对"Gewere"的保护也就是对权利的保护，只不过在正式的支配权未以一定的法律手续推翻现实的支配前，对

---

① 参见周枏《罗马法原论》（上卷），商务印书馆 1994 年版，第 411 页。

这种现实的支配视为正式的支配权予以保护。

由此可知，罗马法与日耳曼法上的占有，其保护的对象不尽相同：罗马法上的占有是与真实的支配权分离，只就占有本身承认其效力；而日耳曼法的占有是与真实的支配权相结合，为真实支配权的缘故，对其表象的外部状态承认其效力。所以，在罗马法上的占有诉讼，仅止于占有的保护，而不涉及真实的权利。反之，在日耳曼法上的占有争讼，不仅要解决占有问题，通常也解决实际的权利归属。值得指出的是，虽然罗马法上的占有制度与日耳曼法上的占有制度在保护的对象等方面有不少差异，但是，占有从其诞生时起就具有维护财产关系现状、定纷止争的功能，这一点无论在罗马法还是日耳曼法上，都是一样的。

罗马法理论认为，占有包含两个要件：一是对物的控制；二是将物据为己有的意图。前者为占有的物质要件，罗马人称为"占有体素"；后者为占有的精神要件，被称为"占有心素"。① 著名法学家保罗斯指出："我们通过握有和意旨取得占有，而不是单凭意旨或握有取得占有。"② 这一观点后来得到雅库斯和萨维尼的认同。雅库斯认为，占有须有意思，但占有的意思因时效取得占有和有令状的占有而不同，在前者占有人应有所有人的意思，而后者只需有为自己占有的意思；萨维尼于1803年发表《论占有》一文，将占有定义为"具有所有意思的人，完全管领物件，并排斥他人干涉的事实"。③ 萨维尼的这一观点，在《法国民法典》中得到了反映。该法典第2228条规定，占有是"对于物件或权利的持有或享有"；第2230条规定"占有人在任何时候均应推定以所有人名义自己占有，但如证明其开始占有即为他人占有，不在此限"；第2236条规定"为他人占有者，不论经过多长期间，不得因时效而取得所有权"。不难看出，上述规定中，前者强调了占有的物质要件，即"体素"，后者则强调了占有的精神要件，即"心素"。但这种占有观念在19世纪末受到德国法学家耶林的抨击。

耶林在萨维尼逝世一年之后，发表了《意思在占有中的作用》一文，提出了与萨维尼完全相反的观点。他认为，除时效取得须有占有人的意思外，一般占有只要有持有的意思，即握有标的物的意思，即已足够。耶林特别强调，心素或意思是人脑的主观活动，而人的思想是经常变化的，因此往往难以判断，而法律不能因为当事人观念的变化就使同一占有事实不断变换性质。④ 耶林的上

---

① ［意］彼德罗·彭梵得著，黄风译：《罗马法教科书》，中国政法大学出版社1992年版，第271—272页。
② 江平、朱健：《罗马法基础》，中国政法大学出版社1987年版，第87页。
③ 周枏：《罗马法原论》（上卷），商务印书馆1994年版，第413页。
④ 同上书，第414—415页。

述理论，看似保留了占有的主观要件（心素），实质是强调其客观要件（体素），隐含着"无主观要件并不影响占有成立"的思想——因为"持有"的意思通常只需有"持有"行为即可确认。这种被称为"客观说"的占有理论，在《德国民法典》和《瑞士民法典》中都得到了体现。① 德国、瑞士民法不仅规定了直接占有还承认间接占有。直接占有是对物实际握有事实状态；间接占有，是指虽无实际握有，但有从直接占有人处收回物的权利。依德国、瑞士立法，直接占有无须据为己有的意思，间接占有无须实际握有的事实，这就使其占有制度大大偏离了罗马法的传统，也与法国民法的有关规定大相径庭。而从日本民法典的有关规定看，它在占有的概念上采取的是折中的立场，即一方面保留了罗马法传统（坚持主观要件与客观要件的统一）；另一方面又扩大了"占有意思"的范围，从而使其占有概念与德国、瑞士民法大体一致。

占有（Possession）在英美财产法中的地位，丝毫不亚于它在大陆法系国家民法中的地位。正如英国学者所言："在当今普通法中，已不再有诉讼类别之分，但每一项旨在索回动产的诉讼似乎都是因占有或占有权而引起的。"② 但是，"在英国法中，其实从未产生过一个完全合乎逻辑的、周详的占有概念"。③ 英国学者一般认为，英国法早期的占有观念，也直接渊源于罗马法，强调占有的体素（身体控制）和心素（排他意思）。④ 但是，后来的实践逐渐扩张了占有的范围。

依英国现代财产法理论，占有由若干项对物的权利构成。这些权利产生于某主体以排他的意思对某物加以控制之时。严格地说，占有只能发生于有体物（土地和有体动产）之上，而其控制形态又因物之性质不同而异，身体接触是一种最显而易见的控制形态，但它并不是必需的，排他的意思通常就是以维持既已取得的占有。例如，人们假日离家出游，并不丧失对其住房及家什的占有。⑤ 基于这种观点，英国法确认土地承租人和动产受托人（bailees）的占有（后者如质权人、承租人、借用人、承运人、承揽人），同时附条件确认动产拾得者和

---

① 《德国民法典》第 854 条规定："物的占有，因对物有实际的控制而取得"；《瑞士民法典》第 919 条规定："凡对某物有直接支配权者，为该物的占有权人。"

② [英] W. W. Buckland、F. H. Lawson, Roman Law and Common Law Cambridge Vniversity Press, 1974. p. 66.

③ [英] Keneth Smith & Denis J keenan, EnglishLaw, Fifth edition Pitman press, 1975, p. 387.

④ Ibid.

⑤ [英] O. Hood Phiuips & A. H. Hudson, A First Book of English Law, Seventh edition, Sweet & Maawell, 1977, p. 288.

土地僭居者之占有。①

英国法关于占有的理论和实践，在其他普通法系国家财产法中也得到了体现。在美国，占有是一项十分重要的法律制度，其不动产权益按能不能实施占有，通常分为占有性权益和非占有性权益。钟书峰博士认为："明确占有在美国不动产权益中的重要地位，是理解美国不动产法的第二把钥匙。"② 历史上，美国财产法理论曾侧重保护所有人的权利，但从 20 世纪中期开始，逐渐倾向于更注重保护占有人的权利。英美财产法的教科书几乎都首先从占有谈起，其重要性可见一斑。其最突出的体现就是无权占有理论——通过无权占有，没有所有权的人可以成为拥有所有权的人；即使没有成为所有人，占有人也享有一定的权利；占有人甚至可以对抗所有人。法谚"先占先得"（First in time is first in right）、"现实占有之物主在法律上占有九分道理"（Possessino is nine points of the law），就是占有理论与实践的生动写照。美国学者认为，"构成占有，必须具有对物的实际控制行为以及控制或者排他控制的意图"。③

以上分析表明，自罗马法以来，各大陆法系国家、普通法系国家以及我国台湾民法均对占有制度予以确认，而占有制度也就成了这些国家或地区的民事立法中最为基本、也最为复杂的制度之一。尽管两大法系在占有的理论和实践方面存在诸多差异，但有一点却是共同的，即都把占有作为物权法（财产法）中的一个特殊问题加以规制，以完善物权法（财产法）的调节功能。无论是强调财产的归属还是注重财产的利用，都借助了占有制度这样一个有效的工具。

（三）占有的分类

对占有的科学分类，是占有制度对不同占有给予不同法律保护的基础与前提。对占有的分类可依不同视角进行区分：1. 依据对物关系之程度：直接占有与间接占有；2. 依据事实管领力实施人的社会从属关系：占有人与占有辅助人；3. 依据是单独还是与他人一起实施事实管领力的可能性：单独占有与共同占有；4. 依据占有人进行占有时所具有的意思内容：自主占有与他主占有。④ 此外，还可以分为正权原占有与无权原占有、善意占有与恶意占有、有瑕疵占有与无

---

① ［英］O. Hood Phiuips & A. H. Hudson, A First Bookof English Law, Seventh edition, Sweet & Maawell, 1977, p. 288.

② 参见 ［美］伯恩哈特、伯克哈特《不动产》，钟书峰译，法律出版社 2005 年版，第 5 页。

③ 同上书，第 4—5 页。

④ ［德］鲍尔·施蒂尔纳：《德国物权法》，张双根译，法律出版社 2004 年版，第 112 页。

瑕疵占有，等等。①

（四）占有的功能

对于近代民法中占有制度的基本功能，学界说法不尽一致。

德国学者认为，占有在任何时候都是一定权利或利益的外在体现。对占有进行保护，也就是对站立于占有"背后"的利益进行了保护。占有的功能，通常表述为"保护功能、维持功能、公示功能"。

保护功能：违背占有人的意思而侵夺或妨害其占有的人，除法律许可侵夺或妨害者，即为不法的实施行为（法律所禁止的私力）。在这里，占有之本体——不考虑其权利利益基础关系——通过法律上所赋予的自力防御权以及占有保护之诉而受保障。

维持功能：即使是对物无物权性法律关系的占有人，对能否尽可能长地保持对物的占有，有时也有重大的利益。法律就在不同的制度中以不同的方式确认了这种利益：如债权性法律地位之强化、占有人之除销权、占有作为时效取得之基础，等等。

公示功能：在实际生活中，物权在其外部通常是可以认识的。因此在一定的可能性上，可由——作为事实上持有的——占有状态推导出所有权的存在。②

我国也有学者分析了近代民法占有制度的作用，如江平先生在1984年就总结了各国民法在所有权制度之外另行确立占有制度的四个作用：1. 各国民法都用占有这个事实来推定所有人。因此，没有占有物而主张自己是所有人的人负举证责任。只有当其能证明自己虽然不占有物，但有权利根源时，他才能被认定为所有人（如《法国民法典》第2227条、《日本民法典》第188条等的规定）。2. 法律保护合法占有人，当合法占有人的占有物被非法侵占时，他可得到和所有人一样的保护（如《法国民法典》规定，合法占有人可以提出占有保全之诉、占有恢复之诉（返还财产）、占有预防之诉等）。3. 保护所有人不受非法占有人的侵害，其中又在一定情况下保护善意占有人、乃至恶意占有人（如果侵占的是货币、票据等有价证券时）；4. 占有时效可以是取得所有权的一种方法。③

我国学者对占有功能的表述可以作如下概括④：

---

① 参见彭万林主编《民法学》（修订第3版），中国政法大学出版社2002年版，第360—363页。

② 参见［德］鲍尔·施蒂尔纳《德国物权法》，张双根译，法律出版社2004年版，第105—110页。

③ 江平：《西方国家民商法概要》，法律出版社1984年版，第73页。

④ 刘智慧："论我国确立占有制度的必要性和可行性"，载法大民商经济法律网。

一是具有维护社会秩序安宁的功能。如小偷占有盗赃物，虽然不为法律所认可，但只有国家有权机关才能予以处理，除非法律另有规定，处于平等法律地位的任何他人除可向国家有权机关报告外不得任意私自处置。再如，租赁合同期满而承租人继续占有租赁物，租赁物的所有人也仅能请求法院强制执行，不得以自力取回租赁物。因为，在特定物由特定人实力支配之下，如果允许所有人任意以己力取回其物，势必滋生纷扰，社会的安宁秩序必不可保。正如德国学者柯拉（kohlet）所认为的："占有者非法律秩序之制度而是和平秩序之制度也。"① 近代民法中占有制度的这一作用，从占有制度的发展历史看，显然可源于罗马法上的占有制度。

二是具有使占有人取得本权或处于优越地位的功能。这主要表现在：在一定条件下，民法将事实支配的占有升格为法律支配的本权，从而赋予事实支配有限取得全部或一部本权的效力。占有人因占有物而取得本权或处于优越地位的情形主要有：1. 以取得时效、先占或拾得而占有物的，在其他要件具备时，即取得物的所有权；2. 因占有动产而取得留置权；3. 占有不动产而可以其租赁权对抗不动产的受让人，使债权的效力更强固。

三是确立占有制度使占有具有表现本权的功能。这主要表现在：民法不仅明定占有具有权利推定的效力，使本权的保护趋于简易，以保护静的安全，且以占有为动产的公示方法，并承认占有的公信力，以保护交易的安全——动的安全。所以，如向占有人请求返还其占有物的，应先覆灭其推定而证明其为无权占有。此外，动产物权依法律行为变动的，须移转占有。近代国家虽然保护权利的制度逐渐健全，占有的这一保护功能有略微的趋势，如不动产物权有登记制度，使物权存在的证明容易了，但对于不承认定限物权具有物上请求权的法律来说，以占有为内容的定限物权需要这一救济手段，对以物的占有为内容的债权更是这样。

这与我国台湾地区学者的观点比较相近。我国台湾地区的大多数教科书均认为我国台湾地区民法上占有制度的基本功能有三：一是保护占有；二是表现本权；三是取得本权。这也是目前学界普遍认为的占有制度的基本功能。②

---

① 转引自刘得宽 "论占有诉权制度"，载《民法诸问题与新展望》，台湾三民书局 1980 年版，第315 页。

② 参见王泽鉴《民法物权·占有》，台湾三民书局 1995 年版，第 32 页；谢在全：《民法物权论》（下），台湾三民书局 1995 年版，第 486—488 页；刘得宽："论占有诉权制度"，载刘得宽《民法诸问题与新展望》，台湾三民书局 1980 年版；黄宗乐："论占有制度之机能"，载《台大法学论丛》第 11 卷第 1 期。

（五）占有人的权利与义务

在占有制度中，占有人即使不是所有人，也依然有其合法地位。占有人既享有权利又负有义务。

依占有理论，占有人既不是所有人（物之本权人），也未取得所有人的同意而占有不动产，则无权原占有人在未能依时效取得制度取得物之本权前，即负有向物之本权人返还原物的基本义务。以及由此产生的对于占有物的毁损灭失的赔偿义务与返还占有物孳息的义务。

对于占有物的毁损灭失的责任，善意占有人与恶意占有人是不同的：善意占有人仅在占有物因毁损、灭失所受利益的范围内，负赔偿责任；恶意占有人因可归责于自己的事由，致使占有物毁损灭失的，应向占有物的权利人赔偿全部损害。因不可抗力致占有物毁损灭失者，善意占有人与恶意占有人的责任相同，仅于履行返还原物义务迟延时，才对不可抗力所致之损害负赔偿责任。

由于恶意占有人对占有物无使用、收益之权，故恶意占有人于返还原物的同时负有返还其在占有期间所获全部孳息的义务。

占有人享有的权利主要是费用求偿权和占有保护请求权。善意占有人因保存占有物所支出的必要费用和有益费用，于返还原物时，有请求占有物的权利人偿还的权利。但占有人已就占有物取得孳息的，无论其收益能否与费用相抵，均认定相抵，不得请求偿还因保存占有物所支出的必要费用；因改良占有物所支出的有益费用，在占有物现存的增加价值限度内，有权请求占有物的权利人偿还。恶意占有人因保存占有物所支出的必要费用，于返还原物时，有请求占有物的权利人偿还的权利。

为稳定财产的占有关系，维护社会的安宁，法律规定给占有相当于本权的保护，故占有人享有以维护占有为目的的各种物上请求权，即占有保护的请求权准用物权请求权的规定。这种物上的请求权包括占有物返还请求权、占有妨害除去请求权、占有妨害防止请求权，等等。尽管占有人并不享有该不动产的所有权，且要受所有权人驱逐之诉的约束，但是对所有权人以外的任何人，占有人有权保持占有。如果出现第三人剥夺其占有权利的情形，占有人可以提起驱逐之诉以恢复其占有。第三人关于占有人不是所有权人的证明，不成为其对抗占有人的理由。或者说，只有真正的所有人才能对占有人请求返还占有物，提起驱逐之诉。而我国物权法草案对此没有涉及——侵害占有的构成要件，占有人的占有防卫与占有物取回权，占有保护请求权以及基于此产生的申请仲裁、调解、诉讼的权利等都得不到解决。① 不能不说是一种遗憾。

（六）占有与取得时效

取得时效，又称时效取得、占有时效，是指以所有的意思或为自己的利益和平、公然占有他人财产或行使他人财产权利（准占有），经过法律规定的期间，即依法取得该财产所有权或其他财产权的法律制度。② 时效为一定事实状态持续一定期间而发生一定法律效果的制度。所谓"一定事实状态"，专指权利受侵害后权利人有权利不行使所导致的某种事实状态。

罗马法上，取得时效的出现先于消灭时效，③ 后来，此两项制度在《法国民法典》中被并列规定于"时效"一章，此一方式被日本、墨西哥等国民法典承袭；而《德国民法典》则采分别规定方式，将取得时效作为物权取得方法之一规定于物权法，将消灭时效规定于民法典总则编，此一做法被瑞士、韩国以及旧中国民法典所借鉴。但无论采取何种编排方式，各国民法均承认两种时效的区别并在适用条件上予以不同规定。此种决策的基本原因显然并不在于两种时效的立法目的或者价值取向（无论取得时效或者消灭时效，其立法依据均在于为稳定财产秩序而不惜牺牲长期不行使权利的权利人的利益），而在于达此目的在规则设计上所需确定的不同条件和具体方式。设立取得时效制度的实际意义是为了向占有提供保障，并为维护社会利益，对发生司法争议潜在可能确定一个期限。一方面以权利人不行使其权利为前提，对"在权利上睡眠者"不予保护；另一方面使无权占有人确定地享有他人财产的所有权，恢复处于相分离的权利与事实，旨在建立一种新的法律秩序，促进社会财产的利用。

我国现行立法受苏俄民法典的影响，认为取得时效具有"不劳而获"的性质，因而仅规定了诉讼时效制度，而未规定取得时效制度。按照我国《民法通则》的规定，诉讼时效届满后，物权人丧失的是胜诉权，实体权利本身仍存在。如果占有人在诉讼时效届满后不主动返还财产，从法律上来说，是不再追究占有人的确认和保护，占有人也不可能靠对方因超过诉讼时效期间败诉来取得对方从法律上所丧失的物权。而原物权人虽对该物享有法律赋予的实体权利，但无法通过法律途径取得其所主张的物权。这样一来，则社会的某一部分财产关系长期处于一种不稳定的状态，纠纷的产生难以避免。之所以如此，其症结就

① 参见全国人大常务委员会法制规则委员会民法室编著《物权法（草案）参考》，中国民主法制出版社 2005 年版，第 469 页。

② 彭万林主编：《民法学》（修订第 3 版），中国政法大学出版社 2002 年版，第 370 页。

③ 参见陈朝壁《罗马法原理》（下），商务印书馆 1997 年版，第 323 页以下。

在于现行民事时效制度中没有规定取得时效。本来，消灭时效和取得时效应作为时效制度的两个方面，消灭时效是对于占有人取得法律上权利而言，取得时效是对于所有人丧失法律上的权利而言，二者互相配合以使权利归属状态明确，不可或缺。缺少任何一项都将造成时效制度的偏颇。

时效取得与占有具有密切的联系。从时效取得的产生来看，它实际上是罗马法中一项古老的市民法制度，罗马法上称之为"usucapio"，其含义是通过占有实现取得。无论在时效取得制度创设初期，还是现代各国民法详细规定该方式，其实际意义均是为了向占有提供保障，并为维护社会利益，对发生司法争议潜在可能确定一个期限。"这一规定的用意是为了避免物的所有权长期处于不确定的状态。"[1]《物权法》对占有的规定过于简单，除了未涉及占有的一般规则与占有保护请求权外，对取得时效制度也未涉及。而在学者建议稿中几乎不约而同地规定了取得时效制度，[2] 我们认为，在我国民事立法中应建立占有取得时效制度。取得时效制度可以使无权占有人取得他人之物的所有权或他物权，其作用在于维持因一定事实持续达一定期间而建立的新秩序，以期能确定当事人之间的法律关系，并排除因岁月流逝而发生举证的困难。再者，使长期继续占有他人之物的人，无论善意与否，均能取得所有权，亦具有促进物尽其用的社会功能。如果只赋予诉讼时效以取得物权的效力，而不另行建立占有时效制度，那么，只要原物权人因诉讼时效届满而丧失了返还请求权，占有人都可以取得该物的权利，则将导致立法鼓励非法占有他人财产的行为。

对于不动产登记而言，取得时效制度的建立尤为重要。无论是已登记的不动产，还是未登记的不动产，抑或是不动产权利，都需要法律明确是否适用取得时效制度。

对于已登记的不动产而言，取得时效制度设立的目的在于保护一定的既成的客观状态，并且为了尊重占有人及交易第三人所形成的信赖关系，因此，标的物的登记与否，并不影响占有人依照取得时效制度而取得财产的权利。在不动产发生登记错误的情况下、在转让人和受让人在转让中恶意串通损害权利人利益的情况下，真正的权利人也可以追夺该财产。因此，尽管交易本身要受到公信原则的保护，然而，公信原则并没有真正确定产权的归属，这就需要设定

---

① ［古罗马］查士丁尼：《法学总论——法学阶梯》，张企泰译，商务印书馆1996年版，第64页。

② 参见王利明等《物权法草案建议稿》第六十九、七十、七十一条等；梁慧星等：《中国民法典物权编条文建议稿》第56、57、58条等；徐国栋主编：《绿色民法典草案》第五分编第二题第二章第六节"取得时效"。

取得时效。基于取得时效，如果第三人以自己所有的意思占有该不动产达到法定期限，也可以取得所有权。

对于未登记的不动产而言，由于不动产权利自始没有登记，法律上尚不能直接推定谁是真正的权利人，这就需要通过公信制度以外的制度确定不动产权利的归属。这一制度就是取得时效制度。也就是说，如果当事人没有就不动产权利的设定、转移办理任何登记手续的情况下，则可以根据占有人以所有人的意思公然、和平地持续占有一定的期限，就能取得所有权。如果真正的权利人是向第三人追索，第三人可以基于取得时效抗辩，并可以此为根据而取得不动产的权利。在我国，不动产权利未经登记的情况大量存在，是否可以基于时效取得所有权，需要在法律上予以确定，否则极容易产生各种纠纷。

对于不动产权利如地上权、地役权、国有土地使用权、四荒土地使用权等，因为没有登记手续或因为登记错误，而由一方长期占有或使用，是否可以基于取得时效而取得所有权，也需要法律予以确定。

从不动产登记的角度看，如果可以基于取得时效而取得所有权，那么如何根据时效取得办理不动产登记的规定就显得十分重要。学者建议稿中"以自主占有的意思，和平、公开、连续占有他人未经登记的不动产满二十年者，可以请求登记为该不动产的所有权人"，[①] 为根据时效取得办理不动产登记奠定了法律基础。按现行法律规定，诉讼时效届满后，物权人丧失的是胜诉权，实体权利本身仍存在。而占有人也不可能因对方超过诉讼时效期间来取得对方从法律上所丧失的物权。这样一来，则社会的某一部分财产关系长期处于一种不稳定的状态，纠纷的产生难以避免。

八　小结——建立我国不动产物权的体系

我们赞成"物权体系可以而且应当在宏观上梳理为范物权、准物权和类物权三大类"，[②] 这种分类从宏观上把握住了物权的基本类型，基本包括了物权分类法理上的种种主张。此种分类方法即为"物权体系三元论"，是根据各种物权的典型性、重要性以及在物权法上的地位等标准所作的宏观上的分类，可以说是在理论上对物权所进行的"一级分类"。在一级分类之下，还应当对物权进行

---

① 参见王利明等《物权法草案建议稿》第七十一条；梁慧星等：《中国民法典物权编条文建议稿》第58条。

② 刘保玉：《物权体系论——中国物权法上的物权类型设计》，人民法院出版社2004年版，第125页。

多层级的分类。首先是对范物权的次级分类，范物权可以分为：所有权、用益物权、担保物权三类。然后是对范物权的次级进行第三级别分类以及准物权、类物权进行次级分类，或曰物权具体类型的细分。根据前文的论述，对于物权的具体种类（范物权第三级别的分类以及准物权、类物权的次级分类），我们将其分为所有权——土地所有权、土地使用权、建筑物所有权、建筑物区分所有权；用益物权——地上权、地役权、用益权、居住权、土地承包权；担保物权——抵押权、优先权；准物权——林业权、探矿权、采矿权、取水权、渔业权；类物权——占有（具体可见图2—3）。

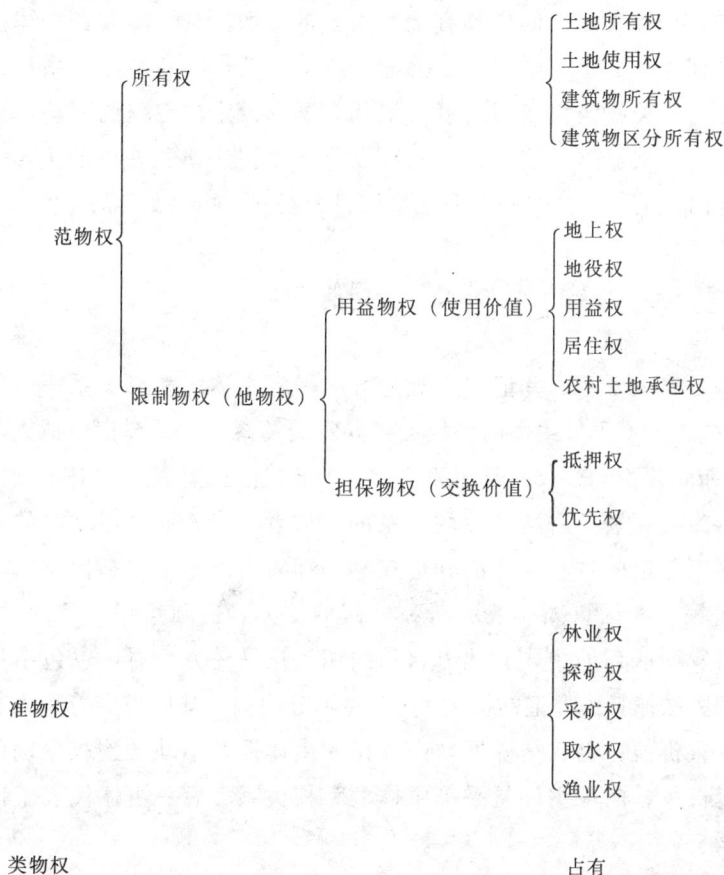

图 2—3　我国不动产物权的体系

第三章

登记要素论

登记作为一种法律关系，同样具有法律关系的一般特征，即具备法律关系主体、法律关系客体、法律关系内容三要素。所谓不动产物权登记，系指经当事人申请国家专门机关将物权变动的事实记载在国家设定的专门的不动产登记簿上的事实或行为。根据这一定义，我们可以看出登记法律关系中的主体——当事人及国家专门机关，客体——不动产物权，内容——物权变动的事实。

第一节　不动产登记的主体

从登记主体法律关系看，登记制度既包含了平等主体的私权关系——"登记申请人"，也包含了不平等主体的公权关系（行政关系）——登记申请人与登记机关。《俄罗斯联邦不动产权利及相关法律行为登记法》第五条"对不动产权利及相关法律行为国家登记时所产生的关系的参加者，一方面是不动产的所有人和应当进行国家登记的对不动产的其他权利的拥有者，其中包括俄罗斯联邦的公民、外国公民、无国籍人、俄罗斯和外国的法人、国际组织、外国国家、俄罗斯联邦、俄罗斯联邦的主体和地方自治组织，从另一方面看，也包括进行不动产权利和相关法律行为登记的机关"。表述十分明确，其中贯穿着个人目标与国家目标的双重价值，也就是说不动产登记的主体涉及不动产物权变动的当事人和国家登记机关，前一主体是平等主体的私权关系，后一主体代表了国家公权力。

一　不动产登记的平等主体——不动产物权变动的当事人

申请是登记程序的启动机制，其将引发登记机关的登记行为，导致不动产物权变动成就。各国对不动产登记的启动均有明确要求，如德国《土地登记簿法》规定："只有基于申请才可办理登记，法律另有规定的除外"，日本《不动产登记法》规定："登记，除法律另有规定情形外，除非有当事人的申请或官厅、公署的嘱托，不得进行"，在法国，其民法典规定："在任何场合，登录员均不得依职权进行登录"，也就是说，抵押权登记员在不动产公示过程中所扮演的只是一个被动的角色。只有在申请人提出公示申请时，抵押权登记员才可以办理公示。① 由此可见，只有申请才能启动登记程序。

申请系由不动产物权变动的当事人提出，不动产登记申请人既要具有民事权利能力又要具有权利资格。

（一）不动产登记申请人的主体资格

不动产登记申请人的主体资格，与物权主体资格是一致的，即我们在前文提出的，民事主体应有三大类型：自然人、法人团体、非法人团体。换言之，不动产登记申请人需具有民事权利能力。在德国，任何自然人或法人作为所有权人，均有登记能力（"土地登记之主体资格"，Grundbuchfahigkeit）。此外，所有的依照法律规定可作为财产权利担当者的人之联合，亦有登记能力。这些人的联合，可以以其商号来标记（如无限公司与两合公司），也可以采取在指明各成员间法律关系的前提下，列明各成员姓名的方式（如按份共有关系、共同继承关系、民法上的合伙等）。虽已创立，但还未在商业登记簿中予以登记，因而也就不具有民事权利能力的有限责任公司（或股份有限公司），可以以发起人组织，登入土地登记簿。② 不具有民事权利能力者，亦不具有不动产登记的主体资格。

（二）不动产登记申请人的权利资格

申请是当事人享有的请求登记机关为或不为一定行为的权利，因此，只有与不动产物权变动有关联的当事人才有资格提出申请。如不动产转让时，登记权利人必须是基于转让合同中的受让人，登记义务人必须是不动产登记簿上记载的权利人，其提出的申请才具有法律意义，与不动产物权变动无关之人没有申请的资格，故申请在本质上是一种权利。而且，这种权利引发了登记机关的审查、登记等程序行为，具有程序法上的意义。

由此可见，登记申请权"是不动产物权变动交易的当事人请求登记官准予在登记簿册上记载物权变动的法律事实的权利，属于程序法上的权利"。③ "登记

---

① 于海涌：《法国不动产担保物权研究——兼论法国的物权变动模式》，法律出版社 2004 年版，第 142 页。在法国，不动产公示机关被称为"抵押权登记机关"，登记员也称为"抵押权登记员"。

② ［德］鲍尔·施蒂尔纳：《德国物权法》（上册），张双根译，法律出版社 2004 年版，第 296 页。

③ 邓曾甲：《日本民法概论》，法律出版社 1995 年版，第 160 页。

申请在法律性质上，为一项针对土地登记局的诉讼行为（Prozesshandlung），而非法律行为性质的意思表示。"① 因此，有权提出登记申请者，必须是"获得权利者"或是"失去权利者"，也就是说必须与物权变动有直接利益。登记申请权的权利主体一般被称为"登记权利人"（或"受益人"）和"登记义务人"（或"负担人"），前者是因为登记并在登记簿上显示的直接取得利益或者免除负担的人（如不动产的受让人、抵押权人等），后者是因为登记并在登记簿上显示出来的失去利益或者得到负担的人（如不动产的出让人、抵押人等）。

在通常情况下，共同申请是登记申请的常态，在这种情况下，登记权利人和登记义务人一般都是登记申请权人。在特殊情况下，可以由一方单独申请，如在抵押权设定中，登记申请人既可为所有权人，也可为债权人。② 至于何种情形必须双方共同申请，何种情形可以单方申请，各国都在其不动产登记的程序法——不动产登记法中作了明确规定。

（三）登记请求权

所谓登记请求权，是指涉及不动产物权变动法律关系的一方当事人请求他方协助办理申请登记的权利，如果他方拒绝协助时，请求权人可以通过司法救济来实现自己的目的。比如，《瑞士民法》第 665 条第 1 项规定了土地所有权的登记请求权，其内容为："有取得所有权理由的取得人，对所有人有请求登记的权利，如所有人拒绝时，有请求法院判与所有权的权利。"有学者认为，"在登记的记载中直接受利益的一方当事人是登记权利人；在登记的记载中直接受不利益的当事人称为登记义务人。登记权利人与登记义务人应共同为登记申请的场合，如果登记义务人不协助完成申请，那么，登记权利人向登记义务人行使的要求协助完成登记手续的权利，称为登记请求权。"③

但实际上很难根据是否从登记中获利来区分登记权利人和登记义务人，因为从原则上讲，双方都可以从登记中获利，很难从登记是否获利来区分。以不动产交易为例，一方取得不动产所有权，另一方取得金钱，登记对双方当事人都是有利的。登记请求权包括两个方面的内容：一是享有请求权的一方可以请求对方为其办理登记手续；二是享有请求权的一方也可以是负有办理登记义务的一方，但他也有权利请求对方协助办理登记义务。可见在登记请求的过程中，

---

① ［德］鲍尔·施蒂尔纳：《德国物权法》（上册），张双根译，法律出版社 2004 年版，第 306 页。

② 同上书，第 309 页。

③ 孙毅：《物权法公示与公信原则研究》，载《民商法论丛》（第 7 卷），第 507 页。

依据法律和合同规定，一方有义务办理登记手续，另一方有义务协助办理登记手续。可以说，双方都负有登记的义务。登记请求权实际上应当由双方享有，因为在许多情况下，即使法律和合同没有规定另一方有义务协助办理登记手续，我们认为该当事人仍然有义务协助。因为在登记过程中需要该当事人提交有关登记的资料，否则难以完成登记的手续。对于登记请求权而言，其主体通常被称为"登记请求权人"，相对的义务主体被称为"配合登记义务人"，即其主体只能是一方。在一般情况下，"登记权利人"与"登记请求权人"为同一人。登记请求权行使的结果是登记义务人或同意申请登记，或不同意申请登记。当登记义务人同意申请登记时，则由当事人双方共同提出登记申请，此时，登记请求权与登记申请权的关系就是"为在登记簿上实现实体上之登记请求权，必须透过登记法上所规定之架构——登记法上之登记请求权"，① 其最终结果等同于登记申请权的运行结果；当登记义务人不同意申请登记时，登记请求权人通过司法救济获得权利支持后，再通过登记申请权的运行达到登记机关办理登记的目的。但是，在特殊情况下，如不动产所有权受让人不欲申请登记，则出让人就成为请求权人，这时，程序法上的"登记义务人"就成为实体法上的"登记请求权人"，程序法上的"登记权利人"则是实体法上的"配合登记义务人"。②

登记请求权的依据是物权实体法中法律关系（如不动产买受人依据不动产买卖合同，请求不动产出卖人申请不动产所有权移转登记的情形）。登记请求权既可以由法律直接规定产生，也可以由双方约定产生。例如，双方在合同中规定，一方应当负有办理登记过户的义务，另一方据此可以享有请求对方办理登记手续的权利。一般来说，如果合同明确地规定了应由哪一方提出申请办理登记，合同已经成立生效，则该方当事人便有义务办理登记手续。在此情况下履行登记的义务实际上是履行一种合同义务。

在法律上确认登记请求权具有重要意义。首先，在法律上确认登记的义务是一种合同义务，对保护合同当事人利益是十分必要的。例如在目前的房地产开发中，开发商将商品房出售给各个买受人，在某些情况下由于开发商的原因而使产权过户（登记）手续不能及时办理，甚至买受人入住后很长时间内没有拿到产权证。如果登记不是一种约定义务，则买受人很难根据合同主张对方违

---

① 参见［日］我妻荣《日本物权法》，有泉亨修订，李宜芬校订，台湾五南图书出版公司1999年版，第127页。

② 参见［日］田山辉明《物权法》（增订本），陆庆胜译，法律出版社2001年版，第56页。

约并要求其承担违约责任。其次，有利于防止欺诈。由于不动产交易未及时办理登记手续，很容易导致出卖人利用其仍是登记的权利人而从事欺诈活动。比如其在收取一方的价款，交付不动产后，迟迟不办理权属移转登记，而将该不动产另行出卖给他人或将不动产设定抵押，这不仅严重侵害了买受人的利益，而且对经济秩序造成危害。如果允许买受人可以行使登记请求权，及时提起诉讼，请求出卖人协助完成登记手续，法院可以强制出卖人履行登记义务，办理登记手续，有利于防止欺诈。最后，有利于完善合同义务。过去我们一直不承认登记义务是一种合同义务，相应的也不承认登记请求权是一种合同上的权利，从而造成了合同一方当事人尤其是买受人不能在因对方不办理登记手续而使自己遭受损失的情况下，依据登记请求权提出请求。由于登记是一种合同义务，而且是双方当事人所负的主要义务，任何一方不办理登记手续可以视其已经违反了依据合同所应负的主要义务，而不能以对方履行次要义务为由进行抗辩。当然，买受人没有交付房款，出卖人则有权行使履行抗辩权，拒绝办理登记手续。

二 不动产登记的行政主体——登记机关

不动产登记的主体除了涉及不动产物权变动的当事人外，还涉及国家登记机关，前一主体是平等主体的私权关系，后一主体代表了国家公权力。

（一）登记机关的性质

不动产物权登记，是维系现代财产秩序非常重要的一环，具有技术性、专业性的特点，一般认为只有由专门机关专司其职，才能收到事半功倍的效果。作为不动产登记的主体之一——登记机关在不动产登记中处于控制性地位，其所做出的登记许可（广义上的，包括准予登记、不予登记、暂缓登记）是不动产登记过程中最重要的意思表示。

为此，各国对登记机关都相当重视，都在立法中确立了登记机关的充任者。在德国，其《德国土地登记簿法》规定，由地方法院的土地登记局负责土地登记，但作为地方法院的土地登记局并不是普通法院，而是专门管辖土地登记的司法机构。[①] 在日本，依日本《不动产登记法》，日本的不动产登记机关为司法行政机关——以管辖不动产所在地的法务局、地方法务局或其支局、派出所掌

---

① ［德］鲍尔·施蒂尔纳：《德国物权法》（上册），张双根译，法律出版社 2004 年版，第 277 页及以下。

管。在法国，负责不动产登记的机构为"抵押权登记机关"（La conservation des hypothèques），该机关属于行政机关，隶属于法国经济和财政部。[①] 而英国城乡土地登记的机构为政府土地登记局。

考察各国不动产登记法可以发现关于登记机关的两个规则：一是不动产登记机关的统一性。为了维护在不动产登记上的司法统一性，同时也因为不动产在自然联系上的紧密性，各国法律均规定一国之内或一个统一司法区域内实行统一不动产登记制度，即不论是土地房屋还是其他不动产，也不论是何种不动产物权，均由统一的登记机关负责。当然，这一机关只能适用统一的法律，规定统一的登记效力。二是不动产登记机关的独立性。登记机关或为司法机关，或为行政机关，如德国不动产登记由属于地方法院的不动产登记局掌管，日本为司法行政机关——法务局，瑞士大多由各州的地方法院负责，我国旧民法制定之时也采用由地方法院统一登记的做法，后改为地政管理部门。我国台湾地区由市县政府与辖区内设置的专门的地政事务所办理不动产登记。

不动产登记机关的独立性和统一性应当说是不动产登记法的基本规则之一。之所以如此，我们认为首先是登记的性质所决定，登记作为不动产物权公示的手段，必须要有统一性。如果由于登记机关的分设使得当事人申请登记、查阅登记资料、获得正确的登记信息等权利不能实现，则失去公示的意义。因此，登记机关的设置是基于地域管辖，即在一个区域内由一个统一的登记机关进行登记，如此方能实现公示之目的。其次是由登记机关的特殊性所决定，从不动产特点来看，不动产物权登记应当是彻底地为平等主体间的市场交易服务的。

从各国不动产物权登记机关的设置我们可以发现，登记机关无论是设在司法部门还是设在行政部门，一个鲜明的特征是他们都不依附于任何行政部门（"土地管理机关"或"房产管理机关"）。如德国，作为地方法院的不动产登记局并不是普通法院，而是专门管辖不动产登记的司法机构；而法国的不动产登记的机构为"抵押权登记机关"，该机关属于行政机关，隶属于法国经济和财政部。也就是说，登记机关与行使不动产行政管理权力的部门必须绝对分开。无论是由司法部门负责登记，还是由行政部门负责登记，其主要目的是割断与不动产行政管理部门的联系（管辖），非如此才使登记具有独立性。

综上，不动产登记机关作为登记的行政主体，是由法律赋予其登记的职权，

---

① 于海涌：《法国不动产担保物权研究——兼论法国的物权变动模式》，法律出版社 2004 年版，第 142 页。

在各国的实践中，既可以是司法机关，也可以是行政机关，这由各国的立法政策所决定。但为保证登记的客观、公正性，防止国家公权力对私权的干涉，必须使其独立于任何行政管理机关。在国家权力单向过度介入不动产交易的私人领域时，如何设置必要制度障碍来控制权力，如何保护私人本来就很脆弱的权利，就要依靠衡量性的目的思考方式，即法律控制权力，将权力限制在一定范围。①

（二）我国不动产登记机关现状

新中国成立后，我国曾建立了不动产登记制度，自"文革"始一直处于中断状态，直到 20 世纪 80 年代才逐渐得以恢复。但当时登记只是作为不动产行政管理部门的一种行政管理手段，法律未明确规定不动产登记是不动产物权变动的公示手段，这种登记与民法上的不动产物权的变动没有法律上的联系。自1987 年开始进行国有土地使用权有偿转让制的改革之后，我国的不动产事业有了极大的发展，但不动产登记的立法却相对滞后。

根据物权公示原则，不动产的各项物权变动应当进行登记，但我国至《物权法》颁布前尚未有专门的法律予以规定，更无不动产登记法。已制定的法律法规中虽有关于不动产登记的不少规范，但这些规范仍局限于行政管理，更要害的问题是，目前大量的不动产登记内容仍然是按照计划经济的要求制定的。这些制度是为了满足对土地、房屋进行行政管理的需要，而不能满足不动产进入市场交易的需要。

就登记机关而言，多个登记机关、多头登记正是我国目前不动产登记的现状。根据不动产物权类型的不同，我国现行的不动产物权登记分为土地物权登记、房屋物权登记、矿产物权登记、水权登记、渔权登记和林权登记，相应地，我国不动产物权登记的机关也有六家之多，分别是国土管理机关、房产管理机关、矿产管理机关、水行政管理机关、渔政管理机关以及林业管理机关。甚至还有开发办、工商行政部门，等等。孙宪忠博士说："据笔者调查，我国目前的不动产登记机关共有八九个之多。"② 登记机关不统一，损害了登记制度的基础权威。当然这是就广义的不动产登记而言之，其实就全国大多数城市而言，主要还是土地与房屋由不同登记机关分别登记，至于矿产物权登记、水权登记、

---

① 参见［德］Wolgang Frikentscher "二十世纪的德国法学"（民法研究会第二十五次学术研讨会记录），载《法学丛刊》第 168 期，第 136 页。

② 孙宪忠：《中国物权法总论》，法律出版社 2003 年版，第 248 页。

渔权登记和林权登记属"准不动产物权"，即使将来不动产登记由统一的登记机关进行，是否整合到一起尚属未知之数。

从目前登记机构的设置看，无论是在土地管理部门还是在房屋管理部门，登记机关都是行政机关的附属。而且由于编制问题，绝大多数都是所谓"事业单位"——通常是叫"交易所"、"登记中心"、"管理处"、"监理处"等等。充其量就是履行某些行政职能的事业单位，遇到诉讼，连行政诉讼的主体资格都不具备，由此出现了具体登记机构基本不承担法律责任而由行政机关承担的尴尬局面。即使在土地与房屋机构合一的城市，也遇到同样问题。如某省的一个城市实行了机构合一，不动产权证也要合二而一，为了简化手续，政府拟授权发证机关代表政府盖章，但法院不认。因为依土地管理法，土地使用权证应由政府盖章，而依城市房屋管理法，房屋所有权证应由发证部门盖章，如果合发一本证，只盖一个章于法无据，至今还在扯皮。

从登记机构的人员构成看，大多数登记机构的正式工作人员只占人员总数的一半左右，或者说，有编制的人员只占一半，其余均为临时工作人员。尽管通过几年的规范化管理，人员素质有了相当程度的提高，但由于临时人员比重太大，人员素质总体仍偏低。

从登记机构的经费来源看，大体采用两种模式：一是单位自收自支；一是财政统收统支。就目前收费水平而言，通常是收大于支，但一是没有建立赔偿基金，一旦执行赔偿制度，无法应付；二是没有建立激励机制，吃大锅饭，无法提高工作效率。

从登记的程序看，我国不动产登记程序至今尚未形成统一的制度体系，目前仍由各地方或各部门制定在各自势力范围内适用的登记制度，形成了"诸侯各霸一方"的局面，制度欠缺和矛盾显示的比较充分，最典型的是，登记程序呈现出托尔斯泰式——"每换一次马车，适用的法律就不同"——的迷惑，同一省不同的市采用不同的登记程序，甚至同一市不同的县、区采用不同的登记规则，其中的制度耗用成本可想而知。[①] 而由于登记机关作为行政管理机关的附属，很容易唯上、唯权，对于因行政管理而出现的纰漏，登记工作人员往往面对领导的压力只能屈就。

从上述分析可以得出结论：造成登记与行政机关的设置和职能合一现状的

---

① 常鹏翱："认真对待程序——对不动产物权变动规则的实用主义认识"，http：//sym2005. cass. cn/，中国社会科学院网站。

原因，在于我们长期以来将登记作为行政机关的职能而不是公示方法。如果从行政管理职能角度来看，登记与行政职能部门的设置和职权的结合是必要的，如土地由土地管理部门管理，土地使用权登记也在土地管理部门进行；房屋由房管部门管理，产权登记也在该部门进行。此外，林木由林业管理部门管理，有关林木所有权的登记也在该部门进行……但如果将登记作为公示方法对待，则原有的登记体制便呈现出许多弊端。首先，各政府部门分别作为登记机关，对不动产登记只能以行政法为依据行使管理职能，不能实现登记的客观、公正和法律的规范，不能按物权公示原则的要求来服务市场，保证交易秩序和安全。其次，因登记机关分散，不利于有关交易当事人查阅登记，很难给交易当事人提供全面的信息。例如，当事人要查阅某不动产是否已经实行抵押，需要到土地管理部门查阅土地是否抵押，到房屋管理部门查阅房屋是否抵押，等等。这就给当事人查阅不动产登记情况造成了极大的不便。最后，分散的登记，造成了各个登记机关之间职责不清，机构膨胀，部门利益相互冲突，其结果不仅增加了不动产登记人的不合理负担，也破坏了登记资料的完整性和管理的统一性。

（三）我国不动产登记机关的选择

建立统一的登记制度是制定物权法的首要任务，而建立统一的登记制度首先要确立统一的登记机关。因此，我国物权立法应协调各有关部门，着重解决好这一问题，建立统一独立的登记机关，否则物权法的实施将举步维艰。近几年我国部分城市如深圳、上海、厦门、青岛等由于土地管理与房产管理合而为一，部分地解决了房产、地产统一登记的问题，但一则并未为全国性基本法律所承认，二则由于此种模式并未解决行政管理与登记的"物理割断"，仍是行政机关的附属，无法体现登记机关的独立性。换言之，此种模式，只解决了统一性的问题，而没有解决独立性的问题。

对于由哪个部门作为未来不动产物权的登记机关，目前存在几种不同意见：一是应由人民法院作为登记机关，可以说是德国模式；二是应由司法行政机关作为登记机关，可以说是日本模式；三是应该设立一个中立的事业性组织来负责登记；四是应由行政管理部门作为登记机关；五是应该在政府中设立专门负责不动产物权登记的行政机关。

我们认为，不动产物权登记是彻底地为平等主体间的市场交易服务的。在这个意义上，如果设立一个中立的事业性组织来负责登记，专门服务于市场交易，无疑是最理想的选择。但是却缺乏一定的权威性，因为从实际情况来看，登记制度不仅有平等主体间的私权关系，而且还有国家管理的公权关系，其中贯穿着个人目标与国家目标的双重价值。因此，物权登记不是"纯粹"的私法行为，是公法行为干预下的私法行为。要实现这两个价值，就要选择既能实现登记的独立、公正、公开，又能实现国家的行政职能的部门作为统一的登记机关。

按德国模式由法院作为登记机关，具有一定道理，既解决了统一性、独立性问题，也满足了权威性。但从我国的实际出发，将法院作为登记机关也有一定的弊端，表现在：

第一，由于目前我国各级法院承担着繁重的审判任务，如果又让它承担繁重的登记工作，未免负担过重，尤其是要让它承担登记的实质审查工作，这样法院必须投入大量的人力和物力，这可能是法院难以胜任的。

第二，在物权发生争议的情况下，法院要确定真正的权利人，必须要审查登记的真实性问题，然而如果由法院进行登记，登记的结果必然对法院最后的裁判产生影响。登记部门的登记对法院的最终确定权也会产生一定的影响。

第三，由法院承担登记义务，如果法院的工作人员没有按照登记的规则进行登记，玩忽职守或徇私舞弊，或在登记中运用欺骗性手段而造成登记错误的，按理应承担相应的责任。但如果由法院追究责任，将十分困难。即使追究责任，也会影响到司法的权威性，因为受害人有可能起诉作为登记机关的法院，这有损于司法的权威。

第四，尽管登记主要是一种公示方法，但在我国登记也具有一定的行政监督的作用，因此，登记与对不动产的监管工作联系在一起，正是由于这一原因，所以登记由行政机关来承担，也具有一定的合理性。[①]

因此，由法院作为登记机关是不实际的。

而按日本模式，即由司法行政机关作为登记机关同样也是选项之一。尽管由司法行政机关作为登记机关具有独立性和司法性的统一、当事人在纠纷时可以获得有效的救济途径等优点，但司法行政机关缺乏相关专业人才和相关设备，由司法行政机关去履行登记职能从经济成本、效率角度考虑均不适合。

相比较而言，我们认为，登记事务仍然应当由行政机关来承担。问题的关键在于，负责登记的行政机关必须统一，且必须专门化，即建立统一的、独立的且不依附任何行政部门的专业登记机关。

至于将来我国的登记机关确定在哪一个行政部门，目前国内仍众说纷纭，

---

① 王利明：《物权法研究》，中国人民大学出版社 2002 年版，第 222 页。

主张土地管理部门的有之，主张房屋管理部门的有之，比较独特的是建议设立一个统一独立的登记机关。主张在土地管理部门的认为，不动产物权，在本质上要么是直接指向土地的物权（如土地所有权、土地使用权等），要么是建立在土地物权之上的物权（建立在土地所有权、土地使用权或者地上权之上的房屋所有权、林地使用权、草原使用权等）。所以，以土地登记为基础的登记，当然可以包容其他的不动产物权的登记。我国台湾地区就采纳了土地登记部门作为不动产统一登记部门的做法。我国台湾地区"土地登记规则"第 3 条规定："土地登记，谓土地及建筑改良物之所有权与他项权利之登记"。在土地登记的名义下面，该"规则"第 69 条至第 101 条，专门规定了"建物所有权的第一次登记"。德国的《土地登记条例》不论在其内容中还是在其法律解释上均包括着地上物的登记。这一点不论是在德国的《土地登记条例》中，还是在德国的《地上权条例》中，以及《住宅所有权法》中都有明确的规定。在德国法学解释中，登记意义上的"土地"，就是不动产的意思。① 因此，在制定"土地登记法"的国家和地区，其立法均明确规定土地登记包括地上物物权的登记。因此他们的不动产登记也是统一的，这种名义上的土地登记实际上就是不动产登记，而且这种登记仍然可以为不动产的交易秩序提供由国家公信力支持的、公开的、统一的法律基础。这种制度给我国立法提供了有意义的借鉴资料。主张在房屋管理部门的认为，尽管不少国家和地区不动产登记是在土地登记部门，但是，首先，以土地登记部门作为不动产登记部门的主要流行于土地私有制制度，而我国土地制度是公有制，不动产登记实质上是建筑物物权登记。其次，所谓的"土地登记部门"也好，"地政部门"也好，与我国现行的国土管理部门概念不尽相同，其登记部门是独立于管理部门的，二者并不等同。再次，如前所述，关键在于登记概念的内涵，即"明确规定土地登记包括地上物物权的登记"这种名义上的土地登记实际上就是不动产登记。最后，从我国不动产登记的实践上看，土地管理部门对土地登记的介入是在 20 世纪 80 年代末期的《土地管理法》才确立了土地登记制度，而新中国成立后的不动产登记长期以来都是由房管部门掌管的，且早在 1982 年原国家城建总局发布的《关于城（镇）房屋产权产籍管理暂行规定》就已将房屋作为房管部门登记的对象，形成了一整套的管理办法，建立了一系列的档案资料，不宜推倒重来。

上述论点，从部门利益出发，各有偏颇。由此可见目前我国不动产登记制

---

① 孙宪忠：《德国当代物权法》，法律出版社 1997 年版，第 54 页。

度的弊端的根源在于部门利益之争，解决的根本途径是建立统一的、独立的不依附任何行政部门的登记机关。如前所述，考察各国不动产登记法可以发现不动产登记机关的独立性和统一性是不动产登记法的基本规则之一。而登记机关无论是设在司法部门还是设在行政部门，一个鲜明的特征是他们都不依附于任何"土地管理机关"或"房产管理机关"。也就是说，登记机关与行使不动产行政管理权力的部门必须绝对分开，这才是解决我国不动产物权登记现存弊病的最好的办法。就理论层面而言，只要能割断与不动产行政管理部门的隶属关系，那么由法院、司法行政机关或其他行政部门登记原则上都是可行的。

因此，我们认为，从不动产特点来看，不动产物权登记应当是彻底地为平等主体间的市场交易服务的。在这个意义上，如果设立一个专门从事登记事务的机构，无疑是理性的选择。反对者以为，基于我国当前行政管理的体制，选择或设立新的登记机关，必然会因为行政机关管理的需要而受到干扰，这种做法不仅没有实质的积极意义，反而是浪费资源。但建立统一独立的登记机关并不等于选择或设立新的登记机关，而可以在现有登记机关的基础上，通过整合建立统一独立的登记机关——不动产登记局。

如前所述，我国目前的登记机关都是行政机关的附属，而且绝大多数都是所谓"事业单位"——"交易所"、"登记中心"、"管理处"、"监理处"等等。这就为设立新的不动产登记局提供了基础条件，只要将这些原有的分散于各部门的相对独立的登记机构从原有的部门剥离，重新整合为"不动产登记局"即可。这种做法既保持了原有登记体系的延续，又节约了各种资源，不至于大动干戈。新的登记机关将原有的分散于各部门的职责重新界定，资源重新整合，即将现分散于不同登记机关（当然主要是土地与房管机关）的人员、档案、设备等重新整合到新的登记机关——不动产登记局，并且从法律上明确登记的性质、效力和法律责任。①

这种方法完全可以满足不动产登记机关的独立性和统一性。首先，由于它的独立性——独立行使行政职能、独自承担法律责任——可以不受司法和行政干预；而无论依附哪个行政部门，由于审批、管理与登记都由同一部门掌管，无法保证登记机关的公信力。其次，解决了部门利益的冲突，登记机关作为一个专门从事登记事务的机构，可称得上民法意义上的公正的"第三方"，与其他

---

① 目前我国实行土地房产统一登记的城市，其登记机构均是将原土地登记中心与房产登记中心的人员、档案、设备等重新整合为"土地房产登记中心"，这一实践可资参考。

部门没有了利益关系，可以保证它的客观与公正。最后，资源的整合有利于提高办事效率和服务质量，不仅没有浪费资源，反而可以节省行政资源，由于一个部门统一办理不动产登记，不再有其他干扰，其效率的提高是可以预期的。

至于登记机关的性质，最理想的当然是行政机关，这是由登记性质之官方性所决定的，即登记是由法律授权的国家专门机构所为，并且由于登记是一国家行为支持的公示手段，其登录、记载的事实具有唯一性、权威性，足以产生公信力。如德国地方法院的土地登记局、日本的法务局、法国的抵押权登记机关等。但在我国由于编制等原因，登记机关恐难定位于行政机关。那可退而求其次，定位于"执行某些行政职能的事业单位"。可以参照银监局的模式，即设立统一的由法律直接授权的事业单位。

因此，我们建议不动产登记法必须对设立专门的不动产物权登记机关统一管辖不动产物权登记工作做出规定。并授权各省、市、自治区根据本地域的登记现状，分阶段性地考虑自身条件，在一定时间内完成机构的重组。

第二节　不动产登记的客体

客体作为法律关系的基本要素之一，是与主体相对的，是指法律关系主体之间权利和义务所指向的对象。从一个视角来看，它是法律关系主体之间发生权利和义务联系的权利中介，从另一个视角来看，它是法律关系主体的权利义务所指向、影响、作用的对象。

不动产登记的客体为不动产物权及其相关因素。[1] 如《日本不动产登记法》第1条规定："登记，就不动产标示或下列不动产权利的设定、保存、移转变更、处分限制或消灭而制定：1. 所有权；2. 地上权；3. 永佃权；4. 地役权；5. 先取特权；6. 质权；7. 抵押权；8. 承租权；9. 采石权。"登记制度为物权实体法服务，故实体物权种类、内容、方式的法定是不动产登记权利的基础，登记权利范围也因各国法定物权之不同而不同。

作为不动产登记的客体，是指具有登记能力的不动产权利。不动产上可以负载许多类型的权利，有些是必须或可以纳入登记，成为登记客体的；而有些是不需要或不能纳入登记，不能成为登记客体的。德国法称之为"登记能力"，在确定具有登记能力的权利范围时，应以土地登记的目的为出发点，亦即土地

---

① 王洪亮："不动产物权登记立法研究"，载《法律科学》2000年第2期。

登记簿要反映与公示土地上的法律关系。由于并非所有土地上的法律关系都要进行公示，故对登记权利范围作一定的限制，非常有必要。[①] 特定的债权登记属特殊登记程序，但债权的效力一般不受登记之影响。

一　域外对登记能力的不同规定

对于登记能力，各个国家和地区的立法并不统一。在德国，具有登记能力的权利是：1. 土地物权与视同土地的权利；2. 在土地物权上所成立的物权；3. 处分限制与取得禁止；4. 异议；5. 预告登记。在日本，依其《不动产登记法》，"登记，就不动产标示或下列不动产权利的设定、保存、移转、变更、处分限制或消灭而制定：1. 所有权；2. 地上权；3. 永佃权；4. 地役权；5. 先取特权；6. 质权；7. 抵押权；8. 承租权；9. 采石权"。而俄罗斯《俄罗斯联邦不动产权利及相关法律行为登记法》则规定"对不动产的所有权和其他物权及其相关法律行为应当进行权利的国家登记。对不动产权利的限制（负担），包括地役权、抵押权、委托管理、租赁，与对不动产的物权一样须进行国家登记"。我国台湾地区可登记的权利范围为：所有权、地上权、永佃权、地役权、典权、抵押权、耕作权。

从上述国家和地区对登记能力的不同规定可以看出，由于各国和地区基于不同的历史传统以及现实的社会经济条件，决定其不同的法定物权，导致具有登记能力的物权类型的不同。这种不同尤其表现在债权特别是租赁权是否具有登记能力的问题上，德国法明确将其排除在登记能力之外，而日本法、俄罗斯法则将其纳入登记能力。

二　我国不动产登记能力的现状

长期以来，由于物权立法的薄弱，我国对不动产登记能力未予以足够关注。可以说，除了所有权、抵押权等担保物权可以基于民法的传统而被毫无疑问地纳入物权范畴外，实践中存在的物权类型是否也可纳入物权范畴，则颇有疑问。如所谓土地承包经营权、"四荒"土地使用权，究竟为债权性质的权利或物权性质的权利，即便是学说上也争论不休，更遑论登记能力了。

物权法定是登记权利的基础。而我国现代的物权制度呈开放性体系，尚未

---

① 参见［德］鲍尔·施蒂尔纳《德国物权法》（上册），张双根译，法律出版社 2004 年版，第 290—292 页。

法定，不仅表现为法的依据的不统一，而且表现为类型的未法定，物权变动的未法定。在我国存在这样的现象，法定需要登记的物权并不涵盖所有物权，这就使得有些物权不经法定登记方式也可获得，实质上否定了物权法定。[①]

大陆法系的大多数国家由于采物权法定之立法主义，故其登记权利亦随之法定，整个物权制度的概念、内容、体系历经百年而无实质改变。而我国处于转轨时期，物权放任主义有其适宜的土壤，一方面，物权制度的开放性在一定程度上有挖掘、整理、发展中国物权之功效，但相应地却带来了登记权利的开放性及开放性弊端防止问题；另一方面，对现实存在的物权可否纳入登记采不同标准，同一物权在某地可登记，在另一地则不可登记。登记权利的开放性必然会带来物权法定的否定，而物权放任主义立法不仅有违物权绝对、排他性质，而且使以物权为内容的契约不能无争议的事先确定，进而使契约无以自由，同时也会造成交易程序混乱。尽管《物权法》对物权的种类作了规定，但当务之急是登记权利的法定化——在不动产登记法中明确可以登记的权利（登记能力），使复杂的物权社会关系明晰化。

三 《物权法》规定的登记能力

不动产物权种类繁多，从权利性质上区分，包括所有权、用益物权、担保物权以及特殊的请求权；从权利客体上区分，包括土地、房屋、其他建筑物附着物。根据物权法定的原则，可以登记的物权应由《物权法》或《不动产登记法》规定。

我国《物权法》第二条第三款规定，"本法所称物权，是指权利人依法对特定的物享有直接支配和排他的权利，包括所有权、用益物权和担保物权"。由此可知，具有登记能力的不动产权利为：不动产所有权、用益物权、担保物权三大类。但从登记能力的角度出发，《物权法》的登记能力显然采德国法的体例，即：1. 土地物权与视同土地的权利；2. 在土地物权上所成立的物权；3. 处分限制与取得禁止；4. 异议登记；5. 预告登记。

（一）不动产所有权

所有权是最为典型、最基本的物权，是物权的原型和产生其他物权的基础。我国《物权法》规定的不动产所有权有两种：土地所有权和建筑物所有权。土地所有权又区分为国有土地所有权和农民集体土地所有权；建筑物所有权又区

---

① 王洪亮："不动产物权登记立法研究"，载《法律科学》2000 年第 2 期。

分为独立建筑物所有权和建筑物区分所有权。

根据《物权法》第九条第二款"依法属于国家所有的自然资源，所有权可以不登记"的规定，国有土地所有权属具有登记能力但"可以"不登记的物权；而农民集体土地所有权则具有登记能力且"可以"登记的物权。但根据前面的分析，我们认为，国有土地所有权属全民所有，在物权法中仅具象征意义，不存在登记问题。农民集体所有权分属不同主体，应当通过登记明确主体范围及其权利义务。

《物权法》第一次规定了"建筑物区分所有权"的所有权种类，据此，可以认为建筑物所有权分为独立建筑物所有权和建筑物区分所有权。两种类型都具有登记能力。

关于建筑物区分所有权一词的表述，各国立法例上不尽相同。

日本：建筑物区分所有权。

德国、奥地利、英国、新西兰：住宅所有权。

法国：住宅分层所有权。

加拿大、澳大利亚：单元住宅所有权。

瑞士：楼层所有权。

美国：公寓所有权。

关于建筑物区分所有权的性质，有一个发展的过程。但在 20 世纪 60 年代以后，均承认建筑物区分所有权为特殊的所有权形式，特殊之处就在于其是一种共有形式。对于建筑物区分所有权的界定，各国理论与实务上主要有"一元论"、"二元论"和"三元论"这三种学说。《德国住宅所有权法》采取了三元论说，[①] 该法上的所有权概念系由专有所有权、持分共同所有权和共同所有人的成员权三部分组成。我国学者段启武先生在其论文《建筑物区分所有权之研究》中对"建筑物区分所有权"作了如下的界定：

建筑物区分所有权，是指多个所有人、甚至上百个所有人，共同拥有一栋高层建筑物时，各个所有人对其在构造上和使用上具有独立性的建筑物部分（专有部分）所享有的所有权，和对供全体或部分所有人共同使用的建筑物部分（共有部分）所享有的共有权，以及基于建筑物的管理、维护和修缮等共同事务

---

① 该学说为德国著名法学家贝尔曼先生所倡导，并被德国现行《住宅所有权法》所全盘采纳。根据该法，区分所有权系由三部分构成：供居住或供其他用途之建筑物空间上所设立的专有所有权部分、专有所有权人共用建筑物上所设立的持分共同所有权部分及基于专有部分与共用部分不可分离所产生的共同所有人的成员权。参见戴东雄"论建筑物区分所有权之理论基础"（1），载《法学丛刊》第 114 期。

而产生的成员权的总称。简言之，它是指建筑物区分所有人的专有权、共有权和成员权的结合。我们认为，建筑物区分所有权是一种复合共有。在传统的共有理论中，共有只分为按份共有和共同共有，但建筑物区分所有权是由整个建筑物的按份共有、共同使用部分的互有和专有使用部分的专有复合构成，是既不同于按份共有又不同于共同共有的第三种共有形式。①

这是一种全新的概念，对于我国传统的不动产登记制度亦是一种挑战，其"由整个建筑物的按份共有、共同使用部分的互有和专有使用部分的专有"在登记中如何体现，与传统意义上的"套内面积"、"公摊面积"的表述将有根本的不同。此外，由独立建筑物所有权转化为建筑物区分所有权，由建筑物区分所有权转化为独立建筑物所有权的操作程序也有待规范。

（二）不动产用益物权

用益物权是权利人对他人所有物享有的以使用收益为目的的物权。② 我国《物权法》规定的用益物权有：土地承包经营权、建设用地使用权、宅基地使用权、地役权四种类型。

《物权法》在用益物权的一般规定中并未规定是否登记的问题。但在有关章节中作了相应的规定。其第 129 条、第 139 条、第 155 条、第 158 条分别规定了土地承包经营权、建设用地使用权、宅基地使用权、地役权四种类型的登记能力："土地承包经营权人将土地承包经营权互换、转让，当事人要求登记的，应当向县级以上地方人民政府申请土地承包经营权变更登记"、"设立建设用地使用权的，应当向登记机构申请建设用地使用权登记"、"已经登记的宅基地使用权转让或者消灭的，应当及时办理变更登记或者注销登记"、"地役权自地役权合同生效时设立。当事人要求登记的，可以向登记机构申请地役权登记"。

问题是，同为"用益物权"，且均具登记能力，其登记能力似有强弱之分。对于建设用地使用权，是"应当申请登记"，对于其他用益物权，则是"当事人要求登记的，可以申请登记"。并且在登记效力上，对于建设用地使用权，采登记生效主义——自登记时设立；对于其他用益物权，采登记对抗主义——未经登记，不得对抗善意第三人。其症结就在于把"近似于所有权的土地使用权"

---

① 段启武："建筑物区分所有权之研究"，载《民商法论丛》（第 1 卷），第 303 页。
② 梁慧星：《中国物权法研究》（下册），法律出版社 1998 年版，第 582 页。

或者说"有期限的土地所有权"① 设计为用益物权，故产生了同为"用益物权"，登记能力不一、登记效力不一的尴尬。

但无论如何，根据《物权法》，土地承包经营权、建设用地使用权、宅基地使用权、地役权四种类型均具登记能力。

（三）不动产担保物权

不动产担保物权，是指担保物权人在债务人不履行到期债务或者发生当事人约定的实现担保物权的情形，依法享有就担保财产优先受偿的权利。我国《物权法》第一百八十七条规定"以本法第一百八十条第一款第一项至第三项规定的财产或者第五项规定的正在建造的建筑物抵押的，应当办理抵押登记。"即我国具有登记能力的不动产担保物权，仅指不动产抵押权。

而域外不动产担保物权还有许多类型，如法国的优先权、德国的土地债务和定期土地债务、日本留置权、我国旧民法的典权等。尽管在物权法的立法过程中学者对此多有建议，但立法最终并未采纳。

（四）登记请求权

上述三种不动产登记的客体，均属不动产登记的基本类型，适用于终局登记。在不动产登记制度中还有一种特别的分类——预备登记。预备登记是在不具备本登记条件或对本登记有异议时的临时性登记制度，包括为保全以不动产物权变动为标的的登记请求权——债权请求权保全——的预告登记，以及为对抗现时登记权利的正确性——物权请求权保全——的异议登记。我国《物权法》确定了异议登记和预告登记的登记能力，其第19条、第20条分别规定了异议登记和预告登记的类型。

预备登记是为了保全登记请求权而为的登记，是不动产登记法上与本登记相对称的登记类型，它是在本登记之前进行的一项登记，目的在于限制登记名义人对所登记的权利的处分并对第三人予以警示，与实体法上因为权利变动而产生的对抗力无直接关系。② 因此，预备登记的客体为登记请求权，而本登记的客体是具有登记能力的物权。

（五）处分限制

对不动产的处分限制如一般的处分禁止、查封、扣押、破产记载等，也应当进行登记。我国《物权法》虽未直接规定不动产处分限制登记，但依《中华

---

① 见本书第二章第三节。
② 邓曾甲：《日本民法概论》，法律出版社1995年版，第161页。

人民共和国民事诉讼法》人民法院可采取查封、扣押、冻结或者法律规定的其他方法进行财产保全。人民法院对不动产和特定的动产（如车辆、船舶等）进行财产保全，可以采用扣押有关财产权证照并通知有关产权登记部门不予办理该项财产的转移手续的财产保全措施；必要时，也可以查封或扣押该项财产。①最高人民法院的《关于人民法院民事执行中查封、扣押、冻结财产的规定》规定"查封、扣押、冻结已登记的不动产、特定动产及其他财产权，应当通知有关登记机关办理登记手续"。更进一步明确了查封的"登记"，此处的登记应理解为对不动产权利的限制登记，而不仅仅是文字记录而已。

值得注意的是，在现行的登记制度下，人民法院的查封并不是一项登记，而是对法院的"协助执行"，而在现代登记制度下，法院的查封属"嘱托登记"，亦是登记的类型之一。其登记的程序与当事人的申请登记有所区别。

第三节 不动产登记的内容

所谓登记内容，就是不动产登记机构应当在不动产登记簿上加以记载的内容。② 从登记的形式上看，可以分为两部分：一是不动产的自然状态的记载；二是关于不动产物权的记载。从登记的内容上看，主要包括物权的取得（设立）和物权的丧失（移转）两部分。

通过登记程序，不动产登记簿应该达到再现不动产上法律关系的目的。因此，不动产登记簿必须反映下列情况，或者说必须记载下列内容：

1. 不动产之本身的状态。如不动产坐落、面积、位置等。

2. 不动产所有权，包括所有权人及其所有权取得之法律原因。

3. 附着于不动产所有权的权利（不动产他项权利）。如为某不动产之利益所设立的地役权。

4. 关于不动产上的限制。如查封、扣押等。

5. 技术性内容。如登记程序上的顺位等。

一 不动产之状态

不动产之状态指用文字（图、表）反映一宗或数宗不动产的状态情况。对

---

① 《最高人民法院关于适用〈中华人民共和国民事诉讼法〉若干问题的意见》，第101条。
② 孙宪忠：《中国物权法总论》，法律出版社2003年版，第215页。

不动产的界定指的是在外观上可以清楚界定，并以某种方式加以利用或经营的土地——地球表面的一部分（所谓的"经济土地"）——及其地上建筑物。但物权法中的不动产概念除了"土地，附着于土地的建筑物及其他定着物、建筑物的固定附属设备为不动产"外，更重要的是法律意义上的界定，即是一种纯形式的界定。这种界定，以对不动产之官方记录（地籍册）为基础；同时此种界定自身又成为以不动产在不动产登记簿中进行登记的基础。因此"法律意义上的土地，是以地籍块方式进行测量与标记的，并在土地登记簿中以'土地'进行登记的——如建立专门的土地登记簿簿页，或在共同登记簿簿页中置于专门的号码之下——地球表面的一部分。"通过这种法律意义上的界定，将不动产记载于登记簿上，可以使不动产在空间位置与大小上特定化。在德国，此一内容记载于"状态目录"；在日本和我国台湾地区，此一内容记载于"标示部"。

这一部分包括：不动产所在地（坐落）、土地的顺序编号、摘自地籍册的关于土地边界的说明、地籍块号码、记载地籍块的图片、地目（即土地种类，如宅地、农地等的区分）、等级、面积；房屋号数，建筑物种类、构造及建筑面积，建筑物号数，附属建筑物的种类、构造及建筑面积等等。

二　不动产所有权

不动产登记簿对不动产所有权的记载，主要是记载不动产的所有权人及其取得所有权的法律原因。

不动产的所有权人是拥有不动产的主体，依照我国的《民法通则》，可以享有不动产权利的民事主体有自然人和法人。而在《担保法》、《合同法》、《民事诉讼法》、《著作权法》等法律中还提出了"其他组织"的概念，可见在我国的不动产所有权人包括自然人、法人和其他组织（合伙）。[①] 在按份共有中，需说明各权利主体的共有份额；在共同共有中，需说明共同共有所有权赖以成立的法律关系。

取得所有权的法律原因是指有关取得该不动产所有权的权利来源（如因不动产买卖而发生的所有权移转、因继承而发生的所有权移转等）。依我国《物权法》，不动产所有权包括——土地所有权、建筑物所有权、建筑物区分所有权。

不动产所有权的登记内容包括：所有权人（姓名或名称、管理者、住所、身份证号码）、义务人（姓名或名称、权利剩余额）、权利种类、权利范围、权

---

① 参见本书第二章第二节。

利来源、登记及原因发生日期、其他登记事项、权利证书字号等。

三 附着于不动产所有权的权利

附着于不动产所有权的权利是指基于不动产所有权而产生的其他权利，又称他物权或他项权利，主要是用益物权与担保物权。

除了不动产所有权外，还有哪些权利应当或可以进行登记，通常应当在立法上予以明确。依我国《物权法》，附着于不动产所有权的权利主要是用益物权与担保物权。用益物权包括——土地承包经营权、建设用地使用权、宅基地使用权、地役权；担保物权包括——抵押权。

应当注意的是，鉴于所有权为基本物权，他项权利是基于所有权产生的，所有权如未确定，则其他一切权利无从附随。故不动产权利的登记，应先办理所有权登记，如所有权未经登记，其他权利即无法确定，[①] 也无从登记。

这一部分登记的内容包括：权利种类、权利范围、权利价值、存续期限、清偿日期、利息或地租、延迟利息、违约金、权利人（姓名或名称、管理者、住所、身份证号码）、义务人、债务人、权利移转后剩余额、登记及原因发生日期等。

四 不动产上的处分限制与取得禁止

对不动产的处分限制如一般的处分禁止、查封、扣押、破产记载等等，也应当进行登记。限制登记的目的旨在于一定范围内限制登记名义人任意处分其不动产之权利，以保全将来可能实现之不动产权利。[②] 限制登记并不直接导致物权变动，只是限制了登记名义人处分其不动产权利。广义上的限制登记包括异议登记、预告登记、查封登记、扣押登记、破产登记，等等。但一般认为异议登记与预告登记属预备登记，而预备登记是不动产登记法中与本登记相对称的一项重要制度，它是在权利人进行本登记之前进行的一项登记，目的在于限制原登记名义人对所登记的权利的处分并对第三人予以警示，与实体法上因为权利变动而产生的对抗力无直接关系。狭义上的限制登记主要指查封、扣押、破产，而权利人最常接触的主要是民事诉讼中的财产保全，即由法院在执行中实行的查封。

---

① 参见李鸿毅《土地法论》，台湾，1999 年版，第 225 页。
② 参见杨松龄《实用土地法精义》，台湾五南图书出版公司 2000 年版，第 161 页。

所谓查封，是指为保全债权人之债权，依债权人之申请，由执行法院就执行标的，予以封存，禁止债务人之处分权而实施之执行行为。[①] 查封登记后，未经执行法院解除查封，登记名义人不得处分其不动产权利，或者说登记名义人对其不动产权利的处分对债权人不生效力。[②]

依最高人民法院、国土资源部、建设部《关于依法规范人民法院执行和国土资源房地产管理部门协助执行若干问题的通知》，还创设了"预查封"、"轮候查封"等制度，相应地，查封登记的种类分为：查封、预查封、轮候查封三种类型。

依我国相关法律，有权进行限制处分的司法行政机关有：人民法院、检察机关、公安、海关、税务。其他行政机关除非法律有明确规定，否则无权进行限制处分。

这一部分登记的内容包括：限制人、限制种类、限制原因、限制金额、限制标的、限制期限等等。此种限制登记，德国登记于不动产登记簿的第二栏，而法国专门设有不动产扣押登记簿用于登记不动产扣押令。

五　技术性内容

登记的内容，除了上述应登记的权利主体（权利人）、权利客体（不动产标的物）、具有登记能力的登记权利（法定物权种类等）与应登记的法律关系（权利取得之法律原因）等实体法内容以外，尚有登记技术上的内容，或称程序性的内容。这是因为登记如果仅仅记载上述实体法内容，则只能解决权利存续与否、权利归属的问题，而不能解决同一不动产上并存数个权利（由于不动产资源紧缺的客观条件制约，此种情况的产生是可能的）时，这些权利相互之间关系的问题。因此，"要求登记不仅要反映权利的实体构造要素，还要反映权利实现的机会和风险，即反映此权利相对于其他权利的地位，从而理顺同一不动产上并存的数个权利之间的关系"。[③] 这就必须由登记程序性内容的记载——主要是登记的顺位制度来解决。

所谓顺位，就是某个具体的不动产物权在不动产登记簿所记载的一系列权

---

① 参见李鸿毅《土地法论》，台湾，1999 年版，第 310 页。

② 有学者认为：在进行查封登记后，在拍卖之前，登记名义人对其不动产权利的处分对债权人不生效力（参见台湾陈铭福《土地法导论》）。但查封后可能出现两种法律后果：一是债务人清偿债务后，法院予以解除查封；二是债务人无法清偿债务，进入拍卖程序处分查封标的。即：查封不一定导致拍卖。

③ 李昊等：《不动产登记程序的制度建构》，北京大学出版社 2005 年版，第 201 页。

利所构成的顺序中占有的位置。① 即同一不动产上并存的数个权利在不动产登记簿上的先后次序。顺位制度是基于法律赋予所有权人可以将自己享有的使用权能与变价权能转让出去，并且这种权能转让，可以采取为他人设立限制物权之形式（如用益权、抵押权），导致同一不动产上并存数个权利而产生的登记制度。② 顺位是依据登记制度建立起来的，因此必须遵循登记决定原则。此种制度是建立在"先成立之权利，优于后成立之权利"的思想之上。③ 因此，决定顺位的先后顺序的标准，应该是数项涉及同一权利的登记申请，到达不动产登记机构的时间先后顺序。在这里，登记申请的时间尤为重要。由此可见，登记簿除了记载实体法内容外，还必须记载程序性的内容，才能解决这些权利相互之间关系的问题，才能反映物权的真实状况。

这一部分的登记内容包括：收件日期与字号、登记日期、主登记次序、附记登记次序（如有）、登记事项的顺序、其他登记事项、备考等等。

第四节　不动产登记簿

不动产登记簿是不动产登记内容的载体，是保障不动产权利的法律文件，也是不动产登记制度中一个重要的环节。

在日常生活中，人们通常偏向于经济的观察方法。对不动产的界定指的是在外观上可以清楚界定，并以某种方式加以利用或经营的土地——地球表面的一部分（所谓的"经济土地"）——及其地上建筑物。但物权法中的不动产概念着重于法律意义上的界定，即是一种纯形式的界定。这种界定，以对不动产之官方记录（地籍册）为基础；同时此种界定自身又成为以不动产在不动产登记簿中进行登记的基础。也就是说，每一宗不动产都必须要在不动产登记簿上有自己的位置——不动产登记簿簿页。该不动产登记簿簿页，就是物权法所规定意义上的"不动产登记簿"。

一　不动产登记簿的特点
从各国对不动产登记簿的设置看，不动产登记簿具有以下特点：

---

① 孙宪忠：《中国物权法总论》，法律出版社2003年版，第227页。

② 由此可知，顺位制度主要适用于各限制物权之间的关系。至于所有权，由于"一物一权"的原则，并不存在顺位关系。但在本登记与预告登记之间、异议登记之间仍存在顺位关系。

③ ［德］鲍尔·施蒂尔纳：《德国物权法》（上册），张双根译，法律出版社2004年版，第338页。

（一）不动产登记簿是一种法律文件

所谓法律文件就是依法具有法律效力的文件。考察国际上不动产登记制度，之所以不动产登记簿属于法律文件的一种，主要原因在于：首先，不动产登记簿的设置是依照法律规定设置的，必须按照法律规定要求制作、填写。其次，不动产登记一旦完成，登记机关的登记簿所记载的不动产及其权利即具有法律公示效力，对登记簿上的权利人和登记簿以外的任何人（包括登记机关本身）均将产生法律约束力。如有人侵占或侵犯了登记簿上权利人的土地权利，权利人可以要求法律上的救济；不动产登记完成后，登记簿中记载的情况，非经法律程序，不得更改或涂销。因此，各国的不动产登记簿都是按照物权法或不动产登记法的规定进行设置，并由法律授权的登记机构进行管理的。

（二）不动产登记簿是为记载不动产物权事项而设置的法律文件

在不动产登记制度中，根据物权公示原则，不动产登记簿实质上成为不动产物权的法律根据，具体地实现着登记对不动产物权的三大效力，即物权变动根据效力、权利正确性推定效力、善意保护效力。人们不但要根据不动产登记簿来完成不动产物权的设立和移转，而且根据不动产登记簿确定某人是否拥有某宗不动产的何种权利，国家的法律只能据此对权利进行保护。故不动产登记簿在不动产交易中的地位十分重要，《物权法》第十六条规定"不动产登记簿是物权归属和内容的根据。不动产登记簿由登记机构管理"。

不动产登记簿由不动产登记机关专门掌管，任何一宗不动产都必然在不动产登记簿上有一个确定的位子，不论它是私有不动产或者是官方不动产。在不动产登记簿之外，有些国家和地区还采取颁发权利证明文书的形式。当然这种权利文书只不过是不动产登记簿的外在表现形式，其法律根据仍然是不动产登记簿。

（三）不动产登记簿是自成系统的文件

不动产登记机关在自己管辖范围内办理登记时，都必须按照一定的法律要求或标准，对某一宗不动产的登记材料进行分区、编号，然后装订成册，从而使之成为一个系统。尽管各国和地区的编制方法各有不同，在德国，采"土地登记簿"的形式，以土地登记吸收了建筑物的登记，但对于地上权则另设"地上权登记簿"；在法国，采"登录登记簿"、"公告登记簿"、"扣押登记簿"、"登录申请登记簿"四种不同的登记簿；在我国台湾地区，采"土地登记簿"与"建筑物登记簿"，对土地与建筑物分别登记（当然是在同一机关），等等。之所以如此，主要是为了确保登记的准确性、安全性，同时也是为了方便检索和查阅；不仅是为了国家对不动产财产权利进行监督和管理，更是为了保障当事人的不动产财产权利。值得注意的是，在美国的登记制度中，有一项重要的制度即"保存和整理登记簿制度"。这项制度要求登记的内容应当具有连续性及完整性，一宗不动产的登记应当形成"权利链"，即不动产的所有权沿革必须连续，不能"中断"。这就是美国不动产登记制度对不动产登记簿的系统性的另一种解释。

二　不动产登记簿的功能

根据物权公示原则，不动产登记簿实质上成为不动产物权的法律根据，具体地实现着登记对不动产物权的三大效力，即物权变动根据效力、权利正确性推定效力、善意保护效力。人们不但要根据不动产登记簿来完成土地物权的设立和移转，而且根据不动产登记簿确定某人是否对某宗土地具有权利，国家的法律也只能据此对权利进行保护。

第一，确定物权归属的作用，即法律对物权变动模式的规定。通过登记，可以决定物权的变动是否发生或是否具有对抗第三人的效力——物权的形成力与对抗力。对于公示对抗主义登记制度而言，登记赋予物权的对抗力——未经登记的物权变动不得对抗第三人。在这一模式下，登记不具有形成力，而只具有对抗力。对于公示生效主义登记制度而言，登记赋予物权的形成力——未经登记不能发生物权变动的法律效果。在此模式下，登记具有形成力。总之，无论采何种模式，通过登记才可以决定物权的变动是否发生或是否具有对抗第三人的效力。由此而确定物权归属，解决物权的冲突。同时，设立登记不仅可以彰显物权的变动，而且有助于解决物权的冲突，这就是说在同一物之上存在着两个或两个以上的、在内容上相互矛盾的物权时，应当以登记的时间先后来确定应当确认和保护哪一项物权。因为，按照一物一权原则，在一个标的物上设定两个以上相互冲突的不动产物权的，各项物权的效力以登记簿登记的顺位为准。

第二，权利正确性推定的作用，即法律对登记效力的规定。登记在土地登记簿中的权利人，推定其为事实上的权利人。由于物权的设立应当登记，通过登记就能确定某项物权的归属，登记簿记载的权利人实际上就是对物权的归属在法律上的确定。也就是说，凡是登记簿所记载的权利人，就是法律所承认的享有权利的人。即使登记发生错误，在登记没有更改以前，也只能推定登记簿记载的人为真正的权利人，不动产登记所表现的物权对第三人而言也应该被认为是正确的。因为登记是以国家行为支持的物权公示手段，其法律效果当然为社会所普遍信服。

第三，善意取得的保护作用，即对信任不动产登记簿记载的权利为正确权利而取得该项权利的第三人，法律认可其权利取得有效而予以保护。这就是说，即使不动产登记簿关于物权变动的记载有错误，如果善意第三人信任登记簿记载的权利正确并取得该项权利，不能因登记簿的记载错误而追夺该善意第三人已经取得的不动产物权。这也是不动产交易的客观公正原则的要求。[①] 按照法律逻辑，权利取得仅在让与人为有权利之人时，才允许发生。但这又会有碍权利交易与经济生活的运行。因为取得人每次都必须去查明与其交易者是否是真的"权利人"，这显然会带来巨大的有时甚至是无法克服的困难。因此，法律的设计承认自无权利人处善意取得的可能性。但是这种善意取得必须有所依据，而这种依据就是土地登记簿中的实际状态。当登记发生错误时，则不应不利于信赖土地登记簿登记状态的取得人。

三　不动产登记簿的设置

由于不动产登记簿在不动产交易中的地位十分重要，故各国或地区的不动产登记法中，大都规定了不动产登记簿的管辖机关，对不动产登记簿的设置亦有明确的规定。如日本《不动产登记法》设有专章——登记簿册及图式——对不动产登记簿的种类、样式、保存、查阅等做出明确规定。[②] 德国的《土地登记簿法》[③] 与《土地登记命令》也对土地登记簿的设置做出相关规定，如《土地登记簿法》第 3 条"每宗土地在土地登记簿中都有特定的位置（土地登记簿页）"。《土地登记命令》第 4 条至第 11 条关于土地登记簿簿页的"状态目录"与"栏"的规定，等等。

（一）不动产登记簿的管辖

不动产登记簿由不动产登记机关管辖。各国的不动产登记簿都是按照物权法或不动产登记法的规定进行设置，并由法律授权的登记机构进行管理的。如

---

① 孙宪忠："论不动产物权登记"，载《中国法学》1996 年第 5 期。

② 参见《日本不动产登记法》第三章，载王书江译《日本民法典》，中国法制出版社 2000 年版，第 212—215 页。

③ 亦译为《土地登记条例》，载李昊等《不动产登记程序的制度构建》，北京大学出版社 2005 年版，第 558 页；［德］鲍尔·施蒂尔纳：《德国物权法》（上册），张双根译，法律出版社 2004 年版，第 277 页及以下。

德国《土地登记簿法》第 1 条"地方法院（土地登记局）编制土地登记簿"，第 2 条"土地登记簿基于辖区而设置"。即土地登记簿为对某一特定地域辖区内的土地以及在该土地上所成立的法律关系的官方记录。

首先，掌管不动产登记簿的机关是法律确定的负责不动产登记的官方机关。不动产登记机关作为登记的行政主体，是由法律赋予其登记的职权，在各国的实践中，既可以是司法机关，也可以是行政机关，这由各国的立法政策所决定。在德国，依德国的《土地登记簿法》规定，由地方法院的土地登记局负责土地登记。在日本，依日本《不动产登记法》，日本的不动产登记机关为司法行政机关——法务局、地方法务局掌管。在法国，负责不动产登记的机构为"抵押权登记机关"，该机关属于行政机关，隶属于法国经济和财政部。而英国城乡土地登记的机构为政府土地登记局。我国台湾地区由市县政府与辖区内设置的专门的地政事务所办理不动产登记。在我国内地，我们建议由统一独立的登记机关——不动产登记局负责。

其次，不动产登记机关按行政区域实行地域管辖。各国不动产登记法无一例外地采纳了属地主义原则，即根据不动产的所在地确定登记地的原则，无论本国人还是外国人均无例外。如德国《土地登记簿法》第 1 条第 1 款第 2 句"土地登记局对位于本区域内的土地享有管辖权。"在地域管辖上，原则上按行政区域，即市（县）设置。也就是说，市（县）的不动产登记机关对位于其辖区的所有不动产，享有地域管辖权。除法定的不动产登记机关外，其余任何机构从事登记事务，其登记行为无效。这对我国尤为重要，在我国部分地区，办理不动产登记的除土地管理部门、房地产管理部门以外，还有其他部门如开发办、工商管理等部门也在办理。此外，还有一些机构如一些地方的邮政系统、铁路系统也在进行着自己的不动产登记。① 这种做法，无疑破坏了不动产登记的统一性。

再次，不动产登记机关实行垂直管理，即级别管辖。由于不动产登记的专业性，宜实行垂直管理，垂直领导关系中的行政机关，一般只直接接受某个上级行政机关的领导。上一级登记机关不直接办理不动产登记事宜，但对基层登记局享有命令、指挥和监督等项权力，有权对下级机关违法或不当的决定等行为予以改变或撤销。需要指出的是级别管辖与我国目前少数地区的"分级登记"或"级次登记"是完全不同的。所谓"分级登记"或"级次登记"是指依不动

---

① 孙宪忠：《中国物权法总论》，法律出版社 2003 年版，第 248 页。

产权利人的不同级别，将中央所属企事业单位以及省级政府所属企事业单位的不动产在省级不动产管理部门登记，其他企事业单位的不动产则在市（县）一级不动产管理部门登记。如《珠海市房地产登记条例》规定，登记机关在房地产登记统一管理的前提下，可以实行分级登记。四川、吉林等地也有类似做法。① 这种做法增加了当事人查阅登记的负担，容易导致不动产登记的分散，人为地造成了登记的不统一。我们说的级别管辖是针对当事人的行政救济，即建立类似于法院的审级管理，实行垂直管理。

（二）不动产登记簿的形式

不动产登记簿是不动产登记内容的载体，是保障不动产权利的法律文件。从登记程序的角度看，登记事务之完成，在技术上体现为：对每一宗不动产均设置一项不动产登记簿簿页。该不动产登记簿簿页，就是民法意义上的"不动产登记簿"。也就是说，实体法意义上的"不动产登记簿"，并非是包含有数项不动产登记簿簿页的卷宗！不动产登记簿簿页可以是装订成固定的卷本，也可以设置成"活页本"形式，还可以为用电子数据处理的电子登记簿。②

国际上，对不动产登记簿的制作有明确的规定。集中表现在两个方面：一是按照登记对象的种类设置不动产登记簿的簿页和栏目，通常是按"不动产状态部分"、"所有权部分"、"负担部分（所有权以外权利）"设置；二是不动产登记簿应当遵循一定的编制标准进行编排，这种编排标准通行的有两种：其一为"物的编成"标准，即以不动产为出发点，依不动产而定所有权人，德国、日本的不动产登记簿为其典型；其二为"人的编成"，即以所有权人为出发点，依所有权人而定不动产，法国的不动产登记簿为其典型。

关于不动产登记簿的式样，③ 德国的土地登记簿簿页——除标题（地方法院之名称、卷号与簿页号）外——被划分成几个部分。用登记术语来表述，就是："状态目录"与"栏"，即"状态目录"、"第一栏"、"第二栏"、"第三栏"共四个部分。

---

① 参见李昊等《不动产登记程序的制度构建》，北京大学出版社 2005 年版，第 24 页；孙宪忠：《中国物权法总论》，法律出版社 2003 年版，第 248 页。

② ［德］鲍尔·施蒂尔纳：《德国物权法》（上册），张双根译，法律出版社 2004 年版，第 297 页。

③ 以下内容参见李昊等《不动产登记程序的制度构建》，北京大学出版社 2005 年版，第 473—482 页；孙宪忠：《中国物权法总论》，法律出版社 2003 年版，第 248 页；［德］鲍尔·施蒂尔纳：《德国物权法》（上册），张双根译，法律出版社 2004 年版，第 297—299 页。

1. 状态目录（Bestandsverzeichnis）

这一部分反映一宗或数宗土地的状态情况。[①] 包括：

土地的顺序编号、摘自地籍册的关于土地边界的说明、地籍块号码、记载地籍块的图片、土地面积、经营种类与方位、附着于土地所有权之权利。通过这些状态情况的说明，可使土地在空间位置与大小上特定化。

2. 第一栏

土地登记簿的第一栏记载土地的所有权人及其取得所有权的法律原因。在按份共有中，需说明各权利人的共有份额；在共同共有中，需说明共同共有所有权赖以成立的法律关系。

3. 第二栏

土地登记簿的第二栏记载除第三栏记载的抵押权、土地债务与定期金债务以外的其他的负担与限制。负担如用益权、地役权、限制人役权、后位继承等。限制如一般的处分禁止、破产记载，等等。

4. 第三栏

土地登记簿的第三栏记载抵押权、土地债务与定期金债务等土地担保物权。

从德国土地登记簿的编排看，就登记技术而言，或许完全可以将所有的负担与限制统一登记于一栏之中。但由于土地担保物权在实践中发生的频率常高于其他限制物权，故有设置专门栏目（第三栏）之必要。[②]

在瑞士，登记簿系由"主簿"、"土地记述书"、"日记簿"、"平面图"、"土地表示书"构成。主簿是登记簿的主体，每一主簿分为"所有权部"、"役权和土地负担部"、"担保权部"。此外还有"预告登记和建筑物部"大体相当于德国土地登记簿簿页的第一部至第三部。土地记述书相当于德国土地登记簿簿页的"状态目录"。"日记簿"、"平面图"、"土地表示书"作为登记簿的辅助手段，日记簿针对不能立刻记入"主簿"的登记申请，暂依受理顺序记载于日记簿；平面图是基于对土地的测量而表示土地的状况和界址的；土地表示书是在尚未进行土地测量的地区代替平面图的。[③]

---

① 在德国，以"物的编成"为常规情形，但"共同登记"也是允许的。所谓"共同登记"是指同一所有权人的数宗土地，置于"共同的登记簿簿页"之下。实际上采用"人的编成"标准，但这是一项纯粹的土地登记技术程序，且丝毫不影响各土地本身的独立性、各土地上所存在的负担，等等。参见〔德〕鲍尔·施蒂尔纳《德国物权法》（上册），张双根译，法律出版社2004年版，第286—299页。

② 〔德〕鲍尔·施蒂尔纳：《德国物权法》（上册），张双根译，法律出版社2004年版，第299页。

③ 陈华彬：《外国物权法》，法律出版社2004年版，第127页。

在日本，登记簿分为土地登记簿及建筑物两种。土地登记簿的样式：登记簿中，每一用纸分为标示部、甲部及乙部，甲乙部各设事项及顺位号数栏。

1. 标示部

标示部记载有关土地或建筑物标示的事项。土地登记簿包括：土地所在地、土地号数、土地种类（宅地、农地等的区分）、土地面积。

建筑物登记簿包括：建筑物所在地及土地号数，房屋号数，建筑物种类、构造及室内面积，建筑物号数，附属建筑物的种类、构造及室内面积，等等。

2. 甲部

甲部设事项栏及顺位号数栏，事项栏记载有关该不动产所有权的事项（如因不动产买卖而发生的所有权移转、假登记等），应记载接受申请书的日期、收件号数、登记权利人的姓名、住所、登记原因及其发生日期、登记标的及申请书所载且与登记权利有关的其他事项。在顺位号数栏中记载事项栏记载的登记事项的顺序。

3. 乙部

乙部设事项栏及顺位号数栏，事项栏记载有关所有权以外权利的事项（如抵押权、地役权、地上权等），记载的内容与甲部相同。在顺位号数栏中记载事项栏记载的登记事项的顺序。[①]

我国台湾地区的土地登记簿也分为土地登记簿及建物登记簿两种，其样式与日本相近，也分成类似的三部。以土地登记簿为例，土地登记簿分为标示部、所有权部及他项权利部三大部分。

1. 标示部

标示部包括：土地所在地、登记次序、收件日期与字号、登记日期及原因和原因发生日期、地目、等则、面积、其他登记事项、登记考章、编订使用种类、地上建物之建号、备考、标示部已登记用纸页数、所有权部已登记用纸页数、他项权利部已登记用纸页数。

2. 所有权部

所有权部包括：土地所在地、主登记次序、附记登记次序、收件日期与字号、登记日期及原因和原因发生日期、所有权人（姓名、管理者、住所、身份证号码）、权利范围、义务人（姓名、权利剩余额）、其他登记事项、书状字号、

---

① 日本《不动产登记法》，载王书江译《日本民法典》，中国法制出版社 2000 年版，第 212—213 页。

登记者章、备考。

3. 他项权利部

他项权利部包括：土地所在地、主登记次序、附记登记次序、权利种类、收件日期与字号、登记日期及原因和原因发生日期、权利人（姓名、管理者、住所、身份证号码）、权利范围、权利价值、存续期限、清偿日期、利息或地租、延迟利息、违约金、义务人、债务人、权利移转后剩余额、其他登记事项、证明书字号、登记者章、备考。

在法国，不动产公示自成体系，由于其不动产公示（publicité）制度是由登录（inscription）和公告（publication）两个部分组成，故其登记簿也相应地分为登录登记簿和公告登记簿。具体而言，法国的不动产登记簿分为四种，即：登录申请登记簿、登录登记簿、公告登记簿和不动产扣押登记簿。①

1. 登录申请登记簿

登录申请登记簿在不动产公示制度中具有举足轻重的地位，因为正是根据它来确定公示的先后顺位。在登记簿上，登记员要逐日按号码顺序登录向其提交的证书、法院判决、清单以及为履行公示手续而提交的文件。

2. 登录登记簿、公告登记簿和不动产扣押登记簿

这三种登记簿可以被统称为公示手段的登记簿。登录登记簿用于优先权和抵押权的登录；公告登记簿主要用于优先权和抵押权以外的不动产权利之公告，如不动产所有权的转让、用益权的设定、不动产质权的设定、12 年以上的租约等等；不动产扣押登记簿用于登记不动产扣押令。由此可知，作为公示手段的不动产登记簿实际上是根据权利种类的不同设定的。由此构成了法国不动产登记簿的特色：以登录申请登记簿确定权利公示的先后顺位，以其他三个登记簿判断不动产上所存在的权利状态。②

在英国，同样"任何登记可以被分成三种情况——所有物登记（The property register），所有权登记（The proprietorship register）和抵押登记（The charges register）"。③

从美国有关登记簿的格式文本可以看出，登记机关对登记簿格式、项目栏的设置、文件的编排、登记簿的编号等都有一定的规范，如要求登记的文件副

---

① Yves Picod, Séretés, publicité fonciére, Montchrestien, 7eéd. , 1999, paris, No. 701.

② 于海涌：《法国不动产担保物权研究——兼论法国物权变动模式》，法律出版社 2004 年版，第 123、152、153 页。

③ Cedric D. Bell (2005), Land: The Law of Real Property, Old Bailey Press, p. 66.

本通常应被载入按照编年顺序保存的登记簿，并应当编制目录索引。

从上述各国和地区的不动产登记簿设置看，大多数对于各种土地权利的记载在登记用纸上有明显的区分，并根据各国和地区的历史习惯保持各自的特色：一是都有对不动产自然情况的记载，如瑞士的"土地状况书"、德国的"状态目录"、日本的"标示部"等等；二是按不动产物权的分类分别记载，如瑞士、德国将土地物权分所有权、土地负担与限制、担保性权利三部分记述，日本将所有权与所有权以外的权利分开记载。按德国学者的观点，就登记技术而言，或许完全可以将所有的负担与限制统一登记于一栏之中。但由于土地担保物权在实践中发生的频率常高于其他限制物权，故有设置专门栏目（第三栏）之必要。①

从附录中所列德国、日本、我国台湾地区的不动产登记簿的样式看，其设计繁简不一，以德国模式最为简洁，我国台湾地区最为复杂。我们认为不动产登记簿无须太复杂，其记载的是最主要的要素，如其状态目录栏仅设四栏，分别为：土地之顺序编号、土地之以前的顺序编号、土地之标记以及与所有权相关之权利、面积，加上增记与划记共八栏；第一栏设四栏，分别为：登记之顺序编号、所有权人、状态目录中土地的顺序编号、登记之基础；以能够清楚反映权属的状况为必要。我国在设计不动产登记簿时可以借鉴。

我国不动产登记由不同部门进行，土地登记以土地使用权为主，房屋登记以所有权为主。相比国际惯例，除了登记机关不统一外，就登记技术而言，登记簿没有较为系统、明确、完整地反映某宗不动产上负载的各种权利状况。毫无疑问，今后我国的不动产登记簿体系的构建，也应参考国际惯例，适时求变，在格式和内容上进行完善，以便更好地为市场经济服务。需要指出的是，如果我们将土地使用权界定为用益物权，那只能登记于不动产负担部分——即德国的土地负担与限制、日本的所有权以外的权利、我国台湾地区的他项权利，等等。如此一来，正如我们前面所述，如果土地使用权是用益物权，那么我国的不动产登记难道是建筑在用益物权制度之上吗？这同国际上不动产登记建立在所有权基础之上的制度显然是背道而驰的。由此可见，即使从登记技术出发，如果把土地使用权视为用益物权，将陷入一个无法自圆其说的悖论。因此，制度设计者不能只从实体法出发，而对程序法视而不见，尽管程序法的具体设计可以滞后，但在设计实体法时对程序法的设计至少也应有个框架，才能成竹在胸。

---

① ［德］鲍尔·施蒂尔纳：《德国物权法》（上册），张双根译，法律出版社 2004 年版，第 299 页。

（三）不动产登记簿的电子化制作

随着电子技术的迅猛发展，不动产登记领域也出现了电子化的趋势，不动产登记正经历从传统的手工登记逐步向现代化电脑登记系统转变的过程，各国和地区既保留了传统的不动产登记簿册等地籍档案，也广泛采取先进的技术手段，以缩微胶片、磁盘和光盘等多种存储介质为载体，对不动产登记簿册进行信息化、自动化和网络化管理。我国许多城市在登记的处理上都采用了计算机技术，将登记的过程电子化了，但在立法上却未做出明确的规定。毋庸置疑，从技术上看，登记的电子化将是不动产登记发展的趋势。

不动产登记簿的电子化有两层含义：一是用计算机自动化数据编制不动产登记簿，即以电子中介或者磁性中介（如缩微胶片、磁盘和光盘）等多种存储介质为载体，对不动产登记簿册进行信息化与自动化的管理；二是通过互联网实现网上申请、网上审批与网上查阅完成不动产登记和形成不动产登记簿，即所谓的"电子转让"。

对于不动产登记簿的电子化管理，各国和地区设有诸多法律规定。日本的《不动产登记法》专门就电子登记问题规定了一章，即第四章之二——依计算机信息处理系统进行登记的特例。其第151条之二"在法务大臣指定的登记所，可以依法务省令之所定，用电子情报系统处理登记事务的全部或一部，于此情形，登记簿以磁盘制作之。"我国台湾地区的"土地登记规则"第10条"……土地登记以电子处理者，经依系统规范登录、校对，并异动地籍主档完竣后，为登记完毕。"德国《土地登记条例》第7章——机器编制的土地登记簿，对土地登记簿的计算机管理作了专门的规定：计算机管理土地登记簿的范围、内容；用计算机自动化数据管理的土地登记簿与传统的书面土地登记簿的地位和关系；数据管理的原则；开发和建立有关软件系统的批准要求等。加拿大安大略省《土地权利法》规定：如果登记书面记录是以电子中介或者磁性中介记录，并符合一定的记录方式，就可以被认为跟原始契约或记录拥有同样的效果。

尽管我国许多城市在登记的处理上都采用了计算机技术，将登记的过程电子化了，但在立法上却未做出明确的规定。严格地说，这种计算机处理方式在我国并无法律依据。

相比而言，西方国家在登记电子化上走得更远，尤其在"电子转让"即不动产登记电子化的第二层含义——通过互联网实现网上申请、网上审批与网上查阅完成不动产登记和形成不动产登记簿——取得了实质上的进步。

在德国，除了实现计算机编制土地登记簿外，更实现了自动化程序的下载。

其《土地登记条例》规定，在以下事项得以确保时，准许设置通过下载而从机器编制的土地登记簿中传送数据的自动化程序：1. 数据的下载不超过条例所准许的查阅范围；2. 可以在记录的基础上控制该下载的合法性。设置自动化程序需得到州司法行政机关的许可。此种许可只能颁发给法院、行政机关、公证员、公开设立的测量工程师、对土地享有物权的人、物权人委托的人或者机关、柏林国家银行，而且其目的在于用机器形式处理有关的获取信息的申请，但不颁发给其他公法上的信贷机构。由此可知，获得许可的人可以通过下载而从机器编制的土地登记簿中传送数据，即通过互联网实现远程查阅土地登记簿。

在英国，登记的电子化问题逐渐提上日程，1998 年 9 月英国的法律委员会和土地登记署联合公布了他们提出的咨询文件——《21 世纪的土地登记》（Land Registration for the Twenty-First Century），该报告对现行法的运作进行了总结并提出了批评，同时对登记转让提出了激进的改革建议。① 该建议第一二部分——"向电子转让的推进"开宗明义"制定新法的最重要的单个理由实际上在准备本报告的过程中就出现了，即是朝向电子转让的进步性发展。这可能是现已发生的对英格兰和威尔士的转让制度而言最重要的革命性改革了"。电子转让的最初尝试是从通过电子手段来登记抵押的解除开始的，而《电子通讯法2000》也进一步推动了登记制度的改革。此后联合委员会又根据反馈意见对该建议案作了修订，以《21 世纪的土地登记：转让的解决方案》为名将修正后的建议案公布于世。2002 年 2 月 26 日新的《土地登记法》得到了皇室的批准，并于 2003 年 1 月 6 日施行。该法最突出的特点之一就是将电子转让和电子登记规定为该法的第 8 部分。其第 91 条为"电子处理：手续"、第 92 条为"土地登记网络"、第 93 条为"要求同时登记的权利"、第 94 条为"电子处理"，分别规定了电子登记的适用范围、前提条件、电子签名的鉴定、电子通信网络的选用、电子登记的登记要件、电子登记的传输，等等。和登记法第 92 条正文相配套的还有表 5，表 5 对接触网络的途径、接触的条件、接触的终止、申诉、网络交易规则、网络接触债务的优越性、自为的转让、授权的推定、网络交易的管理等做出了规定。② 随着该法的实施，电子登记得到广泛的运用。

在美国，登记的电子化通常是由州法建立的，尽管联邦全国抵押协会

---

① 参见［英］凯特·格林、乔克斯雷《土地法》（第 4 版），法律出版社 2003 年版，第 152—153 页。

② 具体条文可参考李昊等《不动产登记程序的制度构建》，北京大学出版社 2005 年版，第 488 页及以下。

（Fannie Mae）创设了标准的 FNMA 不动产抵押格式，以及可允许的地方性的不统一的协议，同时在 2002 年 6 月 28 日发布了声明 02—08（Announcement 02—08），声称它准备接受符合一定标准的电子本票（e-Notes）和电子抵押（e-Mortgages），但登记法仍由各州建立。从 2002 年起有七个州的县在某种程度上采用了电子记录系统：亚利桑那州、加利福尼亚州、佛罗里达州、密歇根州、犹他州、弗吉尼亚州、华盛顿州。这些州的记录法对电子记录过程在这些辖区如何运作提供了不少的指引。如在盐湖城、瑟斯吨县和华盛顿，记录官可以接受由 XML/HYML 协议创制的电子不动产文件。这些文件可以被检索，索引的内容也可以直接从文件本身登录到电子记录系统中去。这些也是真正的电子文件，它们的法律有效性依赖于《统一电子交易法》（UETA）和《联邦电子签名法》。总的来说，使用和记录电子文件的历史还很短，覆盖面并不广泛，但电子文件和电子记录发展的可能性已有了相当大的努力和成功。①

在我国，对电子文件和电子记录也进行了有益的探索。2004 年 1 月，建设部等六部门联合下发的《关于加强协作共同做好房地产市场信息系统和预警预报体系有关工作的通知》要求各地采取有效的措施，切实抓紧、抓好房地产市场信息系统建设的相关工作。2005 年 7 月，全国 40 个大中城市开通了房地产市场信息系统，并以网上房地产的形式向社会公开。其中，上海、南京、厦门等城市实现了网上合同传输，即商品房销售合同的登记备案实现了电子登记的方式。在电子登记的道路上迈出了可喜的一步，做了有益的尝试。有意思的是，英国电子转让的最初尝试是从通过电子手段来登记抵押的解除开始的，而我国的最初尝试却是从商品房销售合同的登记备案开始的，这恰恰说明不动产的地域特色与传统习惯的不同。由于我国正处在经济起飞时期，新建商品房的大量增加与我国法律要求商品房销售合同必须登记备案的特点决定了我国电子登记的最初尝试始于合同登记备案。当然，目前的登记备案离真正实现电子登记还有很远的路要走。

首先，要制定不动产登记电子化的法律规定。如上所述，各国在实行不动产登记电子化之前均先对登记法做出相应的修改或制定新的法律法规。我国目前对此尚无相关法律法规，2005 年 4 月 1 日起施行的《电子签名法》明确涉及土地、房屋等不动产权益转让的不适用电子签名法，这对我国不动产登记电子化的进程实际上具有负面的影响。而建设部 2004 年修改的《城市商品房预售管

① 参见李昊等《不动产登记程序的制度构建》，北京大学出版社 2005 年版，第 494 页及以下。

理办法》第 10 条第 2 款"房地产管理部门应当积极应用网络信息技术,逐步推行商品房预售合同网上登记备案"可以说是我国实行登记电子化的唯一依据,可惜该办法毕竟只是规章,层次较低。

其次,需要建立一套网络交易规则,或者说建立一个单一的得到普遍接受的电子文件和电子签名的协议。尤其是电子签名的协议对于解决电子登记中的安全问题尤为重要。在我国,这方面的技术应该没有问题,如"银联"系统在金融交易中已完全实现了电子化。

此外,登记电子化必须建立在计算机技术与设备普及应用的前提下,必要的设施与互联网技术的广泛运用将会推进登记电子化的进程。

四 不动产登记簿的效力

不动产登记簿所实现的是不动产物权公示原则,因此,不动产登记簿除了具有记录性特征外,还必须有助于权利交易之进行,或者说必须具有推定效力与善意取得效力。

（一）不动产登记簿对登记权利人的效力

不动产登记簿是登记权利人不动产权利的原证明文件,具有无可争辩的权威性。根据不动产物权的公示原则,不动产登记簿具有权利正确性推定效力,即以登记方法公示出来的物权,具有使社会一般人信赖其为真实、正确的物权的效力。因此,登记簿记载的权利人在法律上推定其为真正的权利人。依此效力,"在土地登记簿上,某项权利被为某人的利益而登记的,推定此人享有该项权利。在土地登记簿上,某项已登记的权利被涂销的,推定该项权利不存在"[①]。

具体言之,不动产登记簿对登记权利人的意义有:当权利受到侵犯时,权利人可以以不动产登记簿作为要求法律救济的依据;当与他人发生不动产权利争执时,登记簿可以作为权利人的权利证明文件;当不动产证书发生灭失时,可以依据申请依登记簿补发有关证书;从他人手中取得不动产权利而登记的,登记簿具有证明该移转关系成立的效力;可以以登记簿为据,对抗善意第三人;要处分、转让不动产权利,应当依法律的规定,申请变动或注销登记簿内容。

（二）不动产登记簿对登记主体以外的人的效力

不动产登记簿对法律关系主体以外的人,同样也具有一定的约束力。通过不动产登记簿的公示作用,不动产权利人向世人公开、显露、表明其拥有的不

---

① 见《德国民法典》第 891 条,陈卫佐译注,法律出版社 2006 年版。

动产权利的事实，这种物权的对世效力要求世人有尊重权利人的普遍不作为义务。主要表现在以下几个方面：登记簿登记的不动产权利具有公示效力，权利人以外的任何人都是其义务主体；登记簿登记的不动产权利具有公信力，因信赖登记簿的记载而与登记簿上记载的权利人进行的交易，即受到法律保护；非登记簿上记载的权利人转让登记簿上的不动产权利，权利人以外的人即使是善意取得（实际上无法推定善意），仍应返还该权利，所受损失可向非法转让人追索；任何人如果认为登记簿中登记的内容没有反映自己的权利，或认为登记簿侵犯了自己的权利，可以依法提出异议，申请更正登记簿；受让登记簿上的不动产权利或在其不动产上设定新的不动产权利，应当依照规定，申请变动或补充登记簿的内容。

（三）不动产登记簿对登记机关的效力

登记机关按法定程序将不动产权利在登记簿上登记之后，该登记对登记机关亦具有约束力，即非依法律程序，不得擅自更改、涂抹或销毁已经作出的登记。一般而言，不动产登记机关负有以下职责：依照法律规定的格式、形式、程序、方法和具体要求建立不动产登记簿；依照法律规定的登记程序、登记内容和其他要求，对符合不动产登记条件的申请，在不动产登记簿上进行记载；整理、编辑、装订登记簿及其附属文件和资料，并归入不动产登记档案当中；妥善保管不动产登记簿并依法律规定的条件和程序提供有关当事人查阅。因此，当一项不动产权利被登记后，"登记法官即使随后已认识到，登记簿因该登记而成为不正确，也不得更改该登记；他必须让诸当事人来进行登记簿更正"。[①] 在日本，"登记官于权利登记完毕后，发现其登记有错误或遗漏时，应从速将其事通知登记权利人及登记义务人"，[②] 由当事人来进行登记簿更正。

但是，在德国对该原则有两项例外：

1. 登记内容为法律所不允许时，得依职权注销。内容为法律所不允许之登记，不享受公信力保护，因此登记官应依职权将其予以注销。如使用租赁权之登记、未注明权利人之抵押权登记等。

2. 依职权之异议登记。登记依职权之异议时，需同时满足两项条件：一是原登记是登记机关"在违反法律情形下办理的"；二是因该登记而使登记簿变得不正确，且不正确状态目前仍存续。

---

① ［德］鲍尔·施蒂尔纳：《德国物权法》（上册），张双根译，法律出版社2004年版，第326页。

② 《日本民法典》，王书江译，中国法制出版社2000年版，第224页。

在日本也有类似规定，出于登记官的过失时，除第三人与登记有利害关系情形外，应依职权更正并通知当事人。

此外，若登记事项不涉及登记簿之公信力，则该登记对不动产登记机关无约束力。如对权利人之姓名、身份、土地的经营种类等被误写时，登记机关可自行更正。其他如不正确的遗嘱执行人附注、所登记之异议不正确、所登记之处分限制不正确，等等。一言以蔽之，凡登记事项不涉及登记簿之公信力即不享受公信力保护，故对不动产登记机关无约束力。

在我国，不动产登记簿对登记机关的约束并未得到重视，《城市房屋权属登记管理办法》第二十五条规定：

有下列情形之一的，登记机关有权注销房屋权属证书：

（一）申报不实的；

（二）涂改房屋权属证书的；

（三）房屋权利灭失，而权利人未在规定期限内办理房屋权属注销登记的；

（四）因登记机关的工作人员工作失误造成房屋权属登记不实的。

在这里，一是将注销不动产登记混同于注销房屋权属证书，以注销房屋权属证书替代了注销不动产登记；二是将当事人的更正登记混同于登记机关依职权之异议登记，以登记机关依职权之异议登记剥夺了当事人的更正登记权利。

《土地登记规则》第71条规定：土地登记后，发现错登或者漏登的，土地管理部门应当办理更正登记；利害关系人也可以申请更正登记。倒是分清了登记与发证的区别，但同样将当事人的更正登记混同于登记机关依职权之异议登记。

如此一来，登记机关的权力实际上被无限扩大，可以随意改变登记簿的内容，随意注销权属证书。换言之，不动产登记簿对登记机关几乎无任何约束。

五 不动产登记簿与不动产权属证书

在不动产登记制度中，根据物权公示原则，不动产登记簿实质上成为不动产物权的法律根据。人们不但要根据不动产登记簿来完成不动产物权的设立和移转，而且根据不动产登记簿确定某人是否拥有某宗不动产的何种权利，国家的法律只能据此对权利进行保护。在不动产登记簿之外，有些国家和地区还采取颁发权利证书的形式。那么，不动产登记簿与不动产权属证书之间究竟是何种关系呢？我们认为，不动产登记簿是不动产物权的法律根据，而不动产权属证书只不过是不动产登记簿的外在表现形式。所以，不动产权利归属的确认须以不动产登记簿上的记载为准。

不动产权属证书是由不动产登记机关发放的证明不动产权利归属的书面凭证。具有以下显著特点：1. 不动产权属证书只能由不动产登记机关发放；2. 不动产权属证书的内容应与登记簿的内容相一致。不动产权属证书是登记机关在对特定不动产权属情况进行登记（即登录到不动产登记簿）之后，向特定权利人发放的权属证明，不动产权属证书的内容应与登记簿的内容相一致；3. 不动产权属证书只能向特定不动产的权利人发放，如不动产系共有，还可向共有权人发放共有权证；4. 不动产权属证书以一物一证为原则。不动产权属证书是对特定不动产权利归属的书面证明，基于一物一权主义，不动产权属证书以一物一证为原则。

不动产权属证书在交易活动中得到广泛的运用。应当说，颁发不动产权属证书的初衷是为了给权利人一个证明，同时也是为了交易的便利。但在目前的实务中却出现了异化，对不动产权属证书的认识与其性质相悖之处仍嫌较多，归纳起来主要有两类：其一，颠倒不动产权属证书和不动产登记簿①的关系，以为不动产权属证书是证明不动产所有权的唯一合法凭证，登记簿只是不动产权属证书的档案。例如，在实务中判断一个人是否拥有特定不动产权利时，往往以其是否持有不动产权属证书为根本依据。其二，混淆证书与证券的性质，以为不动产权属证书具有证券的性质与作用，可以代表其上记载的不动产权利。例如，在不动产买卖中，以为不动产权属证书的交付具有不动产权利移转的效力；或者在不动产抵押中，以为不动产权属证书交给抵押权人占有即具有设定抵押权的效力。

不动产权属证书作为一种证书，虽然可以证明不动产权利归属于谁的法律事实，但其证明力的依据是该证书记载与登记簿上的记载具有一致性。如果离开了不动产登记簿或与登记簿的记载不相一致，不动产权属证书在交易活动中就失去了对不动产权利归属的证明力。如果不动产登记簿上未作变更，不动产权属证书自身任何单独的变更均不产生物权法上的效力。例如，在不动产买卖时，不动产权属证书的交付并不产生不动产权利移转的效果，受让人并不能以取得出卖人的不动产权属证书为由，主张其已经取得该不动产。又如，不动产权属证书遗失后，不动产权利人并不因此失去该不动产，权利人可根据登记簿

---

① 我国目前并无严格意义上的不动产登记簿，有的只是内册、内卡、内簿等等，为表述方便，这里把它们当成不动产登记簿来表述。

的记载主张和行使权利，并可要求登记机关根据登记簿上的记载补发不动产权属证书。可见，不动产权属证书不能脱离登记簿的记载而发挥其证明作用。所谓"房屋权属证书是权利人依法拥有房屋所有权并对房屋行使占有、使用、收益和处分权利的唯一合法凭证"[①] 的规定，实际上颠倒了不动产权属证书和不动产登记簿的关系，误解了物权公示的原则、意义和适用规则。

不动产权属证书也不具有代表不动产权利的功能，这一点与证券大不相同。我国著名法学家谢怀栻先生曾精辟地指出，证书是记载一定的法律事实或法律行为的文书，其作用仅仅是证明这种法律事实或法律行为曾经发生，至于这类证书的有无和存在与否并不能直接决定实体的法律关系的存在与否。行使权利与持有证书无关，转移权利也无法通过交付证书进行。然而，证券不仅记载一定的权利，其本身就代表一定的权利，在通常情形下，权利与证券是结合在一起的，证券不仅是证明权利之存在，证券的存在与权利的存在也有密切的关系。[②] 同是书面凭证，证书与证券在性质上的主要区别是：证书仅仅是证明法律事实的书面凭证，不动产权属证书作为权利证书，只能证明特定不动产权利归属于谁，而不能代表其上记载的权利；而证券不仅能够证明权利的归属，如当事人在诉讼中即使只持有证券这一孤证，亦可充分证明其拥有证券上的权利，而且还能代表其上记载的权利，移转交付证券即产生权利移转的效力。

我国目前立法中关于不动产登记实行登记发证制度，但这种既设立登记簿又发放不动产权属证书的制度与托仑斯登记制不同的是，我国的权属证书并非是登记簿之副本，因此，二者记载的内容很有可能不尽一致。此时就涉及登记簿与权属证书的效力关系问题，即二者均由登记机关制作，均由国家权威保障，若内容上发生冲突，应如何解决。而这个问题在我国现行法律中是找不到答案的。

首先，不动产登记簿与不动产权属证书之间的关系问题。如前所述，这二者内容不一致时，会发生效力冲突。可能出现权属证书的记载为正确，而登记簿的内容错误；或权属证书内容错误，而登记簿的记载实际正确的情况。对此现行的法律并无明确规定，目前的做法就是当不动产权属证书的内容与不动产登记簿不一致的，依"因登记机关的工作人员工作失误造成房屋权属登记不实

---

① 见《城市房屋权属登记管理办法》第五条。
② 谢怀栻：《票据法概论》，法律出版社 1990 年版，第 2—4 页。

的，登记机关有权注销房屋权属证书"① 的规定办理。物权法《建议稿》和《意见稿》显然都注意到了这一点，并试图从法律上将其解决。如《建议稿》第22条规定："不动产权属文书的内容与不动产登记簿不一致的，以不动产登记簿的记载为准。"《意见稿》第14条："不动产权属证书记载的事项，应当与不动产登记簿记载的事项一致。记载不一致的，以不动产登记簿为准。"最终《物权法》第17条规定"不动产权属证书是权利人享有该不动产物权的证明。不动产权属证书记载的事项，应当与不动产登记簿一致；记载不一致的，除有证据证明不动产登记簿确有错误外，以不动产登记簿为准"。但这样一来，又产生了新的问题。

不动产权属文书的内容与不动产登记簿不一致的可以归结为两类：一是登记机关所为；二是当事人所为。由于登记机关的过错，当权属证书的记载实际为正确，而登记簿的内容错误时，当事人依实际正确的权利证书的记载而为的交易并不能受到法律的保护，因为法律赋予登记以公信力，其记载内容正确与否，在所不问；当权属证书内容错误，而登记簿的记载实际正确时，由于我国不动产实践中存在着"重视不动产权属证书而轻视不动产登记簿的现象"，当事人极有可能因信赖国家颁发的权属证书的错误记载进行交易而蒙受损失。虽然这是基于交易安全的考虑，但对于同样信任登记机关的记载并为正确交易的当事人来说，未免有失公平。

在这种情况下，《建议稿》将其纳入国家赔偿的范围，因为其第40条将登记机关承担国家赔偿责任的条件规定为因登记机关的过错，致不动产登记发生错误，且因该错误登记致当事人遭受损害的情况。这样，权属证书的错误也可属于登记错误，若当事人因信赖权属证书的错误记载而蒙受损失时，可依《建议稿》从登记机关的赔偿中获得补偿。② 但在《意见稿》中，这种情况却不能依其确立的国家赔偿责任获得赔偿。因为依其第23条规定，因登记机构的过错，导致不动产登记簿错误记载，对他人造成损害的，登记机构承担损害赔偿责任。即其将登记错误仅限于对不动产登记簿的错误记载，而不动产权属证书的错误记载并不属于此范围。这样，依《意见稿》的规定，不仅大大减弱了不动产权属证书的证明效力，使人们不敢、不能对其信任，在交易时还须对权属

---

① 见《城市房屋权属登记管理办法》第25条。

② 《物权法》采用《建议稿》的意见，其第21条第2款规定：因登记错误，给他人造成损害的，登记机构应当承担赔偿责任。登记机构赔偿后，可以向造成登记错误的人追偿。

证书与登记簿的内容是否一致进行考察，不仅增加了交易成本，使权属证书形同虚设，甚至不如不设。并且将登记机关的错误和责任巧妙地转嫁到了无辜的当事人身上，影响了不动产交易的正常进行。其症结就在于我国的不动产权属证书并不是将不动产权属证书作为登记簿之副本，出现差错的几率极高。

而由于当事人的原因如涂改、伪造不动产权属证书，造成不动产权属文书的内容与不动产登记簿不一致的情形，前者因不动产权属证书的内容经过涂改而与登记簿记载不符，后者因伪造不动产权属证书出现虚假的不动产权属证书，导致买房人权益受损害。尽管这与登记机关无关，但也给登记机关造成极大的困惑，为如何识别不动产权属证书的真伪伤透了脑筋。而对当事人的处罚偏轻，"涂改、伪造房屋权属证书的，其证书无效，登记机关可对当事人处以 1 千元以下罚款"。为此部分城市登记机关曾酝酿取消纸质证书，以电子证书代之。学界亦有取消不动产权利证书的呼声。

由此可知，不动产权属证书在交易活动中的作用极为有限：不动产权属证书在交易活动中所起到的只是初步的证明作用。在不动产交易的缔约过程开始时，欲出卖不动产的一方出示不动产权属证书，可以初步证明自己是不动产权利人，有关的缔约谈判可以据此展开。如果双方初步达成一致并且准备签订不动产交易合同时，一方当事人不应只根据对方不动产权属证书的记载就与之订立合同，而应当到登记机关查阅不动产登记簿，以了解对方是否为真正的不动产权利人、该不动产上是否设定了抵押、查封等权利限制情况，[①] 因为只有登记簿上的记载才是具有公信力的权利归属证明。可见，在不动产交易过程中，不动产权属证书的证明作用是极为有限的。

既然不动产权属证书在交易活动中的作用极为有限，那么登记机关发放不动产权属证书的意义何在？一种观点认为：不动产权属证书主要在不动产登记事务范畴中发挥作用，并且主要是为了保证登记活动的秩序与安全。也就是说不动产权属证书一是起到登记行为完成的证明作用——登记机关在完成不动产登记事务后，将不动产权属证书发放给权利人，表明登记机关已经根据事实、法律和当事人的申请，完成了相应的不动产登记；二是保证登记活动安全的作用——因为不动产的权属情况依据不动产登记簿的记载，而登记簿由登记机关记载并且由该机关保管，并不在权利人的控制之下，如果登记机关或者其工作

---

① 据笔者了解，广州市的不动产交易登记前一定要先到档案馆查阅，由档案馆出具权属证明后，才予收件。或许正是对不动产权属证书的不信任？

人员，擅自更改登记簿的内容，权利人就面临失权的危险。为了防止此种情况的发生，登记机关在进行了不动产登记之后，有必要再向权利人发放不动产权属证书，其上记载与登记簿相同的内容。如果事后发现登记簿的记载有与不动产权属证书相异之处，权利人可以以不动产权属证书的记载对抗登记机关，要求登记机关恢复原记载并承担责任。所以，在以登记作为不动产权利公示方法的制度体系中，不动产权属证书的主要功用是在约束登记机关的行为，发放不动产权属证书是保证登记安全的重要措施。

我们认为，不动产权属证书可以起到登记行为完成的证明作用，仅此而已。至于说到权利人可以以不动产权属证书的记载对抗登记机关，则无论是现行制度还是今后的立法倾向都不太可能。就登记制度而言，不动产登记簿具有公信力，必须以其记载的内容为依据，当不动产权属文书的内容与不动产登记簿不一致时，必须以不动产登记簿的记载为准。故发放不动产权属证书是保证登记安全的重要措施根本无从谈起。

既然不动产权属证书在交易活动中的作用极为有限，既然不动产权利归属以不动产登记簿的记载为准，既然二者记载的内容很有可能不尽一致，可否考虑取消不动产权属证书呢？我们认为是有这种可能性的，但考虑到我国的交易习惯，目前尚不具备条件。其实无论是《建议稿》的"登记机关颁发给权利人的不动产权属证书，是享有不动产物权的证据……不动产权属文书的内容与不动产登记簿不一致的，以不动产登记簿的记载为准"，还是《意见稿》的"不动产权属证书是权利人享有该不动产物权的证明。不动产权属证书记载的事项，应当与不动产登记簿记载的事项一致。记载不一致的，以不动产登记簿为准"，本身就是一对矛盾。问题的症结就在于我国的不动产权属证书并不是将不动产权属证书作为登记簿之副本，出现差错的几率极高。

因此，我们认为在继续颁发不动产权属证书的登记制度下，应将不动产权属证书作为登记簿之副本。即不动产进行第一次登记时，登记机关依权利状态制成权利状书一式两份，一份交申请人收执，为权利证明；一份在登记机关存根，依物的编成主义制成登记簿，其登记应保持连锁记录。权利证书与登记簿内容完全一致。这种做法既可解决权属证书与登记簿内容不一致时的效力关系问题，权属证书不致因其证明效力的不可靠而影响自身的存在价值，又可照顾我国民众重视权属证书的习惯。而权属证书即是登记簿之副本，因此并不会影响登记的权威与效力。另外，因信赖权属证书错误记载而为交易的当事人蒙受的损失，也可据此将该错误推定为登记簿之错误而获得国家赔偿。

　　至于在将来一定条件下取消不动产权属证书，也就是说只实行登记而不颁发不动产权属证书，也是完全有可能的。世界各国的登记制度，既有颁发权属证书者，亦有不颁发权属证书者，不颁发不动产权属证书同样可以达到登记公示的目的。由于此为另一命题，此处不赘。

第四章

登记效力论

在本书第一章，我们对世界各国的登记制度作了基本介绍，本章将对不动产登记效力的问题作出论述并阐述我们对不动产物权变动模式的观点。长期以来，我国民法学者对不动产物权的变动作了大量的研究，就是否承认物权行为，登记是物权行为的成立要件还是生效要件，物权登记有无公信力，登记采生效主义还是对抗主义等，学者间的观点可以说是众说纷纭。但是，"全部比较法的方法论的基本原则是功能性原则。——任何比较法研究作为出发点的问题必须是从功能的角度提出，应探讨的问题在表述时必须不受本国法律制度体系上的各种概念所拘束"。[①] 因此，我们在考察不同登记模式的时候，必须站在外国法本国的立场上，考察他们能否以及在多大程度上可以实现登记制度的功能。

第一节　物权变动模式

如前所述，物权登记的效力，是指物权获致登记后所取得的私法上的效果，亦即对相关当事人所施加的实际作用。它是整个登记制度的核心，涉及物权变动模式的立法选择。

物权变动模式是指立法对物权变动规则的选择，因物权变动的不同条件，当今世界各国物权变动模式大体上分为两种，即意思主义和形式主义模式。从我国对不动产变动模式的研究中，越来越多的学者认识到，"实际上，各种物权变动的模式的差异，并非如我们所想象的那样明显。出于论争的需要，我们总是有意无意中夸大了各种物权变动模式间的差异"。[②] 各种不同的法律秩序，尽

[①] K. 茨威格特、H. 克茨：《比较法总论》，潘汉典等译，贵州人民出版社 1992 年版，第 54 页。

[②] 王轶：《物权变动论》，中国人民大学出版社 2001 年版，第 32 页。

管在其历史发展、体系和理论的构成及其实际适用的形式上完全不相同，但是对同样的生活问题，往往直到细节上采取同样的或者十分类似的解决办法。二者的区别与其说是功能上的区别，不如说是路径上的差异。

一 物权变动

所谓物权变动，是指物权的设立、移转、变更和消灭。[①] 这是从物权本身的角度观察而言。从物权主体的角度说，是物权的取得、变更、丧失。[②] 物权变动是物权立法、司法和理论中的重要问题。通过立法，确立物权变动的规则，规范权利主体设立、移转、变更和消灭物权的法律行为，从而调整权利主体之间物权关系的设立、移转、变更和消灭。建立物权变动制度，最直接的根据在于确定物权享有以及行使的基准。一旦发生物权纠纷，法院通过物权变动规则，确认物权归属，从而解决物权纠纷。

物权的变动在我国现有的立法与理论界中有"三分法"与"四分法"之说。所谓四分法，即将物权的变动区分为"设立、移转、变更和消灭"；所谓三分法，即将物权的变动区分为"设立、变更和消灭"。三分法实际上将移转与变更合并为"变更"，是对变更的广义理解，[③] 我们采"四分法"。

1. 物权的设立。物权的设立，是指创设一个本来不存在的物权，如依据法律行为设定抵押权；或依据事实行为取得物的所有权，如自建房屋。总之，物权的设立是产生一个新的物权，通常称为物权的发生。

2. 物权的移转。物权的移转，是指将已经存在的物权在民事主体之间转让，如依据法律行为出让一项不动产物权。三分法将其归入"物权的变更"，即所谓"广义的变更，是指物权的主体、客体或者内容发生变化"。但"有谓主体变更——即移转——为变更者，殊不足采"。[④] 我们认为，主体的变更是权利人的更迭，属于物权的得失问题，应当排除在物权变更之外，物权变更仅指物权的客体和内容的变更。[⑤]

3. 物权的变更。物权的变更，是指物权在主体不变更的前提下改变物权的

---

① 孙宪忠：《中国物权法总论》，法律出版社 2003 年版。

② ［日］近江幸治：《民法讲义 II · 物权法》，王茵译，北京大学出版社 2006 年版，第 30 页。

③ 参见李昊等《不动产登记程序的制度建构》，北京大学出版社 2005 年版，第 325 页及以下。

④ ［日］三潴信三：《物权法提要》（上、下卷），孙芳译，中国政法大学出版社 2004 年版，第 20 页。

⑤ 郑玉波：《民法物权》，台湾三民书局 1992 年修订第 15 版，第 26 页。

客体和内容，如建筑物的增减、土地用途的改变，等等。

4. 物权的消灭。物权的消灭，指物权的终止。就物权主体而言，意味着权利人丧失物权。物权的消灭有绝对消灭与相对消灭之分，绝对消灭可分为两种情形：一是权利客体不复存在，即物的毁损，如房屋被大火烧毁；二是权利客体仅与权利人分离，客观上仍然存在，如物的抛弃或遗失。物权的相对消灭，是指物权仅与原权利人相分离，但权利本身仍然存在，只是归新的权利人享有，如在交易中，卖方丧失所有权，买方获得所有权。

二　物权变动的原因

物权变动，或基于法律行为，或基于事实行为与事件。此种引起物权变动的法律行为或法律事实也称为物权变动的原因。根据造成这种变动的原因，一般可将物权变动分为基于法律行为的物权变动和非基于法律行为的物权变动两种。其中最重要、最常见的变动原因是法律行为。

1. 基于法律行为的物权变动

民法上的法律行为，以意思表示为要素，是主体意愿的表现。权利主体出于个人之意愿，使人与物之关系发生变动，这是基于法律行为之物权变动本质所在。

依法律行为之物权变动——包括双方行为与单方行为，双方行为通常体现为契约或合同——为社会经济生活中最常见的一种形式。因此以法律行为为原因之物权变动成为现代各国物权立法政策与立法技术的重要课题。一般而言，基于法律行为之物权变动主要有：（1）因买卖、互易而取得物权或丧失物权；（2）因赠与、遗赠而取得物权或消灭物权；（3）因设定行为而取得物权（不动产之抵押权、地上权、地役权和动产之质权等）；（4）物权之抛弃。

2. 非基于法律行为的物权变动

物权变动作为一种法律关系的变动必然体现到法律事实这个原因上。引起法律关系变动的法律事实，包括事件和行为两大类，行为与当事人意思有关，事件则是与当事人意思无关的事实。其中，事件反映到物权变动上，就是非基于法律行为的物权变动。即非根据当事人的意思表示而发生的物权变动，而是根据国家法律规定的特定法律事实为物权变动之原因。

非基于法律行为的物权变动主要有：（1）依据"公共权力"发生的物权变动（如法定抵押权、法定优先权）；（2）因继承发生的物权变动；（3）因事实行为发生的物权变动（如先占、添附）；（4）因自然事件发生的物权变动（如损毁、混同、灭失）；（5）时效取得，等等。①

由于民法是调整交易关系的法律，物权法是民法的重要组成部分，而法律行为基本上反映交易关系，因此，法律行为是引起物权变动的主要原因。② 或者说，依据法律行为发生的物权变动，是物权变动的常见类型；而依据非法律行为发生的物权变动，是物权变动的非常见类型。通说认为，各国立法关于物权变动制度的差异，集中表现在因法律行为的物权变动上。此说固然言之有理，但作为物权变动的原因之一，对非因法律行为发生的物权变动的研究几无所见，理所当然地认为非法律行为发生的物权变动"法律关系相对简单"、"可不经登记而直接发生效力"。我们认为，非因法律行为发生的物权变动尽管在物权变动中处次要地位，但同为物权变动同样应给予足够重视。诸如：为什么同是物权变动，在奉行物权形式主义的德国，非因法律行为发生的物权变动无须登记即可生效？而在奉行债权意思主义的法国，却一视同仁，"非经登记不得对抗"？我们是否忽视了什么。本文将在以下相关章节讨论。

三 建立物权变动制度的意义

建立物权变动制度的意义，首先在于确定物权享有以及行使的基准。对现实生活中丰富多样的与财富流转相对应的利益关系，如何判断当事人是否有权行使权利，对于当事人的利益和第三人的利益都很重要。例如所有权的移转、担保物权的设定、物权的变更等，在现实生活中时时发生。所有权的移转标志着原所有权人物权的丧失、新所有权人物权的取得的后果；担保物权的设定，立即发生保障抵押权人优先受偿的后果。因此，确定物权变动的有效，对于交易安全具有绝对重要的意义。交易安全的实现，主要靠物权法中的物权变动制度。

其次，在于确定风险负担的基准。所谓风险，在法学上即交易风险，即交易目的无法实现的风险。在物权交易中，因为法律上的原因或者自然原因无法实现其目的时，有必要明确风险由交易中的哪一方承担。一般而言，因为自然原因发生的风险，即标的物灭失的风险，是由物权变动的有效性来确定的。标的物灭失的风险，指物权的标的物因自然原因发生的毁损，如房屋的

---

① 参见孙宪忠《中国物权法总论》，法律出版社 2003 年版，第 197 页及以下。
② 参见梁慧星主编《中国物权法研究》（上），法律出版社 1998 年版，第 139 页。

倒塌等。对于这种风险的负担准则，世界上公认的是"风险随所有权移转"，即由所有权人承担标的物灭失的风险。在物权变动中，除一手交钱一手交货的即时交易外，由于变动是一个过程，而不是一个点，确定这一基准尤为重要。简言之，所有权未移转之前发生的风险由出卖人承担，出卖人不能要求买受人主张标的物的对价；所有权移转之后发生的风险由买受人承担，买受人必须向出让人支付标的物的对价。在此，物权变动的有效性，或者说物权变动的时间显得十分重要。

因此，建立物权变动制度的意义，既在于确定物权享有以及行使的基准，又在于确定风险负担的基准。但在物权研究中，往往过分强调对于交易安全的重要意义，而忽视了风险负担责任的重要意义。

四　各国的物权变动模式

不动产物权变动模式，指由法律行为引起的不动产物权的得丧变更需要符合何种法定要件方能发生效力的法律规范模式。[①] 在引起物权变动的所有法律事实中，法律行为居于举足轻重的地位。其中关于物权如何依债权契约发生变动，更是立法政策和立法技术上的重大课题。就物权如何依债权契约发生变动，依各国立法例分析之，有以下几种规范模式：[②]

模式一，绝对的意思主义。这种模式认为，只要当事人达成合意（这种合意应当是债权合意）物权即发生变动，不需要有交付或者登记等形式行为。即物权的变动仅依当事人的意思表示就可发生绝对的移转效力。该模式由于使物权变动的公示性特征丧失殆尽，有违物权的可支配性特征，今日已没有国家采之。

模式二，相对的意思主义。这种模式认为，只要当事人达成合意（这种合意应当是债权合意）物权即发生变动，但非经登记（不动产）或交付（动产），不得对抗善意第三人。即物权的变动仅依当事人的意思表示就发生移转，但以登记或交付作为物权变动的对抗要件。该模式可称为相对的意思主义或对抗主

[①] 严格地说，不动产物权变动可分为基于双方法律行为的物权变动和基于双方法律行为以外其他法律事实的物权变动两类，但由于社会经济生活中发生的不动产物权得丧变更绝大多数都属于前者，因此传统大陆法系立法与学说中所重点关注的物权变动往往只是基于双方法律行为的物权变动。

[②] 参见王泽鉴《民法物权》，台湾三民书局 1992 年版，第 61—62 页。此处以买卖行为为例。

义，也有学者称作意思主义，① 债权意思主义。② 以法、日立法例为代表。

模式三，债权形式主义。买卖契约之标的物所有权不因买卖契约之有效成立而当然移转，须以登记（不动产）或交付（动产）为要件。即买卖标的物所有权依当事人的意思表示并不发生移转，须践行登记（不动产）或交付（动产）法定形式后才发生物权变动。此处的登记或交付是物权变动的生效要件。该模式可称为意思主义和交付原则的混合模式，也有学者称作折中主义。③ 以奥地利、瑞士立法例为代表。

模式四，物权形式主义。买卖标的物权所有权之移转，除需当事人就此标的物的所有权之转移作为一个独立于买卖契约之意思合致外，尚需践行登记（不动产）或交付（动产）法定形式后才发生物权变动。此项意思合致以物权变动为内容，学说上称为物权行为（dingliches rechtsgeschaft）、物权合意（dingliche einigung），或物权契约（dinglicher vertrag）。该模式称为物权变动形式主义，④ 以德国立法例为代表。

模式五，英美法系的物权变动模式。⑤ 买卖契约有效成立时，所有权即行移转，但动产所有权移转一般以"货物确定在合同下"、"处于可交付状态"等为要求，不动产又需通过交付地契或登记等形式要件。登记使之具有了对抗后来购买者的效力。普通法系的物权变动，不以形式要件——交付或登记作为所有权变动的必然要件。公示是一种用以使转让发生效力以对抗第三人的补充。⑥ 可以看出，普通法系的物权变动与法、日为代表的"相对的意思主义"（公示对抗主义）立法例基本相同，即不以形式要件——交付或登记作为所有权变动的必然要件。国内外一些学者在研究时，通常把英美普通法的物权变动规则视同为法、日的意思（对抗）主义。⑦

---

① 谢在全：《民法物权论》，台湾五南图书出版公司 1989 年版，第 64 页。

② 梁慧星、陈华彬：《物权法》，法律出版社 1997 年版，第 92 页。

③ 谢在全：《民法物权论》，台湾五南图书出版公司 1989 年版，第 65 页。

④ 梁慧星、陈华彬：《物权法》，法律出版社 1997 年版，第 91 页。

⑤ 需要说明的是，把英美法系与大陆法系放在一起谈物权变动是不合适的。但从世界范围内物权变动的立法例来说，这种模式是客观存在的。法律的外在形式可以不同，但其内部所蕴涵的公正诚信的价值取向却是有着共性的。此处介绍的是普通法中法定权益变动的情形，因为它与大陆法系的物权变动最相近。参见彭诚信"我国物权变动理论的立法选择（上）"，载《法律科学》2000 年第 1 期。

⑥ 参见 f. h. lawson, b. rudden, the law of property, clarendon press. oxford, pp.67—72, 1982.

⑦ 陈华彬：《物权法原理》，国家行政学院出版社 1998 年版，第 139、141 页；［日］铃木禄弥：《不动产法》，东京，有斐阁 1973 年版，第 157 页；［日］木下毅：《美国私法》，东京，有斐阁 1985 年版，第 245 页；［日］国生一彦：《现代英国动产法》，东京，有斐阁 1988 年版，第 158 页。

从上述世界主要国家立法例来看，物权变动模式大体上分为两种，即意思主义和形式主义模式。

（一）意思主义物权变动模式

所谓意思主义，就是指依据当事人的意思表示（如当事人达成合意）即可发生物权变动的效力，除此之外不再需要其他的要件。意思主义的物权变动模式可分为绝对意思主义和相对意思主义，前者是指物权仅依当事人的意思表示就可发生绝对的移转效力，意思主义的确立是以 1804 年《法国民法典》的制定为标志。其立法学者把合同视为当事人间的法律，将契约自由的民法精神发挥到了极致，强调国家对个人的干预必须是最低限度的，正如孙鹏先生指出"《法国民法典》最初奉行的是'绝对意思主义'，公示手段对物权变动没有任何意义"。① 但由于该模式使物权变动的公示性特征丧失殆尽，有违物权的可支配性特征，现今已没有国家采取此例。后者是指买卖契约有效成立时，所有权即行移转，但非经登记（不动产）或交付（动产）的物权，只在当事人之间产生效力，不得对抗第三人。由于"绝对意思主义"的弊害，法国民法典的登记规定招致各方面的批判，终于 1855 年将登记作为不动产物权变动对抗第三人的条件，公示对抗主义（相对意思主义）模式在法国最终形成。法国这一模式为后来的日本所接受，其《民法典》第 177、178 条即是非经登记（不动产）或交付（动产），不得以之对抗第三人之规定。

（二）形式主义物权变动模式

所谓形式主义，则是指物权变动除了当事人的意思表示之外，还必须具备一定的形式。形式主义的物权变动模式又可分为物权形式主义的变动模式和债权形式主义的变动模式。前者是指物权变动需要一个单独的物权行为，才能导致物权的变动。即认为物权变动仅有债权法上的意思表示还不够，还需有当事人独立的物权合意，并且这种合意需通过一种法定的外在形式——交付或登记——表现出来，物权才发生变动。后者是指物权因法律行为发生变动时，当事人除了债权合意外，还必须履行登记或交付的法定方式。就是在承认债权意思的同时，承认物权变动的公示原则。

德国法为物权形式主义变动模式的代表。比法国民法典晚近一个世纪的德国民法典之所以采取了与法国不同的物权变动模式，一方面是随着民法理论的

---

① 孙鹏：《物权公示论——以物权变动为中心》，法律出版社 2004 年版，第 6 页。

深入，实务中法国民法中的"同一主义"① 缺陷的逐渐暴露，德国采取了与法国不同的物权变动模式；另一方面是深受罗马法查士丁尼《学说汇纂》的影响，德国采取了物权形式主义。采用这一模式与著名的民法学者萨维尼提出的物权行为理论有关，萨维尼以物权交易中的交付行为为例子，提出了与传统的债权行为相对的物权行为理论，最著名的一段是："私法契约是最复杂常见的……交付是一种真正的契约，因为它具备契约的全部特征：它包括双方当事人对占有物和所有物转移的意思表示，行为人据之确定彼此间法律关系。仅该意思表示本身作为一个完整的交付还不够，因此还必须加上物的实际占有取得作为其外在的行为，但这些都不能否定其本质是契约。比如一幢房屋的买卖，人们习惯上想到它是债法上的买卖，这当然是对的，但是人们都忘记了，随后而来的交付也是一项契约，而且是一项真正的契约，的确，只有通过交付它才能完成交易。……在诸如向乞讨者施舍的场合里，包含着真正的契约，既存在着让与和受领的意思合意，然而在这里却不存在着任何债权，所有这些事例不正是说明了物权契约的存在吗?"②

在这一基础上，德国法学界将物权行为从动产交付扩大到不动产登记以及其他法定形式，认为物权变动仅有债权法上的意思表示还不够，还需有当事人独立的物权合意，这种物权合意是在双方订立债权契约之后又形成的单独就物权变动的合意。并且这种合意需通过一种法定的外在形式表现出来，物权才发生变动。这样一来，便产生了物权公示制度，将物权的归属和变动的状态展示给世人，从而保护交易安全。

根据这一模式，区分出负担行为和处分行为，而物权行为是处分行为的一部分。债权法上的合意产生负担行为，物权法上的合意产生处分行为，因此物权法上的合意是物权变动的真正原因。物权变动之时不在负担行为生效之时，而在处分行为生效之时。如《德国民法典》第 873 条第 1 款："为转让土地的所有权，为以某项权利对土地设定负担，以及为转让此种权利或者对此种权利设定负担，权利人和相对人之间必须达成关于发生权利变更的合意，并且必须将

---

①　"同一主义"又称"合一原则"，即认为：合同履行自然产生物权取得的结果，通过合同自然同时发生债权和物权取得。因此，没有必要在物权和债权之间作出区别，也没有必要建立这两种权利发生变动的不同根据，一个合同就能解决全部问题。人们将其称为"同一主义"或"合意原则"（Principle of consensus）的立法模式。参见孙宪忠"请重新思考物权变动规则的基本问题"，载王茵《不动产物权变动和交易安全——日德法三国物权变动模式的比较研究》（序言部分），商务印书馆 2004 年版，第 4—5 页。

②　田士永：《物权行为理论研究》，中国政法大学出版社 2002 年版，第 59—60 页。

权利的变更登记到土地登记簿中，但法律另有规定的除外。"第 921 条："为转让动产的所有权，所有人必须将该物交付给取得人，并且所有人和取得人必须达成关于所有权应移转的合意。取得人正在占有该物的，只需要有关于所有权移转的合意即为足够。"

债权形式主义的变动模式认为发生物权变动，不仅需要债权法上的意思表示，还须履行登记或交付的法定方式，即公示为物权变动的成立或生效要件。一方面，它区分债权变动与物权变动的法律事实基础，认为当事人之间生效的债权合同仅能引起债权变动的法律效果。生效的债权合同结合交付或者登记手续的办理，方能发生物权变动的法律效果。这与债权意思主义的物权变动模式不同。另一方面，它并不认可在债权合同之外，另有一独立存在的，专以引起物权变动为使命的物权合同，认为无论交付抑或登记手续的办理都是事实行为。经由此类公示方法的采用，实现合同的交易目的——引起物权变动法律效果的发生。最典型的是《奥地利民法典》（1811）、《瑞士民法典》（1912）以及 1958年制定的《韩国民法典》。

毫无疑问，各国物权变动的立法模式都是其本国长期历史传统、社会生活实践与法学理论研究相互融合的产物，自有其合理之处。

五 不同物权变动模式之比较

物权变动模式要解决的是物权变动的条件问题，一般认为，德国、法国、瑞士三国民法典的规定具有代表性，即前述之物权形式主义、债权意思主义与债权形式主义。三种模式的根本区别不在于是否认可"物权行为"这类表面化问题，而在于形式化与物权变动的原因两个方面。

就形式化而论，德国、瑞士同宗，即物权变动需要一定的外在形式；就物权变动的原因而论，法国、瑞士一家，即物权变动基于债权意思的表示。在形式主义模式下，由于贯彻物权变动原因与变动结果的区分原则，从而所谓物权变动是否需要原因（即无因性或有因性）是在变动原因是否影响变动结果意义上而言的。意思主义没有所谓区分问题，物权变动为债权意思生效的当然结果，因而所谓物权变动是否需要原因只能是在物权变动结果以债权意思为因的意义上理解。但无论如何，这种有因化的内部差异只是表现在物权变动结果是基础行为的直接结果，还是需要具备其他要件才能构成方面。基础行为本身独立于物权变动结果而存在。

依孙宪忠先生研究，意思主义模式与形式主义模式在不动产物权理论上有

如下差别：①

1. 依双方法律行为创设、移转、变更、废止物权时，意思主义模式认为该行为仍然是契约或者合同，不认为该种契约与一般债权法的契约有本质的不同。而形式主义模式把该种行为规定为两种契约：一种是目的在于建立、变更或解除债的法律关系的契约，就是债法上的合同；另一种是以物权的创设、移转、变更、废止为目的而成立的契约，这种契约是物权契约。在德国民法中，这两种契约有着本质的不同。为强调其不同，《德国民法典》将物权契约命名为"合意"（Eini-gung），以示其与债权法上的契约或者合同（Ver-trag）的区别。在物权变动的法律行为中，债法上的合同为原因行为，而物权契约为结果行为。

2. 依意思主义之模式，物权变动的双方法律行为以双方当事人意思表示一致为生效的唯一要求，这一点与一般的债权法上的合同并无区别。但依形式主义之模式，当事人的物权合意的生效除要求双方当事人对物权各项变动意思表示一致之外，还要求必须将其合意进行不动产物权登记，不登记者无效。

3. 对双方法律行为引起的物权变动，意思主义模式认为它是债的合同的当然结果，因此债的合同的无效必然会导致物权变动行为的无效；而形式主义模式认为它与债的合同无关，作为原因行为的债的合同的无效不能导致物权变动的当然无效，因为物权变动被认为是物权合意的结果，它是当事人之间的另一个有效的协议，即物权契约。

物权变动模式的选择是一个思想解放和斗争的曲折过程。罗马法早期的严格形式主义为所有权笼罩上了神圣的光环，这绝非理性认识的结果，而纯系古代资源稀缺状态下对物的盲目崇拜所至。帝政后期，开始出现了观念交付。但此时出现的观念交付并非承认物权变动可以通过当事人的意思直接实现，而完全是为了交易便捷的需要。至法国民法典时，人性之光极盛，遂将物权变动直接视为人的意志的结果，无须任何形式要素。此后，商品经济的发达使交易安全的保护越来越受到立法者的重视，物权变动要承担维护交易安全的义务。因而，《奥地利民法典》选择债权形式主义的物权变动模式应当是考虑到维护交易安全的需要。②《德国民法典》则按照这一思路通过物权形式主义的方式将交易

---

①　孙宪忠："论不动产物权登记"，载《中国法学》1996 年第 5 期。

②　许多教科书认为债权形式主义又称折中主义，即在物权形式主义与债权意思主义之间的折中。其实在《奥地利民法典》颁行时，尚无《德国民法典》，因此《奥地利民法典》选择债权形式主义的物权变动模式绝非是折中的结果。

安全的保护推向了极致。《奥地利民法典》、《德国民法典》均要求物权变动要具备一定的形式。由此，也就形成了近代以来物权变动模式意思主义与形式主义的对立。

在形式主义物权变动模式下，登记为不动产物权变动的生效要件；在意思主义物权变动模式下，登记则非物权变动要件，[①] 这是这两者的根本区别。从形式主义物权变动模式考察，物权形式主义与债权形式主义的区别主要在是否承认"物权行为"或者说是否承认物权的无因性。

物权形式主义的物权变动模式将债权行为与物权行为截然分开，债权合同仅使债权发生变动，若欲发生物权变动的法律效果，在债权合同之外，还需有专以引起物权变动为使命的物权合同和公示形式，即"物权合意＋公示"。债权形式主义将物权变动规定为债权意思表示的结果，并不要求债权意思表示之外的另一以物权变动为直接目的的意思表示，若欲发生物权变动的法律效果，在债权合同之外，还必须进行公示，即"债权合意＋公示"。概言之，无公示，即无法完成物权变动，这样观念中的交易就外化为一定的物质形式，社会借此获得了认识当事人之间物权变动法律关系的手段。

从意思主义物权变动模式考察，意思主义物权变动模式认为，物权变动仅以当事人的意思合意足矣，即纯粹根据当事人的自由意志就可发生物权的变动，交付或登记行为仅作为物权变动的对抗要件。且物权变动为债权意思生效的当然结果，并不存在"物权合意"一说。

但需要指出的是，当代法国法的意思主义为相对意思主义，法国物权变动的发展过程是意思主义形成流程和公示主义相互影响与排斥的互动过程，并最终妥协与调和，合流为意思对抗主义。也就是说，目前我们所研究的意思主义为相对意思主义，其与绝对意思主义已有很大区别。这种区别表现在尽管物权的变动仅依当事人的意思表示就能发生，但却要以登记或交付作为物权变动的对抗要件，严格说来"公示"已被引入意思主义模式。不应以绝对意思主义的观点否定相对意思主义，这种否定不仅没有意义，而且也不公平。

造成物权变动模式立法差异的原因，如于海涌先生指出的，尽管"债权具有相对性，物权具有绝对性，但是，债权往往是物权发生之原因，而物权往往又是债权履行之结果。我们不难发现物权变动其实并不纯粹地属于物权法的范

---

① 张家勇："不动产物权登记效力模式之探究"，载《法商研究》2006 年第 5 期。

畴，也不纯粹地属于债权法的范畴，而是处于物权法与债权法的交叉口上"。①
各国往往因为坚持不同的基本理论而导致立法体例中的制度设计相差甚远。在
我国讨论不同的物权变动模式时，学者们尽管认为无孰优孰劣之分，但主流还
是对形式主义情有独钟，大都认为以《法国民法典》为代表的债权意思主义的
物权变动模式在制度构建上存在的颇多缺陷。

　　其实意思主义物权变动模式与形式主义物权变动模式各有利弊。意思主义
将公示与物权变动本身分开，不以公示作为物权变动要件，因而交易较为便捷。
应当说，意思主义将物权变动从形式的樊笼中解放出来，使物权交易得纯然地
依当事人的意思自由地发展，是对古代法形式主义的超越，具有深远的历史意
义。但意思主义模式对物权变动缺乏必要的能够为外界知悉的表征（公示），过
于强调主体的意思而忽视了交易安全的社会价值，很容易使第三人遭受不测之
损害。形式主义将公示与物权变动本身结合为一体，"无公示，即无物权变动"，
有利于统一确定物权变动时间，使物权的归属关系明晰化，这对保护交易安全
特别是善意第三人的利益较为有利。但形式主义模式并非形式主义论者想象得
那么完美，也存在固有的局限。形式主义的局限可以从以下两个方面来分析：
一是在价值取向上，形式主义过于注重形式，强调交易安全，忽略了对于交易
效率的要求；二是过分强调公示，从而抹杀了当事人间不必公示的交换利益。
通说认为意思主义模式注重当事人的意思和交易的效率，形式主义模式偏重于
交易秩序的维护。

第二节　对意思主义物权变动模式的再解读

　　《法国民法典》第 711 条规定："财产所有权，因继承、生前赠与、遗赠以
及债权的效果而取得或移转。"第 938 条规定："经正式承诺的赠与依当事人间
的合意而即完成；赠与物的所有权因此即移转于受赠人，无须再经现实交付的
手续。"第 1583 条规定："当事人就标的物及其价金相互同意时，即使标的物尚
未交付、价金尚未支付，买卖即告成立，而标的物的所有权亦于此时由出卖人
移转于买受人。"根据《法国民法典》的这些规定，一些学者经过简单的逻辑化
推理就得出了这样的结论：在意思主义的物权变动模式之下，所有权的移转不

---

① 于海涌：《法国不动产担保物权研究——兼论法国的物权变动模式》，法律出版社 2004 年版，第
198 页。

以交付（公示）为必要，仅依当事人之间单纯的合意，即可发生所有权移转的效力。

作为意思主义物权变动模式的典型代表，法国民法典的这些设计似乎不太符合常理，然而，作为世界上第一部资产阶级民法典，其自 1804 年颁布以来，已经有两百多年的历史，法国始终在立法中坚守着债权意思主义的物权变动模式，而其市场经济发展良好，不动产交易秩序并未因采用债权意思主义模式而陷入混乱。可见债权意思主义物权变动模式有其存在的合理性。然而，在意思主义模式下，如何实现当事人之间的利益平衡并有效维护交易之安全？采意思主义模式是否意味着不需要建立物权变动公示制度？此外，如何解决无对抗力的物权与债权之间的冲突问题？物权变动的时间应当如何确定？① 等等。意思主义物权变动模式经常受到上述问题的诘难。我们认为上述问题在意思主义物权变动模式下都能得到妥善的解决，不能构成反对意思主义物权变动模式的理由。因此，有必要对意思主义物权变动模式进行再解读。

一 意思主义，什么"意思"——物权变动的依据

就法、日民事立法关于物权变动的模式系采意思主义模式，学界无异议，但对其"意思"究竟为物权意思抑或为债权意思，尤其就《日本民法典》的规定来说，仍是一个至今未达成一致意见并且其争论在较长时期内仍会持续下去的问题。②

毫无疑问，在《法国民法典》起草和颁布之时，由于各方面要素的影响，不能在理论上更不能在立法中提炼出别于债权意思的物权意思。一般地，物权意思在民事法学理论和立法中被债权意思吸收了，尤其是在特定物买卖为法典规制的一般对象的情况下，为实现交易便捷的时代追求，没有区分出一个物权意思的社会需要。因此，就法国民法典的物权变动模式理解为债权意思当无疑义。但自法国民法典颁布两百多年以来社会之进步和法学之发展，将法、日民法中物权变动的意思要素解释为物权意思，亦无不可。

日本民法典关于"物权的设定及其移转因当事人的意思表示而产生效力"规定中的"意思表示"是指向何种意思——物权意思还是债权意思？在日本，对此问题的争论可谓一波三折。先是从民法典制定之时直至整个明治时代，主

---

① 王轶：《物权变动论》，中国人民大学出版社 2001 年版，第 45—46 页。
② 同上书，第 19 页。

张法国法意思主义的解释一直占上风；其后是明治末期到大正初期的"德国法万能世代"，德国法物权意思的解释一度占据主导，成为学界通说；最后是自大正 10 年始，末弘博士力主法国法的意思主义理论，最终一致确立以法国法意思主义为通说，① 但至今争论仍未停止。

之所以如此，原因就在于，对源于德国的物权行为理论，不论是《德国民法典》、《日本民法典》还是后来的中华民国《民法典》，都没有明文规定。但是，在取形式主义物权变动立法例的国家，对物权行为普遍采肯定说。作为物权行为理论发源地的德国自不待言，其他如王泽鉴先生对我国台湾地区"民法典"第 758 条和第 761 条作了如下理解："此二条规定所称之法律行为及让与合意，就其文义、体系地位、比较法及规范目的而言，系指物权的意思表示，为'民法'关于物权行为之基本规定。"② 《日本民法典》在物权变动模式上追寻法国法，而在物权概念及物权体系方面完全采用了德国式的思维方式和立法模式，即《日本民法典》物权法律制度的内容沿用德国物权法的思路，对物权的效力和物权的变动作了一体的规定。因此，日本在物权变动模式上虽追寻法国法，但以日本民法典之体例、结构和逻辑，对其第 176 条之规定中的意思表示解释为物权意思表示，应无不可。故日本有学者认为，第 176 条之规定中的意思表示，在表面上看来，"虽可谓与法国法同，唯日本民法并非如法国法，因不区别债权契约、物权契约，而采用意思主义，实系为区别债权契约与物权契约，尤其关于物权契约者，以与债编各规定相互比较，自无容疑"。③ 而我国亦有学者依此提出，这样一来，"法、日民法典关于物权变动的债权意思主义，就变成了物权变动的物权意思主义：当事人间单纯的物权变动意思即能够引致物权变动的效果，物权变动之公示仅生对抗效力"。④

1804 年《法国民法典》首次确立了意思主义的物权变动模式，即纯粹根据当事人的自由意志就可发生物权的变动，不需要有交付或者登记行为。《法国民法典》是其 1789 年资产阶级大革命的精神产物。这场革命旨在消灭往昔的封建制度，并在其废墟上培植财产、契约自由、家庭以及家庭财产继承方面的自然

---

① 参见［日］近江幸治《民法讲义Ⅱ·物权法》，王茵译，北京大学出版社 2006 年版，第 48 页；王茵：《不动产物权变动和交易安全——日德法三国物权变动模式的比较研究》，商务印书馆 2004 年版，第 196 页及以下。

② 王泽鉴：《民法学说与判例研究》（第 5 册），中国政法大学出版社 1998 年版，第 4 页。

③ ［日］三潴信三：《物权法提要》，孙芳译，中国政法大学出版社 2005 年版，第 22 页。

④ 董学立：《物权法研究——以静态与动态的视角》，中国人民大学出版社 2007 年版，第 202—203 页。

212

法价值。《法国民法典》因之也被视为一部自然法法典。① 在自然法学派里，格老修斯和普芬道夫对意思主义理论贡献甚巨。他们认为，所有权是与作为客体的占有完全相区别的观念性存在；按照自然法，仅仅依凭当事人的意思即能使所有权发生移转。② 尽管自法国民法典颁布两百多年以来社会之进步和法学之发展，但其坚持意思主义的立法例并未根本改变。

法国法上的物权移转效果并非单纯地来自债权行为即债权契约，只是立法上将物权移转之意思（物权合意）统一于债权行为之中。实质上，其物权移转效果仍然来源于双方关于移转物权之合意即契约，在此情形下，便无承认物权行为独立存在之必要。由此推论，"在法国法上，合同履行中的交付的意义远没有分离主义立法上合同的履行意义重大：它不光是法律认可完成物权变动的必要形式（因为物权公示的法定化是物权法定的重要内容），而且还是物权对世性的合理依据"。③ 交付行为并非是具有独立意义的法律行为，而仅是履行契约的纯粹的事实行为。即使承认意思主义模式中有"物权合意"，但在这种立法例之下，发生债权的意思表示就是引起物权变动的意思表示，两者合一，一个法律行为可以引起债权发生及物权变动的双重效果。或者说，物权意思被债权意思吸收了。因此，就法、日民事立法关于物权变动的模式应当是债权意思主义，但将其物权变动的意思要素解释为物权意思，亦无不可。

法国法的意思主义建立在原因理论之上——如果合同是基于一个正当原因缔结的，那么它就具有法律拘束力。在中世纪经院法学家眼中，契约的效力根源在于慷慨和交换正义之德性的践行。而到 17 世纪以后，单纯的合意主义成为欧陆各国广泛承认的合同法原则。依其理论，"单纯合意即形成债"这一原则被落实在实在法中，而为契约效力提供正当性理由的原因理论则逐渐失去其往昔的道德光环。在此背景下，尽管原因理论仍然作为历史沉淀物进入法国、意大利等一些欧陆、拉美国家的民法典中，但法学家的解释不再借助于慷慨和交换正义之德性。此后，多马和波蒂埃的原因学说对法国民法典产生了重大的影响。④ 他们的原因学说直接影响了《法

---

① 王轶：《物权变动论》，中国人民大学出版社 2001 年版，第 35 页。

② 肖厚国：《物权变动研究》，法律出版社 2002 年版，第 87 页。

③ 刘文涛、邢军："交易立法的分离原则与物权行为"，载《政法论坛》2000 年第 6 期。

④ 多马是 17 世纪法国理性法学派的代表人物之一，其"自然秩序"指的就是"理性所规定的秩序"。秉承理性法学派的精神，多马认为一切合同都不过是意思的合致，因此，他关注的是意思表示，尤其是缔约人所追求的目的（but）。参见 V. Henri Capitant, De la cause des obligations, p. 165. 关于多马和波蒂埃的原因学说，参见徐涤宇"法国法系原因理论的形成、发展及其意义"，载《环球法律评论》2004 年第 4 期。

国民法典》，其第 1108 条、第 1131 条和第 1133 条的规定忠实地复制了两位学者的表述。也正是因为法国民法典采用了该学说，所以原因概念逐渐退去其伦理色彩，确定地具有了法律技术性的含义。

在法国传统理论上，原因作为当事人"为什么"要实施某种表意行为的回答，是一种心理分析的结果。在此基础上所定义的原因，又进一步解释了合同之所以具有约束力，是当事人有目的（原因）的自由意志的结果。也就是说，正是因为其自由意志是有目的（原因）的，所以合同产生债的效力有其正当性。从法条主义或法律实证主义的角度看，传统原因理论的形成，乃由《法国民法典》第 1108 条、第 1131—1133 条这些实在法的规定引发并为其司法适用服务。就此而言，传统理论一方面是对法国民法典中有关原因的规定的注释；另一方面又为消极的司法实践提供理论依据，从而使原因概念具有了实在法上的技术性和规范性性格，而不像中世纪以后的古典原因理论那样，仅具有伦理的意义。

表面上看，17 世纪后受自然法思想的影响而形成的合意主义把"单纯的合意"提升到法律的地位，但正是法国法文本对原因的要求揭示了其背后隐藏的真正的合同效力之根源。为赋予合同以债的效力而要求具备原因，意味着法律只有在当事人具有某种理由而以债的方式限制自己的自由时才认可其选择。此种隐含的潜台词恰恰体现了近代自然法对人的行为自由的一种基本预设：理性支配着人的选择，当事人的意思自治只有在其行为是理性选择的前提下才被法律认可。[1]

依法国的"意思主义"，物权变动得因当事人的合意而发生，动产的交付或者不动产的登记，只是物权变动的公示方法，而非物权变动的根据。从法理上说，如果合同是基于一个正当原因缔结的，那么它就具有法律拘束力。所谓法律拘束力意味着当事人必须履行，"合意必须遵守"（Pacta sunt servanda）的法谚已经渗透进法国法的基础，[2] 这一既是法律原则又是道德规范的法谚支持着法国法理论，并在民法典第 1134 条中加以明文化——依法成立的契约，对缔结该契约的人，有相当于法律之效力……前项契约应善意履行之。

意思主义模式之所以认为物权变动是债的合同的当然结果，正是基于"合意必须遵守"这一法律原则。换言之，一切基于正当原因缔结的合同都应当得

---

[1] 参见徐涤宇"法国法系原因理论的形成、发展及其意义"，载《环球法律评论》2004 年第 4 期。

[2] 王茵：《不动产物权变动和交易安全——日德法三国物权变动模式的比较研究》，商务印书馆 2004 年版，第 111 页。

到履行，此为原则、为常态，而未能履行的合同则为例外。虽然《法国民法典》第 711 条规定："财产所有权，因继承、生前赠与、遗赠以及债权的效果而取得或移转。"第 938 条规定："经正式承诺的赠与依当事人间的合意而即完成；赠与物的所有权因此即移转于受赠人，无须再经现实交付的手续。"第 1583 条规定："当事人就标的物及其价金相互同意时，即使标的物尚未交付、价金尚未支付，买卖即告成立，而标的物的所有权亦于此时由出卖人移转于买受人。"但这些规定应该是指物权变动的常态，而且是针对特定物。

学者注意到，在这些规定之外，关于非特定物的买卖，《法国民法典》第 1138 条规定："交付标的物之债，一经缔结契约的诸当事人同意，即告完全成立"，"交付标的物之债务，自该物应当交付之时起，使债权人成为标的物的所有人并由其负担物之风险，即使尚未实际进行物之移交，亦同"。可见，在非特定物交易中，标的物所有权并非自合同成立时起就发生移转，而是从标的物应该交付之时起移转。① 即法国民法典以特定物交易为所有权移转的一般规则，以非特定物交易为所有权移转的特别规则。非特定物一旦转为特定物，仍应遵循特定物所有权移转的规则。此外，学界在研究意思主义变动模式时，似乎并未注意《法国民法典》第六编第一章、第四章及其后章节的若干规定，其第 1590 条规定："买卖预约以定金为之者，缔约当事人任何一方均得以下列方式自主解除之：——支付定金者抛弃定金；——收受定金者，双倍返还其收受的定金。"第 1610 条规定："如出卖人在当事人约定的时间内没有交付标的物，在迟延交付完全是由出卖人单方面造成时，买受人得选择：或者取消买卖，或者占有标的物。"第 1612 条规定："如买受人不支付标的物的价金，且出卖人并未同意延期支付的，出卖人无交付标的物之义务。"第 1654 条规定："如买受人不支付价金，出卖人得请求解除买卖"，第 1656 条规定："在不动产买卖之当时如已约定买受人在规定的期限内未支付价金，买卖即当然解除，但是，买受人只要尚未受到支付催告，仍得在此期限届满后支付价金，但在受到催告后，法官不得再给予买受人延缓支付的期限"，第 1658 条规定："……买卖合同得因行使买回权与价金过低而解除"等等。既然"标的物的所有权亦于此时（订立合同时）由出卖人移转于买受人"，即依当事人之间的合意所有权即已移转，又何来买卖合同的解除与取消？如果认定"依当事人间的合意所有权即已移转"，则不存在"解除与取消"，而应为"买回"。我们认为这正说明并非一切合同均能得到履

---

① 王轶：《物权变动论》，中国人民大学出版社 2001 年版，第 19 页。

行，得到履行是常态，未能履行的则作为例外。

意思主义物权变动模式中有下列不同情形：

1. 对于现存的特定物，合同签订时，发生物权变动。但当事人另有约定时，从其约定。

2. 在非特定物（包括种类物、未来物）交易中，标的物所有权并非自合同成立时起就发生移转，而是从标的物应该交付之时起移转。

3. 债权行为的有效并不意味着债权人所设定利益的必然实现。如果债务人履行债务，物权变动发生；相反，如果债务人违约，债权人所设定债权并不能直接实现，只能通过损害赔偿或强制实际履行来实现，即如果债务人违约，物权变动即未发生。[①]

因此意思主义物权变动模式其真实意思是：物权变动得因当事人间的物权变动合意而发生，得到履行的合意，其物权变动自当事人间的合意始。否则如何解释前述取消与解除之规定？由此带来另一个问题——物权变动的时间。

二　物权变动与公示——物权变动的时间

为交易安全计，世界各国立法例均要求物权之变动，应依一定之公示方法，以表现其变动之物权内容。就物权变动而言，其如不采公示方法，依某些立法例（如德国法），根本不能发生物权变动的法律效果；依另一些立法例（如法国法），虽得产生物权变动的法律效果，但对第三人不能发生对抗效力。可以说物权公示与否，对物权变动自身形成或对物权变动的对抗效力的产生起决定性的作用。而所有这一切效果，依学者的共识，均来自于保护交易安全的需求。

物权公示究竟是指物权享有的公示，或者物权变更的公示，或者物权得失变更的公示？就物权公示的对象，理论界有所谓"权利公示说"、"行为公示说"以及"统一说"等观点。[②] 依尹田先生的研究，所谓物权公示，是指物权的得失变更，应依法律的规定采用能够为公众所知晓的外部表现形式。物权公示的实质内容，是物权的权属状况或者物权的不复存在。[③] 物权公示之目的在于明确物权的归属，即通过公示方法——占有或登记，使相对人能清晰地识别标的物上的权利内容。因此，物权如发生变动，其变动结果当然应通过公示表现出来。

---

① 彭诚信："我国物权变动理论的立法选择（上）"，载《法律科学》2000 年第 1 期。
② 尹田：《物权法理论评析与思考》，中国人民大学出版社 2004 年版，第 242 页。
③ 同上书，第 251 页。

那么，物权变动与物权公示是何关系呢？物权变动，即物权的得丧变更，虽具有动态特征，但公示的意义仅在于表征特定时点物权的归属与存续。① 物权变动解决的是权利在当事人之间是否移转、何时移转的问题，仅涉及交易的当事人；而物权公示解决的是交易安全的问题，即解决的是同一标的物的原权利人及不同次序买受人之间的权利冲突问题，涉及交易的当事人和不特定的一个或数个第三人。应当说物权变动与交易安全是两个层面的问题，不应当强制的结合在一起通过一个规则予以解决，而简单地将物权公示原则定义为"物权变动的公示"。实际上，越来越多的学者主张对物权公示对象采"权利公示说"，即物权公示是物权变动结果（权利之新的归属状况）的公示。

依法国的"意思主义"，物权变动得因当事人的合意而发生，动产的交付或者不动产的登记，只是物权变动的公示方法，但非物权变动的根据。在法国，不动产登记为物权与债权的混合登记，不动产公示仅为一种"宣告"，此种宣告在当事人之间的关系中不能发生任何作用，亦即公示的作用仅在于对抗从同一出让人处取得同一权利的第三人。实际上，意思主义认为一项有效的物权变动，在以移转物权为目的而设立的契约成立以后，物之所有权即行转移，物的实际交付仅是履行契约的当然的事实行为。因为契约不仅可以产生债权关系，同时也能直接产生物权变动效果。得到履行的合意（物权变动）直接由法律行为（合同）引起，亦即无须交付（动产）或者登记（不动产），标的物的所有权已经发生转移，受让人因合同成立而已经取得了物权。此时，在引起物权变动的法律行为与已经实际发生的物权变动事实之间，需要"公诸于世"的显然并非引起物权变动的法律行为，而是已经实际发生的物权变动之事实（即物权新的归属状态）：物权变动既已发生，引起物权变动的法律行为便完成其历史使命。

就公众而言，为交易安全，有必要知晓物权变动之事实，但并无必要知晓引起物权变动的法律行为。"就物权人而言，他向外界表明的是他对何物拥有何种物权，使相对人负有不作为的义务，并不需要向外界表明这一物权得失变更的行为。因而物权公示是对物上权属状况的公示，'占有或交付'和'登记'，都只是物权公示的方法而已，而不是物权公示的内容。"② 就相对人（如买受人）而言，他所看见和关心的是：动产的占有而不是交付，不动产的"登记结

---

① 张家勇先生认为：在理论上区分"权利公示"与"变动公示"或许有其意义，但区分的实践价值却极其有限。参见其"不动产物权登记效力模式之探究"，载《法商研究》2006 年第 5 期。

② 江帆、孙鹏主编：《交易安全与中国民商法》，中国政法大学出版社 1997 年版，第 72—76 页。

果（登记簿的记载）"而不是"登记行为（登记过程）"。至于原权利人何时、何因通过"交付（登记）"取得物权则在所不问。因此，物权公示恰恰应当是一种"权利公示"，是对已经发生的物权变动结果所进行的"公告"。法国自 1855 年将登记作为不动产物权变动对抗第三人的条件，最终形成的公示对抗主义模式，应当是为了回应保护交易安全这样一种社会政策考量的要求。

那么，就意思主义模式，物权变动何时生效，或者说如何确定所有权转移的时间呢？对此问题日本学界论述颇多，形成了"契约时说"、"物权行为时说——价款支付、交付、登记时说"、"有偿时说——价款支付时原则说"等等，[①] 实际上是围绕交易习惯与学说（包括判例理论）展开。

一般而言，不动产的买卖即所有权的转移过程，通常经过签订买卖合同、支付定金、最终支付全额价款、交付标的物、登记等阶段（但未必全按此顺序）。即物权变动是一个过程，从合同签订开始启动，到合同履行结束才全部完成，而所有权在这一过程的任何时间点都有可能发生移转。由于认为仅依当事人的合意而所有权就移转的主张明显违反一般交易惯例，故学者提出"价款支付、交付、登记时说"、"价款支付时原则说"等，以此批判"契约时说"，但无论遭到怎样的批判，其作为判例理论的原则和具有当今日本通说的地位确是不争的事实。[②] 之所以如此，我们认为"价款支付、交付、登记时说"、"价款支付时原则说"等过分拘泥于现实交易中的"交易习惯"。如近江幸治先生反复强调的"仅依当事人的合意而所有权就移转的主张明显违背一般常识"，"社会一般不认为所有权仅因当事人之间意思表示（合意）而移转，而在具有价款支付、交付、登记等外部表征时发生移转，此为社会共识，且是自古以来的交易习惯"。[③] 而如前所述，作为意思主义立法例，物权变动得因当事人的合意而发生，对物之是否交付或登记，并不影响交易契约的有效成立，且对物权之移转也不依交付或登记行为为必要。此种立法例表现在私法上就是保护意思自治及交易自由。在物权法上，契约中之物权移转意思直接延续至物权变动，即债权行为直接产生物权移转效力。所有权的观念性将所有权归为一种纯粹的观念性构造，因而主张应当把占有与所有权严格区分开来。物权变动依契约合意而成立，交付不再具有移转物权的外化特征，只是一个移转物权的占有的事实行为。

---

① 参见王茵《不动产物权变动和交易安全——日德法三国物权变动模式的比较研究》，商务印书馆 2004 年版，第 215—220 页。

② 同上书，第 216 页。

③ ［日］近江幸治：《民法讲义 II·物权法》，王茵译，北京大学出版社 2006 年版，第 44 页。

218

因为"占有是一种事实，所以，占有的移转就必须以交付这一物质的形式，至于所有权就无须如此，只要有单纯的观念形态的合意就可以发生移转……观念所有权的强化，使得交付要件受到了抑制，从而使得所有权的移转行为被观念的债权契约所吸收，使之成为债权行为的效果构成"。①

在法国，其《法国民法典》第711条、第938条、第1583条等规定了特定物的物权变动模式——其物权变动以"意思表示"时发生效力，而关于非特定物的买卖，其第1138条规定："交付标的物之债，一经缔结契约的诸当事人同意，即告完全成立"，"交付标的物之债务，自该物应当交付之时起，使债权人成为标的物的所有人并由其负担物之风险，即使尚未实际进行物之移交，亦同"。可见，在非特定物交易中，标的物所有权并非自合同成立时起就发生移转，而是从标的物应该交付之时起移转。一般认为第1583条之规定以特定物交易为规制对象，在解释上被认为是该法典关于标的物所有权移转的一般规则；其第1138条则是包括种类物、未来物等在内的非特定物所有权移转的特别规则。但仔细审视，可以发现这两条规定中唯一可以明确的是，特定物所有权移转的时间是在"当事人双方就标的物及其价金相互同意时"，非特定物所有权的移转时间是从"标的物应该交付之时"。

正如董学立先生指出的，与其说《法国民法典》第1583条、第1138条是关于所有权"何因"移转的规定，不如说是关于所有权"何时"移转的规定。② 由于物权变动是一个过程，从合同签订开始启动，到合同履行结束才全部完成，而物权在这一过程的任何时间点都有可能发生移转，因此，不能用一个僵化的标准统一的确定物权变动的具体时间。意思主义物权变动模式确认物权变动时间的核心——原则上依当事人的意思，即物权变动的时间为当事人的合意产生时，但当事人另有约定时，从其约定。将当事人之间的约定③作为确认物权变动时间的基本规则，非常符合物权变动时间多样性的现实要求。具体而言：

1. 对于现存的特定物，合同签订时，发生物权变动。但当事人另有约定时，从其约定。此为意思主义的基本原则。

2. 在非特定物（包括种类物、未来物）交易中，标的物所有权并非自合同

---

① 王轶：《物权变动论》，中国人民大学出版社2001年版，第35—36页。
② 参见董学立"物权公示，公示什么？"载《比较法研究》2005年第5期。
③ 这里的约定既包括当事人合同的成立约定，也包括当事人对物权变动时间的约定，其原则为"有约定从其约定，无约定从法律规定——合同成立时"。

成立时起就发生移转，而是从标的物应该交付之时起移转。此为意思主义的例外。

3. 出卖他人所有的特定物的合同，该合同无效，不发生物权变动的法律效果。但善意买受人可以主张缔约过失损害赔偿请求权或者不当得利返还请求权；如果符合善意取得制度的条件，则善意买受人可以取得该特定物的所有权。如果出卖人取得了标的物的所有权或者标的物的所有人追认了这一买卖行为，则该合同有效，并自出卖人取得了该物的所有权时或该物的所有人追认了这一买卖行为时移转。

三　意思主义变动模式下的交易安全

交易安全的实现，主要靠物权法中的物权变动制度。毋庸讳言，商品经济的发达使交易安全的保护越来越受到立法者的重视，因而要求物权变动要承担维护交易安全的义务。但过分强调交易安全的重要意义，既影响了"私法自治、所有权神圣、自己责任这三点民法最基本的理念"，[①]又导致了交易成本的增加和社会财富的浪费。

物权变动涉及三个范畴：维护交易的自由、维护交易的公正、维护交易的安全。维护交易的自由主要通过交易当事人的契约自由和私权自治体现，当事人是否进行物权交易、交易对象的选择、交易条件的设定等均由当事人自由约定，也就是对交易当事人的保护；维护交易的公正主要立足于对真正权利人的保护，通过物权请求权或债权请求权来完成，当登记的名义权利人与真正的权利人不符时，给予真正权利人以制度上的救济，尽量避免无权处分和善意第三人的产生，即对利害关系人的保护；维护交易的安全主要通过公示的公信力来体现，当物权变动中存在权利瑕疵而出现善意第三人时，法律为维护整个交易秩序的安全，必须对因信赖公示而进行交易的善意第三人加以保护，即对善意第三人的保护。[②]三个范畴组成了物权变动的基本规则，三个范畴密不可分又各有分工，不应混淆。

交易安全问题就是第三人的保护问题。"物权交易常常是伴随着与第三人之间的关系，所以在近代法中，合理地调整与第三人之间的关系，即对'交易安

---

① 王轶："物权变动·体系化思考·民法原理"，http：//www.civillaw.com.cn/article/default.asp?id=8122，中国民商法律网。

② 参见于海涌、丁南主编《民法物权》，中山大学出版社 2005 年版，第 30—31 页。

全'的保护，便成了物权法最重要的课题。"[1] 因为交易的客体为物权，而物权因其权利的本质，一般对第三人的利害有极大的影响。[2] 离开了第三人的保护，也就失去了其应有的意义。有人认为物权变动当事人之间也存在着交易安全的问题，这其实是对交易安全的误解。如前所述，交易安全并非是着眼于保证物权变动当事人之间交易的顺利实现，而是为了避免交易的标的物出现被他人追夺的现象。因此，物权变动当事人之间出现的争议不属于交易安全制度调整的范畴。

物权变动与交易安全是两个层面的问题，前者只涉及交易的当事人，而后者则涉及交易的当事人和不特定的一个或数个第三人。在物权变动的情况下，当事人之间存在交易便捷与权利安全两种价值的博弈，效益的最大化取决于当事人对博弈结果的判断和选择。在涉及交易安全情况时，实际上是不存在价值博弈问题的。因为尽管存在着原权利人利益以及各个买受人利益之间的博弈，但法律已经对博弈的结果作出了确定的选择，即优先保护买受人的利益，以维护交易安全。由此可见，物权变动不存在主导性价值取向，而交易安全本身就体现着一种主导性价值取向，并且后者的价值取向已经被法律所确认。如果将这两个不同的问题混合在一起，势必造成交易安全的主导性价值取向完全排除其他价值取向的存在，而这种一元化的价值取向否定了选择的多样性，殊不利于社会效益最大化的实现。

如前所述，保护交易安全实际上是一个如何解决权利冲突的问题，而解决权利冲突的方法无非有两种：一是事前避免；二是事后裁量。权利本身是一个开放性体系；各种权利的边界互相交错，难以界定得十分准确清晰；权利冲突现象是不可能完全避免的，对于权利冲突的事后裁量制度是不可缺少的。而学者、立法者和司法者面对利益的平衡和取舍实在难以抉择。当权利冲突发生后，解决的结果总是使其中的一个或数个权利不能实现，导致社会成本——包括出乎意料中断对物的利用产生的利益损失、不成功交易所支出的费用、诉讼成本等——的无谓增加，而此种社会成本有时比避免权利冲突的社会成本更高。因此，构建权利冲突的事前避免制度也是不可缺少的。只有从事前避免和事后裁量两个方向努力，才能最好地解决权利冲突问题。

---

① 川岛武宜：《民法Ⅰ总论·物权》，1960 年日本版，第 153 页，转引自林木禄弥《物权的变动与对抗》，渠涛译，社会科学文献出版社 1999 年版，第 171 页。

② 王茵：《不动产物权变动和交易安全——日德法三国物权变动模式的比较研究》，商务印书馆 2004 年版，第 9 页。

要使人们预先知道权利的状态以避免权利冲突、维护交易安全，只能借助于公示方式。因此，规定公示制度是必要的，只是在公示应是物权变动的生效要件还是对抗要件方面存在分歧。或许我们可以借用制定德国民法典论战时萨维尼的一句名言来说明这种状况，"我们心中所竭诚向往的，乃为同一目标，而朝思暮虑者，实现此目标之手段也"。① 无论对于物权公示作何理解，此项原则存在的必要性主要来源于交易安全的保护，却是学者的共识。就物权变动而言，其如不采公示方法，依某些立法例（如德国法），根本不能发生物权变动的法律效果；依另一些立法例（如法国法），虽得产生物权变动的法律效果，但对第三人不能发生对抗效力，亦即物权公示与否，对物权变动自身的生死存亡或者至少要对物权变动的对抗效力发生决定性的作用。

意思主义变动模式下维护不动产交易安全的主要制度保障是不动产的公示对抗主义。依照法国的意思主义变动模式，当事人意思表示一致而有效成立的物权变动，即使没有公示，在当事人之间仍然有效；但是一旦涉及第三人，如果该物权变动没有办理公示，那么该物权变动便不具备对抗第三人之效力。意即当出现需要维护不动产交易安全的情形（涉及第三人）时，必须以是否公示为衡量标准——"非经公示不得对第三人产生对抗效力"。由于意思主义变动模式下的公示仅产生对抗效力，作为维护不动产交易安全（涉及第三人的保护）的主要规则，公示的准确性、全面性便成为保护交易安全的重要环节。为了达此目的——确保不动产公示的真实性，法国针对 1855 年 3 月 23 日法律，先后在1935 年 10 月 30 日法令、1938 年 6 月 17 日法令、1955 年 1 月 4 日法令、1967年 9 月 28 日法令和 1998 年 4 月 6 日法律进行了多次修改，使其不动产登记制度逐步完善。其中 1955 年 1 月 4 日法令至今仍然是法国不动产公示制度的核心，该法令的颁布标志着法国不动产公示制度的基本完善。

法国的不动产公示制度采取了一系列措施，以确保不动产公示的真实性：②

1. 扩大了公示的范围

从公示的权利来看，公示的范围几乎涵盖了所有的不动产物权。不仅包括几乎所有的不动产抵押权和优先权，而且包括优先权、抵押权以外的其他不动产物权的设定与转让、12 年以上的租约。从公示的行为来看，其公示的行为不

---

① ［德］萨维尼：《论立法与法学的当代使命》，许章润译，中国法制出版社 2001 年版，第 116 页。

② 参见于海涌《法国不动产担保物权研究——兼论法国的物权变动模式》，法律出版社 2004 年版，第 280 页及以下；王茵：《不动产物权变动和交易安全——日德法三国物权变动模式的比较研究》，商务印书馆 2004 年版，第 152 页及以下。

仅包括法律行为，而且还包括非法律行为——司法行为、行政行为。如司法裁决、宣告行为、扣押令等。甚至还包括法律事实。

政令将应公示的证书、判决分为四种：一是必须公示的；二是其公示发生特别规定效力的；三是为利用人的信息的公示；四是任意的公示。其中最重要者为第一种，所谓必须公示即无公示不能对抗第三人的权利变动的证书、判决有：（1）生前行为的不动产物权的移转或设定的证书或判决；（2）期限超过12年的租借、期限未超过12年但预付3年租金的租借或请求权的转让；（3）处分权的限制的约款，以其为第三人对抗要件；（4）民法第939条规定的赠与的誉记的效力，仍按照民法第941条的规定，为第三人对抗要件。第二种可以发生特别规定效力的公示共七种，有查封命令、公用征收命令或协议让与等。第三种为利用人的信息而公示，在于使台账与公示相一致，规定对特定的行政机关，科以嘱托公示的义务。第四种任意公示者如买卖一方的预约及期限为12年以上的租借一方的预约，此虽为任意的公示，但因如有公示更易于举证第三人的恶意，故实践中多采用之。

2. 建立了公示的连续性原则（相对效力原则）

公示的连续性原则是法国登记法最具实质性的原则，1955年1月4日法令规定，如果处分人的权利没有依法已经办理或同时办理了公示，那么任何应当在登记机关公示的法律行为或司法决定均不得办理公示。简言之，前手的权利证书未被公示则不能申请公示，以确保公示的连续性，避免在公示的链条中出现空白。政令规定的程序是：应公示证书、判决、明细书必须引用处分人或最后权利人的权限证书或继承确认书的公示日期。财簿卷号、号码。此又称为相对效力原则，所谓相对效力原则，就是指，只有在转让人对权利已经进行了登记的条件下，受让人的权利才可以办理登记。①

3. 认证制度

1955年1月4日法令对公示文书的形式作出了明确的规定，原则上要求一切公示文件都采取认证形式。② 如果申请公示的证书不具备认证这一形式要件，登记官员将拒绝其公示申请。认证制度提高了公示的准确性，是维护交易安全的重要因素。此种认证制度可分为两类：一是公证证书，凡因法律行为发生的

---

① Un droit ne peut être inscrit que si celui de l'auteur de son acquéreur a été lui-même inscrit.

② 于海涌：《法国不动产担保物权研究——兼论法国的物权变动模式》，法律出版社2004年版，第281页。

不动产物权变动均应采取公证书的形式；二是认证证书，因司法行为或行政行为发生的不动产物权变动通常采取认证证书的形式，如法院送达的文书、判决以及某些行政行为形成的文书。

4. 强制公示制度

由于法国公示的范围几乎涵盖了所有的不动产物权，其立法对公示申请的义务有明确的规定，公示申请主要由公证人担当。对于抵押权，虽然立法者没有强加给公证人进行公示的义务，但判例则认为作成抵押权设定书的公证人有登记请求义务。对于抵押权和优先权以外的不动产权利，1955 年 1 月 4 日法令明确规定了强制公示制度，无论当事人是否同意，公证人、诉讼代理人、执达员、法院的书记员以及行政当局有义务在法定期限内完成法令第 28 条（第 3 款除外）规定的法律行为或司法决定的公示。

1955 年 1 月 4 日法令第 33 条对公示的期限进行了规定：原则上应公示的证书在作成后 3 个月以内必须申请；继承确认书自公证人接受作成之日始 4 个月内必须申请公示；判决生效后 3 个月内需要申请公示，但解除、撤回、撤销等判决的申请时间，缩短为 1 个月；不动产出卖人的优先权、共分人（copartageant）的优先权，其申请公示时间为 2 个月。同时，对不遵守公示期限的负有公示义务的公证人、诉讼代理人、执达员、法院的书记员等，规定了处罚条款。

通过明确公示申请的义务人与公示期限，法国的不动产物权变动建立起了强制公示制度。

5. 加强公证人的作用

由于法国公示的范围几乎涵盖了所有的不动产物权，且原则上要求一切公示文件都采取公证（认证）形式。法律规定以公证人证书的作成为要件的要式行为包括：抵押权的设定、赠与、为对抗第三人以公证书为必要的行为（如应公示的不动产物权变动）等。换言之，抵押权的设定、不动产的处分以及赠与继承等都需要公证人的参与。公证人在不动产物权变动中扮演了一个十分重要的角色，可以说，"法国的公示制度和公证人制度相结合，极好地保证了交易的安全"。[①]

首先，公证人要对其出具的公证书中的效力负责，例如公证人应当保证抵押权的设定人具有设定抵押权的资格。其次，公证人还要承担履行公示手续等

---

① 王茵：《不动产物权变动和交易安全——日德法三国物权变动模式的比较研究》，商务印书馆 2004 年版，第 159 页。

义务，且要为代理的质量负责。最后，公证人应当向他的客户说明该证书所带来的结果。公证人的一项绝对不可或缺的职责就是向当事人提供咨询，不仅要提醒客户注意不动产上当前存在的负担，而且还要提醒他主要将来可能进一步扩大的负担。如果公证人疏于披露不动产上已经存在的负担，就要为此承担责任。

在不动产物权变动上，一般对法国法主义的理解就是在意思一致的瞬间所有权移转，其实并不能作如此单纯的一言定论。买卖契约缔结同时所有权移转的原则，在实务习惯上指公证人证书作成之时。例如，依法国最高法院的见解："双方当事人的约定只有对不动产买卖进行公证之后才转移该财产的所有权。"①

总之，法国不动产公示制度中所采取的一系列措施，其目的均在于使公示更全面准确，并使不动产交易可以获得最大限度的安全。可以说，法国法对物权变动的发生依据的规定还是比较完备的，虽然这种完备来自于其众多甚至重复的条文，但实行起来却是简单而又明快。正如王茵博士指出的：法国的意思主义虽是法国大革命的产物，却有其公证人习惯制度作支撑，事实证明其对抗制度建立过程虽然缓慢，但最终结果良好，其最终的公示（誊、登记）制度非常严格，接近于德国的登记制度，加上公证人制度，可以说当代法国的不动产物权变动制度充分起到了保护交易安全的作用。②

第三节　登记的效力

所谓不动产物权登记的效力，是指物权获致登记后所取得的私法上的效果，亦即登记这一法律事实对当事人的不动产物权所施加的实际作用。对于物权公示的效力，实际上存在两种不同理解：一为狭义，即物权公示的效力是指物权公示对于物权得失变更所生之影响力；一为广义，即此种效力包括物权公示所生之一切法律效果（决定物权之得失变更是否发生、公示本身可否成为权利推定之依据以及信赖物权公示的第三人可否获得保护等），③ 如德国民法理论便认为，物权公示的效力有三：一为物权转让效力；二为权利正确性推定效力；三为善意保护效力。而一般言及物权公示的效力，多采其狭义之含义。

---

① 《法国民法典》，罗结珍译，法律出版社 2005 年版，第 1195 页。
② 王茵：《不动产物权变动和交易安全——日德法三国物权变动模式的比较研究》，商务印书馆 2004 年版，第 100 页。
③ 尹田：《物权法理论评析与思考》，中国人民大学出版社 2004 年版，第 256 页。

一　广义的登记效力

不动产物权登记的效力究竟如何？对此，学界认识并不一致，有认为物权公示的效力为：推定力、决定力、公信力；[①] 德国学者依照德国法的设计，将之归纳为三大效力：物权转让效力（Ubertragungswirkung）、权利正确性推定效力（Vermutungswirkung）、善意保护效力（Gutglaubenswirkung）；[②] 有学者认为"包括物权变动的效力、秩序维系的效力和善意保护的效力"；[③] 亦有学者认为包括"推定力、公信力、对抗力"。[④] 依孙宪忠教授研究，不动产物权登记的效力包括物权公示效力、物权变动的根据效力、权利正确性推定效力、善意保护效力、警示效力、监管效力等。[⑤] 虽然研究的角度不同，表述也各不相同，但大体上集中于：推定力（权利正确性推定效力）、决定力（形成力、物权转让效力）、公信力（善意保护效力）、对抗力。

而作为登记这一法律事实自有其自身的内在规律，既然同为不动产物权登记，那么无论是在何种立法体例中，登记的效力必然具有相同之处，存在着共性。"既然同为不动产物权登记，那么无论是在德国民法中还是法国民法中，登记的效力必须具有相同之处，如物权公示。"[⑥] 因此就登记其自身的内在规律或者说就广义的登记效力而言，我们认为主要是登记的公示效力、登记的推定效力、登记的对抗效力、登记的警示效力。而其余效力则因不同的立法政策而有不同的效果，故属于登记效力之狭义含义。

（一）登记的公示效力

公示手段对第三人来说，基本的效力是权利变动让人知的效力，即公示的告知作用。用孙宪忠先生的话说："不动产的登记与动产的交付，发挥着向社会展示当事人物权变动的公示作用。"[⑦] 登记作为不动产物权变动的公示方法，"使得观念的、抽象的物权关系物质化、有形化、透明化，并以此维系静态的物权

---

① Vgl. Holzer-Kramer, Grundbuchrecht, Verlag C. H. Beck, 1994, S. 23—24.

② 孙宪忠：《德国当代物权法》，法律出版社1997年版，第85—86页。

③ 孙鹏：《物权公示论——以物权变动为中心》，法律出版社2004年版，第229页。

④ 王茵：《不动产物权变动和交易安全——日德法三国物权变动模式的比较研究》，商务印书馆2004年版，第77页。

⑤ 孙宪忠："论不动产物权登记"，载《中国法学》1996年第5期。

⑥ 同上。

⑦ 孙宪忠：《德国当代物权法》，法律出版社1997年版，第83页。

秩序、保护物权交易之潜在当事人以最终实现交易社会的安全"。① 因此，所谓登记的公示效力即通过不动产物权登记，使抽象无形的物权穿上具体可视的外衣，将不动产物权变动结果（物权权属状况）公诸于世，令第三人为交易时知晓标的物物权权属状况，避免社会公众遭受被物权人排斥的风险。此为登记的基本效力，因为物权属于绝对权、对世权，故物权的任何变动均应进行公示。在物权法中，公示就是权利外观，不动产物权正是通过登记才取得具体物权的权利外观。有登记才有权利外观，才有公示效力；没有登记则无权利外观，也无公示效力。因此，世界各国凡有不动产立法者，少有不以登记为公示方法的。

不动产物权的变动事项应当登记，这是物权公示原则的要求。因此不动产登记在各国均成为确定其性质上将对不动产产生影响的一切有关法律情势的基本事实依据。尽管登记的作用在法国法系统和德国法系统中有所不同，对法国法与日本法来说，登记的公示效力能够达到一种"自愿强制"的后果。因为依其立法，是否登记属当事人的自愿，法律并未采纳强迫登记的原则，但非经登记之权利虽然可以有效，但是不得对抗第三人；为其权利安全，当事人又应当登记。对德国法而言，登记在这里不但发挥着针对第三人的公示对抗作用，而且还同时发挥着决定当事人的不动产物权能否按照当事人的意愿设立、变更与废止的作用。② 所以登记首先发挥着向社会展示当事人的物权变动的公示作用，即通过不动产物权登记，使抽象无形的物权在变动时穿上具体可视的外衣，是为登记的公示效力。

就保护交易安全的价值功能出发，物权变动公示的目的在于使第三人为交易时知晓标的物物权权属状况，③ 物权人或第三人能否受保护完全取决于物权是否公示的事实，物权变动是否登记决定其是否具备公示效力。也就是说，公示（在不动产为登记）是物权对世效力的源泉，物权对抗世人的效力主要是对抗知情人，知情人的范围越大，物权对抗力的范围也越大。

因此，所谓登记的公示效力，即通过登记将不动产物权变动结果（物权权属状况）公诸于世，令第三人为交易时知晓标的物物权权属状况。

（二）登记的推定效力

登记的推定效力，又称权利正确性推定效力，指有登记，则应推定有真实

---

① 孙鹏：《物权公示论——以物权变动为中心》，法律出版社 2004 年版，第 229 页。
② 孙宪忠："论不动产物权登记"，载《中国法学》1996 年第 5 期。
③ 尹田：《物权法理论评析与思考》，中国人民大学出版社 2004 年版，第 250 页。

的权利存在。也就是说登记在土地登记簿中的权利人，推定其为事实上的权利人。由于物权的变动应当登记，通过登记就能确定某项物权的归属，登记簿记载的权利人实际上就是对物权的归属在法律上的确定。即凡是登记簿所记载的权利人，就是法律所承认的享有权利的人。即使登记发生错误，在登记没有更改以前，也只能推定登记簿记载的人为真正的权利人。不动产登记所彰显的物权对第三人而言也应该被认为是正确的。因为登记是以国家行为支持的物权公示手段，其法律效果当然为社会所普遍信服。即使从登记作为表象的机能来看，也应当承认登记的推定力，否则，即失去登记的意义了。

　　不动产登记之物权应该与实际的不动产物权一致，这是正常的不动产秩序的基本要求。但是也不可否认，在当事人有过错或者登记机关有过错时，不动产登记簿上记载的权利与当事人的实际权利并不一致。但无论是权利人、相对人的过错，或是不动产登记机关的过错，登记对任意第三人来说都应该是正确的登记，登记的权利与权利人实际权利都应该认为是一致的。这是因为，对第三人来说，登记是国家专门机关所为之行为，当然也就是最具有社会公信力的事实。《德国民法典》第891条规定："（1）在不动产登记簿中为某人登记一项权利时，应推定，此人享有此项权利。（2）在不动产登记簿中涂销一项被登记的权利时，应推定，此项权利不存在。"这一规定在法律规定上称之为"法律推定"。

　　对法国法和日本法来说，不动产登记具有权利正确性推定效力也是毫无疑问的。因为，依上文所提到的日本民法关于未经登记之物权不得对抗第三人的规定，从学理上自然应当得出只有登记之物权方可对抗第三人的结论。这一推断自然也包括着登记对第三人应视为正确的意思，否则它就不可能发挥对抗第三人的作用。[①] 英美法也承认公示的正确性推定效力，"出卖者对物的占有本身即为他对物享有所有权的充分证据"。[②]

---

　　① 孙宪忠："论不动产物权登记"，载《中国法学》1996年第5期。对此尹田教授认为"所谓登记之不动产可以对抗第三人，是因为登记对第三人应视为正确"的说法，语意含混，且完全不符合"权利正确性推定"的含义：此处的"正确性"是第三人的判断，第三人基于此种判断而为物权交易受法律保护。如果不存在第三人与权利人进行物权交易，则第三人毫无必要去"推定"物权的"正确性"（即使存在所谓"推定"，也仅仅只意味着第三人对所面对的物权的必须尊重）（参见尹田《物权法理论评析与思考》，中国人民大学出版社2004年版，第298页）。而王茵博士认为"无论对公示的认识如何，德法日三国都明示或默示地肯定了公示即登记具有推定力"（王茵：《不动产物权变动和交易安全——日德法三国物权变动模式的比较研究》，商务印书馆2004年版，第81页）。本书采肯定说。

　　② f. h. lawson. b. rudden. the law of propertyclarendon press, oxford, 1982, p. 7.

因此，不动产物权登记的权利正确性推定效力应当说是一项不动产物权立法的基本规则，无论采用登记对抗主义还是采用登记生效主义，登记都具有权利正确性推定效力。

基于公示推定力，具有权利外观之人不用证明自己权利的真实性，从而减轻了证明负担，因此，推定力属于移转举证责任的程序性的规范。① 既然推定力导致举证责任倒置，说明这种"推定"并非"确定"，权利外观不必然对应着真实的权利本身，还有被推翻的可能，提出相反主张之人能通过证据推翻法律通过权利外观而对权利所作的初始配置。《德国民法典》第 892 条第 1 款规定："不动产登记簿的内容，为取得一项土地上的权利以及在此权利之上的权利的人的利益，应视为正确，但如果不动产登记簿中登记有针对此权利的异议或者权利取得人已知权利不正确时不受此限。"由此可知，登记物权推定正确的效力依法理不及于对登记物权有过错的权利人，以及恶意第三人。对因权利人自己的过错而为的错误登记，法律允许经利害关系人申请而改正，对因登记机关错误登记而出现的错误登记，法律也允许经利害关系人申请而改正，或者允许登记机关自己改正之。恶意第三人明知登记错误而为的法律行为不生效。可见，登记权利的正确性推定，效力只及于善意第三人，这是该原则的相对性。

（三）登记的对抗效力

对抗力为物权公示之基础性效力，意指物权若具备公示手段，则可对抗第三人，反之，若不具备公示手段，则不能对抗第三人。② 可见，对抗效力是指物权权利人（登记名义人）凭借已公示的物权排斥任何权利，从而使自己的利益得到保护的效力。日本法认为登记对抗力的存续以登记的继续存在为必要，即因登记的完成而发生，因登记之消灭而终止。③ 不动产物权一经登记，对于知道或者推定知道的人而言就有对抗力，外界就不敢贸然染指该物权。同时，经登记的物权进入交易领域后，就强化了物权的排他效力，有益于保护权利人的权利，防止他人侵害，减少因此而产生的纠纷，从而实现对交易安全的维护。

由于对抗力为物权公示之基础性效力，因此无论何种立法体例，无不承认登记的对抗力。登记的对抗力，在意思主义的物权变动模式下其作用最为突出，根据意思主义的物权变动模式，登记并不具有形成力，而仅仅是将"已经"依

---

① Vgl. Wieling, Sachenrecht, 3. Aufl., Verlag Springer, 1997, S. 269.
② 孙鹏：《物权公示论——以物权变动为中心》，法律出版社 2004 年版，第 232 页。
③ ［日］我妻荣：《物权法·民法讲义Ⅱ》，日本岩波书店 1952 年版，第 80 页以下。

法取得的物权公诸于世。通过登记即可将与一定的物权变动原因相对独立的物权变动公诸于世，只要没有公示，就可以认为没有对立的物权存在。如日本民法不承认登记具有公信力，但承认登记对登记名义人而言具有推定力，因而取得登记的人拥有对抗他人的对抗力。对德国法而言，登记在这里不但发挥着针对第三人的公示对抗作用，而且还同时发挥着决定当事人的不动产物权能否按照当事人的意愿设立、变更与废止的作用。王茵博士认为"无论对公示的认识如何，德法日三国都明示或默示地肯定了公示即登记具有推定力，这样三国的登记都具有对抗力"。①

（四）登记的警示效力

登记的警示效力，是指通过不动产登记所提供给社会的全面的讯息，为社会作不动产风险的警示。② 不动产登记的主要任务之一是反映不动产物权的详细法律信息，并在法律许可的范围内将其提供给社会，为不动产交易市场服务。

登记提供给社会的法律讯息为全面的讯息，当然可能既包括对利害关系人有利的内容，也可能包括对其不利的内容。在不动产登记法中，登记中包含对权利人不利的内容，如"异议抗辩登记"、"权利限制登记"等等。这样做的目的，是为社会作不动产风险的警示，让社会尤其是参与不动产交易的当事人了解不动产的全面情况，然后自己决定为或不为相应的法律行为。这一点在不动产抵押制度中显得非常重要。因为，依据民事权利意思自治的原则，法律对抵押权人对自己是否成为抵押人以及成为第几顺位的抵押权人的事宜无权做出禁止性规定，那么如果在抵押物之上已经存在着顺位优先的抵押权，或者顺位优先的其他物权如用益物权时，抵押权人权利的取得要么实现困难，要么很不经济。但是如果不动产登记簿已经给抵押权取得人提供了足够的警示，使其了解了设立后序顺位抵押权的风险，这就为其判断形势并做出决定提供了充分而有力的帮助。登记的警示效力的作用就在于此。

（五）小结

登记制度的基本功能主要是为了实现物权的公示。债权是相对权，一个人只要愿意，做出多少承诺都是他的自由。而物权是一种绝对权，具有排他性的效力，若一物上已经成立物权，则与之不能两立的有着同一内容的物权即不得

---

① 王茵：《不动产物权变动和交易安全——日德法三国物权变动模式的比较研究》，商务印书馆2004年版，第81页。

② 孙宪忠："论不动产物权登记"，载《中国法学》1996年第5期。

再行成立。即使在英美法系，没有罗马法系的绝对所有权观念，存在着普通法上的所有权和衡平法上的所有权两种所有权概念，但是，衡平法上的所有权只是在权利人没有获得合法所有权的情况下，所给与权利人的一种救济，作为普通法上的所有权仍然是唯一的。因此，为了解决物权的排他性问题，从而确定物权的归属，法律必须通过公示制度使物权为人所知。

登记的公示效力、推定效力、对抗效力、警示效力是由登记这一法律事实其自身的内在规律所决定的，是公示要件主义与公示对抗主义共同适用的登记效力。公示效力使抽象无形的物权穿上具体可视的外衣，将不动产物权变动结果公诸于世，令第三人知晓标的物物权权属状况；由于登记作为表象使登记本身具有推定力，即推定登记在土地登记簿中的权利人为事实上的权利人，令当事人无须陷入"恶魔证明"的困境；而物权若具备公示手段（登记），则可对抗第三人，反之，若不具备公示手段，则不能对抗第三人；登记所提供给社会的全面的讯息，为社会作不动产风险的警示，其警示效力也是不言而喻的。

至于物权变动的决定力（形成力）、公信力（善意保护效力）、监管效力，我们认为并不是登记这一法律事实其自身的内在规律所决定的，而是取决于立法政策选择的结果。尽管不同物权变动模式对不动产物权登记有不同影响，但不决定不动产物权登记的基本效力。

就决定力而言，依公示要件主义模式，不动产物权登记不仅仅只具有物权公示作用，而且还具有决定不动产物权变更的法律行为能否生效的作用。德国民法典选择公示生效主义作为其物权变动的立法主义，首先是基于萨维尼的物权行为理论；其次就是公示生效要件主义本身被认为所具有的满足人们某种需要的优点。[①] 但是，在此基础上当然地推演出物权变动的公示生效要件主义，则是不无疑问的。[②] 在物权变动的必要条件设置中是否须有公示要素的加入？不论是从社会实践的角度还是在理论建构的层面，这都只能是一个政策选择的问题。就公示制度在所有权观念化的制度体系中所能够担当的角色而言，它只能对交易安全的实现起到物权享有的标示作用。在物权变动中，公示既可以是它们的生效要件也可以是它们的对抗要件。如何定夺，仅是一个立法政策的问题。

至于公信力，更是立法政策选择的结果。可以断定，物权公示的最初作用，主要在于昭示物权变动事实，而物权公示的公信力则是以后逐渐形成的，亦即

---

① 孙鹏：《物权公示论——以物权变动为中心》，法律出版社 2004 年版，第 36—40 页。
② 参见董学立"物权公示，公示什么？"载《比较法研究》2005 年第 5 期。

"公信原则是迟于公示原则而发展起来之法制"。[①] 这就说明，物权公示与物权公示的公信力之间，不存在必然的因果关系。历史和现实表明，物权公示是否具有公信力，完全是立法政策选择的结果：是否赋予公示以公信力，取决于立法者在两相冲突的利益中如何进行协调和平衡。实质上，公信原则的采用虽有保护交易安全（动的安全）的强大作用，但其系以牺牲真实权利人的利益（静的安全）为代价，故不可不慎重。对于以土地为代表的不动产，虽然各国均采登记为其物权的公示方法，但是否赋予登记以公信力，却有不同选择，典型代表即如德国、瑞士等国家，由于采用物权变动的形式主义立法模式，其不动产登记具有决定不动产物权变动是否成立的效力，法律赋予不动产登记以极强的公信力。而在法国、日本等国家，由于采用物权变动的意思主义立法模式，其不动产登记不能决定不动产物权变动本身，故其登记的主要效果是赋予当事人的物权变动以对第三人的对抗效力，但并未赋予其公信力。[②]

依我国法学界以及实际工作部门的解释，不动产登记是国家对不动产市场进行监督管理的重要手段。[③] 但即使在赋予不动产登记具有实体法效力的德国，法律规定不动产登记机关除审查当事人的申请材料是否齐备的积极权利之外，对当事人申请登记的内容只有消极的登记义务。登记机关既没有权利也没有义务对当事人申请登记的涉及实质权利义务的内容进行调查，也无权对当事人的财产法律关系进行变更，因为这些做法违背权利人对自己财产的意思自治的原则，而且行政干预私有权利也会引起对登记机关不必要的纠纷。[④] 可见，所谓监管效力，更是立法政策选择的结果，或者说是行政干预的结果。

二　狭义的公示效力——生效主义与对抗主义

物权公示原则，即物权的变动必须以一种客观可以认定的方式加以展示，从而获得社会和法律认可的效力。就狭义的公示效力而言，物权公示制度在不同国家所存在的差异，并不是产生于公示的手段，而是产生于公示的效果。各国物权公示效力的差异，主要是基于物权变动模式的不同选择。为此，产生了"物权公示对抗主义"与"物权公示生效主义"两种主要的立法模式。前者的典

---

① ［日］我妻荣：《日本物权法》，有泉亨修订，台湾五南图书出版公司1999年版，第43页。

② 尹田：《物权法理论评析与思考》，中国人民大学出版社2004年版，第296页。

③ 参见崔建远、孙佑海、王宛生《中国房地产法研究》，中国法制出版社1995年版，第239页；周岩、金心：《土地转让法》，北京农业大学出版社1992年版，第56页。

④ Dr. Joachim Kuntze/Dr. Hans Herrmann usw., Grundbuchrecht, Seite 112.

型立法为法国民法，后者的典型立法为德国民法以及瑞士民法。

从根本上讲，法国采物权公示对抗主义，缘于其在物权变动模式上所采用的债权意思主义。依此模式，公示的作用当然只能是决定物权变动的对抗力。而由于德国民法采用物权行为理论，动产交付与不动产登记为物权变动的直接根据，物权变动与物权公示便自然连为一体，由此便决定了其物权公示生效主义的生成。但瑞士民法并不采用物权行为理论，故并无公示生效主义实行之必须。其采取公示生效主义立法模式，纯属立法政策选择的结果。依照公示生效主义，物权的变动与物权的公示合为一体，密不可分，一切实际为当事人所取得的物权必定具有对抗效力，不存在无对抗力的物权。

因此，在有关著述中，我们看到两种完全不同的情景：法国和日本学者将物权公示的对抗力问题做成洋洋洒洒的大文章，[①] 而德国和我国台湾地区的学者研究的重点则仅仅在于交付和登记本身。[②]

（一）登记对抗主义

所谓登记对抗主义，是指登记仅仅是不动产物权变动的对抗要件，而非物权变动法律效果的发生要件。即物权之变动，依当事人的合意发生效力，登记不过为已发生的物权变动对抗第三人的要件。依登记对抗主义，登记与否并不影响物权变动的法律效果，仅在对抗善意第三人时，未经登记则不具对抗力，登记在当事人之间并无作用。

传统理论认为，公示对抗主义意味着：1. 所有权的观念性。公示对抗主义所体现出的所有权的观念性将所有权归为一种纯粹的观念构造，严格区分"占有"与"所有"、"标的物"与"权利"。"占有"是一种事实，"标的物"的移转必须通过"交付"这样一种有形的事实；而"所有"作为一种纯粹的观念，其"权利"的移转只要有单纯的、诺成性的合意足矣。依据自然法，"只要经过原所有人的同意就足以取得所有权，原所有人应当明确地表示他转让所有权的意思，另一方应当把这个意思当作已经确定取得的权利接受下来，随即不再需要更多的条件就能取得所有权"。[③] 2. 就第三人而言，只要没有公示就没有物权变动。将公示作为物权变动对抗第三人的要件，一旦出现抵触物权，则采用公示手段的当事人可以对抗或优先于未经公示的当事人发生物权变动。3. 公示不

---

① ［日］铃木禄弥：《物权的变动与对抗》，渠涛译，社会科学文献出版社1999年版；转引自尹田《物权法理论评析与思考》，中国人民大学出版社2004年版，第277页。

② 孙宪忠：《德国当代物权法》，法律出版社1997年版，第130—166页。

③ Jurisprudence of Holland by Hugo Crotius, trans. R. W. Lee, Oxford, Carendon Press, 1926, I, 93ff.

具备公信力。公示的目的在于让第三人知悉物权变动，以使第三人不再为相同行为，但第三人无法从公示中了解是否真的发生了物权变动。用语句公式表示就是：我已买了出卖人的动产（或不动产）并经交付（或登记），其他人就不要再向原权利人买了；第三人也可以从我这里买受该动产（或不动产），但我不敢保证原权利人不追索。[①]

主张公示对抗主义的学者认为，公示对抗主义的优点在于：

1. 公示对抗主义充分尊重当事人的意思表示，灵活简便，有利于加快交易速度，可以增进交易效益。

2. 公示对抗主义在物权变动未经公示之前，得限制其对抗效力，这一规则足以有效保护善意第三人利益，并不会妨碍交易安全。

3. 公示对抗主义可以较为有效地防止特定物的一物二卖，所有权在按合同约定移转给买方之后，卖方纵然仍占有标的物也无权处分，否则买方就可行使所有权以追究买方和恶意第三人的侵权责任。

4. 公示对抗主义对第三人利益的保护更具有合理性。在不动产交易中，当第三人为善意时，无论不动产登记采生效主义还是采对抗主义，都是同样地保护交易安全和第三人利益的，第三人都能取得不动产。而当第三人为恶意时，在不动产登记采对抗主义的情况下，恶意第三人不能取得不动产；但是，在不动产登记为生效要件的情况下，恶意第三人竟然能够取得不动产，这显然与现代人类之正义的法感情、法意识及社会的一般道德观念相悖。因此公示对抗主义对第三人利益的保护更具有合理性。[②]

反对者则多认为公示对抗主义在理论上难以解释的逻辑漏洞，即不动产物权变动依当事人的意思表示一致可以生效，但该"生效"的物权如果不能对抗第三人，也就是说，该"物权"没有对世性和排他性，就不可能成为真正的物权。由此：

1. 公示对抗主义违反物权之本质。公示对抗主义"有已成立物权不得对抗第三人之弊，与物权之本质不合，理论上也不当"。[③]

2. "公示对抗"自身矛盾。"意思主义立法不能像形式主义立法那样，将物权变动当事人之间的内部关系与对第三人间的外部关系做简明的统一处

---

①　彭诚信："我国物权变动理论的立法选择（下）"，载《法律科学》2000年第2期。

②　黄辉："中国不动产登记制度的立法思考"，载《北京科技大学学报》（社会科学版）2001年第2期。

③　王泽鉴：《最新六法综合全书》，台湾三民书局1994年版，第333页。

理"，从而产生了"当事人之间的内部关系与对第三人的外部关系不一致的问题"。①

3. 公示对抗主义造就了矛盾之第三人。公示对抗主义认可了买受人在公示前再次将标的物转让的合法性，导致纠纷丛生，影响物权交易的正常秩序。

4. 公示对抗主义不能合理规制二重转让。公示对抗主义无法在立法上有效遏制出卖人一物数卖。

5. 公示对抗主义难以实现与相关民法制度的协调。按公示对抗主义的逻辑，与物权变动的相关民法制度无法在理论上获得圆满的解释，如同时履行抗辩的问题、消灭时效的问题、情势变更的援用，等等。

此外，在法律的适用上也因此陷入了极大的被动。②

故通说认为，依法国民法和日本民法所确定的不动产登记的立法体例，不仅违背法理，而且对交易之安全与稳定有着极大的妨害因素。这种立法体例，不能认为是法律思维严密谨慎的表现。

（二）登记生效主义

所谓登记生效主义，是指未经登记，在当事人之间根本不发生不动产物权变动之效果，更无对抗第三人的效力。即登记为不动产物权变动生效的条件。此种模式认为物权因法律行为而变动时，除当事人的意思表示外，还须履行登记等法定形式，物权变动才能成立或生效。

登记生效主义又分为物权形式主义与债权形式主义，物权形式主义以德国民法为代表：物权因法律行为而变动时，须有关于物权变动的意思表示以及履行登记等法定形式才能成立或生效。在这种立法例之下，一个法律行为不能同时引起债权发生及物权变动的双重效果，关于发生债权的意思表示（债权行为）只能引起债权债务关系，关于物权变动的意思表示（物权行为）也只能引起物权的得丧变更，债权行为与物权行为彼此独立，互不影响（物权行为的独立性和无因性）。债权形式主义以奥地利民法和瑞士民法为代表：物权因法律行为而变动时，除当事人的意思表示外，还须履行登记等法定形式，物权变动才能成立或生效。在这种立法例之下，发生债权的意思表示就是引起物权变动的意思表示，两者合一（这点与意思主义相同）；但除此之外当事人还要办理法定的登

---

① 齐毅保："物权公示的性质与制度价值"，载《中外法学》1997 年第 3 期。

② 以上参见孙鹏《物权公示论——以物权变动为中心》，法律出版社 2004 年版，第 31—35 页。

记手续才能够使物权变动发生法律效力（这点与物权形式主义相同）。① 就需要办理法定的登记手续才能够使物权变动发生法律效力而言，物权形式主义与债权形式主义同属登记生效主义。

传统理论认为，登记生效主义意味着：1. 导致物权最终变动的，是公示形式，该公示形式在不动产表现为登记。登记具有发生物权变动的法律效果的效力（即形成力），物权变动如果没有对第三人的公示，绝对不发生效力。② 2. 物权变动区分合意的形式要件与物权变动的形式要件。物权变动除有当事人的合意（在物权形式主义为物权合意，在债权形式主义为债权合意）之外，要求物权变动具备一定的外部形式——登记。通过将当事人之间的物权变动的生效要件转换成对第三者的公示手段，统一了物权变动中当事人之间对内与对外关系。3. 公示具有公信力。由于公示形式对物权变动的决定性作用，对该形式所表现的物权的信赖就是合理的，应受法律的保护，故登记生效主义具有公信力。

主张公示生效主义的学者认为，公示生效主义的优点在于：

1. 在公示生效主义下，将交付、登记等物质表征所构成的公示方法作为物权变动的要件，不仅可以使当事人之间的物权变动之存在与否和物权变动的时间变得明确，同时经由对当事人之间的法律关系和对第三人的法律关系为一元化的处理，克服了公示对抗主义下法律关系分裂为对内关系和对外关系所带来的复杂问题。③

2. 公示生效主义向当事人提供了更为充分的公示激励。为了实现物权公示的目标，法律应向交易当事人提供公示激励。公示对抗主义与公示生效主义分别向当事人提供了不同的激励：在公示对抗主义的法制下，法律向交易当事人提供的激励是对抗力；在公示生效主义的法制下，法律向交易当事人提供的激励是形成力。"通过对抗力提供的公示激励远不如通过形成力提供的公示激励充分"④，公示生效主义提供的激励是更为充分的。

3. 公示生效主义具有更完整的公示效果。公示的目的是将观念中的物权交易外化为一定的物质形式，向社会提供认知物权实际底细的手段。因此，公示

---

① 谢在全：《民法物权论》（上），中国政法大学出版社1999年版，第63—65页。

② ［日］川岛武宜：《所有权法的理论》，日本岩波书店1987年版，第204页。

③ ［日］山田晟：《物权法》，第153页。转引自肖厚国《物权变动研究》，法律出版社2002年版，第198—199页。

④ 孙鹏：《物权公示论——以物权变动为中心》，法律出版社2004年版，第39页。

的内容应当是值得信赖的，但在公示对抗主义中法律仅仅保护"消极信赖"——信赖内容为某一权利状态之"无"，而在公示生效主义中法律提供了"消极信赖"和"积极信赖"的双重保护——既信赖某一权利状态之"无"，又信赖某一权利状态之"有"——即赋予公示以公信力。由于其公示效力包含了公信力的内容，故其具有更完整的公示效果。

反对公示生效主义的人士也坚定地认为其"漠视了当事人意思在物权变动中所起的根本性、决定性作用，显示了国家对私人不动产交易无孔不入的深深干预"。[①] 由此：

1. 在价值取向上，形式主义过分强调交易安全，忽略了对于交易效率的要求。形式主义立法中的物权变动，当事人对于公示与否是没有选择权的。不完成公示，就不产生物权变动的效力。形式主义立法要求公示的目的就是保护交易安全。交易安全虽然在财产流转中极为重要，但是，并非在一切财产流转的场合都是首要价值。不分具体场合一概要求进行公示才承认物权变动的效力，体现了形式主义的僵化性。

一般来说，公示所防范的风险与公示作为生效要件的必要程度成正比。公示达成的成本与作为生效要件的必要程度成反比，就是说，物权变动中是否选择形式主义既要看公示所要防范的交易风险是否足够大，又要看达成公示、满足形式上的合法性的成本是否足够小。

基于这一原理，首先，每一具体的交易风险情况不会相同，因此，当事人追求交易效率与交易安全的价值取向在不同场合是会发生变化的，那么，一概要求公示的形式主义立法就是僵化的。因为它不能适应这种变化而采取不同的对策。如果一栋大楼进行抵押，采取形式主义可能是合适的；但是，如果一台电视机要进行抵押，也必须登记才有效，那么就会给想利用抵押权这种方式进行担保的当事人带来不便。其次，形式主义不承认当事人对于公示的选择权，说明它是不灵活的。当事人处于交易之中，最有可能根据交易客体、交易对象以及各种具体的交易情况弄清交易风险有多大，最有可能做出切合实际的选择。意思主义立法为选择交易安全的人提供公示渠道作为公示要件，完成公示就能达到安全的目的；同时也承认为节省交易成本而不进行公示的人可以取得不具有对抗性的物权，为当事人的选择提供了灵活的方式。而形式主义的立法者几

---

① 郭明瑞、赵守江："不动产的登记中三个问题"，载《复旦大学物权法国际研讨会论文集》2004年5月。

乎剥夺了当事人的判断机会，因为立法者已经替当事人安排好了他要做的事情，那就是无论风险程度如何非公示不可，当事人别无选择。

2. 过分强调公示，从而抹杀了当事人间不必公示的交换利益。物权变动既涉及第三人的交易安全利益，也涉及物权变动当事人间的交换利益。这种物权变动中的交换利益指当事人之间作为特定交换主体因物权变动而获得的除对抗第三人以外的支配利益，公示生效主义立法为了第三人交易安全利益，而规定不公示不发生物权变动的效力。无形之间造成了两种利益的对立。应该说，即使没有进行公示，当事人之间的物权变动形成的交换利益也是有其独立价值的。不能因为没有公示就一概抹杀这种交换利益。例如丙为乙的债务向债权人甲提供了未登记的房产抵押，在意思主义立法中，虽然该抵押权不能对抗获得了登记的第三人，但是，该抵押权在当事人甲和丙之间还是有价值的。甲对乙得以主张抵押权的利益就体现了这种交换利益。这种利益不同于甲乙之间的合同之债或过错责任中的利益。形式主义则因没有公示而完全否定这种利益，也难免过于整齐划一，不尽合理。①

孙鹏先生对反对形式主义的观点作了归纳：1. 债权人的合理期待不能获得保护，因而不利于贯彻意思自治原则，不利于交易安全，也有悖于公平和诚实信用；2. 混淆物权转移行为与债权合意行为，并已经对我国的立法和司法造成了不良影响；3. 不能有效防止一物二卖，不仅对买受人保护不力，而且助长出卖人滥用所有权，违反诚实信用原则进行投机取巧；4. 给物权行为理论提供了栖身之所，不仅严重牺牲交易公正，而且也不符合大众法律感情；5. 将物权公示认作行为公示，贬低了物权公示的价值。②

正是因为形式主义的上述诸多局限，不少学者认为，我国不但现行立法未采用形式主义模式，未来立法也不能简单地采用形式主义，即使采纳形式主义也应慎而又慎，将其局限予以充分注意，并尽量予以克服。

三　登记生效主义 VS 登记对抗主义

作为物权法上极具争议的核心理论问题之一，物权变动模式的立法始终是学者讨论的热点。2004 年 8 月 3 日，由全国人大法工委主持在北京召开"物权

---

①　参见孙毅"对意思主义交错现象之检讨"，载江平主编《中美物权法的现状与发展》，清华大学出版社 2003 年版，第 15—16 页。

②　参见孙鹏《物权公示论——以物权变动为中心》，法律出版社 2004 年版，第 28 页。

立法研讨会"，就人大法工委《中华人民共和国物权法（草案）》（2004 年 8 月 3 日修改稿）进行专家论证。在研讨过程中，物权变动模式的讨论出现了"要件主义"和"对抗主义"的强烈对抗与交锋，而从全国人大法工委关于《物权法（草案）》的修改也不难发现，有关物权变动模式的规定再一次出现了倾向于对抗主义的调整。最终通过的《物权法》仍然坚持了形式主义和对抗主义的并存格局。也就是说，《物权法》在继承总结原有的立法成果的基础上，一方面继续确认了债权形式主义的主导性原则地位；一方面又频繁地对形式主义进行例外性修正，并且进一步扩大了对抗主义的适用范围。①

　　对我国《物权法》的登记模式，可以说是以债权形式主义为主流模式，以对抗主义为例外模式。② 此种模式状况也让我们不得不思考这样一个问题：债权形式主义和对抗主义这两种在理论基础和结构设计上完全不同的模式的并存究竟是一种简单的多样化意义下的和谐共存，还是在看似平静的表象下隐含了强烈的矛盾和冲突？

　　对此，有学者认为，我国在形式主义的物权变动模式下，之所以还会有大量对抗主义的实体法律规范，是我国物权立法对不同的立法主义进行平行继受的结果，是法律移植过程中产生的现象。是博采众长，兼取两者的精华，充分发挥我国立法的后发优势，进行制度创新。这种继受，就如同为了填补制度空白，我国移植了英美国家的《信托法》，我国《合同法》兼采大陆法系的不安抗辩权制度和英美法系的预期违约制度以弥补单一制度的不足一样。③ 有的则认为，形式主义与意思主义的对立是逻辑上的或此或彼、非此即彼的关系，既不会在一国法律之中存在重合现象，即针对同一类法律关系的物权变动要么采用形式主义要么采用意思主义，不可能同用兼采两种模式，即不能重合；也不会存在上述所谓的交错现象，即在不同类型的法律关系中存在不同立法主义的法

---

① 《物权法》第二十四条"船舶、航空器和机动车等物权的设立、变更、转让和消灭，未经登记，不得对抗善意第三人。"第一百二十七条"土地承包经营权自土地承包经营权合同生效时设立。"第一百二十九条"土地承包经营权人将土地承包经营权互换、转让，当事人要求登记的，应当向县级以上地方人民政府申请土地承包经营权变更登记；未经登记，不得对抗善意第三人。"第一百五十八条"地役权自地役权合同生效时设立。当事人要求登记的，可以向登记机构申请地役权登记；未经登记，不得对抗善意第三人。"第一百八十八条"以本法第一百八十条第一款第四项、第六项规定的财产或者第五项规定的正在建造的船舶、航空器抵押的，抵押权自抵押合同生效时设立；未经登记，不得对抗善意第三人。"

② 所谓"折中主义"是也。

③ 参见孙毅"对意思主义交错现象之检讨"，载江平主编《中美物权法的现状与发展》，清华大学出版社 2003 年版，第 8 页。

律规范。① 更有学者一针见血地指出：物权法草案在物权变动模式上仍然采用债权形式主义与登记对抗主义的双轨制模式与其说是一种解决问题的完美方案，不如说是回避问题的妥协。换言之，从制度的深层关系上看，债权形式主义主导下的形式主义和对抗主义的并存格局所折射的并非一种和谐共存，相反却蕴涵了强烈的理念冲突。②

有学者指出：《物权法》对物权变动公示模式选择的多样化格局，欠缺法学理论的支持：如果选择了公示对抗主义，就需要说明引致物权变动的意思之内涵——究竟是债权意思还是物权意思？如果安排了公示生效主义，则究竟是所有的物权类型均须适用公示生效主义，还是仅个别物权类型须适用公示生效主义？另外，如果选择了公示对抗主义，则需要回答是所有的物权类型均可适用公示对抗主义，还是仅有部分物权类型适用公示对抗主义？如果选择了公示生效主义，则又涉及公示是否是物权行为的构成要素？③ 因此，尽管《物权法》已经确定了登记生效主义为主流模式，但对于物权变动模式这一既关涉当事人利益，更将在很大程度上为民法诸多相关问题的制度设计以及民法的体系构建奠定逻辑前提和理论基础的重大理论问题，我们认为仍有进一步研究的必要。

（一）不同登记模式的立法原理

实际上，所谓物权变动不过是对物权观念的动态描述，在这一意义上，物权变动模式实质上深刻地根植于物权的观念之中，正是在这一意义上，当形式主义与对抗主义的模式之争进入我们的视野后，我们最终发现，隐藏在不同模式背后的实际上是不同的物权观念。如前所述，当今世界主要国家对不动产物权登记的立法例，主要分为两种，即登记生效主义与登记对抗主义。各国物权公示效力的差异，主要是基于物权变动模式的不同选择。④ 而决定物权变动模式的不同选择的是其不同的法律观念。

1. 登记对抗主义的立法原理

所谓登记对抗主义，是指不动产物权变动时法定的登记仅仅是物权变动的对抗要件，而不是物权变动法律效果的生效要件。在此种制度下，当事人一旦

---

① 武钦殿：《物权意思主义——我国现行法上物权变动模式研究》，人民法院出版社 2007 年版，第 207 页。

② 刘经靖："和谐共存抑或理念冲突——评《中华人民共和国物权法（草案）》的物权变动二元结构"，载《烟台大学学报》（哲学社会科学版）2005 年第 3 期。

③ 董学立：《物权法研究——以静态与动态的视角》，中国人民大学出版社 2007 年版，第 182 页。

④ 尹田：《物权法理论评析与思考》，中国人民大学出版社 2004 年版，第 256 页。

形成物权变动的意思表示，便可产生物权变动的法律效果，但是在没有依法进行公示前，物权的变动不能对抗善意第三人，这种立法体例形成了所谓的形式主义登记体制①（这里的形式主义相对于实质主义而言）。对于登记对抗主义登记制度而言，登记赋予物权的对抗力——未经登记的物权变动不得对抗第三人。物权变动的公示对抗主义与物权变动的意思主义，是一对相生相长的孪生兄弟：就意思要素方面认识，其被称为物权变动的意思主义；就形式要素方面观察，其又被解释为物权变动的公示对抗主义。从根本上讲，采物权公示对抗要件主义，缘于其在物权变动模式上所采用的债权意思主义。

持反对意见者多认为公示对抗主义"违背法理"，在理论上存在难以解释的逻辑漏洞——即不动产物权变动依当事人的意思表示一致可以生效，但该"生效"的物权如果不能对抗第三人，也就是说，该"物权"没有对世性和排他性，就不可能成为真正的物权。因此，这种立法体例，不能认为是法律思维严密谨慎的表现。但王茵博士指出：法国法典在于对原理的执著。② 可见不能简单地认为公示对抗主义违背法理。

依法国的"意思主义"，物权变动得因当事人的合意而发生，动产的交付或者不动产的登记，只是物权变动的公示方法，而非物权变动的根据。这种立法体例是自然法的产物。首先，就时代精神而言，《法国民法典》是其 1789 年资产阶级大革命的精神产物。这场革命旨在消灭往昔的封建制度，并在其废墟上培植财产、契约自由、家庭以及家庭财产继承方面的自然法价值。《法国民法典》因之也被视为一部自然法法典。③ 该法典以自然法思想为基础，主张个人意思以及自由的绝对权威，私权自治，物权变动的根本原因是当事人的意思即当事人之间的合意，而不是其他。当事人之间所变动的为何种物权以及自何时起物权变动，仅决定于当事人的意志而不能决定于他人的意志。因此，物权由何时发生转移也就应由当事人决定，而不应由他人为其决定。物的交付也好，权利登记也好，仅是物权变动的外在表征，而非根本原因。总之，法国民法典制定的推动力是尽可能排除国家积极监护性的参与，交易关系的形成决定于个人的意思，确认市民社会对国家的优越地位，而其物权变动制度也是基于这一原

---

① 王利明："试论我国不动产登记制度的完善"，载《求索》2001 年第 5 期。

② 王茵：《不动产物权变动和交易安全——日德法三国物权变动模式的比较研究》，商务印书馆 2004 年版，第 10 页。

③ 王轶：《物权变动论》，中国人民大学出版社 2001 年版，第 35 页。

理产生。①

其次，法国法的意思主义物权变动模式得以确认的法律理念基础，就是自然法思想所派生的所有权的观念性。法国法在历史上以及制定民法典时，较多地受到了罗马法尤其是《法学阶梯》学说的影响，② 而罗马法的这一流派对动产和不动产的法律规定并无严格划分，而法律行为的成立有效只源于当事人的意思表示，从而排斥意思表示之外的其他形式条件的作用。比如罗马法中关于"要式约定"的规定，也只是口头宣誓的要求，③ 而不是对法律行为在书面形式的要求，更不是进行国家公证或者登记的要求。在法国民法典成立前，近代法国的物权变动习惯法——罗马法交付的观念化、公证人制度、学者对物权变动的理论共同打造了意思主义体系。④

在自然法学派里，格老修斯和普芬道夫对意思主义理论贡献甚巨。他们认为，所有权是与作为客体的占有完全相区别的观念性存在；按照自然法，仅仅依凭当事人的意思即能使所有权发生移转。⑤ 占有是一种事实，因此占有的移转就必须以交付这一物质的形式来完成。而所有权只要有单纯的观念形态的合意就可以发生移转。"根据自然法，只要经过原所有人的同意就足以取得所有权，原所有人应当明确地表示他转让所有权的意思，另一方应当把这个意思当作已确定的权利接收下来；随即不再需要更多的条件就能得到所有权。"⑥ 在物权法演进的历史长河中，所有权观念实际上经历了一场由古典的绝对主义观念向现代的相对主义观念的演进历程，这一演进的最终结果就是我们今天耳熟能详的"所有权观念化"——所有权观念化将所有权归为一种纯粹的观念性构造，因而主张应当把占有与所有权严格区分开来。正如经典的物权变动格言所指出的："当事人均欲使财产发生移转时，所确定货物的财产就从卖主手中流转到买主手

---

① 王茵：《不动产物权变动和交易安全——日德法三国物权变动模式的比较研究》，商务印书馆2004年版，第116页。

② 参见［德］K. 茨威格特、H. 克茨《比较法总论》第六章"法国法的历史"与第七章"法国民法典的精神与特征"，潘汉典等译，贵州人民出版社1992年版，第144—179页。

③ 参见［古罗马］查士丁尼《法学总论——法学阶梯》（第3卷第18、19篇），张企泰译，商务印书馆1989年版，第165—171页。

④ 参见王茵《不动产物权变动和交易安全——日德法三国物权变动模式的比较研究》，商务印书馆2004年版，第109—114页。

⑤ 肖厚国：《物权变动研究》，法律出版社2002年版，第87页。

⑥ 参见 Jurisprudence of Holland by hugo Grotius, trans. R. W. Lee, Oxford, Clarendon Press, 1926, I, 93ff.

中了。"① "登记并不构成买受人财产权利的基础，它的唯一的作用是揭示有关这一财产所发生的处分。"② "通过约定，我放弃了所有权和在所有权中的我的特殊任性，所有权就马上属于他人的了。"③

最后，从法理上说，法国法的物权变动模式建立在原因理论之上——如果合同是基于一个正当原因缔结的，那么它就具有法律拘束力。④ 所谓法律拘束力意味着当事人必须履行，"合意必须遵守"（Pacta sunt servanda）的法谚已经渗透进法国法的基础，⑤ 这一既是法律原则又是道德规范的法谚支持着法国法理论，并在民法典第 1134 条中加以明文化："依法成立的契约，对缔结该契约的人有相当于法律之效力。"既然缔约对于第三人相当于自己给自己制定法律，那么契约就有足够大的效力，以保障它能够得到履行；而契约在履行之后，就自然能够发生物权变动的结果。需要指出的是，法国民法典产生时已经是物权、债权这些概念产生数百年之后，但是法国民法典并未使用这些概念，⑥ 因为立法者正是基于"合意必须遵守"（Pacta sunt servanda）这一法律原则，认为物权变动是债的合同的当然结果，没有必要区分物权与债权，一个合同就能解决全部问题。即所谓"同一主义"或者"合一原则"（Principle of consensus）的立法模式。

而在法典制定之时，就公示问题发生了激烈论战，最终是公示制度的大幅度后退。由于人们对公示制度的理解多为负面的，只意识到公示制度的转让税征收等副作用，而未重视其对交易自由和安全的作用。最终民法典的规定除传统的赠与和抵押权仍要求公示外，其余物权变动均不要求公示。可以说 1804 年的法国民法典向近代公示制度发展的大门关闭了。法国民法典制定后，其关于公示的规定招致各方的批判，而伴随着法国社会经济的发展与物权交易的日益频繁，要求对公示制度改革的呼声十分强烈。在民法典实施半个世纪之后，于 1855 年制定法国"登记法"。规定不动产物权的设定、移转，不经登记者不得对抗第三人。此后又历经多次法令的不断完善，于 1955 年公布的《土地公示制

---

① ［英］F. H. 劳森、B. 拉登：《财产法》（第 2 版），中国大百科全书出版社 1998 年版，第 65 页。

② ［美］彼德·哈伊：《美国法律概论》，北京大学出版社 1997 年版，第 88 页。

③ ［德］黑格尔：《法哲学原理》，范扬、张企泰译，商务印书馆 1961 年版，第 85 页。

④ 参见徐涤宇"法国法系原因理论的形成、发展及其意义"，载《环球法律评论》2004 年第 4 期。

⑤ 王茵：《不动产物权变动和交易安全——日德法三国物权变动模式的比较研究》，商务印书馆 2004 年版，第 111 页。

⑥ 孙宪忠："请重新思考物权变动规则的基本问题"，载王茵《不动产物权变动和交易安全——日德法三国物权变动模式的比较研究》（序言），商务印书馆 2004 年版，第 3—4 页。

度改革统令》最终完善了其不动产公示制度。伴随法统令一系列规则的建立，法国的公示如实地反映了物权变动的过程，成为真正意义上的公示。[①]

2. 登记生效主义的立法原理

所谓登记生效主义，是指不动产物权变动时，未经登记当事人之间根本不发生物权变动之效果，当然更谈不上对抗第三人之效力。在此种制度下，对不动产物权的变动，除当事人的合意外，还要求有一项特别的对外公示要件——登记。只有在物权合意与登记相结合时，才发生物权变动的效力。如果当事人仅仅只是达成了物权变动的合意，而没有完成登记手续，则不产生物权变动的法律效果，这种立法体例形成了所谓的生效主义登记体制。

对于公示生效主义登记制度而言，登记赋予物权的形成力——未经登记不能发生物权变动的法律效果。物权变动的公示生效主义与物权变动的形式主义，同样是一对相生相长的孪生兄弟：物权变动区分合意的形式要件与物权变动的形式要件。物权变动除有当事人的合意（在物权形式主义为物权合意，在债权形式主义为债权合意）之外，要求物权变动具备一定的外部形式——登记。通过将当事人之间的物权变动的生效要件转换成对第三者的公示手段，统一了物权变动中当事人之间对内与对外关系。从根本上讲，采物权公示生效要件主义，缘于其在物权变动模式上所采用的物权形式主义。

依德国的登记生效主义，仅有当事人之间的合意不能直接引发物权变动，导致物权最终变动的，是公示形式，该公示形式在动产表现为交付，在不动产表现为登记。即交付与登记具有发生物权变动的法律效果的效力（即形成力），物权变动如果没有对第三人的公示，绝对不发生效力。

首先，就时代精神而言，德国民法典所确立的物权变动模式反映了所处的时代，随着工业时代的第一次大危机即1873年的经济危机，自由市场模式因国家干预主义的崛起及对市场经济的社会功能的强调而有新的发展。虽明文规定保障私人所有权，但同时越来越强调一种社会义务。私法上将这种发展称作"私权的具体化"。具体言之，所有人应担负起保护交易安全的义务，并应遵循来自公法上的各种限制，同时通过扩大对消费者的保护而对市场交易的自由予以限制。[②] 德国民法典身处两个时代的交接点上，它的双足仍然立于自由市民

---

① 参见王茵《不动产物权变动和交易安全——日德法三国物权变动模式的比较研究》，商务印书馆2004年版，第117—128页。

② ［德］赖纳·施罗德："德国物权法的沿革与功能"，为作者1998年在"首届中德民法经济法研讨会"上所发表演讲的主要内容。张双根译，中国民商法律网。

的、罗马个人主义法律思想的土壤之上，但是，它的双手已经跨踏地向新的社会法律思想伸出。① 物权形式主义的物权变动模式就是建立在这样的时代背景之下。一方面，它仍然将物权变动的基础建立在当事人的物权合意之上，体现了自然法思想的影响；另一方面，又要求物权变动具备一定的外部形式，以回应保护交易安全这样一种社会政策考量的要求。② 这样德国民法典通过将当事人之间的物权变动的生效要件转换成对第三者的公示手段，通过公示将观念的、眼睛和肉体不能看到和接触的权利有形化，统一了物权变动中当事人之间对内与对外关系。至此，"物权变动如未能依一定公示方法表现其内容，则物权变动法律效果无从发生"的近代物权制度就建立起来了。③

总之，德国民法典制定的推动力是在尊重当事人的物权合意之基础上尽可能强调保护交易安全的义务与国家积极监护性的参与，即交易关系的基础决定于个人的意思，又要求物权变动具备一定的外部形式，以回应保护交易安全这样一种社会政策考量的要求。而其物权变动制度也是基于这一原理。

其次，德国法的形式主义物权变动模式得以确认的法律理念基础，就是源自罗马法的历史学派的物权债权区分论和自然法思想所派生的所有权的观念性。德国法在历史上以及制定民法典时，同样受到了罗马法与日耳曼法的双重影响。④ 在德国民法典成立前，近代德国的物权变动习惯法——日耳曼法的占有、自然法思想所派生的所有权的观念性、"概念法学"的物权契约论共同打造了形式主义体系。

日耳曼法上的物权，是由具体的事实关系构成，而不像罗马法上的物权是由抽象起来的观念构成。依罗马法，对物的事实上的支配即是占有（Possessio），而对物的法律上的支配便是物权，俨然区分了物的事实关系与法律关系。而在日耳曼法，则只有占有（Gewere）一端，日耳曼法只从外在的利用上把握一切关系，并无抽象的观念化的概念。这种对于物的外在的支配关系就是"占有"，占有成为物权的一种表现方式，具有公示性，权利被包裹于占有之内，并借占有而获表现，故又称为"权利的外衣"。形成一种支配性的法律意识：即如果没有一定形式的外在的现实支配的移转，所有权就不能发生移转。⑤ 日耳曼法的传

---

① ［德］拉德布鲁赫：《法学导论》，米健等译，中国大百科全书出版社1997年版，第66—67页。
② 王轶：《物权变动论》，中国人民大学出版社2001年版，第41页。
③ ［日］川岛武宜：《所有权法的理论》，日本岩波书店1987年版，第204页。
④ 王轶：《物权变动论》，中国人民大学出版社2001年版，第41页。
⑤ 同上书，第43页。

统里面有关占有和权利之间关系的观点，对德国民法典的制定产生了重要影响。因为在日耳曼的法律传统里面，要想发生权利的变动，除了要有一个名义之外，还得要有一个形式，这个形式在后来的德国民法典上就体现解释为那些包含有物权变动合意的公示方法。① 日耳曼法的占有具有权利推定的效力、权利移转的效力和防御的效力。这些观念对于德国民法典的物权编产生了直接影响。②

最后，从法理上说，德国法的物权变动模式建立在物权行为理论之上——"交付作为一种真正的契约，包括双方当事人对占有物和所有权移转的意思表示，仅该意思表示本身作为一个完整的交付是不够的，因此还必须加上物的实际占有取得作为其外在的行为。"③ 此乃德意志法系的典型特征，即区分债权契约与物权合意（所谓分离原则或曰物权行为独立性原则）和物权抽象原则（所谓物权行为无因性原则）。

通说认为，德国近代民法学多继受于罗马法，因而一般认为物权和债权严格区分之财产法体系，源自于罗马法的对物诉权与对人诉权的区分。④ 而近现代德国民法却是在中世纪德国法学家所编撰的"实用法规汇编"以及由此发展而来的"德国普通法学"的基础上发展而来的。⑤ 这一学派充分表现了德国法学擅长高度抽象分析特点。德国法学家发现了在不动产物权依双方法律行为变更时，当事人的意思表示一致与标的物的转移不能同一，标的物的转移和物上权利的转移是两个事实而并非同一事实这一财产法的基本原理。后来德国历史学派的代表人物萨维尼（Savigny）通过对古罗马法的形式主义特征和中世纪德国普通法学进行充分分析和研究后创制了著名的"物权行为理论"。该理论认为，当事人在标的物的转移和物上权利的转移这两个事实上表达了两个意思表示，或者说这两个事实表现了当事人的两个意思表示，所以这两个事实实际上是两个合同，前者为当事人建立债的关系的债务合同，而后者为物权契约，即专门以物权变更为目的而成立的、与债没有关系的另一个契约。在一项物权转移的法律交易中，双方当事人之间会产生债务合同也会产生物权契约，前者为原因行为，

---

① 王轶："物权变动·体系化思考·民法原理"，http://www.civillaw.com.cn/article/default.asp?id=8122，中国民商法律网。

② 陈华彬：《外国物权法》，法律出版社 2004 年版，第 23—24 页。

③ ［德］K. 茨威格特、H. 克茨：《比较法总论》第 15 章"抽象物权契约理论——德意志法系的特征"，孙宪忠译，载《外国法译评》1995 年第 2 期。

④ ［日］近江幸治：《民法讲义Ⅱ·物权法》，王茵译，北京大学出版社 2006 年版，第 14—15 页。

⑤ 关于"实用法规汇编"和"德国普通法学"，参见孙宪忠"不动产物权取得研究"，载梁慧星主编《民商法论丛》（第 3 卷），法律出版社 1995 年版，第 56—57 页。

后者为结果行为；但这两个行为又是两个独立的合同，所以物权契约的效力不应再附从于其原因行为的效力，而应从中抽象出来，双方不再发生关系。即使作为原因行为的债务合同不能生效，而物权契约仍然有效，即原物权人不能因为债务合同的无效而拒绝物的交付；但对方因此而不当得利，应该返还所交付之物及物上权利。①

一般认为，物权行为理论的基本观点包括：第一，交付是以完成物权的设立、移转、变更、废止为目的的独立于其原因关系的一项契约，而并非单纯的义务履行行为；第二，交付中有独立的意思表示，而且该意思表示与原因行为中的意思表示在性质上截然不同；第三，交付必须具有实际占有取得的外在形式。② 物权行为理论为德国民法典的立法者所采纳，并使其成为物权体系的理论基础和物权法的基本原则。

物权行为理论创立之初即遭许多学者的批评，在德国民法典制定过程中几经反复最终确立。③ 基尔克（Otto von Gierke）在德国民法典起草时即指出"如果在立法草案中以教科书式的句子强行将一桩简单的买卖在至少是三个法律领域里依法定程式彻底分解开来，简直是理论对生活的强奸！……如果把实际中的一个统一的法律行为的两种思维方式编造成两种各自独立的合同，那就不是脑子里怎么想的问题，而是依思维方式的超负荷损害实体权利"。④ 德国民法典施行后不久，赫尔曼·克劳泽（Hermann Krause）提出了未来的德国物权法应否继续保留物权契约的问题，为物权变动的改革指明的方向是采交付或登记主义，而不是物权的合意主义。⑤ 从 20 世纪 30 年代开始，关于物权契约的废止之声从未停过，形成废止与维持相对峙的局面。进入 20 世纪 40 年代，废除物权的合意的呼声更是一浪高过一浪。其重要的理由，是认为德国民法典的物权的合意的功能，几乎已被债权契约、土地法上的登记承诺（同意）和登记申请所湮灭。但是，如果因此即以原因关系和登记作为引起物权变动的要件，则不啻是向取得权源和取

---

① 参见［德］K. 茨威格特、H. 克茨《比较法总论》第 15 章 "抽象物权契约理论——德意志法系的特征"，孙宪忠译，载《外国法译评》1995 年第 2 期。

② 孙宪忠：《德国当代物权法》，法律出版社 1997 年版，第 58—60 页。

③ 《德国民法典》第 873 条关于让与契约的要式性，乃 BGB 制定过程期间各邦——以普鲁士为中心的德国北部和以拜伦为中心的南部德国对立、抗衡的产物。详见王茵《不动产物权变动和交易安全——日德法三国物权变动模式的比较研究》，商务印书馆 2004 年版，第 173—182 页。

④ 参见［德］K. 茨威格特、H. 克茨《比较法总论》第 15 章 "抽象物权契约理论——德意志法系的特征"，孙宪忠译，载《外国法译评》1995 年第 2 期。

⑤ 陈华彬：《外国物权法》，法律出版社 2004 年版，第 111—112 页。

得方式的 1794 年《普鲁士普通邦法》、1811 年《奥地利民法典》的回归！故多数学者不表同意。这样一来，改革的方向也就被确定为采有因的物权的合意主义，此即物权变动虽然必须有物权的合意，但该物权的合意是有因的，其效力受作为原因关系的债权契约的影响。① 但正如克劳泽指出的"坚持无因性的场合，物权的合意，是所有权让与过程中不可或缺的东西。与此相左，如果废弃无因性，则物权的合意的存在理由也就会丧失。"② 为了平衡纷争，德国联邦法院以司法判例发展出了条件关联、共同瑕疵、法律行为一体化③等物权行为相对化理论，从而导致了学者法与法官法的分离，理论与实践的两层皮现象。④ 而近年来，支持物权行为理论的观点在德国又再度取得了明显的优势。⑤

至于登记生效主义物权变动模式的另一分支——债权形式主义的变动模式，以"合同加公示"作为物权变动的有效条件的观点。孙宪忠先生认为其基本特征就是要把债权意义上的合同和物权变动的结果强制捆绑在一起，让他们同时生效，同时发生法律上的结果。这种观点具有严重的缺陷：（1）它不能解释物权变动不成时的合同的效力问题，因此他们得出了不动产合同不登记不生效、动产和同步交付占有不生效的规则，从而在根本上违背了物权与债权相区分的民法法理；（2）它把登记理解为行政管理和行政授权，违背了民法原理；（3）它只认可不动产登记一种物权交易方式，不承认不动产登记之外符合当事人内心真意的物权交易方式，其实践的结果完全是削足适履。⑥ 对此本文不再展开。

（二）不同登记模式的配套制度

不同登记模式除了在实体法中规定外，为统一实体法上物权的公示效力与程序法上的公示程序，不同的登记模式各自又有不同的配套制度。

1. 登记对抗主义模式下的配套制度

法国物权变动法的发展过程是意思主义的形成流程和广泛意义上的公示主

---

① 陈华彬：《外国物权法》，法律出版社 2004 年版，第 114—115 页。

② ［德］克劳泽："德国的杂志论文与法律杂志"，山田晟译，载《法学协会杂志》第 57 卷第 9 号（学界思潮），第 123 页。

③ 参见［德］K. 茨威格特、H. 克茨《比较法总论》第 15 章"抽象物权契约理论——德意志法系的特征"，孙宪忠译，载《外国法译评》1995 年第 2 期。

④ 杨玉熹："形式主义与现实主义——对物权行为理论一个观念的检讨"，载《法商研究》1997 年第 5 期。

⑤ 孙宪忠：《德国当代物权法》，法律出版社 1997 年版，第 70 页。

⑥ 参见孙宪忠"请重新思考物权变动规则的基本问题"，载王茵《不动产物权变动和交易安全——日德法三国物权变动模式的比较研究》（序言），商务印书馆 2004 年版，第 7—8 页。孙宪忠："交易中的物权归属确定问题"，中国民商法律网，http：//www. civillaw. com. cn/article/default. asp？id＝19688。

义动向的相互影响与排斥的互动过程，并最终妥协调和合流为对抗要件主义。其规定相当完备，这种完备来自于其众多甚至重复的条文，但实行起来却是简单而又明快。一般认为，法国不动产登记对抗主义的制度设计充分维护了契约自由的民法精神，但对交易安全的维护有所不足。然而，其通过公证人制度，通过不动产留置权、解除诉权、不动产特别优先权、强制公示制度、相对效力原则以及登记员责任制度等一系列配套措施，在总体上最终实现了当事人之间的利益平衡，并基本上维护了第三人的交易安全。①

在实体法的相关规定上，首先是其历史悠久的公证人制度。在法国，无论实务还是市民的法意识中，公证人都具有极其重要的地位。法律规定以公证人证书的作成为要式行为的有：抵押权的设定（民法典第 2127 条）、赠与（民法典第 931 条）、价值超过 50 法郎的契约原则上都以公证证书为证据始受理（民法典第 1341 条）以及应公示的不动产物权变动（1955 年 1 月 4 日土地公示改革统令第 4 条）等等。这些事务公证人都有义务参加，加上传统上不动产及其他重要财产的处分、抵押权的设定、夫妻财产契约及继承等都需要公证人的参与。于是公证人制度成为最重要的配套制度。法国的公证书格式的形成反映了实务的需要，对立法也有间接影响。14 世纪以后，几乎在法国的所有地方，不动产转让证书中都有已交付条款，此条款相当于交付。这种习惯法为民法典继受。自民法典成立后，公证书中不再有拟制交付条文，而代之以确认所有权转移时间为契约成立时的文句。标准条款为："取得人自本日可将完全的所有权作为自己之物为处分。但非自某年某月某日，不可开始本案房屋的使用、收益，不可收取租金"，此一通例迄今未变。②

可以说，形成法国法意思主义特色的重要决定性因素就是其公证人习惯。为了保证不动产登记的正确性，1955 年法令对登记文书的形式作了重要更正。将 1935 年法律统令规定的公证证书、确定判决、署名后 3 个月以内寄托在公证人的正本编缀簿的顺位栏的私署证书，修改为原则上要求一切公示文件都采取公证证书的形式（政令第 4 条第 1 项）。而约定抵押权的设定自始就需要公证证书（民法典第 2127 条）。没有制作公证证书的登记申请将被拒绝。1955 年以后，公证人更广泛地承担着制作公证书和登记的任务。进一步强化了公证人在不动

---

① 于海涌："法国不动产登记对抗主义中的利益平衡"，载《法学》2006 年第 2 期。
② 参见王茵《不动产物权变动和交易安全——日德法三国物权变动模式的比较研究》，商务印书馆 2004 年版，第 148—149 页。

产物权变动中的作用。公证人在民法典制定时代被称为"活的登记簿"，其对不动产系谱的详细调查和对不动产物权变动的公证，既最大限度地防范了二重转让的发生，又为发生争议时提供了可信的证据，并防止了公权力对私法性质交易的干预。

其次是扩大不动产公示的范围。1955 年 1 月 4 日政令将不动产公示的范围扩大适用于一切涉及不动产的有关行为，其中不仅包括几乎所有的不动产抵押权和优先权，而且包括优先权、抵押权以外的其他不动产物权的设定与转让、12 年以上的租约、司法裁决、宣告行为、扣押令等。从公示的行为来看，其公示的行为不仅包括法律行为（acte jurisdique），而且还包括司法行为以及行政行为，甚至包括法律事实（fait juridique）。政令将应公示的证书、判决分为四种：第一是必须公示的；第二是其公示发生特别效力的；第三是为利用人的信息的公示；第四是任意的公示。

再次是不动产的留置权。无论是动产还是不动产，获得对标的物的占有都是行使物权的重要前提。根据登记对抗主义，物权因当事人之间的意思表示一致而变动，这就意味着物权的转让人仍需履行交付义务，以便使物权的取得人取得对标的物的支配和占有。① 在不动产买卖中关键的问题是，已经丧失所有权而尚未获得价金的出卖人，面对买受人的交付请求，有无拒绝移转标的物占有之权利。法国民法典规定，如果买受人不支付标的物之价金，且出卖人并未同意延期支付的，出卖人即可享有留置权（le droit de rétention），其没有交付标的物之义务。即使出卖人同意延期支付价金，但在买卖成立以后，如果买受人破产或者无支付能力，从而导致出卖人面临丧失价金之危险，出卖人也不再承担交付标的物之义务，除非买受人能够提供到期支付价金的担保。②

然后是不动产的特别优先权。关于不动产出卖人的特别优先权，法国民法典第 2103 条规定，出卖人关于不动产价金的受偿，就其出卖的不动产享有不动产的特别优先权；如有连续数次买卖而其价金的全部或部分尚未清偿时，第一出卖人优先于第二出卖人，第二出卖人优先于第三出卖人，依次类推。这种特别优先权实际上就是一种法定担保，它是建立在增值观念（idée de plus-value）之上的制度设计。在买卖之价金尚未支付的情况下买受人已经取得了标的物的

---

① François Collart Dutilleul et Philippe Delebecque, Contrats Civils et commerciaux, Dalloz, 2eéd. , 1993, pp. 184—189.

② 《法国民法典》第 1612、1613 条。

所有权，从理论上讲，既然标的物的所有权已经归属买受人，那么买受人的其他债权人就可以主张以该标的物清偿债权。关键的问题是，丧失了所有权的出卖人如果只能以普通债权人的身份享受债权，这对出卖人显然十分不利，而且就简直无异于以出卖人之财产清偿买受人之债务。根据法国的增值观念，既然出卖人在未获清偿的情况下丧失了标的物的所有权，买受人的财产由此得以增加，那么出卖人在该增值部分就应当优先于其他债权人而受清偿，增值观念为特别优先权制度的理论依据，它妥善地解释了对债权人提供优先权保护的合理性。出卖人依据特别优先权享有优先受偿权和追及权，从而使出卖人免于因采取债权意思主义模式而遭受不利之后果。

最后是行使解除诉权。买受人的主要义务就是按照买卖契约的规定支付价金，如果买受人不支付价金，出卖人还可以享有请求解除买卖的权利（le droit de demander la résolution）。在具体的操作中，要根据不同的情况进行处理，如果不动产的出卖人有丧失标的物和价金之危险，法官应立即宣告解除买卖；如果这种危险并不存在，就由法官根据具体情况给予不动产的买受人一定的宽限期，但在宽限期过后，买受人仍然没有支付价金的，法官就应当宣告解除买卖。① 需要注意的是，虽然解除诉权和优先权是两种不同的担保措施，然而在这两者的适用上存在着密切的关联。解除诉权的行使必须以优先权的存在为前提，如果优先权已经消灭或者出卖人没有在法律规定的期限内进行优先权的登录，那么解除诉权就不再能够行使，以免损害已经对不动产取得权利并已经进行了公告的第三人，因此出卖人是否可以行使解除诉权必须要考虑第三人之利益。如果未获付款的出卖人保有优先权并进行了登录，那么出卖人（即优先权人）行使解除诉权就不会给第三人遭受不测之风险，否则这将有损于市场交易秩序之安全。

在程序法上，1955 年 1 月 4 日政令虽维持了原证书、判决、明细书编缀的公示方法，但亦作了一些相应修正。

首先是强化不动产公示的检索功能。制作了"人编"的不动产卡片和一定范围的不动产"物编"的不动产卡片，代替人名检索账簿和人名表，便于公示的检索。除了登记簿以外，法令规定，登记员应在每个市镇中备置不动产卡片。这种不动产卡片参照档案的分类，根据登记簿编制。不动产卡片按照所有权人、土地和不动产三种方式制作，便于检索。这样一来，法国登记簿的编成就不是

---

① 《法国民法典》第 1654、1655 条。

通常人们认为的仅采人的编成主义，而是采人编和物编两种编成。为了确保不动产卡片与地籍之间的协调一致，1955 年 10 月 14 日政令更进一步规定，对于应当办理公示的证书、证明文件和司法决定，公证人、律师以及行政当局应当将它们的节录本提交给登记员，再由登记员转交给地籍部门（servide du cadastre）。就不动产登记中，自向登记机关提交公示文件之日起算，不动产的权利状况应该与 6 个月以内的地籍节录本保持一致。作为不动产公示的辅助手段，不动产卡片不仅可以保证公示内容的一致性，而且便于公众查询。

其次是规定了强制公示制度。对于抵押权和优先权以外的不动产权利，无论当事人是否同意，公证人、诉讼代理人、执行员、法院的书记员以及行政当局有义务在政令第 33 条规定的期限内，负有该政令第 28 条规定的法律行为或司法决定的公示义务。根据 1955 年 1 月 4 日政令第 33 条对公示的期限进行了规定。原则上应公示的证书在作成后 3 个月以内必须申请。（1）对于继承确认书自公证人接受作成请求之日起 4 个月内必须申请公示，继承人、受遗赠人自继承开始后 6 个月以内必须请求制作继承确认公证书，即继承开始后 10 个月以内必须公示；（2）对于司法判决，自判决生效之日起 3 个月以内需要申请，但是对于应公示证书的无效、撤销、废除等判决，其公示期限被缩减为 1 个月；（3）不动产出卖人或共有分割的优先权、判决（买卖证书、分割证书等等），其申请期限被缩减为 2 个月。同时规定了不遵守期限规定的制裁。

再次是建立了公示的相对性效力原则。公示的相对性效力原则又称公示的连续性原则，即如果处分人的权利或者前一个权利享有人的权利没有依法已经办理或同时办理了公示，那么任何应当在抵押权登录机关公示的法律行为或司法决定均不能申请公示以确保公示的连续性。由此，法国的不动产公示制度建立了公示的相对效力规则。公示的相对性效力原则的一个主要的作用就是：避免在公示的链条中出现空白。基于公示的连续性，有利于第三人对他们取得的权利进行有效的评估。

最后是加重登记官员的责任。法国立法者坚持认为，登记官员没有资格对法律行为的效力、处分人的权利以及当事人的资格进行评判，这些权力只能由法官来享有。① 尽管登记官员的审查仍然是形式审查，但与以往在实践中登记官员审查权利的适用范围相比，1955 年法令授予登记官员的审查权利范围要大得多，而且也更为明确。如果公示申请不符合公示要求，登记官员可以依法拒绝

---

① Yves Picod, Sûretés, Publicité foncière, Montchrestien, 7e éd., 1999, paris, No. 698.

当事人的登录申请，或者在接受登录申请以后依法驳回其登录程序。登记官员作为公务助理人员，依据民法典第 1382 条和第 1383 条对其履行职务中的个人过错给特定人所造成的损害承担责任。为了确保登记员对特定当事人的民事责任，登记官员应当提供保证金（cautionnement），以便受害人可以获得及时充分的赔偿。此外，如果登记官员违反了其义务，登记官员还可以被处以民事罚款，甚至在重犯错误时，可以被免除其职务。

2. 登记生效主义模式下的配套制度

《德国民法典》第 873 条关于让与契约的要式性，乃 BGB 制定过程期间各邦——以普鲁士为中心的德国北部和以拜伦为中心的南部德国对立、抗衡的产物，即普鲁士登记官主义与拜伦公证主义对立矛盾的混合体。[1] 以至有学者认为第 873 条的例外规定是公示要件主义中形式的软化。[2] 一般认为，德国不动产登记生效主义的制度设计一体处理所有物权，统一了物权变动中当事人之间对内与对外关系，更注重交易的安全。而且，其通过加大公证人的职能，通过建立登记上的申请原则、替代原则、登记连续性原则、合法性原则等一系列配套措施，提高了交易效率，并将交易安全的保护推向了极点。

在实体法上，德国同样十分重视公证人的制度。靠近意大利的拜伦公证人制度很早就很发达，在权原上赋予作成公证证书的义务，权利变动采以公证证书为基础进行交易的构成。19 世纪中期的拜伦民法典草案以正当权原为前所有人对新所有人的所有权转移承诺之法律行为，并在登记时以公证证书为必要。在德国民法典物权法部分的立法过程中，拜伦主张以公证人为中心的土地交易体系，从而否定了物权契约理论和普通法法理，但最终败给了普鲁士法的以登记官为中心的土地交易原则；但在 Auflassung[3] 的形式性方面，经与普鲁士登记官主义之间激烈的争议，最终承认了法院和公证人前的 Auflassung。

德国民法典立法之初，本义就所有权转移要求 Auflassung 形式，且 Auflassung 的受领权限仅限于登记官，这样在民法典的规定上，物权合意和 Auflassung 为登记官的审查对象，进行法官审查。但由于在拜伦等州就有关于公证人证书的承认、公证人的 Auflassung 受领权限的规定，公证人在对不动产物权变动作成

---

① 详见王茵《不动产物权变动和交易安全——日德法三国物权变动模式的比较研究》，商务印书馆 2004 年版，第 173—182 页。

② 孙鹏：《物权公示论——以物权变动为中心》，法律出版社 2004 年版，第 25 页。

③ 所谓 "Auflassung" 即 "不动产所有权移转之合意"，或者称为 "土地所有权移转所需的合意"。参见［德］曼佛雷德·沃尔夫《物权法》，吴越、李大雪译，法律出版社 2002 年版，第 215 页。

公证证书之前，负有作成与当事人意思相符的契约书的义务，可为发生争议时提供可信的证据。因此，在 BGB 成立之后德国法通过不断修正法律加大了公证人的职能，由其担任债权契约的审查，并可领受物权合意之 Auflassung。依据1953 年 3 月 5 日的民法典法统一之法律第 1 部第 3 条第 1 号之 BGB 的修正，德国全土承认公证人的 Auflassung 受领权限，而 1969 年 8 月 28 日的证书作成法将原本区法院也拥有的公证事务完全规定为公证人的专属权限。① 这样，土地所有权让与的合意必须是出让人和转让人同时在公证人面前达成所有权转让的合意，并由公证人作成公证证书，而申请登记之时必须向登记机关提交公证证书或裁判上的和解证书或其他官方文书。②

在程序法上，通过《土地登记簿法》建立了登记程序上的申请原则、替代原则、登记连续性原则、合法性原则等一系列配套制度。

首先，登记是应利害关系人的要求进行的，登记机关通常只能依当事人的申请而开始其登记活动，即所谓的申请原则。《土地登记簿法》认为，不动产的权利人会从其权利在土地登记簿的公示中受益，以使其权利得到世人的承认，因此，法律放弃依职权积极作为的做法。只有在例外情形中登记机关才能不经申请而依职权进行登记。③ 申请促使登记官开始为登记活动，同时也对其活动范围予以限制：登记官不能从事申请之外的其他登记行为。

其次，通过"替代机制"实现登记机关的形式审查制度。德国法严格贯彻不动产物权实体规则和登记规则的区分，由此形成了独具特色的不动产物权登记体系，其中的登记审查方式并不像教科书所述的实质审查，而是形式审查。所谓实质审查，指登记官对于登记申请，不仅须对形式而且对权利变动原因是否真实也要审核，不动产物权变动必须经过登记机关实质审查确定。但要求登记官对这些要件进行审查，无疑是对登记官的苛求，或至少也是一项费时费力的事情。故在德国法上，不动产登记官审查的是双方当事人在其面前所为的关于物权变动的意思表示是否真实，至于当事人做出关于物权变动的意思表示的原因——即以物权变动为内容的债权行为真实与否，登记官员不予过问。在保留实质审查主义的框架的同时，把实质审查的范围限制在以物权变动为直接目的的中性的法律行为里，使作为原因的债权契约脱离了审查的羁绊，从而摒弃

---

① 详见王茵《不动产物权变动和交易安全——日德法三国物权变动模式的比较研究》，商务印书馆2004 年版，第 173—182 页。

② 《德国民法典》第 925 条，《土地登记簿法》第 29 条。

③ 如德国《土地登记簿法》第 18 条第 2 款、第 53 条的规定"据职权的异议登记和涂销"等等。

了登记的实质审查主义对私人生活的侵扰。此即德国不动产登记中所谓的"替代机制"——通过对一些"替代事项"（Surrogaten）的审查——以形式审查的方式达到实质审查的目的。这样，就在保留实质审查主义的外衣下，达到了形式主义审查的效果。从而大大减轻了登记机关的工作量，也就降低了登记的成本，提高了登记的效率。

所谓"替代机制"：一是"登记同意原则"，即以当事人的登记同意替代对物权合意的证明。登记官仅审查权利被涉及者的同意表示，而不需审查实体法上所必要的意思表示（即不动产物权让与合意）。此为程序法上的合意原则，其理论基础为，权利被涉及者仅在与"权利取得人"就物权让与已达成实体法上的合意时，才会作出同意登记的表示；二是"在先已登记原则"，即以权利人在登记簿中的登记状态替代对处分行为人之实体权利的审查。登记官仅需确认处分人到目前为止，在登记簿中一直被登记为权利人。也就是说，登记官仅需确认，存在权利被涉及者已经登记之事实足矣。究其实质，为《德国民法典》第891条规定的推定效力在土地登记法上的逻辑结果。即以权利人身份而被登记的人推定为实体法上的权利人。①

再次，采用"登记连续性原则"，即每一项权利的拥有人在处分权利时都要求在登记簿上登记，这样就在权利人之间形成了权利链条，从而保证交易的纯净性。

最后，采用"优先原则"，在德国，登记申请因到达土地登记局而生效。《土地登记簿法》第17条规定，先申请之登记，在办理上须先于后申请之登记。故申请的先后顺序决定了在登记簿中的先后顺序，而登记的先后顺序又决定了权利的顺位。此即为"顺位"。顺位制度，是建立在权利成立在先者优于成立在后者的思想之上（"prior tempore potior iure"，先成立之权利，优于后成立之权利）。通过顺位制度，可以公平地解决数物权人之间的竞争。

（三）登记生效主义 VS 登记对抗主义

由上述分析可见，契据登记主义也好，权利登记主义也好；对抗也罢，生效也罢，都较好地处理了在物权变动中的自由、安全、公平及效益问题。"实际上，各种物权变动的模式的差异，并非如我们所想象得那样明显。出于论争的

---

① 参见 ［德］鲍尔·施蒂尔纳《德国物权法》（上册），张双根译，法律出版社 2004 年版，第304—321 页。

需要，我们总是有意无意中夸大了各种物权变动模式间的差异。"① 国内许多学者也逐步认识到登记生效主义与登记对抗主义的法律差异仅是是否承认"物权契约"而已，而在法律实务上几乎不存在差异。② 如前所述，当代各国物权变动模式尽管存在差异，但在物权变动问题上都同时具备意思要素与形式要素，无论是登记生效主义还是登记对抗主义的立法都要求具备二要素。应当说，绝对意思主义与绝对形式主义并不存在，相反，相对意思主义与相对形式主义是当代物权变动的主流。我们不应以绝对意思主义的观点套用在相对意思主义身上，借此否定相对意思主义，这种否定不仅没有意义，而且也不公平。

我们可以发现，意思主义并非不需要形式，而形式主义也需要意思为基础。正如刘得宽先生指出：社会交易（物权变动）"虽然有契约主义与形式主义之差别，一般买卖当事人间以意思要素为优先，当事人之任何一方与第三人间关系则以形式要素为优先"。③ 由此可见，尽管登记在不动产物权变动的法律构造方面存在差异，但它在不同物权变动模式下都是不动产物权变动结果的表征，差异也仅在于登记是否同时为不动产物权变动的条件。或者说它们之间的区别只是对不动产物权登记的效力——对抗力或形成力——这个问题作出的不同回答而已。如果依照各自的构成要件都发生了有效的物权变动，且都经过登记，那么在不同物权变动模式下，无论是对抗要件还是生效要件，登记都是保障物权排他性的条件。因此，以往将意思主义理解为不需要形式而加以批判显然是片面的。

1. 从物权登记的对象看不同登记模式的差异

作为讨论的前提，首先需要确定不动产登记的对象。就物权公示的对象，理论界有所谓"权利公示说"、"行为公示说"以及"统一说"等观点。④ 一般认为物权公示的对象范围主要包括物权享有的公示和物权变动（狭义）的公示，物权享有的公示方法为占有（动产）或者登记（不动产），物权变动的公示方法为交付（动产）或者登记（不动产）。⑤ 毫无疑问，如果将物权公示区分为物权享有的公示与物权变动的公示，则表明两种物权公示的内容是不相同的：物权

---

① 王轶：《物权变动论》，中国人民大学出版社 2001 年版，第 32 页。

② 王茵：《不动产物权变动和交易安全——日德法三国物权变动模式的比较研究》，商务印书馆 2004 年版，第 193—195 页；渠涛："不动产物权变动制度研究与中国的选择"，载《法学研究》1999 年第 5 期。

③ 刘得宽：《民法诸问题与新展望》，台湾三民书局 1980 年版，第 473 页。

④ 尹田：《物权法理论评析与思考》，中国人民大学出版社 2004 年版，第 242 页。

⑤ 前一"登记"作名词解，后一"登记"作动词解。

享有的公示当为一种权利公示（即物权归属状况的公示），而物权变动的公示则是一种行为的公示。那么物权公示究竟是权利公示还是行为公示？有学者通过对物权公示制度的历史考察，得出结论认为：将物权变动的公示仍然解释为物权变动结果（物权权属状况）的公示亦即"权利的公示"，较为妥当和简便。[①]

但在其考察中指出：在采债权意思主义物权变动模式的国家，物权变动公示是对物权变动结果即权利的公示，而在采物权形式主义或者债权形式主义物权变动模式的国家，物权变动公示既是对物权变动行为的公示，也是对物权变动结果的公示。这就带来一个问题，如果将物权变动的公示解释为物权变动结果的公示，即物权公示，其本意应当是指将"已经"依法取得的物权公诸于世，[②]那么，在形式主义物权变动模式的立法例中，无登记即无结果，无结果又如何登记？这显然是一个悖论，恐怕正是形式主义的软肋之一。

所谓"如无登记，即无物权行为；如无物权行为，即无物权变动……物权变动公示同时是物权变动行为和物权变动结果（权利）的公示"，[③] 对于本意应当是指将"已经"依法取得的物权公诸于世之物权公示而言，又当如何解释？我们只能认为形式主义下的"形成力"是取决于立法政策选择的结果。董学立先生认为之所以如此，主要原因有二：一是萨维尼的物权行为理论出身于交付制度的研究并再也没有走出交付形式的限制，并且，德国物权法严格地贯彻了萨氏的物权行为理论，将公示这一本是可有可无的物权变动中的外观形式，做了一体的要求或安排，即将公示确定为物权变动的生效要件；二是混淆法律行为（物权行为）的成立与生效。[④] 在物权行为的概念中不考虑登记和交付要素，其原因在于，是否实际发生法律效果并非法律行为的概念所能包括者：法律行为（物权行为）是否发生法律效果是检索法律行为要件后的法律评价问题。[⑤] 对此，兰特/施瓦伯的作品中强调："法律效果并非契约（物权契约）概念之必要部分，由此吾人常称无效或不生效力的契约，即可知之。当事人关于发生物权变动之法律效果具有合意，契约业已缔结，至于效力是否发生，则视其他情形（例如登记）而定。"[⑥] 因此，在物权变动的必要条件设置中是否须有公示要素的加入？

---

① 参见尹田《物权法理论评析与思考》，中国人民大学出版社 2004 年版，第 242—251 页。
② 同上。
③ 同上。
④ 参见董学立《物权法研究——以静态与动态的视角》，中国人民大学出版社 2007 年版，第 206—207 页。
⑤ 参见田士永《物权行为理论研究》，中国政法大学出版社 2002 年版，第 18 页。
⑥ 同上。

不论是从社会实践的角度还是在理论建构的层面，这都只能是一个政策选择的问题。

而对登记生效主义"通过将当事人之间的物权变动的生效要件转换成对第三者的公示手段，统一了物权变动中当事人之间对内与对外关系"的所谓优势似乎也化为乌有了。对于"物权变动公示既是对物权变动行为的公示，也是对物权变动结果的公示"，显然并没有说服力。事实就是，物权公示的对象（实质内容），是对物权变动的结果即权利的公示。因此，无物权变动结果，就无法进行物权公示，就登记对抗主义而言，正是其物权变动与物权公示之分离，将物权的取得与公示分为两个阶段，较好地体现了将"已经"依法取得的物权公诸于世之物权公示的原则——即物权变动的公示为物权变动结果的公示。

2. 如何认识"非因法律行为而发生的不动产物权变动"

众所周知，法律行为虽然是不动产物权变动的最主要最常见的原因，但却不是唯一的原因。在它之外，尚有非因法律行为而发生的不动产物权变动。物权变动作为一种法律关系的变动必然体现到法律事实这个原因上。引起法律关系变动的法律事实，包括事件和行为两大类，行为与当事人意思有关，事件则是与当事人意思无关的事实。其中，事件反映到物权变动上，就是非基于法律行为的物权变动。

非基于法律行为的物权变动主要有：（1）因继承而发生物权变动；（2）因附合、混同、加工而发生物权变动；（3）因先占、拾得遗失物、发现埋藏物而取得物权；（4）因时效而发生物权变动；（5）因强制执行、公用征收、法院判决而发生物权变动等。此类物权的取得，或因法律规定直接发生，或因行政行为及司法裁判行为而发生，或因事件及事实行为而发生，依登记生效主义立法，采用非经登记不得处分原则，故又称"登记处分要件主义"，即指非经登记，当事人可以取得不动产物权，但对之不得进行处分。①

之所以采用非经登记不得处分原则，一方面，"其存在状态甚明确，其登记之迟速，无关利害，亦无碍交易安全，自不宜以其未登记而否认其效力"；② 另一方面，于特定情形，不动产物权的取得与登记不可能同步，即不动产物权的取得必然先于该项物权的登记（如继承人于被继承人死亡时即取得不动产遗产

---

① 见尹田：《物权法理论评析与思考》，中国人民大学出版社 2004 年版，第 286 页；常鹏翱："物权公示效力的再解读"，载《华东政法大学学报》2006 年第 4 期。

② 郑玉波编：《民法物权论文选辑》，台湾五南图书出版公司 1984 年版，第 82 页。

之所有权，而该不动产物权变动的登记只能在此后进行），登记客观上只能成为对已经发生的物权变动事实的确认或者"昭示于人"，而不能成为物权变动事实发生的依据。[①] 在这种情况下，不动产物权已为当事人所实际取得，但因其未予登记即公示，当事人不得将其实际享有的物权让与他人。否则，不动产之上的"权利状态"将"一变再变，易于混淆"，[②] 不利于不动产流转秩序的稳定。

更重要的是，依"公示成立要件主义"，任何依法律行为而发生的不动产物权变动，均须以登记为生效依据。而非因法律行为取得的不动产物权，因其未予登记，故无法进而进行物权让与登记或者物权设定登记。与此同时，如允许未经登记的物权进行让与，则除复杂财产权属关系之外，还与"依法律行为而取得、丧失或者变更之不动产物权须经登记而生效"的规则相违，倘对其处分权不予限制，则甚至物权变动之公示成立要件主义法制也将毁于一旦：在未作所有权变更登记的情况下，如果允许乙将因继承甲的遗产所得的房屋之所有权转让给丙，则丙取得该房屋之所有权系属"依法律行为而取得"，而该项所有权取得既然无须经过登记而发生，则所谓"公示成立要件主义"即无适用之余地！因此，为贯彻"不动产物权变动须经登记而生效"的规则，只能采非依法律行为取得的不动产物权非经登记不得处分的原则，实际上是"公示成立要件主义"的贯彻而非其适用上的例外。

由此可见，即使是实行物权变动的形式主义的立法，虽然物权变动以公示为成立要件，但是，就所有权的原始取得而言，其所有权取得本身并不以所有权的公示为条件；而就所有权的继受取得而言，在某些特定情形，其所有权的转移也并不取决于物权变动的公示。[③] 由此，我们看到，同为不动产物权变动，在因法律行为而发生时，需以登记为生效要件，[④] 而在因非法律行为而发生时，则不需以登记为生效要件。换言之，在因法律行为而发生物权变动时，需要公示，而因非法律行为而发生物权变动时，则不需要公示。套用孙鹏先生的表述，试想，对一纸判决（一份继承公证书等）的获得有多大的形式意义，对第三人能产生怎样的公示后果？所谓物权公示制度可以"透明"物权关系又从何谈起？故通说认为所谓物权公示的"成立要件主义"的确定，应当仅具有相对意义：

---

① 尹田：《物权法理论评析与思考》，中国人民大学出版社 2004 年版，第 286 页。

② 郑玉波编：《民法物权论文选辑》，台湾五南图书出版公司 1984 年版，第 92 页。

③ 尹田：《物权法理论评析与思考》，中国人民大学出版社 2004 年版，第 285 页。

④ 即使因法律行为而发生时，在某些特定情形，其所有权的转移也并不取决于物权变动的公示。见前述。

实质上，将登记作为不动产物权变动发生的根据，主要针对的是既存不动产物权因当事人的意思而发生转移的情形以及基于当事人的意思而于不动产上设定他物权的情形，以此透明不动产物权关系，达到保护交易安全的目的。

我们注意到，依德国学者理解，登记制度仅对依法律行为而发生的物权变动而言。德国学者在《德国物权法》一书中指出：土地登记制度仅适用于法律行为方式的物权变动，而那些直接依据法律，或者行政行为，或者裁判行为，而发生的物权变动，则不适用此项原则。[①] 孙宪忠先生认为：在依据法律行为发生的物权变动中，不动产物权一般不经登记者不生效。[②] 尹田教授指出，对于不动产物权公示成立要件主义，可以理解为"凡不动产物权因当事人的意思表示而设定或者变更的，非经登记不发生效力"。但不可理解为"一切不动产物权之得失变更，非经登记，不得发生效力"。[③] 相对于一般教科书"德国法规定：非依法律行为的土地物权变动也应进行登记"[④] 的说法，王茵博士指出：德国法的物权公示原则只适用于因法律行为所产生的物权变动，继承、遗赠等中包含不动产权利的，都可不必登记。[⑤] 德国学者的表述更为直接，在德国，登记的规则是：所有的法律行为方式的土地物权变动，均需要登记；而所有的非法律行为方式的土地物权变动，均不需登记，但具有登记能力。[⑥]

所谓"登记处分要件主义"，主要依《瑞士民法典》第 656 条第 2 款规定：对土地的所有权，"取得人在先占、继承、征收、强制执行和法院判决的情况下，得在登记前，先取得所有权。但是，非在不动产登记簿上登记，不得处分土地。"[⑦] 的确，《德国民法典》对此没有集中为一个条文规定，但是从其相关条款和《土地登记簿法》可以推出同样的内容。[⑧] 依通说，之所以有此规定，乃是因为依非法律行为取得不动产所有权的根本原因，是法律的规定，而不是当

---

① ［德］鲍尔·施蒂尔纳：《德国物权法》（上册），张双根译，法律出版社 2004 年版，第 385—386 页。

② 孙宪忠：《中国物权法总论》，法律出版社 2003 年版，第 208 页。

③ 尹田：《物权法理论评析与思考》，中国人民大学出版社 2004 年版，第 285 页。

④ 参见陈华彬《外国物权法》，法律出版社 2004 年版，第 138 页。

⑤ 王茵：《不动产物权变动和交易安全——日德法三国物权变动模式的比较研究》，商务印书馆 2004 年版，第 193 页。

⑥ ［德］鲍尔·施蒂尔纳：《德国物权法》（上册），张双根译，法律出版社 2004 年版，第 295 页。

⑦ 《瑞士民法典》，殷生根译，中国政法大学出版社 1999 年版，第 178 页。

⑧ 如陈华彬指出的，依德国《土地登记法》第 39 条第 1 项，尽管物权人已经取得了物权，但只有在完成了登记后，才可以处分所取得的物权。参见陈华彬《外国物权法》，法律出版社 2004 年版，第 138 页。

事人自己的意思表示。当事人虽有事实行为，但该事实行为不是所有权取得的根本原因。因为法律的规定比登记具有更强烈的公示效力，故依法律规定取得之不动产物权，不必依登记为权利取得的生效要件。① 问题是，"不动产物权变动须经登记（公示）而生效"的规则要求物权变动必须公示，而公示的唯一方法为登记，此种依非法律行为取得不动产所有权尽管有法律的规定，但说其比登记具有更强烈的公示效力则未必。法律规定本无所谓公示力的，依法律规定取得之不动产物权源于原始取得固有的自然属性与法律属性。孙宪忠先生指出：依非法律行为发生的物权变动，依据法理应该在物权公示之前生效；这种未经公示即不动产登记和动产的交付占有生效的物权变动，自然造成了事实上的物权和法律上的物权的脱离，对交易安全以及物权秩序造成隐患。② "将强制登记原则限于法律行为方式的物权变动，就已带来真实权利关系与土地登记状态间相互割裂的危险。"③ 在这里，又哪里看得到登记生效主义所谓"统一了物权变动中当事人之间对内与对外关系"？

以继承为例，继承自被继承人死亡始当无疑义，被继承人一旦死亡，遗产权利即依法转归继承人享有，此时，即使继承人未实际获得遗产（动产）的支配（未予公示），或者未办理遗产（不动产）变更登记（未予公示），并不等于继承人尚未享有遗产之物权，也不等于该项遗产"名分"未定，得由他人任意侵夺。④ 但值得注意的是，继承开始时，被继承人的遗产当然归继承人所有，但此时的"继承人"并非特定的物权人，仅是泛指。无论是遗嘱继承还是法定继承，都还要经过一系列程序，有时甚至需要通过诉讼最后才能认定特定的继承人（如父母、配偶、子女或其他人等等）为该遗产的合法拥有者。从继承开始至最终确定特定的继承人的这一时段很难说物权是确定的状态，外界更无法判断其物权状态。在这里，对登记对抗主义所谓"物权变动与物权公示之分离，必定使一物一权原则遭受损毁，造成理论解释上的诸多困难"⑤ 的指责难道不也同样适用吗？

我们只能说，物权公示制度固然可以"透明"物权关系，但物权公示制度

① 孙宪忠："论不动产物权登记"，载《中国法学》1996 年第 5 期。
② 孙宪忠：《中国物权法总论》，法律出版社 2003 年版，第 205 页。
③ ［德国］鲍尔·施蒂尔纳：《德国物权法》（上册），张双根译，法律出版社 2004 年版，第 276 页。
④ 尹田：《物权法理论评析与思考》，中国人民大学出版社 2004 年版，第 252 页。
⑤ 同上书，第 279 页。

却绝对不是"创设"物权关系的上帝。弄清这一问题，对于理解物权公示的效力事关重大。[①] 否则在采物权变动公示成立要件主义的情况下，物权公示的效力有可能被夸张。

此种夸张主要表现为两个方面：一是认为"一切不动产之物权变动均须以登记为成立要件"；二是认为"一切不动产物权之设定非经登记不能成立"。[②] 因此，学者提出，对于不动产物权公示成立要件主义，可以理解为"凡不动产物权因当事人的意思表示而设定或者变更的，非经登记不发生效力"。但不可理解为"一切不动产物权之得失变更，非经登记，不得发生效力"。[③] 换言之，登记生效主义仅适用于依法律行为发生的物权变动，而不适用于非因法律行为发生的物权变动。

但如前所述，引起法律关系变动的法律事实，包括事件和行为两大类。我们不禁要问：为何同为不动产物权变动，在因法律行为而发生时，需以登记为生效要件，而在因非法律行为而发生时，则不需以登记为生效要件？或者说，在因法律行为而发生物权变动时，需要公示，而因非法律行为而发生物权变动时，则不需要公示。传统物权理论以"依法律行为之物权变动，为社会经济生活中最常见的一种形式，因此以法律行为为原因之物权变动成为现代各国物权立法政策与立法技术的重要课题"为由，忽略了对因非法律行为而发生物权变动的研究。正如学者指出的：民法上物权变动所采公示原则，既在保护交易之安全，则物权变动系依法律行为而生者，故应有其适用；于非因法律行为而生之物权变动，亦应无免于适用之理。[④] 而在登记生效主义看来，究竟是"不动产物权变动须经登记而生效"，还是"因法律行为发生的不动产物权变动须经登记而生效"？在论述物权公示原则时，学者表述为"所谓物权公示原则，指物权的各种变动必须采取法律许可的方式向社会予以展示、以获得社会的承认和法律保护的原则"，[⑤] 而在论述物权登记时，表述为"根据上文所探讨的物权公示原

[①] 尹田：《物权法理论评析与思考》，中国人民大学出版社 2004 年版，第 253 页。

[②] 在我国的某些理论著述及有关现行立法中，登记实际上被认为是不动产物权之得失变更唯一的法定依据。如我国 1990 年《城市房屋产权产籍管理暂行办法》第 18 条规定：凡未按照本办法申请并办理房屋产权登记的，其房屋产权的取得、移转、变更和他项权利的设定，均为无效。可参见孙宪忠"交易中的物权归属确定问题"一文，中国民商法律网。http://www.civillaw.com.cn/article/default.asp?id=19688。

[③] 尹田：《物权法理论评析与思考》，中国人民大学出版社 2004 年版，第 285 页。

[④] 苏永钦：《民法物权争议问题研究》，台湾五南图书出版公司 1999 年版，第 6 页。

[⑤] 孙宪忠：《中国物权法总论》，法律出版社 2003 年版，第 178 页。

则，可知在依据法律行为发生的物权变动中，不动产物权一般不经登记者不生效"。① 也许正如尹田教授指出的：既有某些理论本身就没有严格遵循逻辑规则，而是在追求形式完备或者方便适用的目的之下，进行了"超逻辑"构建。②

而在登记对抗主义下，则无此问题，尽管有学者认为，在法国民法体系中物权变动只有依据非法律行为发生的类型，而没有依据法律行为发生变动的类型。③ 实际上，如前所述，依法国 1955 年 1 月 4 日政令将不动产公示的范围扩大适用于一切涉及不动产的有关行为，其中不仅包括几乎所有的不动产抵押权和优先权，而且包括优先权、抵押权以外的其他不动产物权的设定与转让、12 年以上的租约、司法裁决、宣告行为、扣押令等。换言之，登记对抗主义完全贯彻了"物权的各种变动必须采取法律许可的方式向社会予以展示、以获得社会的承认和法律保护的原则"，即物权之变动，因各种取得方式而发生效力，但未经登记则不具对抗力，登记不过为已发生的物权变动对抗第三人的要件。

3. "软化"抑或"矛盾"

如前所述，对《德国民法典》第 873 条关于让与契约的要式性，有学者认为第 873 条第二款的例外规定是公示要件主义中形式的软化，而我们认为这正是普鲁士登记官主义与拜伦公证主义对立矛盾的混合体，也是形式主义立法无法自圆其说之所在。

通说认为，登记生效主义下物权变动与物权公示完全融合，除了具备旨在变动物权的意思，还需将该意思公示于外的特定形式，通过将当事人之间的物权变动的生效要件转换成对第三者的公示手段，统一了物权变动中当事人之间对内与对外关系。为了起到公示效果，该形式应当是客观、明确、易识别的，但公示生效主义的实际运作并非完全如此。《德国民法典》第 873 条第二款规定："在登记前，仅在已将意思表示做成公证证书，或已向土地登记处做出意思表示或已在土地登记处提出意思表示，或权利人已向相对人交付符合《土地登记法》规定的登记许可证书时，当事人才受合意的约束。"这里的约束效力，在德国通常理解为撤回权之排除，"具有约束力，意味着自由撤回之排除"，④ "合意具有约束力，约束的后果是，再也不能

① 孙宪忠：《中国物权法总论》，法律出版社 2003 年版，第 208 页。

② 尹田：《物权法理论评析与思考》，中国人民大学出版社 2004 年版，第 42 页。

③ 参见孙宪忠《中国物权法总论》，法律出版社 2003 年版，第 197 页。孙先生认为是因为法国民法不承认物权与债权的区分，但同时又提出其对抗主义的立法事实上承认了物权与债权的区分，见同书第 181 页。在法国，当事人之间的合同具有"法律效力"，也许从这个意义上可以说，物权变动只有依据非法律行为发生的类型。

④ ［德］鲍尔·施蒂尔纳：《德国物权法》（上册），张双根译，法律出版社 2004 年版，第 390 页。

单方面撤回合意"。① 我国学者孙鹏更直接地指出具有约束力即发生物权变动，② 同时提出：试想，对意思表示的公证或者交付获得登记许可的证书，特别是仅仅将意思表示提交给不动产登记局有多大的形式意义，对第三人能产生怎样的公示后果？但其将之归于登记形式的软化。③ 孙先生看到了形式主义的软肋，但由于其坚持形式主义的观点，影响其进一步深究。

由此，我们看到的是这样一幅景象：无论在德国或是在法国，人们购买不动产时，在登记前，只要已将意思表示做成公证证书，即使未登记但物权变动均已发生（或曰具有约束力）。或者说，无论是登记生效主义还是登记对抗主义，在未办理登记之前，实际上是可以取得物权的。对于登记对抗主义而言，其基本理论就是根据当事人的合意即可取得物权，登记仅具对抗意义；对于登记生效主义而言，依《德国民法典》第873条第二款，则：（1）已将意思表示做成公证证书；（2）已向土地登记处做出意思表示；（3）已在土地登记处提出意思表示；（4）权利人已向相对人交付符合《土地登记法》规定的登记许可证书时；尽管未办理登记，但具备这些条件之一者，已具有约束力或者说已发生物权变动。

由此可见，即使是实行物权变动的形式主义的立法，虽然物权变动以公示为成立要件，但是就因法律行为而发生的不动产物权变动（所有权的继受取得）而言，在某些特定情形，其所有权的转移也并不取决于物权变动的公示。由此，我们认为，德国法的登记要件主义似乎并不像传统教科书表达得那么完美，而是立法中普鲁士登记官主义与拜伦公证主义对立矛盾的混合体，是两种力量平衡的结果。④ 而拜伦的公证主义观点，虽因BGB313条第1款的存在而未在BGB中体现，但作为邦法的保留条款而存在。而BGB成立之后的德国法改正，实质是该保留规定在德国全土的扩大化过程。即在当代，德国公证人的作用得到扩张。⑤

既然"凡不动产物权因当事人的意思表示而设定或者变更的，非经登记不发生效力"，为什么依《德国民法典》第873条第二款的所谓"软化"条款不经登记也能发生效力？由此，引出另一个问题，不动产物权公示的方法难道只能是唯一的——登记——吗？

---

① ［德］曼佛雷德·沃尔夫：《物权法》，吴越、李大雪译，法律出版社2002年版，第224页。

② 孙鹏：《物权公示论：以物权变动为中心》，法律出版社2004年版，第25页。

③ 同上书，第26页。

④ 参见本节"登记生效主义模式下的配套制度"。

⑤ 王茵：《不动产物权变动和交易安全——日德法三国物权变动模式的比较研究》，商务印书馆2004年版，第188—192页。

4. 不动产物权变动的公示方法是单一的还是多元的

通说认为，物权公示的方法，在动产为占有，在不动产为登记。从法律发展史来看，动产除了交付，不动产除了登记，似乎还找不到更好的公示方法。"对一般不动产物权来说，最好的而且是最简单的公示手段就是登记。"① 即登记是不动产物权变动结果的表征，因此，登记作为不动产物权的公示方法得到当今各国的普遍适用。

但从上面的分析，我们看到，在登记生效主义立法中，将不动产公示的方法局限于登记，无法解释《德国民法典》第 873 条第二款的规定，也无法解释因非法律行为而发生物权变动不需以登记为生效要件的"登记处分要件主义"。为此，学者认为，造成这种现象的原因，正是对公示方法认识的局限。

这些学者认为，事实上物权公示制度的主要目的，在于解决物权发生让与的情况下第三人信赖利益的保护问题，而物权取得及享有的途径是非常多的。当事人以物权让与之外的其他方式取得物权时，是否采用公示方法，通常并不能决定其是否享有物权本身。② 孙宪忠先生指出，一般来看，以不动产登记和动产的占有交付作为物权变动的有效根据是可以的，但是必须明确，发生物权变动的真正根据，并不是不动产登记和交付的本身，而是支持不动产登记和动产交付的法律行为，也就是当事人要求以不动产登记和占有交付这种方式来完成不动产物权和动产物权变动的意思表示。③ 当事人依据法律行为来推动以至于完成他们之间的权利义务关系的设立、转移、变更和废止等，是民法"意思自治"这一基础的体现。意思自治原则的基本要求，就是按照当事人的内心真实意思来建立与变更民法上的各种权利义务关系；因此只要符合当事人内心真实意思的法律效果，在民法上就具有正当性。这一点是民法不同于公法的本质特征。由此，在不动产登记之外，不论是从事实上还是在立法上都不应该排除还存在着其他物权意思表示方式。根据孙宪忠先生的研究，这些方式包括：（1）交付房屋；（2）交付不动产权属文书；（3）公证；（4）当事人双方向不动产登记机关提交的登记申请书，或者登记机关在登记之前向当事人双方做出的收到其登记申请的法律文件；（5）当事人双方向公证机关提交的、目的在于发生物权变

---

① dr. jocahim kuntze/dr. hans herrmann usw：grundbuchrecht. seite 104. 转引自孙宪忠 "论不动产登记"，载《中国法学》1996 年第 5 期。

② 尹田：《物权法理论评析与思考》，中国人民大学出版社 2004 年版，第 252 页。

③ 孙宪忠："交易中的物权归属确定问题"，http：//www. civillaw. com. cn/article/default. asp？ id = 19688，中国民商法律网。

动的公证申请书，等等。①

　　许多学者也注意到了这一问题，学者对登记以外的不动产物权变动的公示方式进行了探讨，郭明瑞教授认为，登记可为不动产物权的公示方法，但不能依此否认占有或者其他方式不能为不动产物权的公示方法。只要是能够将当事人的物权变动的意志或物权的状态让他人知道的方式，都可为物权变动的公示方法。指出：不动产物权并非仅以登记为公示方法，占有的移转即交付以及公证也可为不动产物权的公示方法。②

　　常鹏翱先生认为：在物权法中，作为物权外观的不动产登记和动产占有占据了垄断地位，其他外观形式不能充任物权外观，这在一般情形下没有问题。但是，我国各地区与行业发展不平衡，尤其是城乡发展状况极度不平衡，在一些特殊情形下难以一体适用统一的法定外观。比如，我国农村尚未普遍建立完善的不动产登记制度，农民建造房屋无须登记，单凭占有房屋的事实就足以证明权利，不动产占有因此就成了权利外观。不动产登记和动产占有是根据经济生活与交易实践，经由历史发展，而由法律选定的典型物权外观，但它们不应绝对地排斥其他的外观形式，只要其他形式有足够稳定的交易习惯支持，并受到特定公众群体的认可和尊重，就应有效，否则，不但不能给这些公众群体提供稳定的预期，还会破坏他们的生活与交易秩序，增加额外的交易费用。③　其结论是：物权公示无非是为了给社会公众提供透明的权利信息，减少因为信息不对称而产生的交易风险，只要权利形式具有这样的功能，就应得到法律认可。

　　渠涛先生在《中国民法典立法中习惯法应有的位置》一文中考察了习惯法在民法典的位置，对于中国农村土地财产权的相关立法问题，认为对于不违背国家法（特别是强行法），在有限范围内通行的制度，作为习惯法承认其存在，并在一定的范围内承认其具有一定的法律效力。④　在《关于中国物权法制度设计的思考》一文中提出"在社会成员关系密切的熟人社会（农村），全面采用登记对抗主义，同时还应该在登记以外承认当地习惯法中的不动产公示手段和证人

---

　　①　参见孙宪忠"交易中的物权归属确定问题"，http：//www.civillaw.com.cn/article/default.asp? id=19688，中国民商法律网。

　　②　郭明瑞："物权登记应采对抗效力的几点理由"，载《法学杂志》2005 年第 4 期。

　　③　常鹏翱："物权公示效力的再解读"，载《华东政法大学学报》2006 年第 4 期。

　　④　渠涛："中国民法典立法中习惯法应有的位置"（上），法律教育网，http：//www.chinalawedu.com/news/2006/3/ma725353391360021520.html。

作用，以此为认定是否可以作为不动产物权予以保护的依据"。①

亦有人从"绝对主义物权"与"相对主义物权"的角度考察，指出：与绝对物权观下表象数量的严格封闭性不同，相对主义物权下的物权公示表象是开放的。多元表象下的公示规则的基本原则是，任何具有实际公示功能的客观表象都可以作为物权的公示表象，都将在公示能力所及的范围内得到认可。②

董学立认为：近代物权法律制度建立了不动产物权之登记公示和动产物权之占有公示制度后，占有在表达物权享有方面的作用就被大大削弱了。但削弱不等于消灭，占有在表达物权享有方面的意义仍然存在，只是退隐到了法律所设立的规则之后，并成为一种潜规则。特别在静态物权保护中，占有仍具有公示性，权利被包裹于占有之内。③

这些学者的观点都表明了对不动产物权公示不能仅仅以登记作为唯一方法。他们提出的其他公示方式都具有一个共同的特征，就是他们必须具备某种可以在客观上得到证明的方式。

公示手段对第三人来说，基本的效力是权利变动让人知的效力，即公示的告知作用。用孙宪忠先生的话说："不动产的登记与动产的交付，发挥着向社会展示当事人物权变动的公示作用。"④ 由此，在不动产登记之外，不论是从事实上还是在立法上都不应该排除还存在着其他物权意思表示方式。这些方式包括：（1）交付房屋（占有）；（2）交付不动产权属文书；（3）公证；（4）当事人双方向不动产登记机关提交的登记申请书，或者登记机关在登记之前向当事人双方做出的收到其登记申请的法律文件；（5）当事人双方向公证机关提交的、目的在于发生物权变动的公证申请书，等等。从上面这些可以确定物权归属的意思表示或者法律行为可以看出，以这种物权合意作为基本要素的法律行为具有一个共同的特征，就是他们必须具备某种可以在客观上得到证明的方式。这就是物权法律行为的"形式主义原则"——具备从客观上可以认定的形式，而且形式成为法律行为生效的必备条件。

但是如孙宪忠先生所言，必须指出的是，由于物权法律行为具备的形式不

① 渠涛："关于中国物权法制度设计的思考"，载《中日民商法研究》（第三卷），法律出版社 2005 年版。

② 罗志云："'物权的观念化'发展利弊分析"，http：//www.honglaw.com.cn/Article_ Show.asp? ArticleID = 15115，中国鸿儒法律网。

③ 参见董学立"物权公示，公示什么？"载《比较法研究》2005 年第 5 期。

④ 孙宪忠：《德国当代物权法》，法律出版社 1997 年版，第 83 页。

同，其公示的效果也就不一样。不动产登记作为一种公示方式，是由国家建立的，而且是以国家信誉作为担保的，所以以这种方式作为确权依据时，其效力最强；不动产登记之外，其他这些可以作为物权确权依据的方式，因为其形式条件差异，不一定都能达到不动产登记所具有的强烈的排斥第三人的效果，有些甚至不能产生排斥第三人的效果；但是在不涉及第三人时，它们至少可以在当事人之间确定物权的变动，有些甚至可以对当事人发生法律效果（比如不动产权利证书的交付、提交登记申请书等）。① 这里所谓公示的效果不一样，完全可以理解为公示的方式有多种，但其效力有强弱之分：登记因其以国家信誉作为担保，其效力最强；除此之外其他的公示方式或可对当事人发生法律效果，或可产生较弱的排斥第三人的效果（如交付）。② 在这里，基于不同公示方法的不同公示强度，物权的排他效力体现出了相应的层次性和渐变性。

学者们正是通过上面的分析，得出结论：不动产物权变动的公示方法并不仅仅以登记为唯一，只要具备某种可以在客观上得到证明的方式，原则上也可以作为不动产物权变动的公示方法，不论是从事实上还是在立法上都不应该排除。试图以物权公示方法的多样性解释物权变动与公示之间关系，但不应忘记，这是在登记生效主义下的解释。

通过上面的论述，我们可以得出的结论就是：在登记生效主义下，首先登记生效是针对依法律行为发生的物权变动，对非依法律行为发生的物权变动并不适用。其次，即使是针对依法律行为发生的物权变动，登记亦非公示的唯一方式，除登记以外，只要具备某种可以在客观上得到证明的方式，原则上也可以作为不动产物权变动的公示方法，只不过其公示效力不及登记而已。这从一个侧面解释了《德国民法典》第 873 条第二款规定的法理，该项规定"所明定之条件的共同之处，体现为物权合意表示已以特别——公证文书——形式公示于外部"。③ 即在登记之外，尚存在"特别的公示形式"。

但这不过是对登记生效主义下物权变动与公示之间关系的解释，是针对实

---

① 参见孙宪忠"交易中的物权归属确定问题"，http：//www. civillaw. com. cn/article/default. asp？id=19688，中国民商法律网。

② 孙宪忠先生认为：不动产的交付本身具有较强公信力，虽然不能排斥登记上的第三人，但是可以排斥登记之外的第三人。参见其"交易中的物权归属确定问题"，http：//www. civillaw. com. cn/article/default. asp？id=19688，中国民商法律网。

③ ［德］鲍尔·施蒂尔纳：《德国物权法》（上册），张双根译，法律出版社 2004 年版，第 390 页。但在德国此种"特别的公示形式"是法定的，由民法典确立的规则，而我国只停留在学者的论争之中。

践中出现的"只有不动产登记才是不动产物权变动的法律根据"的观点和做法[1]而提出来的。正如尹田教授在分析非因法律行为而取得的不动产物权采"登记处分要件主义"之原因时指出的：如允许未经登记的物权进行让与，则除复杂财产权属关系之外，还与"依法律行为而取得、丧失或者变更之不动产物权须经登记而生效"的规则相违，倘对其处分权不予限制，则甚至物权变动之公示成立要件主义法制也将毁于一旦。显然，为了维护"公示成立要件主义"之体系，只能构建出此种多层次的公示方法。这对登记生效主义下物权变动与公示之间关系或许不失为一种解释。但从物权变动的视野观察，我们还是要问：对于物权变动而言，究竟是"不动产物权变动须经登记而生效"，还是"因法律行为发生的物权变动须经登记而生效"？对于因法律行为发生的物权变动而言，究竟是"物权变动须经登记而生效"，还是"在某些特定情形，物权变动可以不经登记而生效"？物权变动的公示方法，究竟是单一的，还是多元的？

正如学者指出：动产、不动产虽然其物权表征方式不同，但各自的物权表征方式是统一的，即同一物之物权表征方式的单一性要求。其认为只有实现同一物之物权表征方式的单一化，物权秩序才可能建立。[2] 即登记应是不动产物权变动结果的唯一公示方法。我们不应忘记，作为物权变动公示方式的特征之一——统一性，即要求公示方法的单一性。对某一类物权可能有几种公示的方法，但法律必须统一选择其一，使公示方法具有单一性；这可以有效地消除各公示方法之间的矛盾，减少当事人在交易调查过程中的数量以降低交易成本。[3] 试图以多重公示方法解释登记生效主义下物权变动与公示之间关系不仅是徒劳的，而且将使物权公示原则产生根本的动摇——具有多种公示方法等于否定了公示原则。

既然物权公示原则是指物权的各种变动必须采取法律许可的方式向社会予以展示、以获得社会的承认和法律的保护的原则。[4] 那么，这里所说的是物权的各种变动，理解为包括因法律行为发生的物权变动和非因法律行为发生的物权变动两大类型当无疑义。由此可知，一切物权变动均应公示。依登记生效主义，未经登记在当事人之间根本不发生不动产物权变动之效果，更无对抗第三人的

---

① 这种观点和做法的基本特征是，在不动产交易确权时，只认可不动产登记，其他的法律根据一律排斥。参见孙宪忠"交易中的物权归属确定问题"，http：//www.civillaw.com.cn/article/default.asp? id = 19688，中国民商法律网。

② 参见李昊等《不动产登记程序的制度构建》，北京大学出版社 2005 年版，第 98—99 页。

③ 孙毅："物权法公示与公信原则研究"，载梁慧星主编《民商法论丛》（第 7 卷），法律出版社 1997 年版。

④ 参见孙宪忠《中国物权法总论》，法律出版社 2003 年版，第 178 页。

效力，即登记为不动产物权变动生效的条件。通说认为，由于其视不动产登记为物权变动的直接根据，将物权变动与物权公示完全融合，除了具备旨在变动物权的意思，还需将该意思公示于外的特定形式，通过将当事人之间的物权变动的生效要件转换成对第三者的公示手段，统一了物权变动中当事人之间对内与对外关系。可是，如前所述，登记生效主义的实际运作并非完全如此。在登记生效主义下，登记生效是针对依法律行为发生的物权变动而言，对非依法律行为发生的物权变动并不适用；而即使是针对依法律行为发生的物权变动，登记亦非公示的唯一方式，除登记以外，只要具备某种可以在客观上得到证明的方式，原则上也可以作为不动产物权变动的公示方法。但这种解释，正如学者在批判间接占有与观念交付概念时指出的，"本是为缓和公示要件主义的僵硬而设，其将公示要件主义所要求的形式作无限广义的解释，以至于最终不成其为形式，造成了法律概念、法律逻辑乃至于法律制度的混乱"。[①]

正如孙宪忠先生所言，我们应该想一想，为什么动产的交付可以发生物权变动的效果，而当事人自己所为的不动产交付行为，在民法上反而无效呢？仅仅从这里我们就可以看出，以前关于不动产登记的法理依据和效果的看法，应该是有问题的。[②] 但为了解释物权变动的形式主义中，就"所有权的原始取得而言，其所有权取得本身并不以所有权的公示为条件；而就所有权的继受取得而言，在某些特定情形，其所有权的转移也并不取决于物权变动的公示的现象"。为维护"公示成立要件主义"之体系，构建出的所谓多层次的公示方法，却也不尽妥当，不过是为维持逻辑上的完整性，无疑是彻头彻尾的概念法学思维方法。

登记对抗主义则不然，对于登记对抗主义登记制度而言，登记赋予物权的对抗力——未经登记的物权变动不得对抗第三人。在这里，依法律行为发生的物权变动也好，非依法律行为发生的物权变动也罢，登记仅仅是物权变动的对抗要件，而不是物权变动法律效果的生效要件。当事人的物权变动意思表示、事实行为、自然事件等，[③] 均是物权变动的原因，可以产生物权变动的法律效

---

① 孙鹏：《物权公示论——以物权变动为中心》，法律出版社 2004 年版，第 5 页。

② 参见孙宪忠 "交易中的物权归属确定问题"，http：//www. civillaw. com. cn/article/default. asp? id = 19688，中国民商法律网。

③ 尽管有学者将登记以外的公示方式解释为多元表象下的公示方式，但我们认为在登记对抗主义下，无须作此解释。所谓多元表象下的公示规则的基本原则是指，任何具有实际公示功能的客观表象都可以作为物权的公示表象（参见罗志云 " '物权的观念化' 发展利弊分析"，中国鸿儒法律网，http：//www. honglaw. com. cn/Article_ Show. asp? ArticleID = 15115）。但在对抗主义看来，这些并不是 "公示形式"，而是 "权原取得方式"。

果，登记不过赋予物权的对抗力罢了。因此登记对抗主义可以完全贯彻"物权的各种变动必须采取法律许可的方式向社会予以展示、以获得社会的承认和法律保护的原则"。登记对抗可以满足同一类之物权表征方式的单一性要求，无须解释各种不同的公示方法，只有在登记对抗主义模式下，才能做到登记为不动产物权变动公示的唯一方法。

结论就是，登记生效主义将登记作为不动产物权变动的生效要件，但只适用于大部分依法律行为发生的物权变动，而无法适用一切物权变动；登记对抗主义将登记作为不动产物权变动的对抗要件，可以适用一切物权变动。于物权公示成立要件主义立法，需要着重考虑的主要问题是哪些物权变动必须经由公示而发生，哪些物权变动不需要经由公示而发生。[①] 或者说哪些物权变动必须经由登记而发生，哪些物权变动可以经由登记以外的其他公示而发生。而对于物权公示对抗要件主义立法，考虑的主要是物权公示的对抗力问题。就登记对抗主义而言，不动产物权变动的公示方法是单一的，即登记；就登记生效主义而言，只能借助多元的不动产物权变动公示方法，即登记以及登记以外的可以在客观上得到证明的公示方法。或许这就是所谓"在有关著述中，我们看到两种完全不同的情景：法国和日本学者将物权公示的对抗力问题做成洋洋洒洒的大文章，而德国和我国台湾地区的学者研究的重点则仅仅在于交付和登记本身"[②]的原因之所在。

（四）小结

当代各国物权变动模式尽管存在差异，但在物权变动问题上都同时具备意思要素与形式要素，无论是登记生效主义还是登记对抗主义的立法都要求具备二要素。而传统物权法理论对意思主义的指责实际上建立在对绝对意思主义的批评之上，我们不应以绝对意思主义的观点套用在相对意思主义身上，借此否定相对意思主义，这种否定不仅没有意义，而且也不公平。根据上述分析，我们可以确定以下规则：

1. 不动产物权变动包括因法律行为而发生的不动产物权变动和非因法律行为而发生的物权变动两大类型，研究不动产物权变动的视野应及于两大类型

物权变动，或基于法律行为，或基于事实行为与事件，此种引起物权变动

---

① 尹田：《物权法理论评析与思考》，中国人民大学出版社 2004 年版，第 277 页。

② 参见 [日] 铃木禄弥《物权的变动与对抗》，渠涛译，社会科学文献出版社 1999 年版；孙宪忠：《德国当代物权法》，法律出版社 1997 年版，第 130—166 页；转引自尹田《物权法理论评析与思考》，中国人民大学出版社 2004 年版，第 277 页。

的法律行为或法律事实也称为物权变动的原因。根据造成这种变动的原因，一般可将物权变动分为基于法律行为的物权变动和非基于法律行为的物权变动两大类型。前者包括当事人旨在设立、变更和消灭权利、义务关系的行为，亦称为意定行为、表示行为；后者指法律事实与法律直接规定行为后果的行为，亦称为法定行为、非表示行为。[①] 传统大陆法系立法与学说中所重点关注的物权变动往往只是基于双方法律行为的物权变动，[②] 但"重点关注"因法律行为而发生的不动产物权变动，不等于不需关注非因法律行为而发生的不动产物权变动。研究不动产物权变动的视野应及于两大类型。

登记生效主义的规则仅适用于依法律行为发生的物权变动，而不适用于非因法律行为发生的物权变动。登记对抗主义的规则不仅适用于依法律行为发生的物权变动，而且适用于非因法律行为发生的物权变动，可以适用一切物权变动。

2. 因法律行为而发生的不动产物权变动，只能依据当事人的物权意思而非为债权意思

民法上的法律行为，以意思表示为要素，是主体意愿的表现。权利主体出于个人之意愿，使物权之关系发生变动，这是基于法律行为之物权变动本质所在。作为意定法律行为，以意思表示为其核心要件甚至可以说是唯一成立要件。[③] 传统意义上，意思主义物权变动模式认为，物权发生变动的根本原因，基于当事人的合意（这种合意应当是债权合意）；形式主义物权变动模式同样认为，物权发生变动的根本原因，基于当事人的合意（这种合意应当是物权合意）。但以今日社会之进步和法学之发展，将法、日民法中物权变动的意思要素解释为物权意思，亦无不可。[④] 因为从严格意义上说，其债权契约本身便包含了物权行为中欲移转物权的意思行为。[⑤] 日本学者也认为：其意思表示中已包含了移转所有权这种有效的效果意思。[⑥] 不采纳物权行为及其理论，把买卖合同作

---

① 参见李建华、彭诚信《民法总论》，吉林大学出版社 1998 年版，第 113—114、218—223 页。

② 陈历幸："论不动产登记制度和不动产物权变动模式的关联与协调"，载《华东政法大学学报》2003 年第 2 期。

③ 董安生：《民事法律行为》，中国人民大学出版社 1994 年版，第 189 页。

④ 董学立："物权公示，公示什么？"载《比较法研究》2005 年第 5 期。

⑤ 滕威："论物权变动中的交付行为"，http://www.chinacourt.org/html/article/200611/30/225535.shtml，中国法院网。

⑥ 参见［日］我妻荣《日本物权法》，有泉享修订，台湾五南图书出版公司 1999 年版，第 52—53 页。

为引发物权变动的法律事实，就没有理由将其中的效果意思仅仅限于发生债权债务的效果意思，换个角度说，买卖合同的意思表示可以含有引发债权债务的效果意思，也可以同时兼有债权债务的效果意思与发生物权变动的效果意思。①

由此可知，在当代因法律行为而发生的不动产物权变动，无论是意思主义模式，还是形式主义模式，其意思要素只能是当事人的物权意思而非为债权意思。

3. 不动产物权变动应依法定形式——登记——公示

根据物权公示原则——物权的各种变动必须采取法律许可的方式向社会予以展示、以获得社会的承认和法律的保护——物权变动的两大类型均应依法定形式公示。民法上物权变动所采公示原则，既在保护交易之安全，则物权变动系依法律行为而生者，故应有其适用；于非因法律行为而生之物权变动，亦应无免于适用之理。② 统一性，作为公示方法的形式必须具备的特征之一，要求对同一类物权表征方式采用统一的公示方法。尽管对某一类物权可能有多种公示方法，但法律必须统一选择其一，使公示方法单一化。只有实现同一类之物权表征方式的单一化，物权秩序才可能建立。我们认为，只能得出登记是不动产物权变动结果的唯一公示方法的结论。对于所谓"只要具备某种可以在客观上得到证明的方式，原则上也可以作为不动产物权变动的公示方法"的说法，不予认同。

登记生效主义将登记作为不动产物权变动的生效要件，但只适用于大部分依法律行为发生的物权变动，而无法适用一切物权变动，只好构建出多层次的公示方法，进而否认登记为不动产物权变动的唯一公示方法；登记对抗主义将登记作为不动产物权变动的对抗要件，可以适用一切物权变动，故其将登记作为不动产物权变动的唯一公示方法。

4. 不动产物权变动，可以在物权登记之前生效

尽管物权变动的公示要件主义将公示之功能强力提升至物权变动生效要件之地位，但在物权观念化时代，就物权公示的本有功能而言，所有权或用益物权在法律主体间的变动，是无须有客观化的公示要件予以彰显的。③ 况且，上文论述了在登记生效主义下，依非法律行为发生的物权变动，依据法理应该在物权登记之前生效；依法律行为发生的物权变动，在不动产登记之前，具备物权意思表示形式要件的其

---

① 参见崔建远"物权变动的效果意思只能存在于物权行为中吗"，载江平主编《中美物权法的现状与发展》，清华大学出版社 2003 年版，第 158—159 页。

② 参见苏永钦《民法物权争议问题研究》，台湾五南图书出版公司 1999 年版，第 6 页。但其认为，之所以非因法律行为取得物权可不待登记而取得者，主要理由乃在弥补登记成立要件主义之过于严苛。

③ 参见董学立"物权公示，公示什么？"载《比较法研究》2005 年第 5 期。

他行为，可以在当事人之间作为确权的依据，即应该在物权登记之前生效。而在登记对抗主义下，当事人的物权变动意思表示、事实行为、自然事件等，均是物权变动的原因，本就可以直接产生物权变动的法律效果。

由此可知，即使是登记生效主义，也不否认不动产物权变动可以在物权登记之前生效。孙宪忠先生专门提出"事实物权"的概念：由法定方式表征的物权，为法律上的物权，简称"法律物权"；而真正权利人实际享有的物权，为事实上的物权，简称"事实物权"。进而指出，不论是事实上的物权，还是法律上的物权，都有依法保护的必要性。[1] 而对登记对抗主义的最基本的指责——"物权的设立和取得就是为了发生对抗甚至是排斥第三人的效力，不能对抗第三人时，物权变动又怎么可以生效？"[2] 也就不攻自破了。对于依非法律行为发生的物权变动，在登记生效主义下，"这种物权取得，不必以不动产登记和动产占有交付作为必要条件，但是，为保护第三人，这些物权变动，如果是不动产则在不动产登记之前、如果是动产则在交付占有之前，不能发生排斥第三人的效力"。[3] 换言之，在登记生效主义下，同样存在不能对抗第三人的物权变动。或许正如学者指出的："从逻辑上讲，物权未必因为先天性地具备了排他效力而需要公示，反倒可能是因为公示而产生排他效力。"[4]

5. 不动产物权变动的公示为物权变动结果的公示，亦即"权利的公示"

在登记对抗主义下，物权变动公示是对物权变动结果即权利的公示；而在登记生效主义（包括物权形式主义与债权形式主义物权变动模式）下，物权变动公示除了对物权变动行为的公示，更重要的还是对物权变动结果即权利的公示。就公众而言，为交易安全，有必要知晓物权变动之事实，但并无必要知晓引起物权变动的法律行为。在引起物权变动的法律行为与已经实际发生的物权变动事实之间，需要"公诸于世"的显然并非引起物权变动的法律行为，而是已经实际发生的物权变动之事实（即物权新的归属状态）：物权变动既已发生，引起物权变动的法律行为便完成其历史使命。

如果我们认定，物权变动公示是对物权变动结果即权利的公示。那么，就登记

① 参见孙宪忠《中国物权法总论》，法律出版社 2003 年版，第 65 页。
② 参见孙宪忠"交易中的物权归属确定问题"，http：//www. civillaw. com. cn/article/default. asp？ id＝19688，中国民商法律网。
③ 同上。
④ 李富成、常鹏翱："物权法定原则的意义与法律政策选择"，北大法律信息网，law. chinalawinfo. com 提供。

274

对抗主义而言，正因其物权变动与物权公示之分离，将物权的取得与公示分为两个阶段，较好地体现了将"已经"依法取得的物权公诸于世之物权公示的原则。

根据上述规则，可以将不动产物权变动与登记归纳为以下逻辑关系（见图4—1）。

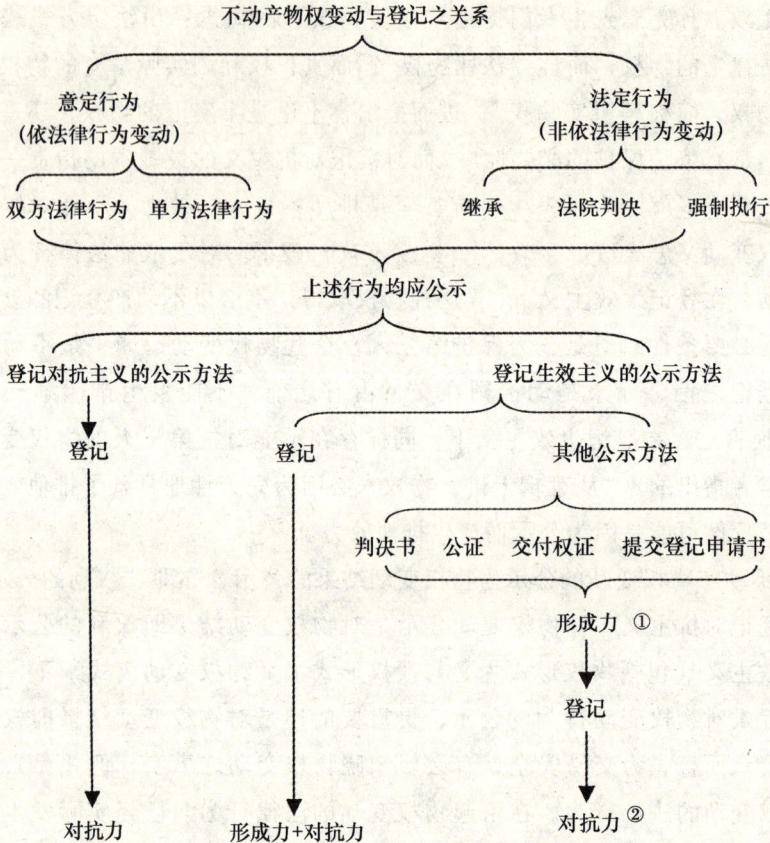

不动产物权变动与登记之关系

意定行为（依法律行为变动）　　　　　法定行为（非依法律行为变动）

双方法律行为　单方法律行为　　　　继承　法院判决　强制执行

上述行为均应公示

登记对抗主义的公示方法　　　　登记生效主义的公示方法

登记　　　　　登记　　　　　其他公示方法

判决书　公证　交付权证　提交登记申请书

形成力 ①

登记

对抗力　　　形成力+对抗力　　　对抗力 ②

图4—1　不动产物权变动与登记之关系

---

① 不动产登记之外，具备物权意思表示的形式要件其他行为，可以在当事人之间作为确权的依据。参见孙宪忠"交易中的物权归属确定问题"，http：//www.civillaw.com.cn/article/default.asp？id＝19688，中国民商法律网。

② 非经登记而取得的不动产物权，在特定情况下，不得对抗善意第三人。参见尹田《物权法理论评析与思考》，中国人民大学出版社2004年版，第288页。这种物权取得，不必以不动产登记和动产占有交付作为必要条件，但是，为保护第三人，这些物权变动，如果是不动产则在不动产登记之前、如果是动产则在交付占有之前，不能发生排斥第三人的效力。参见孙宪忠"交易中的物权归属确定问题"，中国民商法律网，http：//www.civillaw.com.cn/article/default.asp？id＝19688。

　　站在所有不动产物权变动类型的大视野看，正如我们在本节一开始提出的：如果选择了公示对抗主义，就需要说明引致物权变动的意思——究竟是债权意思还是物权意思？如果安排了公示生效主义，则究竟是所有的物权类型均需适用公示生效主义，还是仅个别物权类型需适用公示生效主义？反之，如果选择了公示对抗主义，则需回答是所有的物权类型均需适用公示对抗主义，还是只有部分物权类型能适用公示对抗主义？现在，这些问题可以有一个明确的答案了。

　　首先，在物权变动要素之一——意思要素中，债权意思引致物权变动的理论和制度是荒谬的，引致物权变动的意思要素只能是物权意思。

　　其次，在物权变动的另一要素——形式要素中，根据物权公示原则——物权的各种变动必须采取法律许可的方式向社会予以展示，以获得社会的承认和法律的保护——物权变动的两大类型均应依法定形式公示。[1] 在物权法中，公示就是权利外观，不动产物权正是通过登记才取得具体物权的权利外观。因此，登记应是不动产物权变动结果的唯一公示方法。

　　再次，由于对抗力[2]为物权公示之基础性效力，因此无论何种立法体例，无不承认不动产登记的对抗力。对抗效力是指物权权利人（登记名义人）凭借已公示的物权排斥任何权利，从而使自己的利益得到保护的效力。实际上，公示是物权对世效力的源泉，所谓"物权得对抗一切人"皆源于公示，当事人所取得的物权经公示后才具对抗效力。在德国法的形式主义中，同样认为"经过公示的物权可以对抗第三人"。[3] 可见，就权利人而言，登记的根本目的是为了获得"对抗力"而不是其他。从上述逻辑关系中可以看出，"形成力"当处于较低阶位，故本文认为物权变动的决定力（形成力）并不是登记这一法律事实其自身的内在规律所决定的，而是取决于立法政策选择的结果。物权变动的登记生效主义将登记之功能赋予物权变动生效要件之地位，则是不无问题的，故出现"只有不动产登记才是不动产物权变动的法律根据"的错误也就不足为奇了。

　　假设德国的因法律行为而发生的不动产物权变动均以公证形式出现（实际

---

　　① 也有学者认为：在物权变动的必要条件设置中是否须有公示要素的加入？不论是从社会实践的角度还是在理论建构的层面，这都只能是一个政策选择的问题。参见董学立"物权公示，公示什么？"载《比较法研究》2005 年第 5 期。

　　② 此处的对抗力，指"物权得以对抗一切人"中之对抗，其含义为消极地抵御或排除一切人的侵害。参见尹田《物权法理论评析与思考》，中国人民大学出版社 2004 年版，第 40—41 页。

　　③ 王茵：《不动产物权变动和交易安全——日德法三国物权变动模式的比较研究》，商务印书馆2004 年版，第 162 页。

上在德国不动产物权变动的实务确实也需公证①），即如孙鹏先生所言，此时已发生物权变动。我们则认为物权变动已具"形成力"，则前图转化为图4—2：

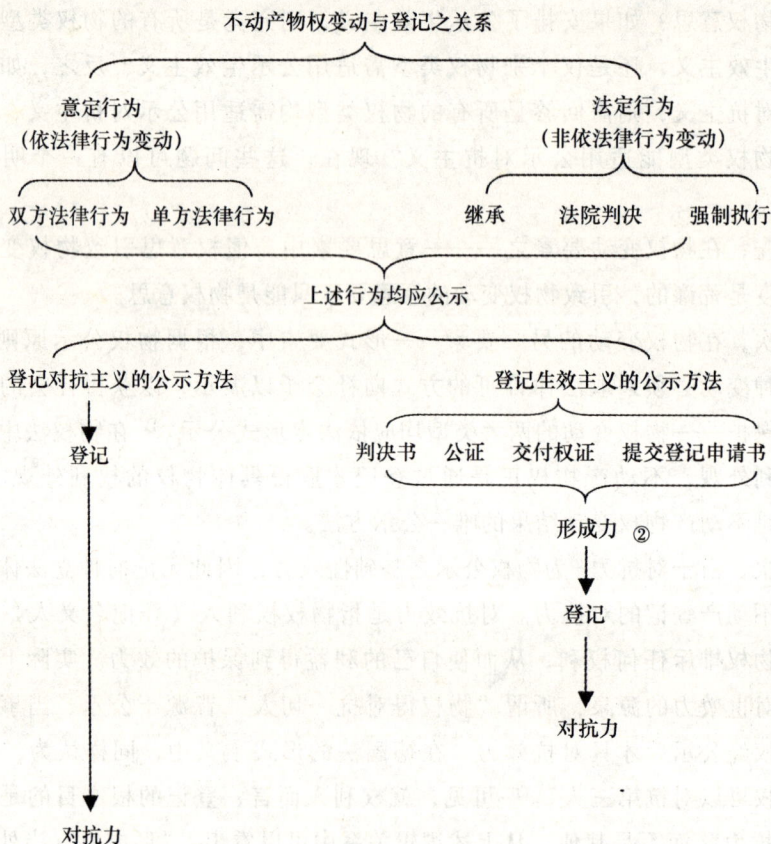

图4—2 不动产物权变动与登记之关系转化图

从图4—2中可以看出，登记生效主义与登记对抗主义几无差别，即：依法律行为发生的物权变动也好，非依法律行为发生的物权变动也罢，都具有物权的形成力，不需借助登记这一形式。而任何物权变动皆因为公示而产生对抗力。

---

① 《德国民法典》第311b条：使一方有义务转让或取得土地使用权的合同，必须做成公证证书。《德国土地登记簿法》第29条：只有当登记同意或其他为登记所必需的表示业经官方文书或公证文书证明时，才能办理登记。

② 不动产登记之外，具备物权意思表示的形式要件其他行为，可以在当事人之间作为确权的依据。参见孙宪忠"交易中的物权归属确定问题"，http：//www.civillaw.com.cn/article/default.asp？id＝19688，中国民商法律网。

结论：德国法的登记生效主义并不像传统物权理论所阐述的那么具有逻辑性，法国法的登记对抗主义之所以具有生命力，正在于其对原理的执著。选择登记对抗主义应该更具逻辑性。

四　我国未来物权变动模式的展望

作为物权法上极具争议的核心理论问题之一，物权变动模式在立法过程中始终是学者讨论的热点。但我国物权法对物权变动模式的选择，最终仍然坚持了形式主义和对抗主义的并存格局。纵观该法对物权变动模式的规定，主要表现为以下两个方面的特征：一是继续明确规定了债权形式主义模式；二是继续保持并扩大了对抗主义的适用范围。对此，学者中批评意见颇多，有的认为，形式主义与意思主义的对立是逻辑上的或此或彼、非此即彼的关系，既不会在一国法律之中存在重合现象，即针对同一类法律关系的物权变动要么采形式主义要么采意思主义，不可能同时兼采两种模式，即不能重合。① 也不会存在上述所谓的交错现象，即在不同类型的法律关系中存在不同立法主义的法律规范。更有学者一针见血地指出：物权法草案在物权变动模式上仍然采用债权形式主义与登记对抗主义的双轨制模式与其说是一种解决问题的完美方案，不如说是回避问题的妥协。换言之，从制度的深层关系上看，债权形式主义主导下的形式主义和对抗主义的并存格局所折射的并非一种和谐共存，相反却蕴涵了强烈的理念冲突。②

依王利明教授介绍，主张登记对抗，理由是：第一，登记要件对买受人保护不利。在一物数卖的情况下，如果前手没有登记，后手已经登记了，在登记要件的情况下只能保护办理登记的人，这时对前手就不公平了。第二，容易为不动产的一物二卖提供土壤。在受让人的权利属于债权的逻辑前提下，如果出卖人看到房价涨了，要求收回来，这时登记要件对买受人的保护可能不利，而第三人的恶意实际上难以界定。这是很多人批评登记要件的很重要的一个理由。第三，涉及执行问题。假设出卖人将房屋卖了之后欠了很多人的钱，但是房子仍然登记在出卖人的名下，这样是无法保护买受人的，买受人也无法进行救济。

---

① 孙毅："对意思主义交错现象之检讨"，载江平主编《中美物权法的现状与发展》，清华大学出版社2003年版，第15—16页。

② 刘经靖："和谐共存抑或理念冲突——评《中华人民共和国物权法（草案）》的物权变动二元结构"，载《烟台大学学报》（哲学社会科学版）2005年第3期。

所以从全世界范围看，很多国家采用登记对抗是有道理的。①

我国物权法草案之所以原则上采用登记要件主义，例外采取登记对抗主义，主要是基于这几种考虑：一是登记要件要求必须要办登记，这对理顺财产关系、定纷止争、减少产权争议是非常必要的；二是登记对抗太复杂了，不利于法官操作。如果出卖人将房屋一物数卖，按照登记对抗来说那么所有的买受人都享有物权，就形成了几个买受人之间的物权冲突，那么这时法官就要专门解决物权的冲突来确定房屋给谁，英美法系对此有一套完整的优先权的规则，所以英美法系法官解决物权争议的时候都是看哪一个权利更优先，哪一个权利更好，这个优先权规则是非常复杂的，这些目前在我们国家没有，而且要求法官准确地操作也非常困难，故登记对抗暂时是无法适用的。②

但是这几种考虑显然无法说明之所以采登记要件的理由。其一，登记要件要求必须要办登记，但登记对抗难道不要求办登记吗？尽管有人认为登记要件主义采强制登记制，对抗主义采任意制；其实就登记制度的基本原则之一——申请原则——而言，两种主义的登记均基于当事人的申请，在某种程度上法国法的强制性更严厉。而两种主义的登记，对理顺财产关系、定纷止争、减少产权争议都是非常必要的。此说显然没什么说服力。其二，登记对抗太复杂了，不利于法官操作。这一点倒是说出了实情，但不利于法官操作，如何能成为不采取登记对抗主义的理由呢？依《物权法》确定的模式，简单固然简单，如果一律以是否登记作为物权变动的依据，确实有利于法官的操作，但面对复杂的物权世界是否显得太苍白了些。

最高人民法院也认为：《物权法》对不动产的变动采用了登记生效主义，这与人民法院近来的司法实践是基本一致的。但也应当看到，对于一些特殊情况，最高人民法院的有关司法解释规定采用的是对抗主义。如 2000 年最高人民法院《担保法司法解释》第 59 条规定，"当事人办理抵押登记手续时，因登记部门的原因致使其无法办理抵押物登记，抵押人向债权人交付权利凭证的，可以认定债权人对该财产有优先受偿权"。2004 年 11 月，最高人民法院《关于人民法院民事执行中查封、扣押、冻结财产的规定》第十七条规定，"被执行人将其所有的需要办理过户登记的财产出卖给第三人，第三人已经支付部分或者全部价款

---

① 王利明："物权法中与登记制度相关的几个问题"，http：//www.civillaw.com.cn/article/default.asp？id=31461，中国民商法律网。

② 同上。

并实际占有该财产，但尚未办理产权过户登记手续的，人民法院可以查封、扣押、冻结；第三人已经支付全部价款并实际占有，但未办理过户登记手续的，如果第三人对此没有过错，人民法院不得查封、扣押、冻结"。第十九条规定，"被执行人购买需要办理过户登记的第三人的财产，已经支付部分或者全部价款并实际占有该财产，虽未办理产权过户登记手续，但申请执行人已向第三人支付剩余价款或者第三人同意剩余价款从该财产变价款中优先支付的，人民法院可以查封、扣押、冻结"。这些解释是人民法院司法实践经验的总结，符合公平原则，有利于相关案件的妥善解决。但与《物权法》规定的不动产物权登记规则并不一致，因此，今后如何处理，最高人民法院将根据《物权法》规定和司法实践的情况决定这些司法解释是否在《物权法》生效后仍然适用。① 其实从近年的判例看，法官的水平有了很大的提高，应该相信在明确的规则下，法官是有能力进行公平审判的。

正如学者指出的：在草案中，对物权变动公示模式选择的多样化格局，欠缺着理论上的支持。并没有回答究竟是所有的物权类型均需适用公示生效主义，还是仅个别物权类型需适用公示生效主义？公示是否是物权行为的构成要素等问题。因此，尽管《物权法》已经确定了登记要件主义为主流模式，但对于物权法的一些基本问题仍然处于模糊的或者是不得其解之状态，一些理论问题并没有随着《物权法》的颁布而得到妥善的解决。② 而对于物权变动模式这一既关涉当事人利益，又将在很大程度上为民法诸多相关问题的制度设计，以及民法的体系构建奠定逻辑前提和理论基础的重大理论问题，仍有必要将重点放在理论的研究上，以使我国物权法的研究更上一层楼。

《物权法》对物权公示模式的规定，最致命的是导致了对物权的差别对待，无法保持理论上和逻辑上的一致性。《物权法》在相同类型的物权上规定了不同的物权变动模式。例如，同属于价值巨大的财产，船舶、飞行器和机动车辆等实际上管理上更为复杂的物实行登记对抗主义，而价值相对较小、管理相对简便的房屋却实行了债权形式主义。又如，同属于用益物权，土地承包经营权、地役权、宅基地使用权采用了登记对抗主义，而建设用地使用权则采用了债权形式主义。而我们根本找不到导致上述差别的原因。实际上，即便我们放弃对

① 黄松有主编，最高人民法院物权法研究小组编著：《〈中华人民共和国物权法〉条文理解与适用》，人民法院出版社 2007 年版，第 73—74 页。

② 董学立：《物权法研究——以静态与动态的视角》，中国人民大学出版社 2007 年版，第 1 页。

任何物权变动模式的倾向，也应当承认，对基于法律行为的物权变动而言，模式的统一性乃是模式构建应当遵循的最根本的原则。

王利明先生的论述，至少说明了两点：一是目前在我们国家没有一套完整的优先权的规则；二是登记对抗暂时无法适用。所谓暂时是否意味着将来的某一时候可以适用。就前者而言，不动产登记是一个完整的体系，无论选择哪种模式，都不是一种简单的选择，而是需要一套完整的配套制度。如选择公示生效主义，就需要对其他公示方法的效力作出回答，而《物权法》规定的登记成立要件主义过于严苛；如选择了公示对抗主义，也要相应的配套制度作为保障。就后者而言，我们相信随着不动产登记理论研究的进一步深入，配套制度的逐步建立，未来是有可能实现适用登记对抗主义的，对此，我们充满足够的信心。

现代公示制度的发展主要就是为了保护物权的交易安全而发展起来的，一个人订立不动产的买卖契约，基于对对方享有物权的信赖，从而支付了对价，但是，该物却可能属于别人所有，或者该物被原所有人又卖给了别人，在这种情况下，谁能拥有该物的所有权，如果法律没有明确的规定，就会使善意的交易主体的信赖利益受到损害，从而影响交易的积极性。所以，保障物权交易的安全，确定物权的归属，应该是登记制度的首要功能。尽管物权变动的公示要件主义将公示之功能强力提升至物权变动生效要件之地位，但在物权观念化时代，就物权公示的本有功能而言，所有权或用益物权在法律主体间的变动，是无须有客观化的公示要件予以彰显的。因为，在一个具体的法律关系中，并非是必有一个第三人的交易安全利益需要关怀的。可见，物权公示制度的立法目的仅仅在于保护第三人的利益，离开了第三人的保护，也就失去了其应有的意义。在私法领域，在公示对抗主义能够满足社会交易安全利益维护的前提下，留给私法主体自主选择的公示对抗主义所具有的"软着陆"优点，是不言而喻的。①

有学者从登记制度的自由价值、登记制度的安全价值、登记制度的公平价值和登记制度的效益价值等方面论述，得出结论：登记生效主义也好，对抗主义也好，各有自己的制度体系，都足以合理地调整出让人、受让人、第三人之间的利益冲突，都足以实现自由、安全、效益公平的制度功能。反观我国，不在于采取的是登记对抗主义还是登记生效主义，而在于在选择制度路径时，只取一点，不计其余，致使制度本身成了国家干预私人交易生活的工具。打个比

---

① 董学立："物权公示，公示什么？"载《比较法研究》2005 年第 5 期。

方来说，有十两的秤，有十六两的秤，无论哪一个都足以成为衡量的工具，怕的就是，明明是十两的秤砣，却非要用在十六两的秤上。①

不动产登记是一个完整的体系，无论选择哪种模式，都不是一种简单的选择，而是需要一套完整的配套制度。法国的登记制度通过公证人制度，通过不动产留置权、解除诉权、不动产特别优先权、强制公示制度、相对效力原则以及登记员责任制度等一系列配套措施，在总体上最终实现了当事人之间的利益平衡，并基本上维护了第三人的交易安全。而德国的登记制度同样通过加大公证人的职能，通过建立登记上的申请原则、替代原则、登记连续性原则、合法性原则等一系列配套措施，提高了交易效率，并将交易安全的保护推向了极点。

我们的问题在于，从确保安全出发，采纳了登记生效主义。对物权变动实行实质审查，但是却又缺乏对此制度的校正措施。一方面，我们不承认物权行为无因性，而且也没有像德国、法国等国家那样的公证的前置程序，所以，登记机关的审查直接深入到债权契约中去，对物权变动的自由造成了伤害；另一方面，我们规定了只有登记才能取得物权，但是，又缺乏对登记的第三人的限制。在第三人明知合同无效或可撤销的情况下，仍然允许其取得物权，显然是非常不公平的。结果导致在"不经登记、物权无效"方面过于绝对，使登记超越了保护交易安全的需要，而变成了物权是否变动的唯一标志。

从前面的论述中，我们已经看到对抗主义在理论上和逻辑上的一致性，就权利人而言，登记的根本目的是为了获得"对抗力"而不是其他。因此，无论从物权观念以及物权变动模式的历史演进趋势来看，还是从物权法的制度和谐的角度来看，未来物权法以对抗主义统一物权变动模式立法都不失为一种明智的选择。

为了有助于加深对物权变动模式的理解，在制定《不动产登记法》以及未来对物权法的研究中，应重点研究不动产登记的配套制度。特别注重以下问题：

1. 申请原则。登记只能依当事人的申请而开始，这种申请既有双方申请，又有单方申请，还有共同申请。但何种情形适用于双方申请，何种情形适用于单方申请，何种情形适用于共同申请则大有讲究。我国一些地方对此的理解较为简单，如《上海市房地产登记条例》对预告登记（实为预售合同备案）规定"应当由当事人双方共同申请的登记，一方当事人未提出登记申请的，另一方当

---

① 李凤章："不动产登记制度的价值分析和路径选择"，载江平、杨振山主编《民商法律评论》（第2卷），中国方正出版社 2005 年版。

事人可以单方申请预告登记"。实际上混淆了登记请求权与登记申请权的界限，二者的区别在于：一是权利性质不同。登记申请权是程序性权利，是依据登记法产生的引致登记程序运行的权利；登记请求权是实体性权利，其依据是物权实体法中的法律关系。二是权利指向不同。登记申请权的指向对象是登记机关；登记请求权的指向对象则是当事人内部之间。三是权利主体定位不同。登记申请权的权利主体一般被称为"登记权利人"和"登记义务人"，共同申请是登记申请的常态，在这种情况下，登记权利人和登记义务人一般都是登记申请权人；对于登记请求权而言，其主体被称为"登记请求权人"，义务主体被称为"配合登记义务人"，即其主体只能是一方。四是权利主体资格不同。登记申请权的主体必须是与登记有直接利害关系之人，这种关系能够在登记簿上显示出来，否则，即不得成为登记申请权的主体；登记请求权主体则无该资格限制。五是权利制约要素不同。登记申请权是否运行以及在何时运行，完全由当事人自己掌握；登记请求权运行的依据是存在物权变动、实体权利和登记簿上权利不一致等情况，建立在债权法律关系基础上的登记请求权还要受到诉讼时效期间的限制。六是权利运行结果不同。登记申请权的运行会出现登记机关办理登记与不办理登记两种结果；登记请求权运行的结果是协同登记义务人同意申请登记，或者是协同义务人不同意申请登记，从而由当事人双方共同提出登记申请，或者通过司法救济获得权利支持后，再通过登记申请权的运行达到登记机关办理登记的目的。① 因此，绝不是简单的"一方当事人未提出登记申请的，另一方当事人可以单方申请预告登记"，可以解决的。

2. 登记同意原则。德国法规定了"同意原则"，即登记的完成须有登记义务人的登记同意。该原则在德国民法采用物权行为理论的大前提下，融合于不动产物权变动的实际过程之中，使得不动产物权变动既要有当事人作出的发生实体法效力的法律行为，又要有具有程序法意义的行为，缺一即不能完成不动产物权变动。在德国，有权提出登记申请者，可为"获得权利者"，亦可为"失去权利者"，亦可由二者共同提出。德国登记申请为单方申请，为了确保申请的可靠程度，就需要对方当事人向登记机关作出登记同意，从一般情况来看，登记同意本身具有等同于物权行为的意义。

我国《物权法》对于登记同意并未明确规定，但从个别条款中可以看出登记同意实际上也适用。第十九条规定：权利人、利害关系人认为不动产登记簿

---

① 参见张龙文《民法物权实务研究》，台湾汉林出版社 1983 年版，第 64 页以下。

记载的事项错误的，可以申请更正登记。不动产登记簿记载的权利人书面同意更正或者有证据证明登记确有错误的，登记机构应当予以更正。这里的"权利人书面同意"可以说就是登记同意原则的体现。即有登记同意，可单方申请更正登记；无登记同意，则可申请异议登记。借助这一形式，可以简化程序，建立单方申请的模式。同时，通过登记同意原则，亦可简化审查程序，提高效率。

3. 公证原则。为了达到安全和高效并存的结果，建构分担登记机关登记审查功能的机制将非常必要。从德国、瑞士和法国的经验来看，尽管对待物权行为的态度不同、公示效力不同、登记模式不同，但在公证涉足之下，它们采用了几乎相同的登记程序。登记之前的公证防线起到了风险过滤作用，故基本上都能确保不动产物权交易的安全。即在登记申请之前，公证机关已经审核了引致不动产物权变动的法律行为或者有关程序行为，能够保证不动产物权变动的真实性。我国台湾地区学者苏永钦认为应从原因行为加强防险设计，指出："我国物权法草案第二十三条明确规定原因行为应采取书面形式，而非后面的物权行为，比起强制公证固然是简略了一些，但肯定会有相当的防险功能，如果再能配合非强制的公证，或许就够了。"①

4. 优先权制度。优先权是一种独立的权利，指债权人的特定债权基于法律的直接规定而享有的就债务人的全部财产或特定财产优先受偿的权利。优先权制度除了在法国和日本有详尽而成体系的规定外，法国法系各国民法典，基本都规定了优先权制度，例如在意大利、葡萄牙、比利时、荷兰、委内瑞拉、巴西、阿根廷、阿尔及利亚等各国乃至我国澳门地区立法中同样都规定了优先权制度，只是在种类和效力上有所不同。而英美法系不动产权益转让中更有所谓"善意买主权利优先法"、"善意登记权利优先法"、"登记在先权利优先法"等优先权制度。可以说，各国民法典无论是否规定优先权，关于优先权的具体规定都是客观存在的，而且是解决相关问题所不可或缺的。

在我国，由于《民法通则》没有对优先权作出规定，也没有优先权的定义，2004 年 5 月底在上海召开的物权法国际研讨会上，全国人大法工委王胜明主任已经明确表态，适应社会发展的需要，优先权将写入中国未来的物权法。但就2004 年 8 月 3 日《中华人民共和国物权法（草案）》的修改稿来看，优先权的规定并未列入正式的条文顺序中，内容也较为简陋。而 2004 年 10 月 23 日全国

---

① 苏永钦："社会主义下的私法自治：从什么角度体现中国特色?"中国民商法律网，http://www.civillaw.com.cn/article/default.asp? id = 11628.

人大常委会对《物权法（草案）》进行了第一次审议，传来的消息是草案不规定优先权制度。正如王利明教授所言，由于目前在我们国家没有一套类似英美法系的优先权的规则，登记对抗暂时是无法适用的。研究优先权制度，对我国不动产物权登记制度的完善具有重要意义。

总之，不动产登记是一个完整的体系，无论选择哪种模式，都不是一种简单的选择，而是需要一套完整的配套制度。相信随着不动产登记配套制度研究的不断深入，将逐步构建和完善我国的不动产登记体系。

第五章

登记程序论

　　所谓不动产登记程序，是指关于不动产登记机关与不动产登记簿之设置，以及不动产物权登记应遵循的法律规定。不动产物权登记制度的程序主要由不动产登记法规定，不动产登记的程序是依据相关的实体规范设置的，是不动产登记机关和物权人、利害关系人都要共同遵循的法律规范。

　　从法学角度来看，程序主要体现为按照一定的顺序、方式和手续来作出决定的相互关系。其普遍形态是按照某种标准条件整理争论点，公平听取各方意见，在使当事人可以理解或认可的情况下，作出决定。在已往的教科书中，所谓程序法，仅被解释为诉讼法，即使是权威性的法学辞书亦如此。《中国大百科全书·法学》说："凡规定实现实体法有关诉讼手续的法律为程序法，又称诉讼法，如民事诉讼法、刑事诉讼法等。"《法学辞典》更释为："程序法亦称'审判法'、'诉讼法'、'手续法'、'助法'、'实体法'的对称。"但近年来，程序研究在内容上发生了一些变化。由于研究的深入，也由于法制发达国家以程序控制行政权力趋向的刺激和推动，狭义的关于程序范围的界定逐渐动摇，程序不只存在于诉讼过程。在今天的程序研究中，其范围已大大扩展，程序被解释为人们从事法律行为必须遵循和履行的法定的时空要素、步骤和方式，是一个由设定、实施、救济、监督等程序系统组成的体系。包括普通社会关系主体间进行一定法律行为的程序。

　　不动产登记法按照物权公示原则，明确规定法律认可的不动产登记程序规范。涉及的是不动产物权如何办理设立登记，如何办理移转登记，如何办理变更登记等内容。其中规定的是登记的管辖（登记机关）、内容（如：不动产标示、所有权、他项权……）、方法（登记的形式、程序……）等事项，主要调整代表国家公共权力的登记机关和作为私人利益代表的当事人之间的关系。如德国《土地登记簿法》的结构依次是："总则"、"在登记簿中的记载"、"抵押、土地债务和定期金债务"、"申诉"、"特殊情况下土地登记局的程序"、"建立土地登记簿页"、"机器编制的土地登记簿"、"过渡规定和结束规定"。日本《不动产登记法》的结构是："总则"、"登记所及登记官"、"登记簿册及图式"、"登记程序"、"审查请求"、"罚则"。

简言之，实体的登记法解决的是：要使一项不动产物权变动生效的话，必须具备哪些条件；程序的登记法所规定的是：这项不动产物权变动，怎样在土地登记簿中办理登记。物权实体法的规定是对物权程序法的指导，物权程序法的规定是对物权实体法的实现。但二者的这种区分并不是绝对的，实际上实体法（物权法）中也包括程序性的内容，主要是有关登记的程序，它们是物权设立、变动、移转所必经的程序。程序法中也涉及实体的规定，如：日本《不动产登记法》中关于假登记、预告登记的规定。实体的与程序的不动产登记法，不仅相互补充，也相互交织。尽管如此，仍不能否定它们相互之间又具有独立性。因为不动产登记程序决定了不动产物权的实体法律效果，整合了不动产物权变动实体法律规则，我国不动产物权交易实践也亟须完善合理的不动产登记程序制度。因此，从某种意义上来说，忽视物权程序法，不仅会影响物权实体法规定的实效，也将导致我国物权法体系的欠缺。

总之，"关于土地登记机关与土地登记簿之设置，以及登记中应遵循之程序的法律规定，被称之为土地登记程序法"。[①] 如前所述，所谓"法律意义上的土地，是以地籍块方式进行测量与标记的，并在土地登记簿中以'土地'进行登记的——如建立专门的土地登记簿簿页，或在共同登记簿簿页中置于专门的号码之下——地球表面的一部分"。[②] 也就是说，每一宗不动产都必须要在不动产登记簿上有自己的位置——不动产登记簿簿页。由此，我们将不动产登记簿界定为对某一特定地域辖区内的土地与建筑物以及在该土地上所成立的官方记录。

在本章中，我们首先要阐述建立不动产登记制度的基础条件——不动产登记机关、登记程序法、地籍资料，其次是不动产登记的基本原则、类型以及不动产登记的程序。

第一节　建立不动产登记制度的基础条件

不动产登记制度是由国家根据物权法的规定建立起来的。考察各国的登记

---

① ［德］鲍尔·施蒂尔纳:《德国物权法》（上册），张双根译，法律出版社 2004 年版，第 274 页。
② 同上书，第 285 页。

制度，可以发现要建立不动产登记制度，必须要有一定的前提条件，或者说基础条件。这就是：要有一个统一的登记机构、要有一部统一的登记程序法、要有一套完整的地籍资料（地籍册）。

一　登记机构

《物权法》第十条规定："不动产登记，由不动产所在地的登记机构办理。国家对不动产实行统一登记制度。统一登记的范围、登记机构和登记办法，由法律、行政法规规定。"第一次明确了在我国对不动产实行统一登记制度，不动产登记由统一的登记机构办理。但是采取何种模式仍有争议，有待于不动产登记法的制定最终解决。

（一）不动产登记局

作为不动产登记的主体之一——登记机关在不动产登记中处于控制性地位，其所作出的登记许可（广义上的，包括准予登记、不予登记、暂缓登记）是不动产登记过程中最重要的意思表示。为此，各国对登记机关都相当重视，都在立法中确立了登记机关的充任者。在德国，其《土地登记簿法》规定，由地方法院的土地登记局负责土地登记，但作为地方法院的土地登记局并不是普通法院，而是专门管辖土地登记的司法机构。[①] 在日本，依其《不动产登记法》规定，不动产登记机关为司法行政机关——法务局、地方法务局、派出所掌管。在法国，负责不动产登记的机构为"抵押权登记机关"（La conservation des hypothèques），该机关属于行政机关，隶属于法国经济和财政部。[②] 而英国城乡土地登记的机构为政府土地登记局。

考察各国不动产登记法，可以发现关于登记机关的两个规则：一是不动产登记机关的统一性。为了维护在不动产登记上的司法统一性，同时也因为不动产在自然联系上的紧密性，各国法律均规定一国之内或一个统一司法区域内实行统一不动产登记制度，即不论是土地房屋还是其他不动产，也不论是何种不动产物权，均由统一的登记机关负责。当然，这一机关只能适用统一的法律，规定统一的登记效力。二是不动产登记机关的独立性。登记机关或为司法机关，或为行政机关，如德国不动产登记由属于地方法院的不动产登记局掌管，日本

---

① ［德］鲍尔·施蒂尔纳：《德国物权法》（上册），张双根译，法律出版社 2004 年版，第 277 页及以下。

② 参见于海涌《法国不动产担保物权研究——兼论法国的物权变动模式》，法律出版社 2004 年版，第 142 页。

为其司法行政机关——法务局负责，瑞士大多由各州的地方法院负责，我国旧民法制定之时也采用由地方法院统一登记的做法，后改为地政管理部门。目前我国台湾地区由市县政府与辖区内设置的专门的地政事务所办理不动产登记。不动产登记机关的独立性和统一性应当说是不动产法的基本规则之一。

从各国不动产物权登记机关的设置我们可以发现，登记机关无论是设在司法部门还是设在行政部门，一个鲜明的特征是它们都不依附于任何行政部门（"土地管理机关"或"房产管理机关"）。如德国，作为地方法院的不动产登记局并不是普通法院，而是专门管辖不动产登记的司法机构；而法国的不动产登记的机构为"抵押权登记机关"，该机关属于行政机关，隶属于法国经济和财政部。也就是说，登记机关与行使不动产行政管理权力的部门必须绝对分开。无论是由司法部门负责登记，还是由行政部门负责登记，其主要目的是割断与不动产行政管理部门的联系（管辖），非如此才使登记具有独立性。方能保证登记的客观、公正性，防止国家公权力对私权的过度干涉。

不动产登记法必须对设立专门的不动产物权登记机关，统一管辖不动产物权登记工作作出规定。如前所述，我们建议在现有登记机关的基础上，通过整合建立统一独立的登记机关。即将原有的分散于各部门的职责、资源重新整合到新的登记机关——不动产登记局，并从法律上明确登记的性质、效力和法律责任。我们认为登记机关的性质，最理想的当然是行政机关，这是由登记性质之官方性所决定的，即登记是由法律授权的国家专门机构所为，并且由于登记是一国家行为支持的公示手段，其登录、记载的事实具有唯一性、权威性，足以产生公信力。如德国地方法院的土地登记局、日本的法务局、法国的抵押权登记机关等。但在我国由于编制等原因，登记机关恐难定位于行政机关。那可退而求其次，定位于"执行某些行政职能的事业单位"。可以参照银监局的模式，即设立统一的由法律直接授权的事业单位。[①]

（二）管辖

关于不动产登记机构的管辖权，通常有属地主义与属人主义两种，即根据权利人的户籍或是根据不动产的所在地确定登记地的问题。

首先，是地域管辖问题。考察各国不动产登记立法，各国无一例外均采取属地主义原则，即根据不动产的所在地确定登记地的原则。如德国《土地登记簿法》第1条即关于管辖权的规定"土地登记局对位于本区域内的土地享有管

[①] 见本书第三章第一节第二部分（三），我国不动产登记机关的选择。

辖权"，日本《不动产登记法》第 8 条："登记事务，以管辖不动产所在地的法务局、地方法务局或其支局、派出所为登记所，而予以掌管。"新中国成立前《土地登记规则》（1946）第四条规定："土地登记，由土地所在地之县市办理之。"由此可知，登记管辖的属地主义原则是国际上普遍承认的不动产登记管辖原则。这是由于不动产登记的本质是对不动产权利的登记，为市场提供统一的交易资讯与交易法律根据。民法中对不动产的变动、对不动产的诉讼，均实行属地主义原则，故"不动产登记局对位于本区域内的土地享有管辖权"当无异议。因此，不动产登记局只能依地域设立，而不能依权利人的身份设立。我国实践中部分城市实行所谓的"分级登记制"，即依权利人的不同级别，将中央所属企事业单位以及省级政府所属企事业单位的不动产在省级不动产管理部门登记，其他企事业单位的不动产则在市县一级不动产管理部门登记。这种做法人为地造成了登记的不统一，也与国际一般规则相违背。

其次，是级别管辖问题。按我国通常的设置，均为"国家—省、自治区、直辖市—市、县"的模式，依《中华人民共和国地方各级人民代表大会和地方各级人民政府组织法》第六十六条规定：

"省、自治区、直辖市的人民政府的各工作部门受人民政府统一领导，并且依照法律或者行政法规的规定受国务院主管部门的业务指导或者领导。

自治州、县、自治县、市、市辖区的人民政府的各工作部门受人民政府统一领导，并且依照法律或者行政法规的规定受上级人民政府主管部门的业务指导或者领导。"

可以看出，行政机关之间的纵向关系可分为两种：一种是领导关系，即上下级行政机关之间的命令与服从关系。在领导关系中，上级行政机关享有命令、指挥和监督等项权力，有权对下级机关违法或不当的决定等行为予以改变或撤销。下级行政机关负有服从、执行上级行政机关决定、命令的义务，不得违背或拒绝，否则就要承担一定的法律后果。上下级行政机关之间的领导关系具体又有垂直领导关系和双重领导关系两种类型。垂直领导关系中的行政机关，一般只直接接受某个上级行政机关的领导，如地方海关只接受海关总署领导。双重领导关系中的行政机关则要同时接受两个上级行政机关的直接领导，如地方各级公安机关既要接受上级公安机关的领导，又要接受本级人民政府的领导；另一种是指导关系，即上下级行政机关之间的一种行业或业务上的指导与监督关系。在指导关系中，上级主管部门享有业务上的指导权和监督权，但没有对下级行政机关的直接命令、指挥权。上下级行政机关之间究竟应实行垂直领导关系、双重领导关系抑或是指导关系，应根据它们的性质及职权要求等来确定，并由行政机关组织法加以规定。

新中国成立前《土地登记规则》规定的登记机关，设在市、县一级。德国的土地登记辖区，原则上与乡镇的辖区范围一致（《土地登记命令》第1条）。总之，登记机构的设置，原则上应与行政区划一致，且应设置于基层，就我国的实际情况而言，设置于市（县）一级较为妥当。需要强调的是，无论登记机构设置于哪一级，每个登记机构都是独立的主体，对本辖区内的登记事务都具有统一的管辖权。如日本，登记事务是由隶属于法务省之法务局主管，包括法务局所属派出机关，全日本各地计约有550个登记所存在。

当某一登记辖区内由于事务繁多，可以通过建立派出机构（如支局、派出所、工作站等等），实行特别地域派出管辖。这种特别地域派出管辖仅为解决事务繁多、方便当事人、提高工作效率，其所有登记事务仍应纳入登记辖区，建立统一的不动产登记簿。即，在一个登记辖区内，法律不允许有开天窗式的把个别不动产交给他人登记管辖的现象发生。①

至于有学者以上海为例，提出"我国未来的不动产登记宜由各省、直辖市、自治区的不动产行政主管部门统一负责该地的不动产登记，各市县的不动产行政管理部门协助省、直辖市、自治区的房地产行政主管部门具体办理不动产登记工作"② 的见解，我们不敢苟同。其不妥有二：一是以上海这一例外等同于各省之一般，上海虽为省级行政机构，但同时亦为大城市行政区划，在上海可以如此设置，而在各省恐难为之；试想各市县的不动产登记机构"协助省、直辖市、自治区的房地产行政主管部门具体办理不动产登记工作"，难道不动产登记簿要设置在省会城市吗？二是仍将不动产登记视为不动产行政管理，我们认为未来经过整合建立的登记机关——不动产登记局，必将与现行的不动产行政管理部门割断，非如此才使登记具有独立性。否则，登记机关与行使不动产行政管理权力的部门无法分开，这样的制度设计是不妥当的。上级登记机关不得办理具体登记事务，而是行使"业务指导或者领导"，鉴于登记事务的特殊性，可以考虑按垂直领导关系设置。

最后，是指定管辖问题。如果一宗不动产位于数个不动产登记局管辖的区域，就需要明确由谁办理登记事务，这就出现指定管辖的问题。日本法律规定，

---

① 孙宪忠：《中国物权法总论》，法律出版社2003年版，第222页。
② 李昊等：《不动产登记程序的制度建构》，北京大学出版社2005年版，第24页。

依法务省令所定，由法务大臣、法务局长或地方法务局长指定管辖登记所，[①] 即由司法行政长官指定管辖机关。德国法律规定，依据《德国非诉事件管辖事务法》第 5 条的规定来确定具有管辖权的土地登记局。当出现需要指定管辖时，由上一级领导机关作出指定管辖的决定。

（三）登记官员

所谓登记官员，指在不动产登记局以及登记所办理登记事务的公务员，由通过国家认定的登记官资格考试制度的人员担任。登记事务在其性质上，必须要公平、严格执行，故对于一定的登记事项，设关于除斥登记官员的规定。[②]

登记制度是保障不动产权利的一种重要制度，登记官员负有严正公平地执行职务的义务。因此，对登记官员的素质要求就成为必需。如在德国，登记官员的水平、权限以及社会地位足以同法官相媲美。德国不动产登记除为不动产登记提供公示外，更具有一种国家对私法行为进行公证的职能，即德国的登记官员由公证员担任。而在英国各登记处的负责人则应由取得律师资格的人担任。登记工作具有较强的专业性，只有高素质的具有一定专业知识的专业人员才能保证从审查到批准许可，乃至发证的整个登记过程顺利完成。我们认为，在现代社会中，凡是从事与国家利益关系密切的行业均须通过国家认定的资格考试，如法官、律师、会计师等。《俄罗斯联邦不动产权利及相关法律行为登记法》第 15 条规定了登记官的条件，可供立法时参考：

1. 归权利登记司法行政机构领导的不动产权利和相关法律行为登记官（以下简称权利登记官）由俄罗斯联邦政府授权的及与俄罗斯联邦主体之执行权力机关协商后任命或解除之。

2. 受过高等法律教育或者有在权利国家登记机关不少于两年的工作经验、经过专门培训并通过符合规定要求之职业技能考试者可被任命为登记官职位。

3. 权利登记官为代理国家职务之国家公务员。权利登记司法行政机构负责人作为国家公务员的权利和义务之特殊性由俄罗斯联邦法律调整。

4. 对权利登记官之职业技能要求、其权限、法律和社会保护措施在依规定经批准不动产权利和相关法律行为登记司法行政机构示范条例中规定。

可以说，登记官员的素质对不动产交易有着不可低估的影响。所以我国在

---

① 日本《不动产登记法》第 8 条，载王书江译《日本民法典》，中国法制出版社 2000 年版，第 211—212 页。

② 日本《不动产登记法》第 13 条，载王书江译《日本民法典》，中国法制出版社 2000 年版，第 212 页。

统一登记机关的同时，应建立由国家认定的登记官员资格考试制度，严把"人口"关，以此提高登记官员的整体素质。

根据《物权法》第 12 条规定，登记机构应当履行下列职责：（一）查验申请人提供的权属证明和其他必要材料；　（二）就有关登记事项询问申请人；（三）如实、及时登记有关事项；（四）法律、行政法规规定的其他职责。这些职责是通过登记官员来履行的，实务中应根据工作岗位以及不同审级具体设定。

根据《物权法》第 21 条第 2 款："因登记错误，给他人造成损害的，登记机构应当承担赔偿责任。登记机构赔偿后，可以向造成登记错误的人追偿。"即由登记机关首先承担赔偿责任，然后其有权向存在故意或重大过失的工作人员进行追偿。登记机构的赔偿责任，究竟是归入国家赔偿责任还是普通的民事侵权责任学界存在争论，有学者认为："应允许受害人既可以依据国家赔偿法要求不动产登记机关承担国家赔偿责任，也可以依据民法要求不动产登记机关的工作人员承担民事侵权责任。"① 但从《物权法》的规定看，显然是依据我国《国家赔偿法》第 7 条的规定，应当由不动产登记机关作为赔偿责任主体，而依据同法第 14 条第 1 款，赔偿义务机关赔偿损失后，应当责令有故意或者重大过失的工作人员或者受委托的组织或者个人承担部分或者全部赔偿费用。②

登记官员负有审查义务，但绝不意味着登记官员对于所有的登记错误都应当承担责任，这种审查，只能是尽到作为专家的登记官员应当尽到的审慎、全面、尽职的审查义务。登记官员从事不动产登记工作虽然属于公务员性质，但其工作确属于专家工作，与医师、律师、注册会计师、评估师等专业人士的工作有相似之处，只不过前者为国家机关工作，其工作是为了赋予不动产登记以

---

　　① 　程啸："论我国现行不动产登记制度的缺陷及未来的完善"，载王利明、郭明瑞、潘维大主编《中国民法典基本理论问题研究》，人民法院出版社 2004 年版，第 415 页以下。

　　② 　我国台湾地区的"土地法"也是如此规定的，该法第 68 条第 1 款第 1 句规定："因登记错误遗漏或虚伪致受损害者，由该地政机关负损害赔偿责任。"第 70 条第 2 款规定："地政机关所负之损害赔偿，如因登记人员之重大过失所致者，由该人员偿还，拨归登记储金。"在美国依据 1946 年国会通过的《联邦侵权索赔法》的规定，如果一位官员是在其职务或受雇范围内行事，则绝对免除其承担普通法上的侵权责任，应由联邦政府承担雇主责任，除非官员个人侵害他人权利的行为是故意或重大过失的。而在德国，依据《基本法》第 34 条第 1 句规定："任何干执行公务时，如违反其对于第三者应负之职务上之义务，原则上由其所服务之国家或公共团体负责。"同条第 2 句规定，对于那些具有故意或者重大过失的公务员，国家或公共团体在承担责任后有权进行追偿。《瑞士联邦责任法》第 3 条规定："联邦对于公务员执行职务时，不法侵害他人权利者，不问该公务员有无过失，应负赔偿责任。"同法第 7 条规定："如果联邦已经支付赔偿，联邦对因故意或重大过失造成损害的公务员有追偿权，即使职务关系已经解除亦不例外。"

公信力，后者为自己工作，属于自由职业者。专家的侵权责任不同于普通侵权责任，普通侵权责任的归责原则是过错责任原则，损害多少赔付多少，而专家侵权责任的归责原则是故意或重大过失才需承担赔偿责任，且其赔偿决不应当是损害多少赔付多少，而应当有一个限度，比如其收费的多少倍来确定赔付限额，不足部分借助于执业（职业）责任保险来弥补。因此，应在不动产登记法中规定不动产登记官员和登记机构的职责，以规范登记官员和登记机构的法律责任。

简言之，因登记官员的故意或者过失发生不当处分（登记过失等），致使私人当事人受损害的情形，由登记机构负担该赔偿责任，而对于故意或有重大过失的登记官员，登记机构具有求偿权，登记官员应负赔偿责任。

二　不动产登记法

如前所述，不动产登记制度就法律体系而言既属于实体法又属于程序法，广义上的不动产登记制度既涵盖了实体法，也涵盖了程序法。程序法的不动产物权登记制度主要由不动产登记法（土地登记法）规定，物权变动的程序是依据相关的实体规范设置的，是不动产登记机关和物权人、利害关系人都要共同遵循的法律规范。不动产登记法按照物权公示原则，明确规定法律认可的不动产变动程序规范，涉及的是不动产物权如何办理物权设立登记，如何办理移转登记，如何办理变更登记等内容。登记程序是登记机关和参与者确立联系的枢纽，没有登记程序法，不动产登记制度就无从构建。

各国对不动产权利登记制度的做法不同，主要有两种：一是在民法典中不对不动产登记制度（实体法）作出规定，另外再制定专门的规范不动产登记（程序法）的单行法。例如，在德国，其民法典第三编"物权法"第二章"关于土地上权利的一般规定"中对土地的登记、预告登记、土地登记簿等问题作出了规定。又专门制定了《德国土地登记簿条例》（1897 年 3 月 24 日实施、1994 年 5 月 26 日新修订），专门规范不动产登记程序，在德国学界将其称为"登记程序法"（formelles Grundbuchrecht）。[①] 此外，还有《〈土地登记簿条例〉施行法》、《土地登记设施法及施行法》、《土地登记官职责条例》以及《以土地登记规则处理住宅所有权事宜法》等多项单行立法。[②] 二是在民法典中对不动产

---

① Wolf. Sachenrecht, 15. Aufl., Verlag G. H. Beck, 1999, S. 189.
② 孙宪忠：《德国当代物权法》，法律出版社 1997 年版，第 132 页。

登记作出原则性的规定，主要以单行法作为特别法加以规定。例如，在日本，民法典只是规定不动产物权的取得、丧失以及变更，非依登记法规定进行登记，不得以之对抗第三人之原则。为了明确登记机关、登记簿册、登记程序以及登记责任等问题，日本于1899年公布了《不动产登记法》。在其后曾历经数度变迁，至2004年新的不动产登记法被制定出来（2004年6月18日法律第123号），其第1条明文规定，为谋求国民权利之保护，并以促进交易安全与圆滑为目的，而有公示不动产标示和有关不动产权利并对之进行登记此一制度之制定。此外，还有相关联法规如《不动产登记令》（2004年12月1日政令第379号）、《不动产登记规则》（2005年2月18日法务省令第18号）、《不动产登记事务处理程序准则》（2005年2月25日民二第456号）等等，整个日本的不动产登记制度即依据上述法令而构成完整的体系。尽管同为不动产登记程序，但学者将之称为民法的特别法。①

由于登记关联到诸多民事主体的切身利益，其正当性要有法律规则的保障，不动产登记法作为程序法，是物权法的重要配套法律，对于物权法的实施具有重要意义。然而，我国至今尚未制定物权意义上的不动产登记法。已制定的法律法规中虽有不少关于不动产登记的规范，但这些规范零散，并且相互冲突，不合法理的规定颇多。随着《物权法》的出台，不动产登记法已列入了立法规划，根据《物权法》第十条："国家对不动产实行统一登记制度。统一登记的范围、登记机构和登记办法，由法律、行政法规规定。"即，不动产登记法应由全国人大或国务院制定颁布实施。然而，尽管不动产登记法的重要地位受到学术界的肯定，但仍被认为过于专业化、技术化，缺乏太多的理论性，而不为学界重视。至今除少数学者介入较深，有所建树（如李昊等提出了《不动产登记法（草案建议稿）》、于海涌提出《不动产登记法（学者建议稿）》）外，似乎并不那么热门。倒是行政主管部门十分热心，已通过《土地登记办法》、《房屋登记法》。不过笔者以为，在《物权法》明确由法律、行政法规规定不动产登记程序的今天，仍企图通过行政规章各自为政（从法规名称可以看出并不想建立"统一登记制度"），显然是不合时宜的。由全国人大或国务院制定的不动产登记法，将一改目前我国登记制度的混乱局面，建立统一的不动产登记制度。

因此，必须加快不动产登记法的立法步伐，否则物权法不仅无法落到实处，还将对现行的不动产物权制度造成极大混乱（物权法的登记制度与现行登记制

---

① 参见［日］北川善太郎《日本民法体系》，李毅多等译，科学出版社1995年版，第64页。

度的差异将使人们无所适从）。

三 地籍资料

何谓地籍？在《辞海》（1979 年版本）中，地籍被称为"中国历代政府登记土地作为征收田赋根据的册簿"。简单地讲，地籍是为征收土地税而建立的土地清册，这是地籍最古老、最基本的含义。随着社会和经济的发展，地籍的内涵有了很大的变化。现代地籍的概念，是指由国家监管的、以土地权属为核心、以地块为基础的土地及其附着物的权属、位置、数量、质量和利用现状等土地基本信息的集合，用图、数、表等形式表示。基础地籍资料包括地籍图、地籍册和地籍登记档案。

物权法中的不动产概念除了"土地，附着于土地的建筑物及其他定着物、建筑物的固定附属设备为不动产"外，更重要的是法律意义上的界定，即是一种纯形式的界定。"法律意义上的土地，是以地籍块①方式进行测量与标记的，并在土地登记簿中以'土地'进行登记的——如建立专门的土地登记簿簿页，或在共同登记簿簿页中置于专门的号码之下——地球表面的一部分。"② 此种技术上的构建对于登记制度的建立具有重要的意义，如无地籍基础资料，不动产登记无从谈起；有了地籍基础资料，每一土地（不动产）才可以在以地籍块方式进行测量与标记的"土地"找到相应的独立的位置。因此，一套完整的地籍资料是不动产登记的基础前提。

各国对地籍资料的建立都十分重视，表现在两个方面：一是在其国家的《不动产登记法》中都对地籍图、地籍册的建立作了相关规定，如《俄罗斯联邦不动产权利及相关法律行为登记法》中对地籍测量机关、不动产客体地籍和技术测量、地籍号的授予、地籍测量与登记的关系等等都作了规定。③ 德国《土地登记簿法》规定，土地在土地登记簿中，以地籍册中所给出的编号来命名。④ 日本《不动产登记法》规定："于登记所应备置地图及建物所在图。"并规定了土地号数依政令所定、土地测量图、土地所在图等等。⑤ 二是十分重视基础测量工

---

① 在我国称为"宗地"，这里的地籍块即"宗地"。

② ［德］鲍尔·施蒂尔纳：《德国物权法》（上册），张双根译，法律出版社 2004 年版，第 285 页。

③ 参见《俄罗斯联邦不动产权利及相关法律行为登记法》第 1 条、第 18 条、第 20 条、第 31 条。

④ 德国《土地登记簿法》第 2 条第 2 款、《土地登记命令》第 6 条第 3a 款。

⑤ 日本《不动产登记法》，载王书江译《日本民法典》，中国法制出版社 2000 年版，第 213、227页。

作，西方各国均建立起了覆盖整个国家范围的国家地籍，在德国，整个德国的领土，原则上都已被测量，而测量的单位为地籍块（Katasterparazelle），地籍块在地籍册中，用数字或字母予以编号。① 1628 年，瑞典为了税收目的，对土地进行了测量和评价，包括英亩数和生产能力并绘制成图。1807 年，法国为征收土地税而建立地籍，开展了地籍测量；1808 年，拿破仑一世颁布全国土地法令。这项工作最引人注目的是布设了三角控制网作为地籍测量的基础，并采用了统一的地图投影，在 1：2500 或 1：1250 比例尺的地籍图上定出每一街坊中地块的编号，这样在这个国家中所有的土地都做到了唯一划分。现在许多国家仍在沿用拿破仑时代的地籍测量思想及其所形成的理论和技术。在日本，据平野政则介绍，"实务上我等专家称之为 14 条地图之上开图面，并未能完全涵盖全日本所有土地，乃是实情。虽政府正积极进行 14 条地图之整备，唯传言其至少须费时五十年以上。"同时又指出"在其他国家里其土地登记簿或许尚未能涵盖其所有之土地，但在日本，土地未登记在登记簿上的，甚为稀少"。②

地籍管理是一项政策性、法律性和社会性很强的基础工作，又是一项集科学性、实践性、统一性、严密性于一体的技术工作。按地籍的用途划分，地籍可分为税收地籍、产权地籍和多用途地籍。所谓多用途地籍，亦称现代地籍，其目的不仅是为课税或保护产权服务，更重要的是为土地利用、保护和科学管理土地提供基础资料。可以说，地籍管理涉及的内容十分广泛，不动产登记涉及的只是其中一部分。在不动产登记中的地籍主要指产权地籍，产权地籍是国家为维护土地所有制度、鼓励土地交易、保护土地买卖双方的权益而建立的土地清册。为此，产权地籍必须以反映宗地的界线和界址点的精确位置以及准确的土地面积等为主要内容。产权地籍资料主要指地籍图与地籍册，通常由政府主管机关负责测量与登录。

（一）地籍图

地籍图是表示土地产权、地界和分区的平面图，包括土地权属界线、面积和利用状况等地籍要素，是地籍调查的主要成果。即用图的形式直观地描述土地和附着物之间的相互位置关系，包括分幅地籍图、专题地籍图、宗地图等。

地籍图是地籍管理的重要依据。中国在封建社会就有地籍图的绘制，以作

---

① ［德］鲍尔·施蒂尔纳：《德国物权法》（上册），张双根译，法律出版社 2004 年版，第 284—285 页。

② ［日］平野政则："日本土地登记制度"，林倖如译，法治政府网，2007 年 7 月 3 日。

为征收田赋的依据。梁方仲先生指出："自汉迄唐，八九百年间，政府最看重的是户籍的编制。户籍是当时的基本册籍。关于土地的情况，只是作为附带项目而登记于户籍册中。当时的户籍实具有地籍和税册的作用。"唐、宋以后，"私有土地日益发达，土地分配日益不均，因而土地这个因素对于编排户等高下的作用愈形重要，……于是各种单行的地籍，如方帐、庄帐、鱼鳞图、砧基簿、流水簿、兜簿等便相继逐渐设立起来了"。"这时，地籍已逐渐取得了和户籍平行的地位。"① 至于全国范围内土地籍册的建立，应是明代的事。最著名的地籍图是明代的鱼鳞图册。是明洪武二十年（1387 年）命各州县分区编造，以田地为主；详列面积、地形、四至、土质及地主姓名，一式四份，分存各级政府，作为征税根据。因图上所绘田亩依次排列为鱼鳞，故称"鱼鳞图册"。以后几经修订，一直沿用至清代。

地籍图是基本地籍图和宗地图的统称。地籍测量绘制的图件称为基本地籍图。基本地籍图是通过测绘对土地的描述和个别化，因此使得其获得了可以与其他不动产客体相区别的特征，并用平面图的形式表现。它是表示土地产权、地界和分区的平面图，图上附有各部分的说明、注解和识别资料。地籍图的内容包括地籍要素和必要的地形要素。地籍要素指土地的编号、利用类别、等级、面积及权属界线，界地点及其编号，各级行政区划界线及房产情况。必要的地形要素指与地籍管理有关的一些房屋、道路、水系、垣栅及地物和地理名称等。基本地籍图的侧重点是土地及其地上附着物的位置权属。

宗地图属于地籍图的一种，是在地籍图的基础上编制的，以一宗土地为单位绘制的地籍图。是描述宗地位置、界址点线关系、相邻宗地编号的分宗地籍图。宗地图只表示特定的宗地及其四至的内容。宗地图的侧重点是权属。

简言之，地籍图包括了宗地图，或者说地籍图是由宗地图组成，通常宗地图是作为权属证书的附图使用。

（二）地籍册

地籍册是指反映土地的位置（地界、地号、四至）、面积、质量级别、权属和用途（地类）等基本状况的簿册或清册。制定地籍册前，必须先行进行地籍调查（Cadastral survey），包括查清有关土地的位置、界线、四至、面积和权属。土地使用类型和质量状况等也是地籍调查的对象，地籍调查员应确保不会遗漏这些资料。地籍调查的工作完成后，形成以下的资料：

---

① 梁方仲：《中国历代户口、田地、田赋统计》，上海人民出版社 1980 年版，第 10—11 页。

地籍原图和分幅接合表；

地籍图；

宗地图；

权属土地面积、地类面积统计表；

地籍控制测量记录；

地籍调查表；

相关文献等。

并将被测绘的宗地图（地籍块），用数字或字母予以编号（地籍号），按编号将地籍信息记录在官方的目录中，形成地籍册。

地籍册的编列通常按"以丘为纲"的方法造册，即把每一宗土地按区、号、丘顺序排列制卡，详细注上土地业主的姓名、职业、通讯处、土地亩分、地价基数等项。这样，只要知道地籍丘号，就能查到相应土地的资料。由此可知，地籍图是以平面图的形式表现"土地"，地籍册是以文字的形式表现"土地"。

（三）地籍资料的建立与管理

地籍资料最初是为征税而建立的记载土地的位置、界址、数量、质量、权属、用途（地类）等状况的田赋清册和簿册，其主要内容是应纳税的土地面积、土壤质量及土地税额的登记。随着社会的发展，现代地籍的主要功能已转变为保护土地产权和课税服务，成为国土资源管理、城市建设管理决策的依据。而在不动产登记中，则是登记建立的基础条件。

1. 地籍资料建立的主体

地籍管理，是国家（中央政府）或地方政府的土地行政管理机关，为了取得有关地籍的资料及较全面的和有系统的土地权属、自然和经济状况而实施的管理制度。概括地说，地籍管理就是有关土地调查、土地分级、土地统计、地籍制定和土地登记等等的有关工作。其中，工作的核心是土地调查、地籍制定和土地登记。具有以下特征：

（1）地籍是由国家建立和管理的。地籍自出现至今，都是国家为解决土地税收或保护土地产权的目的而建立的。在新中国成立以前的漫长历史中，历次地籍的建立都是由朝廷或政府下令进行的，其目的是为保证政府对土地的税收和保护土地产权。现阶段我国的地籍管理工作由国土资源部负责，其主要职责之一是：制定地籍管理办法，组织土地资源调查、地籍调查、土地统计和动态监测；指导土地确权、城乡地籍、土地定级和登记等工作。其根本的目的是为了保护土地产权和合理利用土地。

（2）土地权属是地籍的核心。地籍定义中强调了"以土地权属为核心"，即地籍是以土地权属为核心对土地诸要素隶属关系的综合表述，这种表述毫无遗漏地针对国家的每一块土地及其附着物。不管是所有权还是使用权，是合法的还是违法的，是农村的还是城镇的，是企事业单位、机关、个人使用的还是国家和公众使用的（如道路、水域等），是正在利用的还是尚未利用的或不能利用的土地及其附着物，地籍都是以土地权属为核心进行记载的，都应有地籍档案。即地籍是以土地为核心，采"物的编成主义"，为每一块土地建立地籍档案。可见，初始地籍资料的建立是国家主动为之。

（3）以地块（宗地）为基础建立地籍。一个区域的土地根据被占有、使用等原因被分割成边界明确、位置固定的许多块土地。地籍的内涵之一就是以地块为基础，准确地描述每一块土地的自然属性和社会经济属性。

（4）地籍是土地基本信息的集合。它包括土地调查册、土地登记册和土地统计册，用图、数、表的形式描述了土地及其附着物的权属、位置、数量、质量和利用状况。图、数、表之间通过特殊的标识符（关键字）相互连接，这个标识符就是通常所说的地籍号（宗地号或地号）。

由此可知，地籍管理是国家政策支持下的依法行政行为，所形成的地籍信息具有空间性、法律性、精确性、现势性等特征，因而使地籍能为在以土地及其附着物为标的物的产权活动中提供法律性的证明材料，保护土地所有者和土地使用者的合法权益。

根据国务院"三定"方案，国土资源部的主要职责是：

"制定地籍管理办法，组织土地资源调查、地籍调查、土地统计和动态监测；指导土地确权、城乡地籍、土地定级和登记等工作。"

内设地籍管理司，主要职责是：

"拟定地籍管理办法，拟定土地调查、动态监测、地籍调查和统计的技术规范、标准，组织土地资源现状调查、动态监测、地籍权属调查、变更调查及统计；拟定土地确权、登记、发证和权属纠纷调处规则和权属管理办法，承担调处重大土地权属纠纷。"

"地籍测绘行政管理职能，交给国家测绘局。"①

因此，地籍管理应由各级国土资源管理部门负责。即地籍管理、地籍资料建立的主体为各级国土资源管理部门。

---

① 国家测绘局是国土资源部管理的主管全国测绘事业的行政机构。

新中国成立前，我国的地籍管理由地政局负责，① 新中国成立后，由于历史的原因，机构的变化，各地管理模式不尽相同。一般历经财政局、地政处、房地产管理局等部门。至 20 世纪 80 年代中期，房地产管理部门仍沿用旧地籍图开展不动产登记工作。此后，为适应我国经济发展和改革开放的形势，国家于 1986 年成立国家土地管理局，并颁布了《中华人民共和国土地管理法》。至此，地籍管理成为我国土地管理工作的重要组成部分。

目前我国地籍图的管理模式大致有几种：一是由土地管理部门统一管理；二是由土地管理部门和房地产管理部门分别管理；三是由土地管理部门和规划管理部门分别管理。② 如天津市在国土资源和房屋管理局设市地籍管理中心，具体承担中心城区地籍调查前置，根据需要出具地籍调查前置成果。厦门市在国土资源与房产管理局成立市测绘与基础地理信息中心，组织实施地籍权属调查和地籍测绘；负责地籍调查资料的保管和提供利用。我们认为，地籍管理应由各级国土资源管理部门负责。即地籍管理、地籍资料建立的主体为各级国土资源管理部门。

2. 地籍资料的主要内容

地籍管理工作主要包括土地调查、土地登记、土地统计和土地分等定级四方面工作。在上述工作过程中形成的大量数字、文字和图件等即为地籍资料。

地籍资料的建立是通过地籍调查产生的。地籍调查是国家采用科学方法，依照有关法律程序，通过权属调查和地籍测量，查清每一宗地的位置、权属、界限、面积和用途等基本情况，以图、簿示之。

"地籍调查是土地管理的基础工作，分初始地籍调查和变更地籍调查。初始地籍调查在初始土地登记前进行，变更地籍调查在变更土地登记前进行。"③ 初始地籍调查是在一定区域范围内对土地的权属、面积、用途、位置等基本状况进行的一项全面、普遍的调查，是开展初始土地登记的前提和基础。变更地籍调查，是指在初始地籍调查和初始土地登记后，发生地籍变更时进行的地籍调

---

① 1914 年，国民政府中央设立经界局，其下成立经界委员会，并设测量队，制定了《经界法规草案》。1922 年，国民政府为开展土地测量，聘请德国土地测量专家单维康为顾问。1927 年，上海开始进行土地测量，这是我国用现代技术方法进行的最早的地籍测量。1928 年，国民政府在南京设立内政部，下设土地司，主管全国土地测量。1942 年，各省地政局下设地籍测量队，还设立了测量仪器制造厂。1944 年地政署公布了《地籍测量规则》，这是我国第一部完整的国家地籍测量法规，也标志着我国地籍测量发展进入了一个新的阶段。确切地说，我国的现代地籍始于这个时期。

② 如天津市、大连市、宁波市的测绘是由规划局管理。

③ 国家土地管理局：《城镇地籍调查规程》。

查。是为了保持地籍的现势性和及时掌握地籍信息的动态变化而进行的经常性的地籍调查，是在初始地籍的基础上进行的，是地籍管理的经常性工作。

地籍调查的主要内容包括权属调查和地籍测量两个方面。权属调查，包括土地权利人状况、宗地权属性质、界址位置、用途等。是在现场核实宗地的土地使用者、土地用途等，并通过本宗地与相邻宗地使用者的现场指界，标定宗地界址，丈量宗地界址边长，绘制宗地草图和填写地籍调查表。地籍测量是在权属调查基础上进行的，地籍测量分为地籍控制测量和地籍细部测量两大部分，测绘每宗土地的权属界线、形状、位置、地类等，绘制地籍图，量算面积。地籍测量不同于一般地形测量，由于其成果是土地登记的重要依据，因此它是一项具有法律性质的测绘工作。

3. 地籍资料建立的程序

如前所述，地籍资料的建立是通过地籍调查产生的。地籍调查是一项综合性的系统工程，政策性、法律性和技术性都很强，工作量大，难度高。初始地籍调查有比较系统的技术体系，通常按以下步骤进行：

（1）准备工作。包括制定地籍调查的组织方案和技术方案，组织准备，宣传，调查试点及技术培训，表册、仪器、工具准备，收集资料等工作。

（2）外业调查、勘测。权属调查：按确定的区域范围，对每一宗土地的土地使用者，宗地的位置、界址、用途等调查核实，实地标定地界，对界址边长进行勘丈，填好调查表，绘制宗地草图。地籍测量：包括地籍控制测量和地籍细部测量等外业工作。

（3）内业工作。在外业工作基础上，进行地籍原图编绘、面积量算、数据汇总统计等，整理形成地籍调查资料。

（4）检查验收。检查验收实行作业人员自检、作业组互检、作业队专检、上级主管部门验收的多级检查验收制度。

通过上述步骤，建立确定的区域范围的地籍资料，包括地籍图与地籍册。地籍调查结果要做到图形、数据、簿册之间具有清晰的一一对应关系。

初始地籍调查后，土地权属、用途等发生变更，土地发生分割、合并等，土地使用者均应提出变更土地登记申请。针对申请变更的项目，随时进行的地籍调查称为变更地籍调查，这是一项地籍管理的日常工作。变更地籍调查包括对宗地变更项目的权属调查和变更地籍测量，并根据调查、测量的结果修改原地籍调查资料，为变更土地登记提供资料。变更地籍调查的主要技术方法与初始地籍调查的技术方法是一致的。

　　笔者以为，初始地籍资料与变更地籍调查之间的差别是：初始地籍资料的建立是国家主动为之，而变更地籍调查通常是应当事人的申请而为之。

　　为了查清我国土地权属、类型、数量、质量、分布及利用状况，1984 年 5 月，国务院部署在全国开展土地利用现状调查工作。1995 年 5 月，全国 2843 个县级单位的调查任务全面完成。1996 年 5 月 2 日，国务院召开会议，听取全国土地利用现状调查工作汇报，并确定由国家土地管理局会同有关部门组织开展全国土地利用现状变更调查工作，将调查成果统一到 1996 年 10 月 31 日同一时点。这次调查历时 10 余年，用资 10 多亿元，投入专业人员 50 多万。首次全面查清了我国农村土地的权属界线、各个地块的面积和用途；各个乡（镇）、县、地（市）、省和全国土地的类型、数量、分布、利用和权属状况。由于采用了先进的技术手段和科学的工作方法，调查取得了翔实、可靠的土地图件、数据和文字资料。获得了近百万幅的土地利用现状图和地籍图，结束了我国长期以来土地利用数据不准、权属不清的局面，在中国历史上第一次摸清了全国（未含我国港、澳、台地区）的土地家底，为全国乃至各地经济社会的发展提供了丰富的土地基础数据和国家资料。

　　2006 年国务院发出《关于开展第二次全国土地调查的通知》，第二次全国土地调查将在全国展开。

　　（四）我国地籍管理目前存在的主要问题与今后将面临的问题

　　我国地籍管理目前存在的主要问题：

　　1. 机构混乱。目前我国地籍图的管理模式大致有几种：一是由土地管理部门统一管理；二是由土地管理部门和房地产管理部门分别管理；三是由土地管理部门和规划管理部门分别管理。新中国成立以后，我国的地籍管理资料大多由房地产管理部门接管，20 世纪 80 年代恢复房地产产权登记时，仍由房地产管理部门在旧地籍资料的基础上办理产权登记。自 1986 年土地管理部门成立以来，除少数实行房地合一城市外，大多数城市并未建立统一的地籍管理模式。就连测绘管理也并未统一。

　　2. 管理不规范。一是管理办法不健全。尽管依职责国土资源部应制定地籍管理办法，近些年也先后制定了《城镇地籍调查规程》、《土地利用现状调整调查规程》、《地籍测量规范》等等技术规范，但这些大多是技术规程，很难说是管理办法。而至今未见制定一部统一的《地籍管理办法》，只有《日常地籍管理办法（农村部分）》、《中国人民解放军地籍管理办法》等，无法适应现代地籍管理发展的需要。二是日常管理不规范。如地籍调查的前置或后置、地籍测量的前置或后置、不区分初始地籍调查与变更地籍调查的程序、滥用地籍调查程序①等等，对日常地籍的管理未能规范化。

3. 城乡分治。目前我国的地籍调查可分为农村地籍调查和城镇地籍调查。农村地籍调查主要有土地利用现状调查、土地质量调查、土地权属调查等。城镇地籍调查是指城镇及村庄内部的地籍调查，主要对城镇、村庄范围内部土地的权属、位置、数量、质量和利用状况等进行调查。简言之，调查目的、内容、标准均不一样，这或许是我国的特色。但学者指出，随着我国地籍管理的进步，最终要实现城乡一体化管理。

4. 覆盖面不广。据统计，至 2007 年，我国国有土地使用权登记率已达 86%，集体土地所有权登记率已达 53%，集体建设用地使用权（包括宅基地使用权）登记率已达 73%。② 但与先进国家每一块"土地"都能在地籍册上找到相应的独立的位置相比，差距仍然很大。

我国地籍管理今后将面临的问题：

1. 地籍管理与登记的关系。

依我国目前的管理模式，地籍管理工作主要包括土地调查、土地登记、土地统计和土地分等定级四方面工作。但登记与地籍并非同一层次，地籍是种属，登记是子属，即地籍管理包含了登记这一子项。如前所说，无论是由司法部门负责登记，还是由行政部门负责登记，其主要目的是割断与不动产行政管理部门的联系（管辖），非如此才使登记具有独立性。《物权法》已明确了在我国对不动产实行统一登记制度，不动产登记由统一的登记机构办理。我们认为应建立独立于不动产管理机关的不动产登记局。如采用此一模式，则需要明确地籍与登记的关系。③

地籍与土地登记有着密不可分的关系，地籍既是土地登记的基础资料，同时又是土地登记的注释与补充。目前世界上许多发达国家和地区（如德国等）同时保留了地籍和土地登记两套系统，作为土地信息合法而完整的证明，并通过立法手段建立地籍制度，设立地籍管理机构，以确保地籍信息的准确性。④

---

① 如有的城市对已办理不动产登记，领取了产权证的不动产转让，无论是否变更均要求进行地籍调查、测量、配图。程序复杂，实为重复劳动。

② 2007 年度全国土地变更调查汇总会披露，载《国土资源报》2007 年 12 月 19 日。

③ 实际上，目前在我国大多城市中，由于土地与房产分别发证，同样存在这一问题。

④ 黄木顺、邓康伟："香港、新加坡地籍制度及其特点"，载《中外房地产导报》2003 年 11 月 16 日。

德国的地籍管理在世界范围独树一帜，被公认为代表着现代地籍管理的最高发展水平。考察德国地籍管理经验，可以发现以下特点：

一是德国地籍管理组织的严密性。具体体现在地籍和测量管理的分级管理体制上面，在各级政府中都设有地籍局。负责地籍事务的最高级别管理机构通常是州的内政部（最高级别地籍局），位于中间管理层的是较高级别地籍局，通常隶属于一般性的州管理机构，设在区政府中，称为地籍部。最低级别的地籍管理部门是独立的国家性的地籍局或者测量和地籍局。根据级别不同上级地籍管理部门负责监督和管理下一个级别的地籍管理部门，下级管理部门负责具体实施上级各部门委派的任务。[①] 如黑森州地籍管理部门名称是州测量局，下辖26个市、县地籍局，它归口黑森州经济技术部。根据《日常地籍管理规程》规定，地籍局是统管其辖区内地籍的唯一合法机关，只有地籍管理部门提供的地籍资料才具有法律效力。[②]

二是以完善的法律为基础。德国关于地籍管理的法律规定主要体现在测量法律之中，所有的联邦州都已经制定和颁布了各种关于测量事务的法律。例如在德国北部的下萨克森州制定了如下关于地籍管理的法律和条例：

（1）下萨克森州州测量和不动产地籍法；

（2）下萨克森州官方测量事务法；

（3）实施不动产地籍管理条例；

（4）不动产测量管理条例；

（5）土地登记簿条例；

（6）数据远程处理中不动产登记册使用手册；

（7）保持土地证和地籍图一致性条例；

（8）关于实施不动产地籍的规定；

（9）建设自动化不动产地籍图的指导原则；

（10）不动产地籍图和宗地草图符号使用条例等。

德国地籍大辞典对不动产地籍作出的定义是："不动产地籍是由地籍局所实施的公共登记工作，登记簿表达和描述了该州所属不动产的情况。不动产地籍是土地的官方性表册，证明地下资源调查结果。不动产地籍应该提供不动产与

---

① 参见曲卫东"联邦德国地籍管理及其经验"，http：//www.chinaland.org.cn/download/2004100911210 36227.pdf。

② 参见"联邦德国的不动产登记机构"，资源网，http：//www.lrn.cn/organization/international/internationallandmanagementorg/200611/t20061113_ 1035.htm。

法律、管理和经济等方面相符合的证明。"① 有关的地产数据、图件资料，没有地籍局的认可是不具法律效力的。因此，地籍管理部门是一个法定的权威部门。②

三是机构分工明确。在机构设置上，地籍管理机构与土地登记管理机构分设，涉及大面积地籍更新的土地调查业务则由土地整理局负责，各自分工明确。在土地登记机构和地籍管理机构之间用固定的称之为"VN"、"VL"的通知单加以联系，③ 较好地处理了地籍管理与登记之间的关系。

从这些特点，可以看出在德国，土地登记和地籍管理是分属两个系统的。地籍是土地登记的基础资料，而地籍管理则建立在更高、更广的范畴。地籍为国民经济各部门服务，为综合运用行政、经济、法律措施，依法、统一、全面、科学管理土地服务。不动产登记中的地籍主要指产权地籍，是对地籍资料的运用，属应用范畴。而地籍广泛地用于土地税费征收、土地产权保护和土地利用规划编制，同时为政府制定土地制度、社会经济发展目标、环境保护政策等宏观决策提供基础资料和科学依据。可以说，地籍管理涉及的内容十分广泛，而不动产登记涉及的只是其中一部分。因此，土地登记和地籍管理分属两个系统的体制是必要的。

据国土资源部信息中心的信息资料统计，欧洲 40 个国家都颁布了地籍管理、土地登记的法律、法规、条例，其中绝大多数国家专门颁布了《地籍法》、《土地登记法》，而且都设立了地籍局、地籍所、地籍办公室等专门的地籍管理机构。④ 即土地登记和地籍管理分属两个系统，在大多数国家和地区，地籍系统包括土地登记和地籍制图两部分，公证员和律师主要负责受理为权利人代办土地登记工作的委托，测量员负责接受为权利人进行地籍制图部分的委托。⑤ 目前世界上许多发达国家和地区采取的也是此种模式。如日本《不动产登记法》第79 条："登记所应依政令所定，确定土地号数区域，对每宗土地附之以土地号数。确定土地种类及土地面积的必要事项，以政令规定。"德国《土地登记簿条

---

① 参见曲卫东"联邦德国地籍管理及其经验"，http：//www.chinaland.org.cn/download/200410091121036227.pdf。

② 参见"联邦德国的不动产登记机构"，资源网，http：//www.lrn.cn/organization/international/internationallandmanagementorg/200611/t20061113_1035.htm。

③ 同上。

④ 樊志全："看国外地籍如何管理"，http：//221.232.129.83/jpkcweb/djclx/kcwz/。

⑤ 刘丽："世界地籍管理的发展趋势"，资源网，http：//www.lrn.cn/bookscollection/magazines/trendsandreference/2002trendsandreference/2003_44/200611/t20061121_4380.htm。

例》第 2 条："在土地登记簿中，依据各州设立的官方目录来命名土地（不动产登记册）。只有出示了主管机关出具的对官方目录所说明的部分土地的认证摘录……才能从整宗土地中删除此部分土地。"俄罗斯联邦《不动产权利及相关法律行为登记法》第 18 条第 4 款："地块的平面图应当由负责地籍工作的机关证明，而其他不动产则有相应的负责不动产客体测量的机关证明。"俄罗斯各级政府也都设有地籍局。新加坡明确规定土地登记必须由国家总测量师批准的测量图作为确定地界的依据。①

如前所述，通说认为，现代地籍的概念，是指由国家监管的、以土地权属为核心、以地块为基础的土地及其附着物的权属、位置、数量、质量和利用现状等土地基本信息的集合。尽管地籍与土地登记有着密不可分的关系，但通过上述分析，我们可以看出，所谓"以土地权属为核心"是针对我国目前的管理模式而言，而依不动产登记和地籍管理分属两个系统的管理模式，二者的区别也是十分显著的。实际上地籍管理是以"地块（宗地）"为中心，涉及的是不动产的标示，主要回答（1）"是什么"，具体指法律意义上的土地，是以地籍块方式进行测量与标记的，并在土地登记簿中以"土地"进行登记的地球表面的一部分。（2）"在哪里"，具体指土地及其附着物的空间位置，一般用数据（坐标）和地籍编号进行描述。（3）"有多少"，具体指对土地及其附着物的量的描述，如土地面积、建筑面积、土地和房屋的价值或价格等。不动产登记则是以"权属"为中心，涉及的是不动产权利的设立、移转、变更和消灭。主要回答（1）"是谁的"，具体指权属主与土地及其附着物之间的法律关系。（2）"在什么时候"，具体指土地及其附着物的权利和利用的发生、转移、消灭等事件的时间。（3）"为什么"，具体指土地及其附着物的权利和利用的发生、存在依据及其有关说明。地籍能为在以土地及其附着物为标的物的产权活动中提供法律性的证明材料，② 这是地籍的法律属性。需要注意的是，地籍仅对土地及其附着物的权属界址和利用状况（即土地及附着物的位置、面积、用途、等级等）提供法定证明。登记则作为"国家记录"，服务于财产证明。实施登记的主要目的是

---

① 黄木顺、邓康伟："香港、新加坡地籍制度及其特点"，载《中外房地产导报》2003 年 11 月 16 日。

② 德国地籍大词典对地籍的定义：不动产地籍是土地的官方性表册，证明地下资源调查结果。不动产地籍应该提供不动产与法律、管理和经济等方面相符合的证明。参见"联邦德国的不动产登记机构"，资源网，http：//www.lrn.cn/organization/international/internationallandmanagementorg/200611/t20061113_1035.htm。

确定财产关系、公示不动产物权（包括权利与负担、顺位等）。

由于使用的技术手段不同，土地登记和土地测量的工作程序大不相同。地籍测量和制图需要用专门技术来获取足够的资料，而土地登记程序则非常接近于簿记。① 简言之，在不动产登记和地籍管理分属两个系统的模式下，涉及不动产标示的信息的证明由地籍局负责，涉及不动产权属的信息的证明由不动产登记局负责。

2. 地籍测绘的专业化与社会化

随着传统地籍逐渐向多用途地籍的转变，许多学者已经开始关注地籍系统对土地可持续利用和经济可持续发展的促进作用，由此而产生的许多研究成果已经被广泛应用于土地规划和土地管理领域。把原来以满足政府税收、管理为主的政府地籍转变为满足多种用途需要的社会地籍，使它不仅能够为土地税收提供依据，为土地财产和权益提供保障，还能够成为科学研究和全面规划的工具。而经济全球化和信息化的迅速推进、航测遥感技术的出现也对地籍系统提出了新的要求。总体而言，世界地籍发展趋势向专业化与社会化两方面发展。

就专业化而言，新技术在地籍领域的应用日益增多。在过去的二十几年中，新技术尤其是那些与信息和通讯有关的高新技术，已经使包括地籍系统在内的土地管理体制产生了巨大的变化，它正渗透到地籍管理的各个领域，对地籍数据的获取、存储、管理、分析处理、传输和发布等各个环节产生着越来越广泛和深刻的影响。数字摄影测量是计算机科学、软件科学以及影像显示与识别理论发展的结果，已经开始进入实用阶段和商业市场，它和遥感技术一起成为地籍调查制图的重要手段；全球定位系统（GPS）技术应用于地籍测量，具有速度快、精度高、布点灵活、经费省等优点，是建立地籍平面控制网的最佳方法；利用 GIS 技术建立起来的地籍信息系统（CIS）使地籍数据的管理和更新能快速、准确地进行，改变了地籍数据存储、管理和处理的方式，GIS 能够通过某种关键标识符将传统地籍数据（包括图形数据和属性数据两部分）联结起来。

随着技术的进步，地籍系统也开始由二维地籍走向三维地籍。荷兰、以色列、德国、伊朗、挪威、澳大利亚等许多国家已经在建立三维地籍登记方面取得了许多实质性的成果，如荷兰地籍管理所与代尔夫特科技大学大地测量系正在合作研究三维信息的土地信息系统原型问题；伴随着欧洲大地参照系统在

---

① 刘丽："世界地籍管理的发展趋势"，资源网，http://www.lrn.cn/bookscollection/magazines/trendsandreference/2002trendsandreference/2003_44/200611/t20061121_4380.htm.

1989 年的建立，德国卫星定位服务系统〔SAPOS（r）〕将会使三维空间中的地籍测量更为精确，加之三维地形和城市模型软件的发展，距离三维地籍系统的实现已经非常之近。相信随着新技术的发展，地籍管理将更加专业化。

就社会化而言，在地籍系统的实际操作和运行过程中，已经开始出现产业化趋势，突出表现在两个方面：

一是地籍运行管理的社会化趋势。信息革命开始后，地籍已经不再是一种完全意义上的政府职能，其市场服务功能的日益发展和完善，促使传统的地籍管理体制进行改革。同时，政府提供服务的低效率和高成本又进一步加强了政府对地籍管理体制进行改革的决心。将某些服务项目承包给私人部门，政府只起宏观协调和监督控制作用，由政府与私人部门合作，结成"战略联盟"，共同构成地籍系统正在成为一种趋势。目前在一些发达国家，由于对行业管理规定的放宽，反行业垄断的立法和公共管理工作的缩减，私人部门对地籍管理事务的参与程度正越来越高。以韩国地籍测量公司为例，它拥有 62 年悠久的历史，现已发展成为韩国唯一从事地籍测量的专业组织。该公司几乎承接了政府地籍测量方面的所有事务，如土地初始登记测量、分区测量、边界重划测量、土地合并测量、地籍图绘制等。他们将测量成果交给地方地籍部门进行审查，收到审查结果后，再提供给公众。瑞士除市政当局的测量办公室之外，还有经批准成立的私营测量机构负责官方测量工作。公共部门负责立法（联邦和州级），规定融资结构、制定标准、监督、协调、查证。私人组织以竞标的方式参与地方性和区域性的地籍调查、数据库的建立维护、对客户提供服务、数据更新等工作。① 我国近几年对测绘体制也进行了改革，将部分测绘工作改由中介机构（专业测绘机构）承担，对于提高政府工作效率起了积极的作用。

二是地籍运行经费来源的多样化和成本回收的市场化。随着私人部门更多地参与地籍工作，地籍运行经费的来源有多样化的趋势。如瑞典的财产登记费用由政府财政拨款，但地籍业务收费和提供有偿地籍咨询服务已成为它筹措资金的主要渠道。对于不同来源的资金可以分层次使用，如中央政府提供的资金用来资助国家项目，地方政府提供的资金用来资助社区发展，用户交纳的费用用来完善和维护信息系统。从地籍成本回收方面来考虑，当今世界，通过地籍

---

① 刘丽："世界地籍管理的发展趋势"，资源网，http：//www.lrn.cn/bookscollection/magazines/trendsandreference/2002trendsandreference/2003_44/200611/t20061121_4380.htm。

信息服务收费来实现地籍系统的良性循环已经成为一种共识，尤其是社会和私人参与地籍系统的管理和运行后，不仅要求这种服务收费能保证自身的良性运转，还要求在此之外有一个合适的余额，即经营利润。

总之，无论是建立一个地籍系统，还是改造一个地籍系统（如地籍系统的计算机化），都会给国家、个人、社会带来许多长远的和近期的利益，未来社会的地籍不仅是一项政府职能，它还是一个收益率很高的产业。

综上，一个统一的登记机构、一部统一的登记程序法、一套完整的地籍资料，构成了不动产登记的基础条件。而在我国要造就这些条件无疑仍面临许多困难，也无法一蹴而就。因此，首要条件是必须加快不动产登记法和其他配套法律（包括登记法实施细则、测量法、地籍管理法等）的立法步伐，否则物权法不仅无法落到实处，还将对现行的不动产物权制度造成极大混乱（物权法的登记制度与现行登记制度的差异将使人们无所适从）。

第二节 不动产物权登记的基本原则

作为不动产登记的程序，有其自身的规律。各国的不动产登记法一般对登记的基本原则均有规定，这些原则对不动产登记的活动有着重要的指导意义。对这些基本原则分述如下：

一 合法原则

一是根据物权法定原则，不动产登记的种类和内容必须以《物权法》所确定的为根据。当事人与不动产登记机关均不得自行创设物权种类，如物权法未规定"典权"，则不动产登记不得对典权进行登记。

二是当事人的登记活动必须依法律规定进行。法律规定了登记的基本程序，当事人必须按法律规定的程序进行登记。如法律规定登记申请必须由双方申请时，只能由双方共同申请，如一方当事人不配合时，另一方只能行使登记请求权，通过诉讼程序解决，而不应单方要求登记。

三是登记机关的登记行为必须依法律规定进行。不动产登记法对登记机关登记的程序有着明确的规定，登记机关应严格遵守，不得自行改变。如《物权法》要求登记机构不得要求对不动产进行评估，不得以年检等名义进行重复登记，以及对登记要件的规定、顺位的规定等等，登记机关必须严格遵守。

二　申请原则

所谓登记的申请原则，是指不动产登记机关通常只能依当事人的申请而开始其登记活动。

申请是登记程序的启动机制，其将引发登记机关的登记行为，导致不动产物权变动成就。各国对不动产登记的启动均有明确要求，如德国《土地登记簿法》规定："只有基于申请才可办理登记，法律另有规定的除外"，日本《不动产登记法》规定："登记，除法律另有规定情形外，除非有当事人的申请或官厅、公署的嘱托，不得进行。"在法国，其民法典规定："在任何场合，登录员均不得依职权进行登录"，也就是说，抵押权登记员在不动产公示过程中所扮演的只是一个被动的角色。只有在申请人提出公示申请时，抵押权登记员才可以办理公示。① 由此可见，只有申请才能启动登记程序。

单从登记机关的角度来讲，不动产物权登记是其依法进行的程序性行为，具有浓厚的职权主义色彩，然而，其内容涉及民事主体之间的不动产物权归属和变化，为了防止登记机关滥用权力过度干涉私人之间的权利义务关系，就要严格限制登记机关的职权：登记官员不能从事申请之外的其他登记行为。② 与大多数行政程序相类似，不动产登记机关要等待当事人之发动，而不能径依职权进行干预。③ 故此种登记机关必须在外界因素的引致下，才能依据职权从事登记行为的机制亦称为受动机制。

这种受动机制分为以下两种：

第一，登记申请（Eintragungantrag）。由民事主体引起的登记启动机制被称为登记申请，即登记是应利害关系人的要求进行的，登记申请是最常见的登记启动机制。不动产物权变动的当事人受制于意思表示的约束力，为了诚信履行合同义务和实现合同目的，他们具有启动登记程序的动力和压力。申请机制适用于纯粹的私人交易领域，如民事主体依据自我意志进行的物权变动、在登记错误时通过更正登记等措施进行的补救等，④ 是民事主体对自己事务进行自我决

---

① 于海涌：《法国不动产担保物权研究——兼论法国的物权变动模式》，法律出版社 2004 年版，第 142 页。在法国，不动产公示机关被称为"抵押权登记机关"，登记员也称为"抵押权登记员"。

② 此为登记的一般情形，在必要情形下，依登记法律，也不能绝对排除登记机关依据职权从事登记行为。

③ ［德］鲍尔·施蒂尔纳：《德国物权法》（上册），张双根译，法律出版社 2004 年版，第 304 页。

④ Siehe Alpmann, Sachenrecht Band 2-Grundstückrecht, 9. Aufl., Verlag Alpmann und Schmidt Juristische Lehrgänge, 1994, S. 124.

定和处理的表现，与国家公权力无关。

第二，登记嘱托（Das Ersuchen einer Behörde）。由国家机关、司法机关等公权力主体引发的登记启动机制即为登记嘱托。相关国家公权力机关为了达到维护公共利益（如土地征收）、维持私人合法权益（如法院实施查封等措施）等实现自己公共职责和职权的目的，要求登记机关通过登记予以协助。与登记申请不同的是，登记嘱托的结果尽管可能影响私人的物权，但其来源于国家公共事务领域，目的在于实现国家公权力。因此，嘱托与申请相比，在形式上一般采用公函形式。不过，这不意味着其内容具有随意性，其同样要受到形式性的法律限制，比如我国《澳门物业登记法》第34条第2款就规定："官方实体请求登记时，无须填写登记申请表格，但该请求应载于公函内，而公函中须指出请求登录之事实、作为该事实依据之文件及签署该公函之人之职务。"此外，受登记嘱托公共权力属性的影响，其要受到法律的严格调整，只有在法律明文规定的情形下，具有嘱托权的机关才能依法进行登记嘱托。[①]

由于登记申请和登记嘱托均为登记程序启动中的受动机制，均是相关主体为了达到自己目的而要求诸登记机关的表现，因此一般将它们通称为"申请原则"（Antragsgrundsatz），[②] 以与登记机关依据职权进行登记的"职权主义"相对应，其结果就是没有申请或者嘱托，就没有此后的登记机关依职权进行的登记行为。

在贯彻申请原则时应注意掌握几个要素：

1. 适格的主体。登记申请权的权利主体一般被称为"登记权利人"和"登记义务人"，前者是因为登记并在登记簿上显示的直接取得利益或者免除负担的人（如不动产所有权的买受人），后者是因为登记并在登记簿上显示出来的失去利益或者得到负担的人（如不动产所有权的出卖人）。[③] 登记申请人既要具有民事权利能力又要具有权利资格。

首先，登记申请人必须具有民事权利能力，在"登记要素论"一章中，我们指出，在我国民事主体为自然人、法人和其他组织，对于其他组织，应依最高人民法院《关于适用〈中华人民共和国民事诉讼法〉若干问题的意见》第40条规定予以认定。在德国，任何自然人或法人作为所有权人，均有登记能力（"土地登记之主体资格"，Grundbuchfahigkeit）。此外，所有的依照法律规定可

---

① 参见《日本不动产登记法》第28条之2至第31条；我国台湾地区"土地登记规则"第30条。

② 参见《德国土地登记法》第13条；《日本不动产登记法》第25条。

③ 参见［日］田山辉明《物权法》（增订本），陆庆胜译，法律出版社2001年版，第56页。

作为财产权利担当者的人之联合，亦有登记能力。

其次，申请是当事人享有的请求登记机关为或不为一定行为的权利，因此，只有与不动产物权变动有关联的当事人才有资格提出申请。登记申请权的主体必须是与登记有直接利害关系之人，这种关系能够在登记簿上显示出来，故在申请登记时，登记义务人必须是登记簿上的权利人，登记权利人必须是与不动产物权变动有关联的当事人（如不动产所有权的买受人），否则，即不得成为登记申请权的主体。

最后，是对特殊主体的认定。如委托他人代为申请登记中代理人的资格认定，未成年人的监护人的身份认定等等。总之，只有适格的主体才能成为登记申请人。

2. 明确的诉求。申请的运行，是当事人通过自己意思请求登记机关为或者不为登记行为的动态表现。因此，当事人提出的申请，应向登记机关明确表明不动产物权变动的内容，包括物权变动的方式（物权的设立、移转、变更和消灭）、物权的种类（所有权、使用权、用益物权与担保物权）。登记机关的工作权限范围，也要受制于申请。换言之，登记机关在审查申请和办理登记时，必须依据申请的内容范围进行操作，既不能在内容上少于申请的内容，也不能在范围上超过申请的范围。

3. 完整的证据。登记申请人申请时，提交的文件，必须能够表明当事人的身份、意欲达到的目的以及相关的证据。《物权法》第 11 条"当事人申请登记，应当根据不同登记事项提供权属证明和不动产界址、面积等必要材料。"这些"必要材料"包括：

申请书：由于申请涉及当事人的利益归属和变化，也决定了登记机关审查和登记的范围，为了促使当事人谨慎从事，也为了防止登记机关滥用职权私自改变民事主体的权利状态，当事人必须通过书面形式提出申请，以此来印证登记结果，这也是我国目前通常采用的形式。申请书应当说明申请人身份、登记类型、登记原因、标的等。为了方便当事人提出申请和规范当事人的申请行为，申请书通常由登记机关提供标准样式，明晰表明当事人应该填写的事项和提供的证据，由当事人按照提示进行填写和准备。

身份证明：提供登记权利人与登记义务人的身份证明，以证明登记申请人具有申请的资格。身份证明通常是身份证，但根据申请主体的不同，还涉及监护人（适用被监护人）、法定代表人（适用法人）以及代理人（适用代理）等等。需提供不同的身份证明。

权属证明：根据物权变动的不同原因，申请人必须提交与此相适应的权属证明文件（即不动产物权变动原因的证明，如行政许可文件、买卖合同、继承公证书、遗嘱等）、登记义务人的权利证明（即登记义务人的权利证明文书）、申请所涉及第三人的同意证明以及法律规定的其他文件。

地籍资料：在不动产初始登记与变更登记①时，登记申请人需要提供相应的地籍资料，即《物权法》规定的"不动产界址、面积"。

三　登记同意原则

《德国土地登记簿法》第 19 条：登记涉及其权利的人同意登记的登记得以办理。此即德国登记制度的登记同意原则，亦即程序法上的合意原则。由于德国法严格贯彻不动产实体规则和登记程序规则的区分，实际上采用了登记同意（程序合意）替代物权合意（实体合意）的做法，其理论基础为：权利被涉及者仅在与"权利取得"人，就物权让与已达成实体法上的合意时，才会作出同意登记的表示。② 也就是说，作出登记同意的权利人在实体法上当然也同意权利变动。

登记同意在法律上的性质为何，根据德国学者总结，登记同意为程序法上的意思表示，登记同意具有以下特性：

第一，它指向的对象是登记机关，是由登记机关受领的单方意思表示。

第二，它可能是无效或者可撤销的，但是，在登记完成之后，且在实体法上意思表示没有瑕疵，则登记同意的撤销不能改变权利状况。

第三，它是抽象的意思表示，不依赖与其关联的权利基础。比如，E 以用益权无效为由，请求在登记簿中记载的用益权人 N 更正登记。N 同意更正，使得用益权消灭。在此，即使用益权是有效的，此登记同意没有权利基础，其也具有登记程序法上的有效性。

第四，登记同意可以以代理方式进行，即使出于无权代理也是被许可的。如果登记义务人是限制行为能力人、无行为能力人，登记同意必须由其法定代理人作出。

第五，只要实体法上的意思表示不同时介入登记同意，登记同意即对实体权利状况没有影响，而且，登记同意并非为处分行为，但是它通过登记状态的

---

① 此处的变更登记为狭义，即不动产标示的变更。

② ［德］鲍尔·施蒂尔纳：《德国物权法》（上册），张双根译，法律出版社 2004 年版，第 312 页。

变动导致实体权利地位的变化，故仍可将其视同处分行为看待。故其适用《德国民法典》第185条有关无权处分的规定。①

为了保证登记材料的真实性，要求登记同意须采公证或认证形式。后种形式关系到当事人签名的真实性，前者则还关系到当事人作出的表示行为的真实性。

我国《物权法》对于登记同意并未明确规定，但从个别条款中可以看出登记同意实际上也适用。第19条规定："权利人、利害关系人认为不动产登记簿记载的事项错误的，可以申请更正登记。不动产登记簿记载的权利人书面同意更正或者有证据证明登记确有错误的，登记机构应当予以更正。"这里的"权利人书面同意"可以说就是登记同意原则的体现。因为，登记同意可有不同的内容：它可以以物权变动之产生——此为通常情形——为目的（权利变动之登记同意），也可仅以登记簿之更正为目的（更正之登记同意）。② 因此，在登记制度的设计时，应当考虑登记同意的应用。

四　在先已登记原则

在先已登记原则，亦称登记连续性原则，即每一项权利的拥有人在处分权利时都要在登记簿上登记，这样就在权利人之间形成了权利链条。通过在先已登记原则，登记官无须审查处分人的实体权利，而以权利人在登记簿中的登记状态替代对处分行为人之实体权利的审查。登记官仅需确认处分人到目前为止，在登记簿中一直被登记为权利人。也就是说，登记官仅需确认，存在权利被涉及者已经登记之事实足矣。究其实质，为《德国民法典》第891条规定的推定效力在土地登记法上的逻辑结果，为登记机关进行实体法的推定，即以权利人身份而被登记的人推定为实体法上的权利人。③

无论登记之目的为何（物权之变动，或登记簿之更正），也无论登记之原因为何（基于法律行为，或基于非法律行为），原则上均适用在先已登记原则。④

---

① 参见［德］鲍尔·施蒂尔纳《德国物权法》（上册），张双根译，法律出版社2004年版，第316页。Siehe Baur-Stürner, a. a O, S. 166—167.；Schwab-prütting, Sachenrecht, 27. Aufl.，Verlag C. H. Beck, 1997, S. 118—120.

② ［德］鲍尔·施蒂尔纳：《德国物权法》（上册），张双根译，法律出版社2004年版，第313页。

③ 参见［德］鲍尔·施蒂尔纳《德国物权法》（上册），张双根译，法律出版社2004年版，第304—321页。

④ 但有例外，如不发生继承人之中间登记、证书担保物权之转让、链条式土地所有权让与合意等情形。参见［德］鲍尔·施蒂尔纳《德国物权法》（上册），张双根译，法律出版社2004年版，第320—321页。

五　形式审查原则

登记审查方式有形式审查与实质审查之分，而形式与实质审查义务之争一直是我国登记审查义务分歧所在。但何谓形式审查，何谓实质审查，却无定论。有的认为：形式审查是登记官员就登记申请，不审查其是否与实体法上的权利关系一致，而仅审查登记申请在登记手续法上是否适法；实质审查是不仅审查登记申请在登记手续法上的适法性，还审查其是否与实体法上的权利关系一致，实体法上的权利关系是否有效。① 有的认为，实质审查，即登记机关接受了登记申请之后，应当对登记内容进行询问和调查，以确保登记内容的真实性。② 还有学者认为登记官吏的审查权限及于不动产物权变动原因关系的，为实质审查主义；反之，则为形式审查主义。③

通说认为，所谓形式审查就是指登记机关仅仅对当事人所提交的材料进行形式审查，如果确定这些申请登记的材料符合形式要件，就应当认为是合格的。所谓实质审查，是指登记机关不仅应当对当事人提交的申请材料进行形式要件的审查，而且应当负责审查申请材料内容的真伪，甚至在特殊情况下对法律关系的真实性也要进行审查。④ 即形式审查原则，是指只要登记申请人提供的资料能够满足法律所规定的程序性条件，登记机关即为登记，而对申请人与相对人的关于实体法律关系的意思表示不予审查的原则。⑤ 与之相对应的实质审查原则，是指登记机关不仅就登记之申请在登记程序法上是否适合加以审查，同时就其登记的申请，是否与实体法上的权利关系相一致，且其实体法上的权利关系是否有效，亦加以审查。

德国严格贯彻物权实体法和物权程序法区分，由此形成了独具特色的不动产物权登记体系，其中的登记审查方式原则上采用形式审查。孙宪忠先生认为，之所以采形式审查，是因为登记机关在登记中既不享有权利也不承担义务进行调查和举证，所以登记机关无法对申请人的实质权利义务关系进行审查。另外，登记机关无权、也不必要改变当事人依据自己的意愿建立的财产法律关系。⑥ 也有学者认为，德国登记审查实际上呈现出形式审查和实质审查相结合的局面，

---

① 张龙文：《民法物权实务研究》，台湾汉林出版社1983年版，第38—63页。
② 王利明主编：《中国物权法草案建议稿及说明》，中国法制出版社2001年版，第191页。
③ 参见陈华彬《物权法研究》，金桥文化出版（香港）有限公司2001年版，第300页。
④ 王利明："物权法中与登记制度相关的几个问题"，http://www.civillaw.com.cn/article/default.asp? id =31461，中国民商法律网。
⑤ 孙宪忠：《中国物权法总论》，法律出版社2003年版，第225页。
⑥ 同上书，第225—226页。

即依据不同的不动产物权交易类型，分别采用形式同意原则和实体同意原则。① 但孙宪忠先生明确指出，得出德国在某一方面实行实质审查的结论是不正确的。依德国学者研究，依据不同的不动产物权交易类型，分别采用形式同意原则和实体同意原则，并不等于改变形式审查的方式。尽管在土地所有权出让，以及设定、变更或者移转地上权的情形，当事人双方的合意成为登记的必要条件，但并不等于要对物权进行设置审查，其仍然是形式审查。指出：登记时须提交土地所有权让与合意同样仅为程序规范！目的在于应防止欠缺土地所有权让与合意之登记，或与土地所有权让与合意有分歧之登记。② 而常鹏翱先生也指出，需要提及的是，实体同意原则与形式同意原则相比，处于例外的地位，其不能根本颠倒德国土地登记法采用的形式审查方式。③ 这就颠覆了传统教科书"登记生效主义采实质审查主义，登记对抗主义采形式审查主义"的观点。

所谓形式审查和实质审查的区别标准，在于登记机关审查范围是否及于当事人的实体法律行为，肯定者为实质审查，否定者为形式审查，这种标准的基础是物权实体法与物权程序法的分离。④ 实质审查义务虽使得登记的真实性与合法性、有效性相统一，但这意味着登记权属与实际权属不符即为违法，违法即为无效。从登记的效力而言，这是一种更为严格的标准，但由于严格的责任需要配置更多的权力去履行，在今天淡化登记行为的行政属性的改革中，登记机关实难履行此项审查义务。因此，形式审查业已成为我国登记制度改革的必然趋势，这一制度设计的合理之处在于：1. 肯定登记的性质是对相对人既有权利或事实的确认，而不是对相对人和第三人之间的待定权利与事实的确权或裁决；2. 明确登记所确定的权利只是推定的权利，并未剥夺权利人提出异议的机会。

六 公证原则

作为形式审查制度的重要前提，即为公证原则。如前所述，为了保证登记材料的真实性，德国登记法要求登记同意须采公证或认证形式。这是因为登记同意完全出于当事人的表示，此种表示是否真实、是否与实体法中的物权行为一致，

① 指《德国土地登记簿法》第20条规定的"合意原则"，在土地所有权出让，以及设定、变更或者移转地上权的情形，当事人双方的合意成为登记的必要条件。参见李昊等《不动产登记程序的制度建构》，北京大学出版社2005年版，第261页。

② 参见［德］鲍尔·施蒂尔纳《德国物权法》（上册），张双根译，法律出版社2004年版，第478页。

③ 常鹏翱："不动产物权登记程序的法律构造"，中国法学网，www.iolaw.org.cn。

④ 李昊等：《不动产登记程序的制度建构》，北京大学出版社2005年版，第267页。

均无据可查，如果登记机关仅仅凭借无任何保障的登记同意就作出登记，势必对登记真实性和不动产物权变动交易带来了很大的风险。故德国登记法采强制性要求登记同意的形式，即《土地登记簿法》第29条第1项第1句要求登记同意以及其他表示行为需要采用公证或认证的形式，即登记之前公证员要对物权合意与登记同意的真实性、当事人的身份以及有关的准备提交登记的材料进行实质性的审查。由于公证员已经进行了实质审查，故登记机关不需要进行实质审查，仅进行形式审查。这在程序上属登记的前置程序，即通过外来的力量——公证——确保了这些登记要件的法律效力，登记机关只需进行"窗口审查"。

在瑞士，对于大多数依据法律行为产生不动产物权变动的情形，其原因行为均须进行公证，否则即不生法律效力。[①]

在法国，尽管在登记审查时，登记官无权就当事人交由登记的行为的效力进行评价，但实际上，公证人已经提前介入对于法律行为的调整之中，即只有经过公证等认证的行为才能交由登记机关予以公示。故而，登记之前的公证防线起到了风险过滤作用，不动产公示与公证行为之间存在密切联系，公证人的地位和作用比登记官更为重要，公证人成为不动产登记的主要"提供者"和"用户"。[②]

从上述国外的经验来看，在登记申请之前，由公证机关审核引致不动产物权变动的法律行为或者有关程序行为，既保证了不动产物权变动的真实性有正当的基础，也给登记便捷性奠定了基础。正因为有了这些前置的不动产物权变动安全性和妥当性的保障机制，登记机关就无需再深查细究这些行为的效力。因此，登记机关对这些行为的审查就是形式性和窗口性的。在这种登记审查机制中，登记审查权限实际上是被公证机关和登记机关共同分担了，其结果就是既保证了登记的迅捷，又强化了登记结果的正确性。

七　优先原则

所谓优先原则，即先登记的权利优先于后登记的权利的原则，就是在登记程序中的"顺位制度"。

任何不动产均可以承担性质各不相同的多个物权，如所有权、以单纯使用为目的的用益权、以使用收益为目的的用益权、以管线架设为目的的地役权、

---

① 如瑞士民法第657条规定：（1）移转所有权的契约，不经公证，无约束力。（2）遗嘱及继承契约，应依继承法及夫妻财产制规定的形式。

② 参见尹田《法国不动产公示制度》，载梁慧星主编《民商法论丛》（第16卷），第555—557页。

租赁权、依顺位排列的多个抵押权等。这些权利在不动产登记簿上排列为整齐的顺序，每个权利所占据的位置就是该权利的顺位。这些权利的权利人是否能够全部实现其权利，则完全取决于他们的权利所处的登记顺位。登记在先的权利，具有优先的顺位，可以绝对先行实现。故顺位制度对不动产物权的实现具有"程序性权利"的重要意义。①

顺位制度不仅仅是程序上的制度，而且具有实体法上的意义。程序法上（《不动产登记法》）解决的是，各权利应按怎样的顺序进行登记，进而获得各自的顺位；而实体法上（《物权法》）回答的是，在登记之后，该顺序又是怎样确定的。② 故各国的物权制度通常都在实体法和程序法中分别作出规定。如《德国民法典》第 879—881 条即对顺位制度作了规定，其第 879 条明确规定：在土地登记簿同一栏中，所登记之各权利的顺位关系，依登记之空间顺序而定；登记于不同栏目中的各权利，依所注明之登记日期决定其顺位关系。在《土地登记簿条例》第 17 条、第 45 条则对顺位之产生的程序作了规定，其原则为：对涉及数个权利登记的，依据申请的时间顺序确定它们的顺位。故：

1. 在先提出之登记申请办理完毕前，不得就后提出之申请，先为登记。

2. 在登记簿同一栏中进行数项登记时，则登记之先后顺序，应与登记申请之时间相符合。

由此可知，决定顺位的是登记申请的时间。

既然同为不动产物权登记，那么无论奉行登记生效主义还是奉行登记对抗主义，对登记程序上的基本原则基本上并无太大差异，上述基本原则在各国的不动产登记法中都有体现。一个客观的事实是，程序性的登记制度过滤掉了不动产物权变动法律制度的差异。

第三节　不动产物权登记的种类

不动产登记的种类，依不同的标准可作不同的分类，通常可作两种划分，即学理上的划分，以及实践上或曰立法上的划分。

---

① 孙宪忠：《中国物权法总论》，法律出版社 2003 年版，第 228 页。
② 参见［德］鲍尔·施蒂尔纳《德国物权法》（上册），张双根译，法律出版社 2004 年版，第 342 页。

一　不动产登记的学理分类

物权法最重要的作用是明确每一种权利类型，使之具有可操作性。在本书第二章中，我们介绍了不动产物权的体系与类型，相对于不同的物权类型，在不动产登记法中亦可相应地区分为不同的不动产登记类型。依照不同的标准，可以把不动产物权登记划分为各种类型，它们在不动产登记法上各有其意义。

1. 所有权登记与他项权利登记

按照被登记的实体权利划分，不动产物权登记分为所有权登记和他项权利登记，这与不动产物权分为所有权与他物权（限制物权）相对应。有学者认为，在不动产物权实体权利登记之间区分所有权登记与他项权利登记的意义，在于不动产的所有权登记具有一个特别的登记程序，即初始登记，有的也称之为总登记。它是指不动产的所有权人依法在规定的时间内对其权利进行的第一次登记。[1] 这种区分标准较为片面，所有权登记并不仅仅指所有权的初始登记。既然是按实体权利划分，也就是说所有登记类型均可归入其中一类，如所有权的初始登记、移转登记、更正登记、涂销登记等等均属于所有权登记类型；而他项权利登记包括用益物权、担保物权等其他权利，同样有设立登记、移转登记、变更登记、涂销登记等等。学者将废止物权登记，包括权利人抛弃其不动产物权的登记，和不动产因自然灭失而为的登记也纳入他项权利登记，显然是不正确的。

因此，所谓所有权登记是指不动产的所有权人依法对不动产所有权的设立、移转、变更和消灭而进行的登记。对应于不动产登记簿中的第一栏（德国）、甲部（日本）、所有权部（我国台湾地区），即涉及所有权登记的均在登记簿的专门栏目中记载。[2] 所谓他项权利登记是指所有权登记之外的其他登记，即在不动产所有权确立之后，申请人对不动产用益物权、担保物权等其他权利的设立、移转、变更和消灭而进行的登记。对应于不动产登记簿中的第二栏与第三栏（德国）、乙部（日本）、他项权利部（我国台湾地区），即涉及他项权利登记的均不在登记簿的所有权部记载，而另设专门栏目记载。

2. 权利登记与标示登记

按被登记的内容划分，登记可分为权利登记与标示登记。所谓权利登记是指对当事人所享有的不动产权利的登记，包括所有权登记与他项权利登记，涉

---

[1]　孙宪忠："论不动产物权登记"，载《中国法学》1996 年第 5 期。

[2]　从登记簿栏目的分类原则可知上述学者的观点是不正确的。

及的权利种类有：所有权——土地所有权、土地使用权、建筑物所有权、建筑物区分所有权；用益物权——地上权、地役权、用益权、居住权、土地承包权；担保物权——抵押权、优先权。

所谓标示登记，是指对不动产客体的自然属性（通过现代技术手段表现出来的位置、数量、质量等基本信息）的登记，包括土地所在地、土地号数、土地种类（宅地、农地等的区分）、土地面积；建筑物号数，建筑物种类、构造及室内面积，附属建筑物的种类、构造及室内面积等等。如《深圳市房地产登记条例》第 8 条：房地产登记应对权利人、权利性质、权属来源、取得时间、变化情况和房地产的面积、结构、用途、价值、等级、坐落、坐标、形状等进行记载。其后半段即为标示登记。日本《不动产登记法》专门有不动产标示的登记程序一节，对表示登记的内容、方法均有规定，可资参考。

3. 实体权利登记和程序权利登记

所谓实体权利登记，就是指对当事人所享有的实体权利进行登记，物权是一个完整的体系，物权的变动均应进行公示。在不动产物权体系中，包含所有权、用益物权、担保物权等内容，因这些实体权利的设立、移转、变更和消灭而进行的登记，即属于实体权利登记，实体权利登记决定权利人对不动产享有哪些权利。依物权法定主义原则，对应否纳入登记的物权，应该由法律作出明确的规定。如在德国法中，依法应予以登记的不动产物权有：所有权、住宅所有权与部分所有权、地上权与住宅地上权、支配权限制、物权性的先买权与买回权、可预登记的所有权取得请求权、用益权、役权、长期居住权与长期使用权，特别使用权、实物负担、抵押权、土地债务、不动产质押权等。① 日本《不动产登记法》规定应予以登记的不动产物权有：所有权、地上权、永佃权、地役权、先取特权、质权、抵押权、承租权、采石权等。因此，在我国不动产登记法的制定中应当对应予登记的物权种类作出规定。

所谓程序权利登记，也就是指顺位登记，指在对同一不动产客体上承担的多个性质的物权，按先后顺序进行登记。如在一宗不动产上，可同时存在所有权、使用权、用益权、抵押权等。这些权利的享有人能否全部实现其权利，则完全取决于这些权利的顺位登记。比如，依民法物权法原理，在实现抵押权时，先于抵押权成立的用益物权和租赁权不得涤除，而后于抵押权成立的用益物权

① Dr. Joachim Kuntze/Dr. Hans Hermann. Grundbuchrecht, Seite 164—316.

和租赁权则应该涤除。① 由此可见，程序权利登记在不动产法中意义同样非常大。实体权利的实现有时会受到程序权利的影响。我国目前并未建立顺位制度，《物权法》亦无相应规定，而德国的顺位制度则在《民法典》（实体法）中规定。② 2003 年实施的《上海市房地产登记条例》首次规定："同一房地产上设定两个以上的房地产他项权利和其他依法应当登记的房地产权利的，依房地产登记册记载的登记日的先后确定其顺位。法律、行政法规另有规定的，从其规定。"可视为我国不动产登记顺位制度的尝试，在我国不动产登记法的制定中应当对顺位制度作出规定。

4. 本登记与预备登记

按登记的效力划分，登记可分为本登记与预备登记。本登记是指直接使当事人所期待的不动产物权变动发生效力的登记，物权变动经登记后具有确定的、终局的效力，故又称终局登记。本登记应当是在当事人具备满足登记申请的实质要件和形式要件，即依法需要的申请程序条件都已经具备时，登记机关按当事人意愿进行的登记。在登记实务中，本登记占主导地位。

预备登记是为了保全登记请求权而为的登记，是不动产登记法上与本登记相对应的登记类型。预备登记是在不具备本登记条件或对本登记有异议时的临时性登记制度。③ 预备登记制度包括了为保全以不动产物权变动为标的的登记请求权的预告登记，以及为对抗现时登记权利的正确性而为的异议登记。预备登记制度为德国民法所创立，为瑞士民法和日本民法所承受，我国法律此前尚未有此种制度的规定，现《物权法》已作出规定。作为一种全新的登记制度，我们将在后面专门讨论。

5. 初始登记、转移登记、变更登记、注销登记

按物权变动的法律关系区分，不动产登记可分为初始登记、转移登记、变更登记和注销登记。初始登记即不动产权利的第一次登记，如新建房屋、新批土地使用权；转移登记是指初始登记后，不动产权属因发生买卖、赠与、继承等法律行为因涉及产权人变更，必须办理产权过户手续情况时所进行的登记；变更登记是指在不涉及其他人的情况下，权利主体对自己的权利内容的变更进行的登记；而注销登记是指不动产物权因抛弃、混同、灭失等原因而消失时进

---

① 史尚宽：《物权法论》，荣泰印书股份有限公司 1979 年版，第 255—256 页。
② 参见《德国民法典》第 879—881 条。
③ 如前所述，在德国，登记官对登记申请可能作出三种决定：命令为登记、拒绝申请或宣布临时性登记命令。此种临时性登记，包括预告登记与异议登记。

行的登记。分别对应于不动产物权的设立、移转、变更和消灭的法律关系。

以上是对不动产登记的主要分类，根据不同的标准，还可以按登记的被动主动，分为强制登记与自愿登记；按登记之主从，分为主登记与附记登记；按登记的积极消极，分为本登记与注销登记……在此不赘。[①]

二 不动产登记的立法分类

所谓登记的立法分类，又称为实践的分类，是指在不动产登记法中对不动产登记的分类。不动产登记法在规定登记类型时要根据登记的目的、登记类型之间的衔接，以便于全面、清晰、准确地反映不动产物权的静态状态和动态变化。

我国现行的不动产登记由于分属不同部门，在登记类型的规定上也较紊乱。如《土地登记规则》第2条规定：土地登记分为初始土地登记和变更土地登记。初始土地登记又称总登记，是指在一定时间内，对辖区全部土地或者特定区域的土地进行的普遍登记；变更土地登记，是指初始土地登记以外的土地登记，包括土地使用权、所有权和土地他项权利设定登记，土地使用权、所有权和土地他项权利变更登记，名称、地址和土地用途变更登记，注销土地登记等。涉及的登记类型有：初始土地登记（总登记）、权利设定登记、权利变更登记、标示变更登记、注销土地登记等等。《城市房屋权属登记管理办法》第9条规定：房屋权属登记分为：总登记、初始登记、转移登记、变更登记、他项权利登记和注销登记。

较有代表性的地方立法如深圳、上海等地的规定亦有不同。《深圳市房地产登记条例》将登记分为初始登记、转移登记、抵押登记、变更及其他登记、撤销核准登记。《上海市房地产登记条例》则将登记分为土地使用权和房屋所有权登记、房地产他项权利登记、预告登记三大类型：土地使用权和房屋所有权登记包括初始登记、转移登记、变更登记和注销登记；房地产他项权利登记，包括设定登记、转移登记、变更登记和注销登记；预告登记仅限于预售商品房，包括了预售商品房设定预告登记、转让预告登记、抵押权预告登记和注销预告登记。

这些规定的登记类型各不相同，正是因为未建立统一的登记制度所致，部门的各自为政，地方政府的各自为政，增加了交易成本，阻碍了统一登记制度的建立。故关注我国登记制度建立的学者提出种种建议，较早的有崔建远教授等的将我国房地产权属登记的类型分为房地产权属总登记、房地产产权变动登记、房地产权属更

---

① 李昊等：《不动产登记程序的制度建构》，北京大学出版社2005年版，第6—11页。

正登记和房地产权属预告登记。房地产权变动登记则包括房地产权属变更登记、房地产他项权利登记、更名登记、房地产使用用途改变登记、房地产产权证补给登记和房地产权属注销登记。[1] 最近的有李昊等的将房地产登记分为总登记、初始登记、变更登记、涂销登记、消灭登记、更正登记、异议登记、预告登记、预售登记、其他限制登记（查封和财产保全登记、信托登记）等类型。[2]

在德国，依《民法典》的规定，登记类型有：设权登记（包括所有权与他项权利的设定）、变更登记、涂销登记、预告登记、更正登记、异议登记等等。

日本《不动产登记法》第1条规定："登记，就不动产标示或下列不动产权利的设定、保存、移转、变更、处分限制或消灭而进行：1. 所有权；2. 地上权；3. 永佃权；4. 地役权；5. 先取特权；6. 质权；7. 抵押权；8. 承租权；9. 采石权。"其将登记类型分为：不动产标示登记，包括土地标示登记和建筑物标示登记；所有权登记；所有权以外权利的登记（即他项权利登记）三大类型。每一类型下又具体分为若干类型，如不动产标示登记分为设立登记、变更登记、分宗或合宗登记（即分割或合并登记）、更正登记、灭失登记等等；所有权登记分为初始登记（所谓第一次所有权登记）、假登记、预告登记、[3] 移转登记、买回登记、更正登记、恢复登记、限制登记、信托登记等等；他项权利登记分为设定登记、移转登记、变更登记、假登记、预告登记等等；同时对涂销登记又专章规定。

我国台湾地区的土地登记，依其"土地法"的规定，可分为土地总登记和土地权利变更登记两大类，而依其"土地登记规则"，土地总登记和土地权利变更登记进一步分为下列类型：总登记（包括土地总登记和建物所有权第一次登记）、所有权变更登记、他项权利登记、其他登记（包括更名登记、住址变更登记、标示变更登记、书状换给或补给登记、更正登记、限制登记、涂销登记与信托相关之登记）等。

尽管对登记类型的区分各有不同，但总体上登记类型的划分要根据登记的目的、登记类型之间的衔接，以便于全面、清晰、准确地反映不动产物权的静态状态和动态变化。我们认为上海的规定和日本的规定比较符合不动产登记的分类标准。总体而言，按被登记的内容划分，登记可分为权利登记与标示登记两类；而每一类的登记又都可以分为设定登记、移转登记、变更登记、注销登

---

① 参见崔建远、孙佑海、王宛生《中国房地产法研究》，中国法制出版社1995年版，第242页。

② 李昊等：《不动产登记程序的制度建构》，北京大学出版社2005年版，第13页。

③ 在日本的不动产登记法中，假登记即我们通常意义上的预告登记，预告登记即我们通常意义上的异议登记。

记等类型，以准确反映物权变动的动态状况，达到登记之目的。按登记的效力划分，登记可分为本登记与预备登记——本登记又分为所有权登记与他项权利登记两类，预备登记又分为预告登记与异议登记两类。

就不动产登记簿的设立而言，不动产登记也应划分为：标示登记、所有权登记、他项权利登记三大类，以与登记簿相对应。就物权变动的形态而言，不动产登记应划分为：设定登记、移转登记、变更登记、注销登记等类型，与物权变动的形态相对应。① 至于更正登记，作为一种特别的登记类型，是针对上述"设定登记、移转登记、变更登记、注销登记"发生错误而进行的登记类型。

各登记类型之间的衔接关系可参考图 5—1。

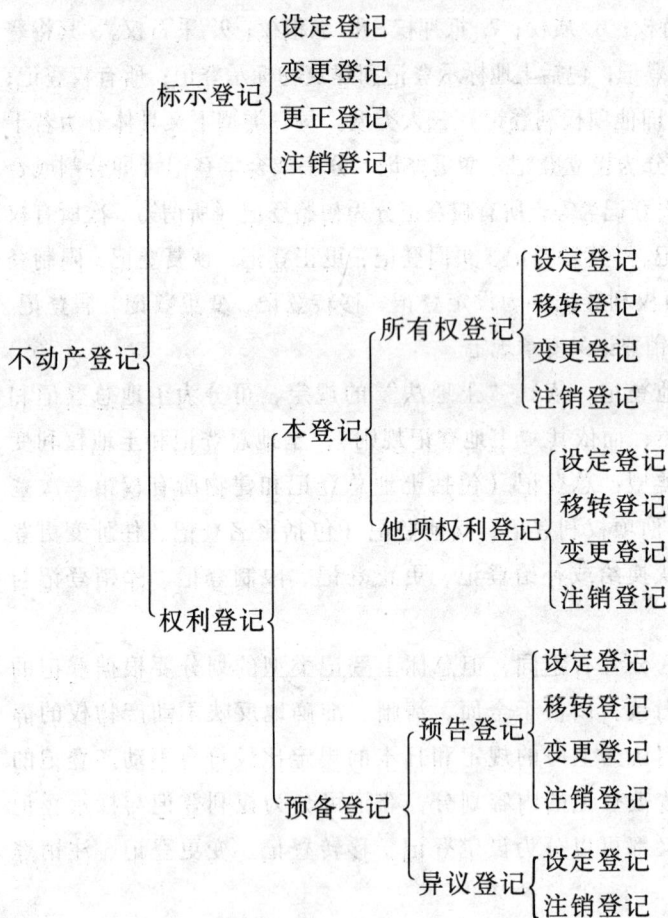

```
                          ┌ 设定登记
                          │ 变更登记
               标示登记 ┤
                          │ 更正登记
                          └ 注销登记


                                            ┌ 设定登记
                                            │ 移转登记
                               所有权登记 ┤
                                            │ 变更登记
                                            └ 注销登记
                   本登记 ┤
                                            ┌ 设定登记
                                            │ 移转登记
                               他项权利登记 ┤
 不动产登记 ┤                               │ 变更登记
                                            └ 注销登记
               权利登记 ┤
                                            ┌ 设定登记
                                            │ 移转登记
                               预告登记 ┤
                                            │ 变更登记
                                            └ 注销登记
                   预备登记 ┤
                                            ┌ 设定登记
                               异议登记 ┤
                                            └ 注销登记
```

图 5—1 各登记类型之间的衔接关系

---

① 参见本书第四章第一节第一部分"物权变动"。

（一）设定登记

设定登记，是指不动产权利的第一次登记。对所有权而言，又称为初始登记，是指不动产的所有权人依法在规定的时间内对其权利进行的第一次登记。①这种区分，在于不动产的所有权登记具有一个特别的登记程序。

对初始登记的含义，我国现行法规与学者认识不一，《土地登记规则》第2条规定，初始土地登记又称总登记，是指在一定时间内，对辖区全部土地或者特定区域的土地进行的普遍登记。但其将包括土地使用权、所有权和土地他项权利设定登记均纳入变更土地登记，即权利设定登记是变更土地登记，权利变更登记也是变更土地登记，其定义并不准确。《城市房屋权属登记管理办法》将总登记定义为：总登记是指县级以上地方人民政府根据需要，在一定期限内对本行政区域内的房屋进行统一的权属登记。二者对总登记的定义差别并不大，都是指由地方政府在一定时间内，对辖区内的不动产进行普遍登记。但后者将房屋权属登记分为：总登记、初始登记……显然认为二者并不一致。

其实初始登记与总登记是有区别的，按《土地登记规则》的规定，在地方人民政府发布通告的登记期限内，如未能办理登记，以及在登记期限后新产生的不动产就无法办理初始登记。《城市房屋权属登记管理办法》将总登记与初始登记进行区分，就不存在这一问题了。从总登记和初始登记的目的和特征来看，二者应当是有所区分的。② 日本法将所有权登记的初始登记限定在第一次所有权登记，凡未在不动产登记簿登记的不动产申请登记时，称为第一次所有权登记，即我们所谓的初始登记。

但对其他登记类型而言，均有权利设定的概念，如不动产标示的设定登记、他项权利的设定登记、预告登记与异议登记的设定等。这些设定登记均适用于第一次登记，如不动产标示的第一次登记，他项权利的第一次登记，预告登记与异议登记的第一次登记。由此，本书的结论是，就不动产标示或不动产权利的第一次登记称为设定登记，与物权变动中物权的"设立、移转、变更和消灭"的"设立"相对应。而初始登记是针对所有权设定而言，是不动产所有权的特别登记程序，即不动产所有权的第一次登记适用初始登记程序。由于初始登记其权利对以后的不动产物权变动具有原始根据的意义，故法律对该登记一般均

---

① 孙宪忠：《中国物权法总论》，法律出版社 2003 年版，第 217 页。
② 具体可参见崔建远、孙佑海、王宛生《中国房地产法研究》，中国法制出版社 1995 年版，第 244—245 页。

规定有特别的申请程序和申请条件。其他创设物权登记，如在不动产上创设使用权、用益权、地役权、抵押权，以及设立有物权化倾向的租赁权的登记等则称为设立登记。

那么，《物权法》实施后，总登记还有存在的空间吗？《物权法》规定，登记机构不得以年检等名义进行重复登记，对照《城市房屋权属登记管理办法》关于总登记的规定，实际上将总登记与验证、换证连在一起，因此总登记不宜继续存在。我们认为，所谓的总登记应当是在未开展不动产登记的区域，在开始登记时所采取的特殊登记手段。在不动产登记开始后，就笔者所知，几乎没有哪个地方又进行总登记的。而个别城市曾计划开展"年检"，却因兴师动众、劳民伤财，最后亦不了了之。因此，无论从物权法的规定看，还是从我国不动产登记的实践看，均不应继续规定总登记这一类型。

因此，本书的结论是：就不动产标示或不动产权利的第一次登记称为设定登记。与物权变动中物权的"设立、移转、变更和消灭"的"设立"相对应。不动产设定登记包括：不动产标示的设定登记、不动产所有权初始登记[①]、不动产他项权利的设定登记、不动产预告登记的设定登记与不动产异议登记的设定登记。

（二）移转登记

移转登记，是指在不动产所有权确立之后，因所有权人对其不动产权利的处分而进行的登记。即已完全成立的物权作为独立财产在民事主体之间进行转让而进行的登记，包括不动产的所有权、使用权、用益权、抵押权的移转登记。[②] 简言之，移转登记涉及不动产权利主体对其不动产的处分导致权利在主体之间的移转，即不动产权利的相对消灭。如各种不动产权利的转让、赠与、继承等等。

对移转登记的适用，我国目前的登记办法的规定不尽相同。《城市房屋权属登记管理办法》规定，因房屋买卖、交换、赠与、继承、划拨、转让、分割、合并、裁决等原因致使其权属发生转移的，当事人应当自事实发生之日起 90 日内申请转移登记。《深圳市房地产登记条例》规定，经初始登记的房地产，因买卖、赠与、交换、继承、共有房地产的分割、人民法院判决、裁定的强制性转移、依照法律、法规规定作出的其他强制性转移，应申请办理转移登记。但分

---

① 包括土地所有权、土地使用权、房屋所有权。
② 孙宪忠："论不动产物权登记"，载《中国法学》1996 年第 5 期。

割、合并显然不属于移转登记。相比较,《上海市房地产登记条例》仅规定了买卖、交换、赠与、继承、遗赠和法律、法规规定的其他情形共五项,更为准确。

由于移转登记涉及不动产权利主体对其不动产的处分导致权利在主体之间的移转,而不动产的分割、合并并不涉及权利主体的变动,故不应纳入移转登记之列,而应纳入变更登记之列。而在实践中引起不动产移转的原因尚有许多特殊形式,如以不动产作价出资或入股的;一方或多方提供土地使用权,另一方或多方提供资金合作开发不动产,并以不动产分成的。由于涉及将一方的不动产移转到另一主体,亦应纳入移转登记范围,这些特殊形式就是属于法律、法规规定的其他情形。至于人民法院判决、调解、裁定转移与仲裁机构裁决、调解转移的,实际上均以实体法为基础,即依据不同的事实(如买卖、交换、赠与、继承等)作出的,可纳入相应的原因而不必专门规定。

因此,本书的结论是:移转登记,是指在不动产所有权确立之后,不动产权利主体对其不动产的处分导致权利在主体之间的移转而进行的登记。包括不动产的所有权、用益物权、担保物权的移转。与物权变动中物权的“设立、移转、变更和消灭”的“移转”相对应。适用于不动产移转登记的原因包括:买卖、交换、赠与、继承、遗赠和法律、法规规定的其他情形。

(三)变更登记

不动产登记后,不动产之状态发生变化时,权利人就变更的不动产申请的登记称为不动产变更登记。不动产登记后并非一成不变,当其某一要素发生变化时,不动产登记簿即与现实状态不符,故应进行变更登记。可以说,变更登记系维持地籍资料正确性之动态登记。[①] 对于变更登记的内涵,我国现行的登记办法的规定很不统一,不同的登记法就有不同的变更登记模式,而学者对此的意见也不一致。

我国的《土地登记规则》采最广义的界定,规定:变更土地登记,是指初始土地登记以外的土地登记,包括土地使用权、所有权和土地他项权利设定登记,土地使用权、所有权和土地他项权利变更登记,名称、地址和土地用途变更登记,注销土地登记等。即除初始登记以外的登记均纳入变更登记范围。有学者认为房地产权属变更概括的情形有房地产权属发生移转、分割、合并、增减或消灭等情形。[②]

---

① 参见杨松龄《实用土地法精义》,台湾五南图书出版有限公司 2000 年版,第 136 页。
② 参见崔建远、孙佑海、王宛生《中国房地产法研究》,中国法制出版社 1995 年版,第 246 页。

　　另一种界定，是将涂销登记排除出变更登记的范围。如有学者认为变更登记针对的是已登记的权利，并以原有登记的正确性为条件，其后果是原登记的权利发生一定的变化而不是消灭。可分为登记（非权利）事项的变更登记、权利内容的变更登记和权利移转登记。① 在我国台湾地区也有学者将其分别称为权利客体（标示）的变更登记、权利内容的变更登记和权利主体的变更登记，即将变更分为主体的变更、客体的变更和标示的变更。这种区分未将涂销登记和消灭登记纳入。②

　　狭义的界定则将移转登记和他项权利的设定登记排除出变更登记的范围。即变更登记，是指在不涉及其他人的情况下权利主体对自己的权利内容的变更，如国有土地使用权的权利人变更土地使用用途，或者扩大与缩小原来的权利范围的登记等。

　　日本《不动产登记法》规定的不动产的变更主要有：土地种类③，土地面积，土地的分割、合并，建筑物种类、构造及面积，建筑物的分割、区分、合并等等。④ 我国《土地登记规则》第五章规定了名称、地址和土地用途变更登记：土地使用者、所有者和土地他项权利者更改名称、地址和依法变更土地用途的；农村集体所有土地进行农业结构调整涉及已登记地类变化的；集体土地建设用地的用途发生变更的。《城镇房屋权属登记管理办法》规定的变更有：房屋坐落的街道、门牌号或者房屋名称发生变更的、房屋面积增加或者减少的、房屋翻建的和法律、法规规定的其他情形。《上海市房地产登记条例》规定的变更有：房地产用途发生变化的；房地产权利人姓名或者名称发生变化的；土地、房屋面积增加或者减少的；房地产分割、合并的；法律、法规规定的其他情形。从我国现行的规定看，缺乏统一性，且较零乱。若权利人的住址变化也需办理变更登记，恐怕登记机构不堪其负，故不动产变更登记应适用于既存不动产登记的客体和内容正常变动。需要注意的是，变更登记，均发生在不动产登记后，凡未进行不动产登记的，均不存在变更登记。

　　德国法认为，土地物权在其物权内容上所发生的任何变更，凡不属于物权

---

　　① 参见许明月、胡光志等《财产权登记法律制度研究》，中国社会科学出版社 2002 年版，第 92—99 页。

　　② 参见杨松龄《实用土地法精义》，台湾五南图书出版有限公司 2000 年版，第 136 页；李鸿毅：《土地法论》，台湾，1999 年版，第 280 页。

　　③ 此为日本不动产登记的术语，在我国台湾地区称为地目，我国则为土地用途。

　　④ 参见日本《不动产登记法》第四章第二节。

之设立、转让、设定负担或废止者，均为内容变更。① 我们认为，主体的变更是权利人的更迭，属于物权的得失问题，应当排除在物权变更之外，物权变更仅指物权的客体和内容的变更。物权的变更，是指物权在主体不变更的前提下改变物权的客体和内容，如建筑物的增减、土地用途的改变等等。

因此，本书的结论是，不动产变更登记是指对既存不动产登记的客体和内容正常变动进行的登记，既不包括权利主体的变更，也不包括权利或权利客体的消灭。与物权变动中物权的"设立、移转、变更和消灭"的"变更"相对应。不动产变更登记的范围应为：土地用途的变更，土地面积的增减，土地的分割、合并，建筑物用途、构造的变更，建筑面积的增减，建筑物的分割、区分、合并，不动产坐落的街道、门牌号或者房屋名称发生变更的，房地产权利人姓名或者名称发生变化的（主体不变，只是名称改变）。

（四）注销登记

注销登记，是指对灭失的不动产物权进行的登记，包括不动产标的发生消灭时的登记与不动产权利终止时的登记。我国《土地登记规则》虽将初始土地登记以外的土地登记视为变更土地登记，但又设专章规定了注销登记，其第六章规定了注销登记的5种情形：1. 集体所有的土地依法被全部征用或者农业集体经济组织所属成员依法成建制转为城镇居民的；2. 县级以上人民政府依法收回国有土地使用权的；3. 国有土地使用权出让或者租赁期满，未申请续期或者续期申请未获批准的；4. 因自然灾害等造成土地权利灭失的；5. 土地他项权利终止的。《城镇房屋权属登记管理办法》第24条规定：因房屋灭失、土地使用年限届满、他项权利终止等，权利人应当自事实发生之日起30日内申请注销登记。《上海市房地产登记条例》规定适用注销登记的情形有：房屋因倒塌、拆除等原因灭失的，以出让、租赁等方式取得的土地使用权依法终止的，土地使用权、房屋所有权因抛弃而终止的，经登记的房地产他项权利依法终止的，经预告登记的房地产权利依法终止的等等。

对于注销登记，在我国现行的登记法中的规定较为一致，即对不动产标的与不动产权利发生消灭或终止时的登记。而在日本与我国台湾地区称为涂销登记或消灭登记，日本《不动产登记法》专门规定了"涂销登记的程序"一节，适用涂销登记的情形有：权利因权利人死亡而消灭、第一次所有权登记的涂销、

---

① 参见［德］鲍尔·施蒂尔纳《德国物权法》（上册），张双根译，法律出版社2004年版，第407页。

信托登记的涂销、假登记的涂销、预告登记的涂销、后登记的涂销、权利因征用而消灭及违法登记的涂销等等。对土地和建筑物的灭失则采灭失登记，分别作了规定。我国台湾地区"土地登记规则"规定适用涂销登记的情形有：土地因抛弃、混同、存续期间届满、债务清偿、撤销权之行使或法院之确定判决等致权利消灭时；依规则不应登记，纯属登记机关的疏失而错误登记的土地权利；预告登记涂销与查封、假扣押、假处分、破产登记或其他禁止处分之登记的涂销等等。故学者称"涂销登记主要是指登记权利消灭的情形，而此时的登记标的物并未消灭，因而其上的所有权不会消灭，而只是不动产他项权利消灭，属绝对消灭的情形（相对消灭属变更登记的范畴），但当事人可以于其后再为同种类权利的登记；消灭登记则是指登记标的物消灭的情形，此时不但登记的权利消灭，登记的标的物也消灭，属登记权利绝对消灭的情形，此后将永久禁止所有权及他项权利的登记"。[①] 即将物权的消灭，区分为不动产标的的消灭与不动产权利的终止。

由于不动产标的的消灭，其之上的权利当然随之消灭，所谓"皮之不存，毛将焉附"，故就物权变动的形态而言，物权的消灭主要是指登记权利消灭的情形。至于称为涂销登记或注销登记，恐与各国的习惯有关。在德国，物权的消灭称为"物权废止"，物权废止行为，为物权设立行为之对立面。故而，如同物权设立，物权废止也要求有一项意思要素，并使该意思在登记簿中对外予以公示。此种为废止在土地登记簿中的对外公示，亦即注销登记。[②]

因此，本书的结论是：注销登记，是指经登记的不动产因标的物的灭失或权利依法终止时的登记。与物权变动中物权的"设立、移转、变更和消灭"的"消灭"相对应。适用于不动产注销登记的情形有不动产标的的消灭与不动产权利的终止。

（五）更正登记

更正登记，顾名思义，就是对不正确的不动产登记进行更正的登记程序。[③]更正登记制度的目的在于为错误的登记提供救济途径，保护真正权利人的权利，

---

① 李昊等：《不动产登记程序的制度建构》，北京大学出版社 2005 年版，第 409—410 页。

② 参见［德］鲍尔·施蒂尔纳《德国物权法》（上册），张双根译，法律出版社 2004 年版，第 478 页。但这里有翻译上的问题，如陈为佐翻译的《德国民法典》第 875 条，用"涂销"；收入李昊等《不动产登记程序的制度建构》书中附录一的《德国土地登记簿法》第 46 条，用"涂销"；而张双根译文为"注销"。

③ 孙宪忠：《德国当代物权法》，法律出版社 1997 年版，第 130 页。

维护秩序安定与交易安全。更正登记作为一种特别的登记类型，是针对上述"设定登记、移转登记、变更登记、注销登记"发生错误而进行的登记。"登记完毕后，权利主体、客体及其内容，均无任何新事实或原因使之变更，仅登记上的错误或遗漏事项，经登记人员或利害关系人发现而为之更正。"①

更正登记的前提是不动产登记簿所记载的事项与事实不符，出现了不正确的登记。至于何谓不正确登记，学界有三种不同的见解：一为通常意义上的不正确登记，不论登记的原因是否有效，只要登记簿上的登记与登记的原始事实状态不符，即为不正确登记；二为狭义上的不正确，即基于有效的登记原因而为的登记，因登记错误或者遗漏所致的登记簿上的登记与登记的原始事实状态不符，方为不正确登记；三为广义上的不正确登记，它不仅包括通常意义上所指的登记簿上之登记与事实状态不符，还包括虽然在登记时登记簿上的登记与事实状态相符，但是由于嗣后的事由致使登记簿上之登记与现在的事实状态不符，亦为不正确登记。②

国外的不动产登记制度中大都有关于更正登记的规定，然而在我国现有的涉及不动产登记的立法中罕有这方面的规定，仅有的几条相关的规定不仅不统一，也过于单薄和凌乱，不足以达到如上所述之目的。《城镇房屋权属登记管理办法》规定，因登记机关的工作人员工作失误造成房屋权属登记不实的，由登记机关注销房屋权属证书。《土地登记规则》第71条规定，土地登记后，发现错登或者漏登的，土地管理部门应当办理更正登记；利害关系人也可以申请更正登记。前者未提更正登记的概念，但所提显然是更正登记的类型，而采注销房屋权属证书纠正登记错误，仍是行政管理的模式；后者明确规定了更正登记的类型，但对更正登记的程序无具体规定。《上海市房地产登记条例》第18条规定，"房地产权利人发现房地产登记册的记载有误的，可以申请更正。申请更正的事项涉及第三人房地产权利的，有关的权利人应当共同申请。房地产登记机构发现房地产登记册的记载有误的，应当书面通知有关的房地产权利人在规定期限内办理更正手续；当事人无正当理由逾期不办理更正手续的，房地产登记机构可以依据申请登记文件或者有效的法律文件对房地产登记册的记载予以更正，并书面通知当事人。"该规定既明确了更正登记的类型，又明确了更正登记的程序，还详细规定了登记机构径为登记的程

① 李鸿毅：《土地法论》，台湾三民书局1999年版，第200页。
② 李昊等：《不动产登记程序的制度建构》，北京大学出版社2005年版，第383页。

序，可操作性较强。

《物权法》明确了不动产更正登记的类型，其第 19 条："权利人、利害关系人认为不动产登记簿记载的事项错误的，可以申请更正登记。不动产登记簿记载的权利人书面同意更正或者有证据证明登记确有错误的，登记机构应当予以更正。"其不正确登记的含义应为前述通常意义上的不正确登记，即只要登记簿上的登记与登记的原始事实状态不符，就可以提起更正登记。并不认可狭义与广义的不正确登记，即不论是否基于有效的登记原因而为的登记所产生的错误，亦不论嗣后的事由致使登记簿上之登记的错误。

根据《物权法》规定，更正登记的发动者为权利人或利害关系人。在权利人而言，当发现登记簿记载的事项有错误时，如不动产标示记载有误或记载了不恰当的权利负担等，可以申请更正登记；在利害关系人而言，虽不是登记权利人，但如登记权利人在不动产登记簿中的记载有误，如未设定地役权而记载为需役地等，可以申请更正登记。前者可由权利人单独申请，但应提供证明登记确有错误的证据；后者则除提供证明登记确有错误的证据外，还需要提供不动产登记簿记载的权利人同意更正书面文件。

除权利人或利害关系人提起更正登记外，各国的登记办法均准予登记部门依职权进行更正登记。如德国《土地登记簿法》第 82a 条规定：具备本法第 82 条规定的前提条件，但不能执行强制更正程序或没有成功之希望的，土地登记局可以依据职权更正土地登记簿。日本《不动产登记法》第 65 条第 1 款规定：于前条情形，登记的错误或遗漏系出于登记官的过失时，除第三人与登记有利害关系情形外，登记官应从速报请法务局或地方法务局的局长许可，变更登记，并将其事通知登记权利人及登记义务人。可见，依职权进行更正登记亦是对不正确的不动产登记进行更正的途径之一。但对依职权进行的更正登记，则需明确发动更正登记程序的条件、更正登记的事项范围等问题，一方面防止登记机关滥用职权干预私法生活；另一方面防止当事人怠于申请更正登记而给国家或社会利益带来损害。

因此，本书的结论是：更正登记，是指对"登记"的更正，即对不正确的不动产登记进行更正的登记。更正登记作为一种特别的登记类型，与物权变动的形态无关，是针对上述"设定登记、移转登记、变更登记、注销登记"发生错误而进行的登记。对于不动产登记簿记载的事项——包括不动产标示、不动产所有权、不动产他项权利——发生错误的，均可申请更正登记。

三　不动产登记的特别分类——预备登记

前述的"设定登记、移转登记、变更登记、注销登记、更正登记"等登记类型，均属不动产的本登记，即终局登记。在不动产登记制度中还有一种特别的分类——预备登记。预备登记是为了保全登记请求权而为的登记，是不动产登记法上与本登记相对称的登记类型。它是在本登记之前进行的一项登记，目的在于限制登记名义人对所登记的权利的处分并对第三人予以警示，与实体法上因为权利变动而产生的对抗力无直接关系。[①] 预备登记是在不具备本登记条件或对本登记有异议时的临时性登记制度，包括了为保全以不动产物权变动为标的的登记请求权——债权请求权保全——的预告登记，以及为对抗现时登记权利的正确性——物权请求权保全——的异议登记。

预备登记制度发端于早期普鲁士法所规定的异议登记（包括固有异议登记和其他种类的异议登记两种），至后期普鲁士法，[②] 并未将早期普鲁士法上的异议登记全面废止，而是将其称为预告登记（Vormerkung），并承认两种类型的预告登记。至《德国民法典》制定时始确定分为异议登记与预告登记，构建了现代土地登记制度中的预备登记制度。

德国民法上的预备登记制度与普鲁士法之间存在承继关系。其民法典起草初期，以普鲁士法为蓝本，仅规定预告登记——既包括物权保全的预告登记，又包括债权请求权保全的预告登记。但在最后审议时，预备登记制度被区分为异议登记和预告登记。理由在于：第一，物权是对人客观地发生效力，因此保全物权的预备登记完成后，与之相悖的处分行为是绝对无效。但保全债权请求权的预备登记仅对所保护的权利人产生相对的效力，因此在侵害预备登记权利人权利的限度内，相悖的处分行为是无效的。第二，保全物权的预备登记，依其登记所保全已存在的物权，并决定该物权的顺位。保全债权请求权的预备登记，记入预备登记的日期，决定被保全请求权的顺位。第三，在破产场合，破产管理人对于保全物权的预备登记，只是承认已存在的物权。但保全债权请求权的预备登记，则等于使破产管理人不得不设定新的权利。正是基于上述理由，最终建立了包括物权保全的异议登记与债权请求权保全的预告登记的预备登记

---

① 邓曾甲：《日本民法概论》，法律出版社 1995 年版，第 161 页。
② 即 1872 年 5 月 5 日的所有权取得法以及土地登记法。

制度。①

为解决债权及物权请求权保护的问题，各国规定了两种性质的预备登记类型，即预告登记及异议登记。德国法称预告登记与异议登记，日本相应称为假登记及预登记。瑞士则分为三种，第一种为债权的预登记，第二种为处分权限制，第三种为暂时登记，前两种相当于德国民法的预告登记，第三种相当于德国民法的异议登记。即使在某些英美法系国家，尽管适用范围不完全相同，也有相似的一类制度称为"Registration of Caution（警告登记）"。

（一）异议登记

所谓异议登记，即事实上的权利人以及利害关系人对现时登记的权利的异议的登记。② 实际上，异议登记为更正登记之辅助，③ 即权利人、利害关系人针对不正确的不动产登记簿欲提起更正登记，但又不具备更正登记条件时所采取的临时性登记。异议登记为物权请求权的预备登记，即因登记原因的无效或撤销之物的请求权，提起登记、涂销或恢复之诉时，对于既有物权所为之异议登记，有阻止公信力之效力。在德国民法中，异议登记又称异议抗辩登记，异议登记的目的，在于对抗现实登记的权利的正确性，即中止不动产登记权利的正确性推定效力及公信力。

1. 不动产登记簿错误的原因

依德国学者研究，登记簿存在不正确，可能有多种原因。主要是：（1）程序法上的合意原则。如物权的合意不存在，或物权的合意为无效、被撤销的场合。（2）物权合意与登记间的不一致。如对土地标的物的错误陈述导致登记簿状态与实际权利状态间的相互脱节。（3）不体现于土地登记簿中的物权变动。由于直接基于法律规定而发生的物权变动不以登记为生效要件，则产生登记簿状态与实际权利状态间的相互脱节，如债权已消灭，但担保物权仍被登记。（4）土地登记局的错误。即土地登记局自身的工作出现偏差时，导致土地登记簿的不正确。④

依我国《物权法》的界定，"权利人、利害关系人认为不动产登记簿记载的事项错误的"，其不正确登记的含义应为前述通常意义上的不正确登记，并不认

---

① 王轶：《物权变动论》，中国人民大学出版社 2001 年版，第 167—168 页。

② 孙宪忠：《中国物权法总论》，法律出版社 2003 年版，第 239 页。

③ 李昊等：《不动产登记程序的制度建构》，北京大学出版社 2005 年版，第 394 页。

④ ［德］鲍尔·施蒂尔纳：《德国物权法》（上册），张双根译，法律出版社 2004 年版，第 361—363 页。

可狭义与广义的不正确登记，即不论是否基于有效的登记原因而为的登记所产生的错误，亦不论嗣后的事由致使登记簿上之登记的错误。

2. 异议登记的适用范围

根据《德国民法典》第899条规定："（1）在第894条的情况下，可以登记对土地登记簿的正确性的异议；（2）前款所规定的登记，根据假处分或根据土地登记簿的更正牵涉到其权利的人的许可证书为之。无须为发布假处分而证明异议人的权利受到了危害。"可见，异议登记的适用范围尚须依照第894条的规定予以确定。《德国民法典》第894条规定："就土地上的某项权利、此种权利上的某项权利或第892条第1款所称种类的处分限制而言，土地登记簿的内容与真实的权利状态不一致的，其权利未被登记或未被正确地登记的人或因登记并不存在的负担设定或限制而受到侵害的人，可以向土地登记簿的更正牵涉到其权利的人请求同意更正土地登记簿。"

我国《物权法》第19条规定："权利人、利害关系人认为不动产登记簿记载的事项错误的，可以申请更正登记。不动产登记簿记载的权利人书面同意更正或者有证据证明登记确有错误的，登记机构应当予以更正。不动产登记簿记载的权利人不同意更正的，利害关系人可以申请异议登记。登记机构予以异议登记的，申请人在异议登记之日起十五日内不起诉，异议登记失效。异议登记不当，造成权利人损害的，权利人可以向申请人请求损害赔偿。"

可见异议登记的适用范围与更正登记的适用范围并无二致，即只要登记簿上的登记与登记的原始事实状态不符，就可以提起更正登记，亦可提起异议登记。

3. 异议登记与更正登记

从上述规定可以得出结论，异议登记为更正登记之辅助。对于登记簿的错误，如果可以提起更正登记，则无提起异议登记之必要；如果无法提起更正登记，则可提起异议登记。即权利人、利害关系人针对不正确的不动产登记簿欲提起更正登记，但又不具备更正登记条件时所采取的临时性登记。简言之，更正登记的申请为：我对不动产登记簿有异议，且取得登记权利人的书面同意更正以及证明登记簿不正确的证据，特申请更正登记。异议登记的申请为：我对不动产登记簿有异议，但无法取得登记权利人同意更正的书面，我将通过诉讼取得相关证据，特申请异议登记。

异议登记作为更正登记之辅助，同样针对不动产登记簿的错误而进行，故二者适用的情形是一致的。但二者的区别也是十分明显的：

一是更正登记与异议登记的前提条件有所不同。更正登记需要不动产登记簿记载的权利人书面同意更正以及有证明登记确有错误的证据，异议登记则根据法院的假处分或根据土地登记簿的更正牵涉到其权利的人的许可证书为之。

二是登记的法律性质不同。更正登记属本登记，而异议登记则属临时性登记；同样针对不动产登记簿的错误，更正登记是在已取得登记名义人的同意以及取得证明登记确有错误的证据的前提下，直接申请实体登记；异议登记则是尚不具备更正登记条件，在更正之前的这段时间里的一种临时性保护措施，属程序性登记。因为在更正之先，第三人可能根据登记簿的记载进行交易，取得登记的公信力利益；异议登记可以击破登记簿的公信力，保全因上述原因而发生的请求权。

三是登记的申请人不同。更正登记的申请人既可是现时登记权利人（登记名义人），也可是事实权利人或利害关系人；而异议登记的申请人只能是事实权利人或利害关系人。即现时登记权利人（登记名义人）对登记簿有异议，只需提起更正登记，由于更正登记需不动产登记簿记载的权利人书面同意，现时登记权利人（登记名义人）自无不同意之理。

四是登记的法律后果不同。更正登记的法律后果或为准予登记，或为驳回登记，即符合登记规定的被准予登记，不符合登记规定的被驳回登记。异议登记的法律后果只有一个——注销登记，即异议登记成立，提出异议人具备更正登记条件是，需注销异议登记，申请更正登记；异议登记不成立，则异议登记亦被注销。

4. 异议登记与诉讼保全

在《物权法》颁布前我国对更正登记和异议登记并没有明确的规定，不动产的真正权利人一般是提起诉前保全或诉讼中的保全进而通过诉讼来解决不动产登记簿上的瑕疵记载，这样既不能及时阻止权利人对物权的处置，而且加大诉讼成本，耗费司法资源。依照日本《不动产登记法》第34条的规定："预告登记，应由受理第3条所载之诉的法院，依职权于嘱托书上附具诉状的誊本或节本，从速嘱托于登记所。"可见预告登记的作成，系法院依职权为之，并不需要登记权利人的申请。但这与诉讼保全有何区别？我国台湾地区于1975年修正公布了"土地法"，其中最值得注意的是删除了异议登记。理由在于："异议登记须因假处分或经土地权利登记名义人之同意，为登记程序上之要件。然实际上异议登记经土地权利登记名义人同意者，极为罕见，而大多诉请法院以假处分裁定后为之。假处分为民事诉讼法保全程序中强制执行方法之一，保全程序之强制执行，须将其争执权利之法律关系定暂时状态，使其维持现状，以便执行。否则若土地或建筑物权利移转，并经登记确认。故现行法令即以法院假处分之嘱托登记代替异议登记。"① 但异议登记与诉讼保全毕竟是不同的救济途径，不应混同。

5. 异议登记的效力

异议登记的效力在于公信力之击破。在德国法上异议登记的效力在于阻断土地登记公信力，是对不动产登记的权利正确性推定效力的中止。异议登记虽不导致土地登记簿冻结，但就其所指向的登记或注销事项，异议会击破土地登记簿之公信力。② 在存在异议登记的情形下，登记名义人仍得处分其权利，但如与异议登记所保全的权利相抵触者，在抵触的范围内其处分行为无效，第三人纵为善意，也不得援用土地登记的公信力。即只要在第三人权利取得之前进行了异议登记，即使第三人已经提出登记申请，在异议正当的前提下，异议登记可以阻却权利的善意取得。③ 当然如果异议登记不正当，土地登记仍有公信力。此外，异议登记还有阻止登记簿册取得时效的进行的效力。④ 而且，"因某项权利，对土地登记簿的正确性的异议已被登记的，该项权利视同已登记的权利"。⑤但异议登记自身并无公信力，尽管进行了异议登记，对于登记名义人，《德国民法典》第891条的推定效力也仍然保留。即异议登记自身既无权利推定作用之效力，亦无推翻土地登记簿中基于推定作用所成立之推定的效力。例如甲进行了异议登记，乙虽然相信甲为真正的物权人，并不受公信力的保护，因为在形式上仍得相信登记名义人为真正的物权人。

因此，本书的结论是：不动产异议登记是指事实上的权利人、利害关系人针对不正确的不动产登记簿尚不具备更正登记条件，为保全物权请求权而为的预备登记。其目的在于中止不动产登记权利的正确性推定效力及公信力。异议登记是更正登记的前置辅助手段，二者在登记原因上是一致的。⑥ 不动产异议登记的范围适用于更正登记的适用范围。

（二）预告登记

所谓预告登记，即为保全一项以将来发生不动产物权变动为目的的请求权

① 李鸿毅：《土地法论》，中国地政研究所1993年版，第364页。
② ［德］鲍尔·施蒂尔纳：《德国物权法》（上册），张双根译，法律出版社2004年版，第369页。
③ 参见［德］曼佛雷德·沃尔夫《物权法》，吴越、李大雪译，法律出版社2002年版，第255页。
④ 陈华彬：《外国物权法》，法律出版社2004年版，第129页。
⑤ 《德国民法典》第902条第2款。
⑥ 崔建远：《我国物权立法难点问题研究》，清华大学出版社2005年版，第421页。

的不动产登记。① 依德国法，预告登记为债权请求权的预备登记，旨在保全不动产物权变动的债权请求权。② 在日本民法上，对应于德国民法上的预告登记称为假登记，假登记有两种类型，一为保全物权的假登记，③ 另一为保全债权请求权的假登记，与采形式主义物权变动模式的德国民法上的预告登记有所不同。但在纳入预告登记的请求权具有对抗第三人的效力这一点上，并无本质的不同。即对后来发生的与该项请求权纳入相同的不动产物权的处分行为均具有排他的效力。

设立预告登记制度的原因在于，在不动产物权转让的过程中，债权行为的成立和不动产的移转登记之间常常会由于各种各样的原因而有相当长的时间间隔。在采登记要件主义的国家，虽然在债权行为成立后，不动产物权人有未来移转所有权或他物权的义务，但是债权人的请求权在登记之前并没有真正移转。即使在采登记对抗主义的国家，也可能会产生因登记所必须的条件不具备或手续不完全而无法登记的情况，此时权利的移转没有对抗第三人的效力。此时，不动产物权人一旦将不动产物权移转给善意第三人并履行了登记手续，就会导致物权优先原则的适用，善意第三人取得该不动产的物权。尽管请求权人可以通过追究不动产权利人的违约责任来在一定程度上补偿自己的损失，但其设立债权并取得不动产物权的目的毕竟还是落空了。不动产预告登记制度将物权法理论和债权法理论有机地结合起来，赋予债权请求权对抗第三人的效力，既保护物权请求权又保护债权请求权，可以有效地保护上述情形下的不动产请求权，最终达到平衡不动产交易当中各方利益的目的。

预告登记是物权法提供给请求权人一项对其进行保护的临时性担保手段。预告登记被登入土地登记簿，并向每位取得人指明：他将面临为另一人之利益而要进行的登记，并且——在取得人尽管有预告登记之存在，而仍为自己登记时——必须要考虑到，其所取得之权利还会有丧失之可能。④

预告登记是不动产登记的特殊类型。与其他类型的不动产登记相比较，预告登记具有如下特点：一是特殊性。其他类型的不动产登记，是针对已经完成

---

① 梁慧星：《中国民法典草案建议稿附理由》（物权编），法律出版社 2004 年版，第 38 页。

② 陈华彬：《外国物权法》，法律出版社 2004 年版，第 129 页。

③ 日本民法采债权意思主义的物权变动模式，物权的变动，仅因当事人的意思表示而发生效力，所以不动产物权的变动，在实体上已经发生效力，但登记手续上的要件未具备时，为使已经发生变动的物权有对抗第三人的效力，可以进行假登记，这种假登记以保全物权为目的。

④ ［德］鲍尔·施蒂尔纳：《德国物权法》（上册），张双根译，法律出版社 2004 年版，第 416 页。

的不动产物权的登记，即完成权的登记；而预告登记所针对的并不是不动产物权，而是针对将来发生不动产物权变动的请求权，即不动产物权的取得权。二是对抗性。纳入预告登记的请求权，对后来发生的、与该项请求权内容相同的不动产物权处分行为，产生对抗的效力，以至于将来只能发生请求权所期待的后果。三是从属性。预告登记作为请求权的保全手段，从属于不动产物权变动的请求权，并以请求权的有效存在为前提。四是临时性。预告登记本身并不能替代不动产物权变动登记（本登记），因此在条件成就、期限到来或者其他物权变动的条件具备时，当事人应当办理正式的物权变动登记。

　　1. 预告登记的性质

　　关于预告登记的性质，国外学者主要有四种不同意见：一是独立的限制物权说。认为经由预告登记，独立的限制物权便获产生。二是非实体权利说。认为预告登记不具有任何实体权性质的效力。充其量不过是一种登记法上的制度。① 三是物权期待权说。认为登记前的土地所有权受让人的权利，乃非物权，而是物权之期待。② 四是特殊登记制度说。认为预告登记是赋予债权以对抗新所有人的效力的特殊登记制度。③ 这些对预告登记性质的探讨，实际上涉及两个问题：一是预告登记的性质，二是经预告登记后的权利的性质。前者所说的是预告登记的形式意义上的性质，认为预告登记为一种特殊登记制度的观点，界定的仅仅是预告登记这一登记制度本身的形式上的性质，但这一界定并不能解决民法上的实际问题，显然无特别探讨的必要。而后者所说的是预告登记的实质意义上的性质，即请求为本登记的请求权——这一债权请求权——经预告登记后具有了对抗第三人的效力，这一请求权是何种性质的权利？这才是问题的实质，在理论上需要重点探讨。国内学者试图对经预告登记后的权利的性质进行界定，主要有三种观点：一是请求权保全制度说。认为系于土地登记簿上公示，以保全对不动产物权之请求权为目的，具有若干物权效力的制度。④ 二是准物权说。认为预告登记的权利是一种具有物权性质的债权，或者说是一种准物权。⑤ 三是债权物权化说。认为预告登记的本质特征是使被登记的请求权具有物权的

---

　　① 参见陈华彬《物权法研究》，金桥文化出版（香港）有限公司 2001 年版，第 259 页。
　　② 参见刘得宽《民法诸问题与新展望》，中国政法大学出版社 2002 年版，第 555 页。
　　③ 参见陈华彬《物权法研究》，金桥文化出版（香港）有限公司 2001 年版，第 262 页。
　　④ 参见王泽鉴《民法物权》（1），中国政法大学出版社 2001 年版，第 128 页。
　　⑤ 参见王利明《物权法论》，中国政法大学出版社 2003 年版，第 172 页。

效力。①

从各国法律规定来看，预告登记使登记的不动产物权变动的请求权具备了对抗第三人的效力，即具备了一定的物权效力。因此，从预告登记的性质上说，预告登记是债权物权化的一种具体表现。所谓债权物权化，是指债权具备了物权的某些效力。从各国法律的规定来看，预告登记的对象基本上限于不动产物权变动的请求权。这种请求权是基于当事人之间的法律行为而产生的，权利人虽有权请求义务人将不动产物权转移给权利人，但并不能完全阻止义务人对不动产物权再行处分。因此，这种请求权应属于债权的性质。但是，如果不对义务人的这种行为予以限制，则权利人的权利就很难得到保障。因此，权利人借预告登记制度来预防这种危险，使得违反预告登记的债权请求权的处分无效。这种无效使预告登记的请求权具备了对抗第三人的效力，从而使得这种债权请求权具备了物权的排他效力。可见，预告登记使得债权请求权具备了物权的性质，形成了债权物权化的现象。正是预告登记所具有的这种"两性特征"（Zwit-terstellung），使得难以对其从法律性质作出界定。一方面，预告登记列在债法领域中，因为它担保的是以物权变动为内容之债法上的请求权；另一方面，预告登记又属于物权法范畴，因为其效力具有物权性质。故而，可将预告登记标志为，以保护物权变动之请求权为目的的，具有物权效力的担保手段。②

由此可知，请求权依其法理，本不应纳入不动产物权的登记，但在现实生活中，有些关于不动产物权的请求权，具有法律应该优先保护的性质，故法律通过创设预告登记制度，赋予此种请求权具备物权的效力。预告登记的本质特征是使得被登记的请求权具有物权的效力——纳入预告登记的请求权，对后来发生的与该项请求权纳入相同的不动产物权的处分行为具有排他的效力，以至于将来只能发生请求权所期待的法律结果。③

2. 预告登记的客体——请求权

预告登记，登记什么？或者说预告登记的客体为何？在前面我们提到，预告登记是为了保全关于不动产物权的请求权而将此权利进行的登记。因此预告

---

① 参见梁慧星《中国民法典草案建议稿附理由》（物权编），法律出版社 2004 年版，第 38 页；孙宪忠：《论物权法》，法律出版社 2001 年版，第 454 页；房绍坤、吕杰："创设预告登记制度的几个问题"，载《法学家》2003 年第 4 期。

② 从某种意义上看，此种债权请求权的预告登记与抵押权有些相似，抵押权本质上为债权，但法律赋予其物权的效力。参见 ［德］鲍尔·施蒂尔纳《德国物权法》（上册），张双根译，法律出版社 2004 年版，第 419 页。

③ 参见孙宪忠《中国物权法总论》，法律出版社 2003 年版，第 231—232 页。

登记登记的是请求权,即预告登记的客体为请求权。

但并不是所有请求权均可作为预告登记的客体,而需具备相应条件。《德国民法典》第 883 条第 1 款规定:"为保全具有如下目的的请求权,可在土地登记簿上进行预告登记:该项请求权旨在给予或废止土地上的权利或对土地设定负担的权利上的权利,或旨在变更此种权利的内容或顺位。为保全将来的或附条件的请求权,也准许进行预告登记。"依据日本《不动产登记法》第 2 条的规定:"假登记于下列各项情形进行:(1)未具备登记申请程序上需要的条件时;(2)欲保全前条所载权利的设定、移转、变更或者消灭的请求权时。""上述请求权为附始期、附停止条件或者其他可于将来确定者时,亦同。"可见,假登记适用于下列情形:第一,物权变动业已发生,但登记申请所必要的手续上的条件尚未具备;第二,为保全物权的设定、移转、变更或消灭的请求权;第三,为保全附有始期、停止条件或其他可于将来确定的物权变动的请求权。我国台湾地区"土地法"第 79 条规定,预告登记适用于保全下列请求权:(1)关于土地权利移转或使其消灭之请求权;(2)土地权利内容或次序变更之请求权;(3)附条件或期限之请求权。

国内对预告登记的适用范围的认识并不一致。梁慧星教授主持的《民法典草案建议稿》第 245 条第 1 款规定:为保全一项目的在于移转、变更和废止不动产物权的请求权,可将该请求权纳入预告登记;预告登记所保全的请求权,可以附条件,也可以附期限。该条将预告登记的范围规定为一切以变动(移转、变更和废止)不动产物权为目的的请求权。王利明教授主持的《民法典草案建议稿》第 689 条规定的预告登记的范围为:(1)房屋预售买卖;(2)当事人明确抵押权的顺位;(3)优先权的取得;(4)法律明文规定的其他情形。该条采用列举加概括的方式规定,列举部分范围较窄。其主持的《中华人民共和国物权法(草案)》第 21 条表述为:"当事人约定买卖期房或者转让其他不动产物权的,债权人为限制债务人处分该不动产,保障将来取得物权,可以向登记机构申请预告登记。债权人已经支付一半以上价款或者债务人书面同意预告登记的,登记机构应当进行预告登记。预告登记后,债务人未经债权人同意,不得处分该不动产。"①《物权法(草案)》征求意见稿第 21 条则将预告登记的范围限定

---

① 王利明教授主持的《物权法专家建议稿》第 31 条规定:"当事人在房屋预售买卖中,可以自愿办理预售登记。房屋所有人违反房屋预售登记的内容所作出的处分房屋权利的行为无效。房屋预售登记的内容与现房登记内容不符的,以现房登记的内容为准。"

为"买卖期房和转让其他不动产物权",《物权法》最后规定:"当事人签订买卖房屋或者其他不动产物权的协议,为保障将来实现物权,按照约定可以向登记机构申请预告登记。"采取了具体列举和概括规定相结合的方式,较之《德国民法典》等列举式的规定,更为科学,避免了挂一漏万。据此规定,对于在不动产协议涉及取得、转移、变更和废止不动产物权请求权情形,为保障将来实现物权,均可以采用该制度。

《物权法》出台前,部分地方性法规,亦作出相应规定,如《上海市房地产登记条例》对预告登记设专章规定,其第49条预告登记的范围包括:房屋尚未建成时,(1)预购商品房以及进行预购商品房的转让;(2)以预购商品房设定抵押及其抵押权的转让;(3)以房屋建设工程设定抵押及其抵押权的转让;(4)法律、法规规定的其他情形。其前提是"房屋尚未建成时",基本上限定于与预售商品房有关的权利。《南京市城镇房屋权属登记条例》第29条规定,可为预告登记的范围包括:(1)预购商品房的;(2)约定优先购买权的;(3)约定回购房屋的;(4)约定通行权的;(5)为保全约定的其他涉及房屋的请求权的。第30条规定,由银行代付购房款的预购房屋贷款抵押或者在建房屋抵押的,抵押当事人应当办理抵押预告登记,即此种抵押的预告登记是强制性的。

我国《城市房地产管理法》和建设部的《城市商品房预售管理办法》规定了商品房的预售登记备案制度。对于该制度的性质,有学者认为,在我国预告登记的主要功能还是通过商品房的预售登记保护买受人所享有的权利,并认为我国现行的商品房预售登记属于预告登记。[①]但大多数学者均认为我国现行的商品房预售登记并非真正意义上的预告登记。在《物权法》出台后,登记机关面对预告登记制度,往往局限于商品房的预售登记备案制度。从我国不动产登记的实践和上述学者的意见看,都将预售商品房(期房)作为预告登记的主要内容。这与我国现阶段房地产的快速发展以及大量的商品房预售的现实难脱干系,但将预告登记仅局限于商品房预售登记显然过于狭隘,不利于保护权利人的利益。我们认为,预售商品房毫无疑问应当纳入预告登记的范围,但我国目前的商品房预售登记备案制度无论在立法上还是在实践上,仅是一种行政管理上的备案,并不具备预告登记的功能。因此,在制定不动产登记法时应对此作出规范。

预告登记不仅仅限于商品房预售登记,相信已成为共识。但实践中,除了

---

① 王利明:《物权法论》,中国政法大学出版社2003年版,第172页。

商品房预售登记外，还有哪些情形也适用于预告登记却又过于模糊，不利于实践操作。实践中"未具备登记申请程序上需要的条件时"的情形还有很多，如不动产转让需要第三人同意而尚未取得该同意的，不动产转让需要注销抵押权而尚未注销的，附条件或者附期限的不动产转让的等等。概括而言，适用预告登记所保全的请求权包括：根据合同产生的请求权；根据法律规定产生的请求权；根据法院的指令产生的请求权；根据政府的指令产生的请求权；以及遗产分割等方面的请求权。① 只是过去我们没有这一制度，也不接受这样的登记罢了。因此，应当尽量将预告登记的适用范围予以明确，使预告登记能真正涵盖需要保全的请求权，以发挥预告登记制度的应有功能。

而根据预告登记的含义、性质以及考察各国立法，可以作为预告登记客体的请求权需具备一定条件。一是请求权需基于法律基础。请求权可以基于极其不同的法律基础而产生：可为债权性质的请求权（其典型为：基于买卖契约而生的土地所有权让与合意预告登记），可为基于亲属法规定而产生的请求权（如亲属法依据民法典判给配偶一方请求土地所有权让与之请求权），最后，已完全成立之继承法上的请求权，也可通过预告登记而获保全（如在继承开始后之遗赠请求权）。② 即请求权需基于法律而产生，没有法律基础的请求权不得成为预告登记的客体。二是请求权需有效成立并存续。请求权需以有效债权为基础，如基于无效债权，即使已为登记，预告登记亦不成立。此外，该请求权在登记之时应仍继续存在。三是请求权旨在实现法律允许之登记。预告登记最终需推进为本登记，因此，请求权也需以可进行本登记的物权为限，即必须是能够引发具有登记能力的不动产物权变动的请求权。通常是以设定、移转、变更或消灭不动产物权为目的的请求权。若该请求权涉及本登记以外的内容，则为法律所不许。

综上所述，笔者认为，预告登记请求权的范围应当作如下规定：（1）尚未具备本登记条件的，以设定、移转、变更或消灭不动产物权为目的的请求权；（2）附条件或者附期限的不动产物权请求权；（3）法律、行政法规明文规定的其他情形。

3. 预告登记的法律效力

预告登记制度的核心问题在于其效力。在不动产债权行为成立之后和不动产物权移转之前，虽然，不动产的所有权人或者其他物权的持有人已经承担了

---

① 参见孙宪忠《中国物权法总论》，法律出版社 2003 年版，第 233 页。

② 参见［德］鲍尔·施蒂尔纳《德国物权法》（上册），张双根译，法律出版社 2004 年版，第 421 页。

未来移转物权的义务，但因为合同相对人享有的债权的相对性，并不能对抗第三人，所以为平衡当事人间的利益，将债的请求权预告登记之后，该项请求权即获得法律赋予的效力。因此，预告登记的效力就是保全债权请求权，通常认为这种效力主要表现为：权利保全效力、顺位保全效力、破产保护效力三种效力。德国学者指出，预告登记具有担保效力、完全效力、顺位效力三种效力。[①]分述如下：

（1）担保效力

预告登记的首要效力在于担保功能，即防止不动产权利人违反义务对不动产进行处分。但是，如果请求权人在办理了预告登记后，不动产权利人依然违反义务对不动产进行处分，此时产生何种效果。各国的立法并不相同，德国法采相对无效论，即违背预告登记的处分相对无效，包括对人的相对不生效力和对内容的不生效力。依据《德国民法典》第883条第2款规定："在预告登记后就土地或权利所作出的处分，在它会妨害或侵害请求权的限度内不生效力。即使处分以强制执行或假扣押方式或由支付不能程序中的管理人为之，亦同。"在预告登记后，并不意味着土地登记簿被冻结，就不动产权利，义务人仍得为处分。不过在预告登记权利人与第三人之间，在妨害预告登记权利人请求权的范围内，义务人的处分行为无效，即仅对于预告登记权利人的关系而言，相对的无效。因此，如果预告登记权利人的请求权不存在或其请求权嗣后消灭，或预告登记权利人对义务人的处分表示同意，那么义务人对第三人的处分行为便绝对的有效。[②] 这实际上限制了义务人的处分权，从而为预告登记保全的债权请求权的实现奠定了基础。

《瑞士民法典》则采取了比德国法更为简单明了的处理方法，依据该民法典第959条第2款与第960条第2款规定，进行预告登记的权利，一经预告登记即对他人日后取得的权利具有对抗的效力。同时，该民法典第961条a还明确规定："预告登记不妨碍顺序上靠后的某权利的登记。"

（2）完全效力

即预告登记在效力上如同一项限制物权。预告登记的权利已经物权化，是具有了物权效力的请求权，因此应享有优先于一般债权的效力。依据《德国破

---

① 参见 ［德］鲍尔·施蒂尔纳《德国物权法》（上册），张双根译，法律出版社2004年版，第430—439页。

② 张龙文：《民法物权实务研究》，台湾汉林出版社1977年版，第199页。

产法》第 24 条的规定："为保全破产人的土地权利，或破产人所为登记的权利让与、消灭，或权利内容、顺位变更请求权，在登记簿内记入预告登记时，债权人对破产管理人得请求履行。"可见预告登记还具有在相对人陷于破产，但请求权的履行期限尚未到来或者履行条件并未成就时，排斥他人而保障请求权发生指定的效果。当不动产所有权人陷于破产或者在强制拍卖时，经过预告登记的请求权具有对抗其他债权人、优先破产债权的效力，预告登记所指向的不动产不列入破产财产，其保全的债权不受义务人财产状态的限制，使请求权发生指定的效果。这一效力，同样适用于相对人死亡，其财产纳入继承程序的情形，即继承人不得以继承为由要求涤除预告登记。

（3）顺位保全效力

依据《德国民法典》第 883 条第 3 款的规定："请求权以权利的给予为目的的，该项权利的顺位按照预告登记定之。"可以看出，预告登记本身并无独立的效力，只是在本登记时，才具有意义。因此，预告登记的命运与效力完全依赖于日后本登记是否可以作成。经由预告登记，被保全的权利之顺位被确定在预告登记之时。即当预告登记推进到本登记时，不动产权利的顺位不是依本登记的日期确定，而是以预告登记的日期为准加以确定。换句话说，预告登记具有保全日后本登记顺位的效力。由于预告登记本身并无独立的效力，只是在进行本登记时，预告登记的意义才凸显出来——保全了本登记的顺位，使所有权移转请求权得以顺利地实现。

在上述效力中，权利保全效力还涉及预告登记后中间处分行为的效力问题，中间处分行为，是指在预告登记后本登记前所为的妨害预告登记请求权的处分行为。关于预告登记保全权利的效力，在立法例上有几种选择，如禁止其后的登记、禁止登记名义人再为处分或采取相对无效主义。① 通说认为，为兼顾当事人的利益，保持目的和手段的平衡，一般不采取禁止处分或禁止登记主义而奉行相对无效的原则。即预告登记后，义务人对不动产权利的处分在妨害预告登记请求权的范围内，处分行为无效。

梁慧星教授主持起草的《民法典草案建议稿》（物权编）第 245 条第 2 款规定："不动产物权处分与预告登记的请求权内容相同时，该不动产物权处分无

---

① 刘生国："预告登记制度及其在我国的创设"，载《华中师范大学学报》（人文社会科学版）2001年专辑。

效。"① 采相对无效的观点，2005 年 7 月公布的《物权法（草案）》（征求意见稿）第 21 条后段规定："预告登记后，债务人未经债权人同意，不得处分该不动产。"这一规定的立场是采纳了绝对无效的主张。《物权法》最终规定："预告登记后，未经预告登记的权利人同意，处分该不动产的，不发生物权效力。"仍应理解为绝对无效。

在奉行相对无效的制度下，义务人在预告登记后仍可作出处分，也可办理登记，只是在它会妨害或侵害请求权的限度内不生效力。有学者认为，绝对无效与相对无效的区分在我国民法学界并未被广泛的接受，司法实践中难以理解，而且如何判断处分行为是否在请求权担保目的的范围之内也十分困难，至于使预告登记的权利人享有针对第三人的物权性的请求同意进行登记的请求权，将使得法律关系更加复杂。② 从《物权法》最终的规定看，只要未经预告登记的权利人同意而处分不动产的，均不发生物权效力，并不考虑此种处分是否妨害或侵害请求权。显然采纳了绝对无效的主张，可以说在平衡债权人和债务人之间的利益与鼓励交易的关系时，立法侧重于保护前者。实践中，义务人在预告登记后仍可能处分不动产，对此，应把握是否"经预告登记的权利人同意"这一原则。

此外，预告登记对法院判决，或强制执行而为的新登记是否具备排除效力亦是极具争议的问题。依德国法，预告登记同样可排除强制执行、扣押方式所为的处分，即对预告登记之被保护者来说，强制执行行为亦不生效力。而我国台湾地区"土地法"第 79 条认为预告登记对法院判决或强制执行而为的新登记无排除效力。其第 3 款规定："预告登记，对于因征收、法院判决或强制执行而为新登记，无排除之效力。"可见我国台湾地区民事方面有关规定上，并未如同《德国民法典》以及日本《不动产登记法》，明文规定预告登记保全顺位的效力。但解释上，仍然认可此项效力。③

4. 预告登记与异议登记

预告登记与异议登记同为预备登记制度，二者的区分是债权和物权二分法观念的产物，在功能和制度设计上有着诸多不同。其根本的不同在于："预告登记旨在预告"，即在土地登记簿中预告一项将来的物权变动；而"异议乃进行抗

---

① 梁慧星：《中国民法典草案建议稿附理由》（物权编），法律出版社 2004 年版，第 38 页。
② 程啸："论我国现行不动产登记制度的缺陷及未来的完善"，载王利明、郭明瑞、潘维大主编《中国民法典基本理论问题研究》，人民法院出版社 2004 年版。
③ 张龙文：《民法物权实务研究》，台湾汉林出版社 1983 年版，第 205 页。

议"即针对土地登记簿之正确性的抗议。具体而言：（1）适用情形不同。异议登记因登记错误而产生，无登记错误就无异议登记；预告登记与登记错误无关，适用于不动产物权变动的原因已经发生，但不动产物权尚未完成的情形。（2）保全对象不同。异议登记保全登记错误时所产生的更正登记请求权；预告登记保障作为物权变动原因的债权请求权。（3）功能不同。异议登记具有抗辩功能，旨在通过抗辩登记的正确性以阻断登记公信力；预告登记主要用于标志将来的物权变动，具有预告未来的功能，以促进不动产物权变动的完成。（4）品性不同。异议登记具有宣示性，旨在表明登记可能错误的状态，故不能被善意取得；预告登记具有设权性，可以适用善意取得制度。[①]

但由于二者同出一源，故也有许多相同的地方：（1）二者均属于预备登记，均具暂时性；（2）二者均属保全登记，目的均在于确保登记权利人的权利得以实现，并均具有阻止登记公信力的作用；（3）二者均属限制登记，都是通过对登记名义人处分权之限制而达到保全登记权利人权利的目的；（4）二者均可依共同申请或假处分命令而为登记，不过这只是在德国法上才如此。[②]

预告登记与异议登记作为法律救济手段，何者更为合适，德国学者认为：预告登记与异议登记何者为合适的法律救济手段，在具体个案中颇难抉择。故而，应允许这两种救济手段可以相互并用，或者二者间可相互转换。[③] 即就某一个案而言，由于观察视角的不同，可能存在既可适用预告登记，也可适用异议登记的情形。

第四节　不动产物权登记的顺位

就不动产登记而言，不仅要反映权利的实体构造要素，还要反映权利实现的机会和风险，即反映此权利相对于其他权利的地位，确立各项权利究竟谁处在较优先的地位。从而理顺同一不动产上并存的数个权利之间的关系，建立不动产权利的竞争机制和实现顺序，这就是所谓的顺位制度。可以说，不动产登记的顺位对不动产物权能否实现发挥着决定性作用。

---

① Siehe Wieling, Sachenrecht, 3. Aufl., Springer Verlag, 1997, S. 275 und S. 299f; Baur-Stürner, Sachenrecht, 17. Aufl., Verlag C. H. Beck, 1999, S.235.

② 李昊等：《不动产登记程序的制度建构》，北京大学出版社 2005 年版，第 393 页。

③ 参见［德］鲍尔·施蒂尔纳《德国物权法》（上册），张双根译，法律出版社 2004 年版，第 420页。

一　顺位的概念

所谓顺位，就是指某个具体的不动产物权在不动产登记簿所记载的一系列权利所构成的顺序中占有的位置。[①] 如前所述，任何不动产均可以承担性质各不相同的多个物权（如所有权、用益权、地役权、抵押权等），由于不动产物权不同于动产物权的一个显著区别就是其物权变动都要在登记机构进行登记，当在一个不动产客体上设定两个以上的物权时，依照其纳入不动产登记簿的时间先后，该登记权利人享有了一个顺位。这些权利在不动产登记簿上排列为整齐的顺序，每个权利所占据的位置就是该权利的顺位。这些权利的权利人是否能够全部实现其权利，则完全取决于他们的权利处于的登记顺位。有关这些权利实现先后顺序的法律制度，就是顺位制度。故顺位制度原则上适用于所有的不动产物权，但是，由于所有权是完全物权，根据"一物一权"原则，其不但排斥一物存在两个所有权，而且根据其性质也对一切权利都有优先的效力，故不动产所有权不必依靠顺位来保护。因此顺位制度仅仅对不动产的限制物权，即不动产用益物权和抵押权具有决定性的意义。

我国《物权法》对顺位制度的规定并不十分明确，仅在第 194 条规定"抵押权人可以放弃抵押权或者抵押权的顺位。抵押权人与抵押人可以协议变更抵押权顺位以及被担保的债权数额等内容，但抵押权的变更，未经其他抵押权人书面同意，不得对其他抵押权人产生不利影响。债务人以自己的财产设定抵押，抵押权人放弃该抵押权、抵押权顺位或者变更抵押权的，其他担保人在抵押权人丧失优先受偿权益的范围内免除担保责任，但其他担保人承诺仍然提供担保的除外。"但对顺位产生的规则、顺位的适用、顺位的基本原则等等，均未明确规定，显然仍嫌粗糙。

二　顺位的产生

顺位基于登记产生。那么，其先后顺序的排列，又是根据何种标准产生的呢？显然不是根据登记官自己的主观判断，而有一个客观的标准。其决定性标准是数项涉及同一权利的登记申请，到达不动产登记机构的时间先后顺序。[②] 故各国不动产登记法均作出明确规定，典型条款如：德国《土地登记簿法》第 45

---

① 孙宪忠：《中国物权法总论》，法律出版社 2003 年版，第 227 页。

② ［德］鲍尔·施蒂尔纳：《德国物权法》（上册），张双根译，法律出版社 2004 年版，第 341 页。

条规定："（1）在土地登记簿的一个部分中有数个登记的，依据申请的时间顺序确定它们的顺位；同时提出申请的，在土地登记簿中应注明，各登记具有相同的顺位。（2）在土地登记簿的不同部分中，非同时提出申请的数个登记标注为同一日期的，在土地登记簿中应注明，申请时间在后的登记顺位位于申请时间在前的登记顺位之后。物权在不动产登记簿主簿登记后，使得成立，并依次排列次序及日期。"日本《不动产登记法》第6条第1款规定，"就同一不动产登记权利的顺位，法律无另外规定时，依登记的先后而定"。且各国物权法亦有明确规定，如《瑞士民法典》第972条第1款规定："物权在不动产登记簿主簿登记后，使得成立，并依次排列次序及日期。"《德国民法典》第879条第1款规定："用来对土地设定负担的两项以上权利被登记于土地登记簿的同一栏的，其相互间的顺位关系，按登记顺序确定之。这些权利被登记于不同栏的，登记日期在先的权利有优先顺位；登记日期相同的权利有相同的顺位。"对此，德国学者认为：土地登记条例解决的是，各权利应按怎样的顺序进行登记，进而获得各自的顺位（也就是登记申请在时间先后上的顺序）；而民法典回答的是，在登记之后，该顺位又是怎样确定的。① 总之，对顺位关系来说，登记为决定性标准。故我国在不动产登记法的立法中也应明确顺位产生的标准。

三 顺位制度的特征与法律意义

顺位制度具有以下特征：

1. 顺位制度是适用于以登记作为公示手段的不动产物权的法律制度。一般的动产物权以占有的交付作为公示手段，并无登记形式，无法在动产物权上建立顺位制度。

2. 顺位制度是适用于不动产限制物权的法律制度。根据"一物一权"的原则，一宗不动产上只有一个所有权，故无所谓所有权的顺位。在德国法中有所谓"所有权人的抵押权"的顺位问题，但究其本质还是抵押权的顺位问题。②

3. 不动产登记为顺位的决定性标准。无登记即无顺位，产生顺位的决定性标准是数项涉及同一权利的登记申请，到达不动产登记机构的时间先后顺序。

顺位的法律意义究竟为何？有认为顺位属权利之内容者，有认为属权利的一项特性者，亦有认为顺位仅在有竞争关系时提供优势地位中所产生出的请求权。我们

---

① ［德］鲍尔·施蒂尔纳：《德国物权法》（上册），张双根译，法律出版社2004年版，第342页。
② 孙宪忠：《中国物权法总论》，法律出版社2003年版，第228页。

认为，顺位制度对不动产物权的实现具有"程序性权利"的法律意义。不动产物权法中的顺位权是一种典型的民事程序权利，是不动产他物权人依照时间的先后而设立的顺序中的位置，享有优先于其后续顺位的他物权人实现其他物权的实体程序权利。简言之，优先顺位的权利对后续顺位的权利有绝对排斥的效力。

四 顺位制度的原则

1. 先成立者优先原则

不动产物权之顺位制度，是建立在权利成立在先者优于权利成立在后者的思想之上。[①] 尽管在某些具体情形中，该原则可能并不公平，但由于在权利交易中，限制物权产生于不动产登记簿，故"先成立者优先"原则必须体现于不动产登记簿之中。

2. 形式确定原则

确定顺位的唯一标准是不动产登记这一公示形式。顺位制度解决的是同一不动产上并存的数个权利之间的关系，这些权利必须是真实存在的，否则就失去了顺位的基本意义。而当事人自行约定物权的法律行为，在未纳入登记之前，仅在当事人之间产生约束，不能对其他物权产生对抗效力，故无法成为确定顺位的标准。

3. 顺位关系灵活原则

顺位一经产生，原则上不得变更。但并非僵化不变，而是灵活的。

顺位一经产生，其顺序原则上就是固定的，除非该顺位上的权利消灭。例如，某一顺位的他物权发生移转时，权利受让人自然取得该权利的顺位，而不因其登记在后而变更顺位。在德国，所有权人还可以为自己设定"顺位保留"，即为将来必然产生的一项限制物权保留一个优先的顺位，只赋予他物权人其后的顺位。此种顺位保留并不以其限制物权成立的时间在后而被登记在后续顺位。

但一经产生的顺位关系并非一成不变，一旦权利消灭——登记需被注销——顺位也丧失存续的基础和法律意义。此时后顺位权利人实现权利的几率增大，对顺位制度而言，后序顺位物权可能依次升进各自的顺位，此时适用顺位移动原则。

4. 顺位移动的原则

由于顺位关系并非一成不变，如果顺位在先的限制物权消灭以后，顺位在

① ［德］鲍尔·施蒂尔纳：《德国物权法》（上册），张双根译，法律出版社 2004 年版，第 338 页。

后的限制物权是否可依次升位而相应的变更权利人的顺位权？对此，通说认为，顺位在前的权利消灭，后序顺位物权应依次升进各自的顺位，此即顺位移动原则。[①] 但对顺位移动能否适用抵押权，大陆法系却存在着两种立法例：一是顺位升进主义，在以法国为代表的保全型抵押权体系中，由于严格遵循抵押权的从属性且不承认所有人抵押权和空位担保制度，故抵押权亦适用顺位移动原则；二是顺位固定主义，在以德国为代表的投资型抵押权体系中，由于其对抵押权的抽象化原则，各抵押权所支配的不动产的交换价值是固定的，先次序抵押权不随被担保债权的消灭而消灭，而是转化成所有人抵押权，或抵押权空位，即抵押权不适用顺位移动原则，采顺位固定主义。

两种立法例，谁优谁劣，学者众说纷纭。对此，谢在全先生和王利明先生作了较全面的论述，[②] 主张如果同一标的物上成立多数抵押权，在抵押权实现时，仍然应当采取顺位升进主义，而不应当采取固定主义。我国《物权法》立法未对顺位制度明确规定，原担保法亦无规定，但学理和司法实践实际上是贯彻了顺位升进原则。

五　顺位变动

1. 顺位变动的概念。已经确定的顺位发生更改或者消灭的情形，就是顺位变动。[③] 就是说对已经登记于不动产登记簿中的同一不动产的两个或数个权利的顺位，事后进行变动的行为。

2. 顺位变动的原因。顺位变动主要基于：（1）法律规定。即依据法律规定的顺位移动原则，而进行的顺位变动，如依据顺位升进主义立法，顺位在前的权利消灭，后序顺位物权应依次升进各自的顺位。（2）当事人的约定。顺位反映的是一种物权利益，除了法律规定的移动原则导致顺位变更外，在法律允许的条件和范围内，当事人可以依据自己的意志处分此利益。因当事人的约定而发生的顺位变动，主要以顺位交换的形态出现。即同一不动产所负担的位于不同顺位的权利相互交换各自的顺位，从而改变原有的顺位次序。

3. 顺位交换的条件。顺位交换应符合一定的条件，主要是：（1）顺位交换须由当事人之间达成一致的意思表示。（2）顺位交换须经利害关系人的同意，

---

① 参见李昊等《不动产登记程序的制度建构》，北京大学出版社 2005 年版，第 205 页。

② 具体参见谢在全"抵押权次序升进原则与次序固定原则"，载台湾《本土法学杂志》2000 年第 7 期；王利明："关于抵押权若干问题的探讨"，载《法学》2000 年第 11 期。

③ 李昊等：《不动产登记程序的制度建构》，北京大学出版社 2005 年版，第 213 页。

顺位后移之权利，若负担有第三人之权利，则其应获得该第三人之同意。(3) 顺位交换必须在不动产登记簿中进行登记，从技术上看，顺位变动属于不动产登记中的"变更登记"，未经变更登记的顺位不得对抗第三人。(4) 顺位交换不得损害中间权利，如果顺位交换的权利在顺序上没有相互连接，其间尚有其他顺位的权利（即所谓中间权利），此时顺位交换的效力范围仅及于交换所涉及的后移顺位权利和前移顺位权利，中间顺位权利不受顺位交换的影响。如在位于第一顺位 A 的担保额为 5 万元的抵押权，位于第二顺位 B 的担保额为 5 万元的抵押权，位于第三顺位 C 的担保额为 8 万元的抵押权的顺位关系中，如果 A 与 C 约定顺位交换，B 的 5 万元的债权不应受到影响。其顺位关系依次为：C 的 5 万元，B 的 5 万元，C 的 3 万元，A 的 5 万元。

六 顺位与抵押权实现的关系

抵押权的实现必须基于"变价条件成熟"，通常情况是基于抵押担保之债权的到期以及与此相连的抵押权的到期。[①] 若仅有一项抵押权，尚不生问题，但当在一个不动产客体上设定两个以上的抵押权时，则情况较为复杂。因为多个抵押权虽然以设定的先后次序作为实现的先后次序，但是设定在前的抵押权所担保的债权不一定首先到期，如果设定在后的抵押权所担保的债权的清偿期限，先于设定在前的抵押权所担保债权的清偿期限，而后一债权又未获合理清偿，此时应如何就抵押物予以实现抵押权。或者说，顺位在后的抵押权的"变价条件成熟"先于顺位在前的抵押权时，能否就抵押物进行变价？

对此，各国的立法均采肯定说。我国对此问题并不十分重视，学界认识也不尽相同。如王利明先生认为：先设定的抵押权不仅对抵押物的价值而言是优先的，而且在清偿的时间顺序上也是优先的。如果先设定的抵押权没有消灭，即使后设定的抵押权所担保的债权先于在先设定的抵押权所担保的债权到期，需要以拍卖或者变卖抵押物的所得清偿，也不能拍卖或者变卖抵押物并以其所得受偿，而必须等到先设定的抵押权消灭之后，抵押物价值尚有剩余时才能清偿后设定的抵押权所担保的债权。[②] 我国《物权法》并未规定得十分明确，但就其第 199 条"同一财产向两个以上债权人抵押的，拍卖、变卖抵押财产所得的

---

① 参见［德］鲍尔·施蒂尔纳《德国物权法》（下册），张双根译，法律出版社 2004 年版，第 156 页以下。

② 参见王利明"关于抵押权若干问题的探讨"，载《法学》2000 年第 11 期。

价款依照下列规定清偿"的规定，应该可以推断亦采肯定说。实际上在司法实践中也采肯定说。

在此情况下，如何保障先顺位抵押权的利益是需要解决的问题。在抵押制度中有所谓"消灭原则"与"承受原则"，即是针对后顺位抵押权人对抵押物申请强制执行或拍卖时，如何解决该抵押物上负担的（先顺位）抵押权或其他优先权的规则。[①] 即顺位在后的抵押权的"变价条件成熟"先于顺位在前的抵押权时，可以就抵押物进行变价，但不同的立法例对解决该抵押物上负担的（先顺位）抵押权的规则有所不同。

依消灭原则，抵押物一经拍卖，抵押物上的所有抵押权以及其他优先权都归于消灭，抵押权无负担地移转给买受人。此时抵押权的实现实际上是由现金体现，各抵押权人按其顺位的先后于变价中分配。其余抵押权即使未满足"变价条件成熟"，亦视为满足"变价条件成熟"，一样参与分配。依承受原则，拍卖不影响其他抵押权和优先权的存续，即买受人所受让的抵押物上仍负担有除强制执行的抵押权以外的其他顺位的抵押权和优先权。[②] 或者说，买受人获得的物权是"不干净"（有负担）的。在法制史上，前一立法例主要实行于普鲁士，后一立法例为罗马法和德国普通法所采用，后来，德国和日本则兼采这两种立法例。[③] 在美国，则是采承受原则。[④]

比较两种立法例，承受原则相对于消灭原则更有利于保护顺位在先抵押权的利益，但在交易实践中，贷款银行往往会约定抵押债权因拍卖而届清偿期，这实际上发生与消灭原则同一的结果。[⑤] 故消灭原则并不必然损害顺位在先抵押权人的利益。

依我国《担保法解释》第 78 条："同一财产向两个以上债权人抵押的，顺序在后的抵押权所担保的债权先到期的，抵押权人只能就抵押物价值超出顺序在先的抵押担保债权的部分受偿。顺序在先的抵押权所担保的债权先到期的，抵押权实现后的剩余价款应予提存，留待清偿顺序在后的抵押担保债

---

① 蔡永民：《比较担保法》，北京大学出版社 2004 年版，第 78 页。

② 在德国，在对土地进行强制拍卖时，随着拍卖的拍定，在进行执行的债权人之后的权利将消灭。即位于强制执行顺位之后的抵押权即使未获得清偿，其权利也消灭。参见［德］鲍尔·施蒂尔纳《德国物权法》（下册），张双根译，法律出版社 2004 年版，第 52 页。

③ 史尚宽：《物权法论》，中国政法大学出版社 2000 年版，第 291 页。

④ 参见［美］伯恩哈特、伯克哈特《不动产》，钟书峰译，法律出版社 2005 年版，第 300—301 页。

⑤ 史尚宽：《物权法论》，中国政法大学出版社 2000 年版，第 294 页。

权。"并无法推断采何种原则，但从《物权法》第199条的规定似可认为采消灭原则。

七　变更登记对顺位制度的影响

限制物权（他物权）设定后，并非一成不变，当事人仍可通过变更登记改变登记事项。通常登记事项的变更应由当事人达成合意后申请之，但当在一个不动产客体上设定两个以上的抵押权时，则存在涉及其他顺位权利的利益。故此种变更适用不得损害其他抵押权人的利益的原则，例如顺位在先的抵押权增加被担保的债权数额，将损害顺位在后的抵押权的利益，故非经其他抵押权人的同意不得为之。我国《物权法》第194条规定"抵押权人与抵押人可以协议变更抵押权顺位以及被担保的债权数额等内容，但抵押权的变更，未经其他抵押权人书面同意，不得对其他抵押权人产生不利影响"，体现的正是这一原则。

因此，在不动产他项权利的变更登记中，遇有两个以上他项权利时，除审查当事人的合意外，还应把握不得损害其他抵押权人的利益的原则。如顺位交换不得损害中间权利，被担保的债权数额的变更不得损害顺位在后的抵押权的利益等等。在登记实务中，登记机构往往不加区别，对无论是否损害其他抵押权人利益的变更均要求提供其他抵押权人书面同意，显然曲解了立法的本意——未经其他抵押权人书面同意，不得对其他抵押权人产生不利影响——即未对其他抵押权人产生不利影响的变更，无须提供其他抵押权人书面同意。

顺位制度在不动产登记中的意义重大，对不动产物权能够实现发挥着决定性作用。但在物权法的立法中并未得到足够重视，在不动产登记法的立法中，应确立我国不动产登记的顺位制度。

第五节　不动产物权登记的一般程序

不动产物权登记的一般程序是指针对各种具体的登记类型所共同适用的登记环节。由于不动产登记分为若干种类型，不同的登记类型在登记程序上会有相应的区别，但作为不动产登记，在程序上亦有共通之处，这些共通之处构成了不动产物权登记的一般程序。

一 我国目前不动产登记的一般程序

我国不动产登记程序至今尚未形成统一的制度体系,目前仍由各地方或各部门制定在各自势力范围内适用的登记制度,形成了"诸侯各霸一方"的局面,制度欠缺和矛盾显示得比较充分,就不动产物权登记的一般程序而言亦如此。在各地方或各部门制定的登记办法中,有的对登记程序通则作了规定,有的对登记的"一般规定"作专章处理,有的对"一般规定"仅列单独条款,很不统一。

就全国范围而言,主要是《土地登记规则》和《城镇房屋权属登记管理办法》两个规范。其对不动产物权登记的一般程序的规定为:

《土地登记规则》第 6 条:"土地登记依照下列程序进行:(一)土地登记申请;(二)地籍调查;(三)权属审核;(四)注册登记;(五)颁发或者更换土地证书。"第 15 条:"经土地管理部门审核,对认为符合登记要求的宗地予以公告。"即土地登记的一般程序为六个环节。这里的地籍调查一般仅适用于初始登记,而在其他登记类型中通常不要求地籍调查,或将其作为前置程序。而公告仅适用于土地初始登记。

《城镇房屋权属登记管理办法》第 10 条"房屋权属登记依以下程序进行:(一)受理登记申请;(二)权属审核;(三)公告;(四)核准登记,颁发房屋权属证书。本条第(三)项适用于登记机关认为有必要进行公告的登记",仅有四个环节。其中的公告仅适用于登记机关认为有必要进行公告的登记。

较有代表性的地方立法:

依《上海市房地产登记条例》第 10、11 条等规定,登记程序为:申请、受理、审核、登簿、发证。共计五个环节。

《深圳经济特区房地产登记条例》第 22 条:"房地产登记按下列程序办理:(一)提出申请;(二)受理申请;(三)审查申请文件;(四)权属调查;(五)依本条例规定公告;(六)确认房地产权利;(七)将核准登记事项记载在房地产登记册;(八)计收规费并颁发房地产权利证书;(九)立卷归档。"

《珠海市房地产登记条例》第 7 条:"房地产登记按下列程序办理:(一)提出申请;(二)受理申请;(三)权属调查;(四)依本条例规定公告;(五)确认房地产权利;(六)将核准登记事项记载于房地产登记卡;(七)计收规费并颁发房地产权证书;(八)立卷归档。"

此外,近年来随着政务公开和机关效能建设活动的开展,青岛、佳木斯等地运用先进科技技术，对不动产转让实行"窗口审查"，即来即办，立等可取，极大地简化了登记的程序。

由上可知我国对登记一般程序的规定十分不一致，不动产登记程序呈现出托尔斯泰式——"每换一次马车，适用的法律就不同"——的迷惑，同一省不同的市采用不同的登记程序，甚至同一市不同的县、区采用不同的登记规则，其中的制度耗用成本可想而知。

二　境外不动产登记的一般程序

其他国家和地区对不动产登记的一般程序通常不似我国以专门条文规定，但同样有关于一般程序的规定。

德国《土地登记簿法》未将土地登记的一般程序作专章规定，从法律的规定看，一般仅经过申请与受理（第13条）、审查（第18—22条等）、登簿（第44条）、公布（第55条）四个环节。

日本《不动产登记法》专章规定登记程序（第四章），其第一节为"通则"。日本登记的一般程序为：受理（第47条）、审查（第49、50条）、登簿（第51—55条）、交还（付）登记证明书（第60—61条），也是四个环节。

《俄罗斯联邦不动产权利及相关法律行为登记法》规定，权利国家登记依照下列方式进行：接受为权利国家登记所必需的和符合本联邦法律要求的文件，将这些附有登记收费文件的文件予以登记（即受理）；对文件进行法律审查和审查法律行为的合法性（即审查）；确定被申请的权利和已经登记对该不动产客体的权利之间不存在冲突，以及不存在其他的可以被拒绝或暂停权利国家登记的理由（即作出审查结论）；在不存在上述冲突和其他的可以被拒绝或暂停权利国家登记之理由的情况下，载入统一的不动产权利国家登记簿（即登簿）；完成法律证明文件签署和发给已经进行权利之国家登记证明书（即发证）。如将其中审查与作出审查结论视为审查环节，则也是四个环节。

我国台湾地区"土地登记规则"第47条"办理土地登记程序如下：（一）收件；（二）计征规费；（三）审查；（四）公告；（五）登簿；（六）缮发书状；（七）异动整理；（八）归档……"共八个环节。

三　不动产登记一般程序之我见

从上述不同的立法表述看出，登记的一般程序可以分解为十一个环节：（一）申请；（二）受理；（三）审查；（四）权属（地籍）调查；（五）公告；

（六）确权；（七）登簿；（八）计收规费；（九）缮发书状；（十）异动整理；
（十一）立卷归档。但其中有些环节是重复的，如确权与登簿实际上是同一环
节，而权属（地籍）调查、公告等也并不是各个登记类型所共有的环节。

故国内有学者将不动产登记的一般程序归总为以下六个步骤：（1）提出申
请或申报；（2）受理申请；（3）审查申请文件；（4）公告；（5）计收规费、颁
发房地产权利证书；（6）立卷归档。[①] 亦有学者认为应为：（1）提出申请（申
报，并包括其他登记方式）；（2）受理申请（收件）并计收规费；（3）审查；
（4）公告；（5）核准登记，登簿并颁发房屋权属证书；（6）立卷归档。其中的
公告仅适用于特定的登记类型。[②] 后者主要是将收费前置，其余并无太大区别。

根据我国不动产登记的相关规定，结合其他国家和地区对不动产登记一般
程序的规定，本着简化、高效的原则，我们认为，不动产登记一般程序应为：
受理、审查、登簿、收费发证四个环节。至于公告，可作为不动产登记的特别
程序。其理由如下：

首先，根据《土地登记规则》、《城镇房屋权属登记管理办法》和其他国家
和地区的规定，都以受理（收件）作为登记程序的开始。[③] 这是因为登记程序作
为约束登记机关的程序性规定，主要规定登记机关登记全过程的程序。尽管登
记因登记申请而启动，但就登记机关而言，一切登记均自受理（收件）始。故
从登记机关内部运行的角度看，申请登记与受理、嘱托登记与受理是一个行为
的两个侧面，就申请人而言为申请，就登记机关而言为受理，都以登记申请或
者登记嘱托有关的文件送达登记机关为标志，即登记机关受理（收件）后，登
记机关才能启动登记程序。因此，不必将申请单独作为登记程序的一个独立
环节。

实际上受理（收件）才是登记程序的启动，因为无受理（收件）即无审查
的对象。尽管原则上，一旦当事人提交登记申请，登记机关即应当按照法律规
定的收件程序接受申请，而不能当即审查拒绝。但是，如果申请存在明显的不
合理或者违法情形，如申请事项不属登记局管辖、申请与登记事务无关、当事
人提供的申请文件不齐全或者没有按照法定表格形式填写申请，则从维护登记
严肃性、审查高效性的角度出发，登记机关可以拒绝收件，以免给此后的登记

---

① 参见崔建远、孙佑海、王宛生《中国房地产法研究》，中国法制出版社1995年版，第252页。
② 李昊等：《不动产登记程序的制度建构》，北京大学出版社2005年版，第230页。
③ 《土地登记规则》的"土地登记申请"应理解为"接受土地登记申请"。

审查带来不必要的负累，也避免拖延当事人修正登记申请瑕疵的时机。[①] 换言之，申请必须为登记机关接受才有登记程序上的意义，未被接受的申请无法启动登记程序。正如学者指出：受理的意义在于，它是登记进入正式登记程序的标志。[②] 故无须将申请单独作为登记程序的一个独立环节，如果一定要强调申请的重要性，亦可将该环节称为"申请与受理"。或如《城镇房屋权属登记管理办法》称"受理登记申请"。

其次，审查申请文件、权属调查、地籍调查诸环节实际上可统称"审查"，即登记机关针对当事人的申请，依据法定的审查方式（形式审查或实质审查）和程序，得出予以登记或不予登记的结论。尽管根据不同的审查方式，在审查的内容上会有所不同，但均属于审查环节。尤其是"地籍调查"，近年来各地对地籍调查实际上均采取前置方式，在收件前就已完成。[③] 如天津市出台了《天津市地籍调查前置管理规定》，上海市《上海市房地产登记条例》将地籍图作为申请人申请时应提供的要件之一，显然也将地籍调查排除在登记程序之外。故审查申请文件、权属调查、地籍调查诸环节可统称"审查"，有此环节即可。

第三，公告并非各个登记类型所必需。依《土地登记规则》，公告仅适用于土地初始登记；依《城镇房屋权属登记管理办法》，公告仅适用于登记机关认为有必要进行公告的登记。这里所谓的"登记机关认为有必要进行公告的"实在模糊之极，在实务中，虽然主要是适用于土地初始登记、房地产初始登记、权属证书遗失补发等，但也有扩大到不动产移转登记、变更登记的，各地规定十分不统一。从其他国家和地区对不动产登记一般程序的规定看，公告并不一定为登记的必须程序。笔者以为我国特有的"公告"产生于将登记作为行政管理的手段，而不是作为公示的方法，故对于一些登记类型要求以"公告"的程序，或许以为非经此形式不足以表达"公示"的含义。

有学者从绝对物权行为的角度出发，认为"公告就是特定人向不特定人发出意思表示的法定方式"，主张物权登记均应由登记机关发布不动产物权变动之

---

① 常鹏翱："不动产物权登记程序的法律构造"，中国法学网，www.iolaw.org.cn。如深圳市《房地产登记条例》第 23 条第 2 款"申请文件不齐或不符合规定的，登记机关不予受理"，还可参见《澳门物业登记法》第 57 条。

② 李昊等：《不动产登记程序的制度建构》，北京大学出版社 2005 年版，第 257 页。

③ 据《天津市地籍调查前置管理规定》，地籍调查前置，是指在集体土地征收、农用地或未利用地转用、签订《国有土地使用权出让合同》、核发《国有土地划拨决定书》前，需对批准用地进行勘测定界，先行完成地籍调查工作，出具地籍调查前置成果。

公告，将物权变动登记申请向一切不特定人公告并征求异议。① 绝对物权行为理论的提出确有新意，但将公告视为法律行为的意思表示并不妥当，实际上仍然混淆了"公示"与"公告"的概念。所谓公示，在不动产物权变动就是通过登记向世人表明"这是我的"，而不必通过公告来表示。经过公示的物权即推定告知，故在瑞士"任何人不得提出其不知不动产登记簿上登记的抗辩"。② 在美国，如果契据即时恰当地进行了登记，它就具有"推定"告知的作用。③ 在明确将登记作为不动产公示的方法并建立统一的不动产登记制度的前提下，是否有必要对登记进行"公告"就值得探讨了。依《物权法》第三十条，因合法建造、拆除房屋等事实行为设立或者消灭物权的，自事实行为成就时发生效力。即不动产的原始取得自始生效，则公告失去了意义。故公告可以排除在登记程序之外，即使认为要保留公告，也仅为不动产登记的特别程序。

最后，立卷归档是登记机关在完成登记程序后，对登记文件的整理、存档，显然也不是登记的必要程序。

因此，我们认为，不动产登记的一般程序应为：申请与受理、审查、登簿、收费发证四个环节。④

四 申请与受理

当事人提出申请，将意欲表明不动产物权变动的意愿向登记机关送达，并由登记机关予以受理。这一过程即为申请与受理，是不动产登记的启动程序。为了实现这个目的，当事人必须采用符合法定的方式（各国立法均要求以书面的形式）提交相关文件，以证明自己行为的合法性。登记申请的文件送达登记机关后，登记机关即应接受并向申请人出具相关证明，即通常意义上的收件收据。实际上受理（收件）才是登记程序的启动，因为无受理（收件）即无审查的对象。原则上，一旦当事人提交登记申请，登记机关即应当按照法律规定的收件程序接受申请，而不能当即审查拒绝。

在受理登记申请时应注意以下事项：

① 于海涌：《论不动产登记》，法律出版社 2007 年版，第 89、212 页。
② 《瑞士民法典》第 970 条。
③ ［美］伯恩哈特、伯克哈特：《不动产》，钟书峰译，法律出版社 2005 年版，第 267 页。
④ 2007 年 10 月 1 日开始实施的《广州市城镇房地产登记办法》，作为《物权法》的配套法律文件，堪称《物权法》通过后地方立法最先涉及不动产登记的地方法规。其第 9 条规定："房地产登记按照以下程序进行：（一）申请；（二）受理申请；（三）审核；（四）核准登记并核发房地产权证书。"也只有四个环节。

1. 适格的主体。登记申请权的权利主体一般被称为"登记权利人"和"登记义务人"，前者是因为登记并在登记簿上显示的直接取得利益或者免除负担的人（如不动产所有权的买受人），后者是因为登记并在登记簿上显示出来的失去利益或者得到负担的人（如不动产所有权的出卖人）。① 登记申请人既要具有民事权利能力又要具有权利资格。首先，登记申请人必须具有民事权利能力，在"登记要素论"一章中，我们指出，在我国民事主体为自然人、法人和其他组织，对于其他组织，应依最高人民法院《关于适用〈中华人民共和国民事诉讼法〉若干问题的意见》第 40 条规定予以认定。在德国，任何自然人或法人作为所有权人，均有登记能力（"土地登记之主体资格"，Grundbuchfahigkeit）。此外，所有的依照法律规定可作为财产权利担当者的人之联合，亦有登记能力。其次，申请是当事人享有的请求登记机关为或不为一定行为的权利，因此，只有与不动产物权变动有关联的当事人才有资格提出申请。登记申请权的主体必须是与登记有直接利害关系之人，这种关系能够在登记簿上显示出来，故在申请登记时，登记义务人必须是登记簿上的权利人，登记权利人必须是与不动产物权变动有关联的当事人（如不动产所有权的买受人），否则，即不得成为登记申请权的主体。最后，是对特殊主体的认定。如委托他人代为申请登记中代理人的资格认定，未成年人的监护人的身份认定等等。总之，只有适格的主体才能成为登记申请人。

2. 明确的诉求。申请的运行，是当事人通过自己意思请求登记机关为或者不为登记行为的动态表现。因此，当事人提出的申请，应向登记机关明确表明不动产物权变动的内容，包括物权变动的方式（物权的设立、移转、变更和消灭）、物权的种类（所有权、使用权、用益物权与担保物权）。登记机关的工作权限范围，也要受制于申请。换言之，登记机关在审查申请和办理登记时，必须依据申请的内容范围进行操作，既不能在内容上少于申请的内容，也不能在范围上超过申请的范围。

3. 完整的证据。登记申请人申请时，提交的文件，必须能够表明当事人的身份、意欲达到的目的以及相关的证据。《物权法》第 11 条："当事人申请登记，应当根据不同登记事项提供权属证明和不动产界址、面积等必要材料。"这些"必要材料"包括：

申请书：由于申请涉及当事人的利益归属和变化，也决定了登记机关审查

---

① 参见［日］田山辉明《物权法》（增订本），陆庆胜译，法律出版社 2001 年版，第 56 页。

和登记的范围，为了促使当事人谨慎从事，也为了防止登记机关滥用职权私自改变民事主体的权利状态，当事人必须通过书面形式提出申请，以此来印证登记结果，这也是我国目前通常采用的形式。

申请书应当说明申请人身份、登记类型、登记原因、标的等。为了方便当事人提出申请和规范当事人的申请行为，申请书通常由登记机关提供标准样式，明晰表明当事人应该填写的事项和提供的证据，由当事人按照提示进行填写和准备。

身份证明：提供登记权利人与登记义务人的身份证明，以证明登记申请人具有申请的资格。身份证明通常是身份证，但根据申请主体的不同，还涉及监护人（适用被监护人）、法定代表人（适用法人）以及代理人（适用代理）等等。需提供不同的身份证明。

权属证明：根据物权变动的不同原因，申请人必须提交与此相适应的权属证明文件（即不动产物权变动原因的证明，如行政许可文件、买卖合同、继承公证书、遗嘱等）、登记义务人的权利证明（即登记义务人的权利证明文书）、申请所涉及第三人的同意证明以及法律规定的其他文件。

地籍资料：在不动产初始登记与变更登记①时，登记申请人需要提供相应的地籍资料，即《物权法》规定的"不动产界址、面积"。

登记机关认为申请符合法定的形式要件，受理登记申请后，应当按照接受申请的时间先后编排序列，并给当事人出具收据以及该序列的证明。这是登记机关受理登记的程序性规则，在实行契据登记主义的香港地区，其有关土地注册的法律规定，土地注册处接获当事人的申请后，要按照接获申请的先后时间编号，向申请人发给收据，其卜指明接获申请的日期和指明编号。② 在实行登记生效主义的我国台湾地区，其"土地登记规则"第48条规定："登记机关接收登记申请书时，应即收件，并记载收件有关事项于收件簿与登记申请书。前项收件，应按接收申请之先后编列收件号数，登记机关并应给与申请人收据。"在实行登记对抗主义的日本，其《不动产登记法》第47条规定，登记官接受申请书时，应在收件簿、申请书以及申请书和其他书面的收据中记载收件年月日和收件号数，并将收据交付给申请人。我国《土地登记规则》也采用了相同的做

---

① 此处的变更登记为狭义，即不动产标示的变更。

② 参见刘时山"香港与中国内地的土地登记制度之比较"，载香港法律教育信托基金编《中国内地、香港法律制度研究与比较》，北京大学出版社 2000 年版，第 226 页。

法，该规则第 12 条规定："土地管理部门接受土地登记申请者提交的申请书及权属来源证据，应当在收件簿上载明名称、页数、件数，并给申请者开具收据。"

申请的本质是一种权利，若登记申请仅有微小瑕疵，如申请人的资格或代理人的代理权存在欠缺、登记申请不符合法定形式等等，是否立即拒绝其登记申请？ 德国法认为，立即拒绝其登记申请，会导致不公平结果。故其《土地登记簿条例》规定，允许土地登记局可不作出申请拒绝决定，而为申请人确定一个适当的期限以排除该瑕疵。若申请人在此期限内仍无法补正者，则申请才被驳回。换言之，此种有瑕疵的申请被视为已经到达登记局，申请人因登记申请获得其权利顺位。但其前提是：为登记申请所存在之瑕疵，必须是可溯及补救的瑕疵。同时，为了有利于先提出的申请，还可以发布临时性登记命令。即在所指定之期限内，登记局若收到另一项涉及同一权利的登记申请时，虽然该申请通过登记而先得到办理，但为了第一项申请者之利益，须登记一项预告登记或异议登记。① 我国台湾地区的"土地登记规则"有类似规定，即补正程序。其补正后仍沿用原有申请书及收件字号继续办理。②

我国目前的登记制度未作此设计，通常情况下，申请文件不齐全或不符合规定的，登记机关不予受理。③ 亦有规定登记机关认为申请人提交的申请登记文件尚未齐备的，应当书面告知补正要求，待补正后予以受理。如《上海市房地产登记条例》第 10 条规定："申请房地产登记的，应当提交规定的申请登记文件。申请人提交的申请登记文件齐备的，房地产登记机构应当即时出具收件收据，申请日为受理日。申请人提交的申请登记文件尚未齐备的，房地产登记机构应当书面告知补正要求，申请登记文件补齐日为受理日。"但此种补正，对登记申请人取得权利顺位没有任何帮助。拒绝登记申请实际上损害了申请人的权利，有学者亦注意到此问题，如徐国栋主编的《绿色民法典草案》就规定"登记簿的管理人不应由于在要求后未附必要文件而拒绝受理"，④ 我们认为德国的做法值得我们借鉴。

① 参见［德］鲍尔·施蒂尔纳《德国物权法》（上册），张双根译，法律出版社 2004 年版，第 332—333 页。在临时性登记命令的运用中，在第一项登记申请以物权变动为其内容时，应登记一项预告登记；在以登记簿更正为其内容时，应登记一项异议。
② 李昊等：《不动产登记程序的制度建构》，北京大学出版社 2005 年版，第 259 页。
③ 参见《深圳经济特区房地产登记条例》第 23 条。
④ 徐国栋主编：《绿色民法典草案》，社会科学文献出版社 2004 年版，第 313 页。

（一）申请的方式

申请方式以双方申请为原则，以单方申请为例外，此外，尚涉及代位申请与代理申请，分述如下：

第一，双方申请。也称共同申请，即登记权利人和登记义务人共同向登记机关申请登记。这是申请的一般方式，也是我国登记实务中所采用的通常做法，它适用于因法律行为发生的不动产物权变动，即因买卖、交换、赠与、抵押等进行登记的，应当由登记权利人和登记义务人双方共同申请。

如《上海市房地产登记条例》规定：因下列情形之一进行房地产登记，有关当事人双方应当共同申请：（一）买卖；（二）交换；（三）赠与；（四）抵押；（五）设典；（六）法律、法规规定的其他情形。《深圳经济特区房地产登记条例》规定：房地产买卖、抵押、分割、交换、赠与等房地产登记由有关当事人共同申请。

第二，单方申请。即由登记权利人或者登记义务人一方向登记机关申请登记。这种申请主要适用于非因法律行为发生的不动产物权变动，如初始登记、经过国家公权力确认的物权变动（如法院通过已经发生法律效力的判决确定的不动产物权变动）、因继承发生的物权变动等非因法律行为产生的物权变动。《瑞士民法典》第 665 条第 2 项即规定："在先占、继承、征收、强制执行或法院判决等情况下，取得人得自行请求登记。"

如《上海市房地产登记条例》规定：因下列情形之一进行房地产登记，由房地产权利人申请：（一）以划拨或者出让、租赁等方式取得土地使用权；（二）经批准取得集体所有的非农业建设用地使用权；（三）新建房屋；（四）继承、遗赠；（五）行政机关已经发生法律效力的土地使用权争议处理决定；（六）人民法院已经发生法律效力的判决、裁定、调解；（七）仲裁机构已经发生法律效力的裁决、调解；（八）本条例第 32 条所列情形；（九）法律、法规规定的其他情形。《深圳经济特区房地产登记条例》规定：下列情形的房地产登记，当事人可单独申请：（一）土地使用权或建筑物、附着物所有权的初始登记；（二）因继承或遗赠取得房地产的转移登记；（三）因人民法院已经发生法律效力的判决、裁定和调解而取得房地产权利的有关登记；（四）变更登记；（五）因土地使用年期届满注销登记；（六）因房地产权利证书灭失、破损而重新申领、换领房地产权利证书等其他登记。

第三，代理申请。即申请人无法亲自到登记机关办理登记，由其法定代理人或者申请人委托代理人向登记机关申请登记。在这种情况下，代理人应当出具身份证明、委托书等代理证明文件。

第四，代位申请。即登记权利人怠于申请登记，与其有利害关系之人为了保全自己的利益或者同时照料登记权利人的利益，代位向登记机关申请登记。代位申请主要分为两类：一类是基于债权人的代位权进行的代位申请，这种代位申请的目的在于保全代位权人的利益，是债权人行使代位权的表现，依《合同法》第 73 条的规定，代位债务人可以代位申请登记，但须符合代位权的条件。债权人在代位申请时，应当在申请书中记载债权及债务人的姓名或者名称、住所以及代位原因，并附具证明代位原因的文件。另一类是基于共同利益进行的代位申请。这种代位申请的目的在于保全代位申请人以及被代位的登记权利人的共同利益，因此，其二者之间必须存在利益上的牵连关系，形成利益共同体，而且代位申请的目的只能是为该权利共同体的利益。如在继承中，继承人为二人以上的，部分继承人因故不能与其他继承人共同申请登记时，其中一人或者数人为了全体继承人的利益，就被继承的不动产，申请为共同共有之登记。需要注意的是，任何代位申请，均必须由法律明确规定其情形以及证明事项，不得任意为之，以防止不当侵害申请权利人的利益。

（二）申请的文件

申请登记，原则上应提交下列书面文件：1. 申请书；2. 证明登记原因的文件；3. 关于登记义务人权利的登记证明书；4. 就登记原因需要第三人的许可、同意或承诺时，证明已取得其许可、同意或承诺的文件；5. 有代理人申请登记时，证明其权限的委托文书。此外，根据不同登记类型，需要提交的文件可能有所不同。

（三）申请的撤回

在登记完成之前，申请人有权部分或者全部撤回申请，这是因为申请的提出是申请人自己依据自主意思而选择的行为，其当然也可以选择撤回这种行为，这是当事人自己的权利。故学者称，不存在"不可撤回"（Unwiderruflichen）的登记申请。①

但是申请的撤回要受到法律的约束，首先，在共同申请中，原则上应由共同申请人共同申请撤回。只有部分申请人提出撤回申请的，原则上不能准许撤回，但登记机关应根据情况进行区别对待。如在共同继承登记中，一个继承人撤回登记申请不影响他人的登记申请，登记机关应该准许该撤回，但其他人的申请仍然发生法律效力。而在因买卖而导致的所有权移转登记情况中，只有一

---

① Siehe Schöner-Stöber-Haegele, Grundbuchrecht, 10. Aufl., Verlag. C. H. Beck., 1993, S. 36.

方申请人提出撤回申请，而另一方不同意撤回的，为了平衡当事人的利益，登记机关就不能准许撤回。在这种情况下，登记机关应当中止登记程序，在当事人达成共同同意撤回申请、不再撤回申请或者经由法院、仲裁机关确认权利归属时，再作出同意撤回申请或者继续登记行为的决定。其衡量的标准是申请的撤回是否损害其他权利人的合法权益，在不影响其他权利人的合法权益的前提下，登记机关应该准许该撤回。

其次，申请人撤回申请的权利要受到登记机关登记行为的限制，就是说只有在登记完成之前，申请人才能部分或者全部撤回申请，因为登记的完成标志着申请已经达到目的，其作为程序行为已经正常终结，就不再具有撤回的可能。

最后，申请的撤回应当采用书面形式，其中需要明确表示撤回申请的意思，但无需陈述撤回申请的理由。在共同申请场合，应当由双方共同向登记机关出具撤回申请请求书；在代理申请场合，应当由代理人向登记机关出具申请人撤回申请的授权文书。如果撤回申请的表示不符合上述形式要求，视为申请没有撤回，登记机关仍然可以完成登记。

（四）受理的效力

如前所述，尽管登记因登记申请而启动，但就登记机关而言，一切登记均自受理（收件）始。故从登记机关内部运行的角度看，申请登记与受理是一个行为的两个侧面，就申请人而言为申请，就登记机关而言为受理，都以登记申请有关的文件送达登记机关为标志，即登记机关受理（收件）后，登记机关才能启动登记程序。故当事人的申请为登记机关受理后，登记正式启动，即具有特定的法律效力。

此种法律效力除了具有程序法意义的效力外，在一定条件下，也产生相应的实体法效力，从而影响当事人在实体法上的权利义务关系。也就是说申请的被接受（受理），就会在程序法和实体法上产生双重效力，前者一般被称为形式效力（formelle Wirkung），后者则被称为实体效力（materielle Wirkung）。

就形式效力而言，申请的被接受（受理）直接导致登记的启动，没有申请与受理，就没有登记机关的登记行为，前者决定了后者的发生。登记申请，因到达登记机关而生效，而所谓的"到达"，是指登记申请在交给登记机关的登记官员时（即受理）始视为到达。由于该时间点对嗣后各权利间的顺位关系，具有决定意义，故受理的时间点必须精确地按天、时、分来确定。① 在登记的程序

---

① 参见［德］鲍尔·施蒂尔纳《德国物权法》（上册），张双根译，法律出版社 2004 年版，第 310 页。

上，必须依"先申请之登记，在办理上须先于后申请之登记"的规则进行，即申请的受理决定登记程序中登记行为运作规律的效力。此外，申请的内容还对登记机关的活动范围予以限制：登记机关不能从事申请之外的其他登记行为。当事人申请登记，是意欲通过登记机关的登记来达到不动产物权变动的公示，登记行为主要是充作达到当事人目的的手段，无视申请、脱离申请或者超越申请的登记行为，就是无视目的、脱离目的或者超越目的的手段，是不妥切、不适当的手段。这意味着，不仅登记机关在启动登记行为时要受到申请行为的制约，登记机关的工作权限范围，也要受制于申请。换言之，登记机关在审查申请和办理登记时，必须依据申请的内容范围进行操作，既不能在内容上少于申请的内容，也不能在范围上超过申请的范围。①

这种形式效力对我国不动产登记制度的建立尤为重要，由于重实体、轻程序的长期影响，我们对程序上的意义基本不予重视。如对"先申请之登记，在办理上须先于后申请之登记"的规则几乎没有什么概念，相反充斥着大量的领导意志与人情观念，后申请之登记先于先申请之登记的办理，比比皆是。在登记的内容上，随意解释或评定申请人的用意亦时有所闻。故确立严格的程序观念对于我国不动产登记制度的建立具有十分重要的意义。

就实体效力而言，首先，是对权利顺位关系的作用。确定不动产物权顺位的基本原则是依其纳入登记的时间确定，基于"先申请之登记，在办理上须先于后申请之登记"的规则，先登记者权利产生的时间就在先，其具有排斥登记时间在后权利的效力，这就影响到此数个不动产物权实现的先后顺序，对同一权利有数人提出登记申请时，就必须以登记机关收到申请（即受理）的时间先后决定登记的顺位：登记机关按照收到申请的时间先后顺序，对申请进行序列编号。登记机关要根据编号来决定完成登记的时间先后顺序，申请人则可根据这个编号来主张自己的登记顺序。

其次，是对处分行为人（即原权利人）处分限制上的效力。若此类处分限制发生在当事人的意思表示已产生约束力，且对不动产登记机关已提出登记申请之后，则该处分限制对已提出登记申请及其登记，并不产生影响。②《德国民法典》第878条："在权利人依照第873条、第875条、第877条做出的意思表

① 李昊等：《不动产登记程序的制度建构》，北京大学出版社2005年版，第253页。

② 参见［德］鲍尔·施蒂尔纳《德国物权法》（上册），张双根译，法律出版社2004年版，第311页。

示对于权利人成为有约束力的，且登记的申请向土地登记处提出后，权利人在处分上受到限制的，该意思表示不因此而失去效力。"此规定之理由，是基于公平之衡量：为能引起物权的变动，当事人自己该做的都已做了时，那么对事后出现的处分限制，是否还能起作用这一问题的回答，就不应取决于土地登记局何时在登记簿中办理登记，也就是说，不取决于土地登记局是马上办理登记，还是要过上一阵子才办理登记。① 这与我国的习惯做法与学者的观点大相径庭，我国学者认为："法院查封、财产保全命令等行为，是国家公权力限制物权人处分权的行为，其无需登记就可以发生法律效力，违背该处分限制的行为不能发生法律效力。登记申请的提出，意味着当事人所预期的物权变动能够实现，但这仅仅是一种可能性，其不能对抗上述的处分限制行为，在登记没有完成之前，登记机关接获上述处分限制嘱托时，必须立即办理处分限制登记，并通知登记申请人。这样，登记申请就无从产生相应的物权变动法律后果。"② 毋庸讳言，目前我国的登记制度确如前所言，法院查封、财产保全命令等行为高于一切，③实际上严重损害受让人的权益。

就登记自何时产生效力，大体有三种观点：一是自记载于不动产登记簿时发生效力；二是自当事人领取不动产权利证书时发生效力，即不动产权利证书只要尚未发出，法院的查封、财产保全命令对原权利人仍产生法律效力；三是自登记受理时发生效力。我们认为，第二种观点毫无法律依据，第三种观点亦失之偏颇（申请受理的效力与登记到登记簿的效力毕竟不同），正确的观点无疑是第一种。我国《物权法》第14条："不动产物权的设立、变更、转让和消灭，依照法律规定应当登记的，自记载于不动产登记簿时发生效力。"但自记载于不动产登记簿时发生效力，并不否定登记申请与受理的法律效力，即当事人自己该做的都已做了时，那么对事后出现的处分限制，是否还能起作用这一问题的回答，就不应取决于土地登记局何时在登记簿中办理登记。④ 这正是申请与受理

---

① 参见［德］鲍尔·施蒂尔纳《德国物权法》（上册），张双根译，法律出版社2004年版，第401页。

② 常鹏翱："不动产物权登记程序的法律构造"，中国法学网，www.iolaw.org.cn。但该文收入《不动产登记程序的制度建构》时，该观点未纳入。

③ 最高人民法院、国土资源部、建设部《关于依法规范人民法院执行和国土资源房地产管理部门协助执行若干问题的通知》第9条：对国土资源、房地产管理部门已经受理被执行人转让土地使用权、房屋的过户登记申请，尚未核准登记的，人民法院可以进行查封，已核准登记的，不得进行查封。

④ 《上海市房地产登记条例》第11条：房地产登记机构应当在规定的时限内完成对登记申请的审核。经审核符合规定的，房地产登记机构应当将有关事项记载于房地产登记册，登记申请的受理日为登记日。第二句体现的正是这一精神，即准予登记的，自受理日始。

的实体效力之意义所在，登记机关对当事人申请的受理，意味着当事人所预期的物权变动能够实现，相当于物权变动进入保险箱，暂时可以对抗其后的物权变动与限制。如当事人的申请合法有效，登记机关必须予以登记。该时点后发生的物权变动与处分限制并不发生效力。除非当事人自己的瑕疵造成登记申请的驳回，则该处分限制变为优先于物权变动，如不完整的申请被合法地驳回，则登记机关的受理对受让人的保护效力（即《德国民法典》第878条）就终止。正如德国学者指出，该条规定旨在保护受让人，使出让人在达成合意和进行登记之间可能受到的处分限制不影响物权的取得。①

最后，体现于自无权利人之权利取得中，对决定善意与否时间上的作用，即影响不动产物权的善意取得。登记程序的运行结果，可能会出现登记错误，即登记物权与真实物权不一致，第三人基于登记公信力取得物权的制度就是不动产物权的善意取得，但是，善意取得存在的前提条件是，第三人在申请物权变动登记时，不知道登记错误，即其在申请登记时不是恶意的。由此可见，申请登记的时间，是决定不动产物权善意取得制度中"善意或恶意"的时间点，其将影响第三人能否根据善意取得制度来取得不动产物权。

总之，登记申请，因到达登记机关而生效，其最重要的就是登记机关受理的时间点，该时间点在程序法与实体法上具有十分重要的法律效力。

（五）嘱托登记——登记申请的特殊形式

在法律准许国家机关嘱托登记局为登记时，国家机关之嘱托即取代登记申请、登记同意以及其他的形式要求。德国《土地登记簿法》规定，在行政机关依据法律规定有权请求土地登记局办理登记的情况下，登记基于行政机关的请求而得以办理。即国家公权力机关依法律规定，为了实现自己公共职责和职权的目的，可以嘱托登记机关登记，由这类公权力主体引发的登记启动机制即为嘱托登记。此时，国家机关的嘱托得替代当事人之申请。② 由此，可以认为嘱托登记是登记申请的特殊形式，并不违反申请原则，只是以嘱托替代当事人之申请。

受登记嘱托公共权力属性的影响，其要受到法律的严格调整，只有在法律明文规定的情形下，具有嘱托权的机关才能依法进行登记嘱托。我国台湾地区

---

① ［德］沃尔夫：《物权法》，吴越、李大雪译，法律出版社2002年版，第225页。
② 参见［德］鲍尔·施蒂尔纳《德国物权法》（上册），张双根译，法律出版社2004年版，第309页。

"土地登记规则"第30条规定了政府机关得嘱托登记机关登记的情形，即通过法律的明文规定授予政府机关嘱托权。此外，还有法院嘱托登记机关办理的查封、假扣押、假处分或破产登记（第126条），其他机关依法律嘱托禁止处分之登记（第130条），由原嘱托登记机关嘱托登记机关办理的查封、假扣押、假处分或破产登记或其他禁止处分登记的涂销登记（第135条）以及法院嘱托办理的他项权利涂销登记（第35条）。①

五　登记审查

不动产物权登记程序启动后，登记机关就必须依据法定职权，对登记申请或者登记嘱托进行相应的审查行为，围绕登记机关的审查行为而设置的程序机制就是登记审查程序。

（一）登记审查的方式

通说认为不动产登记的审查方式有两种，即形式审查和实质审查。所谓形式审查和实质审查的区别标准，在于登记机关审查范围是否及于当事人的实体法律行为，肯定者为实质审查，否定者为形式审查，这种标准的基础是物权实体法与物权程序法的分离。如前所述，采用何种审查方式与不同的登记模式无关，形式审查为当今各国不动产登记审查的主要方式。

就德国的登记制度而言，其登记审查方式主要采用形式审查。但这种形式审查是建立在"替代机制"的前提下，即通过同意原则与在先已登记原则这两个替代机制，德国的登记审查才可以不涉及物权实体法领域，不用考察当事人之间是否具有真实有效的物权变动意思表示、处分人是否具有真实的处分权，这两个条件正是处分行为得以发生法律效力的必备的实体条件。登记机关主要审核的事项是产生登记的程序性行为和登记簿中的既有记载，无需考虑它们与实体法律行为和实体权利的对应性，在此意义上，德国登记审查方式才被称为形式审查。

法国采用公示对抗主义，其立法者坚持认为，在登记审查时，登记员没有资格对法律行为的效力、处分人的权利以及当事人的资格进行评判，这些权力只能由法官来享有。只有在当事人为了对抵押权进行注销而要求解除抵押权的情形，登记员才可以依据民法典的相关规定来审核行为的效力。因此其登记的

---

① 参见我国台湾地区"土地登记规则"，日本《不动产登记法》第28条之2至第31条。

审查方式仍然是形式审查。① 从这种机制来看，其好似不能保护交易安全，但实际上，公证人已经提前介入对于法律行为的调整之中，即只有经过公证等认证的行为才能交由抵押权登记机关予以公示，故而，登记之前的公证防线起到了风险过滤作用，不动产公示与公证行为之间存在密切联系，公证人的地位和作用比抵押登记员更为重要，公证人在民法典制定时代被称为"活的登记簿"，其对不动产系谱的详细调查和对不动产物权变动的公证，既最大限度地防范了二重转让的发生，又为发生争议时提供了可信的证据。

日本亦采登记对抗主义，但其登记模式仍为权利登记。日本《不动产登记法》第 49 条规定了驳回登记申请的限制性条款，除了标示登记之外，其余的条款都是形式性的，其中不涉及对于导致不动产物权变动的原因真实性和效力的审查，只要登记申请与这些条款不抵触，登记机关就必须受理，故此为形式审查。同时，登记官没有实质审查权，在窗口就可以审查申请，故又为窗口审查。②

瑞士采用物权公示原则和权利登记。依据《瑞士民法》第 963 条和第 965 条的规定，登记机关审查的对象范围包括登记申请、不动产所有权人的书面声明、申请人的处分权利书证、法律原因的书证，其中的"法律原因"即导致不动产物权变动的基础法律关系。由此，瑞士的登记审查不仅涉及程序行为，还涉及法律原因这样的实体法律事实，故属于实质审查。但对于大多数依据法律行为产生不动产物权变动的情形，其原因行为均须进行公证，否则即不生法律效力。学者对此解释道："瑞士民法因为不把物权行为当作原因行为，故若原因行为出现瑕疵，登记就会与真实不符。因此，为了进行登记，需要就原因行为办理公证证书，以此来保持其确实性。"③ 如此一来，与德国法一样，通过公证确保了这些原因行为的法律效力，登记机关所进行的审查同样是对法律规定的形式进行"窗口审查"，在实体性法律行为以及其他法律事实不具备法律规定的形式，以及提出的文件不能证明法律原因存在的，登记申请即被驳回。④

从上述国家登记审查制度的情形看，尽管德国、瑞士、法国和日本对待物

---

① 参见于海涌《法国不动产担保物权研究——兼论法国的物权变动模式》，法律出版社 2004 年版，第 149 页。

② 参见 [日] 我妻荣《日本物权法》，有泉亨修订，李宜芬校订，台湾五南图书出版公司 1999 年版，第 73 页。

③ 同上书，第 224 页。

④ [日] 铃木禄弥：《抵押权の研究》，一粒社 1968 年版，第 108 页。

权行为的态度不同、公示效力不同、登记模式不同，但基本上以形式审查和窗口审查为主，如果单从登记实务角度考察这种类同局面，很难得出因它们的不动产物权变动理论互不相同而致使物权变动结果差异很大的结论。或者说，程序性的登记审查过滤掉了不动产物权变动法律制度的差异，只要有完备的法律配套制度的支持，其同样能够起到保障交易安全的作用，而且可以提高不动产登记效率，大大降低登记成本。这也是我们研究不动产物权登记程序的意义之所在。

需要注意的是，作为形式审查制度的重要前提，是要坚持公证原则。在登记申请之前，由公证机关审核引致不动产物权变动的法律行为或者有关程序行为，既保证了不动产物权变动的实体真实与程序真实，也为登记的便捷性奠定了基础。在这种登记审查机制中，登记审查权限实际上是被公证机关和登记机关共同分担了，其结果就是既保证了登记的迅捷，又强化了登记结果的正确性。正因为有了这些前置的不动产物权变动安全性和妥当性的保障机制，登记机关就无需再深查细究这些行为的效力。因此，登记机关对这些行为的审查就是形式性和窗口性的。

（二）登记审查的步骤

登记审查为登记官的职责，但此种审查的步骤并未有明确规定。在德国，土地登记事务由司法官掌管，司法官在作判决（审查）时，在业务上具有独立性，仅就极有限的事项，须提交给法官裁决。[①] 在日本，登记所的事务，由在法务局、地方法务局或其支局、派出所服务的且经法务局长或地方法务局长指定的法务事务官，作为登记官予以办理。[②] 由此可见，这些国家的登记官在登记审查时原则上独立作业。

在我国，作为登记机构内部的运作，有一定的步骤，通常为：初审、复审、审核、审批诸环节。这或许由于我国并未建立登记官制度，故登记审查实际上仍按行政审批的程序进行，即科员——初审、科长——复审、处长（主任、所长等）——审核、局长——审批，这种审查步骤严重影响了登记的效率。近年来随着政务公开和机关效能建设活动的开展，我国一些地方如青岛、佳木斯等地运用先进科技技术，对不动产转让实行"窗口审查"，即来即办，极大地简化

---

① 参见［德］鲍尔·施蒂尔纳《德国物权法》（上册），张双根译，法律出版社 2004 年版，第 282 页。

② 日本《不动产登记法》第 11 条。

了登记的程序。另有一些地方则针对不同的登记业务区别为层级审查，如抵押注销——一级审查，由登记人员即来即办；初始登记——四级审查，步骤如前述；转让登记——三级审查，到处长（主任、所长等）为最后批准等等。

这些实践，为今后登记审查的方法提供了有益的经验。相信随着我国登记官制度的建立，登记官员素质的提高，由登记官独立审查的方式应成为主流。

（三）登记审查的内容

对于登记审查的内容，德国法规定的不动产登记是通过"替代机制"来实现登记机关的形式审查制度的。在德国法上，不动产登记官审查的是双方当事人在其面前所为的关于物权变动的意思表示是否真实，至于当事人作出关于物权变动的意思表示的原因——即以物权变动为内容的债权行为真实与否，登记官员不予过问。即通过对一些"替代事项"（Surrogaten）的审查——以形式审查的方式达到实质审查的目的。登记机关主要审核的事项是产生登记的程序性行为和登记簿中的既有记载，审查对象主要限于登记证据（die Eintragungsunterlagen）、登记簿簿页（das Grundbuchblatt）和土地卷宗（die Grundakten），[①] 其审查的主要内容为：

1. 登记义务人的登记同意。所谓登记同意，是登记义务人对登记申请所表示的同意，登记官仅审查权利被涉及者的同意表示，而不需审查实体法上所必要的意思表示（即不动产物权让与合意），即以当事人的登记同意替代对物权合意的证明。此为程序法上的合意原则，其理论基础为，权利被涉及者仅在与"权利取得人"就物权让与已达成实体法上的合意时，才会作出同意登记的表示。在形式上，登记同意必须以公证书的形式提交，这样登记官实际上仅审查是否提交了经过公证的"登记同意"即可。

2. 登记义务人是否为登记簿记载的权利人。此所谓"在先已登记原则"，即以权利人在登记簿中的登记状态替代对处分行为人之实体权利的审查。登记官仅需确认处分人到目前为止，在登记簿中一直被登记为权利人且无权利限制。也就是说，登记官仅需确认，存在权利被涉及者已经登记之事实足矣。究其实质，为《德国民法典》第891条规定的推定效力在土地登记法上的逻辑结果。即以权利人身份而被登记的人推定为实体法上的权利人。[②]

---

① Siehe Holzer-Kramer, a. a. O, S. 65.

② 参见［德］鲍尔·施蒂尔纳《德国物权法》（上册），张双根译，法律出版社2004年版，第304—321页。

通过上述替代机制，登记机构具体审查范围主要包括以下几项内容：其一，管辖权，即自己是否具有管辖权；其二，登记申请（包括申请人是否具有申请权、申请人的权利能力和行为能力、代理人和代理权限证明、申请的内容、土地的标示、申请的形式），或者登记嘱托（包括嘱托机关依法享有的嘱托权限、嘱托的内容、土地的标示、嘱托的形式）；其三，登记同意，包括同意人的同意权利、同意人的权利能力和行为能力、代理人和代理权限证明、同意的内容、土地的标示、金额、同意的形式；其四，权利的登记能力；其五，第三人的同意；其六，登记义务人在登记簿中的登记状况；其七，法律要求的其他形式要件。[①]

我国《城市房屋权属登记管理办法》第 27 条："凡权属清楚、产权来源资料齐全的，初始登记、转移登记、变更登记、他项权利登记应当在受理登记后的 30 日内核准登记。"《土地登记规则》第 14 条："土地管理部门应当根据地籍调查和土地定级估价成果，对土地权属、面积、用途、等级、价格等逐宗进行全面审核，填写土地登记审批表。"具体的审查内容并不明确，故各地登记机关的审查内容十分不一致。

《上海市房地产登记条例》第 24 条、第 26 条、第 30 条、第 34 条、第 39 条、第 47 条等条文分别对初始登记、移转登记、变更登记、注销登记、他项权利登记的审查内容作了规范。虽未明确审查的方式系形式审查或实质审查，但从条文的理解应为形式审查。各类登记的审查内容略有差别，但归纳起来，主要审查内容为：申请人的登记能力；申请权利人（受让人）与有关证明文件的关系；登记义务人在登记簿中的登记状况；申请登记事项与房地产登记册的记载不冲突；申请登记事项不违反法律禁止性规定等等。典型条款如：

第 34 条 符合下列条件的房地产变更登记申请，应当准予登记：

（一）申请人是房地产登记册记载的权利人；

（二）申请变更登记的房地产在房地产登记册的记载范围内；

（三）申请变更登记的内容与有关文件证明的变更事实一致；

（四）申请登记事项与房地产登记册的记载不冲突。[②]

这些规定，可以说第一次以地方立法的形式明确了登记审查的内容，值得借鉴。有了明确的审查内容，对于登记官而言，具有实际的可操作性，有利于

---

① 参见 Siehe Schöner-Stöber-Haegele, a. a. O, S. 91. und S. 101.

② 其余可参见《上海市房地产登记条例》第 24 条、第 26 条、第 30 条、第 39 条、第 47 条等条文。

规范登记审查的内容。同时，也是对登记官员的约束。登记官掌握的原则是：如果确定当事人所提交申请登记的材料符合形式要件，就应当给与办理登记。

（四）登记审查的后果

登记官通过对登记申请的审查，必须给出审查结论。在德国，登记官可能作出三种决定：命令为登记、拒绝申请或宣布临时性登记命令。[①] 凡符合登记条件的，应命令为登记；不符合登记条件的，应拒绝登记申请；对于登记申请仅有微小瑕疵，且此种瑕疵是可以溯及补救的瑕疵时，可发布临时登记命令，要求申请人在规定期限内，排除申请内容之瑕疵。在我国，登记机构对当事人的登记申请，同样可能作出三种决定：准予登记、不予登记、暂缓登记。

1. 准予登记

《城镇房屋权属登记管理办法》第 27 条：登记机关应当对权利人（申请人）的申请进行审查。凡权属清楚、产权来源资料齐全的，初始登记、转移登记、变更登记、他项权利登记应当在受理登记后的 30 日内核准登记，并颁发房屋权属证书。

《土地登记规则》第 18 条：公告期满，土地使用者、所有者和土地他项权利者及其他土地权益有关者对土地登记审核结果未提出异议的，由人民政府批准后，按照以下规定办理注册登记。

即登记申请完全符合条件的，登记机关可以办理登记，将不动产物权变动状态和后果记载于登记簿之中，以实现当事人物权变动之目的。

2. 拒绝登记

《城镇房屋权属登记管理办法》第 23 条：有下列情形之一的，登记机关应当作出不予登记的决定：

（一）属于违章建筑的；

（二）属于临时建筑的；

（三）法律、法规规定的其他情形。

《土地登记规则》第 66 条：有下列情形之一的，土地管理部门不予受理土地登记申请：

（一）申请登记的土地不在本登记区的；

（二）提供的证明材料不齐全的；

---

① 参见［德］鲍尔·施蒂尔纳《德国物权法》（上册），张双根译，法律出版社 2004 年版，第 324—333 页。

（三）不能提供合法证明的；

（四）土地使用权转让、出租、抵押期限超过土地使用权出让年限的；

（五）按规定应当申报地价而未申报的，或者地价应当经土地管理部门确认而未办理确认手续的；

（六）其他依法不予受理的。

即登记申请存在根本性缺陷而不能予以补救时，登记机构应作出不予登记的决定。不予登记使得当事人的目的不能实现，严重影响着当事人的利益，因此应强调登记申请存在的瑕疵是带有根本性缺陷且不能予以补救的瑕疵。故上述规定采列举法一一列出，凡属所列情形之一者，登记机构可以作出不予登记的决定。为了保证不予登记决定的严肃性，也为了给当事人提供法律救济，登记机构应当采用书面形式通知当事人，不予登记决定书中要表明理由、法律依据以及当事人的救济途径。

然而在实践中存在种种复杂情形，拒绝登记的原因并非上述列举所能涵盖，尤其是当登记申请已符合登记法上的登记条件，但实体法上存在缺陷时，登记机构原则上亦不得准予登记。由于不予登记严重影响着当事人的利益，故在拒绝登记申请时，认定该不正确之依据，须达到确信之程度。在有重大疑问时，可考虑采用对申请内容予以纠正的临时性登记命令措施，以消除疑问。①

需要注意的是，登记机构的拒绝登记实际上存在两种情形：拒绝受理与拒绝登记。为了确保公示的正确性，法国规定在公示要件不具备时，登记机关可以拒绝受理（refus de dpéit）或驳回申请（rejet de formalité）。拒绝受理指申请文件提交时，登记机关不接受也不记入受理簿，而是简单记入拒绝理由、日期，署名后返还给申请人；驳回申请指登记官受理并记入受理簿后拒绝公示，二者的区别是记入前的返还或记入后的返还，因此拒绝受理时提交文件存在着明显的更大的不适法性。② 我国各地的登记亦存在此种做法，如《上海市房地产登记条例》第 10 条第 2 句"申请人提交的申请登记文件尚未齐备的，房地产登记机构应当书面告知补正要求，申请登记文件补齐日为受理日。"《深圳经济特区房地产登记条例》第 23 条第 2 款"申请文件不齐全或不符合规定的，登记机关不予受理。"只是拒绝受理时应当书面告知补正要求，待补正后予以受理。

---

① 参见［德］鲍尔·施蒂尔纳《德国物权法》（上册），张双根译，法律出版社 2004 年版，第 329—330 页。

② 参见［日］星野英一《法国 1955 年以后的不动产物权公示制度》，未刊稿。转引自李昊等《不动产登记程序的制度建构》，北京大学出版社 2005 年版，第 279 页。

当事人不服登记机构不予登记决定的, 有权在法律规定的期限内, 请求登记机构复审, 或者向法院提起诉讼。① 如果复审或者诉讼的结果确认登记机关作出的驳回申请的决定有误, 申请能否按照其原提出的日期发生法律效力颇具争议, 如葡萄牙采用了肯定的做法,② 这就使得原被驳回的登记申请优先于在其后就同一不动产提出的申请而发生法律效力, 保证了申请人在权利顺位上的优先利益。但也有学者认为, 这给其后提起申请者带来了不测风险, 因为在登记申请被驳回后, 其即没有任何法律效力, 这对于任何人均是适用的, 后申请人基于对于登记机关作出的决定的信任, 应能从中得到实惠。故而, 上述这种立场不宜采取。③ 而德国的做法是采用预告登记或异议抗辩, 即抗告提出后, 以预告登记或异议抗辩的形式作出公示, 避免给其后提起申请者带来不测风险。德国《土地登记簿法》规定, 在作出裁判之前, 抗告法院可以颁发一个暂时命令, 尤其可以要求土地登记局登记一个预告登记或异议抗辩, 或者命令中止执行被抗辩的决定。抗告人亦可要求法院命令土地登记局依法登记异议抗辩或进行涂销。④ 应当说, 这样的制度设计, 既保证了申请人在权利顺位上的优先利益, 又不给其后提起申请者带来风险, 值得效仿。

3. 暂缓登记

《城镇房屋权属登记管理办法》第 22 条: 有下列情形之一的, 经权利人(申请人)申请可以准予暂缓登记:

(一) 因正当理由不能按期提交证明材料的;

(二) 按照规定需要补办手续的;

(三) 法律、法规规定可以准予暂缓登记的。

《土地登记规则》第 67 条: 有下列情形之一的, 土地管理部门可以作出暂缓登记的决定:

(一) 土地权属争议尚未解决的;

(二) 土地违法行为尚未处理或者正在处理的;

(三) 依法限制土地权利或者依法查封地上建筑物、其他附着物而限制土地权利的;

(四) 法律、法规规定暂缓登记的其他事项。

---

① 参见《珠海市房地产登记条例》第 17 条, 台湾"土地登记规则"第 51 条。

② 参见 [葡] Vicente João Monteiro《澳门物业登记概论》, 澳门司法事务局 1998 年版, 第 19 页。

③ 李昊等:《不动产登记程序的制度建构》, 北京大学出版社 2005 年版, 第 279—280 页。

④ 参见《德国土地登记簿法》第 71 条、第 76 条。

这些规定，相当于德国的宣布临时性登记命令，但规定相当粗糙，且与德国的宣布临时性登记命令显然不同。《城镇房屋权属登记管理办法》的暂缓登记需经权利人（申请人）申请，其思路是：按规定你应当办理登记，由于你的原因无法提出登记申请，故你应申请暂缓登记。故不属于对已受理的登记申请作出的暂缓登记决定。《土地登记规则》的暂缓登记则是对已受理的登记申请作出的暂缓登记决定，这同德国的宣布临时性登记命令较为接近。同时此两种规定均未对暂缓登记的法律效力以及后续手段作出规定。

依学者见解，如果登记申请虽存在瑕疵，但属可以补救的，则登记机关可以要求当事人在一定期限内补正。在补正完成之前，登记机关可以中止登记，此即为暂缓登记。[①] 德国法认为，若登记申请仅有微小瑕疵，或者申请人非为法律专业人士，则立即拒绝其登记申请，会导致不公平结果，因此《土地登记簿法》第18条允许土地登记局可不作出申请拒绝决定，而代之以发布临时性登记命令，要求申请人在规定期限内，排除申请内容之瑕疵，在此期间内当事人无法证明瑕疵已被排除的，期限届满后登记机构就拒绝登记。在前一申请完结之前，他人又提出涉及同一权利登记申请的，为了利于先提出的申请，登记机构根据职权办理预告登记或异议登记，即在先的申请以物权变动为其内容者，应办理一项预告登记；在先的申请以登记簿的更正为其内容者，应办理一项异议登记。[②] 实践中此类瑕疵通常是不符合法律规定的形式要件，比如：登记申请不符合法律规定的形式、登记申请中记载的事项与证明文件不符、欠缺申请人的身份证明或者其代理人的代理权存在瑕疵等等。简言之，发布临时性登记命令的合理根据，为登记申请所存在的瑕疵，必须是可溯及补救的瑕疵。至于登记机构是作出拒绝登记之决定，还是发布临时性登记命令，则取决于登记官员合乎其职责的衡量斟酌。暂缓登记具有保全申请的法律效力，登记申请不因存在这些瑕疵而丧失法律效力，其目的在于保存当事人申请的时间点即顺位，这有利于保护当事人的利益。

暂缓登记的决定作出后，登记机关必须以书面形式将暂缓登记的决定通知当事人，其中写明理由以及法律根据，并指出补正的措施与期限。当事人必须在规定的期限内补正登记申请的瑕疵，超越此期限而不能补正的，登记机关则

---

① 李昊等：《不动产登记程序的制度建构》，北京大学出版社2005年版，第277页。

② ［德］鲍尔·施蒂尔纳：《德国物权法》（上册），张双根译，法律出版社2004年版，第332页。参见《德国土地登记簿法》第18条。

驳回登记申请，暂缓登记不再具有保全登记申请的效力。申请人如欲继续申请登记的，则要提出新的登记申请。

暂缓登记体现了维持和提高程序效率的基本思路，既保全了登记申请的法律效力，又避免当事人花费过多成本重新提出申请，使登记制度给公众带来很大利益。这表现了登记部门的最现代一面：公共机构的工作人员应随时准备同有需要的公众合作，在严格遵守"合法性原则"的前提下，寻找快捷有效的解决方法。①

（五）登记审查的时限

登记机构受理了登记申请后，何时完成登记取决于登记机构，故对于登记机构亦应有时间上的约束，否则遥遥无期就会损害当事人的利益。

我国现有的登记办法都规定了登记的完成时限。《城镇房屋权属登记管理办法》规定，登记机关自受理登记申请之日起 7 日内应当决定是否予以登记，对暂缓登记、不予登记的，应当书面通知权利人（申请人）；凡权属清楚、产权来源资料齐全的，初始登记、转移登记、变更登记、他项权利登记应当在受理登记后的 30 日内核准登记，并颁发房屋权属证书；注销登记应当在受理登记后的 15 日内核准注销，并注销房屋权属证书。《土地登记规则》规定，土地管理部门应当在受理土地使用权、所有权设定登记，土地使用权、所有权变更登记，名称、地址和土地用途变更登记申请之日起 30 日内，对登记申请和地籍调查结果进行审核，并报经批准后进行注册登记，颁发、更换或者更改土地证书；在受理土地他项权利设定登记、土地他项权利变更登记和注销土地登记申请之日起 15 日内，对登记申请和地籍调查结果进行审核后办理注册登记或者注销登记，颁发或者更换土地他项权利证明书，或者将注销登记的结果书面通知当事人；作出不予受理土地登记申请或者暂缓登记决定的，应当自接到申请之日起 15 日内将作出决定的理由书面通知当事人。《上海市房地产登记条例》规定，自受理房地产登记申请之日起 20 日内完成审核。《深圳经济特区房地产登记条例》规定，自受理申请之日起，按不同登记种类分别在 60 日、30 日内予以核准转移登记等等。

尽管有这些规定，但在实践中执行得并不那么严格，登记不能按时完成时，往往会挑个毛病作出暂缓登记的决定，待申请人补救后重新计算审查时限；有时干脆作出不予登记的决定，待申请人另行提出登记申请时，又视新的登记时

---

① 参见 ［葡］Vicente João Monteiro《澳门物业登记概论》，澳门司法事务局 1998 年版，第 69 页。

点为登记申请日，直接损害申请人的利益，对此尚无足够的认识。我国行政区划多样化，经济水平不一，登记时限不宜全国划一，宜由各地根据自己的实际确定。

据介绍，在新加坡，到政府机关办事，只要将材料送进机关，到规定的时间去领取结果即可。如果到时间无法领取，可以投诉政府机关不作为；如果提交的文件少于规定的要求（如规定需要 8 份文件，只交了 7 份）而仍可以完成，则可以投诉政府机关乱作为；如果别人在你之后提交了材料而先于你办理了，则可以投诉政府机关违背公正原则。① 可见对于公共机构的公共服务，服务承诺十分重要，既要效率，又要公平。对于物权登记而言，登记时点、审查时限都直接影响当事人的利益，需要从程序上加以保障。

（六）我国登记审查方式的确定

《物权法》第 12 条规定："登记机构应当履行下列职责：（一）查验申请人提供的权属证明和其他必要材料；（二）就有关登记事项询问申请人；（三）如实、及时地登记有关事项；（四）法律、行政法规规定的其他职责。申请登记的不动产的有关情况需要进一步证明的，登记机构可以要求申请人补充材料，必要时可以实地查看。"此种写法并未回答不动产登记机构究竟是进行实质审查还是形式审查。但有一点是明确的，即没有采纳实质审查的意见。

在《物权法》出台后，学界对此也作各自解读。既有认为该规定系实质审查的，如最高人民法院物权法研究小组编著的《〈中华人民共和国物权法〉条文理解与适用》一书认为："从《物权法》本条规定的登记机构的审查职责来看，采用的应当是实质审查模式。"② 也有认为《物权法》并没有回答这一问题，如全国人大常委会法制工作委员会民法室编著的《中华人民共和国物权法解读》一书认为："本条的两款规定，既没有试图界定什么是实质审查，什么是形式审查，更不去回答物权法要求不动产登记机构进行实质审查还是形式审查。"③ 还有认为该规定实际上系形式审查，如王利明教授认为：《物权法》现在的写法没有采纳实质审查的意见……采取了折中的办法，既不是完全的实质审查，也不

① 筱陈："树立权力有限观点"，载《领导文萃》2006 年第 1 期。
② 黄松有主编，最高人民法院物权法研究小组编著：《〈中华人民共和国物权法〉条文理解与适用》，人民法院出版社 2007 年版，第 80 页。
③ 王胜明主编，全国人大常委会法制工作委员会民法室编著：《中华人民共和国物权法解读》，中国法制出版社 2007 年版，第 31 页。

是完全的形式审查，（而是）以形式审查为主，实质审查为辅的一种模式。① 李昕先生也认为：刚刚审议通过的《物权法》，在肯定登记公信力的基础上，借鉴设计了异议登记和更正请求制度。目的就在于填补我国物权登记制度的空白，明确登记机关的形式审查义务，以及这种形式审查义务所预示的登记权属与实际权属冲突的可能性，从而实现登记的公信力与利害关系人权利救济之间的平衡与协调。② 我们认为，尽管《物权法》表面上并未回答采形式审查还是实质审查，但其倾向性是不主张实行实质审查的。如果说在制定《物权法》时，对登记的审查模式仍模棱两可，那么在制定不动产登记法时就必须要明确。

毋庸讳言，在《物权法》起草过程中对此争议也是很大，赞成登记机关进行实质审查的理由如下：第一，如果登记机关不进行实质审查，将会产生很多的错误，而这对于登记的公信力将产生极大的威胁；第二，我国在登记中没有实行前置程序，这不同于国外情况。如前所述，采形式审查的制度通常都坚持公证原则，即以公证为前置程序，登记之前公证员要对合同的真实性、当事人的身份以及有关的准备提交登记的材料进行实质性的审查，因此登记机关不需要进行实质审查，仅进行形式审查。而我国，既没有公证机关前置的实质审查，又要让登记机关进行形式审查，不能很好地防止登记的错误。主张采形式审查认为：由于登记机关在登记中既不享有权利也不承担义务进行调查和举证，所以登记机关无法对申请人的实质权利义务关系进行审查。另外，登记机关无权、也不必要改变当事人依据自己的意愿建立的财产法律关系。③ 如果实行实质审查，登记机关的职责和责任都会加重，承担责任的比例会大大上升，这对于登记机关是一个非常高的要求。

我国现行登记制度是从计划经济向市场经济发展过程中，在整个社会急剧转型的背景下逐步形成的。受计划经济体制下"全能"政府观念的影响，长期以来，以行政管理为本位是我国登记制度的立法指导思想，强调行政管理权的宽泛和深入行使，把登记作为纯粹的行政管理手段是我国登记制度的特点。具体体现为：1. 登记部门的行政化。在我国，各类登记均由行政机关实施，成为行政机关具体履行行政职权，从事行政管理的方式；2. 登记机关拥有实质决定权。这种实质决定权扭曲了登记的性质，淡化了登记的非表意性。实质审查尽

---

① 王利明："物权法中与登记制度相关的几个问题"，http：//www.civillaw.com.cn/article/default.asp？id=31461，中国民商法律网。
② 李昕："制度欠缺与司法程序的权宜之计"，中国法律信息网。
③ 孙宪忠：《中国物权法总论》，法律出版社 2003 年版，第 225—226 页。

管使得登记的真实性与合法性、有效性相统一，但这意味着登记权属与实际权属不符即为违法，违法即为无效。从登记的效力而言，这是一种更为严格的标准，但由于严格的责任需要配置更多的权力去履行，在今天淡化登记行为的行政属性的改革中，登记机关实难履行此项审查义务。而如前所述，形式审查为当今各国不动产登记审查的主要模式，从上海等地的实践看，形式审查也为实践所接受，故我们认为应采形式审查方式。

但由于没有公证机关的前置程序，实行形式审查方式确实难度很大，这将给实践带来很大困惑。不同意增加前置程序的理由是，担心增加老百姓的登记成本，① 其实这种担心是不必要的，实践中一些地方如上海、深圳、厦门等地都有将公证作为登记前置程序的尝试，效果并不差。故在不动产登记法中可以考虑设置一定的前置程序——引入公证制度。最高人民法院物权法研究小组亦认为：参考其他国家的经验，我国不动产交易可以引入公证制度作为不动产登记的前置程序，可以有效地减少登记机构的工作量以提高登记的效率。并指出要等立法机关在制定不动产物权登记法时予以考虑。② 正如王茵博士所言：公权力因无私法实体关系的审查权力而避免了赔偿的义务，应该是最为合理的制度设计。③

结论：现代社会注重的是私人利益的自治性，除非为了维护国家利益或者社会公共利益，国家不得随意涉足私人生活和交易，这也是德国放弃实质审查和裁判审查，转向形式审查的重要原因。当今世界各国，尽管对待物权行为的态度不同、公示效力不同、登记模式不同，但基本上以形式审查为主，同时都有一定的前置程序。故我国登记审查模式应该在引入公证制度作为不动产登记的前置程序之前提下，采用形式审查模式。

六　登簿

登记机构核准登记后，应即予以登簿。所谓登簿，又称为注册或簿记，即狭义上的登记，是指登记机构将核准的不动产标示及其权利事项记载于不动产

---

① 王利明："物权法中与登记制度相关的几个问题"，http：//www.civillaw.com.cn/article/default.asp？id=31461，中国民商法律网。

② 参见黄松有主编，最高人民法院物权法研究小组编著《〈中华人民共和国物权法〉条文理解与适用》，人民法院出版社 2007 年版，第 81 页。

③ 参见王茵《不动产物权变动和交易安全——日德法三国物权变动模式的比较研究》，商务印书馆 2004 年版，第 319 页。

登记簿的行为。我国《城镇房屋权属登记管理办法》对此没有明确规定，而《土地登记规则》作了较明确的规定，其第 18 条：公告期满，土地使用者、所有者和土地他项权利者及其他土地权益有关者对土地登记审核结果未提出异议的，由人民政府批准后，按照以下规定办理注册登记：

（一）根据对土地登记申请的调查审核结果，以宗地为单位逐项填写土地登记卡，并由登记人员和土地管理部门主管领导在土地登记卡的经办人、审核人栏签字；

（二）根据土地登记卡的有关内容填写土地归户卡，并由登记人员在土地归户卡的经办人栏签字。土地归户卡以权利人为单位填写，凡在一个县级行政区范围内对两宗以上土地拥有权利的，应当填写在同一土地归户卡上；

（三）根据土地登记卡的相关内容填写土地证书。土地证书以宗地为单位填写。两个以上土地使用者共同使用一宗土地的，应当分别填写土地证书。

但上述的土地登记卡、土地归户卡等，与土地登记簿（不动产登记簿）还是有着本质的区别。一般说来，登簿应遵循以下程序机制：其一，登记人员将核准的登记按收件号数的顺序依次登簿。其二，将登记申请的内容记录于登记簿中，包括标示及其权利事项，不应遗漏。其三，登记人员记录登记时间并加盖名章，这标志着登记的完成，该结果将开始发生实体法上的法律效力。其四，依据登簿的内容制作不动产权利证书，以便发放给权利人。

我国台湾地区的"土地登记规则"规定了登记完毕的概念，其第 7 条："土地权利经登记机关依本规则登记于登记簿，并校对完竣，加盖登簿及校对人员名章后，为登记完毕。土地登记以电子处理者，经依系统规范登录、校对，并异动地籍主档完竣后，为登记完毕。"此外，对登记有具体要求：1. 登记，应依收件号数的次序进行。分组办理的，各组应依承办案件收件之先后办理。除法令另有规定外，其收件号数在后之土地，不得提前登记。2. 应登记之事项记载于登记簿后，应由登簿及校对人员分别加盖其名章。3. 权利人为二人以上时，应将全部权利人予以登载。义务人为二人以上时，亦同。①

不动产登记的顺位对不动产物权能否实现发挥着决定性的作用，而"登记完毕"直接影响不动产物权的顺位。如《上海市房地产登记条例》第 13 条第 3款："同一房地产上设定两个以上的房地产他项权利和其他依法应当登记的房地产权利的，依房地产登记册记载的登记日的先后确定其顺位。法律、行政法规

---

① 参见我国台湾地区"土地登记条例"第 54 条、第 55 条、第 57 条等。

另有规定的，从其规定。"即依登记日的先后决定不动产权利的顺位，而基于
"先申请之登记，在办理上须先于后申请之登记"的规则，受理日则决定了登记
日的先后顺序，也就是说，实际上顺位取决于受理日。就如同《上海市房地产
登记条例》第11条所言：经审核符合规定的……登记申请的受理日为登记日。
这实际上是将登记的效力溯至受理日，但同《物权法》第14条的"自记载于不
动产登记簿时发生效力"的规定似乎并不一致。

有学者主张，要是采用我国台湾地区的先登记原则，这样，两种规定在实
质效果上就达成了一致。① 但还涉及对登记申请受理后的处分限制是否具有效力
的问题，故学者进一步指出：如果确立申请后的处分限制不影响登记的进行的
话，两种观点在实际结果上没有本质的差别。② 问题在于我们是否认可申请后的
处分限制不影响登记的进行？笔者仍坚持申请受理的效力，即自记载于不动产
登记簿时发生效力，并不否定登记申请与受理的法律效力，即当事人自己该做
的都已做了时，那么对事后出现的处分限制，是否还能起作用这一问题的回答，
就不应取决于土地登记局何时在登记簿中办理登记。③

七　收费发证

完成登簿后，最后一个步骤就是收费发证。就当事人申请登记而言，其目
的在于完成不动产物权交易，旨在追求私人利益，但登记却需要花费公共资源，
为了平衡这种收支关系，当事人在获得利益的同时要支出必要的费用，即缴纳
法律规定的登记费用。我国台湾地区"土地登记规则"将计征规费置于收件时，
即收费前置；而我国多数地方将收费置于发证时，即收费后置，如深圳、珠海
的登记条例均规定计收规费并颁发房地产权利证书。尽管有学者认为，缴费也
是登记审查的前期工作，故在登记审查之前的缴费就显得极有必要。④ 但从各地
实践看，多数实行的是后置模式。就笔者所经历，我国恢复不动产登记的早期
确实都是采取前置模式，但所带来的繁琐与低效反而让登记机构不堪其负：如
驳回申请时须办理退费、登记申请撤回时须办理退费；⑤ 审核的标的与申请不符

---

① 李昊等：《不动产登记程序的制度建构》，北京大学出版社2005年版，第284页。
② 崔建远主编：《我国物权立法难点问题研究》，清华大学出版社2005年版，第431页注①。
③ 参见本章第三节之四之（三）——受理的效力。
④ 参见常鹏翱"不动产物权登记程序的法律构造"，中国法学网，www.iolaw.org.cn。
⑤ 我国台湾地区"土地登记规则"第142条规定：登记申请撤回者、登记依法驳回者均应退回登
记费。

时亦应退回登记费或补缴登记费，既不方便群众，也给登记机构带来诸多不便。在形成"获准登记的申请应当计收规费，未获登记的申请不应计收规费"的共识下，登记机构采取了在发证时一次性计收规费的模式。

在此步骤应注意几个环节，首先，应查验申请人的身份，要求申请人出示身份证件和收件收据，以避免被其他人冒领；其次，开具交费通知单，将申请人应缴纳的费用一次性告知，由申请人交清费用；最后，收回收件收据，由申请人在发件登记簿上签章，将不动产权利证书颁发给申请人。这里的颁发不动产权利证书应作广泛理解，即不仅包括实际发给权利证书（如所有权证、他项权证等等），还包括对原权利证书的加注（如对他项权利设定的注记）。在涂销登记和灭失登记时，还应收回权利证书予以注销。

第六节　不动产登记的程序(1)
——不动产标示登记

物权法中的不动产概念除了"土地，附着于土地的建筑物及其他定着物、建筑物的固定附属设备为不动产"外，更重要的是法律意义上的界定，即是一种纯形式的界定。这种界定，以对不动产之官方记录（地籍册）为基础；同时此种界定自身又成为以不动产在不动产登记簿中进行登记的基础。因此，法律意义上的土地，是以地籍块方式进行测量与标记的，并在土地登记簿中以"土地"进行登记的地球表面的一部分。通过这种法律意义上的界定，将不动产记载于登记簿上，可以使不动产在空间位置与大小上特定化，成为以不动产在不动产登记簿中进行登记的基础。这种对不动产客体在登记簿中的记载又称标示登记，标示登记的功能即在于确认登记不动产的同一性，将其客观存在的事实正确地标示于登记簿上。[①] 而权利登记也以标示登记为基础，若没有标示登记，则权利登记的范围、内容即无从确定，登记的正确性、公示力和公信力也就无法保证。[②]

标示登记，是指对不动产客体的状态（通过现代技术手段表现出来的位置、数量、质量等基本信息）在不动产登记簿的记载。包括：不动产所在地（坐落）、土地的顺序编号、摘自地籍册的关于土地边界的说明、地籍块号码、记载

---

① 参见［日］我妻荣《日本物权法》，有泉亨修订、李宜芬校订，台湾五南图书出版有限公司1999年版，第70页。

② 参见肖厚国《物权变动研究》，法律出版社2002年版，第208—209页。

地籍块的图片、地目（即土地种类，如宅地、农地等的区分）、等级、面积；房屋号数，建筑物种类、构造及建筑面积，建筑物号数，附属建筑物的种类、构造及建筑面积等等。

我国对不动产标示的登记并无明确规定，但在地方立法中亦可略见端倪，如《深圳经济特区房地产登记条例》第 8 条："房地产登记应对权利人、权利性质、权属来源、取得时间、变化情况和房地产的面积、结构、用途、价值、等级、坐落、坐标、形状等进行记载。"其中的"房地产的面积、结构、用途、价值、等级、坐落、坐标、形状"即涉及不动产标示。《珠海市房地产登记条例》第 6 条的表述为"房地产的坐落、面积、四至、等级、用途、价值、层数、结构等"。实际上，我国是在办理不动产实体权利时一并进行标示登记的。标示登记在不动产登记簿中有专门的簿页记载，在德国，记载于"状态目录"；在日本和我国台湾地区，记载于"标示部"。

日本《不动产登记法》专门有不动产标示的登记程序一节，用了 52 个条款对标示登记进行规定，足以证明标示登记的重要性。

一　设立登记

不动产标示的设立登记原则上因新产生的不动产（新产生土地、新建建筑物）而为之。日本《不动产登记法》第 80 条"新产生土地时，所有人应于一个月内申请土地标示登记"、第 93 条"建筑物为新建建筑物时，所有人应于一个月内申请土地标示登记"。可见不动产标示的设立登记原则上因新产生的不动产（新产生土地、新建建筑物）而进行；特殊情况下，不动产标示登记可以由登记机构主动为之，其第 25 条之 2"关于不动产标示的登记，可以由登记官依职权进行"。正如我们在前面提及的，"初始地籍调查由国家主动为之"，在土地登记机构和地籍管理机构之间用固定的称之为"VN"、"VL"的通知单加以联系，即地籍管理机构对地籍的设立与变更即时通知土地登记机构；土地登记机构对地籍的设立与变更即时通知地籍管理机构，才能保持不动产标示始终与实际状态相吻合。

（一）因新产生的不动产而进行的标示登记

因新产生的不动产而进行的标示登记原则上由权利人提起申请。当事人因土地使用权出让、土地使用权划拨取得土地，以及新建建筑物建成，应主动向登记机构申请标示登记。

1. 以出让方式取得土地使用权的，由房地产权利人在申请土地使用权初始登记时同时申请土地标示登记。申请人除提供取得土地使用权的相关文件（如土地使用权出让合同）外，还应提供地籍图与土地勘测报告。

2. 以划拨方式取得土地使用权的，由房地产权利人在申请土地使用权初始登记时同时申请土地标示登记。申请人除提供取得土地使用权的相关文件（建设用地批准文件）外，还应提供地籍图与土地勘测报告。

3. 新建房屋竣工验收合格后，由房地产权利人在申请房屋所有权初始登记时同时申请房屋标示登记。申请人除提供建设许可的相关文件（如建设工程规划许可证、竣工验收证明等）外，还应提供记载房屋状况的地籍图，房屋勘测报告。

上述登记，均由不动产权利人单方申请即可。但新建建筑物为区分建筑物时，该建筑物标示登记申请，应与属于同一区分建筑物的其他建筑物标示登记申请一起为之。

（二）由登记机构依职权主动进行的标示登记

登记机构在接到地籍管理机构相关地籍资料时，对尚未办理不动产标示登记的，可以依职权主动进行标示登记。需要注意的是由登记机构依职权主动进行的标示登记，只有对未办理过不动产标示登记且无明确权利人的不动产标示，才可依职权主动进行标示登记。例如在土地征收时，如果是将几宗土地合并为一宗新的土地且尚未出让时，由于旧的权利灭失，新的权利未产生，此时登记机构就可依职权主动进行标示登记。

（三）标示登记的登记程序

标示登记，由不动产权利人单方申请，可在办理不动产实体权利时一并申请标示登记。

1. 申请地籍调查或房地产勘测。当事人取得土地使用权或新建房屋的，应分别申请地籍调查或房地产勘测，即取得土地使用权的，应申请地籍调查；新建房屋的，应申请房地产勘测。由地籍管理部门出具地籍图与地籍调查成果，测绘机构出具房屋平面图与测绘报告。

2. 申请不动产标示登记。申请人提供取得土地使用权的相关文件（如土地使用权出让合同、用地批文等）、地籍图与土地勘测报告，或提供建设许可的相关文件（如建设工程规划许可证、竣工验收证明等）、房屋状况的地籍图，房屋勘测报告。向登记机构申请不动产标示登记。

3. 审查。登记机构对申请的文件进行审查，与登记机构保存的图、表是否吻合，决定是否予以登记。

在房屋所有权初始登记的审查中，最常见与最难的就是建成的不动产与批准的不符的情形。由于建筑从设计、施工到竣工常常出现变数，亦有所有者恶意违章，建成的不动产与批准的不符的情形所占比例极高。对此情形，各地在实践中的处理很不相同，在登记时扯皮也最多。有的规定凡属超建（少批多建）的，应一律经原批准单位处罚并准许留用的，才准予办理登记；有的规定超建达到一定比例的（如≥1%），应经原批准单位处罚并准许留用的，才准予办理登记，在此比例内则直接予以登记；还有的规定，无论超建多少，对超建部分一律不予登记，只对批准的范围进行登记；如此等等，不一而足。以我国目前登记机构的管理模式，确实难以处理，因为到了登记这一环节，所有矛头都指向登记机构，让申请人在几个行政管理部门之间来回折腾，往往引起申请人的投诉。故各地根据实际情况作出种种权宜之规定，也是不得已的办法。

我们认为，造成这种情形的原因恰恰是行政管理部门管理不到位所造成的。建筑的设计、施工、竣工属规划、建设行政主管部门的职责，理应对建设的全过程负责。对于违法违章建筑，更应在所谓竣工验收①时一并处理完毕，而不应将矛盾交给登记机构。或者说，在竣工验收时，就必须对建筑的合法性、准确性予以确认——土地管理部门、规划管理部门、建设管理部门都应有明确意见。也就是说，对已经建成的建筑物，是否准予验收（合法性）、准予验收的数据（准确性），都应在登记前由相关行政主管部门一一确认。只有如此，登记机构才不会介入具体事务的裁判。在新的不动产登记法中一定要树立"行政归行政，登记归登记"的原则，同时相关行政部门亦应对目前的管理模式进行改变，否则难以适用新的登记规则。

4. 登载。登记机构决定准予登记的，应设立新的不动产登记簿簿页，将不动产标示登记于登记簿页的"标示部"，并由登记人员签章。

二　变更登记

不动产标示登记后，不动产之状态发生变化时，权利人应申请不动产标示变更登记。不动产登记后不动产标示并非一成不变，其某一要素发生变化时，不动产登记簿即与现实状态不符，故应进行变更登记。可以说，变更登记系维

---

① 竣工验收，不仅仅是工程质量验收，其包含了：质量、消防、用地（界址、面积）、规划（各项技术指标）、园林绿化等等。但据笔者所了解，实践中往往只注重工程质量和消防，其余几乎都忽略了。我们认为凡经过竣工验收的建筑，就意味着相关部门都已通过（包括界址、面积和各项技术指标）。不应在验收合格后再要求申请人补办手续。而登记机构仅就经主管部门验收的范围办理登记。

持地籍资料正确性之动态登记。① 故不动产标示变更登记是指对既存不动产标示登记的正常变动进行的登记。

（一）标示变更登记的范围

日本《不动产登记法》规定的不动产标示的变化主要有：土地种类②，土地面积，土地的分割、合并，建筑物种类、构造及面积，建筑物的分割、区分、合并等等。③ 我国《土地登记规则》第五章规定了名称、地址和土地用途变更登记：土地使用者、所有者和土地他项权利者更改名称、地址和依法变更土地用途的；农村集体所有土地进行农业结构调整涉及已登记地类变化的；集体土地建设用地的用途发生变更的。《城镇房屋权属登记管理办法》规定的变化有：房屋坐落的街道、门牌号或者房屋名称发生变更的、房屋面积增加或者减少的、房屋翻建的、法律、法规规定的其他情形。《上海市房地产登记条例》规定的变化有：房地产用途发生变化的；房地产权利人姓名或者名称发生变化的；土地、房屋面积增加或者减少的；房地产分割、合并的；法律、法规规定的其他情形。从我国现行的规定看，缺乏统一性，且较凌乱。如权利人的住址变化也需办理变更登记，恐怕登记机构不堪其负。需要注意的是，这些变化的变更登记，均发生在不动产标示登记后，凡未进行不动产标示登记的，均不存在变更登记。

不动产标示变更登记主要适用于不动产标的物的增减、分割、合并以及属性的变动。不动产标的物的增减，是指不动产面积的增加或减少，如因增建或拆毁而导致建筑物面积的增减。不动产标的物的分割，是指一宗不动产因拆分成为数宗（如一栋房屋或一层房屋原登记为一宗拆分为若干层或若干单元，或原为独立建筑物申请为区分建筑物）导致标的物的变更，既包括所有人为一人的拆分，也包括所有人为数人的拆分。不动产标的物的合并与分割正好相反，是指数宗不动产因合并成为一宗（如原登记为若干层或若干单元的数宗不动产合并为一栋房屋或一层房屋）导致标的物的变更。有学者认为上述情形属于不动产权利的变更。④ 也有学者认为这些都属于不动产标示变更的情形。⑤ 这是观察角度的不同，不动产标的物的增减、分割、合并当然也会引起权利范围的变

①　参见杨松龄《实用土地法精义》，台湾五南图书出版有限公司 2000 年版，第 136 页。
②　此为日本不动产登记的术语，在我国台湾地区称为地目，我国则为土地用途。
③　参见日本《不动产登记法》第四章第二节。
④　李昊等：《不动产登记程序的制度建构》，北京大学出版社 2005 年版，第 331—332 页。
⑤　参见陈铭福《土地法导论》，台湾五南图书出版有限公司 2000 年版，第 165 页。

化，但首先是不动产标示的变化，如分割涉及不动产登记簿的增加，对分割出来的不动产要建立新的登记簿；合并涉及不动产登记簿的减少，须涂销部分登记簿。在此基础上才能进行权利的变更，故我们倾向于视为不动产标示变更。如我国台湾地区"土地登记规则"第93条规定，共有物分割涉及原有标示变更者，应申请标示变更登记及所有权分割登记。

不动产标示变更登记的范围应为：土地用途的变更，土地面积的增减，土地的分割、合并，建筑物用途、构造的变更，建筑面积的增减，建筑物的分割、区分、合并等等，以及不动产坐落的街道、门牌号或者房屋名称发生变更的，不动产权利人姓名或者名称发生变化的（主体不变，只是名称改变）。

不动产标示的变更登记，由于并不涉及其他人，故由不动产登记簿记载的权利人单独申请。但有例外，一是标示的变更涉及区分建筑物时，该建筑物标示变更登记申请，应与属于同一区分建筑物的其他建筑物标示变更登记申请一起为之，但登记簿记载的所有人可以代位其他所有人，申请其他建筑物标示的变更登记；[①] 二是标示的变更涉及不动产负担时（如已设定抵押权），则应取得利害关系人的同意。申请人应提供证明变更的证明文件、地籍图与土地勘测报告。

（二）标示变更登记的程序

1. 申请地籍调查或房地产勘测。不动产标示变更涉及土地、房屋的增减、分割、合并的，当事人应分别申请地籍调查或房地产勘测。由地籍管理部门出具地籍图与地籍调查成果，测绘机构出具房屋平面图与测绘报告。如系不动产坐落的街道、门牌号或者房屋名称发生变更的，不动产权利人姓名或者名称发生变化的，则不需此程序。

2. 申请不动产标示变更登记。申请人提供证明不动产标示变更的相关文件（如分割文件、建设工程规划许可证）、地籍图与土地勘测报告，或房屋状况变动后的房屋勘测报告，或证明名称变更的文件，向登记机构申请不动产标示变更登记。

3. 审查。登记机构对申请的文件进行审查，决定是否予以登记。

4. 登载。登记机构决定准予变更登记的，应在变更的部分涂销旧标示，记载变动后的标示，并在附记注明变更原因与依据。如系分割登记，则需涂销旧标示，记载保留部分的标示；同时对分割出来的不动产要建立新的登记簿，记

---

① 参见《日本不动产登记法》第93条之7。

载新的标示。如系合并登记，对于被合并的不动产，应合并记载于合并的不动产登记簿上，并需涂销登记簿——本页终止。

三　注销登记

不动产标的物灭失的，不动产权利人应当在灭失事实发生后申请不动产标示注销登记。

（一）不动产标示注销登记的范围

不动产标示注销登记的范围，包括土地的灭失与建筑物的灭失，即因自然灾害等造成土地灭失与因倒塌、拆除等原因造成建筑物灭失的情形。需要指出的是，不动产标示注销登记仅适用于不动产的整体灭失，而不适用于局部灭失，局部灭失适用于变更登记。

（二）申请不动产标示注销登记的程序

1. 申请注销登记。不动产权利人应于不动产灭失后，持不动产权利证书与灭失的证明向登记机构申请注销登记。

2. 审查。登记机构对权利人提供的申请文件进行审查，决定是否准予注销登记。

3. 登簿。登记机构对准予注销登记的申请，应收回原不动产权利证书作废，在不动产登记簿上记载注销登记的原因，并涂销登记簿——本页终止。

（三）径为注销登记的程序

不动产灭失后，权利人未申请注销登记的，登记机构可以依据有关部门提供的证明文件，报请登记局长许可注销登记。将注销事项记载于不动产登记簿，对原不动产权利证书公告作废。

四　更正登记

不动产登记簿所记载的标示与实际不符，出现了不正确的登记，不动产权利人、利害关系人可以提出更正登记。

（一）标示更正登记的范围

"登记完毕后，权利主体、客体及其内容，均无任何新事实或原因使之变更，仅登记上的错误或遗漏事项，经登记人员或利害关系人发现而为之更正。"更正登记亦适用不动产标示登记的更正，日本《不动产登记法》第81条之9规定：（一）进行土地号数、土地种类或土地面积的变更或更正登记时，应用红笔涂销变更或更正前的土地号数、土地种类或土地面积的标示。（二）进行标示部记载的所有人的变更或更正登记、所有人或其应有部分的更正登记时，应用红笔涂销变更或更正前的所有人或其应有部分的标示。第 93 条之 13 规定：（一）第81 条之 9 第（1）款的规定，准用于房屋号数和建筑物所在、种类、构造、室内面积、号数或第 91 条第（2）款所载事项的变更或更正登记。第 81 条之 9 第（2）款的规定，准用于标示部记载的所有人标示的变更或更正登记、所有人或其应有部分的更正登记。可见不动产标示更正登记的范围与标示变更登记的范围相同，只是变更登记适用于不动产标示发生变更，而更正登记适用于不动产标示登记错误。更正登记主要涉及：土地号数（地籍号）、土地用途，土地面积，建筑物用途、构造，建筑面积等等，以及不动产坐落的街道、门牌号、房屋名称、不动产权利人名称等不动产标示记载的错误。

（二）申请标示更正登记的程序

从《物权法》的规定看，不动产更正登记的发动者为已登记为不动产的权利人、利害关系人。不动产权利人认为登记的标示不正确时，可以申请更正登记（单方申请）；而利害关系人认为不动产登记簿记载的事项错误的，欲申请更正登记则需权利人的书面同意方可为之，否则只能申请异议登记。申请人应提供证明登记确有错误的证据。

1. 登记权利人的同意。利害关系人认为不动产登记簿记载的事项错误的，应取得登记权利人的书面同意方可为之，故利害关系人提出更正登记前，应先行征得权利人的同意且出具书面证明。登记权利人提出更正登记的，不需此环节。

2. 申请不动产标示更正登记。申请人应提供证明登记确有错误的证据，以及权利人同意更正的书面文件。

3. 审查。登记机构对申请的文件进行审查，决定是否予以更正登记。

4. 登载。登记机构决定准予更正登记的，应涂销不正确的标示登记，将更正后的标示记载于不动产登记簿。

（三）径为标示更正登记的程序

登记机构可依职权主动进行标示更正登记。登记机构发现不动产登记簿的记载有误的，应当书面通知有关的不动产权利人在规定期限内办理更正登记；当事人无正当理由逾期不办理更正登记的，登记机构可以依据申请登记文件或者有效的法律文件对不动产登记簿的记载予以更正，并书面通知当事人。

1. 登记机构发现不动产登记簿的记载有误的，应当书面通知有关的不动产权利人在规定期限内办理更正手续。

2. 当事人无正当理由逾期不办理更正手续的，登记机构启动径为登记程序：由登记官员报请登记局长许可更正登记。

3. 登载。登记机构涂销不正确的标示登记，将更正后的标示记载于不动产登记簿。

4. 通知。登记机构办理不动产标示更正登记后，应将相关变更事项书面通知当事人。

第七节　不动产登记的程序(2)
——不动产所有权登记

所有权是最为典型、最基本的物权，是物权的原型和产生其他物权的基础。根据物权公示的原则，当事人所取得的物权经公示后才具对抗效力。故不动产的所有权登记具有一个特别的登记程序——初始登记。

一　初始登记（设定登记）

根据我国现行的登记规定，通常认为，初始登记的原因一般既可能是因为新的不动产登记法付诸实施之时需要对全部的不动产所有权进行清理性登记，也有可能是对新产生的不动产如新建设成的建筑物的所有权或新出现的土地的所有权的登记。[①] 如前所述，我们认为在不动产登记法中不应继续规定总登记这一类型。因此，初始登记仅针对新产生的不动产如新建设成的建筑物的所有权或新出现的土地的所有权的登记，即不动产所有权的第一次登记称为初始登记。

《深圳经济特区房地产登记条例》对土地使用权、房屋所有权的初始登记作一体化规定，"凡未经登记机关确认其房地产权利、领取房地产权利证书的土地使用人以及建筑物、附着物的所有人应当申请初始登记。但符合本条例第62条规定者除外。"《上海市房地产登记条例》则分别规定，以出让、租赁方式取得土地使用权的，以划拨方式取得土地使用权或者依法取得集体所有的非农业建设用地使用权的，房地产权利人应当申请土地使用权与房屋所有权初始登记；新建房屋竣工验收合格后，房地产权利人应当申请房屋所有权初始登记。

---

① 孙宪忠：《中国物权法总论》，法律出版社2003年版，第218页。

不动产登记法应采一体化规定，涉及不动产初始登记的范围有：1. 国有土地使用权（包括划拨、出让）；2. 集体土地所有权；3. 建筑物、附着物所有权；4. 集体土地转为国有土地。

对于国有土地使用权的初始登记，适用于划拨与出让两种情形应当说已成为共识，但对租赁土地使用权是否适用初始登记则见解不一。上海市将以租赁方式取得土地使用权的，也纳入初始登记，而依《土地登记规则》规定："依法向政府土地管理部门承租国有土地的，承租人应当在签订租赁合同之日起三十日内，持土地租赁合同和其他有关证明文件申请承租国有土地使用权登记。"这里说的是"承租国有土地使用权登记"，显然并未将其纳入初始登记。实践中，"土地使用人"除了可以在自己取得土地使用权的土地上设定建筑物所有权外，还可以将自己取得的土地使用权租（借）给他人设定建筑物所有权，后者只能办理他项权利——用益物权登记。我们认为以租赁方式取得土地使用权的，不应纳入初始登记。

对于集体土地宅基地使用权的登记，也属他项权利登记。由于集体所有权应按法律规定进行登记，根据"一物一权"原则，其宅基地使用权当属"地上权"，应登记于他项权利部。

按不动产初始取得的过程，必须先取得土地使用权，才能进行建筑物的建设，故实际上要办理两次初始登记。即取得土地使用权后要申请土地使用权初始登记，领取土地使用权证；新建房屋竣工验收合格后，要申请房屋所有权初始登记。在土地与房屋分别登记的城市，由土地、房屋管理部门分别办理土地、房屋登记，权利人同时握有《土地使用权证》、《房屋所有权证》。土地使用权证是办理房屋初始登记的必要文件，或者说未办理土地登记的不动产就不能办理房屋登记。在土地与房屋一体登记的城市，虽由一个部门统一办理土地、房屋登记，但同样要办理两次初始登记，权利人只拥有《房地产权证》，即在办理土地使用权初始登记时，登记簿只记载土地权利，发给的《房地产权证》实际上相当于土地使用权证；在办理房屋初始登记时，登记簿增加记载房屋权利，收回原《房地产权证》发给新的《房地产权证》。从这个角度看，所谓房屋的初始登记实际上更像是变更登记，即将不动产视为一个整体时，不动产的初始取得从土地使用权始，此后不动产标的物的变动，如建筑物的增减（即使是新建）均可视为变更，只要办理变更登记即可。问题在于我们是采将土地之定着物视为土地之成分的所谓"一元主义"，还是采将土地与土地定着物各为独立之不动产的所谓"二元主义"。

如果在不动产登记立法中只设立一种登记簿即不动产（房地产）登记簿，

而无须分列土地登记簿与建筑物登记簿，① 那么，不动产的初始登记仅适用于土地使用权的登记。这取决于立法部门的最后决定，我们仍将土地与房屋的初始登记分别介绍。

（一）土地所有权初始登记的程序

土地所有权初始登记包括：集体土地所有权、划拨国有土地使用权、出让国有土地使用权、集体土地转为国有土地的土地使用权。②

土地所有权初始登记的程序包括以下步骤：申请与受理、审查、公告、登簿、收费发证五个环节。

1. 申请与受理

申请由不动产权利人提出。申请人原则上应提交下列书面文件：（1）申请书；（2）身份证明；（3）土地权属来源证明文件；（4）地籍调查成果与地籍图；（5）由代理人申请登记时，证明其权限的委托文书。

申请书通常由登记机构提供，申请人可直接向登记机构领取，按要求填写后申请人应签名（盖章）。身份证明，包括：个人身份证明，或企业法人营业执照和法定代表人证明，或国家机关负责人证明，或市政府批准设立组织的文件和该组织负责人证明。境外企业、组织提供的身份证明按规定经过公证或认证。土地权属来源证明文件：以出让方式取得土地使用权的，提供土地使用权出让合同与已付清土地使用权出让金的证明；以划拨方式取得土地使用权或者依法取得集体非农业建设用地使用权的，提供建设用地批准文件。

登记机构接受土地登记申请者提交的申请书及相关文件，应当在收件簿上载明名称、页数、件数，并给申请者开具收据。登记机构认为不具备受理条件的，应书面说明理由予以驳回；认为需要补充文件的应书面说明理由，并将需要补充的文件清单附于该书面。

2. 审查

采形式审查方式的立法例认为在登记审查时，登记官员没有资格对法律行为的效力、处分人的权利以及当事人的资格进行评判，这些权力只能由法官来享有。因此，审查的主要内容为：申请人的登记能力；申请权利人与有关证明文件的关系；申请登记事项与房地产登记册的记载不冲突；申请登记事项不违

---

① 这是因为，虽然土地与房屋是两项最为重要和主要的不动产，但是由于我国立法在处理土地与建筑物的关系时采取的是"房随地走或者地随房走"的原则，即要求土地使用权的主体与地上建筑物及其他附着物所有权的主体保持同一。

② 参见《土地登记规则》第24条。

反法律禁止性规定等等。《上海市房地产登记条例》第24条明确规定："符合下列条件的土地使用权初始登记申请，应当准予登记：（一）申请人是土地使用权出让合同、土地租赁合同或者建设用地批准文件记载的土地使用人；（二）申请登记的土地使用范围、位置、面积、用途与土地使用权出让合同、土地租赁合同或者建设用地批准文件、地籍图、土地勘测报告的记载一致；（三）申请登记事项与房地产登记册的记载不冲突；（四）不属于本条例第14条第3款所列的情形。"这一规定，可以说在我国第一次以地方立法的形式明确了登记审查的内容，值得借鉴。登记官员掌握的原则是：如果确定当事人所提交申请登记的材料符合形式要件，就应当给予办理登记。

3. 公告

依我国《土地登记规则》第15条，经土地管理部门审核，对认为符合登记要求的宗地予以公告。依此规定，土地初始登记应经公告程序。此处的初始登记即总登记，但其第三章规定了土地使用权、所有权和土地他项权利设定登记的程序，这里所谓的设定登记相当于初始登记，即在总登记期限过后，当事人申请土地登记，适用该章的规定。第21条明确：本章除有关通知和公告的规定外适用于变更土地登记。也就是说，公告并不适用土地设定登记。

从其他国家和地区对不动产登记一般程序的规定看，公告并不一定为登记的必须程序。从《土地登记规则》的规定看，同为土地所有权登记，在总登记时登记的需要公告（即使已办理过登记的），在总登记后登记的（即所谓设定登记）就不需要公告，其逻辑何在？而依我国台湾地区的登记规则，连嘱托登记之件，亦应公告（我国台湾地区"土地法"第55条），更无逻辑可言。因为，一般说来，体现国家意志的法院判决、仲裁机关裁决、行政机关决定等导致不动产物权被强制变动时，登记机关既无权对这些权利变动原因进行合法性审查，也无权拒绝登记。① 则公告成为为了公告而公告的形式，故笔者以为，在明确将登记作为不动产公示的方法并建立统一的不动产登记制度的前提下，公告失去了意义。故公告可以排除在登记程序之外。

4. 登簿

对通过登记审查的初始登记，应在不动产登记簿"所有权部"中予以记载，记载的主要内容：所有权人（姓名、管理者、住所、身份证号码）、权利种类、权利范围、权利来源、登记及原因发生日期、其他登记事项、权利证书字号等。

---

① 　参见许明月等《财产权登记法律制度研究》，中国社会科学出版社2002年版，第229—230页。

登记人员应在不动产登记簿签章。同时，登记人员应按不动产登记簿的内容制作《不动产权利证》。

5. 收费发证

首先应查验申请人的身份，要求申请人出示身份证件和收件收据，以避免被其他人冒领；其次，开具交费通知单，将申请人应缴纳的费用一次性告知，由申请人交清费用；最后，收回收件收据，由申请人在发件登记簿上签章，将不动产权利证书颁发给申请人。

（二）房屋所有权初始登记的程序

《上海市房地产登记条例》规定新建房屋竣工验收合格后，房地产权利人应当申请房屋所有权初始登记。我国目前的房屋所有权主要是两类：即农村房屋所有权与城镇房屋所有权。农村房屋所有权是指建造在农民集体土地上的房屋所有权，包括农民建造在"宅基地使用权"上的私有房屋、农民集体组织建造在自己土地上的房屋以及农民集体组织以外的其他法人依法建造在集体土地上的房屋；城镇建筑物所有权是指建造在国有土地上的建筑物所有权，包括建造在国有出让土地上的房屋和建造在国有划拨土地上的房屋，建造在出让土地上的房屋拥有完全的所有权，而建造在划拨土地上的房屋的所有权是限制所有权。房屋所有权初始登记的程序包括以下步骤：申请与受理、审查、登簿、收费发证四个环节。

1. 申请与受理

申请由不动产权利人提出。申请人原则上应提交下列书面文件：（1）申请书；（2）身份证明；（3）记载土地使用权状况的不动产权证（土地使用权证书）；（4）建设工程规划许可证；（5）竣工验收证明；（6）记载房屋状况的地籍图；（7）房屋勘测报告；（8）根据登记技术规范应当提交的其他有关文件；（9）由代理人申请登记时，证明其权限的委托文书。

房屋所有权初始登记由不动产权利人申请，使用自己名下土地建造房屋的，由不动产登记簿记载的权利人提出申请；使用他人土地建造房屋（包括租、借土地）的，由建设工程规划许可证记载的申请人提出申请，除提供上述文件外，尚需提供土地租（借）用合同。

申请人在申请初始登记之前，应先委托登记机关认可的测量机构进行房屋勘测，取得其出具的不动产测绘成果报告书。属违法用地、违章建筑，但经处理并准许留用的，申请登记时还应提交行政处罚决定书。

登记机构接受土地登记申请者提交的申请书及相关文件，应当在收件簿上载明名称、页数、件数，并给申请者开具收据。登记机构认为不具备受理条件的，应书面说明理由予以驳回；认为需要补充文件的应书面说明理由，并将需要补充的文件清单附于该书面。

2. 审查

对房屋所有权初始登记的审查，主要是：申请人是不动产登记簿记载的土地使用权人，或是与土地使用权人签订租（借）用合同且为建设工程规划许可证记载的申请人；申请初始登记的房屋坐落、用途、幢数、层数、建筑面积符合建设工程规划许可证的规定并与记载房屋状况的地籍图、房屋勘测报告一致；申请登记事项与房地产登记册的记载不冲突；申请登记事项不违反法律禁止性规定等。

此外，还应对房屋所有权的类型进行审查，区分农村房屋所有权与城镇房屋所有权。农村房屋所有权需区分农民建造在"宅基地使用权"上的私有房屋、农民集体组织建造在自己土地上的房屋以及农民集体组织以外的其他法人依法建造在集体土地上的房屋。城镇房屋所有权需区分建造在国有出让土地上的房屋或建造在国有划拨土地上的房屋；区分商品房、经济适用房等等。

对于尚未进行标示登记的不动产是否可以申请初始登记，各国的规定不一。如《俄罗斯联邦不动产权利及相关法律行为登记法》规定"如果是没有进行地块的地籍测量工作或是地块的地籍测量工作没有结束（没有地籍号，四至不确定，不动产客体的位置和地块中的交通线不确定），在有已在权利国家登记时在地籍测量机关里的包括对四至拍摄的描述在内的资料的基础上编制的地块平面图时可进行权利国家登记。在授予不动产客体地籍号之前可以使用能对该客体作同一识别的有条件的号码。在地块权利拥有者（们）的书面的同意的情况下对地块的确定的四至和面积可以无须第二次登记而载入统一的权利国家登记簿。"《澳门特别行政区物业登记法典》第 27 条："对于无财政司房屋记录之房地产，如属应报请有关部门作登录者，应以有效期为一年之有关声明之复本或证明，证实已报请作登录。如在上述期间呈交登记请求，则为作出该登记，无须重新证明已按上款规定报请有关部门作登录。"显然是允许登记的。

3. 登簿

对通过所有权登记审查的初始登记，应在不动产登记簿"所有权部"中予以记载，记载的主要内容有：所有权人（姓名、管理者、住所、身份证号码）、权利种类、权利范围、权利来源、登记及原因发生日期、其他登记事项、权利证书字号等。登记人员应在不动产登记簿签章。同时，登记人员应按不动产登记簿的内容制作《不动产权利证》。

4. 收费发证（略）

参见前述"土地所有权初始登记的程序"。

二　不动产所有权移转登记

不动产所有权经初始登记后，不动产权利主体对其不动产的处分导致权利在主体之间的移转，即不动产权利的相对消灭。根据物权公示原则，此种物权变动应进行公示，在不动产登记法中称为不动产物权移转登记。根据物权变动的原因，一般可将物权变动分为基于法律行为的物权变动和非基于法律行为的物权变动两种。其中最重要、最常见的变动原因是法律行为。如各种不动产权利的转让、赠与等等。

（一）不动产所有权移转登记的适用范围

依法律行为之物权变动，包括双方行为与单方行为。双方行为通常体现为契约或合同，如买卖、交换而取得物权或丧失物权；单方行为则体现为无需他人介入即可取得物权或丧失物权，如遗赠。非依法律行为的物权变动主要有：因继承发生的物权变动；依据"公共权力"发生的物权变动（如法定优先权）。对移转登记的适用，我国目前的登记办法的规定不尽相同。依《城市房屋权属登记管理办法》规定的有：买卖、交换、赠与、继承、划拨、转让、分割、合并、裁决等原因；《深圳市房地产登记条例》规定的有：买卖、赠与、交换、继承、共有房地产的分割、人民法院判决、裁定的强制性转移、依照法律、法规规定作出的其他强制性转移；《上海市房地产登记条例》仅规定了买卖、交换、赠与、继承、遗赠和法律、法规规定的其他情形共六项。我们认为分割、合并不属于移转登记范围，因为分割、合并原则上不涉及不动产权利主体的变化，应属变更范围。

在实践中引起不动产移转的原因尚有许多特殊形式，如以不动产作价出资或入股的；一方或多方提供土地使用权，另一方或多方提供资金合作开发不动产，并以不动产分成的；由于涉及将一方的不动产移转到另一主体，亦应纳入移转登记范围。这些特殊形式就是属于法律、法规规定的其他情形。至于人民法院判决、调解、裁定转移与仲裁机构裁决、调解转移的，实际上均以实体法为基础，即依据不同的事实（如买卖、交换、赠与、继承等）作出的，可依相应的原因纳入不同登记类型登记，而不必专门规定。故移转登记适用于买卖、交换、赠与、继承、遗赠和法律、法规规定的其他情形。

（二）不动产所有权移转登记的程序

1. 申请与受理

由于依法律行为之物权移转，包括双方行为与单方行为，不动产所有权移转登记的申请亦有所不同。依双方行为发生的物权变动，由登记权利人和登记义务人共同向登记机关申请登记，如买卖，应由买方与卖方共同申请；依单方行为发生的物权变动，由登记权利人单方向登记机关申请登记，如遗赠，由受遗赠人单方申请即可。

非依法律行为的物权移转，主要适用于因继承发生的物权移转，人民法院判决、裁定的强制性转移等，原则上由登记权利人单方申请登记即可。

《深圳经济特区房地产登记条例》规定，申请转移登记应提交的文件有：（1）房地产转移登记申请书；（2）房地产权利证书；（3）身份证明；（4）买卖合同书，或赠与书，或继承证明文件，或交换协议书，或人民法院依法作出的已经生效的判决书、裁定书、调解书，或有关行政机关的行政决定书，或分割的协议书；（5）行政划拨、减免地价的土地，转移时按规定需补地价的，应提交付清地价款证明书；（6）非法人企业、组织的房地产转移，应提交其产权部门同意转移的批准文件。第37条、第38条可以说是对移转登记须提交文件罗列最全的规定了。申请不动产转移登记，原则上应当提交下列文件：（1）申请书；（2）身份证明；（3）不动产权证；（4）证明不动产权属转移原因的文件；（5）根据登记技术规范应当提交的其他有关文件。其中证明不动产权属转移原因的文件因移转发生原因的不同，需提交的文件亦有所差别：

买卖：需提交不动产买卖合同。转让出让国有土地使用权的，需提交已投入项目建设资金25%的证明；转让不动产的土地使用权属于行政划拨、减免地价款的，需提交土地管理部门同意交易的书面证明和付清地价款证明。

交换：需提交不动产交换合同。

赠与：需提交赠与合同公证书。

遗赠：需提交遗赠公证书和被继承人死亡证明。

继承：属遗嘱继承的，需提交经公证的遗嘱和被继承人死亡证明；属法定继承的，需提交继承公证书和被继承人死亡证明。

经人民法院判决、调解、裁定转移与仲裁机构裁决、调解转移的，需提供人民法院或仲裁机构生效的法律文书。

总之，不动产移转登记的申请，应依据不同情形提交相应的文件。实践中物权移转的形式丰富多彩，恐难一一罗列，应根据实际情况予以把握。其原则为——能够提供证明不动产权属转移原因的文件。

需要注意的是,在经人民法院判决、调解、裁定转移与仲裁机构裁决、调解转移的情形下,登记机关往往根据自己对法律文书的理解提出不同的要求,令当事人无所适从。如经人民法院判决的,在具体履行中有两种情况,一是当事人配合履行,二是当事人不配合履行;对前者只要双方当事人共同申请即可,对后者则需要人民法院的强制执行;但登记机构往往一概要求申请人提交协助执行通知书,显然于法无据。又如继承,既可根据遗嘱继承、公证继承,也可根据判决继承(当事人之间有异议,经诉讼程序),有的登记机构竟不认判决书,除了判决书外,仍要当事人办理继承公证。还有,离婚时的财产分割,协议离婚时应提交民政部门确认的离婚协议,判决离婚时应提交人民法院的生效法律文书,有的登记机构不认民政部门确认的离婚协议。某地曾有一典型案件,当事人无奈,为了办理不动产移转,只好又结一次婚(复婚),将不动产移转后再离婚,可见程序的公正对当事人的影响有多大了。

此外,在人民法院强制执行时,由权利人单方申请,对原权利人持有的《不动产权证》如何处理,亦有不同规定。有的要求当事人先行登报声明作废,有的则由登记机构公告作废。我们认为,依人民法院的生效法律文书发生的物权变动属非依法律行为的物权变动,自法律文书生效时即发生效力,不因原《不动产权证》的存在而有异。为从形式上完善,由登记机构直接公告作废即可,不应由当事人声明作废。

·由于我国民事主体的多元化,对不同民事主体处分不动产亦有不同之要求。① (1)国有不动产的移转应经同级财政部门或国资部门的批准,持批准文件申请移转登记;(2)集体所有(制)不动产的移转应经职工大会同意,持职工大会书面决议申请移转登记;(3)法人所有的不动产的移转应经有权机构(如董事会、股东大会等)同意,持相关文件(如董事会决议、股东大会决议等)申请移转登记;(4)未成年人所有的不动产移转须由监护人出具具结保证,持监护人与被监护人关系证明和具结保证书申请移转登记。②

对于不动产移转,有的登记机构还规定了若干前置程序,如地籍调查、配

---

① 对此各地认识不同,要求也不同。参见第六章登记实务论。

② 在我国台湾地区,以未成年人名义出卖不动产时,其法定代理人应在土地登记申请书备注栏切结"本案处分确实对未成年人有利,绝无违反民法第 1088 条规定,若有不实,愿负法律责任。"参见赵坤麟《如何办妥产权登记及过户》,台湾永然文化出版股份有限公司 1996 年版,第 90 页。建设部《房屋登记办法(征求意见稿)》:"因处分未成年人房屋申请登记的,应出具经公证的为未成年人利益的书面保证。"

图等。由于移转登记涉及不动产权利主体对其不动产的处分导致权利在主体之间的移转，并不涉及不动产客体（如客体有变更应先办理变更登记），完全没有必要增加这些前置程序。

登记机构接受土地登记申请者提交的申请书及相关文件，应当在收件簿上载明名称、页数、件数，并给申请者开具收据。登记机构认为不具备受理条件的，应书面说明理由，并将需要补充的文件清单附于该书面。

2. 审查

登记机构对当事人的申请应依申请的顺序进行审查。《上海市房地产登记条例》规定，符合下列条件的房地产转移登记申请，应当准予登记：（一）转让人是房地产登记册记载的权利人，受让人是有关证明文件中载明的受让人；（二）申请转移登记的房地产在房地产登记册的记载范围内；（三）申请登记事项与房地产登记册的记载不冲突。其规定的审查方式简洁、明了。需要提及的是，在这种登记审查方式中，证据起着构建交易事实和场景的作用，当事人是否具有行为能力、是否是物权人、原因行为是否存在等重要事项均要由证据予以证实，如何查证这些证据的真实性，使得证据表现的法律事实尽可能贴近客观事实，是登记审查中的重点和难点。故我们强调在不动产登记法中可以考虑设置一定的前置程序——引入公证制度。

3. 登簿

对通过不动产移转登记审查的移转登记，应在不动产登记簿"所有权部"中予以记载。记载时应涂销原权利人部分，将新权利人的状况记入登记簿，记载的主要内容有：所有权人（姓名、管理者、住所、身份证号码）、权利种类、权利范围、权利来源、登记及原因发生日期、其他登记事项、权利证书字号等。登记人员应在不动产登记簿签章。同时，登记人员应按不动产登记簿的内容制作《不动产权利证》。

4. 收费发证（略）

参见前述"土地所有权初始登记的程序"。

三　不动产所有权变更登记

不动产所有权变更登记，是指对既存不动产登记的内容正常变动进行的登记，即经登记的不动产所有权内容发生变更后进行的登记。既不包括权利主体的变更，也不包括权利或权利客体的消灭。此处的变更指登记事项的变更，如土地使用年限的增减、房地产权利人姓名或者名称发生变化的（主体不变，只是名称改变）。为使登记事项与实际相符，根据物权公示的原则，当事人应当申请变更登记。

（一）不动产所有权变更登记的适用

不动产所有权变更登记适用于已登记不动产所有权，对应于不动产登记簿所有权部记载的内容的变更。在登记类型与登记权利人不变的前提下，对其他登记事项的变更。

（二）不动产所有权变更登记的程序

1. 申请受理

申请不动产所有权变更登记，由登记权利人向登记机构提出申请，并提交下列文件：申请书；身份证明；证明不动产所有权登记事项变更的相关文件。

2. 审查

对不动产所有权变更登记申请的审查主要有：（1）申请变更的不动产所有权在不动产登记簿的记载范围内；（2）有不动产所有权登记事项变更的事实；（3）登记申请人是不动产登记簿记载的不动产权利人；（4）申请登记事项与不动产登记簿的记载不冲突。符合条件的不动产所有权变更登记的申请，应当准予登记。

3. 登簿

对通过不动产所有权变更登记审查的，应在不动产登记簿"所有权部"中涂销变更的事项，将变更后的登记事项记载于不动产登记簿。

4. 换证

经不动产所有权更正登记后，原不动产权证须做更正的，应同时换发新证。

四 不动产所有权注销登记

注销登记，是指经登记的不动产因标的物的灭失或权利依法终止时的登记。与物权变动中物权的"设立、移转、变更和消灭"的"消灭"相对应。适用于不动产所有权注销登记的情形有不动产标的的消灭与不动产权利的终止。

（一）不动产所有权注销登记的范围

我国《土地登记规则》规定适用于不动产注销登记的有：集体所有的土地依法被全部征用或者农业集体经济组织所属成员依法成建制转为城镇居民的；县级以上人民政府依法收回国有土地使用权的；国有土地使用权出让或者租赁期满，未申请续期或者续期申请未获批准的；因自然灾害等造成土地权利灭失的；土地他项权利终止的等五种情形。《上海市房地产登记条例》规定，适用于不动产注销登记的有：以出让、租赁等方式取得的土地使用权依法终止的；房屋因倒塌、拆除等原因灭失的；土地使用权、房屋所有权因抛弃而终止的等三种情形。我国台湾地区"土地登记规则"规定适用涂销登记的情形有：土地因抛弃、混同、存续期间届满、债务清偿、撤销权之行使或法院之确定判决等致权利消灭时；依规则不应登记，纯属登记机关的疏失而错误登记的土地权利。由此可知，物权的消灭，区分为不动产标的的消灭与不动产权利的终止，而我国对此两类情形都采注销登记的形式，故不动产所有权的注销登记适用于：不动产标的物灭失的；土地使用权依法终止的（包括期满终止、提前终止）；不动产因抛弃、混同而终止的；集体所有的土地依法征用为国有土地的。

（二）不动产所有权注销登记的程序

1. 申请注销登记。不动产权利人应于不动产灭失或权利消灭后，持不动产权利证书与灭失的证明向登记机构申请注销登记。

2. 审查。登记机构对权利人提供的申请文件进行审查，决定是否准予注销登记。

3. 登载。登记机构对准予注销登记的申请，应收回原不动产权利证书作废，在不动产登记簿上记载注销登记的原因，并涂销登记簿——本页终止。

（三）径为注销登记的程序

不动产灭失后，权利人未申请注销登记的，登记机构可以依据有关部门提供的证明文件，报请登记局长许可注销登记。将注销事项记载于不动产登记簿，对原不动产权利证书公告作废。

五　不动产所有权更正登记

不动产所有权更正登记，是指对"登记"的更正，即对不正确的不动产所有权登记进行更正的登记程序。更正登记作为一种特别的登记类型，与物权变动的形态无关，是针对不动产所有权"设定登记、移转登记、注销登记"发生错误而进行的登记。对于不动产登记簿记载的所有权事项发生错误的，均可申请不动产所有权更正登记。

（一）不动产所有权更正登记的范围

不动产所有权更正登记的范围是不动产登记簿"产权部"记载的相关事项，主要有：不动产权利人、权利种类、权利范围、权利来源等。

（二）不动产所有权更正登记的程序

从《物权法》的规定看，不动产更正登记的发动者为已登记为不动产的权利人或利害关系人。不动产权利人认为登记的权利不正确时，可以申请更正登记（单方申请）；而利害关系人认为不动产登记簿记载的权利错误的，欲申请更正登记则需权利人的书面同意方可为之，否则只能申请异议登记。申请人应提供证明登记确有错误的证据。

1. 登记权利人的同意。利害关系人认为不动产登记簿记载的权利错误的，应取得登记权利人的书面同意方可为之，故利害关系人提出更正登记前，应先行征得权利人的同意且出具书面证明。登记权利人提出更正登记的，不需此环节，只需提交证明登记确有错误的证据。

2. 申请不动产权利更正登记。申请人应提供证明登记确有错误的证据，以及权利人同意更正的署名文件。

3. 审查。登记机构对申请的文件进行审查，决定是否予以更正登记。

4. 登载。登记机构决定准予更正登记的，应涂销不正确权利登记事项，将更正后的权利事项记载于不动产登记簿。

5. 换证。经不动产更正登记后，原不动产权证须做更正的，应同时换发新证。

第八节 不动产登记的程序(3)
——不动产他项权利登记

他项权利是指非所有权人在他人所有之物上所设定或成立的物权。他项权利均派生于所有权，是根据法律的规定或当事人的约定使所有权中的部分支配权能与所有权相分离而产生的。所有权以外的其他物权均属于他项权利，主要有用益物权和担保物权两大类。根据物权公示的原则，当事人所取得的物权经公示后才具对抗效力，故不动产他项权利应办理登记，它们是不动产所有权确立之后针对所有权的各种限制。① 不动产他项权利登记包括：1. 设定登记，如在不动产上创设使用权、用益权、地役权、抵押权，以及设立有物权化倾向的租赁权的登记等；2. 移转登记，即已完全成立的他项权利作为独立财产在民事主体之间进行转让而进行的登记，包括不动产的用益物权、担保物权的移转登记；3. 更正登记，即对不正确的不动产他项权利登记进行更正的登记；4. 注销登记，即因不动产他项权利消灭、终止或抛弃而为的登记等。

---

① 孙宪忠：《中国物权法总论》，法律出版社 2003 年版，第 219 页。

一 不动产他项权利设定登记

不动产他项权利的设定是指不动产初始登记后，所有权人在他人所有之不动产上所设定的物权。不动产他项权利分为用益物权和担保物权两大类。

（一）不动产他项权利设定登记的适用范围

德国法规定的土地他项权利包括：地役权、用益权、限制的人役权、先买权、物上负担、抵押权、土地债务、定期土地债务等。[①] 日本《不动产登记法》规定的土地他项权利包括：地上权、永佃权、地役权、先取特权、质权、抵押权、承租权、采石权、不动产工事的先取特权等。[②] 我国台湾地区"土地登记规则"规定的土地他项权利包括：地上权、永佃权、地役权、典权和抵押权。[③] 我国《城市房屋权属登记管理办法》规定，设定房屋抵押权、典权等他项权利的，应申请他项权利登记。《土地登记规则》规定，依法向政府土地管理部门承租国有土地的、依法抵押土地使用权的、有出租权的土地使用者依法出租土地使用权的，应申请他项权利登记。《上海市房地产登记条例》规定，抵押、设典，其他依照法律、行政法规设定的房地产他项权利，应申请他项权利登记。《深圳经济特区房地产登记条例》只规定了抵押登记。依《物权法》规定的他项权利计有：用益物权——土地承包经营权、建设用地使用权、宅基地使用权、地役权；担保物权——抵押权。

我们认为，我国的不动产他项权利系用益物权和担保物权两类。用益物权主要是地上权、地役权、用益权、居住权、土地承包经营权；[④] 担保物权主要是抵押权、优先权。

需要指出的是，我国《物权法》对他项权利的登记采不同的效力。采登记对抗主义的有：地役权、土地承包经营权；采生效主义的有：建设用地使用权、宅基地使用权、抵押权。前者未经登记，不得对抗善意第三人；后者自登记时设立。

（二）不动产他项权利设定登记的程序

1. 申请与受理

申请不动产他项权利设定登记，由登记权利人与登记义务人共同申请，应

---

① 参见《德国民法典》第1018—1203条。
② 参见日本《不动产登记法》第111—140条之3。
③ 参见李昊等《不动产登记程序的制度建构》，北京大学出版社2005年版，第338页。
④ 依《物权法》用益物权包括：土地承包经营权、建设用地使用权、宅基地使用权、地役权。我们认为建设用地使用权不属于用益物权，宅基地使用权可归入地上权。

当提交下列文件：申请书；身份证明；不动产权证书；证明不动产他项权利设定原因的文件。其中证明不动产他项权利设定原因的文件因不同的他项权利而异，如抵押权登记应提交抵押合同和抵押担保的主债权合同、土地承包经营权登记应提交土地承包经营权合同、地上权登记应提交土地使用权租赁合同等等。

2. 审查

对不动产他项权利登记申请的审查主要有：（1）申请登记的不动产在不动产登记簿的记载范围内，即在先登记原则；（2）登记权利人是设定不动产他项权利的当事人，且登记义务人是不动产登记簿记载的不动产权利人，即主体适格原则；（3）申请登记事项与不动产登记簿的记载不冲突；符合条件的不动产他项权利登记的申请，应当准予登记。

3. 登簿

经审查准予登记的，应当按收件号数之次序，将申请不动产他项权利的有关事项记载于不动产登记簿之"他项权利部"上，并标记登记顺位。记载的主要内容有：他项权利人（姓名、管理者、住所、身份证号码）、权利种类、权利范围、权利来源、登记及原因发生日期、其他登记事项、他项权利证书字号等。登记人员应在不动产登记簿签章。为使不动产权利证书与不动产登记簿保持一致，通常应在不动产权利证书加注他项权利事项。

4. 收费发证

《城市房屋权属登记管理办法》规定，房屋权属证书包括《房屋所有权证》、《房屋共有权证》、《房屋他项权证》；《土地登记规则》规定的证书包括：《国有土地使用证》、《集体土地所有证》、《集体土地使用证》和土地他项权利证明书。《上海市房地产登记条例》规定，符合规定条件的，应当通知房地产他项权利登记的权利人领取登记证明；其规定的是制作"登记证明"，与《土地登记规则》他项权利证明书相一致，即对他项权利不发"证书"，只发"证明"。对他项权利登记是否发证，如何发证，确实值得探讨。

二　不动产他项权利移转登记

不动产他项权利移转登记，是指在不动产他项权利设定之后，因权利人对其不动产权利的处分而进行的登记。经登记的不动产他项权利发生转移的，当事人应当申请转移登记。他项权利的移转，应当符合法律规定，如《物权法》规定："抵押权不得与债权分离而单独转让或者作为其他债权的担保。"当事人不得违反规定转让。

（一）不动产他项权利移转登记的适用

依《物权法》规定的他项权利计有：用益物权——土地承包经营权、建设用地使用权、宅基地使用权、地役权；担保物权——抵押权。这些权利原则上均可移转，应当办理不动产他项权利移转登记。① 但不动产他项权利移转登记的前提是，该他项权利已经记载于不动产登记簿。如该权利未曾办理登记，则不能办理移转登记。②

（二）不动产他项权利移转登记的程序

1. 申请与受理

申请不动产他项权利移转登记，由登记权利人与登记义务人共同申请，应当提交下列文件：申请书；身份证明；不动产他项权利登记证明；证明不动产他项权利发生转移的文件。其中证明不动产他项权利发生转移的文件主要是他项权利移转的合同、协议等。

2. 审查

对不动产他项权利移转登记申请的审查主要有：（1）申请移转的不动产他项权利在不动产登记簿的记载范围内；（2）登记权利人是不动产他项权利移转的当事人，且登记义务人是不动产登记簿记载的不动产他项权利人；（3）申请登记事项与不动产登记簿的记载不冲突；（4）他项权利移转不违反物权法相关规定。③ 符合条件的不动产他项权利移转登记的申请，应当准予登记。

3. 登簿

对通过不动产他项权利移转登记审查的，应在不动产登记簿"他项权利部"中予以记载。记载时应涂销原权利人部分，将新权利人的状况记入登记簿，记载的主要内容有：他项权利人（姓名、管理者、住所、身份证号码）、权利种类、权利范围、权利来源、登记及原因发生日期、其他登记事项、他项权利证书字号等。登记人员应在不动产登记簿签章。同时，登记人员应按不动产登记簿的内容制作新的《他项权利证》或"登记证明"。

4. 收费发证（略）

---

① 他项权利的移转分为两类：一是单独转让而移转，如土地承包经营权、建设用地使用权、宅基地使用权；二是随其他权利转让而移转，如地役权、抵押权。

② 如《物权法》第169条已经登记的地役权变更、转让或者消灭的，应当及时办理变更登记或者注销登记。

③ 如：抵押权不得与债权分离而单独转让或者作为其他债权的担保。参见《物权法》第192条。

参见前述"不动产他项权利设定登记的程序"。

三 不动产他项权利变更登记

不动产他项权利变更登记，是指经登记的不动产他项权利发生变更后进行的登记。此处的变更指登记事项的变更，如抵押权设定登记后，其抵押物的增减、债权的增减等。为使登记事项与实际相符，根据物权公示的原则，当事人应当申请变更登记。

（一）不动产他项权利变更登记的适用

不动产他项权利变更登记适用于任何已登记的他项权利类型，即适用于地上权、地役权、用益权、居住权、土地承包经营权、抵押权、优先权。在登记类型与登记权利人不变的前提下，对其他登记事项的变更。

（二）不动产他项权利变更登记的程序

1. 申请与受理

申请他项权利变更登记，由登记权利人与登记义务人共同申请，并提交下列文件：申请书；身份证明；不动产他项权利登记证明；证明不动产他项权利发生变更的文件。原则上不动产他项权利发生变更的文件应经登记权利人与登记义务人共同签署确认。

2. 审查

对不动产他项权利变更登记申请的审查主要有：（1）申请变更的不动产他项权利在不动产登记簿的记载范围内；（2）当事人就不动产他项权利发生变更达成合意；（3）登记申请人是不动产他项权利设定的当事人，且登记义务人是不动产登记簿记载的不动产权利人；（4）遇有两个以上他项权利时，除审查当事人的合意外，还应审查顺位关系，把握不得损害其他抵押权人的利益的原则（如顺位交换不得损害中间权利，被担保的债权数额的变更不得损害顺位在后的抵押权的利益等等）；（5）申请登记事项与不动产登记簿的记载不冲突。符合条件的不动产他项权利变更登记的申请，应当准予登记。

3. 登簿

对通过不动产他项权利变更登记审查的，应在不动产登记簿"他项权利部"中涂销变更的事项，将变更后的登记事项记载于不动产登记簿。

4. 换证

经不动产更正登记后，原不动产权证须做更正的，应同时换发新证。

四　不动产他项权利注销登记

不动产他项权利注销登记，是指经登记的不动产他项权利依法终止、消灭或抛弃时的登记。如抵押权因主债权消灭或抵押权已经实现、解除地役权合同等等。不动产他项权利注销登记主要适用于不动产他项权利的终止。

（一）不动产他项权利注销登记的适用

我国《土地登记规则》、《城市房屋权属登记管理办法》等均规定，他项权利终止应办理注销登记。适用于地上权、地役权、用益权、居住权、土地承包经营权、抵押权、优先权等他项权利终止、消灭或抛弃时的登记。

（二）不动产他项权利注销登记的程序

1. 申请注销登记。不动产他项权利人应于不动产他项权利灭失或权利消灭后，持不动产他项权利证书与灭失的证明向登记机构申请注销登记。

2. 审查。登记机构对权利人提供的申请文件进行审查，决定是否准予注销登记。

3. 登簿。登记机构对准予注销登记的申请，应收回原不动产他项权利证书作废，在不动产登记簿上记载注销登记的原因、时间等内容。

（三）径为注销登记的程序

不动产他项权利灭失后，权利人未申请注销登记的，登记机构可以依据有关部门提供的证明文件，报请登记局长许可注销登记。将注销事项记载于不动产登记簿，对原不动产他项权利证书公告作废。

五　不动产他项权利更正登记

不动产他项权利更正登记，是指对"他项权利登记"的更正，即对不正确的不动产他项权利登记进行更正的登记程序。具体更正程序与不动产所有权更正程序并无二致，在此不赘，可参见前述"不动产所有权更正登记的程序"。

第九节　不动产登记的程序(4)
——预备登记

预备登记是为了保全登记请求权而为的登记，是不动产登记法上与本登记相对称的登记类型。它是在本登记之前进行的一项登记，目的在于限制登记名义人对所登记的权利的处分并对第三人予以警示，与实体法上因为权利变动而产生的对抗力无直接关系。故在登记程序上与本登记有所区别。

一 异议登记的程序

异议登记为更正登记之辅助，即利害关系人针对不正确的不动产登记簿欲提起更正登记，而不动产登记簿记载的权利人不同意更正的，利害关系人可以申请异议登记。

《物权法》规定，不动产登记簿记载的权利人不同意更正的，利害关系人可以申请异议登记。登记机构予以异议登记的，申请人在异议登记之日起十五日内不起诉，异议登记失效。

（一）异议登记的主体

不动产异议登记的发动者为利害关系人。

（二）异议登记的前提条件

从《物权法》第十九条的字面意义理解，似乎我国异议登记必须以更正登记为前提条件，有的地方在研究物权法的实施意见时就提出，先由登记机构书面通知登记权利人，如权利人在一定期限不予回复则视为不同意，始得为异议登记。而事实上这种理解却是与此条的立法目的相违背的。如果异议登记必须以更正登记为前提条件，那么登记机构就必须用大量时间和精力对每一件异议登记是否符合前提条件进行审查，这不仅增加了真正权利人举证的困难，而且加大了登记机构的工作量，与立法目的背道而驰。因此，如果异议登记必须以更正登记为前提条件，那么《物权法》规定的这项制度将形同虚设，真正权利人一般也不会依据该法规定提起更正登记和异议登记，而是仍然选择《物权法》颁布之前的方式即诉前保全或诉讼保全来寻求法律救济，维护自身合法权益。

我们认为，《物权法》第19条的规定，是对不正确的登记簿提供了两种法律救济手段，二者之间并无因果关系，只是对登记的要求不同而已——更正登记需提交权利人的书面同意，异议登记则无需提交。因此，对异议登记前提条件的正确理解是：利害关系人认为不动产登记簿不正确。即申请人可以直接提起异议登记，至于权利人是否同意在所不问。其基本思路是：将异议登记的选择权交由当事人自己选择——当事人的异议经土地权利登记名义人同意者，则可申请更正登记；当事人的异议未经土地权利登记名义人同意者，则申请办理异议登记。

但问题是异议登记的申请应提交何种文件或何种证据？依《物权法》规定的理解，异议登记申请人至少应提交证明登记确有错误的证据，登记机构予以异议登记的，申请人在异议登记之日起十五日内还应提交起诉书副本及法院受理通知书，否则异议登记失效。即当事人需两次提交相关文件，设计不甚合理。依德国法规定，异议抗辩的登记，根据假处分的原因，或者根据因对不动产登记簿的更正登记涉及利益的人的同意进行之。依照日本法规定："预告登记，应由受理第 3 条所载之诉的法院，依职权于嘱托书上附具诉状的誊本或节本，从速嘱托于登记所。"我国民国时期《土地登记规则》规定，预告登记或异议登记，因假处分①或经土地权利登记名义人之同意为之。实践中，利害关系人认为不动产登记簿不正确时，自会与登记权利人交涉，当权利人不同意为更正登记时，利害关系人只能通过诉讼渠道救济。故"起诉"为异议登记成立的条件，或者说，异议登记的存续期间即从起诉始，至生效的判决终。尽管我国现行《民事诉讼法》上尚未规定假处分制度，但可参考日本法的规定，设计为：异议登记由当事人于申请书上附具起诉书副本及法院受理通知书向登记局提出申请。如此设计，可以避免当事人对异议登记的随意性，提高登记机构的工作效率。

（三）异议登记的程序

1. 申请与受理

申请由利害关系人提出。申请人原则上应提交下列书面文件：（1）申请书；（2）身份证明；（3）起诉书副本及法院受理通知书。

登记机构接受异议登记申请者提交的申请书及相关文件，应当在收件簿上载明名称、页数、件数，并给申请者开具收据。

2. 审查

登记机构对申请的文件进行审查，决定是否予以异议登记。

3. 登载。登记机构决定准予异议登记的，应将异议事项记载于不动产登记簿。

4. 通知。登记机构应将受理异议登记的情况书面通知登记簿记载的权利人。

（四）异议登记的注销

异议登记申请人提出的异议经法院判决成立的，异议登记申请人持生效的

---

① 假处分，是民事诉讼法的制度。依我国台湾地区"民事诉讼法"第 532 条，"债权人就金钱请求以外之请求，欲保全强制执行者，得声请假处分。"即假处分是债权人为保全金钱请求以外之请求，或就争执法律关系，为防止发生重大之损害或避免急迫之危险或有其他相类之情形而有必要时，得声请为定暂时状态，法院以裁定强制或禁止债务人为一定行为的程序。例如因买卖不动产契约发生争执时，债权人欲就其不动产移转请求权声请假处分，禁止债务人将不动产为处分行为。

法律文书注销异议登记，申请更正登记；异议不成立的，登记簿记载的权利人可以持生效的法律文书请求注销异议登记。

二　预告登记的程序

预告登记是物权法提供给请求权人一项对其进行保护的临时性担保手段。我国《物权法》第 20 条规定："当事人签订买卖房屋或者其他不动产物权的协议，为保障将来实现物权，按照约定可以向登记机构申请预告登记。预告登记后，未经预告登记的权利人同意，处分该不动产的，不发生物权效力。预告登记后，债权消灭或者自能够进行不动产登记之日起三个月内未申请登记的，预告登记失效。"据此规定，对于在不动产协议涉及取得、转移、变更和废止不动产物权请求权情形，为保障将来实现物权，均可以采用该制度。

（一）预告登记的主体

依据《德国民法典》第 885 条的规定："预告登记，根据假处分的指令，或者根据预告登记所涉及的各项土地物权的权利人的同意，而纳入登记。法院发布的假处分指令，无须证实应保全的请求权已受到危害。"即预告登记或因登记名义人的同意，或因假处分而作成。依据日本《不动产登记法》第 32 条的规定："假登记，得在申请书中附以假登记义务人的承诺书或假处分命令的正本，由假登记权利人进行申请。"《物权法》并未明确预告登记的主体，仅提出"当事人签订买卖房屋或者其他不动产物权的协议，为保障将来实现物权，按照约定可以向登记机构申请预告登记"，即当事人如果有约定就可以申请预告登记。就此可以理解为，预告登记的主体应为协议约定中的双方当事人。在登记实务中，如一方当事人出具另一方当事人同意预告登记的书面证明或司法机关生效的法律文书，可以单方申请。

（二）预告登记的适用范围

在第三节我们提到，预告登记请求权的范围应当作如下规定：1. 尚未具备本登记条件的，以设定、移转、变更或消灭不动产物权为目的的请求权；2. 附条件或者附期限的不动产物权请求权；3. 法律、行政法规明文规定的其他情形。但哪些情形可适用预告登记呢？

预告登记既适用于所有权登记，也适用于他项权利登记。具体而言，预告登记既适用于所有权的设定登记、移转登记、变更登记、注销登记；也适用于他项权利的设定登记、移转登记、变更登记、注销登记。即未具备登记申请程序上需要的条件时的所有权、他项权利登记均可适用预告登记。

（三）预告登记的程序

1. 申请与受理

申请由预告登记权利人提出。申请人原则上应提交下列书面文件：申请书；身份证明；转让或设定不动产权利的协议书；登记义务人的承诺书或法院的协助执行命令；办理预告登记的其他必要文件。

登记机构接受异议登记申请者提交的申请书及相关文件，应当在收件簿上载明名称、页数、件数，并给申请者开具收据。

2. 审查

登记机构对申请的文件进行审查，着重审查当事人的主体资格、是否有同意预告登记的约定、是否存在法律法规规定的不予登记的情形等，决定是否予以预告登记。

3. 登载。登记机构决定准予预告登记的，应将预告登记事项记载于不动产登记簿。记载的主要内容有：权利人、权利种类、权利范围、权利来源、登记及原因发生日期、其他登记事项等。

预告登记的登载应依不同种类登记于不动产登记簿的相应部位，如所有权的预告登记应登载于登记簿的"所有权部"，他项权利的预告登记应登载于登记簿的"他项权利部"。在登记簿的事项栏记载时，其左侧应留空白，该空白用于预告登记后申请本登记时的登载。[①]

4. 颁发证明。预告登记并非本登记，其登记的仅是请求权，故无需办理证书，实践中登记机构可以向登记申请人颁发预告登记证明。

（四）预告登记转让的登记程序

从预告登记具有从属性的特点看，预告登记作为请求权的保全手段，从属于不动产物权变动的请求权，并以请求权的有效存在为前提。故而，预告登记与该请求权之命运，在法律上紧密相连。这不仅体现在预告登记之成立上，也体现于预告登记之转让与消灭中。[②]

预告登记不能单独转让，但可随担保的请求权转让——此种转让，或基于法律行为（如请求权让与合同），或基于其他法律原因（如司法裁决）——预告登记亦移转于该请求权之取得人。依德国法，此时的移转不需为移转登记，登

记在此时仅为土地登记簿之更正。① 这是因为其准用德国民法典第 401 条（第 412 条），即"基于为债权而设定的保证而发生的权利，随所让与的债权而转移给新债权人"，属法定的债权转移。此时土地登记簿被视为不正确，该请求权之取得人可以申请更正登记。

在我国，由于没有类似德国民法典的相关规定，无论学界或登记实务，仍将此种转让视为预告登记的转让，需为转让登记。如《上海市房地产登记条例》第 50 条第 2 款："预购商品房发生转让的，申请预告登记时，除提交前款规定的文件外，还应当提交转让合同"，第 51 条："预购商品房未经预告登记的，不予办理预购商品房转让的预告登记。"李昊等提出的《中国不动产登记法草案建议稿》第 99 条第 2 款："预告登记转让时，由登记权利人和请求权受让人共同向登记机关申请，并提交身份证明、请求权有效转让文书等法律规定的文书"，② 显然也主张需办理转让登记。建设部起草的《房屋登记办法（征求意见稿）》虽未明确提出预告登记转让时的登记形式，但第 76 条的"预购商品房抵押权发生转让的，申请预告登记时，除提交前款规定的文件外，还应当提交抵押权转让合同"，第 77 条的"在建工程抵押权发生转让的，申请预告登记时，除提交前款规定的文件外，还应当提交主债权转让合同"，同样可以理解为需办理转让登记。

我们认为，预告登记随担保的请求权之转让而移转于该请求权之取得人，此种移转视为预告登记的移转，需办理移转登记。具体程序如下：

1. 申请与受理

申请不动产预告登记的移转登记，由登记权利人和请求权受让人共同向登记机关申请，应当提交下列文件：申请书；身份证明；预告登记证明；证明请求权有效转让的文书。

2. 审查

审查的主要内容有：（1）申请移转的预告登记已在不动产登记簿的记载范围内；（2）请求权受让人是该预告登记移转的当事人，且登记义务人是不动产登记簿记载的登记权利人；（3）申请登记事项与不动产登记簿的记载不冲突；（4）预告登记移转不违反物权法相关规定。符合条件的移转登记的申请，应当准予登记。

---

① ［德］鲍尔·施蒂尔纳：《德国物权法》（上册），张双根译，法律出版社 2004 年版，第 440 页。
② 李昊等：《不动产登记程序的制度建构》，北京大学出版社 2005 年版，第 551 页。

3. 登簿

对准予登记，应在不动产登记簿涂销原预告登记权利人，将请求权受让人记入登记簿。

4. 颁发证明。登记机构向登记申请人颁发预告登记证明。

（五）预告登记注销的程序

依《物权法》规定，预告登记后，债权消灭或者自能够进行不动产登记之日起三个月内未申请登记的，预告登记失效。

预告登记使登记的请求权具备了一定的物权效力，能够防止登记后不利于被保全的请求权的任何物权变动发生。但要发生请求权所指向的物权变动，请求权人还必须在约定或者规定的时间行使其请求权，并以自己的行为实现物权变动。如请求权人怠于行使自己的请求权，法律规定该权利消灭，以促使请求权人积极行使请求权。

预告登记在下列情况下失效：一是经预告登记的债权消灭，如一方未履行协议而解除协议的；二是达到法定期间权利人不申请本登记的；三是当预告登记推进到本登记后，预告登记自然失效。

预告登记失效时应办理注销登记。注销登记可由当事人申请或登记机构径为注销。具体而言，属债权消灭的，原则上应由预告登记权利人申请，但预告登记义务人确有证据（如提供债权消灭的公证书或法院的判决、裁定）证明债权消灭的，可由预告登记义务人提出申请；属达到法定期间权利人不申请本登记的，由预告登记义务人提出申请，但应附举证责任，申请人未提出确凿证据的，登记机构一般不予认定，即登记机构不承担裁判义务；属预告登记推进到本登记的，由登记机构在办理本登记时径为注销。

其他程序性程序同前。

（六）商品房预售制度与预告登记

我国《城市房地产管理法》和建设部的《城市商品房预售管理办法》规定了商品房的预售登记备案制度。对于该制度的性质，有学者认为，在我国预告登记的主要功能还是通过商品房的预售登记保护买受人所享有的权利，并认为我国现行的商品房预售登记属于预告登记。[①] 但大多数学者均认为我国现行的商品房预售登记并非真正意义上的预告登记。在《物权法》出台后，登记机关面对预告登记制度，往往局限于商品房的预售登记备案制度。我们认为，预售商

---

① 王利明：《物权法论》，中国政法大学出版社 2003 年版，第 172 页。

品房毫无疑问应当纳入预告登记的范围，但我国目前的商品房预售登记备案制度无论在立法上还是在实践上，仅是一种行政管理上的备案，并不具备预告登记的功能。

《物权法》规定的预告登记能否适用商品房预售？答案是肯定的。但目前学界和行政机关对商品房预售制度与预告登记的关系研究不透，无法真正把握预告登记的本质。如预售登记的性质是什么？预售登记的客体是什么？预售登记与预告登记有何异同等等。以至于简单地将原有的"预售合同登记备案"直接改成"预告登记"了事，如上海在修订《房地产登记条例》时，将"房屋尚未建成时"的预购商品房及其转让，以预购商品房设定抵押及其抵押权的转让，以房屋建设工程设定抵押及其抵押权的转让，最终均被命名为"预告登记"。而在实际登记程序上并无实质性改变，仅是名称较为时髦罢了。

有学者指出，预售商品房交易中，担保及登记的难题在于，对于尚未建成的商品房，还没有建立物权登记簿，那么如何找寻作为各项权利的连接点？[①] 该学者同时指出，我国现行商品房预售合同登记，系定位于备案登记，无法完成需要登记制度来完成的任务，预告登记的引入，可以解决这一问题。对于尚未建成的商品房，还没有建立物权登记簿的登记问题，该学者主张建立"在建建筑物登记制度"，即建立"在建建筑物登记簿"，于在建建筑物登记簿上载明，在这块土地上将会有怎样的建筑物建成。可以说看到了问题的实质，也提出了解决的办法，但其提出的"在建建筑物登记簿可以发挥本登记的作用"，[②] 显然无法自圆其说，违背了预告登记的基本原则。我们要问，在建建筑物登记制度属本登记还是预备登记？如果属本登记，那么就与预备登记无关，且无法回答房屋尚未建成如何办理本登记？如果属预备登记，其又如何发挥本登记的作用？尽管这一研究比之简单地将原有的"预售合同登记备案"变成了"预告登记"进了一步，但仍有悖于预告登记制度。

我们再重温域外的相关规定，《德国民法典》第 883 条第 1 款规定："为保全目的在于转让或废止一项土地上的物权的请求权，或土地上负担的物权请求权，或者变更这些物权的内容或其顺位的请求权，得在土地登记簿中为预告登记。被保全的请求权附条件或者附期限时，也准许为预告登记。"其预告登记的具体形式包括：土地所有权让与合意预告登记、注销预告登记、基于债法上买

---

① 参见李昊等《不动产登记程序的制度建构》，北京大学出版社 2005 年版，第 446 页。

② 同上。

回权之请求权预告登记、基于其他回复转让请求权之预告登记、基于预约而生之请求权的预告登记、基于由所有权人赋予的购买权而生之请求权的预告登记、为保护基于对人的先买权的请求权而为预告登记、为保护赋予优先顺位的请求权而为预告登记等等。① 依据日本《不动产登记法》第 2 条的规定："假登记于下列各项情形进行：1. 未具备登记申请程序上需要的条件时；2. 欲保全前条所载权利的设定、移转、变更或者消灭的请求权时。"日本的假登记至少包括了保全权利设定的请求权的假登记、保全权利移转的请求权的假登记、保全权利变更的请求权的假登记、保全权利消灭的请求权的假登记等形式。从德国的"为保全目的在于变更这些物权的内容的请求权"，到日本的"欲保全未具备登记申请程序上需要的条件的权利的设定"，可以看出，预告登记并不是仅限于"当事人签订……协议"。由此，引出问题的症结之所在——权利人在"房屋尚未建成时"可否办理预告登记？

首先，要明确商品房预售的性质。商品房预售的性质属于不动产权利转让，② 即权利人（不动产开发商）将获准建设的商品房在未竣工之前提前销售给购房者。既然属不动产转让，自应符合不动产转让的规则——在先已登记原则，德国《土地登记簿法》第 39 条第 1 款规定"只有将登记涉及其权利的人登记为权利人，才能够办理登记"，即权利人处分不动产时需已在登记簿上登记。或者说，只有登记在不动产登记簿中的权利人才有处分权，只有登记在不动产登记簿中的权利才可转让。对于尚未建成的商品房，未在不动产登记簿中登记，权利人（不动产开发商）转让的依据何在？因此，权利人（不动产开发商）欲将获准建设的商品房销售给购房者，其权利应当先行登记，由于不具备本登记申请程序上需要的条件，故适用于预告登记。当然，由于我国现行商品房预售合同登记，定位于备案登记，系行政管理的手段，由行政规定一套制度——商品房预售制度——自无不可，但绝对不是不动产登记制度的预告登记。

其次，要明确商品房预售的法律基础。商品房预售的法律基础在于权利人已取得不动产物权——土地使用权，并且该不动产物权已经办理了物权登记，取得了土地使用权证。但由于其销售的标的尚未建成，故属于将来可以实现的物权，但未具备登记申请程序上需要的条件。故为保障将来实现物权的目的，

---

① 参见〔德〕鲍尔·施蒂尔纳《德国物权法》（上册），张双根译，法律出版社 2004 年版，第416—418 页。

② 《城市商品房预售管理办法》第 2 条：本办法所称商品房预售是指房地产开发企业（以下简称开发企业）将正在建设中的房屋预先出售给承购人，由承购人支付定金或房价款的行为。

权利人完全可以通过申请"物权设定"预告登记，使之具有对抗第三人的效力，此即日本法的"欲保全未具备登记申请程序上需要的条件的权利的设定"。换言之，权利人（不动产开发商）要转让（预售）不动产，必须先行办理预告登记。现行的商品房预售登记（预售合同登记备案）实质为预售商品房转让预告登记，即权利人（不动产开发商）将经过预告登记的权利转让给购买人。

再次，从商品房开发销售的过程看，至商品房竣工之前，其物权状态尽管始终处于变化中，但其已经取得的物权和将来可以实现的物权均由法律赋予。其过程表现为：

购买土地使用权—办理土地使用权证—批准建设—施工—批准预售—预售合同登记备案—竣工交付—办理不动产初始登记—办理不动产（商品房）转让登记。

物权从单纯的土地使用权转化为"建筑物区分所有权"，正是权利内容的变更。完全可以适用德国法的"为保全目的在于变更这些物权的内容的请求权"。

应当指出，在此过程中的每一环节，都是由相关法律赋予其不同的物权，其可以登记的请求权即为"根据法律规定产生的请求权"。目前商品房销售方式分为商品房预售与商品房现售，[①] 商品房预售实行预售许可制度，商品房现售则无此限制，这是因为现售为权利人已取得物权，而预售则尚未取得物权，故通过行政管理的手段进行限制。因此，对于现行的预售制度与合同登记备案制度实有改造之必要，即在预售管理上仍实行预售许可制度，由行政管理机关履行职责；在预售登记制度上严格按预告登记的制度设计进行。在权利人（不动产开发商）获准预售许可后，应办理预告登记——在不动产登记簿上载明将来可以实现的物权。将原有的"预售合同登记备案"定性为"预告登记之移转"，办理预售商品房预告登记之移转登记。则前述过程表现为：

购买土地使用权—办理土地使用权证—批准建设—施工—批准预售—预告登记—预告登记移转登记—竣工交付—办理不动产初始登记—办理不动产（商品房）转让登记。

最后，从实践上看，如果我国实行统一登记制度，未来不动产登记立法中应只设立一种登记簿即不动产登记簿，而无须分列土地登记簿与建筑物登记簿。原因在于：我国立法在处理土地与建筑物的关系时采取的是"房随地走或者地随房走"的原则，即要求土地使用权的主体与地上建筑物及其他附着

---

① 建设部《商品房销售管理办法》第3条，商品房销售包括商品房现售和商品房预售。

物所有权的主体保持同一。① 这样一来，商品房预售前的预告登记完全可以在不动产登记簿上直接记载，即在权利人（不动产开发商）设定土地使用权时的不动产登记簿上设立拟预售商品房的预告登记，而无需建立"在建建筑物登记簿"。近年来，建设部在房地产市场信息系统建设中，建立了一套"楼盘表"的预先登记制度，只是没有将其视为预告登记。如果对于"权利人预售不动产必须先行办理预告登记"能有一致的认识，引入预告登记制度在实践上也是可行的。

综上所述，我们认为，商品房预售制度尽管有其特殊性，但仍属于预告登记的范畴。其与预告登记的关系是种与属的关系，属预告登记的一类，即"保全权利设定的请求权的预告登记、保全权利移转的请求权的预告登记、保全权利变更的请求权的预告登记、保全权利消灭的请求权的预告登记"中的"保全权利设定的请求权的预告登记"。因此，商品房预售必须也只能适用预告登记的基本规则。对于商品房预售，我们认为，在预售管理上仍实行预售许可制度，由行政管理机关依法律的规定履行职责；而在预售登记制度上则适用预告登记的制度。我们对预售登记的设计是：在权利人（不动产开发商）获准预售许可后，应办理预告登记，在权利人（不动产开发商）设定土地使用权的不动产登记簿上设立拟预售商品房的预告登记；将原有的"预售合同登记备案"定性为"预告登记之移转"，办理预售商品房预告登记之移转登记。②

预售商品房的预告登记具体办理的程序如下：

1. 申请与受理

申请由不动产权利人提出。申请人原则上应提交下列书面文件：申请书；身份证明；记载土地使用权状况的不动产权证（土地使用权证书）；建设工程规划许可证；预售商品房许可证书；不动产预先测绘成果报告书；根据登记技术规范应当提交的其他有关文件。

申请人在申请预告登记之前，应先委托登记机关认可的测量机构进行不动产预先勘测，取得其出具的不动产预先测绘成果报告书。

---

① 对于此原则，各种房地产立法给予了反复的强调。确立这一原则的主要法律、法规及规章主要有：《担保法》第 36 条；《城镇国有土地使用权出让和转让暂行条例》第 23 条、第 24 条、第 33 条；《城市房地产管理法》第 31 条；《城市房地产抵押管理办法》第 4 条；《城市房地产转让管理规定》第 5 条；《城市房屋权属登记管理办法》第 3 条第 2 款；建设部《关于国有房屋土地使用证及房地产交易中土地使用权转让等有关问题的答复》；建设部《关于贯彻〈城市房地产管理法〉若干意见的通知》。

② 同理，以在建工程设定抵押的所谓"在建工程抵押"，亦应于办理"物权设定"预告登记后，才可申请在建工程抵押预告登记。

2. 审查

审查程序同前，审查预售商品房的预告登记时需同时对不动产权属与不动产标示进行审查。此时不动产标示的面积为预先测算之面积，即根据有权批准部门批准的设计图纸预先测算，业内通常称之为"暂测面积"。

3. 登簿

对通过审查的预售商品房的预告登记，应在不动产登记簿"标示部"、"所有权部"中予以记载。标示部记载的主要内容：建筑物种类、构造及建筑面积，建筑物号数，附属建筑物的种类、构造及建筑面积等等。该记载中面积的记载为"暂测面积"。所有权部记载的主要内容：权利人、权利种类、权利范围、权利来源、登记及原因发生日期、其他登记事项等。该记载中的权利人为原设立土地使用权登记时记载的权利人。

4. 颁发证明。登记机构向登记申请人颁发预告登记证明。

三 限制登记（以查封为例）的程序

限制登记，又称保全登记，是指限制登记名义人处分其不动产权利所为之登记。是旨在保护利害关系人或当事人的合法利益免受损失的诉讼上的保护性措施。在我国台湾地区，限制登记包括预告登记、查封登记、假扣押、假处分、破产及其他法律所为处分禁止之登记。[①] 依照我国民事诉讼法的规定，这种保护性的措施包括诉前财产保全和诉讼财产保全。在强制执行措施中，也包括查封、扣押、冻结、拍卖、变卖被申请人的财产等措施。限制登记在本质上不是本登记，而属预备登记。除异议登记、预告登记外，多数限制登记均以司法机关、行政机关具有强制力的决定为依据，这里我们以查封为例讨论其登记程序。

所谓查封，是指为保全债权人之债权，依债权人之声请，由执行法院就执行标的，予以封存，禁止债务人之处分权而实施之执行行为。[②] 而不动产查封登记，则是由不动产登记机构依执行法院的嘱托，在不动产登记簿上限制登记名义人处分其不动产权利所为之登记。故查封登记属限制登记，限制登记的目的旨在一定范围内限制登记名义人任意处分其土地或建物之权利，以保全将来可能实现之土地权利。[③]

---

① 参见我国台湾地区"土地登记规则"第 124 条。
② 李鸿毅：《土地法论》，台湾，1999 年版，第 310 页。
③ 杨松龄：《实用土地法精义》，台湾五南图书出版公司 2000 年版，第 161 页。

（一）查封与公示

不动产的查封不仅涉及司法行政机关的权威和当事人的利益，而且与不动产的交易秩序息息相关。查封有利于法院裁判的执行，在查封后，如果债务人届时不履行债务，法院可以将被查封的财产进行拍卖或变卖，获取该物的交换价值，清偿债权人之债权；而且，查封还可以起到财产保全的作用，通过限制被查封财产的处分有效防止债务人转移、隐匿、毁损查封财产，损害债权人的利益。为了保证法院的权威性和查封目的的实现，法律赋予查封相当的法律效力，不仅被查封财产的所有权人不得进行任意处分，而且已被查封的财产其他法院不得进行重复查封，已查封的财产在查封法院解封之前，其他法院也不得再为司法处分。因此，查封不仅是一个涉及当事人利益的问题，它实际上还是一个涉及第三人保护、交易秩序和国家司法秩序的问题。在德国，处分限制具有登记能力，[1] 依《德国民法典》第 893 条，处分限制仅在该项限制可由土地登记簿看出或为取得人所知时，该项限制才对取得人有效力。因此，对于不动产的查封，必须予以有效的公示。

然而，长期以来，我国立法、司法以及登记实务中对查封登记都没有予以足够的重视，有关的制度设计也很不配套。一言以蔽之，对司法机关的权威关注有余，对交易第三人的关注不足。多年来，对于司法查封，登记机构都将其视为"协助执行"，而不是作为限制登记予以登记。法院发出的协助执行通知，只能表明法院已经作出查封的决定并要求登记机关予以协助执行，但并没有向第三人公示。由于不动产物权变动须办理登记方能产生物权的效力，在这种情况下，登记机关在接到协助执行通知以后，仅是对相关的不动产作出暂缓登记的决定，并没有向第三人公示。由于《城市房屋权属登记管理办法》、《土地登记规则》均无"查封登记"的规定，一直以来，在许多城市的登记机构对法院的协助执行均作为公文处理。尤其在实行交易与登记分别管理的城市，[2] 往往登记部门接到协助执行通知，交易部门却不知情，仍予办理过户，到了申请登记发证时才获知查封信息，严重损害了第三人的合法权益。在土地与房产分别管理的城市，也产生相同的问题。此种情况近年有了很大改善，对查封逐步建立了登记的秩序，但与我国登记制度相适应，更多的是从管理上的考量，而非物

---

① ［德］鲍尔·施蒂尔纳：《德国物权法》（上册），张双根译，法律出版社 2004 年版，第 290 页。

② 许多城市交易与登记机构是分别设立的，如"交易中心"、"登记发证中心"，当事人要先办理"交易过户"，再申请登记发证。近几年，建设部逐步推行"交易登记一体化"管理模式，此种情况有所改变。

权意义上的登记。

解决这个问题的最终出路在于通过立法建立不动产的限制登记制度，即对于不动产的权利限制，必须以登记作为唯一的有效公示方式。这不仅是理论上的要求，更是实务上的需要。最高法院 2004 年发布的《关于人民法院民事执行中查封、扣押、冻结财产的规定》首次对不动产的查封登记进行了司法解释，在一定程度上弥补了欠缺查封登记制度的缺憾。其第 9 条第 2 款规定"查封、扣押、冻结已登记的不动产、特定动产及其他财产权，应当通知有关登记机关办理登记手续。未办理登记手续的，不得对抗其他已经办理了登记手续的查封、扣押、冻结行为"，明确了查封等限制行为必须办理登记手续。第 26 条第 3 款进一步明确"人民法院的查封、扣押、冻结没有公示的，其效力不得对抗善意第三人"，说明查封必须办理登记方具效力，否则不能对抗第三人，这就为查封登记提供了法律依据。但作为一种重要的登记制度，仅仅依靠最高法院的一个司法解释来进行制度构建，未免有些欠妥。故有必要在不动产登记法的立法中对查封等等限制登记作出规定。

（二）查封登记的主体

查封登记依司法机关、行政机关作出的限制不动产权利的裁定或决定而为，故查封登记的主体为司法机关或行政机关。应当指出，具有作出限制不动产权利决定的不仅仅是法院，还有其他司法机关和行政机关。《上海市房地产登记条例》第 15 条规定"人民法院、行政机关对土地使用权、房屋所有权依法实施财产保全等限制措施时，可以将已经发生法律效力的文件向房地产登记机构办理登记"。《深圳经济特区房地产登记条例》第 20 条规定了人民法院、公安、检察机关、市政府或市政府土地主管部门"作出的判决、裁定、决定应发送登记机关。登记机关根据判决、裁定、决定径为登记"。而《城市房屋权属登记管理办法》、《土地登记规则》本无"查封登记"的规定，直至 2004 年最高人民法院、国土资源部、建设部联合发布《关于依法规范人民法院执行和国土资源房地产管理部门协助执行若干问题的通知》，"查封或者预查封登记"才摆上议事日程，但其主体局限于人民法院。乃至最新的《土地登记办法》、《房屋登记办法（征求意见稿）》虽新增了查封登记的内容，但主体仍局限于人民法院。殊不知地方登记机构面对的绝不仅仅是人民法院，而是面对诸多的司法行政机关。故有必要明确有权作出限制不动产权利决定的主体。

在我国，有权作出限制不动产权利决定的主体是：人民法院、人民检察院、公安局、税务局，这些主体对已立案的案件，根据案件需要可以作出限制不动产权利决定，进行查封登记。其他行政机关作出限制不动产权利的决定，必须依法律的相关规定因执行公权力而为之。德国《不动产登记簿法》第38条规定"在行政机构依据法律规定有权请求土地登记局办理登记的情况下，登记基于行政机关的请求而得以办理"，强调的就是"行政机构依据法律规定有权"。实践中，常有行政机关因民事行为的对方未履行义务，而要求登记机构对当事人财产进行查封，显然是混淆了行政行为与民事行为。行政机关因民事行为引起的纠纷只能通过民事诉讼解决，而无权利用国家公权力进行干涉。

（三）查封登记的类型

根据《最高人民法院关于人民法院民事执行中查封、扣押、冻结财产的规定》和《最高人民法院、国土资源部、建设部关于依法规范人民法院执行和国土资源房地产管理部门协助执行若干问题的通知》，查封登记可分为查封登记、预查封登记、轮候查封登记三种类型。

1. 查封登记：查封登记，是由不动产登记机构依执行法院的嘱托，在不动产登记簿上限制登记名义人处分其不动产权利所为之登记。通常依法院的查封裁定书和协助执行通知书为之。

2. 预查封：与查封性质相同，但适用于限制债务人未确定之权利或将来实现之权利，相当于不动产登记制度中的"预告登记"。《最高人民法院、国土资源部、建设部关于依法规范人民法院执行和国土资源房地产管理部门协助执行若干问题的通知》规定了几种预查封的情形：被执行人全部或部分缴纳土地使用权出让金但尚未办理土地使用权登记的；作为被执行人的房地产开发企业，已办理了商品房预售许可证且尚未出售的房屋；被执行人购买的已由房地产开发企业办理了房屋权属初始登记的房屋；被执行人购买的办理了商品房预售合同登记备案手续或者商品房预告登记的房屋。

我们认为对于已办理初始登记的不动产，如登记局已经受理被执行人转让不动产移转登记申请的，也应适用预查封情形。

3. 轮候查封：根据《最高人民法院关于人民法院民事执行中查封、扣押、冻结财产的规定》第28条"对已被人民法院查封、扣押、冻结的财产，其他人民法院可以进行轮候查封、扣押、冻结。查封、扣押、冻结解除的，登记在先的轮候查封、扣押、冻结即自动生效"的规定，轮候查封实际上是对同一不动产已办理查封登记后，其他司法机关、行政机关再嘱托进行查封的登记方式，相当于不动产登记中的"顺位"。

（四）查封登记的程序

查封登记是有关国家公权力机关为了达到维护公共利益、维持私人合法权益等实现自己公共职责和职权的目的，要求登记机关予以登记的行为。由这类公权力主体引发的登记启动机制即为登记嘱托（das Ersuchen einer Behörde）。与登记申请不同的是，登记嘱托的结果尽管可能影响私人的物权，但其来源于国家公共事务领域，目的在于实现国家公权力。因此，嘱托与申请相比，在形式上一般采用公函形式。不过，这不意味着其内容具有随意性，其同样要受到形式性的法律限制，比如我国《澳门物业登记法》第 34 条第 2 款就规定："官方实体请求登记时，无须填写登记申请表格，但该请求应载于公函内，而公函中须指出请求登录之事实、作为该事实依据之文件及签署该公函之人之职务。"此外，受登记嘱托公共权力属性的影响，其要受到法律的严格调整，只有在法律明文规定的情形下，具有嘱托权的机关才能依法进行登记嘱托。

查封登记的程序如下：

1. 登记嘱托

司法行政机关办理查封登记手续时，应当出具查封、预查封裁定书（决定书）和协助执行通知书，并出示执行人员的工作证和执行公务证。

2. 登簿

对司法行政机关查封的登记嘱托，登记局应当及时办理查封登记。在登记簿相应的事项栏中记载查封类别、查封人、查封时间等事项。同一不动产已办理查封登记后，其他司法行政机关再嘱托进行查封登记的，登记局对后来办理的查封登记作轮候查封登记处理，并书面告知该不动产已被其他司法行政机关查封的事实及查封的有关情况。

第六章

登记实务论

第一节　不动产交易与登记

不动产交易涉及买卖双方的利益，一般百姓对此较为陌生，有的一生就遇一次，在购房时不得不十分慎重。在整个交易过程中与不动产登记密切相关，在此就不动产交易与登记之间的关系简要论述（以买卖为例）。

一　不动产物权买卖的一般程序

不动产买卖各地因习俗不同，流程亦不同。但通常经过如下流程：

洽谈议价—草签协议（付定金）—签约（付首付款）—申请登记—领证（付尾款，缴纳税、费）。

无论是不动产的买或卖，通常都必须进行一连串包括签约、完税、过户等不动产买卖的手续，而每个过程都要十分注意，否则就可能发生纠纷。

在我国台湾地区，房屋买卖从签约到交屋的整个过程大致如下：

1. 洽谈议价

看完房子后，若有买的意愿，双方会有一个议价过程。因为房子的价钱不像一般的商品能够计算出成本，价钱高低往往取决于消费者的认定，且卖房子的人都知道买方一定会杀价，所以通常都会预留杀价空间。

2. 付订金

当买卖双方初步达成买卖意向时，买方必须先付订金。所谓订金是买方为确保契约履行，交付给卖方的金钱，具有契约上的效力。卖方收下订金后，若买方反悔，则卖方有权没收订金，反之若卖方反悔，则必须加倍退还。通常在付订金时买卖双方会签订一份买卖意向或协议。

3. 签约

支付订金之后 1 星期左右，买方必须准备：

（1）印章；

（2）身份证；

（3）订金收据，和卖方签订正式房屋买卖契约，确定买卖成交，并付首付款。

4. 用印（签约后 7—10 天）

买方必须先到户政事务所申请印鉴证明，作为买房子契约中所用印鉴的法律效力。并持：

（1）户口名簿影本 3 份；

（2）印鉴证明 3 份；

（3）印鉴章，和卖方在所有文件上盖上双方印鉴。同时再付第二次款（如有）。付款后，卖方就会将印鉴、所有权状等相关证件拿出来交给买方办理过户。

5. 完税（签约后 30 日内）

买方必须在签约后 30 日内，向当地的税捐稽征处缴纳房屋买卖所需负担的税费，包括：

（1）契税；

（2）印花税；

在缴纳房屋税费时必须查明卖方是否积欠房屋税、地价税，确定付清所有税费才能办理过户，并付第三次款。

6. 过户（签约后 30 日内）

必须持：

（1）买卖契约书正、副本（贴足印花税票）；

（2）身份证影本；

（3）增值税单；

（4）契税单；

（5）土地、建物所有权状，到地政事务所办理土地及建物的所有权转移以及抵押权等他项权利的涂销或更名，核发新权状后，房屋所有权便转移至你的名下。

7. 付尾款（过户后 10—15 天内）

将剩余的房款全数付清，通常是向银行贷款来支付最后的尾款，也可由银行直接将贷款拨入卖方的账户，并完成过户、交屋手续。

程序如图6—1。[①]

```
          ┌─────────────────┐
          │    产权调查      │
          ├─────────────────┤
          │ （申请地籍誊本） │
          └────────┬────────┘
                   ↓
          ┌─────────────────┐
          │      签约        │
          ├─────────────────┤
          │   第一期付款     │
          └────────┬────────┘
                   ↓
          ┌─────────────────┐
          │   第二期付款     │
          └────────┬────────┘
                   ↓
          ┌─────────────────┐
          │   公（监）证     │
          └──┬──────────┬───┘
             ↓          ↓
      ┌─────────┐  ┌─────────┐
      │  申报   │  │  申报   │
      ├─────────┤  ├─────────┤
      │  契税   │  │ 土地增值税│
      └────┬────┘  └────┬────┘
           ↓            ↓
          ┌─────────────────┐
          │      完税        │
          ├─────────────────┤
          │   第三期付款     │
          └────────┬────────┘
                   ↓
          ┌─────────────────┐
          │      查欠        │
          └────────┬────────┘
                   ↓
          ┌─────────────────┐
          │   移转过户登记   │
          └────────┬────────┘
                   ↓
          ┌─────────────────┐
          │    过户交屋      │
          ├─────────────────┤
          │   第四期付款     │
          └─────────────────┘
```

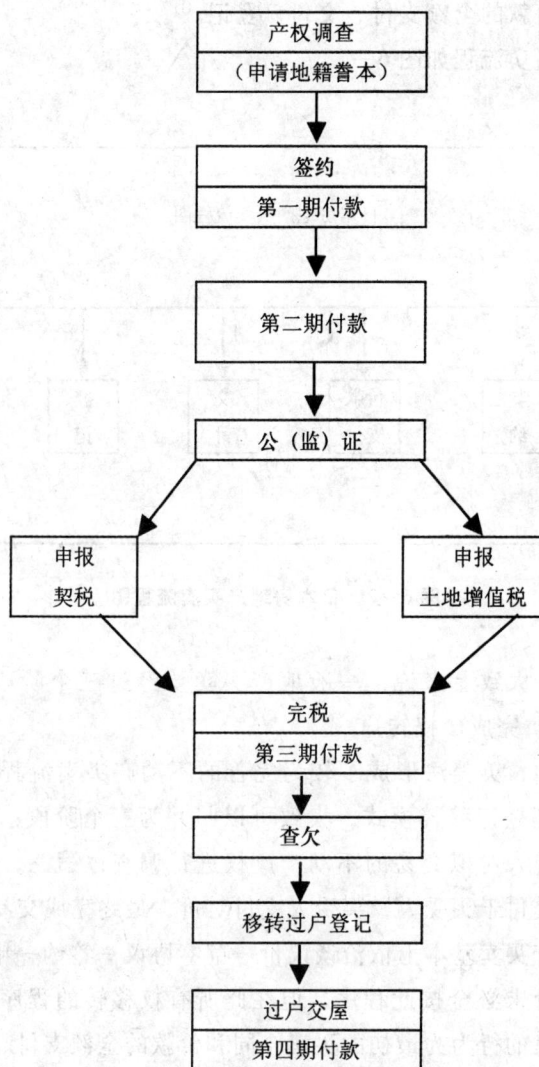

图6—1　我国台湾地区地产买卖流程图

在日本，不动产的买卖即所有权的移转过程，通常是签订买卖合同、付定金或预付款、最终支付全额价款、交付标的物并经由登记而完成（但未必全按

---

① 引自赵坤麟《如何办妥产权登记及过户》，台湾永然文化出版股份有限公司1996年版，第184页。

此程序）。在此所有权移转的程序中，交易社会承认的具有特别意义的行为为最初的买卖合同和价款的全额支付、交付、登记。①

日本房地产买卖流程如图 6—2。

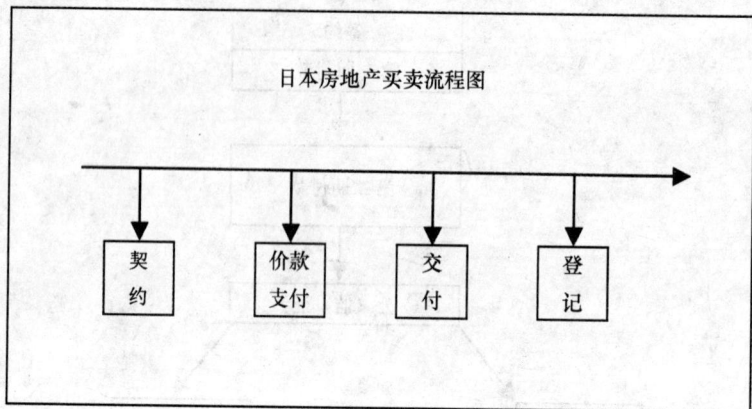

图6—2　日本房地产买卖流程图

在我国香港，大致上来说，一般地产买卖要经过三个阶段：（一）洽谈；（二）订约；（三）完成产权转户。②

在长期实践中，英美法形成了较为完善的不动产买卖流程和规则。无论是契据移转模式还是登记移转模式，大致可以归并为三个阶段：第一，签署买卖合同；第二，买受人对拟交易的不动产产权进行调查；第三，出卖人签署产权转让的契据，并交付于买受人，买受人支付对价，最终完成交易。③

可见，不动产买卖基本上依洽谈议价—草签协议—签约—申请登记（交付）的程序进行。尽管未必全按此程序，但在此所有权移转的程序中，交易社会承认的具有特别意义的行为为最初的买卖合同和价款的全额支付、交付、登记。

二　不动产物权买卖一般程序与登记

就不动产买卖的程序而言，与不动产登记有着十分密切的关系，由于在实行不动产登记制度的国家，不动产登记簿是不动产权利的依据，故买卖双方在

① ［日］近江幸治：《民法讲义Ⅱ·物权法》，王茵译，北京大学出版社2006年版，第42页。
② 李宗锷：《香港房地产法》，香港商务印书馆1988年版，第87页。
③ 高富平、吴一鸣：《英美不动产法：兼与大陆法比较》，清华大学出版社2007年版，第387页。

交易过程中常围绕着登记而进行。

首先，根据在先登记原则，出卖人对拟出售的产权必须已在官方不动产登记簿上登记，方可证明该产权是可交易的。"每一个不动产买卖合同，都包含了卖方（移转）的产权必须是可转让的这一前提。"① 买受人可以通过查阅不动产登记簿，了解出卖人的产权状况。在英美法中，一般情况下，对所购买的不动产进行产权调查之前，买方就已经与卖方签订了买卖合同。在不知道卖方及他自己是否能就买卖条件达成一致之前，买方通常不愿意投入时间和金钱进行产权调查。② 更重要的是，如果产权确实不可转让，则"可转让产权"的规则允许买方解除合同。故买方通常在与卖方签订了买卖合同后方进行产权调查。

产权调查于何时进行，当然由当事人自行决定，既可在签约之前进行调查，也可于签约之后进行调查。但我国目前登记簿的公开查阅难度较大，使得所谓的查阅权难以行使，其结果导致登记所具有的公示效力大大削弱。故一般交易者多以不动产权属证书为交易的依据，但这却是不可取的。因为不动产权属证书在交易活动中所起到的只是初步的证明作用。在不动产交易的缔约过程开始时，欲出卖不动产的一方出示不动产权属证书，可以初步证明自己是不动产权利人，有关的缔约谈判可以据此展开。如果双方初步达成一致并且准备签订不动产交易合同时，一方当事人不应只根据对方不动产权属证书的记载就与之订立合同，而应当到登记机关查阅不动产登记簿，以了解对方是否为真正的不动产权利人、该不动产上是否设定了抵押、查封等权利限制情况。故产权调查对于买受人而言，是不可或缺的环节，只是于何时进行应由当事人决定。

如果把不动产登记簿作为"秘密文件"秘而不宣的话，则为设置土地登记以及使登记簿内容与实体法律关系相互一致所付出的种种努力，终究是一场白费。③ 可以说，没有形式公示原则的保障，实体公示原则将失去意义和价值。故多数国家对登记簿的查阅采开放的原则。在日本，任何人都可以缴纳手续费，而请求交付登记簿的誊本、节本或地图及建筑物所在图的全部或一部的副本。并且，以有利害关系部分为限，可以请求阅览登记簿及其附属文件或地图、建筑物所在图。④ 在德国，任何说明正当利益之人，都有权查阅土地登记簿。⑤ 在

---

① ［美］伯恩哈特、伯克哈特：《不动产》，钟书峰译，法律出版社 2005 年版，第 219 页。

② 同上书，第 218 页。

③ ［德］鲍尔·施蒂尔纳：《德国物权法》（上册），张双根译，法律出版社 2004 年版，第 300 页。

④ 日本《不动产登记法》第 21 条。

⑤ 德国《土地登记簿法》第 12 条。

俄罗斯,对不动产权利和与不动产有关的法律行为进行国家登记的机关,有义务向任何人提供关于所进行登记和所登记权利的信息。① 在瑞士,任何人均有权获悉,在不动产登记簿上登记为不动产所有权人为何人。经初步证据证明为有利益关系者,有权请求查阅不动产登记簿或请求就此制作内容摘要。任何人不得提出其不知不动产登记簿上登记的抗辩。②

从这些国家的规定看,不动产登记簿应对任何人公开,而对原始登记文件的公开却有一定限制——为"正当利益"者。我国《物权法》第 18 条规定,权利人、利害关系人可以申请查询、复制登记资料,登记机构应当提供。应当说还是比较粗糙,在不动产登记法中应进一步明确。

其次,在签订买卖合同时,应对"登记"作出明确约定。不动产买卖不同于一般动产,通常无法即时完成,无论登记对抗还是登记生效,登记对于不动产交易均具有十分重要的意义。但由于交易的模式有多种多样,如付款方式有一次性付款、分期付款、抵押付款等形式,交付亦有即时交付、远期交付等形式,因此对于登记的方式、时间等因素都必须在签订买卖合同时作出约定。这样,在进行登记时双方可以依据合同的约定即时办理相关登记手续。

最后,在双方履行合同时,应即时申请办理不动产登记。无论是生效主义,还是对抗主义,就物权变动而言,其如不采公示方法,则依某些立法例,根本不能发生物权变动的法律效果;依另一些立法例,虽得产生物权变动的法律效果,但对第三人不能发生对抗效力;亦即物权公示与否,对物权变动自身的生死存亡或者至少要对物权变动的对抗效力发生决定性的作用。

不动产物权的变动事项应当登记,这是物权公示原则的要求。因此不动产登记在各国均成为确定其性质上将对不动产产生影响的一切有关法律情势的基本事实依据。在日本,权利登记乃是对抗要件,物权变动"纵不为登记亦与效力无关,故如买卖契约在法律上成立的话,未必有提出登记申请之必要;不过,实际上在日本购买土地而未办理所有权移转登记的例子,除非有特殊情事,否则应不存在"。③ 在法国,1955 年 1 月 4 日法令对公示文书的形式作出了明确的规定,原则上要求一切公示文件都采取认(公)证形式,且其立法对公示申请的义务有明确的规定,公示申请主要由公证人担当。无论当事人是否同意,公

① 《俄罗斯民法典》第 131 条。
② 《瑞士民法典》第 970 条。
③ [日] 平野政则:"日本土地登记制度",林倬如译,法治政府网。

证人、诉讼代理人、执达员、法院的书记员以及行政当局有义务在法定期限内完成法令第28条（第3款除外）规定的法律行为或司法决定的公示。简言之，物权变动须由公证人做成公证文书，公证人必须在法定期限内完成公示（登记），故其登记的比率相当高，或者说，物权变动未办理登记的情形极为鲜见。据保守估计，公示申请总数中，公证人制作的占85%，律师制作的占5%，国家省、市镇村等制作的占10%，而公证人对一般买卖契约及任意拍卖、律师对依法院命令的强制拍卖等拥有事实上的独占权。① 可见，当登记制度深入人心时，无论是强制登记也好，自愿登记也罢，物权取得人登记的积极性并不像学者夸张的那么低。因此，在双方履行合同时，应及时申请办理不动产登记，以取得物权的对世效力。

不动产物权买卖程序与登记的关系见图6—3。

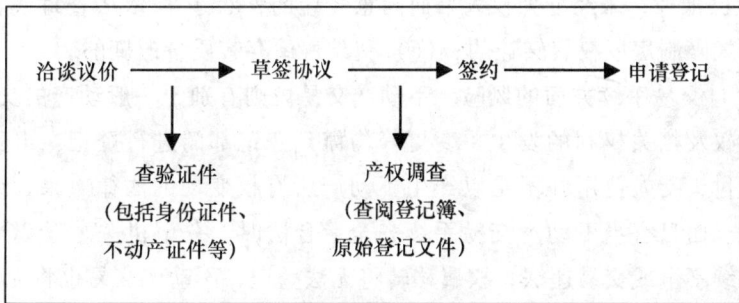

图6—3　不动产物权买卖程序与登记的关系图

综上，不动产交易的程序与登记制度息息相关，其每一阶段都对应着登记制度的某一环节，了解这一点对于当事人而言，至关重要。

三　不动产物权买卖程序与风险控制

不动产交易充满了风险。站在买卖双方各自的角度看，同样充满了诸多不确定性。在一项交易中，卖方可能会担心不动产产权过户后拿不到余款、买方贷款失败无法履行契约、买卖进行中买方突然不想买而提出悔约等；买方则会

① ［日］镰田熏：“法国不动产交易和公证人的作用（一）——法国法主义的理解”，载《早稻田法学》第56卷第1号（1980年），第43页。

考虑付款后能不能拿到不动产产权、因其他原因无法过户时所付出的价款（订金、首付款等）能否取回、卖方是否存在一屋二卖、卖方可能会恶意欺诈、不动产本身存在质量或权利瑕疵等等。

在不动产物权买卖中，由于物权变动是一个过程，而不是一个点，在这一过程中存在诸多风险。主要有以下几种：

1. 来自交易主体方面的风险。即买卖双方没有从事不动产交易的资格。具体表现为出卖人非不动产所有权人，也未获得不动产所有权人的有效授权；或未经共有人同意私自出卖，夫妻双方财产一方私自出卖等等。作为买受方的个人支付能力不强或不诚实履约，出卖人不能得到全部房款。

2. 来自交易不动产方面的风险。这方面的风险主要有：（1）用于交易的不动产为非法建筑或已被列入拆迁范围的；（2）不动产权属存有争议的；（3）房屋已出租他人，出卖人未依规定通知承租人，侵害承租人优先购买权等权益的；（4）房屋已抵押，未经抵押权人书面同意转让的；（5）被依法查封或者被依法以其他形式限制房屋权属转让的；（6）交易房屋存有质量瑕疵的。

3. 来自交易手续方面的风险。不动产交易规则有别于一般动产的交易规则。不动产产权及相关权利的发生、变更等均需到登记部门进行登记。出卖人仅将不动产交付买受人使用并不足以产生不动产所有权变动的法律效果，或不能对抗第三人。而只有当不动产交易手续齐全、合法时，登记机关才予以登记。因此，若手续不全或交易违法，权属移转将无法登记，不动产交易也将无法进行。

4. 来自交易合同方面的风险。主要为交易合同对双方的权利义务约定不明引发争议，或交易方利用合同进行诈骗。

风险这一概念被人们在不同的意义上使用，上述风险在法律上归结于交易风险。而所谓交易风险，简言之，就是从事交易的当事人所付代价的无意损失。导致风险发生有以下两大原因——不可归责于当事人的原因（如不可抗力）以及可归责于当事人的原因。

（一）基于不可归责于当事人原因的风险

因不可归责于当事人原因发生的风险，非由任何一方当事人所能控制，理论上研究重心与合同法的核心不在于防范风险，而在于风险发生后损失的合理分配。在物权交易中，因为法律上的原因或者自然原因无法实现其目的时，有必要明确风险由交易中的哪一方承担。一般而言，因为自然原因（不可归责于当事人的原因）发生的风险，即标的物灭失的风险，是由物权变动的有效性来确定的。标的物灭失的风险，指物权的标的物因自然原因发生的毁损，如房屋的倒塌等。对于这种风险的负担准则，世界上公认的是"风险随所有权移转"，即由所有权人承担标的物灭失的风险。[①] 但这是大陆法系法律传统，在英美法系有所不同。在美国，因不可归责于当事人的原因而发生的风险，有三种承担方式：（1）多数决规则——风险由买方承担；（2）少数决规则——风险由卖方承担；（3）《统一买卖风险承担法》——在买方没有占有不动产的情况下，由卖方承担。[②]

基于不可归责于当事人原因的另一类风险是法律风险，或曰制度风险。所谓法律风险或制度风险，是指非由任何一方当事人所能控制的、在法律制度设计缺失下产生的风险。例如前面所述之对于登记受理的效力能否阻止事后出现的处分限制，在我国答案是否定的，"法院查封、财产保全命令等行为，是国家公权力限制物权人处分权的行为，其无需登记就可以发生法律效力，违背该处分限制的行为不能发生法律效力。登记申请的提出，意味着当事人所预期的物权变动能够实现，但这仅仅是一种可能性，其不能对抗上述的处分限制行为，在登记没有完成之前，登记机关接获上述处分限制嘱托时，必须立即办理处分限制登记，并通知登记申请人。这样，登记申请就无从产生相应的物权变动法律后果"。[③] 而在德国答案是肯定的，"在权利人依照第 873 条、第 875 条、第 877 条作出的意思表示对于权利人成为有约束力的，且登记的申请向土地登记处提出后，权利人在处分上受到限制的，该意思表示不因此而失去效力"。[④] 此规定之理由，是基于公平之衡量：为能引起物权的变动，当事人自己该做的都已做了时，那么对事后出现的处分限制，是否还能起作用这一问题的回答，就不应取决于土地登记局何时在登记簿中办理登记，也就是说，不取决于土地登记局是马上办理登记，还是要过上一阵子才办理登记。换言之，在我国即使买卖双方已将登记文件送交登记机构，仍无法回避此后的处分限制，在此情形下交易当事人如何防范法律风险值得深入研究。

当一种制度的设计带来诸多不确定性时，这种制度的合理性就值得怀疑了。如果机械地按"在登记没有完成之前，登记机关接获上述处分限制嘱托时，必须立即办理处分限制登记"，则无论意定行为或法定行为，在未核准登记时均有

[①] 孙宪忠：《中国物权法总论》，法律出版社 2003 年版，第 196 页。

[②] 参见［美］伯恩哈特、伯克哈特《不动产》，钟书峰译，法律出版社 2005 年版，第 227—228 页。

[③] 常鹏翱："不动产物权登记程序的法律构造"，中国法学网，www.iolaw.org.cn。

[④]《德国民法典》第 878 条。

被处分限制之虞。故《最高人民法院关于人民法院民事执行中查封、扣押、冻结财产的规定》第 25 条第 2 款规定："查封、扣押、冻结协助执行通知书在送达登记机关时，其他人民法院已向该登记机关送达了过户登记协助执行通知书的，应当优先办理过户登记。"排除了对法院具有执行力的过户登记的裁定的再查封。但这只解决了法定行为中的一类，对于其他法定行为和意定行为似仍可予以查封。例如，某甲通过遗赠取得某乙的不动产，如其在登记受理与登记核准之间，法院又针对某乙对该不动产查封，依"已经受理被执行人转让土地使用权、房屋的过户登记申请，尚未核准登记的，人民法院可以进行查封"之规定，登记机关接获上述处分限制嘱托时，必须立即办理处分限制登记。而依《物权法》第 29 条"因继承或者受遗赠取得物权的，自继承或者受遗赠开始时发生效力"。某甲即使未申请登记，已经取得该物权，那么，登记机关就应当驳回法院的查封登记嘱托。由于规定的不合理性，实践中，买受人总是想尽种种办法回避此类风险，最常见的是要求登记机关同时办理解除查封登记与核准移转登记，同时办理注销抵押登记与核准移转登记，一句话，以所谓"无缝对接"防范风险。我们认为，这正是基于对登记受理的法律效力没有准确界定所致。

长期以来，我国查封措施的重大缺陷就是对司法机关的权威关注有余，对交易第三人的关注不足，没有在维护司法秩序的同时，有效维护不动产市场交易秩序。多年来，对于司法查封，登记机构都将其视为"协助执行"，有的登记机构还专门设立了"司法协助执行室"，专门办理司法机关的查询、受理。查封登记制度的真正建立始于 2004 年最高人民法院的《关于人民法院民事执行中查封、扣押、冻结财产的规定》。其第 9 条第 2 款规定："查封、扣押、冻结已登记的不动产、特定动产及其他财产权，应当通知有关登记机关办理登记手续。"这在制度设计上无疑是一个不小的进步。但由于我国之前的不动产登记不具有物权意义上的登记，在实践中仍是"协助执行"。

2004 年最高人民法院的《关于人民法院民事执行中查封、扣押、冻结财产的规定》可以说从司法实践上第一次提出建立查封登记制度的要求，查封登记制度开始在我国建立。比起 1998 年《关于人民法院执行工作若干问题的规定（试行）》中"对有证照的动产或不动产的查封，应当向有关管理机关发出协助执行通知书，要求其不得办理查封财产的转移过户手续"的简单规定，《关于人民法院民事执行中查封、扣押、冻结财产的规定》对查封登记的类型、适用、效力、程序等诸方面作了规定，在维护司法机关权威的同时，顾及了不动产交易秩序的安全，对我国不动产登记制度的建立与完善具有重要意义。就规定的设计而言，其区分了被执行人"出卖"财产与"购买"财产时的不同情形，注意到"已经支付部分或者全部价款并实际占有该财产，但尚未办理产权过户登记手续的"情形，无疑有利于保护第三人的权益。尽管该规定开始关注交易安全，但显然还是倾向于维护司法权威。其第 25 条"查封、扣押、冻结协助执行通知书在送达登记机关时，登记机关已经受理被执行人转让不动产、特定动产及其他财产的过户登记申请，尚未核准登记的，应当协助人民法院执行"的规定，如同一个紧箍咒，坚持不承认申请受理登记的效力。

首先，就具体条文规范而言，体现了司法机关的选择性倾向，在涉及被执行人"出卖"财产与"购买"财产时，侧重于认定财产归属于被执行人，显然从有利于执行的目的出发。对于被执行人出卖财产的，第 17 条规定："被执行人将其所有的需要办理过户登记的财产出卖给第三人，第三人已经支付部分或者全部价款并实际占有该财产，但尚未办理产权过户登记手续的，人民法院可以查封、扣押、冻结；第三人已经支付全部价款并实际占有，但未办理过户登记手续的，如果第三人对此没有过错，人民法院不得查封、扣押、冻结。"前一句对已经支付全部价款并实际占有，但未办理过户登记手续的，可以查封，后一句在同一情况下，如果第三人对此没有过错，不得查封。实际上是由法院自由裁量，在实践中都按可以查封处理。对于被执行人购买财产的，第 19 条规定："被执行人购买需要办理过户登记的第三人的财产，已经支付部分或者全部价款并实际占有该财产，虽未办理产权过户登记手续，但申请执行人已向第三人支付剩余价款或者第三人同意剩余价款从该财产变价款中优先支付的，人民法院可以查封、扣押、冻结。"即：同为"已经支付全部价款并实际占有，但未办理过户登记手续的"财产，如果被执行人作为出卖人则认定交易未成立，仍视为被执行人的财产予以查封；如果被执行人作为购买人则认定交易成立，视为被执行人的财产予以查封。这在逻辑上难以自圆其说。

其次，在上述条文中，强调的均是在"尚未办理产权过户登记手续的"情形下，根据支付全部或部分价款、第三人是否有过错等决定可否查封。那么，对于"已经申请办理产权过户登记手续的"情形，从逻辑上讲，不得查封就是合理的推论。而既然对第三人没有过错的、尚未办理产权过户登记手续的，都不得查封，为何对"已经受理被执行人转让不动产、特定动产及其他财产的过户登记申请，尚未核准登记的"，仍可查封呢？这实际上还是涉及登记申请与受理的效力。

从登记受理的法律效力看，如同前面论述的，申请与受理的实体效力之意义就在于其意味着当事人所预期的物权变动能够实现，除非因当事人自己的瑕疵造成登记申请的驳回，否则登记受理的效力自能对抗事后出现的处分限制。此为《德国民法典》所确立之原则，亦为各国所公认。在我国台湾地区，对于已提出移转登记之申请，而于查封之后才完成移转登记时效力孰为先的问题，我国台湾地区学者认为判例存在两种不同的意见：一种认为此时于查封之后才完成的移转登记属于无效，债权人得诉请涂销该登记；另一种意见则认为，除双方通谋及有其他无效或得撤销的原因外，在债权人提起涂销之诉并获得胜诉判决之前，尚不得谓该移转登记之无效。不过我国台湾地区"最高法院"在后来的判例中调和了两种见解，不过似以后者为优。从其论述中可以看出，(1) 在我国台湾地区，对于登记机构已受理的不动产登记在还未完成登记前，查封并不能限制权利人已发生的处分，否则何来"查封之后才完成移转登记"？(2) 依其判例的两种意见看，无论是"诉请涂销登记"，还是"提起涂销之诉并获得胜诉判决之前"，都强调"诉"，可见该处分限制对已提出登记申请及其登记，并不产生影响，债权人有异议得通过诉讼解决。之所以如此，笔者以为，除前述基于公平之衡量的考量外，很重要的一点就是严格依登记的一般规则执行：既然查封需要办理登记，那么查封登记同样要受到登记规则——"先申请之登记，在办理上须先于后申请之登记"——的约束。而所谓对查封登记需及时办理、立即办理，是指对到达登记机构的查封登记，应及时办理、立即办理，但其效力并不及于之前已提出登记申请及其登记。对此时的查封登记嘱托，登记机构仍应予以登记，但处分限制并不发生效力，或者说只能办理"预查封"登记。只是在当事人因自己的瑕疵造成登记申请的驳回时，物权又回到原权利人手上，预查封登记自动转为查封登记。如此一来，则构成一个完整的登记顺位制度。比较一下"轮候查封"，轮候查封登记的顺序按照人民法院送达协助执行通知书的时间先后进行排列。查封法院依法解除查封的，排列在先的轮候查封自动转为查封；查封法院对查封的土地使用权、房屋全部处理的，排列在后的轮候查封自动失效；查封法院对查封的土地使用权、房屋部分处理的，对剩余部分，排列在后的轮候查封自动转为查封。显然同样基于"先申请之登记，在办理上须先于后申请之登记"的规则。正如德国学者指出，该条规定旨在保护受让人，使出让人在达成合意和进行登记之间可能受到的处分限制不影响物权的取得。

因此，基于公平之衡量的考量，基于"先申请之登记，在办理上须先于后申请之登记"的规则，有必要明确对登记机关受理登记申请后，对处分行为人

（即原权利人）处分限制上的效力，方能从制度上防范风险。

（二）基于可归责于当事人原因的风险

因可归责于当事人原因发生的风险，掌控在对方当事人手中，法律的核心重在风险防范，非损失的合理分配。在民法学上，不动产买卖中的风险是指因为当事人不能预测或控制的原因导致期待利益不能实现，并且因获取期待利益而付代价的无意受损。不动产交易中每一方当事人所承受的可归责于当事人的原因产生的风险均源于彼此的相对方，即对方当事人诚实信用、严于履约的不确定性因素是风险产生的根源。而风险之所以能够存在，恰恰是因为与当事人预定目标偏离的不利后果的发生，非当事人本人的能力所能控制和避免，如果当事人将导致风险发生的不确定因素转变为可确定因素，将未来行为的决策权掌控在自己手中，风险则不称其为风险。

在不动产交易中，权利移转（登记）与支付对价是最常见的一对矛盾：买方未支付对价，卖方怎会同意办理登记？卖方不同意办理登记，买方又怎会支付对价？由此演绎出买卖双方的种种博弈。为了保障不动产交易的安全，以增加买卖双方的信任度，各国都对此进行了一系列的制度设计。如美国的不动产交易保障制度——公证托管制度（escrow）、德国的预告登记与先买权制度、法国的不动产留置权与优先权制度、日本的不动产交易保障制度、我国台湾地区的不动产交易付款中间人制度、香港的律师代办制度等等。这些制度的实行，有效化解了不动产交易中的风险。

1. 公证托管制度

所谓公证托管制度是指通过中立第三方暂时托管价款、契据、文件、各项单据、检验报告，计算当事人所应付的各项税款、保险费，有时也会按照要求完成所有权调查、他项权清查等任务，待契约所应当完成的各项条件达成后，将价款和契据分别交给买卖双方的一项不动产交易办法。

在这项制度中存在三方当事人：买方、卖方和中立第三方。在交易过程中，卖方将契据交给中立第三方，买方将价款交给中立第三方，中立第三方依据当事人的指令与授权，按照买卖双方所签订的合约条件办理各项手续。当交易双方都各自完成了在合约中所作出的承诺后，公证托管代理人才会将契据与价款分别交给买卖双方。

通过公证托管制度，在不动产交易的过程中，买卖双方委托与交易无利害关系的第三方，在一定的时期内，冻结双方权利关系，公证托管代理人在此期间调查进行买卖的不动产产权和不动产本身的状况，并保管契约、产权证明、价款等，以确保卖方的产权过户清楚。在约定条件达成后将不动产价款交付给卖方；将产权契据转移给买方。不动产价款交付与产权移转几乎是同步进行的，因此可以确保买卖双方权利义务的履行。故有学者认为不妨说它创造了"零风险"。①

2. 不动产留置权

法国民法典规定，如果买受人不支付标的物之价金，且出卖人并未同意延期支付的，出卖人即可享有留置权（le droit de rétention），其没有交付标的物之义务。即使出卖人同意延期支付价金，但在买卖成立以后，如果买受人破产或者无支付能力，从而导致出卖人面临丧失价金之危险，出卖人也不再承担交付标的物之义务，除非买受人能够提供到期支付价金的担保。②

3. 不动产的特别优先权

《法国民法典》第 2103 条规定，出卖人关于不动产价金的受偿，就其出卖的不动产享有不动产的特别优先权；如有连续数次买卖而其价金的全部或部分尚未清偿时，第一出卖人优先于第二出卖人，第二出卖人优先于第三出卖人，依次类推。这种特别优先权实际上就是一种法定担保，它是建立在增值观念（idée de plus-value）之上的制度设计。根据法国的增值观念，既然出卖人在未获清偿的情况下丧失了标的物的所有权，买受人的财产由此得以增加，那么出卖人在该增值部分就应当优先于其他债权人而受清偿，增值观念为特别优先权制度的理论依据，它妥善地解释了对债权人提供优先权保护的合理性。

4. 预告登记

所谓预告登记，就是为了保全一项以将来发生不动产物权变动为目的的请求权的不动产登记。用于解决不动产物权转让的过程中，债权行为的成立和不动产的移转登记之间常常会由于各种各样的原因而有相当长的时间间隔。赋予债权请求权对抗第三人的效力，既保护物权请求权又保护债权请求权，可以有效地保护上述情形下的不动产请求权，最终达到平衡不动产交易当中各方利益的目的。

当事人通过对上述制度的运用，可以有效地将交易风险降到最低。例如对已设定抵押权的不动产，在抵押登记未注销的情况下，可以先申请预告登记。如果预告登记被核准登记，就意味着买受人已经取得在先的顺位，可以放心地

---

① 马新彦、何志鹏："美国转交付制度的利用及改造"，载《吉林大学社会科学学报》。
② V. art. 1612 et 1613 C. Civ.

进行交易；如果预告登记未被核准登记，则可选择放弃交易。

第二节　关于登记主体的若干问题

如前所述，关于不动产物权的主体应有三大类型：自然人、法人团体、非法人团体。在我国，关于不动产登记的相关立法中，《城市房屋权属登记管理办法》第 11 条规定："房屋权属登记由权利人（申请人）申请。权利人（申请人）为法人、其他组织的，应当使用其法定名称，由其法定代表人申请；权利人（申请人）为自然人的，应当使用其身份证件上的姓名。"《深圳经济特区房地产登记条例》第 12 条明确规定："房地产登记的权利人名称为：（一）企业法人，为该企业法人的法定名称；（二）国家机关、事业单位，为该机关、单位的法定名称或政府确认的名称；（三）非法人组织，为该组织依法登记的名称或政府批准的名称；（四）个人，为合法身份证明上的姓名；（五）共有人，为各权利人的名称或姓名。"应当说规定得比较明确，但在实践中并不那么简单，如权利人死亡、法人注销等，还有涉及各种不同体制的主体亦有不同要求，故有必要专门论述。

一　关于自然人的登记实务

作为不动产物权主体的自然人的权利能力指一般的权利能力。一般权利能力由法律平等地赋予一切自然人，不因年龄、性别、民族、信仰、家庭出身、文化程度和财产状况而有所区别。故一切自然人都可以成为不动产物权的主体。实践中常见的问题有：

1. 自然人的姓名

《城市房屋权属登记管理办法》第 11 条第 2 款规定，"权利人（申请人）为自然人的，应当使用其身份证件上的姓名"，即自然人作为不动产权利主体应以身份证件上的姓名申请登记。但 2004 年 4 月 1 日以前，依照《中华人民共和国居民身份证条例》，只有年满十六周岁的中国公民才可以申领居民身份证，正在服现役的人民解放军军人、人民武装警察，不领取居民身份证，而领取军人和武装警察身份证件。2004 年 4 月 1 日之后，依照《中华人民共和国居民身份证法》，未满十六周岁的中国公民，可以依照本法的规定申请领取居民身份证，现役的人民解放军军人、人民武装警察可以申领居民身份证。也就是说，并不是每一个权利人都可以提供身份证，存在没有身份证的不动产权利人。此外，在一个国家中生活的自然人不仅有本国公民，还包括外国人和无国籍人。

故《中华人民共和国居民身份证条例》第 14 条第 2 款规定，"依照本法规定未取得居民身份证的公民，从事前款规定的有关活动，可以使用符合国家规定的其他证明方式证明身份"。但何谓"符合国家规定的其他证明方式"，并无明确规定。实践中身份证件包括：居民身份证、军官证、户口簿以及公证证书。其掌握的原则应是，可以证明当事人身份的符合国家规定的证明方式。

对于外国人，原则上应当使用其身份证件上的姓名，其身份证明主要是：身份证、护照以及使领馆的公证文书。有关部门曾提出："境外法人、自然人和其他组织申请房屋登记，应当提供中文名称（姓名），并提交证明其中文名称（名字）与其身份一致的公证文书。"① 对此我们不能认同，外国人有权利使用自己的文字，有权利以自己身份证件的姓名作为不动产权利人，不应强求当事人提供中文姓名。当然外国人也可使用中文姓名，而只有在权利人提供的相关文件中既有中文姓名，又有外文姓名时，才应提供证明其中文名字与其身份一致的公证文书。如权利人以身份证上的姓名签署相关文件，申请不动产登记，则无需提供证明其中文名字与其身份一致的公证文书。

笔者曾接触一件个案，当事人某甲数年前以某甲的名义购买了一套商品房，由于当时的合同并未要求记载身份证号码，时隔多年，当现在要办理登记时，由于某甲已移民国外，其姓名也就成了 Jia mou，故依登记机构的要求提供了证明其中文名字与其身份一致的公证文书。但仍被登记机构驳回登记申请，要求其"还需提交购房人与申请人系同一人的相关身份证明"，即必须证明现申请人 Jia mou 就是购买商品房时的某甲。而这几乎是无法证明的，由谁去证明？所幸该人当年购房时曾办理了公证，方使问题得以解决。但笔者以为登记机构过于苛求，依其逻辑，则登记机构要求每一个购房者提供能够证明现申请人与购买商品房时系同一人之文件亦为必然。而前述并非每一个人都有身份证，如购房时为未成年人，申请登记时已取得身份证；或购房时持军官证，申请登记时持身份证等等，当事人如何证明此某甲即彼某甲？其实当事人持有申请所需的文件，且能提供文件涉及的申请人的身份证明，登记机构就没有理由不予办理登记。即使出现错误，登记机构亦无过错。王利明先生在论述登记机构对申请文件究竟查验真实性到何种程度的问题时认为，对于假身份证"登记机关尽到了严格审慎的义务，没有辨认出身份证是假的并给予了变更登记，则不能认为登

---

① 建设部：《房屋登记办法（征求意见稿）》第 20 条。

记机关有过错"。①

综上，对于不动产权利人为自然人的，原则上应当使用其身份证件上的姓名；依法未取得身份证明的，可以使用符合国家规定的其他证明方式证明身份。

2. 无民事行为能力人与限制民事行为能力人的登记

所谓无民事行为能力人，是指完全不具有以自己的独立行为从事民事活动的能力的人。《中华人民共和国民法通则》明确规定：不满 10 周岁的未成年人和不能辨认自己行为的精神病人是无民事行为能力人，由他的法定代理人代理民事活动。

所谓限制民事行为能力人，是指达到一定年龄的未成年人和精神不健全而不能完全辨认其行为后果的成年人所享有的可以从事与其年龄和精神健康状况相适应的民事活动的能力的人。《中华人民共和国民法通则》中规定：10 周岁以上的未成年人和不能完全辨认其行为的精神病人是限制民事行为能力人，可以从事与其年龄和精神健康状况相适应的民事活动，其他民事活动由他的法定代理人代理或者应征得他的法定代理人的同意。

由于不动产的价值较大，故通说认为无民事行为能力人与限制民事行为能力人对不动产的处分行为应由他的法定代理人代理。但在实务中仍有种种问题，这里仅以未成年人为例展开。

从实体法的角度看，未成年人可以因继承、赠与或其他合法原因取得不动产，②但在财产的处分上，为了保护未成年人的利益，法律上有种种限制。③近年来，由于担心遗产税等原因，许多人在购买不动产时，往往以未成年子女的名义进行，此时的不动产权利归属未成年子女，④但一般人在观念上仍视为自己的财产，在处分时方知道并不是自己所想象得那么简单。例如办理抵押贷款，可能因无法证明"为未成年人的利益"而无功而返；处分不动产时，亦可能不

---

① 王利明： "物权法中与登记制度相关的几个问题"，http：//www. civillaw. com. cn/article/default. asp？ id＝31461，中国民商法律网。

② 参见徐国栋主编《绿色民法典草案》，社会科学文献出版社 2004 年版，第 213 页。我国台湾地区"民法典"第 1087 条。

③ 《民法通则》第 18 条： "监护人应当履行监护职责，保护被监护人的人身、财产及其他合法权益，除为被监护人的利益外，不得处理被监护人的财产。"我国台湾地区"民法典"第 1088 条："未成年子女之特有财产，由父母共同管理。父母对于未成年子女之特有财产，有使用、收益之权。但非为子女之利益，不得处分之。"

④ 在我国台湾地区，限制行为能力人或无行为能力人所购置之财产，视为法定代理人或监护人之赠与。需依遗产及赠与税法申报赠与税，但能证明支付之款项属于购买人所有者，不在此限。参见赵坤麟《如何办妥产权登记及过户》，台湾永然文化出版股份有限公司 1996 年版，第 90 页。

被接受。故父母欲以未成年人名义购房，应对家庭收入、财产等方面综合考虑，慎重为之。欲购买未成年人名下不动产者，亦应十分慎重，事先咨询办理登记手续的相关事项后为之。

从程序法的角度看，未成年人对不动产的买卖行为应由他的法定代理人代理，其登记自应由其法定代理人为之。一般而言，未成年人取得不动产较为简单，由其法定代理人代理即可；但对未成年人处分不动产就比较复杂，主要涉及两个问题：一是依何确定不动产的处分是"为未成年人的利益"；二是其法定代理人的资格认定问题。

对于前者，各国立法一般都以"为了子女的利益才能处分其财产"为原则。但何谓"为了子女的利益"？该原则比较抽象笼统，适用时也困难重重。①为此，一些国家的立法对父母处分未成年子女财产的情形都有明确、具体的规定。如《瑞士民法典》第 319 条第 1 款规定，父母应将未成年子女财产的收益用于未成年子女的抚养、教育及职业培训，经证明确需要支付费用时，监护官厅始得允许父母将未成年子女的其余财产分为各个特别款项加以动用。《意大利民法典》第 320 条规定，父母不得转让、抵押、质押未成年子女以包括死因取得在内的任何名义获得的财产；不得接受未成年人保留的财产或拒绝接受遗产或遗赠、接受赠与、解除共有、订立消费借贷契约或者 9 年以上期限的租赁契约等。为了子女明显的利益，或者必要时，获得负责监护事务的法官准许后，才可采取上述行为。《法国民法典》第 457 条规定："监护人，非经亲属会议同意，不得以未成年人名义作处分行为。非经亲属会议同意，监护人尤其不得为未成年人借入款项，亦不得出卖或抵押不动产、营业资产、有价证券或其他无形的权利，亦不得出卖或抵押贵重动产或组成受监护的未成年人的财产的很大部分的动产。"《德国民法典》第 1641 条规定，除本着道德义务或礼节上应有的体面考虑以外，原则上父母不得代理子女为赠与。其第 1642、1643 条还规定，原则上，父母利用子女财产进行投资以及从事有关土地、合伙租赁等财产投资行为，都应经监护法院许可。由此不难发现，父母的处分权受到相当的限制，在实体法上，要求有明确的用途，如抚养、教育及职业培训等；在程序法上，原则上都要经过法定程序——监护机构（监护官厅、监护法官、监护法院、亲属会议等）的许可。而我国现行立法既未

① 孟令志："未成年人财产权保护的几个基本问题研究"，载《法商研究》2007 年第 3 期。

区分亲权与监护，① 又未设立专门的机构监督父母或监护人的行为，登记机构难以认定何谓"为了子女的利益"，常常处于登记也不是，不登记也不对的尴尬局面。

在我国台湾地区，以未成年人名义出卖不动产时，其法定代理人应在土地登记申请书备注栏切结"本案处分确实对未成年人有利，绝无违反民法第 1088 条规定，若有不实，愿负法律责任"②。广州市要求出具"监护人保证书"，保证书须说明保证其具有监护人资格和出售未成年人的房产是为了其未成年人的利益，并由所有监护人签名。建设部在起草《房屋登记办法（征求意见稿）》时，亦考虑规定"因处分未成年人房屋申请登记的，应出具经公证的为未成年人利益的书面保证"③。近年来，一些地方也有依公证处出具当事人声明"为了子女的利益"的公证书后给与办理的做法，但似乎并不理想，一旦有了问题，责任仍分不清，结果公证处一般情况下不予出具。

由上可知：（1）对未成年子女财产的处分有严格限制——为未成年人的利益；（2）如何认定处分不动产是"为未成年人的利益"，有一定形式要求：A. 法定代理人的具结，B. 法定代理人出具公证声明，C. 监护机构的许可。显然以后一种对未成年人的保护最为严格。但这涉及设立监护机构的立法问题，一时难以改观。实践中，登记机构仍应要求未成年人的法定代理人出具公证声明作为"为未成年人的利益"的依据。

对于后者，即法定代理人的资格认定问题。法定代理本身主要适用于被代理人为无行为能力人或限制行为人的情况。④ 如监护人是被监护人的法定代理人。未成年人对不动产的处分行为应由他的法定代理人代理，这一问题看似简单，但由于我国的亲属立法在形式上未设立亲权制度，在《民法通则》的民事主体制度中对监护作了简单的规定，把父母对未成年子女的权利义务归于监护之下，但又没有区分一般监护和特别监护，将父母等同于一般监护人，其本身存在严重不足。依《民法通则》第 16 条，未成年人的父母；祖父母、外祖父母；兄、姐；经批准的关系密切的其他亲属、朋友；所在单位或未成年人住所地的居（村）民委员会、民政部门等，均可以成为监护人。那么登记机构在代理人的确定上如何认定？

---

① 对监护人处分未成年人财产时，加之为亲权人更多的限制。
② 参见赵坤麟《如何办妥产权登记及过户》，台湾永然文化出版股份有限公司 1996 年版，第 90 页。
③ 建设部：《房屋登记办法（征求意见稿）》第 19 条第 2 款。
④ 彭万林主编：《民法学》，中国政法大学出版社 2002 年版，第 136 页。

在建立亲权制度的前提下，监护的概念和现行法的监护应区别开来。亲权是父母保护和养育其未成年人在人身和财产方面的权利义务的总称。① 监护是为不在亲权照护下的未成年人，给予人身和财产上的监督和保护而设置的民事法律制度。当未成年人的父母死亡或被宣告死亡、未成年人的父母不明、未成年人的父母不能行使亲权时，就必须为未成年人确定监护人。"亲权的基础是建立在血缘纽带上的亲子关系，以深厚的情感因素为特色，因而亲权不仅包含了父母抚养，保护子女的义务，也包含着父母教养子女与管理，处分子女财产的权利。而监护并不强制要求须以血缘关系为基础，监护人与被监护人之间的关系，理性多于情感，法律对于监护人义务的规定也就必然多于权利的规定。在某种意义上来说，监护实际上是一种义务而非权利。"亲权是保护无行为能力人的首要方式，在未成年人的父母死亡或丧失行使亲权的能力时，就必须为未成年人确定监护人。

当父母作为法定代理人，行使亲权欲处分不动产时，仅父母一方即可处分还是应共同处分？徐国栋教授在《绿色民法典草案》对亲权的执行作了专门的规定，主要有：（1）父母应共同执行亲权，"父母以自己所能并相互之间协商一致为子女幸福执行亲权"；（2）如果父母就处分不动产无法取得一致意见，经父母一方申请，由法院裁定将决定权委托父母一方；（3）父母一方死亡或丧失行使亲权的能力时，他方可以单独执行亲权；（4）父母离婚的，应在离婚协议或离婚判决中确定一方为亲权人。② 由此，可以确定，当父母作为法定代理人，处分未成年人的不动产时，如果父母协商一致共同执行亲权，其法定代理人的资格可以认定；如果父母仅有一方作为法定代理人时，则必须提供其他文件（包括法院的裁定、另一方丧失行使亲权的证明、离婚协议或判决等等）。

当监护人作为法定代理人，欲处分未成年人的不动产时，在"未成年人的祖父母、外祖父母；兄、姐；经批准的关系密切的其他亲属、朋友；所在单位或未成年人住所地的居（村）民委员会、民政部门等"中间，究竟以谁为法定代理人。就法律的设计而言，上一顺序的法定监护人阙如或履行监护职责不利于监护人时，方可考虑下一顺序的法定监护人；同一顺序的法定监护人居前者阙如或履行监护职责不利于监护人时，方可考虑居后者。③ 但登记机构应依何认

---

① 参见徐国栋主编《绿色民法典草案》，社会科学文献出版社 2004 年版，第 211 页。
② 同上书，第 211—212 页。
③ 彭万林主编：《民法学》，中国政法大学出版社 2002 年版，第 74 页。

定呢？依"一切监护或保佐均应通过任命"① 之原则，无论是法定监护人、遗嘱监护人或指定监护人都应履行一定的手续，如遗嘱监护人应提供遗嘱，指定监护人应提供法院或居（村）民委员会的任命等等。即当监护人作为法定代理人，欲处分未成年人的不动产时，应提供相应的文件，以证明自己监护人的身份。

综上，对无民事行为能力人与限制民事行为能力人的处分登记，登记机构应把握两点：一是审查代理人提供的代理资格文书，以确定代理人的资格；二是确定代理人对不动产的处分是"为被监护人的利益"，有权处分不动产。不过这有赖于相关配套制度的建立。

3. 夫妻共有不动产的登记

夫妻共有不动产的权属登记以及处分权审核问题，一直是个争议颇多和涉诉最多的登记类型之一。各地也出现了一些案由类似但因案件所在地区不同而判决结果不同的案例。如登记在夫妻一方名下的夫妻共有房产，在转让时产权人的配偶没有作为"隐性"的共有人在登记文件上签字，该转让登记有的被人民法院撤销，有的却予以维持。而司法机关对夫妻共有不动产因处分而产生争讼的不同判例，也让登记工作人员产生不同程度的困惑。

我国的夫妻财产制度，包括法定夫妻财产制、约定夫妻财产制和特有财产制。在此财产制下，夫妻的财产权的类型可以分为：法定夫妻财产权、约定夫妻财产权和特有财产权。法定夫妻财产权是法律强赋予婚姻家庭当事人所享有的权能；夫妻约定财产权是法定财产权派生出的一项权能，并与法定财产权处于同等地位，其兼有法定夫妻财产权和特有财产权的内容；特有财产权是夫妻对各自的财产享有独立的权能。

从夫妻财产的来源看，夫妻共有不动产主要有以下几种情形：（1）根据婚姻法规定夫妻在婚姻关系存续期间所得的财产，归夫妻共同所有；（2）夫妻婚前各自的财产，通过约定转变为共同财产；（3）根据婚姻法规定婚姻关系存续期间，夫妻一方取得的财产通过约定转变为夫妻双方共同财产。前一种属法定财产权，后两种属约定财产权。故在登记实务中主要涉及两个问题：一是对夫妻共有的不动产的登记是否都必须将夫妻作为登记名义人；二是处分不动产时是否须经配偶另一方同意。归结到一点，即是否存在"隐名共有人"，如否定，则对前者的回答就是必须将夫妻作为登记名义人，对后者的回答就是不需经配偶另一方同意；如肯定，则相反。

---

① 彭万林主编：《民法学》，中国政法大学出版社 2002 年版，第 56 页。

　　目前各地对于夫妻共有不动产权属的登记及处分权审核做法不一：（1）只登记申请人夫或妻一方的产权。由于对夫妻共有不动产大部分市民都习惯于由一方登记产权，登记机关也坚持当事人意思自治原则，一般按当事人申报，将夫妻共有的不动产登记在申请人（夫或妻）一方名下，而不强求夫妻双方共同申请登记。（2）夫妻共有的不动产必须共同申请权属登记。一部分城市的房产登记机关对夫妻不动产权属登记方式做了相应的调整，对夫妻共有的不动产开始按共有不动产登记，要求双方共同到登记机关提出申请，双方按份共有的，应提交双方对份额的书面约定，未登记为权利人的不视为共有人。登记机关对不动产处分权又有不同的审核方法。前一种登记模式下，要求登记产权人的配偶作为共有人必须在处分不动产相关的文件上签字，即以《婚姻法》为依据，承认"隐名共有人"；后一种模式下，则不要求配偶签字同意，即以《城市房屋权属登记管理办法》有关共有房产的登记规定为依据，不承认"隐名共有人"。

　　在现实判例中，既有法官依据"夫妻在婚姻关系存续期间所得的财产，归夫妻共同所有"（《婚姻法》第 17 条）和"共有房地产，未经其他共有人书面同意的不得转让"（《城市房地产转让管理规定》第 6 条），判决未经配偶同意的不动产转让无效。也有法官依据"房屋权属证书是权利人依法拥有房屋所有权并对房屋行使占有、使用、收益和处分权利的唯一合法凭证"，认定经登记公示的物权具有公信力，登记名义人是独立产权人，判决转让有效。主张后者的，提出作为登记部门应进一步完善不动产权属登记管理，规范产权人与其配偶申请登记（夫妻）共有权的行为，按照《中华人民共和国房地产管理法》和《城市房屋权属登记管理办法》有关规定，要求对共有人及应占份额，应登录全部共有人，按份共有的，注明每人所占份额，制定具体的实施细则，使房屋所有权证登记的所有权人和实际的所有权相符。

　　然而，"夫妻的共同关系，远超过物权法上的公共共有及债法上的合伙关系。故拟以普通债法或物权法上的法律关系，规律以身份为基础的夫妻之财产关系，则嫌不足，所以法律特设夫妻财产制，以为婚姻共同生活中财产关系的基准"。[①] 故各国民法典大都对夫妻财产制度有专门规定。德国、瑞士、法国、英国、美国等国家基于夫妻身份都依法对夫妻个人财产的处分进行限制。

　　在德国，夫妻财产制度，同样包括法定夫妻财产制和约定夫妻财产制。德

---

　　① 戴东雄：《亲属法论文集》，东大图书公司 1988 年版，第 109 页。

国法以净益制共同财产关系①为法定夫妻财产制，依该制度，配偶双方各自的财产不成为共同财产，而是继续归各自所有。实行法定财产制的，依据《德国民法典》第 1365 条第 1 款之规定，在婚姻中，配偶一方对其全部财产为负担行为与处分行为时，该行为效力之产生，取决于配偶另一方非要式之同意。② "全部财产"包括"配偶一方将全部财产为一次之处分行为，即使其财产仅为单一之标的"和"几乎全部财产"。"几乎全部财产"，即"在实务上，为保护婚姻共同生活，扩张解释该项适用之范围，尤其在不动产登记之交易上，认定不动产所有权或其他不动产上之权限系配偶一方唯一重要之财产，使其处分该财产标的时，亦应得到他方之同意"。③ 实行约定财产共同制的，对于"已登记于土地登记簿或可登记于土地登记簿的权利，成为共同的权利的，配偶任何一方可以向另一方请求协助更正土地登记簿"，依据《德国民法典》第 1424 条，配偶一方只有经另一方允许，才能处分属于共同财产的土地；该方也只有经另一方允许，才能对此种处分负担义务。

在法国，以共同财产制为法定夫妻财产制，即"没有契约，或简单声明按照共同财产制结婚，由此建立的夫妻共同财产制"。依据《法国民法典》第 215 条第 3 款之规定，夫妻一方未经对方同意，不得处分家庭住宅和住宅内配备的家具（family's lodging and furniture），即使家庭住宅登记在丈夫的个人名下也是如此；如果丈夫予以出售，妻子可以在知道该行为之日起一年内提起撤销处分行为之诉。依该规定，夫妻一方似乎可以对抗住房的买受人，但律师的惯例手册建议提供服务的律师们要求夫妻双方在合同上签字，以避免可撤销的法律后果。④ 实行约定财产共同制的，依据法国民法典，非经他方同意，夫妻任何一方均不得让与属于共同财产的不动产，亦不得将不动产用于租赁。⑤

在瑞士，其夫妻财产制改良于德国净益共同制，于 1988 年施行"所得分配制"，其理论架构基于婚姻合伙、维护婚姻生活本质和谐及法院之积极介入三点上。依据《瑞士新民法》第 169 条第 1 款之规定，在配偶一方是婚姻住所（matrimonial home）所有人的情况下，如果予以出售或抵押，则必须征得对方的

---

① 又称"财产增加额共同制"，参见陈卫佐译注《德国民法典》（第 2 版），法律出版社 2006 年版，第 438 页。

② ［德］鲍尔·施蒂尔纳：《德国物权法》（上册），张双根译，法律出版社 2004 年版，第 480 页。

③ OLG Kln NJW 1971, S. 2312.

④ 张学军、庄素娟："论基于夫妻身份对夫妻个人财产处分权的法定限制"，载《金陵法律评论》2005 年春。

⑤ 参见《法国民法典》第 1424 条、第 1425 条。

同意。即使夫妻双方已经分居，该限制仍然适用。无论合同第三人是否意识到合同对方系已婚者，从而需要征得其配偶的同意，该限制依然适用。① 而且，因附合、冲击土地移动之所有权取得，（第 659—660 条、第 662 条等）以及因夫妻财产制之所有权取得等，非经登记不得进行处分。②

在英国，其《1983 年婚姻住所法》第 1 条规定："在配偶一方基于所有权、利益、合同或成文法单独享有占有权的情况下，对方配偶享有成文法上的占有权。"③ 不过，依据第 2 条之规定，只有经过 F 级土地负担（Class F Land Charge）登记，才能对抗抵押权人、买受人。

在美国，对于夫妻共同财产，从前只有丈夫有权管理和控制夫妻共同财产，并且无须妻子签名或者同意，就可以转让该财产。如今，配偶双方一般享有同等的管理权和控制权，有权要求任何影响权利的文件都必须得到两人的签名。④ 一些州的成文法明确规定，如果配偶一方希望将自己的住房转让给第三人，而第三人希望将配偶一方驱逐出去，买受人必须对另一方配偶依据住房价值提供一定数额金钱，用以帮助对方配偶找到适当的新住宅。例如，在伊利诺州，如果为一方所有的住房之价值超过一万美元，买方就必须向非所有人一方支付一万美元。⑤

在阿根廷，对于夫妻共同财产的性质采法定合伙之说。涉及法律以强制性的方式要求登记的不动产、权利或动产时，或者以此等财产的所有权或使用权为合伙的出资额时，或者涉及个人合伙而发生人的变换和合并时，为对收益财产进行处分或设定负担，须夫妻双方一致同意。⑥

可见各国对夫妻共同财产处分权均有法定限制——非经他方同意，夫妻任何一方均不得让与属于共同财产的不动产。即使对属于夫妻个人不动产的"家庭住宅"、"全部财产"的处分权亦有法定限制——原则上必须征得对方的同意，以限制措施为标准，可以分为处分同意主义（如德国、瑞士、法国）、登记对抗

---

① ［德］鲍尔·施蒂尔纳：《德国物权法》（上册），张双根译，法律出版社 2004 年版，第 480 页。

② 尹田：《物权法理论评析与研究》，中国人民大学出版社 2004 年版，第 278 页。

③ 所谓"占有权"（right of occupation）是指："（1）如果已经居住，非经法院的许可不被驱逐或被排除（not to be evicted or excluded）之权利；（2）如果尚未居住，经法院的许可进入并占有婚姻住所的权利。"参见 Family Law in Europe, edited by Carolyn Hamilton and Kate Standley, Buttemorths, 1995, p. 77。

④ ［美］伯恩哈特、伯克哈特：《不动产》，钟书峰译，法律出版社 2005 年版，第 104 页；高富平、吴一鸣：《英美不动产法：兼与大陆法比较》，清华大学出版社 2007 年版，第 292 页。

⑤ Max Rheinstein and Mary Ann Glendon, Interspousal Relations, J. C. B. Mohr（Paul Siebeck），Tübingen and Martinus Nijhoff Publishers, 1980, pp. 135—136.

⑥ 参见徐涤宇译注《最新阿根廷共和国民法典》，法律出版社 2007 年版，第 296、307—308 页。

主义（如英国）、提供补偿主义三种（如美国部分州）。处分同意主义较优。其理由：一是登记对抗主义不仅需要支付登记费用，而且在处分不经常发生的情况下，诸多的登记也会给登记机关带来不必要的负担。此外，在夫妻一方疏忽登记或认为没有必要登记的情况下，不享有所有权的一方及其子女将遭受不测的损害。而且，在夫妻已然发生矛盾、尤有必要申请登记的情况下，申请登记可能恶化夫妻感情。二是提供补偿主义忽视了住所在很大程度上还决定社会交往、入学等其他生活利益。[①]

因此，属于夫妻共同财产的不动产，非经他方同意，夫妻任何一方均不得私自处分。那么，依何为确定是否属于夫妻共有的不动产的依据？主张依不动产登记为依据者认为，我国是采取不动产强制登记的国家，既然登记机构依法登记中未有载明不动产有其他的共有人，那么作为相对人也只能依据不动产登记的记载对该不动产的产权归属状态予以判断，不存在所谓"隐名共有人"。主张依婚姻法为依据者认为，根据婚姻法规定，婚姻关系存续期间，夫妻双方共同财产是基于婚姻法的直接规定。而按照传统物权法的理论，基于法律行为以外的原因取得的不动产物权无需登记即可取得不动产所有权（但在处分前必须进行登记），即存在"隐名共有人"，故未成为登记名义人的配偶一方依法也可以取得对财产的共同所有权。

我们认为，夫妻共同财产除受物权法规范外，主要还是由亲属法规范，二者不能简单替代。故在上述观点中，应以后者为确定夫妻共有的不动产的依据。首先，共同共有通常都是相互之间具有一定的人身关系，共同共有根据共同关系而产生，以共同关系的存在为前提，[②] 夫妻不动产共有因有婚姻关系的存在，故不同于一般意义上的权利人共有。即此种共有与婚姻关系的存续息息相关，其权利的取得系依法律规定而取得，不同于依法律行为的取得。如我国台湾地区法律规定，因夫妻财产制等而取得所有权，非经登记，不得处分，[③] 并无要求依登记生效。其次，各国和地区对夫妻共有不动产的登记均无强制性规定，[④] 如

---

① 参见张学军、庄素娟《论基于夫妻身份对夫妻个人财产处分权的法定限制》，载《金陵法律评论》2005 年春。

② 王胜明主编：《中华人民共和国物权法解读》，中国法制出版社 2007 年版，第 205 页。

③ 尹田：《物权法理论评析与研究》，中国人民大学出版社 2004 年版，第 278 页。

④ 依我国台湾地区民法修正后规定，在 1985 年 6 月 5 日以前，以妻之名义登记的房地产，如不属妻之原有或特有财产，则为夫妻联合财产，虽名义登记在妻之名下，出卖时仍需出具先生之同意书。参见赵坤麟《如何办妥产权登记及过户》，台湾永然文化出版股份有限公司 1996 年版，第 91 页。由此可知，在我国台湾地区并未要求夫妻共有之不动产一定要登记在夫妻名义之下。

前述德国法"可以向另一方请求协助更正土地登记簿",用的是"可以"而不是"应当";而十分重视对夫妻财产合同的登记,如《德国民法典》第1412条、《日本民法典》第756条、我国台湾地区"民法典"第1008条等,均规定夫妻财产制契约之订立、变更或废止,非经登记,不得以之对抗第三人。最后,我国现行的不动产登记法律、法规对夫妻共有不动产物权得失变更的登记未做特别规定,不能以隐名共有人未提出共有权登记申请或变动登记异议为由,否认夫妻共有不动产一方权利人的权利。

登记机构应当坚持登记的申请原则,在不动产初始登记或移转登记时,原则上依权属来源证明文件或买卖合同的权利人为申请人,除申请人要求将配偶一方作为共有人外,一般依申请人申请,将不动产登记在申请人(夫或妻)一方名下,而不强求夫妻双方共同申请登记。

在不动产所有人处分不动产时,对于登记义务人仅在申请人提供如下文件之一时予以受理:(1)未婚证明;(2)对不属共有财产举证——提供夫妻财产契约、法院判决;(3)出具配偶同意处分的文书。

同样,作为不动产买卖的买方,应当注意某项财产是否夫妻共同财产,可以要求交易对方出具上述的相关证明。如果买方在交易相对人提供了证明,但事实上确实与实际不相符合时,则可以证明自己已尽注意义务,为善意第三人,合法权益应受法律保护。法院可以据此认定为善意,则其可以对抗隐名共有人的权利主张。

4. 不动产权利人死亡的登记

不动产权利人死亡后,根据《物权法》第29条规定:因继承或者受遗赠取得物权的,自继承或者受遗赠开始时发生效力。依登记生效主义立法,采非经登记不得处分原则,即非经登记,当事人可以取得不动产物权,但对之不得进行处分。此时如何办理登记,亦常常给当事人和登记机构带来困惑。

不动产权利人死亡时的登记有几种情形:其一,不动产权利人在未申请登记前死亡的;其二,不动产权利人在申请登记后申请登记完毕前死亡的;其三,不动产权利人在申请登记完毕后死亡的;其四,已登记的不动产权利人处分不动产物权后,作为登记义务人在移转登记前死亡的。在这几种情形下,如何办理登记呢?

根据在先已登记原则(亦称登记连续性原则),每一项权利的拥有人在处分权利时都要求在登记簿上登记,故无论权利人是否生存,原则上均需在登记簿上登记。在德国,"只有将登记涉及其权利的人登记为权利人,才能够办理登记"，^① 但亦有例外，如不发生继承人之中间登记（Zwischeneintragung）、链条式土地所有权让与合意（Kettenauflassung）等。^②

（1）不动产权利人在未申请登记前死亡的登记。不动产权利人无论是原始取得或继受取得，如在未申请登记前死亡，对于其不动产权利的登记有两种登记方式：一曰代位登记，由权利人的继承人代位，仍以被继承人的名义进行登记；二曰继承登记，由权利人的继承人按继承的相关手续直接进行继承登记。对于前者，符合"在先登记原则"，但涉及权利人死亡是否有登记能力的问题，且被认为程序繁琐、机械，实务中登记机构往往不予受理；对于后者，虽然程序较为简化，但由于背离在先已登记原则，实务中登记机构与公证部门往往互相推诿：公证部门认为未经登记的权利无法办理继承，应先办理登记；登记机构认为权利人死亡没有登记能力，应先办理继承，当事人无所适从。就我国现行法律规定而言，死者不能成为民事权利的主体，更不享有权利。"对于死者而言，不再是权利主体，当然不可能享有任何权利"，^③ 但值得注意的是，我们命题表达的是死者生前的权利，而不是死者的权利。无论是原始取得或继受取得，直至死亡之前，死者均是该不动产的权利人，只是未办理公示而已。

就原始取得而言，法律承认其拥有的不动产物权，并不因为无登记而不存在。但在以因死亡发生继承时，依非经登记不得处分原则，^④ 应当先行办理登记。尽管这只是程序上的要求，即所谓宣示登记，其物权变动的效力已经发生，物权变动的时间为原始取得的时间。

就继受取得而言，由于其尚未办理公示，则依公示生效主义立法例根本不能发生物权变动的法律效果，而依公示对抗主义立法例虽得产生物权变动的法律效果，但对第三人不能发生对抗效力，即死者并未取得物权或未取得完整的物权。故根据"在先登记原则"应先行办理登记，经公示后才能继承。实务中，如登记义务人无异议，应由权利人的继承人代位登记，仍以被继承人的名义进行登记，登记机构不得拒绝。如登记义务人有异议，应通过诉讼裁定后，依裁定办理登记。^⑤

---

① 《德国土地登记簿法》第 39 条。

② ［德］鲍尔·施蒂尔纳：《德国物权法》（上册），张双根译，法律出版社 2004 年版，第 320—322 页。

③ 张新宝：《名誉权的法律保护》，中国政法大学出版社 1997 年版，第 36 页。

④ 就广义而言，继承也是处分之一种。

⑤ 有学者认为："登记权利人死亡的，应由其继承人为权利人，同义务人共同申请登记。"参见于海涌《论不动产登记》，法律出版社 2007 年版，第 360 页。但此时继承的是债权拟或物权，似有疑问。

因此，不动产权利人无论是原始取得或继受取得，如在未申请登记前死亡，对于其不动产权利的登记应由权利人的继承人代位，仍以被继承人的名义进行登记。故徐国栋教授主编的《绿色民法典草案》明确：死者的财产的登记，可通过指明死者为不动产的所有人为之。①

（2）不动产权利人在申请登记后申请登记完毕前死亡的登记。不动产权利人在申请登记后申请登记完毕前死亡的情形，原则上不影响登记的进行。根据登记的申请原则，此时登记义务人无法单方撤回申请，除非提出异议登记。

（3）不动产权利人在申请登记完毕后死亡的登记。根据我国《继承法》第 2 条的规定，继承开始的时间为被继承人死亡时的时间。继承开始时，继承人可以当然地、直接地取得物权。但根据《物权法》第 31 条规定，对非基于法律行为取得的不动产物权进行处分时，依照法律规定需要办理登记的，未经登记，不发生物权效力。因此，因继承取得不动产物权的权利人，再行处分该不动产物权时，应当先办理登记手续，将取得的不动产物权纳入不动产登记，然后再进行处分，否则不发生物权效力。依该规定，继承人未处分不动产物权时，法律并不强制要求其进行登记。也就是说，对因继承取得的不动产物权，即使没有登记，物权取得人仍为真正的权利人，法律应认可该不动产物权并予以保护。而且，只要权利人对该不动产物权不作进一步处分，法律就应允许其处于事实状态，并予以充分保护，而不能强制要求权利人进行登记。但这毕竟导致实际权利状态与公示所体现的权利状态不一致，造成所谓的事实物权与法律物权的分离，权利人要有效的保护自己，建议仍以办理登记为首选。登记时需持原不动产权属证书和继承相关文件，属遗嘱继承的，需提交经公证的遗嘱和被继承人死亡证明；属法定继承的，需提交继承公证书。

（4）不动产权利人作为登记义务人在移转登记前死亡的登记。对此，李昊、常鹏翱博士的设计是：不动产物权受让人履行了约定的义务，但在登记前出让人死亡且无继承人的，也可由受让人单方申请（登记）。② 但这一设计的前提是出让人（登记义务人）无继承人，如果存在继承人是否还要由继承人先行继承再与受让人（登记权利人）一起共同申请，拟或由出让人的继承人与受让人共同申请即可？此外，何谓"履行了约定的义务"，由谁来认定？于海涌博士的设

---

① 参见徐国栋主编《绿色民法典草案》，社会科学文献出版社 2004 年版，第 313 页。
② 参见李昊等《不动产登记程序的制度建构》，北京大学出版社 2005 年版，第 533 页。

计是：如登记义务人于申请登记完毕前死亡的，应由登记权利人叙明理由，出具义务人之户籍证明及其他有关证件，单独申请登记。[①] 无论是前者，还是后者，在制度的设计上，都倾向于单方申请。但确实存在是否有继承人的问题。因为继承自被继承人死亡时始，只不过此时继承人继承的不动产已由被继承人生前处分，继承人继承的是一个空幻的物权。但继承人有义务代位被继承人履行登记义务，因为，就概括继受而言，继承人和被继承人在人格上被视为相同，[②] 即权利概括继受人，在全部范围上，取得其前手之法律地位。[③]

在德国，依其《民法典》第 130 条第 2 款 "表意人在做出意思表示之后死亡或丧失行为能力的，不影响意思表示的有效性" 之规定，若物权合意已依《民法典》第 873 条第 2 款产生约束力，则对照管人或继承人亦生约束；若物权合意未生约束效力，则如同所有权人自己那样，照管人或继承人对其合意亦可以予以撤回。[④]

但在实务中，登记机构依何判断。我们认为，如果权利人单方申请，应持有生效的法律文书（如公证的合同、义务人死亡证明等）与完整的文件（如不动产权属证书等），登记机构应予受理；如果权利人会同义务人的继承人共同申请，登记机构亦应予受理，而不应要求由继承人先行继承再与受让人（登记权利人）一起共同申请。至于受让人是否履行了约定的义务，应不在审查范围，继承人如有疑义，自当提出异议登记。

综上，不动产权利人死亡后，其不动产权利仍可以登记，在登记中应区分不同情况，或通过指明死者为不动产的所有人为之，或为权利取得人直接办理移转登记。至于登记为死者名下的不动产，则适用 "未办理继承，不得进行处分" 的原则。

二　关于法人的登记实务

不动产权利主体为法人时，由于法律赋予其权利能力和行为能力，故一切法人都可以成为不动产物权的主体。实践中常见的问题有：

[①] 于海涌：《论不动产登记》，法律出版社 2007 年版，第 360 页。

[②] 王茵：《不动产物权变动和交易安全——日德法三国物权变动模式的比较研究》，商务印书馆 2004 年版，第 307 页。

[③] 参见［德］鲍尔·施蒂尔纳《德国物权法》（上册），张双根译，法律出版社 2004 年版，第 400 页。

[④] 同上书，第 399—400 页。

1. 法人的身份证明

根据法人的活动性质，将法人分为企业法人与非企业法人。企业法人又可分为公司法人和非公司法人。非企业法人包括机关法人、事业单位法人和社会团体法人。故法人在不动产登记时，应提供相应的身份证明：企业法人营业执照和法定代表人证明；机关法人提供国家机关负责人证明；事业单位法人和社会团体法人提供事业单位法人和社会团体法人登记证明，以及法定代表人证明；境外企业、组织提供的身份证明按规定经过公证或认证。

2. 法人处分不动产的资格

我国法人呈多元化，除机关法人、事业单位法人外，仅企业法人就有多种层次。就所有制而言，分为国有企业、集体企业、个体企业、合资企业等；就企业模式而言，分为无限公司、有限公司、股份公司等；这些不同的法人在处分不动产时，有相应的约束。目前我国对法人处分不动产的登记大体分为两种：一是对法人处分财产有一定的形式要求；二是不考虑形式。前者如青岛、厦门等地，[①] 权利人为法人的，处分不动产需分别提供国资局或上级主管部门同意转移证明、职工代表大会同意转移证明、董事会章程及决议。后者如上海、深圳等地，法人处分不动产时无须提供此类证明。这里涉及两个问题：一是法人处置不动产的相关规定是否明确；二是登记机构是否需审查法人的处分资格。

对前一问题，目前我国的相关规定并不明确，所有权、经营权分离理论，授权经营理论等等，理论界的各种探讨，莫衷一是。在登记实务中，由于无法提供相关批准文件而难以登记的时有发生。根据《行政单位国有资产管理暂行办法》第 29 条规定："行政单位处置国有资产应当严格履行审批手续，未经批准不得处置。"和《事业单位国有资产管理暂行办法》第 25 条规定："事业单位处置国有资产，应当严格履行审批手续，未经批准不得自行处置。"即机关法人与事业单位法人处置国有资产，应当经国资部门批准。对于企业法人处置资产，在《企业国有资产监督管理暂行条例》第 33 条 "所出资企业中的国有独资企业、国有独资公司的重大资产处置，需由国有资产监督管理机构批准的，依照有关规定执行"，但何谓 "重大资产处置"？几亿、几十亿资产的企业处置几十

---

① 厦门《登记指南》：涉及单位的，提供营业执照、章程、法定代表人身份证明，有效委托书和代理人身份证明，股东会或董事会成员名单及同意出售决议（原件）；属国有资产的，提供上级主管部门或国资管理部门的批准文件（原件）；属集体财产的，提供职代会决议（原件）。青岛《登记指南》：……（七）国资局或上级主管部门同意转移证明；（八）职工代表大会同意转移证明；（九）董事会章程及决议。

万的不动产属重大吗？《中华人民共和国城镇集体所有制企业条例》第 28 条第 3 款规定，集体企业的职工（代表）大会行使职权之一为"审议厂长（经理）提交的各项议案，决定企业经营管理的重大问题"。似乎也无法理解为处置资产需经其决定。遍查《公司法》关于有限责任公司和股份有限公司的相关规定，无论对股东大会、董事会的职权，还是对公司章程的要求，似无对资产处置的特别规定。故要求法人处分不动产需提供的国资局或上级主管部门同意转移证明、职工代表大会同意转移证明，并无法律依据。

对于后一问题，如前所述，有两种不同的登记模式。主张需要审查法人处分资格的认为，登记机构除了审查出让人的主体资格外，还应审查其是否有权处分不动产，即不仅要审查程序行为，还要审查实体法律行为的效力。从某种意义上来说，是对国有资产移转的把关。主张不需要审查法人处分资格的则认为，法人具有独立的人格，其处置不动产的资格不容置疑，至于相关规定要求经过批准的，应由其自行申报。若其违反相关规定，由其自行承担相关责任，与登记机构无关。在登记审查时，登记机构无权就当事人交由登记的行为的效力进行评价。实际上反映了不同的登记审查方式，前者为实质审查，后者为形式审查。我们主张采后一种模式，登记机构不需要审查法人处分资格，只要登记义务人是登记簿中的物权人，只要申请书的表达与原因证明相互符合，则登记申请一般就能够真实地反映不动产物权变动的原因，就可以审查通过。

3. 已消灭的企业法人的不动产登记

法人是由法律创设的民事主体，其成立与消灭均有一定的程序，同时法人的存续亦有一定的期限，故如同自然人死亡一样，对于已消灭的法人如何登记，同样给登记造成很大的困惑。

由于企业法人的存续期间是自出生（设立）到死亡（终止），标志是以工商行政管理部门的登记为准，即从"开业登记"为始，到"注销登记"为止。故与自然人的死亡不同，除真实消灭外，尚有形式消灭而实体未消灭的状况，即所谓"吊销企业"。对于企业法人的真实消灭（死亡），前述"不动产权利人死亡的登记"一节的原则应予适用，在此不赘。

登记实务中常见的是企业法人营业执照过期，即逾期未年检的企业能否登记的问题。实际上涉及"吊销企业"的民事责任承担问题，即企业法人被吊销营业执照后，其民事主体资格是否存续的问题。

关于吊销企业法人营业执照的法律后果存在以下两种观点：一是认为企业一旦被吊销营业执照，其企业主体资格即告消灭；二是认为吊销营业执照仅仅导致企业的解散，其企业主体资格并不随之消灭。前者依据国家工商总局工商企字［2002］第 106 号《关于企业法人被吊销营业执照后法人资格问题的答复》的规定："根据《公司登记管理条例》第 3 条和《企业法人登记管理条例》第 3 条和第 25 条的规定，企业法人营业执照是企业法人凭证，申请人经登记主管机关依法核准登记，领取企业法人营业执照，取得法人资格。因此，企业法人营业执照被登记主管机关吊销，企业法人资格随之消亡。"认为，吊销营业执照是登记主管机关依照法律法规的规定，对企业法人违反规定实施的一种行政处罚，对企业法人而言，吊销营业执照就意味着其法人资格被强行剥夺，法人资格也就随之消亡，并由登记主管机关在企业档案上予以载明，不需要被吊销执照的企业法人再申请办理注销登记。

后者依据最高人民法院法经［2000］24 号《关于企业法人营业执照被吊销后，其民事诉讼地位如何确定的函》的解释："吊销企业法人营业执照，是工商行政管理局根据国家工商行政法规对违法的企业法人作出的一种行政处罚。企业法人被吊销营业执照后，应当依法进行清算，清算程序结束并办理工商注销登记后，该企业法人才归于消灭。因此，企业法人被吊销营业执照后至被注销登记前，该企业法人仍应视为存续，可以自己的名义进行诉讼活动。"认为吊销营业执照是由工商行政管理机关以行政处罚的方式作出的，因此，它属于行政解散企业的一种方式。凡因吊销营业执照被宣告解散的企业，其企业主体资格并不随之消灭，解散后的企业直至其注销登记前，仍应该有一个进行清算的过程，清算完毕经登记主管机关注销登记后其主体资格才告终止或消灭。《德国民法典》第 49 条规定"到清算了结时为止，社团视为继续存在，但以清算目的要求如此为限"。《日本民法典》第 73 条规定"解散的法人，在清算目的范围内，至其清算完结，仍视为存续"。我国学者徐国栋教授认为"在清算期间，法人只能为消极行为，不能为积极行为。主要活动为了结现务、收取债权、偿还债务、分配剩余财产"；"在破产清算中，自破产宣告后，法人人格消灭，处于假存续状态"。[1] 在《绿色民法典草案》中进一步明确"一旦消灭法人，应进行清算。在完成清算前，法人保留其人格。清算以外的行为由清算人和参与此等行为的法人成员承担连带责任"[2]。其所谓"保留人格"、"假存续"，都说明企业主体资格并不随之消灭，但其行为受一定限制——只能"为消极行为"。

---

［1］　彭万林主编：《民法学》，中国政法大学出版社 2002 年版，第 95 页。
［2］　参见徐国栋主编《绿色民法典草案》，社会科学文献出版社 2004 年版，第 117 页。

理论上的争议、行政执法部门与司法机关之间的不同解释，导致实际工作中的诸多矛盾和难题。在不动产登记实务中常见的是企业法人营业执照过期，即逾期未年检的企业能否登记的问题。我们认为，在企业法人被吊销营业执照后至被注销登记前，该企业法人仍应视为存续。就具体登记事务而言，对该企业既存的权利可以登记（为消极行为），但处分受限。简言之，对于"吊销企业"或逾期未年检的企业已取得的不动产，可以为不动产登记；但不得处分不动产，除非经清算组织同意。其一，不动产权利人在未申请登记前被吊销营业执照或逾期未年检的，可以登记在原企业名下；其二，不动产权利人在申请登记后至申请登记完毕前被吊销营业执照或逾期未年检的，原则上不影响登记的进行；其三，已登记的不动产权利人处分不动产物权后，作为登记义务人在移转登记前被吊销营业执照或逾期未年检的，原则上仍应继续履行，除非第三人提出异议；其四，不动产权利人在完成登记后被吊销营业执照或逾期未年检的，不得处分不动产，除非经清算组织同意。

三　关于非法人团体的登记实务

非法人团体是指除自然人和法人之外，依法成立的不具备法人资格的组织，但可以以自己的名义进行民事活动的组织。可以成为不动产物权的主体。

对非法人团体的一些具体形式各国有不同的划分。德国民法中在理论和法律上不承认非法人团体，但德国民法将非法人组织视为"无权利能力社团"，日本民法中在理论法律上也不承认非法人团体，但有非法人社团和非法人财团的规定，我国台湾地区民法则有非法人团体。在我国民法理论中，一般将非法人团体的形式表现为：合伙、个体工商户和农村承包经营户、个人独资企业、企业法人的分支机构、筹建中的法人、不具备法人条件的中外合作企业和外资企业、行政单位或企、事业单位开办的不具有法人资格的经营实体、不具备法人资格的公益团体等等。

最高人民法院《关于适用〈中华人民共和国民事诉讼法〉若干问题的意见》第40条规定："民事诉讼法第四十九条规定的其他组织是指合法成立、有一定的组织机构和财产，但又不具备法人资格的组织，包括：（1）依法登记领取营业执照的私营独资企业、合伙组织；（2）依法登记领取营业执照的合伙型联营企业；（3）依法登记领取我国营业执照的中外合作经营企业、外资企业；（4）经民政部门核准登记领取社会团体登记证的社会团体；（5）法人依法设立并领取营业执照的分支机构；（6）中国人民银行、各专业银行设在各地的分支机构；

（7）中国人民保险公司设在各地的分支机构；（8）经核准登记领取营业执照的乡镇、街道、村办企业；（9）符合本条规定条件的其他组织。"说明非法人团体也应当成为物权的主体，但判断的标准应取决于是否经登记机关登记，领取相关执照。否则，便不享有民事主体的资格。

尽管有学者对非法人团体需登记而取得民事主体地位质疑，指出是否不经过登记的就不具有主体地位，那么，一些组织不经过登记而形成的关系，就不是民事关系？这样的关系就不受法律的保护？笔者曾见过欲以"市政府×指挥部"、"××办公室"、"××课题组"等等名义申请不动产登记，但这些组织显然并没有民事主体资格。故笔者以为，在相关法律未作出明确规定之前，只能根据最高人民法院《关于适用〈中华人民共和国民事诉讼法〉若干问题的意见》执行，对于登记机构尤为重要。登记机构对于非法人团体取得不动产的资格只能以是否经登记机关登记、领取相关执照为依据，而不是其他。

第三节　关于登记客体的若干问题

如前所述，就不动产登记法而言，其客体主要适用于狭义上的不动产，具体指土地及其定着物（建筑物、构筑物），以及法律规定可以作为不动产客体的权利。无论是德国与瑞士等国依罗马法"土地上之物属于土地"的原则，以土地为唯一不动产，土地之定着物为土地之成分的所谓"一元主义"，还是日本与我国台湾地区，以土地与土地定着物各为独立之不动产的所谓"二元主义"，所谓"不动产"实指土地、土地上的固定物如建筑物。但在登记实务中，究竟哪些客体可以登记，哪些不能登记，似乎并无一致规定，在登记中随意性很大。比如车库的登记问题，层高不足2.2米的建筑物的登记问题……

从现有的登记办法看，《城市房屋权属登记管理办法》规定的客体是"房屋"，《土地登记规则》规定的是"土地"，上海、深圳由于实行房地一体化管理模式，其登记为"房地产"登记，《深圳经济特区房地产登记条例》更进一步明确："本条例所称房地产，是指土地及土地上的建筑物、附着物"，《珠海市房地产登记条例》则规定"本条例所称房屋，是指土地上的房屋等建筑物及构筑物"。就这些规定来看，可以说对不动产客体的规定还是粗线条的，难以解决登记实务中存在的问题。由于不动产登记的客体主要指土地及其定着物（建筑物），下面从土地、土地上的固定物（建筑物）的登记问题展开。

一 土地的分割与合并

《土地登记规则》第 5 条规定"土地登记以宗地为基本单元",所谓宗地,是指土地权属界线封闭的地块或者空间。但在实际生活中,往往为了管理和处分上的便利,涉及将宗地分割或合并。宗地分割或合并又称土地的"分宗"或"合宗"。①

1. 土地的合并

数宗土地合并为一宗土地者,即为土地的合并。《德国民法典》对土地的合并规定有两种形式:合并与增记。② 其第 890 条规定:"(1)两块以上土地可以合并为一块土地,所采取的方式是所有人使它们作为一块土地登记于土地登记簿。(2)可以使一块土地成为另一块土地的成分,所采取的方式是所有人在土地登记簿上使一块土地记入(增记)另一块土地。"二者同属"合并",只是前者"合并前各土地上原所负担的权利,继续存在于合并后土地的各相应部分,而新权利则只能就合并后的整宗土地设立";而后者增记后,原存在于各土地上的负担,亦将继续存在,但有一项重要例外"主土地上原负担的担保物权,现在亦扩及于从土地上,只是其顺位关系,要后于被增记土地上已负担的权利"。③ 合并的前提条件一是有合并的可能——合并的土地位于同一登记机构的辖区内,且这些土地直接地相互毗邻;二是须依所有权人的意思表示并登入土地登记簿。

合并土地的权利主体可以是同一权利主体,也可以是不同权利主体。合并土地的权利客体可以分为一部合并与全部合并两种。一部合并是指一宗土地的部分合并于另一宗土地,全部合并是指一宗土地全部合并于另一宗土地。④ 土地的合并,学者有认为属标示变更登记的范畴,有认为属权利变更的范畴。⑤ 我们认为既属标示变更登记的范畴,也属权利变更的范畴,依合并的不同情形有所侧重。如同一权利主体的合并,主要是标示变更,权利变更在其次;不同权利主体的合并主要是权利变更,标示变更在其次。

在日本,对土地的合并有限制性规定,一是就有所有权登记的土地,以及

---

① 参见《日本不动产登记法》第 81 条之 2。
② 陈卫佐翻译为"记入",参见《德国民法典》(第 2 版),陈卫佐译注,法律出版社 2006 年版,第 326 页。
③ 参见 [德] 鲍尔·施蒂尔纳《德国物权法》(上册),张双根译,法律出版社 2004 年版,第 287 页。
④ 参见李鸿毅《土地法论》,台湾,1999 年版,第 228 页。
⑤ 参见李昊等《不动产登记程序的制度建构》,北京大学出版社 2005 年版,第 331 页。

有就供役地所进行的地役权登记以外权利的登记，不得实行合并；二是有所有权登记的土地不得与无所有权登记的土地合并。我国台湾地区"土地法施行法"规定：两宗以上之土地如已设定不同种类之他项权利，或经法院查封、假扣押、假处分或破产之登记者，不得合并。

2. 土地的分割

一宗土地被分为数宗土地，即为土地的分割。土地的分割，在德国《土地登记簿法》中称为"划记"（Abschreibung），① 其第 2 条第 3 款规定：只有出示了主管机关出具的对官方目录所说明的部分土地的认证摘录，由此可知此部分土地的标志，以及必须从官方目录记载到土地登记簿中的其他说明和改变，并且其足以确定土地的其余部分，才能从整宗土地中划记出此部分土地。即土地分割应先由地籍管理部门（土地管理部门）进行地籍测绘，建立地籍资料后方能进行。②

分割土地的权利主体既包括同一权利主体，也包括不同权利主体。前者于分割后的权利人不发生变化，如原权利人为二人，分割后各宗土地的权利人仍为二人；后者于分割后权利人发生变化，如原权利人为二人共有，分割后各宗土地分属不同权利人。故有学者将分割的情形分为面积分割和权利分割两种情形，并认为前者属标示变更的情形，后者属共有土地分割的情形。我们认为前者属分割当无疑义，但后者实际上即传统意义上的"析产"——两个以上共有人为明确各自的土地对原有土地的分割。

3. 我国对土地分割与合并的制度设计

我国现有不动产登记制度中对分割与合并登记的规定少之又少，《土地登记规则》只有一句"宗地分割的，在原土地登记卡顺序上按宗地分割后支号的顺序排列。宗地合并的，以合并后的宗地号顺序排列。"仅涉及地籍号的编列排序，至于此种登记的前提、程序等等根本未涉及。其他地方立法，《上海市房地产登记条例》将"房地产分割、合并的"作为变更的情形之一，要求"权利人应当在事实发生后申请变更登记"；《深圳经济特区房地产登记条例》将"共有房地产的分割"作为转移的情形之一，要求办理转移登记；《珠海市房地产登记

---

① 常鹏翱翻译为"删除"，参见李昊等《不动产登记程序的制度建构》，北京大学出版社 2005 年版，第 560 页；张双根翻译为"划记"，[德] 鲍尔·施蒂尔纳：《德国物权法》（上册），张双根译，法律出版社 2004 年版，第 285 页。实际是分割的意思，后者似较为贴切。

② 参见 [德] 鲍尔·施蒂尔纳《德国物权法》（上册），张双根译，法律出版社 2004 年版，第 285 页。

条例》将"分割、合并"视为发生转移变更，要求办理产权转移变更登记。正是规定的欠缺，造成登记实务中的随意性，对当事人的权利容易造成伤害。故不动产登记法有必要对此作出明确规定。分割与合并适用下列情形：

（1）合并的土地位于同一登记的辖区内，且这些土地直接地相互毗邻；①

（2）一宗土地的部分与其他土地合并时，应先申请办理分割登记；②

（3）土地的分割与合并事先应经土地管理部门批准；③

（4）两宗以上之土地如已设定不同种类之他项权利，或经法院查封、扣押、破产之登记者，不得合并；④

（5）土地的一部分负担一个权利的，应从该土地中分割该部分并将其作为独立的土地予以登记；⑤

（6）按份共有土地，部分共有人就应有部分设定抵押权者，于办理共有物分割登记时，该抵押权按原应有部分转载于分割后各宗土地之上。但经先征得抵押权人之同意者，该抵押权仅转载于原设定人分割后取得之土地上；⑥

（7）共有土地分割涉及原有标示变更者，应同时申请标示变更登记及所有权分割登记。⑦

二　专有土地与共有土地

《土地登记规则》第5条："土地登记以宗地为基本单元……两个以上土地使用者共同使用一宗土地的，应当分别申请登记。"据此，两个以上土地使用者共同使用一宗土地的，设为共用宗，分别确权登记和确定土地分摊面积。

近几年来，新建建筑物不仅多层、高层化，建筑物各层用途也呈多元化。人们的活动还向地下发展，出现了地下商场、地下停车库、地下人防等。同时，土地使用权面积、建筑面积以及土地面积分摊等房地产计量方面的投诉与日俱增，不动产面积测绘愈来愈被人们所关注。作为共用宗的土地各自的份额如何

---

① 《德国土地登记簿法》第5条第2款。

② 参见我国台湾地区"土地登记规则"第95条；李昊等：《不动产登记程序的制度建构》，北京大学出版社2005年版，第545页；于海涌：《论不动产登记》，法律出版社2007年版，第375页。

③ 参见《德国土地登记簿法》第2条第3款。

④ 参见我国台湾地区"土地法施行法"第19—1条。

⑤ 参见《德国土地登记簿法》第7条第1款。

⑥ 参见我国台湾地区"土地登记规则"第94条；李昊等：《不动产登记程序的制度建构》，北京大学出版社2005年版，第545页。

⑦ 参见我国台湾地区"土地登记规则"第93条；李昊等：《不动产登记程序的制度建构》，北京大学出版社2005年版，第545页。

确定，其土地面积分摊计算是否公平合理，显得尤为重要。① 国土资源部《关于进一步加快城镇住房用地登记发证工作的通知》第3条："……对当前各地普遍存在的楼房用地分摊难的问题，可根据不同情况，采取不同方法加以解决。对地方已有明确规定的，可继续按规定执行；对没有规定的，且有明显界线的住宅小区，可按住宅小区形成的封闭界线，设立共用宗进行土地面积分摊。对开放式难以确定明确界线的住宅小区，可按楼房基座占用土地面积进行分摊，对楼房基座占用土地面积以外的公用土地面积可以只造册，不登记，在造册时，明确公用部分土地面积归该楼房所有业主公用。"可见对土地面积分摊各地做法并不相同。目前大致有几种分摊方法：（一）平均分摊法。是目前被广泛采用的方法，其分摊面积一般按共有使用者之间各自在该宗地内拥有的地上附着物的占地面积或建筑面积来确定。（二）土地价值最大化分摊法。适用于底层为商业、二层以上为住宅的楼房。（三）土地用途分摊法。或称地价分摊法，适用于对多层多用途建筑物进行土地分摊。（四）楼价分摊法。适用于对不同用途相同层数的建筑物土地进行分摊。

共用宗土地面积分摊中的面积主要是指与土地权属有关的土地面积，包含两个方面的内容：建筑物占用土地面积分摊和本宗地内共有土地面积分摊。一般单幢或同规格多幢的面积分摊较为简单，而涉及小区与各类房屋混合的用地面积分摊就更为复杂了。如花园别墅和公寓混合，作为别墅就涉及专用土地面积与共有土地面积，即专用土地面积＋共有土地分摊面积。此外，如用于出售的地面停车位、首层独立使用的花园，以及地下建筑的分摊等等。

三 土地登记中的"多重地籍"

《物权法》第136条规定："建设用地使用权可以在土地的地表、地上或者地下分别设立。"第一次将空间利用权纳入规范。从物权立法上看，其类型属"空间地上权"。按照传统的地上权理论，地上权人只享有在土地上营造建筑物或种植树木的权利，而不涉及地下或空间。但是，在现代社会，土地资源的利用已从地表向地下和空中发展，出现了土地利用立体化趋势。对于这种发展趋势，传统的地上权理论是无法解释的。因而各国民法借助于扩大传统地上权的权能，以适应土地利用立体化的发展趋势。这就出现了所谓的"空间地上权"。②

---

① 例如土地使用税依土地面积征收，分摊面积直接涉及征税金额。
② 刘得宽：《民法诸问题与新展望》，中国政法大学出版社2002年版，第35—36、65—66页。

亦有人认为，这是一种新的用益物权。① 但这种"空间地上权"仍属于地上权的范围，只是地上权的权能扩大而已。例如，《日本民法典》于 1966 年依第 93 号法律在地上权一章中追加了第 269 条之2——"地下、空中的地上权"的内容，规定："地下或空间，因定上下范围及有工作物，可以以之作为地上权的标的。于此情形，为行使地上权，可以以设定行为对土地的使用加以限制。""前款的地上权，即使在第三人有土地使用或收益权利情形，在得到该权利者或有以该权利为标的权利者全体承诺后，仍可予以设定。于此情形，有土地收益、使用权利者，不得妨碍前款地上权的行使。"地上权如此，地役权亦不例外。现代法也出现了"空间地役权"，即为行使空间地上权或空间所有权而对其周围的特定空间享有权利。如在高压电线通过的一定空间范围内，为避免危险，禁止有工作或建筑物的存在。②

从传统"土地"的概念看，其本身就包括了横向范围和纵向范围。土地的纵向范围，就是土地作为不动产依其负担的财产权利而向地表的上下空间合理扩展的范围。③ 换言之，土地所有人对土地的使用收益，不以地表为限，尚及于地表之上与地表之下。随着社会和科技的发展，人类对于土地的利用遂扩及土地空中和地下，是为土地的立体利用，随之出现了空间权的概念，所谓空间权，是指土地的空间权，其客体为离开地表之空中或地中的一定空间。④ 需要指出的是，此现代民法所称的空间权，与传统土地制度以地表为中心的垂直支配力对地表的上下空间合理扩展的空间——其将地表、空中、地下三者予以一体把握——不同。

由此而来的是登记中的所谓"多重地籍"问题。地籍以反映宗地的界线和界址点的精确位置以及准确的土地面积等为主要内容，传统的地籍是依土地登记簿中以"土地"进行登记的地球表面的一部分。所谓"多重地籍"，则是依据不动产登记簿确定立体的、多层次的土地"空间"的各个部分。多重地籍的出现，对不动产登记而言，是全新的课题，不动产登记法必须予以规范。一般而言，空间权的登记，也需通过地籍，登记于不动产登记簿上。其地籍测量，除须测绘水平面积外，尚应进一步测量其空间体积（三度空间），于登记簿上记明空间的上下范围，例如海拔几米至几米或从地平面起几米至几米。唯基于事实

---

① 杨立新、尹艳："我国他物权制度重新构造"，载《中国社会科学》1995 年第 3 期，第 80 页。
② 刘得宽：《民法诸问题与新展望》，中国政法大学出版社 2002 年版，第 67 页。
③ 参见孙宪忠《中国物权法总论》，法律出版社 2003 年版，第 133 页。
④ 参见梁慧星、陈华彬《物权法》，法律出版社 1997 年版，第 140 页。

需要，仅登记其上限或下限（如地平面下几米起），甚或登记曲线形、斜形乃至球形的空间所有权，也均无不可。① 并通过不动产登记簿簿页的设立予以登记其不动产权利。尽管目前空间权的设立在实践中极为罕见，但在制度上的设计需要有前瞻性。并且必须建立从空间权的批准（出让）、使用到登记的一整套法律制度。

四　建筑物的登记范围

由于我国目前实行土地与房屋分别登记的制度，房屋的登记办法由建设部主管，但对于"房屋"的范围几乎没有界定。《城市房地产管理法》规定，房屋是指土地上的房屋等建筑物及构筑物；《深圳经济特区房地产登记条例》第2条称："本条例所称房地产，是指土地及土地上的建筑物、附着物。"可以理解为房屋的范围为"建筑物、附着物"，但具体包括哪些范围，法律没有进一步的界定。依学者解释，所谓建筑物是指定着于土地上或地面以下，具有顶盖、梁柱、墙壁、可供人居住或使用的构造物，房屋、仓库、地下室、空中走廊、立体停车场等均包括在内；构筑物则包括桥梁、水坝、水塔、烟囱等。② 建设部《房屋登记办法（征求意见稿）》第4条规定："具有独立利用价值、能够特定化的房屋、码头、油库、铁路、隧道、桥梁、车库等建筑物、构筑物，可以依法申请登记。"明确了建筑物、构筑物包括"房屋、码头、油库、铁路、隧道、桥梁、车库等"。但从登记的意义上看，似又失之过宽，铁路、隧道、桥梁等有纳入登记的必要吗？即使在德国，此类不动产原则上也是不需要登记的。③

就登记实务而言，遇到的大量是对房屋（建筑物）的不同理解，如层高在2.2米以下的建筑物可否登记？如设备层、转换层、人防工程、地下车库、地面车库等等如何登记的问题。笔者在参与某一仲裁案件时，就遇到一件当事人购买了一个车库（层高在2.2米以下），但由于与其购买的住宅楼不在同一幢楼，而在小区内的另一幢楼，被告知不能办理登记，其理由是车库只能作为附属用房与住宅登记在一起。同庭的仲裁员都觉得不近情理，无法理解，但登记机构认为不能登记又有什么办法呢？故笔者以为，且不谈构筑物，仅仅就可登记的

① 温丰文："空间权之法理"，载台湾《法令月刊》1988年第39卷第3期。
② 参见梁慧星、陈华彬《物权法》，法律出版社1997年版，第36页。
③ 参见［德］鲍尔·施蒂尔纳《德国物权法》（上册），张双根译，法律出版社2004年版，第289页；《德国土地登记簿法》第3条第2款与第3款。

建筑物（房屋）界定清楚，就功德无量了。

1. 可以登记的房屋等建筑物及构筑物

所谓房屋（建筑物），是指定着于土地上或地面以下，具有顶盖、梁柱、墙壁、可供人居住或使用的构造物。那么是否符合这一定义的建筑物均可以登记？答案是否定的。可以登记的建筑物需具备一定条件，《城市房屋权属登记管理办法》第16条规定："新建的房屋，申请人应当在房屋竣工后的3个月内向登记机关申请房屋所有权初始登记，并应当提交用地证明文件或者土地使用权证、建设用地规划许可证、建设工程规划许可证、施工许可证、房屋竣工验收资料以及其他有关的证明文件。"可见，就新建的房屋而言，其首要的条件是"合法性"，即经过相关行政管理部门的批准，土地使用权来源合法、建筑工程合法批准、建筑质量经过竣工验收，符合这些条件就具有登记的基本前提。但并非合法的建筑物就具有登记能力，还需具备作为"房屋"自身的特性——固定性、继续性和独立性。

所谓固定性，是指建筑物须紧密地附着于土地，非毁坏或变更形体不能移动其位置。因此，如电话亭、书报亭、广告牌、活动房屋等不属于"房屋等建筑物及构筑物"，而属于动产。

所谓继续性或称永久性，是指须继续地附着于土地而为使用。凡暂时附着于土地而为使用之物，如临时建筑、工棚等不属于"房屋等建筑物及构筑物"，而属于动产。

所谓独立性或称特定性，是指须为土地以外独立的建筑物。不动产物权的客体，要求为特定独立的建筑物，如某一住宅单元、某一商场等等具有独立利用价值、能够特定化的房屋。而沟渠、水井、水池等，应解释为土地的构成部分，随土地权利的变动而变动。①

因此，可以登记的房屋等建筑物及构筑物，应具备合法性、固定性、继续性和独立性。换言之，只要具备这些条件的建筑物原则上均具有登记能力。前述之设备层、转换层、人防工程和地下车库，原则上均具有登记能力，可以纳入登记范围。

《房产测量规范》分为：计算全部建筑面积的范围，如单层房屋、多层房屋、夹层、插层、技术层及其梯间、电梯间等；计算一半建筑面积的范围，如有上盖无柱的走廊、檐廊、未封闭的阳台、挑廊等；不计算建筑面积的范围，

---

① 参见梁慧星、陈华彬《物权法》，法律出版社1997年版，第36页。

466

层高小于 2.20m 以下的夹层、插层、技术层、地下室和半地下室，房屋之间无上盖的架空通廊等。^① 其中计算全部建筑面积的范围和计算一半建筑面积的范围，都属可以登记的范围。计有：

a）永久性结构的单层、多层房屋；

b）房屋内高度在 2.20m 以上的夹层、插层、技术层及其梯间、电梯间等；

c）门厅、大厅以及门厅、大厅内的回廊；

d）楼梯间、电梯（观光梯）井、提物井、垃圾道、管道井等；

e）房屋在天面上，属永久性建筑，层高在 2.20m 以上的楼梯间、水箱间、电梯机房；

f）挑楼、全封闭的阳台；

g）属永久性结构有上盖的室外楼梯；

h）与房屋相连的有柱走廊，两房屋间有上盖和柱的走廊；

i）房屋间永久性的封闭的架空通廊；

j）层高在 2.20m 以上的地下室、半地下室及其相应出入口；

k）有柱或有围护结构的门廊、门斗；

l）属永久性建筑有柱的车棚、货棚；

m）依坡地建筑的房屋，利用吊脚做架空层，有围护结构的，按其高度在 2.20m 以上；

n）与房屋相连有上盖无柱的走廊、檐廊；

o）属永久性建筑的独立柱、单排柱的门廊、车棚、货棚等；

p）未封闭的阳台、挑廊；

q）无顶盖的室外楼梯；

r）有顶盖不封闭的永久性的架空通廊。

唯不计算建筑面积的"层高小于 2.20m 以下的夹层、插层、技术层、地下室和半地下室"不能登记令人费解，按前述标准，此类建筑物既有使用价值，又有经济价值，至少符合"具有独立利用价值、能够特定化的房屋"的标准。依学者意见建成的建筑物作为一个权利的客体，就必然有所有权存在它的上面（即使是一堵墙壁，也会有其所有权存在），^② 并且国际上通常认为："建筑物的建筑达到一定阶段就可以承认建筑物的所有权，这个阶段是：已有房顶及四壁

---

① 具体参见《中华人民共和国国家标准 GB/T17986—2000》3·2。

② 参见孙宪忠《中国物权法总论》，法律出版社 2003 年版，第 218 页。

即可，地板和天棚尚未完成也没关系。"①

2. 不可以登记的房屋等建筑物及构筑物

依《房产测量规范》，下列建筑物、构筑物不计算建筑面积：

a）层高小于 2.20m 以下的夹层、插层、技术层和层高小于 2.20m 的地下室和半地下室。

b）突出房屋墙面的构件、配件、装饰柱、装饰性的玻璃幕墙、垛、勒脚、台阶、无柱雨篷等；

c）房屋之间无上盖的架空通廊；

d）房屋的天面、挑台、天面上的花园、泳池；

e）建筑物内的操作平台、上料平台及利用建筑物的空间安置箱、罐的平台；

f）骑楼、过街楼的底层用作道路街巷通行的部分；

g）利用引桥、高架路、高架桥、路面作为顶盖建造的房屋；

h）活动房屋、临时房屋、简易房屋；

i）独立烟囱、亭、塔、罐、池、地下人防干、支线；

j）与房屋室内不相通的房屋间伸缩缝。

我们认为除"层高小于 2.20m 以下的夹层、插层、技术层和层高小于 2.20m 的地下室和半地下室"外，其余均为不可登记之建筑。此外，未经批准的违法违章建筑，由于不具合法性，故同样不可登记。

3. 建筑规范与物权规范之不同

如前所述，地籍测绘与房产测绘，此种技术上的构建对于登记制度的建立具有重要的意义，如无基础测绘资料，不动产登记无从谈起。但将建筑规划的规范与不动产登记联系在一起却不无疑问。例如，建筑规划指标中的容积率计算问题，不同时期、不同城市就有不同的计算方法，且在不断变化中。前些年通常地下室不计容积率，近几年部分城市对"半地下室"也计算容积率；设备层、架空层原计算容积率，现基本明确不计容积率了。对挑高住宅（LOFT），各地规定不尽相同：在北京，住宅层高超过 3.5 米，土地出让金加倍计收；在杭州，住宅建筑当层高大于等于 4.5 米，不论层内是否有隔层，计算容积率指标时，建筑面积均按该层面积乘 1.5 倍计算。又如《房产测量规范》将建筑物分为：计算全部建筑面积的范围、计算一半建筑面积的范围、不计算建筑面积的范围，仅是房产测量规范而已，并非确权依据。

---

① ［日］北川善太郎：《日本民法体系》，李毅多、仇京春译，科学出版社 1995 年版，第 20 页。

笔者以为，无论是容积率还是房产测量规范，都是作为建筑规范，其目的在于衡量建筑物是否依批准的范围建设，只要建设者符合这些规范，其建筑物就是合法的。对于那些所谓"不计容积率"、"不计算建筑面积"的建筑物是否可以办理不动产登记，则应依是否具备合法性、固定性、继续性和独立性的标准判定，符合此标准的应准予登记。例如：某建筑经批准在底层建设低于 2.2 米高度的车库，在规划而言，其不计容积率、不计算建筑面积，符合规划要求。但就不动产登记而言，其具备合法性、固定性、继续性和独立性的标准，应当成为不动产客体予以登记。

建筑规范有其自身的规律，尽管可以作为不动产登记的依据，但完全以其作为不动产登记的标准并不恰当。"不计容积率"、"不计算建筑面积"是就建筑规划的管理而言，如果生硬地将其套用在登记上就会闹出笑话。难不成上述"层高大于等于 4.5 米的房屋"，登记时建筑面积也按该层面积乘 1.5 倍计算？而不计建筑面积的"层高小于 2.20m 以下的夹层、插层、技术层和层高小于 2.20m 的地下室和半地下室"，是否视为"无物"？因此，不计容积率或不计建筑面积的建筑不等于没有建筑物，只要符合不动产客体的标准，就应当予以登记。

当然，这些相对特殊的不动产，在登记上如何办理，倒是值得探讨，如作为附属房屋登记，或在不动产标示中明确等等。而随着科学技术的进步，地籍系统也开始由二维地籍走向三维地籍。荷兰、以色列、德国、伊朗、挪威、澳大利亚等许多国家已经在建立三维地籍登记方面取得了许多实质性的成果。随着三维地形和城市模型软件的发展，距离三维地籍系统的实现已经非常之近。在三维地籍系统的基础上，相信能够更好地解决不同不动产客体的登记问题。

一 《不动产登记法(建议稿)》

不动产登记法

(建议稿)

第一章 总则

第一条 （立法宗旨）

为维护不动产市场秩序，规范不动产登记行为，保障不动产权利人的合法权益，根据《中华人民共和国物权法》、《中华人民共和国城市房地产管理法》、《中华人民共和国土地管理法》的规定，制定本办法。

第二条 （适用范围）

本法所称不动产，是指土地以及建筑物、构筑物。

本法所称不动产权利，是指权利人所享有的不动产所有权、用益物权、担保物权。

第三条 （可登记的权利种类）

不动产标示或下列不动产权利的设立、变更、转让和消灭，应当按照本法进行登记。

（一）集体土地所有权；

（二）国有土地使用权；

（三）集体土地使用权；

（四）建筑物所有权；

（五）地上权；

（六）地役权；

（七）居住权；

（八）抵押权；

（九）土地承包经营权；

（十）信托。

依法属于国家所有的自然资源，所有权可以不登记。

第四条 （预告登记）

预告登记，因当事人为保障将来实现物权，提起预告请求时进行。具备下列情形，可申请预告登记：

（一）当事人约定转让不动产或设立不动产权利但未具备登记申请程序上需要的条件时；

（二）欲保全前条所载权利的设立、变更、转让和消灭的请求权时。

第五条 （更正登记）

更正登记，因权利人、利害关系人认为不动产登记簿记载的事项错误提起更正请求时进行。

第六条 （异议登记）

异议登记，因利害关系人对不动产登记簿记载的物权归属等事项提起异议之诉时进行。但因登记原因撤销而提起的诉讼，以其撤销可以对抗善意第三人为限。

第七条 （房地合一原则）

土地使用权人将土地使用权转让、互换、出资或者赠与的，附着于该土地上的建筑物、构筑物及其附属设施一并处分。

建筑物、构筑物及其附属设施的所有权人将建筑物、构筑物及其附属设施转让、互换、出资或者赠与的，土地使用权一并处分。

当事人以合同约定土地使用权与附着于该土地上的建筑物、构筑物及其附属设施分别处分的，法律如无禁止应与准许。但建筑物区分所有权不适用本款。

第八条 （初始登记的先决性）

未经初始登记的不动产，除本法另有规定外，不得进行其他权利登记，包括权利的设立、变更、转让和消灭登记。

应先进行土地权利登记，才可以进行建筑物登记。如申请同时进行，应予准许。

第九条 （登记的顺位）

登记簿中同一部内有数个登记的，如法律无另外规定时，其登记的顺位依申请的时间顺序确定。同时提出申请的，各登记具有相同的顺位，但须在登记簿中注明。

登记簿中不同部的登记，登记的顺位依收件号数而定。在同一日期非同时提出申请的，须在登记簿中注明申请时间在前的顺位在前。

第十条　　（预告登记的顺位）

预告登记的顺位准用前条规则。已进行预告登记者，其本登记的顺位依预告登记的顺位。

第十一条　　（登记事项）

登记事项应当包括：不动产状况、不动产权利人状况、不动产权利状况。

第二章　登记机构与登记官员

第十二条　　（登记机构）

县级以上人民政府设立的不动产登记局（处、所）[①]（以下简称"登记局"）作为政府直属事业单位负责本级行政辖区的不动产登记。[②]

登记局可以设立派出机构。派出机构依照授权履行职责。

第十三条　　（登记管辖）

登记事项，由不动产所在市（县）的登记局管辖。

不动产跨数个登记局的管辖区域时，由该数个管辖区域的共同上一级登记局指定管辖登记局。

第十四条　　（管辖变更）

因行政区划的调整，划出区划的登记局应将该划出区划的不动产登记文件，移交给接受区划的登记局。

第十五条　　（登记官员）

经国家考试合格者获得不动产登记官资格，经登记局录用可被任命为不动产登记官员。

第十六条　　（登记官员的职责）

登记官应当履行下列职责：

（一）查验申请人提交的必要材料；

（二）就有关登记事项询问申请人；

（三）如实、及时地登记有关事项；

（四）法律、行政法规规定的其他职责。

---

① 局、处、所，可以三选一。
② 以行政机关为首选，事业单位次之。

第十七条 （登记官员的回避）

登记官对于本人、本人的配偶或四等亲内的亲属为申请人时，应会同其他与申请人无利害关系的登记官一同登记。

于前款情形，应由登记官作好笔录，登记官与被会同人共同于其上签名盖章。

第三章　登记通则

第十八条 （申请原则）

不动产登记，除法律另有规定的情形外，除非有当事人的申请，不得进行。

司法机关、行政机关依照法律文书，可直接嘱托登记局进行不动产登记。此种登记，除法律另有规定外，准用因申请而实行登记的规定。

第十九条 （职权原则）

关于不动产标示的登记，可由登记官依职权为之。

第二十条 （共同申请原则）

登记权利人及登记义务人或其代理人应到登记局申请登记。

一宗不动产存在两个或两个以上权利人的，应当共同提出登记申请。

第二十一条 （单方申请）

下列情形的不动产登记，可由不动产权利人单方申请：

（一）土地使用权或建筑物所有权的初始登记；

（二）因继承或遗赠取得不动产的移转登记；

（三）因人民法院已经发生法律效力的判决、裁定而取得不动产权利的登记；

（四）因仲裁机构已经发生法律效力的裁决而取得不动产权利的登记；

（五）本法第七十一条所列情形的；

（六）因不动产权属证书灭失、破损而重新申领、换领不动产权属证书等其他登记；

（七）因不动产灭失的注销登记；

（八）法律、法规规定的其他情形。

第二十二条 （申请登记的代理）

委托他人申请不动产登记的，应当向登记局提交授权委托书；申请人为境外主体的，应当出具经公证、见证或认证的授权委托书。

申请人为无行为能力或者限制行为能力的，由其法定代理人代理申请登记。

法定代理人应提供证明自己监护人身份的文件。

第二十三条　（处分时的代位登记）

司法机关、行政机关嘱托登记局查封（扣押）登记时，如被查封（扣押）人未申请不动产登记且怠于登记者，嘱托机关应代权利人嘱托登记局进行相应的不动产登记。

第二十四条　（更正登记的申请）

更正登记，由登记权利人于申请书上附具证明登记确有错误的证据申请之；由利害关系人提出申请的，还须附具登记权利人同意更正的书面文书。

第二十五条　（异议登记的申请）

异议登记，由当事人于申请书上附具起诉书副本及法院受理通知书申请之。

第二十六条　（预告登记的申请）

预告登记，由预告登记权利人于申请书上附具预告登记义务人的承诺书或生效的判决文书，提出申请。

第二十七条　（申请登记应提交的文件）

申请登记，应提交下列书面文件：

1. 申请书；

2. 申请人身份证明，由代理人申请登记时，代理人身份证明与证明其权限的委托文书；

3. 证明登记原因的文件；

4. 证明登记义务人权利的不动产权属证书；

5. 就登记原因需要第三人的许可、同意或承诺时，证明已取得其许可、同意或承诺文件；

6. 测绘机构出具的地籍图、房屋勘测成果图；

7. 有代理人申请登记时，证明其权限的委托文书。

证明登记原因的文件为有执行力的判决时，无须提交前款第四项及第五项文件。

第二十八条　（申请登记的文件与公证）

申请登记的文件应当为原件或者经核对原件的复印件。不动产权利设立、变更、转让的文书应当经公证机构公证。

第二十九条　（申请书的内容）

申请书应记载下列事项，申请人应签名盖章。

1. 不动产坐落及地籍号；

2. 申请人的姓名、住所；

3. 由代理人申请登记时，代理人的姓名、住所；

4. 登记原因及其发生日期；

5. 登记权利种类；

6. 申请日期（年月日）。

登记权利为土地使用权时，应记载土地用途、土地面积；

登记权利为独立建筑物所有权时，除前款所载事项外，还应记载建筑物的种类、构造及面积；

登记权利为区分建筑物所有权时，除前二款所载事项外，还应记载土地分摊面积、建筑物的独有面积和共有面积；有附属建筑物时，其种类、构造及面积。

第三十条   （涉及社团法人的登记）①

当不动产属于一个合伙或协会时，申请书的"姓名"等说明项中应使用社团法人的名称。

该行为的受益人是合伙、社团法人或非法人团体（其他组织）的，同样的规则适用之。

第三十一条   （设立中的法人）

设立中的法人以拟设立法人的名称或以其发起人公推的代表人的名义申请登记。

第三十二条   （共有部分的记载）

申请不动产登记时，如所有人或登记权利人为二人以上者，应于申请书中记载其共有性质或份额。

第三十三条   （继承、遗赠登记申请）

登记原因为继承或遗赠时，应于申请书上附具继承、遗赠公证书以及死亡证明书。

第三十四条   （已故的所有人）②

死者的不动产的登记，可通过指明该死者为不动产的所有人为之。

第三十五条   （继承人的申请）

申请人为登记权利人或登记义务人的继承人时，应于申请书上附具足以证

---

① 参见徐国栋主编《绿色民法典草案》，社会科学文献出版社 2004 年版，第 312—313 页。

② 同上书，第 313 页。

明其身份的书面。

第三十六条　（不动产权属证书灭失应提交的文件）

不动产权属证书遗失的，权利人应于申请书上附具刊登声明作废的报刊。

第三十七条　（代位登记）

债权人依《合同法》第七十三条的规定，代位债务人申请登记时，应于申请书中记载债权人及债务人的姓名或名称、住所及代位原因，并附具证明代位原因的文件。

申请事项的直接参与人形成共同关系①的，其中一人或数人为了全体参与人的利益，可申请共同关系的登记。

第三十八条　（第三人的许可）

登记申请需要第三人的许可时，应于申请书上附具证明第三人许可、同意或承诺的书面文书。亦可由其于申请书上签名盖章以代替书面文书。

第三十九条　（申请的受理）

登记官受理登记申请时，应于收件簿中记载登记标的、申请人姓名、收件日期及收件号数，并在申请书中记载收件日期及收件号数。

登记官受理登记申请后，应出具记载收件日期及收件号数的收件收据，并将收据交付申请人。

第四十条　（受理登记申请日的确定）

登记局收到申请人的申请登记文件之日，为受理登记申请日。

两个或两个以上的申请人对同一不动产申请登记的，按受理登记申请的时间顺序确定。

第四十一条　（申请的驳回）

有下列情形之一的，应于受理时以附理由的裁定驳回申请。但申请欠缺可以补正的，如申请人在规定的期限内补正者，不在此限。

（一）申请事项不属管辖范围的；

（二）申请事项不应登记的；

（三）应亲为的申请，当事人不出面的；

（四）申请书不合规范的；

（五）申请书所载事项与登记簿记载不符的；

---

①　如共同共有关系、共同继承关系等。参见李昊等《不动产登记程序的制度建构》，北京大学出版社 2005 年版，第 543 页。

（六）申请书所载事项与登记原因不符的；

（七）未于申请书附具必要的文件的；

（八）法律、法规规定应当予以驳回的其他情形。

第四十二条 （申请的补正）

申请人提交的申请登记文件尚未齐备的，登记局应当确定一个适当的期限，书面告知补正要求。申请人在此期限内补正者，原申请日为受理登记申请日；申请人在此期限内仍无法补正者，则申请在期限届满之后即被驳回。

第四十三条 （径为登记）

在申请受理后登记完毕前，对同一权利又有另一个申请提出时，登记局可依职权对在先的申请办理预告登记或异议登记。在先的申请被驳回的，登记局依职权涂销预告登记或异议登记。

第四十四条 （登记的顺序）

登记官应依收件号数的顺序进行登记，顺序在先的申请未办理完结前，不得为顺序在后的申请办理登记。

第四十五条 （登记办理时限）

登记局的登记期限为：

（一）土地使用权初始登记、不动产初始登记、转移登记，二十日；

（二）不动产变更登记、抵押登记、注销登记、补发、换发房地产证，五日；

（三）查封及其他限制不动产登记，二日；

（四）预告登记依其申请登记的种类分别适用。

前款规定的登记期限为工作日；如需公告的，公告期不计入时限。

第四十六条 （登记日的确定）

经登记局核准的不动产权利，其受理登记申请日为登记日。

第四十七条 （撤回登记申请）

申请人可以在登记局核准登记之前撤回登记申请。申请人共同申请的，应当共同提出撤回登记申请。

第四十八条 （登记的程序）

不动产权属登记依以下程序进行：

（一）受理登记申请；

（二）权属审核；

（三）登簿；

（四）颁发不动产权属证书。

登记局认为有必要进行公告的登记，应于权属审核后进行公告。公告期限由市（县）人民政府决定，公告期满无权属异议的，始得登簿、颁发不动产权属证书。

第四十九条　（审查事项）

登记局对登记申请的审查事项包括：

（一）对登记的事项是否有管辖权；

（二）不动产权利登记申请人是否为行政机关批准文件或合同记载的权利人，不动产权利义务人及其权利是否与登记簿记载相吻合；

（三）登记申请书以及相关文件是否符合法律规定的形式要件；

（四）申请的内容是否与原证书等证明文件的内容相吻合；

（五）法律规定的其他事项。

第五十条　（不予登记）

有下列情形之一的，登记局应当作出不予登记的决定：

（一）属于违章建筑的；

（二）属于临时建筑的；

（三）非法占用土地的；

（四）土地使用权转让、出租、抵押期限超过土地使用权出让年限的；

（五）无法提供合法证明的；

（六）法律、法规规定的其他情形。

不予登记的决定应当以书面形式通知申请人，同时写明理由、法律依据及申请人的救济途径。

第五十一条　（登记官的调查权）

登记官履行登记职责时，如有必要，可以对申请登记的不动产的实际状况进行调查。

登记官进行前款调查时，应携带身份证明书，关系人有请求时，应出示身份证明书。

登记官进行调查时，申请人以及其他有义务协助的人应当协助。

第五十二条　（核准登记的记载事项）

登记申请经核准登记的，应将申请事项按下列规则记载于登记簿中：

（一）登记簿中的标示部，应记载不动产的地籍与产籍事项、登记原因及其发生日期、登记日期，由登记官签章。

（二）登记簿中的产权部与他项权利部的事项部，应记载接受申请书的日期、收件号数、登记权利人的姓名及身份证号码、住所、登记原因及其发生日期、登记标的及其他事项，由登记官签章。

（三）有第三十七条情形的申请时，除登记前款规定事项外，还应记载债权人的姓名或名称、住所及其代位原因。

第五十三条　（顺位号数的记载）

进行事项栏登记时，应于顺位号数栏记载号数。

第五十四条　（预告登记的记载）

预告登记，应于登记簿中事项栏内的相应部位进行，其右侧应留空白。

第五十五条　（预告登记后本登记的记载）

于预告登记后申请本登记时，应于预告登记对应部位右侧的空白处进行本登记的记载。

第五十六条　（异议登记的记载）

异议登记，应于登记簿中的事项栏进行。

第五十七条　（行政区域的变更）

行政区域调整或其名称有变更时，登记簿上记载的行政区域或其名称，视为已经当然变更，当事人无须进行申请，由登记官直接为之。区街名称有变更时，亦同。

第五十八条　（不动产权属证书的种类）

不动产权属证书是权利人享有该不动产物权的证明，包括《不动产权利证书》和《不动产他项权利证书》，前者颁发给不动产所有权人，后者颁发给不动产他项权利人。

第五十九条　（不动产权属证书的交付）

经登记局核准登记申请后，登记局应向申请人颁发不动产权属证书。申请人凭身份证明领取不动产权属证书。

第六十条　（不动产权属证书的补发与换领）

不动产权属证书破损的，权利人可以向登记局申请换发。登记局换发权属证书前，应当查验并收回原权属证书。

不动产权属证书遗失、灭失的，权利人可以向登记局申请补发。补发权属证书的，应当在登记簿上注记补发时间以及原权属证书尚未收回的事实。补发的权属证书上应当注明"补发"字样。

第六十一条　（更正申请）

不动产权利人发现不动产登记簿的记载有误的，可以申请更正。申请更正的事项涉及第三人权利的，有关的权利人应当共同申请。

第六十二条　（更正登记）

登记官于权利登记完毕后，发现其登记有错误或遗漏时，应及时通知登记权利人及登记义务人在规定的期限内办理更正登记。但登记权利人或登记义务人为多数人时，通知其中一人即可。

当事人无正当理由逾期不申请更正登记的，依本法第六十三条办理。

第六十三条　（同上）

前条及第六十一条登记的错误或遗漏系出于登记官的过失时，除第三人与登记有利害关系情形外，登记官应及时报请登记局局长的许可，进行更正登记，并将登记结果通知登记权利人及登记义务人。

前条但书的规定，准用于前款情形。

第六十四条　（同上）

有第三十七条的情形时，对债权人亦应进行前二条的通知。

第四章　不动产标示的登记程序

第一节　不动产标示的初始登记

第六十五条　（标示的登记）

因新产生的不动产而进行的标示登记原则上由权利人提起申请；亦可由登记官依职权为之。

第六十六条　（申请的文件）

以出让方式或以划拨方式取得土地使用权的，由不动产权利人在申请土地使用权初始登记时同时申请土地标示登记。申请人于申请书上应附具有资质的测量机构出具的土地面积测量图，以及土地所在图和证明申请人土地使用权的文件。

新建建筑物竣工验收后，由不动产权利人在申请建筑物所有权初始登记时同时申请建筑物标示登记。申请人于申请书上应附具有资质的测量机构出具的建筑物勘测报告，以及建设许可的相关文件（如建设工程规划许可证、竣工验收证明等）。

第六十七条　（区分建筑物标示登记的申请）

新建建筑物为区分建筑物的，该建筑物的标示登记应由不动产权属证书记载的土地使用权人或建设工程规划许可证记载的申请人申请，且以一宗土地或一栋建筑物为单位进行登记。

第六十八条　（标示登记的内容）

标示登记，应登记下列事项：

（一）土地标示登记事项：

1. 土地坐落，包括市（县）、区、街、路；

2. 地籍号；

3. 土地用途；

4. 土地性质；

5. 土地面积；

6. 土地四至。

（二）建筑物标示登记事项：

1. 建筑物坐落，包括市（县）、区、街、路；

2. 建筑物门牌编号；

3. 建筑物用途、结构、建筑面积（属建筑物区分所有权的还包括该区分建筑物总建筑面积、各单元独有面积和共有面积、总用地面积与各单元分摊用地面积）；

4. 有附属建筑物时，其用途、结构及建筑面积。

第六十九条　（标示编列依据与审查）

前条所列事项，应依土地管理机关与规划管理机关的批准文件而定。申请提供的文件与登记局保存的图、表相一致的，予以登记。

第七十条　（登载）

准予登记的，应设立新的不动产登记簿，将不动产标示登记于登记簿页的"标示部"，并由登记人员签章。

第二节　不动产标示的变更登记

第七十一条　（标示变更的适用）

不动产标示登记后，有下列情形之一，权利人可以申请变更登记：

（一）权利人姓名或名称发生变更的；

（二）不动产坐落的街道、门牌号或名称发生变更的；

（三）土地使用年期变更的；

（四）土地用途变更的；

（五）土地面积增减的；

（六）建筑物用途、构造变更的；

（七）建筑面积增减的；

（八）土地分割、合并的；

（九）建筑物分割、合并的；

（十）区分建筑物的；

（十一）法律、法规规定的其他情形。

第七十二条　（变更登记的申请）

不动产标示变更登记，依登记簿记载的权利人的申请而进行。

于前款登记申请书中应记载变更后的不动产标示，属于不动产面积变更登记的还应附具有资质的测量机构出具的不动产面积测量图。

第七十三条　（土地分割、合并登记）

土地分割或合并的登记，依登记簿记载的权利人的申请而进行。

于前款登记申请书中，应记载分割或合并后的土地标示。分割或合并登记申请书上应附具分割或合并前原土地的土地使用权属证书和有资质的测量机构出具的分割或合并土地面积测量图。

第七十四条　（建筑物分割、合并或区分的登记）

建筑物分割、合并或区分的登记，依登记簿记载的所有权人的申请而进行。

于前款登记申请书中应记载分割、合并或区分后的建筑物标示。申请书上应附具原建筑物的不动产权属证书和有资质的测量机构出具的测绘报告、建筑物的图式、分层平面图、建筑面积测量图。

第七十五条　（变更登记的登载）

标示部记载的不动产标示准予变更登记时，应用红笔涂销变更前的标示，记载变动后的标示，并在附记注明变更原因与依据。

第三节　不动产标示的更正登记

第七十六条　（更正登记的适用）

不动产权利人或利害关系人认为登记的标示不正确时，可以申请更正登记。

第七十七条　（申请的提出）

不动产权利人提出更正标示登记时，应于登记申请书中附具证明登记确有错误的证据。

利害关系人提出更正标示登记时，除提供前款证据外，还需权利人的书面同意或司法机关作出的生效的法律文书。

第七十八条　（更正登记的审查）

登记局认定不动产登记簿记载确有错误的，应当予以更正，需要更正不动产权属证书内容的，还应当书面通知申请人换领不动产权属证书；不动产登记簿无误的，不予更正，并书面通知申请人。

第七十九条 （径为更正登记）

登记局发现不动产登记簿的记载有误的，应当书面通知不动产权利人在规定期限内办理更正登记；当事人无正当理由逾期不办理更正登记的，登记局可以依据申请登记文件或者有效的法律文件对不动产登记簿的记载予以更正，并书面通知当事人。

第八十条 （更正登记的登载）

标示部记载的不动产标示准予更正登记时，应用红笔涂销更正前的标示，记载变动后的标示，并在附记注明变更原因与依据。

第四节　不动产标示注销登记

第八十一条 （标示注销的适用）

因土地或建筑物灭失时，不动产权利人应申请建筑物灭失登记。

第八十二条 （标示注销的申请）

申请注销登记时，不动产权利人应于登记申请书上附具不动产权属证书与不动产灭失的证明。

第八十三条 （径为注销）

不动产灭失后，权利人未申请注销登记的，登记局可以依据有关部门提供的证明文件，报请登记局长许可注销登记。将注销事项记载于不动产登记簿，对原不动产权属证书公告作废。

第八十四条 （审查与登簿）

登记局对准予注销登记的申请，应收回原不动产权属证书作废，在不动产登记簿上记载注销登记的原因，并终止该登记簿簿页。

第五章　所有权的登记程序

第一节　初始登记

第八十五条 （初始登记适用范围）

初始登记，适用于下列情形：

（一）未经登记的集体土地所有权；

（二）新批国有土地使用权；

（三）新批集体土地使用权；

（四）新建建筑物；

（五）集体土地依法转为国有。

第八十六条　（初始登记的申请人）

初始登记，由下列申请人提出：

（一）集体土地所有权，由村民委员会或者农业集体经济组织申请登记。

（二）新批国有土地使用权，属划拨国有土地的，由批准用地文件载明的土地使用单位或者个人申请；属出让方式取得国有土地使用权的，由土地使用权出让合同载明的受让方申请。

（三）新批集体土地使用权的，由批准用地文件载明的土地使用单位或者个人申请。

（四）新建建筑物的，由不动产权属证书记载的土地使用人或建设工程规划许可证记载的申请人申请。以新建建筑物申请建筑物区分所有权初始登记的，亦同。

（五）建筑物使用的集体土地依法转为国有土地的，由建筑物所有人申请。

第八十七条　（初始登记应提交的文件）

申请土地初始登记，应提交下列文件：

（一）申请书；

（二）身份证明；

（三）土地权属来源证明文件，包括土地使用权出让合同，或人民政府批准用地文件，或集体土地依法转为国有土地的批准文件；

（四）登记局认可的有资质的测量机构出具的测绘成果报告与地籍图。

申请建筑物初始登记，除提交前款规定的（一）、（二）、（四）项文件外，还需提交下列文件：

（一）《不动产权属证书》；

（二）《建设工程许可证》；

（三）建筑物竣工验收证明。

新建建筑物申请建筑物区分所有权初始登记的，亦同前款；但测绘成果报告还应包括分户平面图和分户测量资料。

第八十八条　（初始登记的审查）

符合下列条件的初始登记申请，应当准予登记：

（一）属土地所有权、使用权初始登记的，申请人是土地使用权出让合同或者建设用地批准文件记载的土地使用人；

属建筑物所有权初始登记的，申请人是不动产登记簿或土地租赁合同记载的土地使用权人。

（二）属土地所有权、使用权初始登记的，申请登记的土地使用范围、位置、面积、用途与土地使用权出让合同或者建设用地批准文件、地籍图、土地勘测报告的记载相一致；

属建筑物所有权初始登记的，建筑物坐落、用途、幢数、层数、建筑面积符合建设工程规划许可证的规定并与记载建筑物状况的地籍图、勘测报告相一致。

（三）申请登记事项与房地产登记册的记载不冲突。

（四）不属于本法第四十九条第三款所列的情形。

第八十九条 （登载）

对准予初始登记的不动产权利，应将申请的日期、收件号数、权利人姓名及身份证号码、住所、登记原因及其发生日期及其他事项，载入不动产登记簿中的"产权部"的事项栏，并由登记官签章。

第二节　移转登记

第九十条 （移转登记的适用范围）

已初始登记的不动产有下列情形之一，发生不动产权利移转的，转让双方当事人应当申请移转登记：

（一）买卖；

（二）赠与；

（三）交换；

（四）继承、遗赠；

（五）以不动产作价出资或入股的；

（六）一方或多方提供土地使用权，另一方或多方提供资金合作开发不动产，并以不动产分成的；

（七）以不动产抵债的；

（八）人民法院判决、调解、裁定转移的；

（九）仲裁机构裁决、调解转移的；

（十）法律、法规、规章规定的其他情形。

第九十一条 （移转登记应提交的文件）

申请移转登记，应提交下列文件：

（一）申请书；

（二）身份证明；

（三）不动产权属证书；

（四）证明不动产权属转移原因的文件，包括：买卖合同书，或赠与公证书，或交换合同书，或继承、遗赠公证书，或作价出资、入股协议书，或合作协议书，或人民法院作出的判决、调解、裁定书，或仲裁机构作出的裁决、调解书；

（五）法律、法规规定的其他文件。

证明不动产权属转移原因的文件为人民法院作出的判决、调解、裁定书，或仲裁机构作出的裁决、调解书的；如依据人民法院协助执行令进行登记，可以免于提交前款（三）之文件，但应于登记完毕时由登记局公告作废。

第九十二条　（第三人的许可）

登记申请需要第三人的许可时，应提交第三人的许可证明。

第九十三条　（土地使用权移转登记的特别条款）

转让无建筑物的国有土地使用权的，须提交已投入项目建设资金 25% 的证明。

建筑中的不动产项目转让，视同土地使用权转让，其已登记的权利一并转让。

国有土地使用权属于行政划拨、减免地价款的，申请移转登记时须提交土地管理部门同意移转的书面证明。

第九十四条　（移转登记的审查）

符合下列条件的不动产转移登记申请，应当准予登记：

（一）转让人是不动产登记簿记载的权利人，受让人是有关证明文件中载明的受让人；

（二）申请转移登记的不动产在不动产登记簿记载的范围内；

（三）需要第三人的许可时，提交第三人的许可证明；①

（四）申请登记事项与不动产登记簿的记载不冲突。

第九十五条　（登载）

对准予移转登记的不动产权利，应将申请的日期、收件号数、权利人姓名及身份证号码、住所、登记原因及其发生日期及其他事项，载入不动产登记簿中的"产权部"的事项栏，并由登记官签章。

第三节　变更登记

第九十六条　（变更登记的适用）

---

① 如承租人放弃优先购买权、抵押权人同意转让抵押财产等等。

不动产所有权登记后,不动产登记簿"产权部"记载的事项发生变更的,权利人可以申请变更登记。

第九十七条 （变更登记的申请）

不动产所有权变更登记,依登记簿记载的权利人的申请而进行。

第九十八条 （变更登记应提交的文件）

申请变更登记,应提交下列文件:

(一) 申请书;

(二) 身份证明;

(三) 不动产权属证书;

(四) 证明不动产变更事实的文件。

于前款登记申请书中应记载变更的不动产所有权事项。

第九十九条 （登载）

产权部记载的不动产所有权登记事项准予变更登记时,应用红笔涂销变更前的记载事项,记载变动后的记载事项,并在附记注明变更原因与依据。

第四节 注销登记

第一百条 （注销登记的适用）

有下列情形之一的,权利人应当申请注销登记:

(一) 依法征收的农民集体土地;

(二) 国有土地使用权出让或者租赁期满,未申请续期或者续期申请未获批准的;

(三) 依法收回土地使用权的;

(四) 因自然灾害等原因造成不动产灭失的;

(五) 不动产因抛弃而终止的;

(六) 法律、法规规定的其他情形。

第一百零一条 （注销登记的申请）

注销登记因不动产权利人的申请而进行,申请人应于申请书上附具不动产权属证书、身份证明和证明不动产权利灭失的文件。

第一百零二条 （径为注销登记）

有下列情形之一的,登记局可径为注销登记:

(一) 行政机关依法作出没收、收回、征收土地生效决定的;

(二) 有第九十三条情形之一,主管部门应当责令权利人限期办理,逾期不申请注销登记的;

（三）法律、法规规定的其他情形。

径为注销登记的，登记局应予以公告。

第一百零三条　（注销登记的登载）

登记局对准予注销登记的申请，应收回原不动产权属证书作废，在不动产登记簿上记载注销登记的原因，并终止该登记簿簿页。

第五节　信托登记

第一百零四条　（信托登记的适用）

以不动产设立信托，当事人可以申请信托登记。受托人为登记权利人，委托人为登记义务人。

第一百零五条　（信托登记的申请）

申请信托登记应提交下列文件：

（一）申请书；

（二）身份证明；

（三）不动产权属证书；

（四）设立信托的文件。

第一百零六条　（信托登记的记载）

设立信托登记，登记局应当在不动产登记簿"产权部"的事项栏中记载信托目的、受托人与受益人的姓名与住所、信托期限等事项。

第一百零七条　（信托登记的变更与注销）

信托登记的变更与注销依本法相关规定进行。

第六节　更正登记

第一百零八条　（更正登记的适用）

不动产所有权登记后，登记事项与事实不符或登记错误，权利人可以申请变更登记。更正登记的范围是不动产登记簿"产权部"记载的相关事项，主要有：不动产权利人、权利种类、权利范围、权利来源等。

第一百零九条　（申请的提出）

不动产权利人提出更正登记时，应于登记申请书中附具证明登记确有错误的证据。

利害关系人提出更正登记时，除提供前款证据外，还需权利人的书面同意或司法机关作出的生效的法律文书。

第一百一十条　（更正登记的审查）

登记局认定不动产登记簿记载确有错误的，应当准予更正。

第一百一十一条　（更正登记的登载）

准予更正的登记，应于不动产登记簿中用红笔涂销原记载，将更正后的登记事项登载于不动产登记簿。

第六章　他项权利的登记程序

第一节　地上权登记

第一百一十二条　（地上权登记的适用）

有下列情形之一者，可以申请地上权设定登记：

（一）依法向政府土地管理部门承租国有土地的；

（二）依法向有出租权的土地使用者承租土地使用权的；

（三）依法向集体土地所有者承租集体土地的。

第一百一十三条　（地上权登记申请）

申请地上权登记时，应于申请书中记载地上权设定目的、存续期间及土地租金。应提供第八十五条规定的文件，还应于申请书附具土地使用权租赁合同。

地上权的标的为建筑物的，除提交前款文件外，还应附具建设工程规划许可证。

第一百一十四条　（地上权的记载）

地上权的记载应于登记簿的他项权利部为之。

地上权的标的为建筑物的，建筑物所有权的设立记载于登记簿中的产权部。无地上权设立登记的，不得进行建筑物所有权登记。

第一百一十五条　（条文准用）

地上权的移转、变更、注销等程序，准用本法所有权登记程序相应规定。

第二节　地役权登记

第一百一十六条　（地役权登记申请）

（一）申请地役权设立登记时，于申请书应记载需役地标示、地役权设立目的及范围。

（二）地役权设立的范围为供役地的一部时，于申请书上应附具标明其范围的图式。

（三）需役地属于其他登记局管辖时，于申请书上应附具证明地役权人系需役地所有权人的文书。

第一百一十七条　（地役权的记载）

地役权设立登记，应于需役地、供役地登记簿页他项权利部事项栏分别记载相关事项。供役地登记簿页记载地役权设立的目的、范围及存续时间。需役地登记簿页记载供役地的标示、地役权设立的目的、范围及存续时间。

第一百一十八条　　（无须记载的事项）

地役权设立登记时，无须于登记簿页他项权利部事项栏内记载登记权利人的姓名、住所。

第一百一十九条　　（条文准用）

地役权的变更、注销等程序，准用本法所有权登记程序相应规定。

第三节　居住权登记

第一百二十条　　（居住权登记的适用）

有下列情形之一者，可以申请居住权登记：

（一）当事人之间通过合同约定特定人的居住权的；

（二）人民法院裁定特定人的居住权的。

第一百二十一条　　（居住权登记的申请）

申请居住权登记，应提交下列文件：

（一）申请书；

（二）身份证明；

（三）当事人之间约定的合同或人民法院生效的法律文书。

第一百二十二条　　（居住权登记的记载）

居住权设立登记，应于登记簿他项权利部记载权利人的姓名、权利种类与权利范围等事项。

第一百二十三条　　（居住权的注销）

居住权终止时，因所有权人的申请而注销。

第四节　优先权登记

第一百二十四条　　（优先权登记的适用）

有下列情形之一者，可以申请不动产优先权登记：

（一）不动产出卖人就其出卖不动产的价款及其利息债权，在该不动产上成立优先权；

（二）贷与资金购买不动产的贷款人就其贷与的资金，在债务人购买的该不动产上成立优先权；

（三）不动产施工的优先权。工程师、建筑师，承揽人、泥水工人及其他工人就其因不动产施工而发生的债权，在该不动产上成立优先权；

（四）不动产保存的优先权。不动产保存人就不动产的保存费、追认或实施不动产权利而支出的费用，在该不动产上成立优先权。

第一百二十五条　（优先权登记的申请）

申请优先权登记应提交下列文件：

（一）申请书；

（二）身份证明；

（三）不动产权属证书；

（四）证明优先权成立的书面文件。

第一百二十六条　（优先权的记载）

优先权设立登记，登记局应当在登记簿他项权利部中记载权利人姓名、优先权种类、债权数额与期限等事项。

第一百二十七条　（优先权的注销）

优先权就其担保的债权实现时或不动产转让后注销。

第五节　抵押权登记

第一百二十八条　（抵押权的登记）

（一）申请抵押权设定登记时，于申请书中应记载抵押权人的姓名（名称）、债权额；

（二）申请最高额抵押权设定登记时，可以不拘前款债权额的规定，于申请书中记载债权额应担保债权的范围及最高金额。

第一百二十九条　（申请抵押登记提交文件）

申请抵押登记应提交下列材料：

（一）不动产抵押登记申请书；

（二）申请人身份证明；

（三）不动产权属证书；

（四）抵押合同书；

（五）主债权合同书。

第一百三十条　（不予抵押登记的情形）

有下列情形之一的，登记局不予核准抵押登记：

（一）未办理不动产初始登记的；

（二）抵押不动产属于《物权法》第一百八十四条规定不得设定抵押的。

第一百三十一条　（抵押登记的审查）

符合下列条件的抵押登记的申请，应当准予登记：

（一）申请人是不动产抵押关系的当事人，且其中一方是不动产登记簿记载的不动产权利人；

（二）申请登记的不动产在不动产登记簿的记载范围内；

（三）申请登记不存在前条规定的情形；

（四）申请登记事项与不动产登记簿的记载不冲突。

第一百三十二条　（抵押预告登记）

已办理预告登记的不动产抵押时，应提交前条第一款第（一）、（二）、（四）项规定的文件和不动产买卖合同书，申请办理抵押预告登记。

于抵押预告登记后申请抵押本登记时，应于抵押预告登记对应部位进行本登记的记载。

已办理抵押预告登记的抵押权，准用本节其他条款。

第一百三十三条　（抵押权的登载）

抵押权设立登记，登记局应当在登记簿他项权利部中记载抵押权类型、担保债权金额、抵押权人的姓名与住所、担保存续期间等事项。

第一百三十四条　（抵押权移转登记的适用范围）

抵押权存续期间，有下列情况之一者，可申请抵押权移转登记：

（一）主债权转让的；

（二）抵押标的物转让的；

（三）法律、法规规定的其他情形。

第一百三十五条　（抵押权变更登记的适用范围）

抵押权存续期间，有下列情况之一者，可申请抵押变更登记：

（一）抵押标的物发生增、减的；

（二）债权金额发生变化的；

（三）债务存续期间改变的；

（四）法律、法规规定的其他情形。

第一百三十六条　（条文准用）

抵押权的移转、变更、注销等程序，准用本法所有权登记程序相应规定。

第七章　不动产预备登记

第一节　异议登记

第一百三十七条　（异议登记的适用）

异议登记，因利害关系人对不动产登记簿记载的物权归属等事项提起异议之诉时进行。

第一百三十八条 （异议登记的申请）

申请人应提交下列书面文件：

1. 申请书；

2. 身份证明；

3. 起诉书副本及法院受理通知书。

第一百三十九条 （登载）

登记局受理异议登记的，应当于受理当日将异议事项记载于不动产登记簿，并通知登记簿记载的权利人。

第一百四十条 （异议登记的注销）

异议登记转为本登记的，登记局同时注销异议登记。

人民法院对申请人的诉讼请求不予支持的，登记簿记载的权利人可以凭相应的证明请求注销异议登记。

第二节　预告登记

第一百四十一条 （预告登记的适用）

（一）当事人以设定、移转、变更或消灭不动产物权为目的的请求权，未具备登记申请程序上需要的条件，为保障将来实现物权的；

（二）附条件或者附期限的不动产物权请求权；

（三）法律、法规规定可以申请预告登记的事项。

第一百四十二条 （预告登记的申请）

以移转、变更不动产物权为目的的请求权申请预告登记的，应由当事人双方共同申请，除提交本办法第二十七条规定的文件外，还应于申请书上附具当事人办理预告登记的书面约定。

前款情形，如出具另一方当事人同意预告登记的书面证明或司法机关生效的法律文书，可以单方申请。

以设定、消灭不动产物权为目的的请求权申请预告登记的，可由请求人单方申请，除提交本办法第二十七条规定的文件外，还应于申请书上附具物权设定、消灭的相关证明。

第一百四十三条 （预售商品房的预告登记）

以商品房预售的方式转让不动产的，应于获得《商品房预售许可证》后申请不动产权利设立预告登记。未获准不动产权利设立预告登记的，不得申请转让预告登记。

第一百四十四条 （预售商品房预告登记的申请）

　　预售商品房预告登记由不动产权属证书记载的土地使用人申请，除提交本法第八十七条相关文件外，应于申请书上附具《商品房预售许可证》和有资质的测量机构出具的暂测测绘报告。

　　第一百四十五条　（抵押权的预告登记）

　　以不动产设立抵押权而申请预告登记的，除提交本法第一百二十九条相关文件外，应于申请书上附具当事人同意办理预告登记的书面文件。以预购商品房设立抵押权而申请预告登记的，亦同。

　　第一百四十六条　（在建工程设定抵押权的预告登记）

　　以在建工程申请设定抵押权登记的，须在申请不动产权利设立预告登记后始得申请。在建工程抵押权的预告登记，除提交前条规定的文件外，应于申请书上附具不动产权属证书、建设工程规划许可证。

　　在建工程抵押权发生转让的，申请预告登记时，除提交前款规定的文件外，还应当提交主债权转让合同。

　　第一百四十七条　（预告登记的审查）

　　符合下列条件的预告登记及其注销登记的申请，应当准予登记：

　　（一）申请登记的不动产在不动产登记簿的记载范围内；

　　（二）申请登记事项与不动产登记簿的记载不冲突；

　　（三）当事人有同意预告登记的约定；

　　（四）不存在法律、法规、本办法规定的不予登记的情形。

　　第一百四十八条　（预告登记的登载）

　　预告登记，于登记簿的相应部位的事项栏进行，其左侧应留空白。

　　第一百四十九条　（预告登记的证明）

　　经核准的预告登记，登记局可以发给预告登记证明。

　　第一百五十条　（预告登记的移转）

　　预告登记保全的请求权转让的，预告登记随之转让。当事人依第五章第二节的规定申请办理移转预告登记，并于申请书上附具当事人同意办理预告登记的书面文件。

　　当事人以预购商品房方式购买不动产的，可于签订商品房销售合同后申请移转预告登记。

　　第一百五十一条　（预告登记后的本登记）

　　预告登记后，权利人自能够进行不动产登记之日起 3 个月内应申请本登记。本登记应于预告登记左侧的空白处进行本登记。本登记登记完毕后，应同时涂销预告登记。他项权利预告登记后的本登记，亦同。

第一百五十二条　（预告登记的注销）

债权消灭或者预告登记权利人未依前条规定不行使其权利的，其利害关系人可以申请注销该预告登记。被注销的预告登记，自注销时丧失其效力。

注销预告登记的通知，可依公告方式送达。

第八章　查封登记

第一百五十三条　（查封登记的适用）

有下列情形之一的，司法机关、行政机关可以嘱托登记局进行查封（扣押）登记：

（一）人民法院依法作出已经生效的查封不动产或以其他形式限制不动产权利的裁定的；

（二）检察、公安机关对立案侦查的案件作出限制不动产权利决定的；

（三）其他行政机关依法作出查封或以其他形式限制不动产权利行政决定的；

（四）法律、法规规定的其他情形。

第一百五十四条　（预查封登记的适用）

不动产虽未进行不动产初始登记，但有下列情形之一的，可以办理预查封登记：

（一）被执行人全部或部分缴纳土地使用权出让金但尚未办理土地使用权登记的；

（二）作为被执行人的房地产开发企业，已办理了商品房预售许可证且尚未出售的不动产；

（三）被执行人购买的已由房地产开发企业办理了不动产权属初始登记的不动产；

（四）被执行人购买的办理了商品房预售合同登记备案手续或者商品房预告登记的不动产。

已办理初始登记的不动产，登记局已经受理被执行人转让不动产移转登记申请的，适用前款规定。

第一百五十五条　（轮候查封的登记）

同一不动产已办理查封、预查封登记后，其他司法机关、行政机关再嘱托进行查封、预查封登记的，登记局对后来办理的查封登记作轮候查封登记，并书面告知该不动产已被其他司法机关、行政机关查封的事实及查封的有关情况。

第一百五十六条　（查封登记的办理）

查封、预查封依司法机关、行政机关的生效法律文书和协助执行通知书办理登记事项。

登记局接获文书时，应立即办理。对登记局已经受理被执行人转让不动产的过户登记申请且已核准登记的，不得进行查封、预查封。

设立查封登记，登记局应当在登记簿相关事项栏中记载查封类别、查封人、查封时间等事项。

第一百五十七条　（轮候查封的顺位）

轮候查封登记的顺位按照司法机关、行政机关送达协助执行通知书的时间先后进行排列。查封司法机关、行政机关依法解除查封的，排列在先的轮候查封自动转为查封；查封司法机关、行政机关对查封的不动产全部处置的，排列在后的轮候查封自动失效；查封司法机关、行政机关对查封的不动产部分处置的，对剩余部分，排列在后的轮候查封自动转为查封。

第一百五十八条　（预查封与查封的转换）

不动产权属在预查封期间登记在被执行人名下的，或被执行人转让不动产的移转登记申请被驳回的，预查封登记自动转为查封登记，预查封转为正式查封后，查封期限从预查封之日起开始计算。

登记局已经受理的被执行人转让不动产的移转登记申请，在预查封期间完成移转登记的，预查封自动失效，登记局注销预查封登记并书面通知预查封机关。

第一百五十九条　（查封登记的注销）

查封、预查封登记的注销依司法机关、行政机关的解除查封裁定书和协助执行通知书进行。

查封、预查封期限届满，司法机关、行政机关未办理继续查封手续的，查封的效力消灭，登记局依职权注销查封、预查封登记。

第九章　登记簿

第一百六十条　（登记簿）

登记局应当建立不动产登记簿。不动产登记簿同时登录土地使用权和建筑物所有权。

不动产权属证书记载的登记事项与登记簿不一致的，以登记簿为准。

第一百六十一条 （物的编成原则）

登记簿以一宗土地或一栋建筑物为单位进行登记；但对于建筑物区分所有，以建筑物区分所有各部分为单位进行登记。一个登记单位设一登记簿页。

本法所称一宗土地是指以权属界线组成的封闭地块；本法所称建筑物区分所有是指一栋建筑物依据批准的规划设计文件确定的，从构造上区分为数个部分，各部分独立供居住、商业、办公或其他方式使用时，在利用上和结构上具有独立性的建筑空间。

第一百六十二条 （同前）

依前条第一款但书规定的登记，登记簿页除应就区分一栋建筑物的各部分予以设置外，还应就该一栋建筑物的全部建筑物设一登记簿页。

第一百六十三条 （登记簿的样式）

登记簿中，每一用纸分为标示部、产权部和他项权利部，产权部和他项权利部各设事项栏及顺位号数栏。

标示部记载有关土地或建筑物标示的事项。

产权部事项栏记载有关集体土地所有权、国有土地使用权、集体土地使用权和建筑物所有权的事项。

他项权利部事项栏记载前款以外权利的事项。

顺位号数栏记载产权部和他项权利部事项栏中记载的登记事项的顺序。

第一百六十四条 （新登记用纸）

登记簿页用纸过多，不便处理时，可以将其登记移至新登记用纸。移载登记时，应截止原登记用纸。

前款情形，在移至登记用纸的登记簿中的标示部或事项栏的末尾，应记载移载目的及时间，并由登记官签章。

第一百六十五条 （同前）

移载或转载登记时，应只移载或转载有现实效力的登记。

第一百六十六条 （图式的备置）

登记机构应备置地图及建筑物所在图。

第一百六十七条 （图式的种类）

地图比例尺为 1/1000 或 1/500 的地籍图，明确标示各宗土地的区划及土地号数。

建筑物所在图为丘形图，明确标示各建筑物的位置及房屋号数。

第一百六十八条 （登记簿的保存）

不动产登记簿、地图、建筑物所在图（地籍资料）应永久保存。

第一百六十九条 （权属证书）

不动产权属证书是权利人依法享有该不动产物权的证明。不动产权属证书应当对不动产登记的主要事项进行记载。

不动产权属证书不得涂改。

不动产权属证书文本由登记局统一印制。

第一百七十条 （登记簿的持出禁止）

登记簿及其附属文件、图式，除为避免事变情形外，不得持出登记局。但是，法院就申请书或其他附属文件有命令或嘱托时，不在此限。

第一百七十一条 （登记簿的灭失及恢复）

登记簿的全部或一部灭失时，登记局应规定不少于三个月的期间，公示申请恢复登记者于期间内仍保持其登记簿上的顺位意旨。

第一百七十二条 （基于计算机信息系统的登记簿）

经各省、自治区、直辖市决定在登记局建立计算机信息系统，以计算机系统处理登记事物的，登记簿可以以磁盘制作之。

第一百七十三条 （电子登记簿的编制）

编制电子登记簿，必须保证：

（一）遵守符合规定的数据处理原则，至少每天保存必要的存储数据备份，并妥善保管原始存储数据及其备份；

（二）能够立即将登记事项录入数据存储器，并能够不改变其内容，以可读的方式长期再现该登记事项。

第一百七十四条 （电子登记簿的使用）

由计算机编制的登记簿如已公开使用，则取代现有的登记簿。如现有登记簿中记载的事项已纳入指定的数据存储器中，则公开使用由计算机编制的登记簿。

第一百七十五条 （登记簿的查阅）

登记机构应当向公众提供查阅、复制登记资料的便利。

任何人都可以缴纳手续费，而请求交付登记簿的誊本、节本或地图及建筑物所在图的全部或一部的副本。并可要求出具关于登记事项无变更、某事项未登记、登记簿誊本或节本的记载事项无变更的证明。

权利人或利害关系人可以请求阅览登记簿及其附属文件或地图、建筑物所在图。

公开使用由计算机编制登记簿的，可以通过网络查阅登记簿。

前三款规定的手续费的数额，由物价部门规定。

第十章　审查请求

第一百七十六条　（审查请求事项）

认为登记官的处分为不当者，可以向登记局或地方登记局的局长提出审查请求。

第一百七十七条　（审查请求书）

审查请求，依当事人向登记局提出审查请求书而进行。

第一百七十八条　（登记官的处理）

（一）登记官认为审查请求无理由时，应于三日内，附具意见并将案件送交于登记局局长；

（二）登记官认为审查请求有理由时，应进行相应处理。如登记已完结，应就其登记附记有审查请求事项，通知登记上的利害关系人，并同时办理前款手续。

第一百七十九条　（登记局长的处分命令）

登记局局长认为审查请求有理由时，应命登记官进行相应处分，并将其请求事项通知审查请求人以外的登记上的利害关系人。

第一百八十条　（处分前的预告登记）

登记局局长于处分前，可以命令登记官进行预告登记。

第一百八十一条　（登记的方法）

登记官依登记局局长的命令进行登记时，应记载下达命令的登记局局长姓名、命令的年月日、依命令而登记之事项及登记年月日，登记官应盖章。

第一百八十二条　（行政诉讼法的适用除外）

《行政诉讼法》第十一条的规定，不适用于关系登记官处分的审查请求。

第十一章　法律责任

第一百八十三条　（登记义务人的责任）

依本法规定应由当事人共同申请登记的，登记义务人不申请或

第一百八十四条　（违法行为的处置）

以虚报、瞒报不动产权属情况等非法手段获得不动产权属证书的，由登记局收回其不动产权属证书或者公告其不动产权属证书作废，并可对当事人处以

_____元以下罚款。

涂改、伪造不动产权属证书的，其证书无效，登记局可对当事人处以_____元以下罚款。

非法印制不动产权属证书的，登记局应当没收其非法印制的不动产权属证书，并可对当事人处以_____万元以上_____万元以下罚款。

第一百八十五条　（不当登记的责任）

因登记官工作过失导致登记不当，致使权利人受到经济损失的，登记局对当事人的直接经济损失负赔偿责任。赔偿费从赔偿基金中列支。

第一百八十六条　（登记局的追偿权）

登记局赔偿损失后，应当责令有重大过失的登记官承担部分或全部赔偿费用，并根据情节给予行政处分。

第十二章　附则

第一百八十七条　（登记费用）

登记费用包括登记费、工本费、查询费、复制费等。

登记费用的标准由国务院物价主管部门制定。登记费由登记局专项收支，不足部分由同级财政补足。

第一百八十八条　（赔偿基金）

登记局应建立专项赔偿基金，登记局每年应从收取的登记费中提取不少于10%的经费作为专项赔偿基金的资金。

第一百八十九条　（早先产生的权利的确认）

1. 在本法生效前已办理的不动产权利登记，在法律上仍然有效。

2. 对在本法生效之前产生的不动产权利，在不具备依照本法所进行的登记时，在法律上得被承认为有效。

3. 在本法生效后所产生的不动产权利的设立、变更、转让和消灭，应当按照本法进行登记。

第一百九十条　（电子登记）

经各省、自治区、直辖市决定，在已建立计算机信息系统的登记局，可以计算机网络办理登记。

计算机网络登记的办法由各省、自治区、直辖市政府制定。

第一百九十一条　（准用）

农民集体土地承包经营权登记、矿产物权登记、水权登记、渔权登记和林权登记，准用本法。

第一百九十二条　（实施细则）

国务院可以根据本法制定实施细则。

第一百九十三条　（实施）

不动产登记体系的建立由各省、自治区、直辖市主体分阶段性地考虑其条件，至迟在＿＿＿年1月1日前完成。

第一百九十四条　（施行日期）

本法自＿＿＿年＿＿＿月＿＿＿日起施行。

二 德国土地登记簿样式①

样 本
（正面）

科隆地方法院

沃林根（Worringen）区

土地登记簿

土地登记簿簿页号码：0100

---

① 通常情况下的登记簿样本，参见［德］鲍尔·施蒂尔纳：《德国物权法》（上册），张双根译，法律出版社 2004 年版，第 407 页。

科隆地方法院　　沃林根区土地登记簿

登记簿页 0100　　状态目录　　1

土地之标记以及与所有权相关之权利

土地之顺序编号	土地之以前的顺序编号	边界（测量区域）A	地形图 地段 b	地形图 地籍单位 b	公土地登记簿 c/d	经营种类与方位 e	面积 公顷	面积 公亩	面积 平米
1	2				3			4	
1	1	沃林根	1	100		空地 旧诺伊塞尔·兰德大街		10	10
2	1	沃林根	1	101		道路 旧诺伊塞尔·兰德大街			90
3	1	沃林根	1	102		建筑用地与空地 旧诺伊塞尔·兰德大街		9	10
4	1	沃林根	1	200		农地 旧诺伊塞尔·兰德大街		5	00
5	1	沃林根	1	310		园地 旧诺伊塞尔·兰德大街		2	00
6	3,5	沃林根	1	102		（略） 旧诺伊塞尔·兰德大街……			

状态目录（反面）

状态与增记		划　记	
被增记之土地序号		被划记之土地序号	
5	6	7	8
1	1993 年 1 月 5 日由来自登记簿页 0200 号之土地而增记。 　　　登记员：诺伊曼　与　格茨	2	1993 年 4 月 15 日划向登记簿页 0001 号。 　　　登记员：诺伊曼　与　格茨
1,2,3	1 号土地被分割，并依 100/93 号土地登记命令，于 1993 年 4 月 15 日分割登记为 2 号与 3 号土地。 　　　登记员：诺伊曼　与　格茨		
4,5	1993 年 5 月 10 日由来自登记簿页 0250 号之土地而增记。 　　　登记员：诺伊曼　与　格茨		
3,5,6	5 号土地被作为成分而增记入 3 号土地中，从而成立 6 号土地，并于 1993 年 6 月 9 日进行新登记。 　　　登记员：诺伊曼　与　格茨		
	1993 年 7 月 12 日由来自登记簿页 0300 号之土地而增记。 　　　登记员：诺依曼　与　格茨		

科隆地方法院　　　沃林根区土地登记簿　　　登记簿页 0100

第一栏　[1]

登记之顺序编号	所有权人	状态目录中土地的顺序编号	登记之基础
1	2	3	4
1	弗里德里希·米勒生于 1944 年 7 月 5 日,旧诺伊肇尔·兰德大街,5000 科隆 71。	1	1992 年 10 月 14 日进行土地所有权让与合意,1993 年 1 月 5 日办理登记。 登记员:诺伊曼　与　格茨
		4,5	1992 年 10 月 14 日进行土地所有权让与合意,1993 年 5 月 10 日办理登记。 登记员:诺伊曼　与　格茨
		7/增记于 6	原登记于登记簿页 0300 号之所有权基于 1993 年 4 月 15 日之土地所有权让与合意,并依据《土地登记条例》第 3 条第 3 款所规定之登记方法,于 1993 年 7 月 12 日登记于本登记簿页。 登记员:诺伊曼　与　格茨
2	乌特·舒马赫,娘家姓米勒,1966 年 5 月 12 日出生在格伦德米勒街 7 号,屉腾 51515。格奥尔格·米勒,1968 年 3 月 6 日出生在肯佩巴赫街 48 号,科隆 51069。 ——为继承人共同体	4,6,7	因继承(科隆地方法院)而取得权利,于 1994 年 12 月 7 日办理登记。 登记员:诺伊曼　与　格茨

第一栏（反面）

登记之顺序编号	所有权人	状态目录中土地的顺序编号	登记之基础
1	2	3	4

科隆地方法院　　　　沃林根区土地登记簿　　　　登记簿页 0100　　　　第二栏　[1]

登记之顺序编号	被涉及土地在状态目录中的顺序编号	负担与限制
1	2	3
1	4,6,7	为格哈德·米勒（生于1918年4月23日，住旧诺伊塞尔·兰德大街100号，科隆50769）设定一项附期限的（得因死亡证明）而可注销的用益权。该用益权基于1993年4月15日之登记同意——而于1993年7月12日办理登记。见科隆公证员施米茨博士所制作之400/93号文书——，登记员：诺伊曼　与　格茨
2	4,6	为约瑟夫·施米茨（生于1940年7月26日，住罗胡斯街300号，科隆50827）之利益，针对弗里德里希·米勒之所有权设定一项登记异议。该异议乃依据科隆中等法院1993年7月30日之假处分命令——即10 0 374/93号——，而于1993年8月3日办理登记。登记员：诺伊曼　与　格茨
3	4	为（登记于登记簿页0250之）地段1序号为201之各时所有权人之利益，设定一项役权（通行权）。该役权基于1992年11月11日之登记同意——见科隆公证员施奈德博士所制作之2231/92号文书——，而于1993年8月4日办理登记。登记员：诺伊曼　与　格茨

第二栏（反面）

	变　动			注　销	
第 1 子栏中的顺序编号				第 1 子栏中的顺序编号	
4	5		6	7	
			2	1993 年 8 月 31 日被注销。 登记员：诺伊曼　与　格茨	

科隆地方法院　　　沃林根区土地登记簿　　　登记簿簿页 0100　　　第三栏　1

登记之顺序编号	受负担土地在状态目录中的顺序编号	被担保之债权数额	抵押权、土地债务、定期金债务
1	2	3	4
1	3,4,5,6	10000.00 马克 5000.00 马克	为科隆之科隆城市储蓄银行设定壹万马克之无证书——土地债务;年利率 18%;依民诉法第 800 条可得强制执行。该土地债务基于 1993 年 4 月 19 日之登记同意——见科隆公证员施米茨博士所制作之 420/93 号文书——而于 1993 年 7 月 9 日办理登记。连带担保责任:登记簿页 0100 号与 0550 号。 登记员:诺伊曼　与　格表
2	4,6	20000.00 马克 −5000.00 马克 15000.00 马克	为联邦德国(因住宅救济金)设定贰万马克之抵押权;年利率 12%;2% 一次性的附条件从给付。就该抵押权得缓引 1993 年 10 月 6 日之登记同意——见科隆公证员莱博士所制作之 1300/93 号文书——。为此后之担保额不超过 100000.00 马克,年利率不超过 20%,一次性的从给付不超过 10% 以及服务于特定担保目的之土地担保物权,保留优先权。上述于 1993 年 11 月 15 日办理登记。 登记员:诺伊曼　与　格表
3	4,6,7	100000.00 马克	为英格·米勒(娘家姓施密特,生于 1952 年 5 月 12 日,住旧诺伊塞尔·兰德博士塞尔大街 100 号,科隆 50769)设定给付壹万马克之土地债务;年利率为 18%;就该土地债务得缓引 1994 年 1 月 3 日之登记同意——见科隆公证员卢格博士第 3 栏之 2/94 号文书——;该土地债务乃为对顺位保留之利用,故在顺位上位于本登记簿页第 3 栏第 2 号登记之前。上述于 1994 年 1 月 17 日办理登记。 登记员:诺伊曼　与　格表

第三栏（反面）

第1子栏中的顺序编号	被担保之债权数额	变动	第1子栏中的顺序编号	被担保之债权数额	注销
5	6	7	8	9	10
2	50000.00 马克	本登记簿页第三栏第3号登记享有所保留之顺位，并于1994年1月17日办理登记。　登记员：诺伊曼　与　格茨	2	5000.00 马克	伍千马克之被担保债权，于1994年10月4日被注销。　登记员：诺伊曼　与　格茨
3	100000.00 马克	为（科隆）责任保险股份公司之65800.00马克债权，其中包括自1992年6月18日起对59600.00马克之9%的利息债权，自1994年6月30日起对该土地债务实施扣押。依据科隆地方法院1994年6月15日之扣押与转付决议——183 M 750/94号决议，上述登记于1994年6月20日。　登记员：诺伊曼　与　格茨	3 3a 3b	20000.00 马克 60000.00 马克 20000.00 马克	1994年7月26日之扣押附注，于1994年10月4日被注销。　登记员：诺伊曼　与　格茨
1	5000.00 马克	依据德民第1132条第2款，该权利被分割，亦即登记于本登记簿页之土地，仅负担保于马克之担保。登记簿页0550号担保伍千马克中的土地，其连带担保责任被注销。上述登记于1994年7月1日。　登记员：诺伊曼　与　格茨			

三 日本不动产电子登记簿[①]

【计算机登记系统（登记事项说明书)】

东京都新宿区铁炮町 1 丁目 2—34　　　　　　何区何号事项说明书　　（土地）

【表题部】（土地的表示）				调制平成 7 年 11 月 29 日	地图号码
【地址】	新宿区铁炮町一丁目				
【①地号】	【②土地类型】	【③土地面积】m²		【原图及日期】	【登记的日付】
2—34	宅地	30	36	从 2—1 中分离	平成 4 年 4 月 1 日
余白	余白	20	96	③2—34,2—55 分笔	平成 4 年 5 月 1 日
余白	余白	30	36	③2—55 合笔	平成 4 年 6 月 1 日
余白	余白	余白		余白	依昭和 63 年法务部省令第 37 号附则第 2 条第 2 项的规定移 转登记 平成 7 年 11 月 29 日

---

① 引自 ［日］近江幸治《民法讲义Ⅱ·物权法》，王茵译，北京大学出版社 2006 年版，第 93—94
页。

（续一）

【甲区】（所有权相关事项）				
【顺位号】	【登记的目的】	【受理年月日·受理号】	【原因】	【权利人及其他事项】
1	所有权移转	昭和64年1月14日第345号	昭和64年1月5日买卖	所有者 新宿区笥町二丁目5番　高田　早苗 顺位二号登记的变更登记
	余白	余白	余白	依昭和63年法务省令第37号附则第2条第2项的规定移转登记平成7年11月29日
2	所有权移转请求权假登记	平成5年4月1日第258号	平成5年3月20日代物清偿予约	权利者　　中央区中三丁目1番5号株式会社USB银行

（续二）

【乙区】（所有权以外的权利的相关事项）			
【顺位号】	【登记的目的】	【受理年月日·受理号】	【原因】	【权利人及其他事项】
1	地上权设定	平成 4 年 7 月 6 日第 120 号	平成 4 年 7 月 1 日设定	目的 高架单轨列车车站设施支柱的所有 存续期间 与高架单轨列车运营存续期间相同 地上权人 港区仰木一丁目 2 号日本高架单轨列车株式会社
2	抵 押 权设定①	平成 5 年 4 月 1 日第 259 号	平成 5 年 3 月 20 日金钱消费借贷同日设定	债权额 1 亿 5000 万日元 利息 年 1 成 5 分 损害金 年 3 成 债务人 港区高输二丁目 3 番 9 号株式会社高输出版 权利人 中央区中三丁目 1 番 5 号株式会社 USB 银行 共同担保 目录( )和第 4455 号
	余白注销	余白注销	余白注销	余白注销
3	2 号抵押权登记注销	平成 15 年 3 月 25 日第 1155 号	平成 15 年 3 月 27 日解约	余白

① 此处下划线为涂销的标示。

四 中国台湾不动产登记簿样式[1]

---

[1] 引自赵坤麟《如何办妥产权登记及过户》，台湾永然文化出版股份有限公司 1996 年版，第 64 页及以下。

一　土地登记簿(一)标示部

三重市　中正　段　小段　贰伍　地号(25)

登记次序		壹											
收件	日期	1984年2月6日			年 月 日			年 月 日			年 月 日		
	字	中登 字			字			字			字		
	号	3122 号			号			号			号		
登记	日期	1984年3月8日			年 月 日			年 月 日			年 月 日		
	原因①	第一次登记											
	原因发生日期	1984年1月9日			年 月 日			年 月 日			年 月 日		
地目													
等则													
面积		公顷	公亩	平方公尺	公顷	公亩	平方公尺	公顷	公亩	平方公尺	公顷	公亩	平方公尺
		零	零壹	叁贰									
其他登记事项		空白											
登记者章		登簿(章)校对(章)			登簿(章)校对(章)			登簿(章)校对(章)			登簿(章)校对(章)		
编定使用种类													
地上建筑改良物之建号②		35、26、70 71、72、86											
备考													
标示部已登记用纸页数													
所有权部已登记用纸页数													
他项权利部已登记用纸页数													

① 登记原因:第一次登记。

② 地上建筑改良物之建号:35、26、70、71、72、86 建号。

(续前)(二)所有权部

土城市　　新海　段　　小段　　伍贰之贰　地号(52—2)

主登记次序		壹							
附登记次序									
收件	日　期	1975 年 3 月 3 日		年　月　日		年　月　日		年　月　日	
收件	字	重登　字		字		字		字	
收件	号	1477　号		号		号		号	
登记	日　期	1975 年 3 月 5 日		年　月　日		年　月　日		年　月　日	
登记	原　因	买　卖							
登记	原因发生日　期	1975 年 2 月 9 日		年　月　日		年　月　日		年　月　日	
所有权人	姓　名	张　辉							
所有权人	管理者	空　白							
所有权人	住所	台中县市　南　乡镇市区　新荣村里　1 邻	复兴街路　1 段　巷弄　316 号	县市　乡镇市区　村里　邻	街路　段　巷弄　号	县市　乡镇市区　村里　邻	街路　段　巷弄　号	县市　乡镇市区　村里　邻	街路　段　巷弄　号
所有权人	国民身份证统一编号	B10000000000							
权利范围	取得持分或全部	全　部							
权利范围	连前共有持　分	空　白							
义务人	姓　名								
义务人	权利剩余额	空　白							
其他登记事项		空　白							
书状字号		75 北重地字第 318 号		字第　号		字第　号		字第　号	
登记者章		登簿(章)校对(章)		登簿(章)校对(章)		登簿(章)校对(章)		登簿(章)校对(章)	
备　考		1955 年 5 月 4 日生							

(续前)(三)他项权利部

三重市　　仁兴　　段　　小段　　陆拾　地号(60)

主登记次序	壹						
附登记次序							
权利种类	抵押权						
收件	日　期	1984年3月5日	年 月 日		年 月 日		年 月 日
	字	重登 字	字		字		字
	号	4467 号	号		号		号
登记	日　期	1984年3月7日	年 月 日		年 月 日		年 月 日
	原　因	设　定					
	原因发生日期	1984年3月3日	年 月 日		年 月 日		年 月 日
权利人	姓　名	谢　旺					
	管理者	空　白					
	住所	台北县市 锦通街 路	县市 街 路		县市 街 路		县市 街 路
		三重乡镇市区 1段	乡镇市区 段		乡镇市区 段		乡镇市区 段
		锦通村里 130巷 弄	村里 巷 弄		村里 巷 弄		村里 巷 弄
		7邻 6号	邻 号		邻 号		邻 号
权利人	国民身份证统一编号	H10000000000					
	权利范围	所有权全部					
	权利价值	本金最高额新台币贰拾万元整					
	存续期限	自1984年3月3日起至1993年3月3日止					
	清偿日期	1993年3月3日					
	利息或地租	按年1.5%计算					
	迟延利息	无					
	违约金	无					
	义务人	廖诚					
	债务人	同义务人					
	权利移转后剩余额	空　白					
	其他登记事项	与同段101地号共同为权利标的					
	证明书字号	84北重地字第6102号	字第 号		字第 号		字第 号
	登记者章	登簿(章)校对(章)	登簿(章)校对(章)		登簿(章)校对(章)		登簿(章)校对(章)
	备　考	1920年5月1日生					

五　中国台湾电子土地登记簿

台北市土地登记腾本（个人全部）

信义区逸仙段三小段 0711—0000 地段

列印时间：1994 年 07 月 05 日 11 时 04 分 33 秒

·······························土地标示部·····························

登记日期：1979 年 02 月 17 日　　　　登记原因：地籍图重测

地　　目：建　　　　等则：—面　　积：1468 平方公尺

使用分区：（空白）　　　　　　编定使用种类：（空白）

当年公告现值：204，000 元/平方公尺

地上建筑物：

信义区逸仙段三小段：

00850—000	00851—000	00852—000	00853—000	00854—000
00855—000	00856—000	00857—000	00858—000	00859—000
00860—000	00861—000	00862—000	00863—000	00864—000
00865—000	00866—000	00867—000	00868—000	00869—000
00870—000	00871—000	00872—000	00873—000	00874—000
00875—000	00876—000	00877—000	00878—000	00879—000
00880—000	00881—000	00882—000	00883—000	00884—000
00885—000	00886—000			

其他登记事项：重测前：兴雅段 524—5 地号

·······························土地所有权部·····························

主登记次序：0073

登记日期：1994 年 07 月 05 日　　　　登记原因：买卖

原因发生日期：1994 年 05 月 13 日

所有权人姓名：吴　钰

518

统一编号：A200000000

住　　址：高雄市苓雅区普照里 29 邻永富街 00 号

权利范围：应有部分……9000 分之 110……

申报地价：——，——，——元/平方公尺

其他登记事项：（空白）

··························土地他项权利部···························

（1）主登记次序：004—000　　　　　权利种类：抵押权

　　权利标的：所有权

　　权利标的登记次序：0073

　　收件日期：1978 年　　　　　收件字号：松山字第 27984—0 号

　　登记日期：1978 年 06 月 06 日　　登记原因：设定

　　权利人姓名：台北银行股份有限公司

　　统一编号：Z036508952

　　住　　址：（空白）

　　权利范围：应有部分……9000 分之 110……

　　权利价值：本金最高限额新台币 250，000 元整

　　债权范围：债权全部

　　存续期间：自 1978 年 05 月 29 日至 2008 年 05 月 28 日

　　清偿日期：依照各个债务契约约定

　　利息或地租：依照各个债务契约约定

　　迟延利息：依照各个债务契约约定

　　违约金：依照各个债务契约约定

　　义务人：苏　标

　　债务人：苏　标

　　共同担保：　　　　　　　　段小段名　　地（建）号

　　　　　　土地　　　　　逸仙段三小段　　0711—000

　　　　　　建物　　　　　逸仙段三小段　　00892—00

　　其他登记事项：（空白）

（2）主登记次序：0074—000　　　　　权利种类：抵押权

　　权利标的：所有权

　　权利标的登记次序：0073

　　收件日期：1994 年　　　　　收件字号：信义字第 15118—0 号

登记日期：1994 年 07 月 05 日　　　登记原因：设定

权利人姓名："中国人寿保险股份有限公司"

统一编号：Z003434016

住　　　址：台北市敦化北路 122 之 1 号

权利范围：应有部分……9000 分之 110……

权利价值：本金最高限额新台币 4，560，000 元整

债权范围：债权全部

存续期间：自 1994 年 06 月 23 日至 2008 年 06 月 22 日

清偿日期：依照各个债务契约约定

利息或地租：依照各个债务契约约定

迟延利息：依照各个债务契约约定

违约金：依照各个债务契约约定

义务人：吴　钰

债务人：吴　钰

共同担保：　　　　　　　　　段小段名　　　地（建）号

　　　　　土地　　　　　逸仙段三小段　　　0711—000

　　　　　建物　　　　　逸仙段三小段　　　00892—00

其他登记事项：（空白）

参 考 书 目

1. 《法国民法典》，罗结珍译，中国法制出版社 1999 年版。

2. 《德国民法典》（第 2 版），陈卫左译注，法律出版社 2006 年版。

3. 《最新阿根廷共和国民法典》，徐涤宇译注，法律出版社 2007 年版。

4. 《瑞士民法典》，殷生根译，中国政法大学出版社 1999 年版。

5. 徐国栋主编《绿色民法典草案》，社会科学文献出版社 2004 年版。

6. 《日本民法典》，王书江译，中国法制出版社 2000 年版。

7. 江平：《民法学》，中国政法大学出版社 2000 年版。

8. 梁慧星：《民法总论》，法律出版社 2001 年版。

9. 李建华、彭诚信：《民法总论》，吉林大学出版社 1998 年版。

10. 彭万林主编：《民法学》，中国政法大学出版社 2002 年版。

11. 龙卫球：《民法总论》，中国法制出版社 2001 年版。

12. 马俊驹、余延满：《民法原论》（上册），法律出版社 1998 年版。

13. 林诚二：《民法总则讲义》（上册），瑞兴图书股份有限公司 1998 年版。

14. 佟柔主编：《中国民法》，法律出版社 1990 年版。

15. 史尚宽：《民法总论》，中国政法大学出版社 2000 年版。

16. 魏振瀛：《民法》，北京大学出版社、高等教育出版社 2000 年版。

17. 郑玉波：《民法总则》，台湾，1959 年版。

18. 张俊浩主编：《民法学原理》（上册），中国政法大学出版社 1991 年版修订第 3 版。

19. 王泽鉴：《最新六法综合全书》，台湾三民书局 1994 年版。

20. 周楠主编：《民法》（国外法学知识译丛），知识出版社 1981 年版。

21. 李开国：《民法基本问题研究》，法律出版社 1997 年版。

22. 江平：《西方国家民商法概要》，法律出版社 1984 年版。

23. 王泽鉴：《民法学说与判例研究》（第 5 册），中国政法大学出版社 1998

年版。

24. 刘得宽：《民法诸问题与新展望》，中国政法大学出版社 2002 年版。

25. 王泽鉴：《民法物权》（1），中国政法大学出版社 2001 年版。

26. 王泽鉴：《民法物权》（2），中国政法大学出版社 2001 年版。

27. 孙宪忠：《中国物权法总论》，法律出版社 2003 年版。

28. 王利明：《物权法研究》，中国人民大学出版社 2002 年版。

29. 梁慧星、陈华彬：《物权法》，法律出版社 1997 年版。

30. 梁慧星主编：《中国物权法研究》（上），法律出版社 1998 年版。

31. 梁慧星主编：《中国物权法研究》（下），法律出版社 1998 年版。

32. 陈华彬：《物权法原理》，国家行政学院出版社 1998 年版。

33. 陈华彬：《物权法研究》，金桥文化出版（香港）有限公司 2001 年版。

34. 高富平：《物权法原论》（上卷），中国法制出版社 2001 年版。

35. 刘保玉：《物权法》，上海人民出版社 2003 年版。

36. 史尚宽：《物权法论》，中国政法大学出版社 2000 年版。

37. 钱明星：《物权法原理》，北京大学出版社 1994 年版。

38. 谢在全：《民法物权论》（上），中国政法大学出版社 1999 年版。

39. 谢在全：《民法物权论》（下），中国政法大学出版社 1999 年版。

40. 谢与龄编著：《民法物权》，台湾五南图书出版公司 1981 年版。

41. 郑玉波：《民法物权》，台湾三民书局 1992 年修订第 15 版。

42. 温世扬：《物权法要论》，武汉大学出版社 1997 年版。

43. 余能斌主编：《现代物权法专论》，法律出版社 2002 年版。

44. 于海涌、丁南主编：《民法物权》，中山大学出版社 2005 年版。

45. 王利明主编：《中国物权法草案建议稿及说明》，中国法制出版社 2001 年版。

46. 梁慧星：《中国物权法草案建议稿——条文、说明、理由与参考立法例》，社会科学文献出版社 2000 年版。

47. 梁慧星：《中国民法典草案建议稿附理由》（物权编），法律出版社 2004 年版。

48. 全国人大常务委员会法制规则委员会民法室编著：《物权法（草案）参考》，民主法制出版社 2005 年版。

49. 高富平：《中国物权法：制度设计和创新》，中国人民大学出版社 2005 年版。

50. 崔建远：《我国物权立法难点问题研究》，清华大学出版社 2005 年版。

51. 孟勤国：《物权二元结构论》，人民法院出版社 2002 年版。

52. 董学立：《物权法研究——以静态与动态的视角》，中国人民大学出版社 2007 年版。

53. 王轶：《物权变动论》，中国人民大学出版社 2001 年版。

54. 刘保玉：《物权体系论——中国物权法上的物权类型设计》，人民法院出版社 2004 年版。

55. 刘春堂：《判解民法物权》，台湾三民书局 1987 年版。

56. 孙宪忠：《论物权法》，法律出版社 2001 年版。

57. 孙鹏：《物权公示论——以物权变动为中心》，法律出版社 2004 年版。

58. 肖厚国：《物权变动研究》，法律出版社 2002 年版。

59. 郑玉波：《民法物权论文选辑》，台湾五南图书出版有限公司 1984 年版。

60. 张龙文：《民法物权实务研究》，台湾汉林出版社 1983 年版。

61. 苏永钦：《民法物权争议问题研究》，台湾五南图书出版有限公司 1999 年版。

62. 田士永：《物权行为理论研究》，中国政法大学出版社 2002 年版。

63. 游劝荣主编：《物权法比较研究》，人民法院出版社 2004 年版。

64. 尹田：《物权法理论评析与思考》，中国人民大学出版社 2004 年版。

65. 王茵：《不动产物权变动和交易安全——日德法三国物权变动模式的比较研究》，商务印书馆 2004 年版。

66. 江帆、孙鹏主编：《交易安全与中国民商法》，中国政法大学出版社 1997 年版。

67. 屈茂辉：《用益物权论》，湖南人民出版社 1999 年版。

68. 孙鹏、肖厚国：《担保法律制度研究》，法律出版社 1998 年版。

69. 许明月：《抵押权制度研究》，法律出版社 1998 年版。

70. 蔡福华：《民事优先权研究》，人民法院出版社 2000 年版。

71. 李昊等：《不动产登记程序的制度建构》，北京大学出版社 2005 年版。

72. 于海涌：《论不动产登记》，法律出版社 2007 年版。

73. 蔡永民：《比较担保法》，北京大学出版社 2004 年版。

74. 于海涌：《法国不动产担保物权研究——兼论法国物权变动模式》，法律出版社 2004 年版。

75. 田土城、宁金成主编：《担保制度比较研究》，河南大学出版社 2001

年版。

76. 高富平、吴一鸣：《英美不动产法：兼与大陆法比较》，清华大学出版社2007年版。

77. 董安生：《民事法律行为》，中国人民大学出版社1994年版。

78. 张新宝：《名誉权的法律保护》，中国政法大学出版社1997年版。

79. 张淳：《信托法原论》，南京大学出版社1994年版。

80. 赖源河、王志诚：《信托法论》，台湾五南图书出版有限公司1999年版。

81. 许明月、胡光志等：《财产权登记法律制度研究》，中国社会科学出版社2002年版。

82. 赵坤麟：《如何办妥产权登记及过户》，台湾永然文化出版股份有限公司1996年版。

83. 周岩、金心：《土地转让法》，北京农业大学出版社1992年版。

84. 李宗锷：《香港房地产法》，香港商务印书馆1988年版。

85. 谢怀栻：《票据法概论》，法律出版社1990年版。

86. 黄松有主编，最高人民法院物权法研究小组编著：《〈中华人民共和国物权法〉条文理解与适用》，人民法院出版社2007年版。

87. 王胜明主编，全国人大常委会法制工作委员会民法室编著：《中华人民共和国物权法解读》，中国法制出版社2007年版。

88. ［古罗马］查士丁尼：《法学总论——法学阶梯》，张企泰译，商务印书馆1996年版。

89. 陈华彬：《外国物权法》，法律出版社2004年版。

90. 孙宪忠：《德国当代物权法》，法律出版社1997年版。

91. 尹田：《法国物权法》，法律出版社1998年版。

92. ［德］鲍尔·施蒂尔纳：《德国物权法》（上册），张双根译，法律出版社2004年版。

93. ［德］沃尔夫：《物权法》，吴越、李大雪译，法律出版社2002年版。

94. ［德］K. 茨威格特、H. 克茨：《比较法总论》，潘汉典等译，贵州人民出版社1992年版。

95. ［德］萨维尼：《论立法与法学的当代使命》，许章润译，中国法制出版社2001年版。

96. ［德］黑格尔：《法哲学原理》，范扬、张企泰译，商务印书馆1961年版。

97. ［德］拉德布鲁赫：《法学导论》，米健等译，中国大百科全书出版社1997年版。

98. ［美］彼德·哈伊：《美国法律概论》，北京大学出版社1997年版。

99. ［美］罗伯特·考特、托马斯·尤伦：《法和经济学》，张军等译，上海三联书店、上海人民出版社1994年版。

100. ［美］伯恩哈特、伯克哈特：《不动产》，钟书峰译，法律出版社2005年版。

101. ［英］F. H. 劳森、B. 拉登：《财产法》（第2版），施天涛等译，中国大百科全书出版社1998年版。

102. ［英］凯特·格林、乔克斯雷：《土地法》（第4版），法律出版社2003年版。

103. ［英］戴维·M. 沃克：《牛津法律大辞典》，光明日报出版社1989年版。

104. ［葡］Vicente João Monteiro：《澳门物业登记概论》，张逢春译，澳门司法事务局，1998年版。

105. 《日本物权法》，［日］我妻荣，有泉亨修订，李宜芬校订，台湾五南图书出版有限公司1999年版。

106. ［日］我妻荣：《物权法·民法讲义Ⅱ》，日本岩波书店1952年版。

107. ［日］近江幸治：《民法讲义Ⅱ·物权法》，王茵译，北京大学出版社2006年版。

108. ［日］铃木禄弥：《物权的变动与对抗》，渠涛译，社会科学文献出版社1999年版。

109. ［日］田山辉明：《物权法》（增订本），陆庆胜译，法律出版社2001年版。

110. ［日］三潴信三：《物权法提要》（上、下卷），孙芳译，中国政法大学出版社2004年版。

111. ［日］北川善太郎：《日本民法体系》，李毅多、仇京春译，科学出版社1995年版。

112. ［意］彼德罗·彭梵得：《罗马法教科书》，黄风译，中国政法大学出版社1992年版。

113. 陈朝壁：《罗马法原理》（下），商务印书馆1997年版。

114. 黄风：《罗马私法导论》，中国政法大学出版社2003年版。

115. 江平、朱健：《罗马法基础》，中国政法大学出版社 1987 年版。

116. 周枏：《罗马法原论》（上册），商务印书馆 2002 年版。

117. 江平主编：《中美物权法的现状与发展》，清华大学出版社 2003 年版。

118. 李鸿毅：《土地法论》，台湾，1999 年版。

119. 陈铭福：《土地法导论》，台湾五南图书出版有限公司 2000 年版。

120. 史尚宽：《土地法原论》，台湾正中书局 1975 年版。

121. 王卫国：《中国土地权利研究》，中国政法大学出版社 1997 年版。

122. 杨松龄：《实用土地法精义》，台湾五南图书出版有限公司 2000 年版。

123. 梁方仲：《中国历代户口、田地、田赋统计》，上海人民出版社 1980 年版。

124. Baur-Stürner, Sachenrecht, 17. Aufl, Verlag C. H. Beck, 1999.

125. Cedric D. Bell (2005), Land: The Law of Real Property, Old Bailey Press.

126. Dr. Joachim Kuntze/Dr. Hans Hermann. GRUNDBUCHRECHT.

127. François Collart Dutilleul et Philippe Delebecque, Contrats Civils et commerciaux, Dalloz, 2eéd. , 1993.

128. f. h. lawson. b. rudden. the law of propertyclarendon press, oxford. 1982.

129. Keneth Smith & Denis J. keenan: EnglishLaw, Fifth edition Pitman press 1975.

130. Max Rheinstein and Mary Ann Glendon, Interspousal Relations, J. C. B. Mohr (Paul Siebeck), Tübingen and Martinus Nijhoff Publishers, 1980.

131. O. Hood Phiuips & A. H. Hudson, A First Bookof English Law, Seventh edition, P288, Sweet & Maawell, 1977.

132. Siehe Wieling, Sachenrecht, 3. Aufl. , Springer Verlag, 1997.

133. Siehe Alpmann, Sachenrecht Band 2-Grundstückrecht, 9. Aufl. , Verlag Alpmann und Schmidt Juristische Lehrgänge, 1994.

134. Vgl. Wieling, Sachenrecht, 3. Aufl. , Verlag Springer, 1997.

135. Vgl. Olzen, Zur Geschichte des gutgl? ubigen Erwerbs, JA, 1990, Heft 10.

136. W. W. Buckland、F. H. Lawson, Roman Law and Common Law Cambridge Vniversity Press 1974. Wolf. Sachenrecht, 15. Aufl. , Verlag G. H. Beck, 19.

后　记

将近两年的辛劳终于完成了本书的写作。

萌生写作本书的初衷源于对物权法立法的关注。不动产法是物权法的重点，而不动产物权登记制度更是不动产法的核心内容之一。尽管在物权法的立法过程中法学界对不动产物权登记制度也进行了种种探讨，但不动产物权登记制度并未得到实质的重视。作为一名实务工作者，更关心的是不动产物权的程序法——《不动产登记法》——的研究与制定。

由于我国至今尚未制定物权意义上的不动产登记法，已制定的法律法规中虽有不少关于不动产登记的规范，但这些规范零散，并且相互冲突，不合法理的规定颇多。因此，我们的本意是编写一部《不动产登记法》建议稿及其理由书，即借鉴不动产物权登记制度较为成熟国度的先进做法，结合我国当前不动产登记的实务（包括经验与教训），提出我们的意见。然而一旦深入其中，我们才发现，即使仅仅是作为物权法的程序法，也同样博大精深：首先，物权程序法的制定不能离开物权实体法，不动产登记法虽然仅仅作为程序法，但不动产登记程序决定了不动产物权的实体法律效果，整合了不动产物权变动实体法律规则。物权程序法必须和物权实体法结合起来，才能形成完整的物权法体系，显然仅仅研究程序法是不够的。其次，物权法的研究无法局限于物权法本身，物权法与民法的其他各编息息相关，即使是作为程序法的不动产登记法，也大量涉及民法中的人法、债法、亲属法、继承法的内容，故仅仅研究物权法也是不够的。因此，研究不动产登记法律关系的基本要素，分析不动产登记程序的运行规律，讨论登记效力等法律后果，阐述登记程序法和实体法之间的内在关联，树立整体的登记法律制度观念，实有必要。最终，在广泛参考国外不动产登记理论和立法资料、结合我国不动产登记实践经验的基础上，形成了本书。

《不动产登记法》作为程序法，是物权法的重要配套法律，对于物权法的实施具有重要意义。因此，《不动产登记法》的立法应尽快提到议事日程上。据了解，第十届全国人大常委会已将不动产登记法列入了本届人大立法规划，① 显然不动产登记法的立法将成为下一个热点。然而，与物权法立法过程"风靡一时"的学术浪潮相比，与物权法通过后各种物权法释义、解释的著作和学术论文如同雨后春笋般地不断涌现相比，不动产登记法在我国学术语境中却处于弱势地位。但不动产登记法作为实践性较强的程序法，对理论的要求并不亚于实体法。由于国内对不动产登记领域的理论上的准备和阐述并不充分，面对国外各种不动产登记的理论，特别是面对对立理论，取舍尤其困难。作为法学研究的后学新进，由于对理论知识的匮乏与实践经验的局限，在书稿中必然存在诸多错谬，全当抛砖引玉，以期引起学界对不动产登记立法研究的重视。

本书由常宪亚负责总体框架，常昱负责资料的收集、文献的整理和初稿的主要撰写工作。为了真实反映本合作作品中的工作量，对各自承担部分说明如下：

常宪亚：第三章、第五章、第六章；

常昱：第一章、第二章、第四章。

感谢中国社会科学出版社在很短的时间通过本书的选题、出版，并感谢张林编辑对书稿所作的大量的精细而辛劳的工作，令本书增色不少。在本书撰写过程中，我的妻子江蕴蕴女士给予无私的帮助，没有她默默的支持，本书的写作难以完成；我的同事周学勤女士对文中的观点提出很好的意见，并对初稿的校对付出辛勤的劳动；中国公证员协会原副会长苏国强先生、厦门市房地产交易权籍登记中心曲荣昌主任、斯鹏飞副主任给予了很大的鼓励；赵春先生在技术上提供了极大的支持，在此一并感谢。

常宪亚

2008 年 7 月 12 日于鹭岛

---

① 全国人大常务委员会法制规则委员会民法室编著：《物权法（草案）参考》，中国民主法制出版社 2005 年版，第 92 页。

不动产登记与物权法

以登记为中心

ISBN 978-7-5004-7591-0

9 787500 475910 >

定价：56.00元